KGR.
IWEDEN

Stockholm

KSR. RUSSLAND

Riga

Moskau

Napoleon

1812   Borodino

Tilsit
1807   Smolensk

hagen

Wilna

Königsberg

Rep.
Da.

Kgr.
Preußen

Berlin

Warschau

Ghzm.
Warschau

Austerlitz
1806

Preßburg
Wien   1805
1809   KSR. ÖSTERREICH

Belgrad

Sofia

Montenegro

Konstantinopel

eapel

OSMANISCHES REICH

Ionische
Inseln
brit. bes.

Athen

Wilhelm von Schramm · Clausewitz

Wilhelm von Schramm

CLAUSEWITZ
Leben und Werk

Bechtle

© 1976 by Bechtle Verlag, Esslingen am Neckar
Alle Rechte vorbehalten
Umschlaggestaltung: Christel Aumann, München
Gesamtherstellung: Bechtle-Druck, Esslingen am Neckar
Printed in Germany 1976
ISBN 3-7628-0370-6

INHALT

VORWORT

Wege zu Clausewitz

I.

Im Frühjahr 1976 waren es sechzig Jahre, daß ich als Leutnant und Zugführer im 4. Bayerischen Infanterie-Regiment die erste Bekanntschaft mit Clausewitz schloß: In einer Feldbuchhandlung zwischen Maas und Mosel habe ich damals das Werk »Vom Kriege« erstanden; es war kurz nach meinem 18. Geburtstag. Die einbändige Feldausgabe[1] war nur broschiert und schon auf Kriegspapier gedruckt; trotzdem hat sie den Ersten wie den Zweiten Weltkrieg und die Gefangenschaft überdauert und ist noch heute mein Besitz. Ich weiß selbst nicht mehr genau, wie das zuging. Jedenfalls ist meine Bibliothek im November 1942 mit der Berliner Wohnung verbrannt; weitere neu angeschaffte Bücher gingen in den darauffolgenden Jahren verloren, aber die Feldausgabe hat mich überallhin begleitet und blieb erhalten. Ja, so zerfleddert sie mit der Zeit wurde — dank ihrer Unterstreichungen und Randbemerkungen ist sie mir immer noch *die* vertraute Ausgabe, mit der ich am liebsten arbeite.
Es kann keine Rede davon sein, daß der damalige Leutnant »den« Clausewitz schon verstand. Aber da war eine Faszination, die ihn nicht losließ. So habe ich immer häufiger nach Clausewitz gegriffen, je länger der Krieg dauerte. Das Kapitel über die moralischen Hauptpotenzen im Dritten Buch machten den tiefsten Eindruck. Doch erst nach der Niederlage von 1918 fing ich an zu verstehen, daß der Krieg ein politisches Instrument ist, daß letztlich die Politik über Krieg und Frieden, Sieg oder Niederlage entscheidet. Aber noch hatte ich keinen Gesamtüberblick über das ganze Werk. Doch wer hatte den damals schon? Von meinem alten Regiment und den seinerzeitigen Kameradenkreisen niemand. Auch nachdem

ich 1937 Hauptschriftleiter der Waffenzeitschrift »Deutsche Infanterie« wurde, mußte ich feststellen, daß es selbst bei den Generalen und Generalstabsoffizieren, mit denen ich nun zu tun hatte, nicht besser stand. In der Zeit des Aufbaus der Wehrmacht hatten sie einfach keine Zeit für den »Wälzer«. Aber den größten Respekt vor seinem Autor hatten sie fast alle. Ja, es gehörte sozusagen »zum Anzug« des gebildeten Offiziers, Clausewitz zu zitieren, sich auf ihn zu berufen. Da war es ein bezeichnendes Eingeständnis, daß der Feldmarschall v. Kleist, der später in russischer Gefangenschaft zugrunde ging, 1945, damals noch Gefangener der Engländer, zu dem britischen Militärschriftsteller Liddell Hart gesagt hat[2]: »Clausewitzens Lehren waren von unserer Generation vergessen, und zwar bereits, als ich noch auf Kriegsakademie und im Generalstab war. Seine Sätze wurden zitiert, aber seine Bücher nicht mehr gründlich studiert. Er galt mehr als Kriegsphilosoph denn als Lehrer der Praxis. Den Schriften Schlieffens widmete man größere Aufmerksamkeit. Aber die Gedankenwelt von Clausewitz war von fundamentaler Gesundheit, zumal sein Ausspruch, daß der Krieg eine Fortsetzung der Politik mit anderen Mitteln sei; das bedeutete, daß die politischen Faktoren wichtiger sind als die militärischen. Der deutsche Irrtum war, zu glauben, daß ein militärischer Erfolg die politischen Probleme lösen werde.«

II.

Was mich als Autor der nachfolgenden Lebensbeschreibung von Clausewitz betrifft, so muß auch ich hier ein Geständnis machen: Es dauerte bis zum Jahre 1942, bis ich anfing, das Buch »Vom Kriege« systematisch zu studieren. Der Verlauf des Zweiten Weltkriegs war inzwischen immer problematischer geworden. Ich war damals Verbindungsoffizier der Zeitschrift »Unser Heer« zu der Heerwesenabteilung im OKH (Oberkommando des Heeres), und erst diesem Kommando, das etwa ein Jahr dauerte, verdanke ich die Einführung ins Werk von Clausewitz. In der Hauptsache hatte sie mein Fachvorgesetzter, Generalleutnant Kurt Dittmar, veran-

8

laßt, der Rundfunkkommentator des Heeres. In seinen Kommentaren berief er sich häufig auf Clausewitz. Gewiß, auch Hitler wies gelegentlich auf diesen hin, aber meist nur auf den Verfasser der Denkschrift »Ich glaube und bekenne«[3]. Dittmar aber maß die Ereignisse mit den Kriterien der klassischen Kriegsphilosophie. Unter vier Augen erklärte er, sie sollten den Obersten Kriegsherrn warnen, ihre Erkenntnisse nicht in den Wind zu schlagen, sonst drohe die Katastrophe. Er erzählte mir auch, daß er darin vollkommen mit Generaloberst Beck übereinstimme, mit dem er sich des öfteren traf und besprach. »Er ist der genaueste Kenner von Clausewitz«, sagte Dittmar, »vor allem des Achten Buches ›Kriegsplan‹.« Als 1955 die »Studien« von Beck erschienen, fand ich das bestätigt. Der ehemalige Chef des Generalstabs des Heeres hatte die Wende zu Clausewitz vollzogen und handelte nach dessen Erkenntnissen.

1945 kam die katastrophale Niederlage, wie sie Dittmar befürchtet, der Clausewitz-Adept Beck schon 1938 vorausgesehen hatte. Durch die bedingungslose Kapitulation wurde sie total. Vor allem waren es die Russen, die ihren Sieg politisch auszunutzen wußten. Dabei hatten sie 1941 selbst am Rand der Niederlage gestanden. Aber: »Die Russen haben mit Clausewitz gesiegt«, das schrieb mir Dittmar, als wir, beide aus der Gefangenschaft entlassen, wieder korrespondieren konnten. Tatsächlich fand ich diese These durch bestimmte Erinnerungen aus dem Ostkrieg bestätigt wie etwa die:

Im September 1941 hatte die 17. Armee, zu deren Führungsabteilung ich damals gehörte, Poltawa genommen; wir wurden in den noch aus der Zarenzeit stammenden Gebäuden der dortigen Kriegsschule untergebracht, und der Oberbefehlshaber General der Infanterie Karl Heinrich v. Stülpnagel gab mir den Auftrag, die Bibliotheksbestände aufzunehmen und ihm darüber zu berichten. Da fanden sich neben zahlreichen deutschen Dienstvorschriften in russischer Übersetzung nicht weniger als zehn Exemplare »Vom Kriege«, sieben in russischer, drei in deutscher Sprache. Auch in den sogenannten Kulturhäusern der größeren Städte, die wir besetzten, fand sich überall eine russische Übersetzung »Vom Kriege«. General v. Stülpnagel zeigte sich nicht überrascht, als ich ihm das berichtete, aber er gab keinen weiteren Kommentar. Erst im Jahre 1944, kurz vor dem tragischen 20. Juli, als er Militärbefehlshaber in Frankreich war und ich sogenannter »Höherer Berichter« beim Oberbefehlshaber West — da kam Stülpnagel im Sinn von Beck noch einmal auf Clausewitz und die Russen zu sprechen.

III.

Nach Rückkehr aus amerikanischer Gefangenschaft Mitte 1946 fing ich an, die reichlich erlebte Kriegsgeschichte zu verarbeiten, und zwar nach den Kriterien, die bei Clausewitz nachzulesen waren. Aber die Macht des Antithetischen war zunächst noch zu stark, als daß man sich schon auf den Kriegsphilosophen hätte berufen können. Viele wollten vom Kriege überhaupt nichts mehr wissen. Erst nach den Deutschlandverträgen vom Mai 1955 war allmählich wieder eine sachliche Diskussion darüber möglich. Im gleichen Jahr erschienen die »Studien« von Generaloberst Beck, herausgegeben von Dr. Hans Speidel, General der »ersten Stunde« der Bundeswehr. Sie werteten Clausewitz vor allem politisch und maßen den Ersten Weltkrieg mit seinen Kriterien. Ein wichtiger Anstoß für die Clausewitz-Renaissance war gegeben, die seit Anfang der fünfziger Jahre nach verhaltenen Anfängen unaufhaltsam fortschritt. Sie kam auch darin zum Ausdruck, daß die 1961 wiedererweckte Vereinigung von ehemaligen Generalstabsoffizieren und aktiven Offizieren im Generalstabsdienst der Bundeswehr sich nicht mehr Schlieffen-Gesellschaft nannte wie früher, sondern Clausewitz-Gesellschaft. Diese Neu-Benennung war vor allem ihrem heutigen Ehrenpräsidenten Generalleutnant a. D. Kurt Weckmann zu verdanken.
Von entscheidender Bedeutung war außerdem, daß die Clausewitz-Forschung neu einsetzte. Der damalige Dozent für neuere Geschichte an der Universität Münster Dr. Werner Hahlweg war es vor allem, der sich darauf spezialisierte. Bereits im Jahre 1952 hatte er im alten Verlag von Ferdinand Dümmler, inzwischen von

Berlin nach Bonn übersiedelt, die 16. vollständige Auflage des Urtextes herausgegeben, und zwar mit historisch-kritischer Würdigung. 1966 folgte die 17. als unveränderter Neudruck und sechs
Jahre später die 18. Auflage, die eine weitgehende Revision
des Textes nach dem Original-Manuskript sowie ein erweitertes
Literaturverzeichnis brachte wie eine umfangreiche Neufassung
der Einleitung unter dem Titel »Das Clausewitz-Bild einst und
jetzt«. Außerdem hatte Hahlweg 1957 in der Reihe »Persönlichkeit und Geschichte« des Musterschmidt-Verlags in Göttingen eine Kurz-Monographie über Clausewitz veröffentlicht, die
sein Leben beschrieb und den Soldaten, Politiker und Denker wür-
digte. Der breiteren Öffentlichkeit vermittelte auch Gerd Stamp
mit den Auszügen unter dem Titel »Clausewitz im Atomzeitalter«
ein zeitgerechtes Bild der klassischen Kriegsphilosophie[4].
Im übrigen hatte sich seit den Veröffentlichungen von Hans Rothfels nach dem Ersten Weltkrieg[5] in vielen die Überzeugung gefestigt, daß Clausewitz zu den politischen und gesellschaftspoliti-
schen Klassikern gehöre. Er hatte den Krieg als Mittel der Politik
definiert und seine Abhängigkeit von den jeweiligen Gesellschafts-
strukturen erkannt und nachgewiesen, die sein Bild laufend veränderten. Vor allem der Krieg selbst wirkte so stark verändernd auf
Politik und Gesellschaft, Wirtschaft und Technik wie kein zweites
geschichtliches Ereignis, es seien denn blutige Revolutionen. So
hatte Clausewitz mit Nachdruck davor gewarnt, ihn als rein militärische Angelegenheit zu betrachten und ihn nur unter militärischen Gesichtspunkten zu führen. Der Krieg war Schicksal, Stern
und Unstern der Gemeinwesen, der Familien wie der Individuen.
Es war eine vordringliche politische Forderung, ihn zu begreifen,
d. h. geistig in den Griff zu bekommen und mit der ganzen Vernunft zu führen, deren der homo sapiens fähig ist. Dann aber ergab sich aus diesem zeitgerechten Postulat eine zweite unumgäng-
liche Notwendigkeit: Die Ergebnisse der Clausewitz-Forschung
mußten auch »unter die Leute« gebracht, sie mußten sozusagen so-
zialisiert werden. Im Zeitalter der allgemeinen Wehrpflicht war
auch das allgemeine Wehrbewußtsein durch sie aufzuhellen. Es
ging nicht nur die Wehrakademien und Offiziersschulen an, son-

dern gehörte nach den Fehlern und Irrtümern der beiden Weltkriege mit ihren katastrophalen Folgen zum verantwortlichen staatspolitischen Bewußtsein. Das wurde mir bis 1955 klar.

In meiner Schrift »Staatskunst und bewaffnete Macht«[6] fand die vertiefte Erkenntnis ihren publizistischen Niederschlag. Clausewitz-Vorlesungen an der Münchner Hochschule für politische Wissenschaften folgten. Aber noch handelte es sich um Vorarbeit, weil die breitere Öffentlichkeit noch nicht mitging und die Förderung »von oben« ausblieb. Erst mit den Editionen des Nachlasses durch Professor Dr. Werner Hahlweg setzte sie ein. 1971 gab Rolf Elble im Auftrag der Clausewitz-Gesellschaft aus Anlaß von deren zehnjährigem Bestehen einen Sammelband heraus »Clausewitz in unserer Zeit«[7].

IV.

Indessen fehlte noch immer eine umfassende Biographie, die den fortschreitenden Kenntnissen und Erkenntnissen Rechnung trug. Sie war vor allem durch die Veröffentlichung des Clausewitz-Nachlasses durch Werner Hahlweg an der Zeit. Nun konnte er ausgewertet und interpretiert werden. Eine Gesamtdarstellung des Lebens- und Werdegangs erschien um so aktueller, als sich bei den Zeitgenossen, die die beiden Weltkriege am eigenen Leib erlebt und durchgestanden hatten, mit dem Auf und Ab der Ereignisse viele Analogien zu dem Leben von Clausewitz ergaben, die die Vorkriegsgenerationen nicht kannten. Was wußten sie schon von Niederlage, Gefangenschaft und Konspiration! Wer hatte im Ersten Weltkrieg nicht ähnliche idealistische Briefe an die heimlich Verlobte geschrieben wie Clausewitz an die Gräfin Brühl! Da war nicht nur der Patriot, Militär und Soldat, sondern der ganze Mensch mit im Spiel. Der Boden für ein tieferes Verständnis war bereitet.

Aber zunächst war noch eine weitere wichtige Vorarbeit zu leisten. Stellte sich nicht zunächst die Aufgabe, das Werk »Vom Kriege« allgemeiner bekannt zu machen? Es hatte sich immer wieder gezeigt, daß gerade die Berufssoldaten vor seinem Umfang zurückschreckten und der Inhalt für sie ein vager Begriff blieb. Mußte man da nicht zunächst einmal Abhilfe schaffen? So kam es zu meiner Verbindung mit einem anderen Clausewitz-Kenner und -Verehrer, zugleich einem ausgezeichneten Mann der kriegerischen Praxis, dem General der Flakartillerie a. D. Wolfgang Pickert: Anfang der sechziger Jahre setzten wir uns zusammen und erarbeiteten dann in eingehenden Gesprächen die Taschenbuch- oder Studienausgabe als ein Konzentrat des Urtextes, indem wir die rein historischen oder taktisch veralteten Passagen wegließen, aber im Gegensatz zu der gleichfalls um Veraltetes gekürzten Ausgabe von Cochenhausen die Struktur und Kapiteleinteilung beibehielten Das Handbuch ist in der ersten Auflage 1963 in der Reihe »Rowohlts Klassiker der Literatur und der Wissenschaft« in Hamburg erschienen, in einer zweiten 1969 im Ilmgau Verlag in Pfaffenhofen, in dem auch die »Wehrkunde«, das Organ der gleichnamigen Gesellschaft gedruckt wird. Auch die zweite Auflage ist inzwischen vergriffen.

V.

Es hat noch Jahre gedauert, bis ich mich an diese Aufgabe heranwagte. Noch war eine gewisse Tendenzwende abzuwarten. Der revolutionäre Krieg mußte ebenso ins Bewußtsein treten wie der konventionelle, eine breitere Öffentlichkeit bereit sein, dem Autor der Kriegsphilosophie ohne ideologische Vorurteile zu folgen. Vor allem aber war er nicht nur historisch oder dem Buchstaben nach zu begreifen, sondern vor allem im Weiterdenken und kritischen Überprüfen, in dem Lernprozeß, den er in Gang brachte. Hatte sein Werk in diesem Jahrhundert nicht ein weltweites Echo gefunden, auf der einen Seite bei den Weltrevolutionären wie Lenin und Mao, auf der anderen bei den Konservativen Ludwig Beck und Raymond Aron? Die Zeit war reif für eine »große« Biographie. Sie war tatsächlich noch nicht geschrieben.
So war es sicher mehr als nur »Zufall«: Derselbe Lektor, der die erste Kurzbiographie über Clausewitz von Werner Hahlweg Ende der fünfziger Jahre betreute, Dr. phil. Georg Niebling, ermunterte

13

mich 1973 zu dem nachfolgenden Lebensbild. Seit dem Erscheinen der beiden Bände »Leben des Generals Carl von Clausewitz und Frau Marie von Clausewitz geborene Gräfin von Brühl«, die der Wiesbadener Oberschulrat und Gymnasialdirektor a. D. Karl Schwartz mit Briefen, Aufsätzen, Tagebüchern und anderen Schriftstücken 1878, also vor bald hundert Jahren in der Dümmlerschen Verlagsbuchhandlung herausgab — seitdem hatte es eigentlich nur noch größere oder kleinere Artikel und »Beiträge« von wissenschaftlichem Rang zu diesem ungewöhnlichen Lebenslauf gegeben. Allerdings waren bedeutende Namen und Publikationen darunter. Hier sei nur an Hans Delbrück, Friedrich Meinecke und Hans Rothfels wie an Karl Linnebach, Friedrich von Cochenhausen, Walter Elze, Eberhard Kessel und Walther Malmsten Schering erinnert[8]. Die Bücher und Biographien über Clausewitz, die früher unter rein militärischen, später unter rein nationalistischen Gesichtspunkten geschrieben wurden, muß man wohl außer acht lassen. Der Clausewitz-Roman von Hans Heyck, der im Zweiten Weltkrieg geschrieben, aber erst 1968 veröffentlicht wurde[9], geht an der eigentlichen Größe von Clausewitz vorbei, ist aber fleißig erarbeitet. Schließlich war es der Engländer Roger Parkinson, der die wissenschaftlichen Unterlagen zu einer großen Clausewitz-Biographie zusammenfaßte, die 1970 in London erschien.

VI.

So ermuntert, machte ich mich also vor drei Jahren an die Arbeit. Ich tat es »nicht ohne Scheu«, wie Clausewitz von sich selbst bekannt hat, als er an das Achte Buch »Kriegsplan« heranging. Aber es geschah mit zunehmendem Engagement, je mehr ich mich in die Materie vertiefte. Es galt die Forschungsergebnisse, vor allem der jüngsten Zeit, einer breiteren Öffentlichkeit zu vermitteln. Das allerdings konnte nur durch eine Lebensbeschreibung von literarischem Anspruch erfolgen, die den Leser lebendig ansprach und Anschauung vermittelte. Darum habe ich mich bemüht. Wie in der Kriegsführung so war auch hier Kunst auf wissenschaftlicher Grundlage gefordert. Das Leben des Carl von Clausewitz sollte in allen Höhen und Tiefen nachgezeichnet werden, zeitnah, ohne Überbetonung des Militärischen. Sein Werk war das eines ganzen Menschen. Die Fülle der überlieferten Briefe beweist das ebenso wie die Aufsätze seine vielseitigen Interessen. Aber gerade diese Fülle brachte auch ihre Probleme. Sachkundige Freunde warnten vor einem »Wälzer« oder gar vor zwei Bänden. So ging es darum, sich auf das Wesentliche zu konzentrieren, Schwerpunkte zu bilden, vor allem bei der Auswertung der Briefe. Die notwendige Auswahl ist nicht immer sehr leicht gefallen. Aber gerade eine Biographie verlangt nun einmal Verdichtung. Diese aber ist gleichbedeutend damit, daß das Beiwerk weggelassen und die Hauptmomente herausgearbeitet werden. In einem Fall ist mir allerdings die Zusammenfassung besonders schwergefallen: Bei dem Bericht über den kleinen Krieg 1813 im sechsten Abschnitt. Aber da hätte eben der Schwerpunkt auf diesen Krieg gelegt werden müssen und nicht auf die Hauptthematik der Biographie. Im übrigen war sie in die Gesamtgeschichte *der* Gruppe einzuordnen, die die Befreiung ebenso verwegen wie verschwiegen vorbereitet und *aus der Verteidigung* bis zur Wiederherstellung des europäischen Gleichgewichts siegreich geführt hat. Nach dem endgültigen Sieg über Napoleon beginnt dann die Kaltstellung, die Clausewitz in das überzeitliche Werk seines analytischen Geistes umsetzt. Die verhängnisvollen Grenzen des Fassungsvermögens der preußischen Monarchie werden dabei sichtbar. Diese Zusammenhänge waren aufzuhellen wie viele andere mehr.

VII.

Zum Schluß möchte der Autor dieser Biographie all den vielen danken, ohne die dieses Buch nie zustande gekommen wäre. An erster Stelle Prof. Dr. Werner Hahlweg, dann Oberstleutnant a. D. Wittigo v. Dobschütz, Generalmajor a. D. Wilhelm Hess, Brigadegeneral a. D. Richard Heuser, Staatsminister a. D. Dipl.-Ing. Heinrich Junker, Generalleutnant a. D. Wilh. Meyer-Detring, Brigadegeneral a. D. Eberhard Graf v. Nostitz, Bibliothekar Hans-Joachim Schunck, Oberstleutnant a. D. Hermann Stein, Leitender Bibliotheksdirektor Olof Wendt. Ferner gilt mein besonderer Dank der Clausewitz-Gesellschaft und dem Bayerischen Kultusministerium, die dieses Werk gefördert haben und last but not least meiner Frau, die mir die mehrjährige Arbeit erleichterte, wie und wo sie konnte.

Es ist zu hoffen, daß mit und nach diesem Buch viele den Weg zu Clausewitz finden werden. Auch ein Stück deutscher Geschichte mit besonderen Höhen und Tiefen wird ihnen dabei vermittelt. Möchten sie aber diese Geschichte nicht nur als Historie, sondern mehr noch als politischen Lernprozeß betrachten. Der Werdegang des deutschen Kriegsphilosophen, der unterdessen Weltgeltung erlangt hat, kann und soll auch nachhaltige politische Einsichten vermitteln.

Bernau am Chiemsee, Pfingsten 1976   Wilhelm Ritter von Schramm

EINLEITUNG

Die Clausewitz-Biographie in heutiger Sicht

I.

Werner Hahlweg und seiner unermüdlichen wissenschaftlichen
Tätigkeit als Clausewitz-Forscher und -Herausgeber des Hauptwerks wie des Nachlasses[1] ist es in erster Linie zu verdanken,
daß die Clausewitz-Philologie einen so hohen Stand erreicht hat.
Das Clausewitz-Bild wurde dadurch erheblich erweitert und vertieft. Ja, man kann sagen, daß seine Interpretation erst jetzt das
Niveau gewann, das dem geistigen Rang des Kriegsphilosophen
und seiner heutigen Weltgeltung entspricht. Vor allem durch die
Veröffentlichung der Briefe aus dem Scharnhorst- und Gneisenau-Nachlaß erschlossen sich neue Zusammenhänge. So ist nun
deutlich: Clausewitz gehörte seit 1808 zu den führenden Köpfen
der preußischen Reform; er stand nicht nur in unmittelbarem
Kontakt mit den großen Reformern, sondern war »federführend«
an dem Reformwerk beteiligt, das die Erneuerung des preußischen
Staats- und Heerwesens erreicht hat. Er wirkte mit an der Befreiung Europas von Napoleon, und zwar in erster Linie als militärischer Organisator. Seine Lebensgeschichte ist aber auch eng mit
der Blütezeit des deutschen Geistes verknüpft. Solche Erkenntnis
war das Hauptmotiv für die Arbeit an dieser Clausewitz-Biographie in heutiger Sicht.

II.

Bis heute gab es eine sehr empfindliche Lücke in der Literatur über
Clausewitz. Sein Hauptwerk setzte sich immer mehr durch und ge-
wann in diesem Jahrhundert der Weltkriege weltweites Ansehen.
Wenn man sich aber über den Werdegang seines Urhebers näher

informieren wollte, dann war man in der Hauptsache auf Kurz-Biographien oder veraltete Lebensbeschreibungen angewiesen, die sich meist an konventionelle Wertungen hielten. Dem geistigen Rang wie dem Werdeprozeß des Kriegsphilosophen wurden sie nicht gerecht. Oft blieb es bei der Erzählung der äußeren Tatsachen, oder Clausewitz wurde einseitig für die Erziehung des preußischen Heeres oder gar für einen übersteigerten Nationalismus in Anspruch genommen. Die neueren Forschungen aber ergaben ein genaueres und differenzierteres Bild, der geschichtlichen Wirklichkeit entsprechend: Clausewitz hatte von Jugend an mit der ihm eigenen Intensität an den Zeitereignissen teilgenommen; nach den Befreiungskriegen ist er dann zu dem »Gesamtüberblick über alle Verhältnisse« gelangt, der nach seiner eigenen Forderung der erste, der entscheidende Akt des Urteils sein soll. Er war eben mehr als ein »Militärschriftsteller«, wie ihn die meisten seiner älteren Biographen bezeichneten.

III.

Gewiß, Clausewitz ist vom Militärischen ausgegangen. Aber sein scharfer, durchdringender Geist beschränkte sich nicht auf die Beherrschung des kriegerischen Handwerks, sondern begriff als erster dessen politischen Instrumentalcharakter. Die Kriegsgeschichte, die er in ihren damaligen Höhepunkten erlebte, ist ihm zum Lernprozeß geworden. Er war mit »Leib und Seele«, mit allen geistigen Kräften, aber auch mit dem Gemüt daran beteiligt. Seine Lebensgeschichte, die dem heutigen Stand unseres Wissens um ihn entspricht, muß darum auch den *ganzen Menschen* erfassen, nicht bloß sein äußeres Schicksal, sondern vor allem auch sein persönliches, charakterliches und soziales Verhalten wie seine vielfältigen Interessen. Er war von der klassischen Zeit des deutschen Geistes nicht nur beeinflußt wie viele seiner Standesgenossen damals, sondern von ihr geprägt. Ja, er repräsentiert heute noch das damalige Volk der »Dichter und Denker«, das durch seine *geistigen* Leistungen einmal Weltgeltung erlangt hat. Fast mit Beschämung müssen wir heute daran erinnern.

IV.

Clausewitz hat im existentiellen Sinne *gelebt*. Er kaufte die Zeit aus und wußte jeder Situation das jeweils Beste abzugewinnen. Sein Werdegang wird von früher Jugend an durch kriegerische und revolutionäre Ereignisse ebenso bestimmt wie durch politische und gesellschaftliche Veränderungen. Aber sein Geist ist wach und weiß sie zu deuten. So steht sein Hauptwerk der gleichzeitigen Geschichtsphilosophie Hegels und ihrem Sinn für das konkret Allgemeine viel näher als dem Idealismus Kants. Er teilt mit Hegel auch den Sinn für die geschichtliche Dialektik, d. h. ganz einfach gesagt, für das Fortschreiten der geschichtlichen Entwicklung in Satz und Gegensatz zum positiven Ergebnis. Das gilt auch für die Philosophie des Krieges.

V.

Die fünf Jahrzehnte des Lebens von Carl von Clausewitz kennzeichnen ständiger Wandel und Wechsel. Er erlebt Ähnliches wie die älteren Zeitgenossen des Zwanzigsten Jahrhunderts: Krieg und Frieden, Revolution und Beharrung, wohl auch Bewahrung, Niederlage, Befreiung und neuer Aufstieg, Reform, Restauration und Rückentwicklung. Er erlebt die ganze Schicksalsmacht der Politik über die Staaten, Völker und Individuen. Doch seit 1815 jeder einseitigen Parteinahme abhold, strebt dieser universale Geist zum Ganzen, zur Synthese, entsprechend dem klassischen Zug seiner Zeit. Der Dialektik seines Werkes geht die seines Lebens voraus, in dem gleichfalls die Gegensätze von Krieg und Frieden, von These und Antithese »aufgehoben« sind in einer überragenden Synthese: Diese Synthese ist für Clausewitz die Politik. Das wird im Laufe seines Lebens immer deutlicher. *Die* Politik aber, die in seinem Leben und Bewußtsein wie in seinem Hauptwerk den unbedingten Primat hat, ist nicht irgendeine Partei- oder Machtpolitik: Clausewitz versteht sie als »*Darstellung aller Interessen der ganzen Gesellschaft*[2], als *Ganzheitspolitik* also. Nach seinen

Äußerungen 1815 in den Briefen an die Gattin ist kein Zweifel, was er damit meinte: Die Politik des Ausgleichs im Interesse der ganzen menschlichen Gesellschaft. Es ist verwunderlich, daß seine Definition der Politik im Achten Buch so wenig, ja kaum bekannt ist. Dabei ist sie die Krönung seiner politischen Einsicht aus geschichtlicher Belehrung.

VI.

Clausewitz war kein preußischer Junker, wie man vor allem im Ausland noch häufig annimmt. Er hatte auch mit dem Klischeebild des preußischen Militärs nichts zu tun, so gern er Soldat war. Er kam nicht aus einer der alten adeligen Soldatenfamilien, deren Ehre es bedeutete, dem König von Preußen geborene Offiziere zu stellen und hohe Blutopfer zum Ruhm der preußischen Fahnen zu bringen, von einer Generation zur anderen. Er war von bescheidener Herkunft wie Scharnhorst, außerdem erst vom Vater her Preuße: Die Vorfahren von Clausewitz stammten aus Thüringen und Sachsen. Noch der Großvater, ein angesehener Theologieprofessor in Halle, nannte sich einfach Clauswitz. Im übrigen war auch der andere der großen militärischen Reformer Preußens, Gneisenau, bekanntlich »nur« Wahlpreuße. Schließlich ist es eine geschichtliche Ironie des feudalen Standesdünkels, daß die Mutter von Clausewitz eine geborene Schmidt war und die von Gneisenau eine »gewisse« Müller. In der geschichtlichen Wirklichkeit heißt das genau genommen: Die besten Kräfte des aufkommenden Bürgertums kamen in Preußen zur Wirkung und dort vor allem in, mit und durch die Reform des preußischen Heeres und des Staates.

VII.

In den fünf Jahren von 1808 bis 1813 hat sich in Preußen eine Umwälzung vollzogen, deren Auswirkung der französischen Revolution nahe kam und zum endgültigen Sieg über Napoleon entscheidend beitrug. Das militärische Genie des Kaisers fand seine Gegenspieler. Aber er ist nicht von einem einzelnen Feldherrn, sondern von der Dynamik einer Gruppe niedergeworfen worden, in der erst Scharnhorst, dann Gneisenau obenan standen. Das Hauptwerk von Clausewitz ist u. a. auch die Kodifizierung solcher Gruppenleistung des Generalstabs. Sie wäre indessen nicht möglich gewesen ohne die politischen und sozialen Reformen, die der Reichsfreiherr vom Stein in Gang brachte und Hardenberg weiterführte. So erst wurden die Befreiungskriege zu einer Sache des ganzen Volkes. Die preußische Tüchtigkeit wurde mobilisiert und auf ein gemeinsames Ziel hin ausgerichtet: Diesem Potential zuliebe hatten sich wohl auch die Wahlpreußen für Preußen entschieden.

VIII.

Carl v. Clausewitz, der jüngste der preußischen Heeresreformer, ist, wenn man so will, immer und überall ein homo novus, der von einer Stufe zur anderen auf harte Proben gestellt wird[3]. Er ist es eigentlich auch in der preußischen Armee, nachdem es sein Vater nur bis zum Secondeleutnant gebracht hat, und er ist es auf der Allgemeinen Kriegsschule in Berlin 1801, wo die Bildungslücken dem schon mit zwölf Jahren Soldat gewordenen zunächst erheblich zu schaffen machen. Erst recht als Neuling kommt er 1803 an den Berliner Hof, nachdem er auf Scharnhorsts Vorschlag zum Adjutanten des Prinzen August von Preußen, des Bruders von Louis Ferdinand, ernannt wird. Als er 1812 in russische Dienste übertritt, ist er ein Anfänger in der russischen Sprache und scheint fehl am Platz — bis zu der Konvention von Tauroggen, an der er wesentlich teilhat. Er wird 1818 zum Direktor der Allgemeinen Kriegsschule ernannt und zum Generalmajor befördert, aber er kann von seinem Wissen und seiner Lehrbegabung keinen Gebrauch machen, weil ihm nur Verwaltungs- und Disziplinaraufgaben obliegen. Und mit 50 Jahren muß der »geborene« Infanterist noch einmal neu anfangen, weil ihn der König zum Inspekteur der 2. Artillerie-Inspektion ernennt, zu einem führenden Rang der »bürgerlichen«

Waffe also, zu der mathematische Kenntnisse und technisches Interesse gehören, wie sie Clausewitz allerdings mitbringt. Sein Geschick bewahrt ihn davor, je einseitig zu werden.

IX.

Clausewitz hat keine großen Schlachten geschlagen und keine Feldzüge gewonnen. Er hat nur viele miterlebt, die Geschichte einer noch viel größeren Anzahl studiert. Es ging ihm aber nicht allein um das historische Wissen, sondern mehr noch um die Prinzipien, um das Konkret-Allgemeine der Kriegsgeschichte überhaupt, um die daraus zu ziehende Belehrung. Er wollte, wie Hegel sagt, aus Kenntnissen Erkenntnisse gewinnen, für jetzt und hier wie für die Zukunft. So ist er *der* Kriegsphilosoph geworden — Grund genug für manche Nur-Militärs, Clausewitz für einen blassen Theoretiker zu halten. In seiner geistigen Auswirkung jedoch hat das Werk »Vom Krieg« Geschichte gemacht, preußische, deutsche, abendländische Geschichte, und die Weltgeschichte mit beeinflußt und bestimmt. Man weiß seit Clausewitz, daß es keine Siegesrezepte gibt, aber unverrückbare Kriterien des Krieges, der Strategie, der Staatspolitik, die den Primat hat und haben muß.

X.

Clausewitz ist ein Außenseiter und nicht mit herkömmlichen Maßstäben zu messen, wie wir schon sagten. Militärisch hat er viel mehr geleistet als allgemein bekannt ist, und zwar als Organisator. Nach der preußischen Niederlage war er als Bürochef Scharnhorsts *der* Mittler zwischen den Reformern. Er hat die Erhebung von 1813, vor allem die Organisation der Landwehr »papiermäßig« vorbereitet. Seinen Kriegsdienst in Rußland krönte er mit der Konvention von Tauroggen, die ohne seine vermittelnden Fähigkeiten wohl kaum zustande gekommen wäre. Als Chef des Korps des Grafen Wallmoden in der zweiten Hälfte des Jahres 1813 bewies er eine besondere Fähigkeit, Freikorps zu brauchbaren Truppen zu machen, so daß sie erfolgreich Kleinkrieg an der unteren Elbe führen konnten. Als Generalstabschef in Koblenz baute er nach 1815 die neuen preußischen Garnisonen am Rhein auf und war 1831 nach dem Tod von Gneisenau praktisch der führende Mann der preußischen Observationsarmee an den östlichen Grenzen.

XI.

Clausewitz war 38 Jahre alt, als seine militärische Karriere praktisch auszulaufen schien. Sein sieben Jahre älterer Bruder Wilhelm hat ihn überrundet[4]. Schon 1812 hatte dieser den Pour le mérite erhalten, dann sich in den Befreiungskriegen so ausgezeichnet, daß er nicht nur das Eiserne Kreuz II. und I. Klasse bekam, sondern dazu noch das Eichenlaub zum Pour le mérite. 1839 wurde er als Generalleutnant verabschiedet. Vor allem ihm zuliebe haben wohl die vier Brüder Clausewitz am 30. Januar 1827 die preußische Adelsbestätigung erhalten. Carl v. Clausewitz sieht sich dagegen im Jahre 1813 als Generalstabschef eines Freikorps auf einen Nebenkriegsschauplatz verbannt. Auch 1815 hat er als Chef des III. Korps keine großen Lorbeeren ernten können. So muß er sich mit dem E. K. II begnügen. Dreizehn Jahre bleibt er Generalmajor und stirbt als solcher mit 51 Jahren. Militärisch hat er also nur eine Dutzend-Karriere gemacht.

XII.

Aber Carl v. Clausewitz ist mit einer schöpferischen Begabung ausgestattet, die die seiner Brüder weit übertrifft. Er verfügt über eine geistige Elastizität ohnegleichen. So weiß er sein Schicksal »umzufunktionieren«, aus allen, selbst scheinbar negativen Fügungen geistigen Gewinn zu ziehen. Auch charakterlich wächst er mit den Schwierigkeiten seines Werdegangs und lernt immer und überall dazu. Das beginnt mit dem Lagerleben vor Mainz 1793 und dem nachfolgenden Rheinfeldzug, um sich dann in den Ruhequartieren bei Osnabrück 1795 fortzusetzen, in denen der junge Leutnant liest und liest und sich erste Bildungsgrundlagen schafft. Selbst dem gleichförmigen Gamaschendienst in Neuruppin weiß er die beste Seite abzugewinnen, nämlich die Möglichkeit der militärischen Weiterbildung, so daß man ihn nach Berlin schickt. Dort gelingt es ihm bald, die Bildungslücken zu schließen, ja die Lehrgangskameraden zu überholen. Er gewinnt damit die Aufmerksamkeit, dann die persönliche Freundschaft Scharnhorsts. Sie wird ihm Schicksal, zum unvergleichlichen persönlichen wie beruflichen Gewinn.

XIII.

Scharnhorst, gleichfalls ein homo novus in der preußischen Armee, ist für Clausewitz der »Vater seines Geistes«. Ein geistiges Vater-Sohn-Verhältnis erwächst daraus, das die reichsten Früchte tragen sollte, zunächst in der Praxis des Reformwerks, dann bei der späteren Klärung des Phänomens »Krieg« und seiner Grundbegriffe. Nach dem Tode Scharnhorsts tritt Gneisenau an dessen Stelle. So ist nicht nur die deutsche Literatur in ihrer klassischen Zeit durch Freundschaften und Freundschaftsbünde gekennzeichnet, die reiche Früchte bringen sollten; auch die Kadergruppe der preußischen Erneuerung erwächst aus wahlverwandten Kooperationen. Der moralische Konsens ist selbstverständlich; geistig aber ergänzt man sich gegenseitig: Was dem einen fehlt, steuert der andere bei. Heute weiß man im einzelnen aus den inzwischen veröffentlichten Dokumenten[5], wie der Bienenfleiß, um nicht zu sagen, der rastlose Tätigkeitsdrang von Clausewitz die Genialität von Scharnhorst ergänzt und mit zur praktischen Auswirkung gebracht hat. Scharnhorst und Clausewitz haben den *Fleiß*, diese bürgerliche Tugend, die den Junkern nicht unbedingt eignete, mit eingebracht in die preußische Armee und sie nicht zuletzt auch dadurch von Grund auf erneuert und verjüngt.

XIV.

Nach dem Tod von Scharnhorst 1813 und dem Rücktritt von
Gneisenau 1816 ist Clausewitz in der Armee isoliert. In der Restaurationszeit sind Reformer nicht mehr gefragt. Der Benjamin
unter ihnen erscheint dem König als »Jakobiner«. Deshalb hat er
ihn wohl auch von der Lehrtätigkeit an der Allgemeinen Kriegsschule ausgeschlossen und zum bloßen Verwaltungsdirektor degradiert. Zwar wird Clausewitz 1821 noch dem Großen Generalstab
beigegeben[6]; aber sonst macht man von seinen Erfahrungen wie
seinen Kenntnissen keinen Gebrauch. Diese Abseitsstellung dauert
zwölf Jahre. Aber auch sie hat der schöpferische Genius »umfunk-
tioniert«, nämlich zum Aufbau und Ausbau seines Hauptwerkes
verwertet. Er hatte dabei nur einen einzigen Mitarbeiter und Gesprächspartner und zugleich Sekretär: seine Frau. Kein »Fachmann«
hat ihn beraten, ihm geholfen; nur Gneisenau, auf dessen Gut er
häufig als Sommergast einkehrt, hat von dem großen Werk gewußt,
ebenso wie sein Generalstabsoffizier in Koblenz, Karl von der
Groeben.

XV.

In diesem Zusammenhang ist sicher die Frage berechtigt, ja vor-
dringlich: Wieviel bedeutet Marie v. Brühl für das Leben und
Werk von Clausewitz? Wie hätte er sich ohne diese einzigartige
Liebe und Ehe entwickelt? Vielleicht nur zu einem kritischen Militärschriftsteller und kriegsgeschichtlichen Räsoneur. Denn auch
dieser Trend lag in seinem Charakter, der der »Schwarzgallig-
keit« nicht entbehrte. Aber zu dem »Gesetz, nach dem er angetreten«, gehörte auch die Anziehung des Bezüglichen, die sich in seinem Lebensgang auffallend wiederholt: Auf der männlichen Seite
war es die freundschaftliche Förderung durch Scharnhorst, die
später Gneisenau aufnimmt und fortführt; aber schon 1804 wird
diese Anziehung auch durch die auf weiblicher Seite ergänzt. Da
begegnet der Adjutant des Prinzen August von Preußen der vielseitig gebildeten Hofdame Marie Komtesse Brühl. Die Begegnung

entwickelt sich trotz vieler entgegenstehender Schwierigkeiten zu einer einzigartigen Liebe und Ehe. Sie ist romantisch in ihren verschwiegenen Anfängen, klassisch in ihrer Beständigkeit und Vollendung. Als gegenseitige Ergänzung von Mann und Frau hat diese Gemeinsamkeit nicht ihresgleichen in der deutschen Geistesgeschichte des 19. Jahrhunderts, in die sie gehört.

XVI.

Marie v. Brühl[7] ist in ihrer Zeit wie in ihrem Verhalten durchaus schon emanzipiert; d. h. sie hat sich freigemacht von feudalen Vorurteilen und gehört wie ihre Mutter, übrigens eine geborene Engländerin, dem Reformkreis an, den der Reichsfreiherr vom Stein am preußischen Hof um sich versammelt. Nächst der Politik interessiert sie sich brennend für Kunst und Literatur. Hier dominiert die Erbanlage ihres Großvaters, des kursächsischen Ministers. So hat der Sohn der Kleinstadt Burg mit seiner dürftigen Elementarbildung zunächst Mühe, mit seiner Auserwählten Schritt zu halten; aber auch da kommt ihm ein äußerliches Unglück zu Hilfe: Die Internierung in Frankreich mit seinem Prinzen 1807 wird ihm zur Bildungsreise, die sich durch die Begegnung mit Madame de Staël in Coppet am Genfer See und die Freundschaft mit Wilhelm August Schlegel vollendet. Diese Erlebnisse machen Clausewitz erst zu einem gebildeten Zeitgenossen, aber auch zum bewußten Deutschen. Sein Geist wird offen nach allen Seiten und vertieft sich mit der zunehmenden Erfahrung der Jahre und menschlichen Begegnungen.

XVII.

Die Liebesbeziehung zwischen Carl v. Clausewitz und Marie v. Brühl ist von klassischer Einfachheit. Sie ist und bleibt Rückhalt und einziger Trost des Mannes nach der preußischen Katastrophe von 1806, die den Patrioten der Verzweiflung nahe bringt. Nach einem zurückhaltenden Vorspiel erwächst aus ihr schon Ende 1805 die unverbrüchliche Verbindung. Von da an ist alles im Grunde einfach zwischen den beiden, die sich ergänzen, aber — wie in der Strategie — nicht immer sehr leicht. Es gibt viele Hindernisse zu überwinden, bis sie ein Paar sind. Ihre Ehe ist »bürgerlich«, ohne Aufwand nach außen, kinderlos; wenn man will »biedermeierlich«, warm und herzlich, aber auf geistigen Interessen gegründet und wirkt so weiter.

XVIII.

Am 17. Dezember 1810 kann der Major im Generalstab und Lehrer an der Allgemeinen Kriegsschule »mit Allerhöchster Genehmigung« endlich heiraten. In der Marienkirche in Berlin wird er getraut mit Marie Sophie Gräfin v. Brühl, Tochter des verstorbenen Reichsgrafen und Generals der Kavallerie Karl Adolf v. Brühl. Die junge Frau ist damals Oberhofmeisterin der Prinzessin Wilhelm von Preußen und bereits dreißig Jahre alt. Sie hat sechs Jahre auf »ihren« Carl gewartet. Für die seinerzeitigen Konventionen sind die Unterschiede des Standes, Herkommens, Vermögens so außerordentlich, daß man in Hofkreisen den Kopf schüttelt und von der Hochzeit wenig Notiz nimmt. Hier der Major von kleinbürgerlicher Herkunft und zweifelhaftem Adel, ohne Grundbesitz und Vermögen, dort die Hofdame aus einer der ersten Familien des Landes. Wie paßt das zusammen? Man wundert sich nicht über die stille Hochzeit. Aber dann wird daraus die glücklichste Ehe, unverbrüchlich bis zum Tod.

XIX.

Dabei darf man nicht vergessen: Mit Königin Luise als der Gattin Friedrich Wilhelms III. zog 1793 am preußischen Hof ein neuer Geist ein. Luise brachte die Morgenröte der neuen Zeit mit, natürliche Anmut, Liebe zum Einfachen, Kontakt mit dem Volke. Sie kümmerte sich um die Angelegenheiten des Landes und war der

gute Stern ihres Mannes, solange sie lebte. Über die alten Vorurteile war auch sie beispielgebend hinausgewachsen[8]. So hatten die
Reformer, die politischen wie die militärischen. in ihr *die* Fürsprecherin beim König. Luise hat auch Novalis (Friedrich v. Hardenberg) zu der Dichtung »Der König und die Königin« inspiriert. Solange sie lebte, und darüber hinaus, gab es neben der männlichen
auch eine weibliche Reformgruppe am Berliner Hof, mit der Fürstin Radziwill, Tochter des Prinzen Ferdinand, an der Spitze. Nicht
von ungefähr kam noch zu Lebzeiten der Königin die offizielle
Verlobung zwischen Marie v. Brühl und Carl v. Clausewitz zustande. Durch den frühen Tod der Königin am 19. 7. 1810 verloren dann allerdings die Reformer ihre erste Fürsprecherin beim
König. Auch Clausewitz sollte das in späteren Jahren zu spüren
bekommen, trotz des Ansehens seiner Frau und höchster Protektion am Hof.

XX.

Clausewitz verdankt Scharnhorst mehr als nur berufliche Förderung. »Der Vater seines Geistes« ist sozusagen auch der Großvater
seines geistigen Hauptwerks, denn Grundgedanken von Scharnhorst gaben ihm erste Impulse zur umfassenden Philosophie des
Krieges. Marie v. Brühl aber bringt sie offenbar in den stillen Jahren seit 1818 zur Reife. Das ist erstaunlich bei einem Thema wie
dem »vom Kriege«. Aber Marie von Brühl brachte nächst ihrer tiefen Neigung zu Clausewitz eben nicht nur schöngeistige Bildung,
sondern auch geschichtliche Kenntnisse und lebendiges politisches
Interesse mit in die Ehe. Sie gewann viele Einblicke als Hofdame
und war mit Soldaten aufgewachsen. Sie hatte Interesse und Freude am Militärischen und war so die geborene Partnerin ihres Mannes auf allen Gebieten. Das beweist der umfangreiche erhaltene
Briefwechsel, der die langen Trennungszeiten überbrückt. 239
Briefe der Ehegatten sind überliefert[9], in der Hauptsache von
Clausewitz stammend. Sie lassen auf einen ebenso regen Gedankenaustausch des Ehepaares in den gemeinsamen Jahren von 1816
bis 1830 schließen. Bezeichnend ist ferner: Das Hauptwerk ist

nicht im Dienstzimmer des Direktors der Allgemeinen Kriegsschule, der Clausewitz von 1818 bis 1830 war, in Form gebracht und ins reine geschrieben worden, also nicht in einem Raum mit Karten von Kriegsschauplätzen und Schlachtenplänen an den Wänden, sondern im stillen Wohnzimmer der Frau von Clausewitz. In zwölf zurückgezogenen Jahren reift es zur Vollendung. Dabei wird die Gattin zum »Chefsekretär« für ihren Gatten. Sie stimmt zu, gibt Anregungen, hält gelegentlich auch mit Kritik nicht hinter dem Berg, vor allem aber schreibt sie ganze Kapitel mit ihrer hübschen Handschrift. Die kinderlose Ehe wird auf diese Weise geistig unendlich fruchtbar. So ist es nur folgerichtig, daß Frau v. Clausewitz das Hauptwerk »Vom Kriege« 1832 mit einer Vorrede herausgibt. Denn es ist indirekt auch ihr Werk mit, spiegelt auch ihre Ansicht des Krieges als eines politischen Aktes der Selbsterhaltung vor allem.

XXI.

Wer Clausewitz nur für einen »Militärschriftsteller« hält, unterschätzt ihn von Grund auf. Er hat sich nie auf das rein Militärische beschränkt, obwohl er ein überragender Soldat war. Doch wollte er eigentlich nur im Kriege dienen, wie er einmal bekannt hat. Immer blieb er offen nach allen Seiten. Seine geistige Reife beginnt, als er in der Internierung in Frankreich zu schreiben anfängt. Damals waren die Früchte seiner Feder im Jahre 1807 die folgenden Studien[10]:

Skizze zu einem Operationsplan für Österreich
Die Deutschen und die Franzosen
Journal einer Reise von Soissons über Dijon nach Genf
Pestalozzi (Ein Fragment)

Außerdem hat er eine ganze Reihe von Gedichten geschrieben[11], die dem Zeitgenossen der klassischen und romantischen Poesie alle Ehre machen, wenn sie auch nicht wie aus erster Hand sind. Vor allem aber hat sich Clausewitz zu einem bedeutenden Briefschreiber entwickelt. Die Briefe an seine Verlobte, dann an seine Frau, ferner die an Gneisenau, erreichen zusammen genommen mit seiner Dienstkorrespondenz, sein Hauptwerk an Umfang und ergänzen es in vielerlei Hinsicht. Sie sind die wichtigsten Dokumente seiner Biographie, als Darlegungen seines Innern und seiner Erlebnisse, die er sonst keinem anderen preisgibt. Erst durch diese Briefe lernt man den ganzen Clausewitz kennen, der ebenso sensibel und gemütvoll, wie leidenschaftlich, kritisch und sarkastisch sein kann. Keine Briefe anderer großer Soldaten sind mit den seinen vergleichbar. Die Briefe von Clausewitz an Gneisenau vom Januar 1809 bis Februar 1812 zeichnen sich allerdings außerdem dadurch aus, daß sie, konspirativen Absichten entsprechend, zum Teil chiffriert sind. Neben den Briefen an die Verlobte und Frau von Clausewitz sind sie die wichtigsten biographischen Quellen in diesen Jahren.

XXII.

Die umfangreiche Korrespondenz, die Clausewitz geführt hat, ist nicht nur wichtig und interessant durch ihren biographischen, politischen und militärischen Inhalt; sie ist auch eine Dokumentation der damaligen Zeitgeschichte wie der deutschen Geistesgeschichte in ihrer Blütezeit. Ihre Aussagen sind vielseitig, ja unerschöpflich. Natürlich stehen sie im Zeichen der Vaterlandsliebe und ihrer damaligen Ideale, aber auch in dem des werktätigen Verstandes, wie ihn Clausewitz dem Soldaten zuspricht. In ihrer Folge sind sie für ihn persönlich aber auch Zeugnisse seiner Entwicklungsgeschichte vom glühenden Patriotismus zu dem weltoffenen Bewußtsein der späteren Jahre, das jeder Nation das Ihre zu geben bereit ist. Man kann verfolgen, wie Clausewitz sich von der nationalpolitischen Parteinahme zur philosophischen Weltbetrachtung durchringt. Das allerdings ist erst ab 1815 der Fall, nachdem Deutschland befreit und das europäische Gleichgewicht einigermaßen wiederhergestellt ist. Die Bekenntnisschriften, in Preußens tiefster Erniedrigung geschrieben, sind die des Nationalisten *vor* den Befreiungskriegen, nicht die des Kriegsphilosophen Clausewitz.

XXIII.

Den Zeitgenossen des Dritten Reiches drängt sich die Analogie dieser Periode zu der napoleonischen auf, die Clausewitz von den Anfängen bis zum Niederbruch erlebt hat. Er erlebt sie mit der größten Intensität, und sie wird der eigentliche Anstoß zu seinem Hauptwerk. Die Ereignisse zu Anfang des 19. mit denen in der Mitte des 20. Jahrhunderts verglichen sind gleichsam spiegelverkehrt zu begreifen und vergleichbar: Damals Zusammenbruch und Besatzung, Unterdrückung und Ausbeutung durch den totalitären Sieger Napoleon östlich des Rheins; etwa viereinhalb Generationen später Ähnliches unter Hitler westlich davon. Vielleicht wird die Biographie des Kriegsphilosophen vielen älteren Zeitgenossen sowohl in Deutschland wie in Frankreich gerade deshalb zum hautnahen Erlebnis, weil sie Übereinstimmendes am eigenen Leib erfuhren: Niederlage und Gefangenschaft, Widerstand und Befreiung, Nationalismus und schließlich europäisches, ja weltbürgerliches Bewußtsein.

XXIV.

Wenn in Frankreich de Gaulle seit 1940 als Symbolfigur der Liberation gilt, dann ist es in Preußen-Deutschland nach 1807 ein Siebengestirn, das die Befreiung herbeiführte, nämlich Stein und Hardenberg, Scharnhorst, Gneisenau und Clausewitz und schließlich Blücher und Boyen. Von diesen Sieben ist die Initiative ausgegangen, sind die Vorbereitungen, oft in aller Heimlichkeit getroffen, aus schwieriger anfänglicher Verteidigung heraus zum Angriff übergegangen und schließlich Napoleon und sein Imperium niedergeworfen worden. Ihnen und den Engländern ist in der Hauptsache die Voraussetzung zur Wiederherstellung des europäischen Gleichgewichts zu verdanken.

XXV.

Es ist aber auch noch eine weitere Analogie zwischen der napoleonischen und der Hitler-Zeit zu beachten: Sowohl unter der totalitären Besatzungsmacht zu Anfang des 19. Jahrhunderts in Deutschland wie unter der seit 1940 in Frankreich und anderen besetzten Ländern, hat es beide Male wohlmeinende Kollaborateure gegeben, die glaubten, damit der Befriedung zu dienen. Es gab aber auch in beiden Fällen auf ihren augenblicklichen Vorteil bedachte Opportunisten. Die Geschichte der Verräter und Spitzel der jeweiligen Geheimpolizei, ob der Napoleons oder der Hitlers, ist ein trübes Geschichtskapitel für sich. Nicht zuletzt der Abscheu davor hat mit Clausewitz 1812 viele Patrioten nach Rußland getrieben. Sie werden zu Augenzeugen der Katastrophe Napoleons in Rußland und dann zu Wegbereitern des endgültigen Sieges.

XXVI.

In Clausewitz haben sich immer Verstand und Gemüt die Waage gehalten. Stets bleibt er Philanthrop, auch im kriegerischen Erlebnis. Den blutigen Opfern des Krieges steht er ebensowenig gleichgültig gegenüber wie denen der Hungersnot in der Eifel 1817. So schreibt er unter dem 17./29. November 1812 aus dem Raum Borisow an der Beresina an seine Frau: »... welche Szenen habe ich hier gesehen! Wenn mein Gefühl nicht schon abgehärtet oder vielmehr abgestumpft wäre, ich würde vor Schauder und Entsetzen nicht zu mir selber kommen, wie ich noch nach vielen Jahren nicht ohne Schauder werde daran denken können ... Ich schreibe Dir zwischen Leichen und Sterbenden unter rauchenden Trümmern, und Tausende von gespensterartigen Menschen ziehen vorüber und schreien und flehen und weinen vergebens nach Brot. Gott gebe uns eine baldige Veränderung dieser Szenen!«

XXVII.

Trotzdem bleibt der Krieg das nachhaltigste Erlebnis dieses humanen Charakters und Soldaten. Es hat Clausewitz mit 13 Jahren ergriffen und nicht mehr losgelassen. Zunächst erfährt er alle Varianten des Kampfes, vom Jubel der Soldateska angesichts der brennenden Stadt Mainz 1793 bis zum Bewegungskrieg in den Vogesen und in der Pfalz mit seinen im Grunde unbedeutenden Gefechten. Dann hat er zehn Jahre lang die grandiosen Siege des Kriegsgotts Napoleon vor Augen, bis dessen vernichtende Schläge auch Preußen treffen und ihn der persönlichen Bewegungsfreiheit berauben. In der Folge lernt er Frankreich kennen, Paris, die Schweiz. Und dann gehört er zu den Verschwörern, die eine neue Armee aufbauen — unter den argwöhnischen Augen der Sieger und Besatzer, später nomineller Verbündeter. Volkskrieg und kleiner Krieg beschäftigen ihn vorzüglich in diesen Jahren, sowohl der in Tirol wie der in Spanien. Natürlich will er wissen, was da geschah und wie. Aber er will nicht bloß das Geschehene nachzeichnen wie die Historiker, sondern die Grundlinien erkennen, die Prinzipien klären, die immer wieder durchscheinen. Er weiß, daß es in der Politik wie im Krieg kein Rezept gibt, keine Wiederholung des Gestrigen, aber ähnliche Situationen. So will er das kritische Unterscheidungsvermögen schärfen, so daß es sich in der konkreten Situation rasch entscheiden und dann mehr intuitiv als bewußt seine Wahl treffen kann. Philosophie ist für ihn Aufhellung des kritischen Bewußtseins, Kriegs- und Wehrphilosophie Geistesgegenwart zur Bewältigung von Konfliktsituationen, wie sie die große Politik unaufhörlich mit sich bringt.

XXVIII.

Die Genialität von Clausewitz wurde zu seinen Lebzeiten zunächst wohl nur von wenigen kongenialen Zeitgenossen erkannt: Von Scharnhorst, von Gneisenau, von seiner Frau. Später ist wohl auch noch der Freiherr vom Stein dazugekommen, der Marie von Brühl vorher beinahe an einen anderen verkuppelt hätte, weil er von der vermeintlichen Liaison zunächst nichts hielt oder zu wenig von Clausewitz wußte. Die meisten anderen, mit denen Clausewitz noch dienstlich zu tun hatte, beurteilten ihn nach den hergebrachten Maßstäben. Kennzeichnend dafür ist die Beurteilung des Generals von Hake, des Nachfolgers von Gneisenau im rheinischen Generalkommando. Er verteilt Licht und Schatten folgendermaßen[12]: »Teilt sich wenig mit. Ich halte ihn für einen guten Menschen. Er zeigt viel Sinn für Wahrheit und Recht, ist freigebig, voll Ehrtrieb, vielleicht eitel, daher er seinen Satz gern behauptet. Aber er besitzt auch keine geringen militärischen Kenntnisse und war mit Nutzen Lehrer junger Offiziere. Sein Geist strebt vorzüglich nach Ideen, dennoch (!) führt er sorgsam sein Geschäft und schreibt schön und klar. Ungeachtet seine äußeren Formen zuweilen wohl etwas geradehin sind, erwartet er doch, mit Delikatesse behandelt zu werden. Wird ihm solche zuteil, so ist gut mit ihm fertig zu werden. Ich habe stets Ursache gehabt, mit ihm zufrieden zu sein und halte ihn für einen guten Generalstabsoffizier. Als praktischen Offizier außer Büro habe ich noch nicht Gelegenheit gehabt, ihn kennenzulernen. Seine Gesundheit ist gut.«

XXIX.

War die Gesundheit von Clausewitz immer so gut wie in Koblenz? Er war schlank und mittelgroß, sicher auch abgehärtet, aber nur mit mäßigen Körperkräften ausgestattet. Offenbar führte der allzu frühe Felddienst zu gesundheitlichen Schädigungen, die ihm später zu schaffen machten. So hören wir schon im August 1797 von einem Erholungsurlaub, den der siebzehnjährige Secondeleutnant auf dem Gut seines angeheirateten »Stiefonkels«, des Generalmajors von Hundt, Kommandanten der Festung Thorn, verbringt[13]. In der Königsberger Zeit 1808/08 setzt ihm das Klima zu: Er klagt über Fieber, Gicht und heftige Kopfschmerzen, die nur durch Morphium erträglich gemacht werden können. 1811, dem glücklichsten Jahr der jungen Ehe, sucht er Linderung seiner Leiden in Bad Salzbrunn und Bad Kudowa. Einigermaßen wiederhergestellt, unterwirft er sich den Strapazen des Feldzugs in Rußland 1812 und zieht sich dabei Erfrierungen im Gesicht zu, die ihn durch bleibende Rötung von Backen und Nase ein wenig entstellen. Nach 1818 erholt sich Clausewitz mit seiner Frau in der Regel im Sommer auf dem Gut der Familie Gneisenau in Erdmannsdorf in Schlesien. Im Jahre 1825 erfolgt eine »private« Generalstabsreise nach Böhmen mit Besuch von Marienbad und Prag. Im folgenden Jahr muß Clausewitz eine längere Kur in Bad Ems machen. Eine gewisse gesundheitliche Labilität ist wohl auch der Grund, daß das Ehepaar Clausewitz in Berlin seit 1818 ein relativ zurückgezogenes Leben führt und sich auf einen kleinen Freundeskreis beschränkt. Auch nimmt sie das große Werk ganz in Anspruch.

XXX.

Als Clausewitz 1831 in Breslau starb, war er erst 51 Jahre alt. Nach der Überlieferung gilt als Todesursache Cholera. Aber die Umstände seines raschen Todes sind so auffällig, daß Zweifel angemeldet werden müssen. Sein nächster Freund, der Feldmarschall Graf Neidhardt von Gneisenau, zuletzt Oberbefehlshaber der preußischen Observationsarmee gegen das aufständische Polen, dessen Generalstabschef Clausewitz damals war, war bereits am 27. August 1831 an dieser Seuche gestorben. Die nachfolgende Quarantäne, die Clausewitz über sich ergehen lassen mußte, hatte kein Anzeichen einer Ansteckung ergeben. Nach der Auflösung der Armee nahm der General seine Dienstgeschäfte als Chef der 2. Artillerie-Inspektion in Breslau wieder auf. 1830 hatte die Ernennung und damit die Rückkehr in den aktiven Dienst neue Hoffnung auf seinen militärischen Aufstieg in ihm geweckt. Aber für sein Hauptwerk bedeutet das den vorläufigen Abschluß, der aber dann ein endgültiger werden sollte: »Er ordnete seine Papiere, versiegelte die einzelnen Pakete, versah sie mit Aufschriften und nahm einen wehmütigen Abschied von der ihm so lieb gewordenen Beschäftigung.« (Marie von Brühl in der Vorrede zur ersten Auflage.)[14]

XXXI.

Carl von Clausewitz hat sein Hauptwerk nicht mehr zum Abschluß bringen können. Nach der Rückkehr nach Breslau hat er noch am 16. November »mit dem gewohnten Diensteifer« in seinem Büro gearbeitet, anscheinend gesund bis zum Mittag. Neun Stunden später war er tot. »Nach dem Zeugnis der Ärzte war dieses schnelle Verlöschen mehr die Folge des durch tiefen Seelenschmerz erschütterten Zustandes seiner Nerven als der Krankheit, von welcher er nur einen verhältnismäßig leichten Anfall gehabt hatte[15].« So ist es wahrscheinlich, daß der Tod nicht durch Cholera, sondern durch Herzversagen eintrat. Die Lebenskraft war erschöpft. Sie reichte nicht mehr dazu aus, sein monumentales Lebenswerk zu vollenden.

XXXII.

Die beste Charakteristik der Persönlichkeit von Clausewitz hat General Graf v. d. Groeben, zuletzt Kommandierender General des Gardekorps, gegeben, der in der Vorrede zum neunten Band der Werke, den er herausgab, u. a. schrieb[16]: »Selten hat sich in *einer* Person eine solche Stärke der Meditation mit so großer Tiefe des Gemüts und Zartheit der Empfindung verbunden wie in Clausewitz ... Wie eine Sinnpflanze, die sich öffnet oder schließt, so erschloß er sich dem Vertrauen oder er verschloß sich dem Mißtrauen. Aber Freund und Feind fand in allen Wechselfällen des Lebens in ihm den Ehrenmann, der überall nur die Sache kennt, nicht die Person. Er war der Mann der ruhigen Besonnenheit, seltener Klarheit und unerschütterlicher Festigkeit der Gesinnung. Aber nicht allein im Gebiet des militärischen Wissens und des Krieges war er stark; er war es auch als Staatsmann im höheren Sinn des Wortes. Aber eben weil er war, so wie er war, so stand er auch den Männern so nahe, welche die Zeitgeschichte mit so hoher Achtung nennt als Gneisenau, Scharnhorst, Stein.«

XXXIII.

In der Tat kennzeichnet den Lebensgang von Clausewitz eine zunächst idealistische, später realistische Humanität. Philanthropische

Züge zeigen sich — wohl auch als Erbe seines Hallenser Großvaters, des Theologieprofessors — in seinem spontanen Interesse für
die Taubstummenanstalten in Paris und in Berlin wie für Pestalozzi, dessen Institut er in der Schweiz besucht, oder bei seinen
Ritten durch die Elendsgegenden der Eifel 1817. Der glühende
Patriotismus, der in den »Drei Bekenntnissen« aufflammt, ist
zeitpolitisch bedingt. Der reife Clausewitz hat ihn ebenso
überwunden wie den jugendlichen Enthusiasmus für den Krieg
und die Abneigung gegen die Franzosen, die ihn nach 1806 an-
fällt. So schreibt er am 17. März 1814 aus Maaseyck an seine
Frau[17]: »Ich bin ein sonderbarer Mensch in Beziehung auf die Vergangenheit. Ich hänge mit Liebe an ihr, selbst wenn sie nicht viel
taugte. Frankreich, mit dem ich doch wahrlich zur Zeit nicht zufrieden war, noch zu sein Ursache hatte, da ich dasselbe kennen
lernte, hat mir gleichwohl immer angenehme Erinnerungen gegeben. Das Fremdartige der Sitten hat im Ganzen, wenn man es als
Reisender (nicht als Verbannter) beobachten darf, viel Anziehen-
des und dies sowie manche kleinen Vorzüge sind meinem dank-
baren Gedächtnis geblieben, während die unangenehmen Eindrük-
ke verschwunden sind. Ich komme zu dieser Bemerkung, weil diese Gegenden mich so sehr an manchen Teil von Frankreich erinnern . . . Dieselben närrischen Häuser . . ., diese stillen, reinlichen
Straßen, dieselben hôtels en miniature kleiner Edelleute, dann dieselbe Bequemlichkeit im Wohnen, der Betten, der Menge der
Schüsseln, die Redseligkeit von Wirt und Wirtin . . .« So hatte sich
die Erinnerung an Frankreich mit den Jahren verwandelt und verklärt.

XXXIV.

Zum Schluß dieser Vorbemerkungen zu dem denkwürdigen Leben
des Carl von Clausewitz noch ein Hinweis. Sein Hauptwerk blieb
bekanntlich unvollendet, wie die gotischen Dome in Deutschland
unvollendet geblieben sind. Man kann aber auch sagen: Es blieb
offen und veranlaßt gerade dadurch zur schöpferischen Weiterfüh-

rung seiner Gedanken. Es gibt Denkansätze oder Denkanstöße, wie man heute zu sagen pflegt, die die eigene Geistestätigkeit nicht nur anregen, sondern kritisch aufhellen und weitertreiben. Es lehrt unterscheiden zwischen dem Möglichen, auch wenn es ein hohes Wagnis bedeutet, und der »plumpen Verletzung des Wahrscheinlichkeitsgesetzes«. Vor allem aber stellt dieses klassische Werk der unterscheidenden Rangordnung aller Faktoren im Krieg ein für allemal den Vorrang der Politik fest und definiert den Krieg als politischen Akt. Es ist ihm selbstverständlich, daß Revolutionäre einen revolutionären Krieg mit völlig anderen Mitteln führen — und gewinnen können — als reguläre Truppen mit hergebrachter Taktik, sie mag gestern einem andersartigen Feind gegenüber so siegreich gewesen sein wie immer. Clausewitz hat nicht ein Handbuch der Kriegführung geschrieben, sondern eine Phänomenologie und Philosophie des Konflikts »großer Interessen, der sich blutig löst«. Muß er sich denn immer blutig lösen? Er wird es dann immer zwangsläufig, wenn die Politik versagt hat. Auch das ergibt sich aus dem Studium der klassischen Kriegsphilosophie. Keine konkrete Friedensforschung, die von der geschichtlichen Wirklichkeit ausgeht und nicht von Illusionen, kann Clausewitz beiseitelassen.

XXXV.

Clausewitz, dem die Mathematik und die Naturwissenschaften ebenso vertraut waren wie die große Literatur seiner Zeit, hat sein Leben als Artillerie-Inspekteur in Breslau beschlossen, wie wir wissen. War das von ungefähr? In den zeitgenössischen Kriegen, die er erlebt oder studiert hat, war die Artillerie, nicht zuletzt unter dem Artilleristen Napoleon, zu neuer Bedeutung gelangt. Es war *die* fortschrittliche bürgerliche und technische Waffengattung. Ist es weiter von ungefähr, daß der Artillerist Scharnhorst die preußische Armee reformierte? Die Artillerie hat sich in der Folge immer weiter entwickelt, bis sie die Materialschlachten des Ersten Weltkrieges beherrschte. 1830 aber stand man bereits an der Schwelle des technischen Zeitalters; auch militärisch hatte sich der

Problemkreis des Krieges erweitert. Man kann sicher sein, daß sich der Artillerie-Inspekteur Clausewitz prinzipiell damit befaßt und grundsätzliche Gedanken dazu niedergeschrieben hätte, wie in seinem Werk über Angriff und Verteidigung, wenn er noch länger gelebt hätte. Das achte Buch hätte er dann wohl den Problemen *Feuer und Bewegung* gewidmet, weil diese Elemente die weitere Kriegsentwicklung beherrschten. Hier ist u. a. die Lücke in dem klassischen Werk, die der frühe Tod von Clausewitz offen ließ, als er eben dabei war, auch diese Probleme geistig zu durchdringen. Dies kann jedoch dessen Bedeutung nicht mindern. Die Krönung bleibt das Buch über den Kriegsplan, das die politischen Prioritäten festlegt; stilistische Unausgeglichenheiten des Konzepts mindern in keiner Weise die Größe und bleibende Gültigkeit solcher Erkenntnis.

ERSTER TEIL

Der Neuling unter Preußen

Erstes Kapitel
Von zweifelhaftem Adel

I.

Am Anfang dieser einzigartigen Lebensgeschichte steht ein sonderbares Fragezeichen: War die Familie Clausewitz wirklich von Adel? Konnte sie ihre Abstammung einwandfrei auf die oberschlesische Familie der Freiherrn von Clauswitz zurückführen, wie die Familientradition sagte? Es mag heutzutage müßig erscheinen, auf diese Frage zurückzukommen; aber im friderizianischen Zeitalter war sie schicksalsbestimmend und noch zu Lebzeiten unseres Kriegsphilosophen spielte sie eine erhebliche Rolle. Die Unklarheit in dieser Beziehung hat Carl von Clausewitz manche geheime Verlegenheit bereitet; aber dank seines lauteren Charakters wirkte sie auch als Ansporn: Er kompensierte sie durch gesteigerte Leistung. Es ist eine komplizierte Geschichte, die zu diesen geheimen Peinlichkeiten geführt hat. Sie ist nur aus den damaligen Zeitumständen zu begreifen. Da steht der Alte mit dem Krückstock, der Philosoph auf dem Thron und erste Diener des Staates, der so unerbittlich regierte, Friedrich II., der Große. Er duldete nur Adelige in seinen Infanterieregimentern und wußte wohl, warum er darauf bestand: nur die Adeligen konnten von Haus aus befehlen, anschaffen, sich durchsetzen. Sie waren die geborenen Herren, wie sie die friderizianische Taktik brauchte. Da sie meist Gutsherrn waren oder von Gütern stammten, war ihnen aber auch in der Regel die »nie rastende Fürsorge« für Mensch und Tier selbstverständlich, sicher auch aus utilitaristischen Gründen. Deshalb wünschte Friedrich der Große nur adelige Offiziere.
Im Siebenjährigen Krieg aber war der Verschleiß gerade an Infanterie-Offizieren zu groß, das adelige Angebot später nicht immer bedarfsdeckend, wie man heute sagen würde. Da machte man gelegentlich eine Ausnahme. Und so genügte es, daß der am 13. Februar 1740 in Halle an der Saale geborene Friedrich Gabriel Clauswitz sich in diesem Krieg mit einem Gesuch an den König »als Edelmann darstellte«, wie später sein Sohn schrieb,[1] und um eine

Clausewitz.

Evangelisch. — Preuß. Adelsbestätigung durch Allerh. Kab. O. Berlin 30. Jan. 1827 (für die Brüder von Clausewitz, Gustav Marquard Friedrich, Kgl. preuß. Steuerrat in Duisburg, Friedrich Volmar, Kgl. preuß. GM. und Kmdr der 9. Inf.-Brig., Wilhelm Benedikt, Kgl. preuß. Obersten und Kmdr der 13. Ldw.-Brig., und Karl Philipp Gottlieb, Kgl. preuß. Major und Kmdr der allgem. Kriegsschule). — W.: In Rot eine aufwärtsgerichtete natürliche schwarze Bärentatze. Auf dem Helme mit rechts schwarz-silbernen, links rot-silbernen Decken ein goldener Stern zwischen offenem schwarzen Fluge.

Stammreihe.

Johann Karl Clauswitz, * Reibersdorf, OLauf., 25. April 1663, † Gr.-Wieberitsch bei Leipzig 23. Nov. 1721, Pfarrer; × mit Johanna Elisabeth Mirus, † 1737.

Benediktus Gottlob, * Gr.-Wieberitsch 24. Juli 1692, † Halle a. S. 7. Mai 1749, o. Prof. der Theol. in Halle a. S.; × I) mit Christine Marie Thieme, † Merseburg 1737; II) mit Juliane Friederike Kirsten.

Aus 2r Ehe: Friedrich Gabriel, * Halle a. S. 13. Febr. 1740, † Burg .. 1802, Kgl. preuß. Akziseeinnehmer in Burg; × .. mit Friederike Dorothee Charlotte Schmidt, * .. 20. Mai 1746, † .. 20. Nov. 1811.

| Gustav Marquard Friedrich, * 1769, † 1830, s. I. Linie. | Friedrich Volmar, * 1771, † 1854, s. II. Linie. | Wilhelm Benedikt, * 1773, † 1849, s. III. Linie. | Charlotte; × mit .. Petiscus, OSteuerinsp. | Karl Philipp Gottlieb, * 1780, † 1831, s. IV. Linie. | Johanna, * 8. Jan. 1790, † Warmbrunn 6. April 1864. |

Abb. I: Stammtafel Carl v. Clausewitz, aus: »Gothaische Genealogische Taschenbücher«, Bd. 5: Taschenbuch der briefadeligen Häuser, 1908

»Anstellung im Militär« bat. Das Gesuch hatte Erfolg, und Friedrich Gabriel wurde im Infanterieregiment Prinz Nassau Junker oder Gefreiterkorporal, wie es damals hieß. Er war der erste Soldat und Offizier in der Clausewitzschen Familie, denn die Vorfahren Vater, Großvater und Urgroßvater waren lutherische Pastoren und Theologen. Allerdings reichte der damals bekannte Stammbaum nur bis 1693, bis zum Geburtsjahr des Urgroßvaters Johann Carl Clauswitz, Pfarrer in Großwieboritzsch nahe Leipzig. Vor 1693 gab es Fragezeichen aus Mangel an Dokumenten der »Familienüberlieferung«, in der sich gern Legenden einzustellen pflegen. Weiter zurück gab es die Freiherrliche Familie von Clauswitz, hieß es. Die Stürme des Dreißigjährigen Krieges hätten ihre Vermögensverhältnisse zerrüttet; der letzte bekannte Edelmann dieses Namens habe am Ende des 17. Jahrhunderts in Jägerndorf im damaligen österreichischen Schlesien gelebt, dann seien seine Kinder in den bürgerlichen Stand übergetreten und nannten sich einfach Clauswitz. So habe auch der Professor der Theologie, der Großvater von Carl in Halle, ein hochangesehener Gelehrter, von seinem Adel keinen Gebrauch mehr gemacht, ebensowenig wie dessen Söhne aus erster Ehe. Wenn der einzig überlebende Sohn aus der zweiten anders dachte und handelte, so hatte es allerdings damit seine besondere Bewandtnis, und zwar die folgende: Der Professor und Doktor der Theologie Benedikt Gottlob Clauswitz starb bereits 1749. Sein jüngster Sohn Friedrich Gabriel aus der zweiten Ehe mit Juliane Friederike Kirsten, die aus Merseburg stammte, war damals erst neun Jahre alt. Seine Mutter Juliane verheiratete sich 1763 wieder, und zwar mit dem preußischen Major v. Hundt[2] vom Regiment Nassau-Usingen in Halle, der schon immer mit der Familie freundschaftlich verkehrte. So kam ein Militär in die Familie, in deren Stammbaum die Pfarrer und Pfarrerstöchter absolut dominierten. Trotz der nur angeheirateten Verwandtschaft beeinflußte dieser Herr v. Hundt seinen späteren Stiefsohn offenbar nicht nur gut fritzisch, sondern auch militärisch, und dieser hat offensichtlich Gefallen daran gefunden. So ging Friedrich Gabriel als erster Clauswitz »zu den Preußen«, und zwar als Friedrich Gabriel *von* Clausewitz. Die Namensänderung und Standeserhöhung hatte offenbar sein Stiefvater veranlaßt, um ihm die Offizierslaufbahn zu ermöglichen. So erhielt Friedrich Gabriel den adeligen Namen, wie ihn der König von seinen Infanterie-Offizieren verlangte. Für diese Standeserhöhung übernahm Major v. Hundt die Verantwortung. Denn er hatte persönlich ein Interesse daran, um, selbst Witwer, mit der offenbar hübschen Witwe des Theologieprofessors eine standesgemäße zweite Ehe zu schließen. Auch sie hieß »nach der wiederaufgenommenen Familientradition« nun *von* Clausewitz wie ihr Sohn Friedrich Gabriel. Des verwaisten Nachkömmlings hat er sich im übrigen liebevoll angenommen und ihn mit seinem eigenen Sohn Johann Christian erzogen. Dieser Johann Christian v. Hundt war Friedrich Gabriels Vorbild. Der zehn Jahre Ältere wurde 1745 Kadett und 1752 Fähnrich. Um es ihm gleichzutun und gleichfalls preußischer Offizier zu werden wie der spätere

Stiefvater und Stiefbruder v. Hundt, dazu brauchte Friedrich Gabriel das Adelsprädikat vor seinem Namen.

Da ist allem Anschein nach dem Major v. Hundt das Notwendige eingefallen: Gab es nicht einmal früher eine freiherrliche Familie von Clauswitz in Schlesien? Sie verarmte, so hieß es, infolge der Verheerungen des Dreißigjährigen Krieges. Die Nachkommen wurden Pastoren und legten den Adel ab, wie in diesem Fall üblich.

Abb. II: Rangliste der Königl. Preußischen Armee für das Jahr 1793;
Regiment v. Thadden: von Hundt

46

Nun aber, da Gabriel Offizier werden sollte, ließ man eben den alten Adel wieder aufleben. Bei dem Gesuch von Friedrich Gabriel um Anstellung bei der preußischen Armee war der Major v. Hundt offenbar Fürsprecher und Referenz. So ist aus einer sächsisch-thüringischen Pastoren- eine preußische Offiziersfamilie geworden. Indessen war dieser Ursprung für Carl von Clausewitz auch ein nonkonformistisches Erbe. Er war und blieb immer ein wenig anders und selbständiger im Denken als die in der Wolle gefärbten Preußen und hielt auch mit seiner Kritik an ihnen nicht hinter dem Berg. Trotzdem wurde er ein glühender preußischer und deutscher Patriot.

Major von Hundt hat, wie gesagt, die Großmutter Clauswitz geheiratet, so daß sie Frau von Hundt wurde. Aber nicht nur durch diesen Stiefvater, sondern auch durch den späteren Stiefbruder Johann Christian von Hundt gewann die Familie des Secondeleutnants von Clausewitz einen einflußreichen Protektor.[3] Denn dieser Johann Christian, zehn Jahre älter als Friedrich Gabriel, war ein tüchtiger Soldat; er wurde 1791 Kommandeur des Infanterie-Regiments v. Thadden, das auch an der Belagerung von Mainz teilnahm. Nach der Rückeroberung der Reichsfestung erhielt er den Orden pour le mérite und wurde dann 1794 Kommandant der Festung Thorn an der Weichsel und Generalmajor. Auch er hat über die Söhne seines Stiefbruders Friedrich Gabriel die schützende Hand gehalten und offenbar dafür gesorgt, daß Wilhelm, der zweitälteste, 1787 und Carl, der jüngste, 1792 als Junker in das Infanterie-Regiment Prinz Ferdinand (Nr. 34) aufgenommen wurden, in dem nur Adelige dienen konnten. In der Folge hat die Familie von Clausewitz eine ganze Reihe von Generalen gestellt, die zum Teil höher stiegen als Carl von Clausewitz.

Der erste von Clausewitz, Friedrich Gabriel, hatte allerdings noch keine Fortune bei den Preußen. Er hat es nur bis zum Secondeleutnant gebracht: Zwei Jahre vor dem Ende des Siebenjährigen Krieges verstümmelte ihm eine russische Kugel vor Kolberg die rechte Hand. Er war damit dienstuntauglich geworden und bekam nach Kriegsende den Abschied; wie böse Zungen behaupteten, auch wegen seines zweifelhaften Adels. Aber bei den Söhnen sah man dann doch wieder über die Zweifelhaftigkeit hinweg, nicht zuletzt offenbar dank der Fürsprache von Vater und Sohn v. Hundt.

Der kriegsversehrte Friedrich Gabriel v. Clausewitz wurde von seinem König nicht einfach im Stich gelassen, als er aus der Armee ausschied. Selbstverständlich bekam er seine Zivilversorgung, allerdings nur seinem niederen Rang entsprechend: Er wurde königlicher Akzise-Einnehmer in Burg an der Ihle, Regierungsbezirk Magdeburg. 1768 heiratete er die sechs Jahre jüngere Friederike Dorothea Charlotte Schmid, eine Beamtentochter, die etwas Geld in die Ehe brachte — und so ist festzustellen: Unter den sechzehn Ahnen des Carl v. Clausewitz bis zu den Urgroßeltern ist nur ein einziger Soldat und Offizier gewesen, und der hat es nur bis zum Leutnant gebracht. Das bürgerliche Element war absolut dominierend, dominierend aber auch die Fülle der Tugenden, durch die sich diese bürgerlichen Familien damals in Deutschland hervortaten: Sie waren tüchtig, sittenstreng, dabei geistig interessiert. Kinderreich, wie sie waren, wurden sie trotzdem mit den bescheidensten materiellen Verhältnissen fertig: Bei ihnen bestimmte nicht das Sein das Bewußtsein, sondern Wissen und innere Haltung erhob und trug sie; nicht zuletzt auch das Bewußtsein, dem redlichsten aller damaligen Stände anzugehören und sich dadurch auszuzeichnen. So brachte es auch Friedrich Gabriel von Clausewitz zustande, mit dreihundert Talern Jahresgehalt seine achtköpfige Familie über Wasser zu halten und seine Kinder zu tüchtigen, ja überragenden Zeitgenossen zu erziehen. Carl hat ihm das immer gedankt.

Im übrigen vollzog sich, einer Fernwirkung der Französischen Revolution entsprechend, auch im deutschen Bereich allmählich der Übergang von der feudalen Stände- zur allgemeinen »guten« Gesellschaft nach bürgerlichem Vorbild. Zu dem Ur-, Schwert- und Briefadel kam die Anerkennung des Adels des Geistes, dem am »Musenhof« von Weimar z. B. durch die Nobilitierung von Goethe, Herder, Schiller Ausdruck verliehen wurde. In Preußen wurde dem Oberstleutnant Scharnhorst, dem Sohn eines niedersächsischen Wachtmeisters, 1804 die gleiche Standeserhöhung zuteil.

Abb. 1. Carl v. Clausewitz, geb. 1. 6. 1780 in Burg bei Magdeburg, gest. 16. 11. 1831 in Breslau, in der Uniform eines preußischen Generalmajors — Gemälde von Wilhelm Wach —

*Abb. 2. Marie von Clausewitz — die Gattin von Carl von Clausewitz.
Geb. 1779 in Warschau, gest. 1836 in Dresden*

Auch die Familie Clausewitz gewann später in aller Form die Anerkennung ihres Adels durch den König von Preußen: Als die Kabinettsorder vom 30. Januar 1827 die Adelsbestätigung aussprach, kam sie allen vier Söhnen des Secondeleutnants zugute.[4] Sie war gleichlautend gerichtet an den Generalmajor und Kommandeur der 9. Infanteriebrigade von Clausewitz I, an den Obersten und Kommandeur der 13. Landwehrbrigade von Clausewitz II und an den Generalmajor und Militärdirektor der Allgemeinen Kriegsschule von Clausewitz III. Auch dem ältesten Bruder, dem einzigen, der nicht die militärische Laufbahn eingeschlagen hatte, zuletzt königlich preußischer Steuerrat in Duisburg, wurde die Kabinettsorder zugestellt. Sie lautete übereinstimmend für die vier Brüder: »Bei den in Ihrem Schreiben vom 28. d. M. vorgestellten Umständen will ich den von Ihnen und Ihrem ältesten, als Steuerrat in Duisburg angestellten Bruder bisher geführten Adel bestätigen und mag Ihnen dies zur Legitimation über den rechtmäßigen Besitz des Adels dienen.
Berlin, den 30. Januar 1827 (gez.) Friedrich Wilhelm«
Die positive Entscheidung des Königs war bereits drei Tage nach Eingang des Gesuches gefallen. Sein Text ist nicht erhalten.

II.

Es war indessen ein langer Weg bis zu dieser förmlichen Legitimierung, dieser aber nicht ohne Fußangeln und Fallstricke. Die beiden älteren Brüder dienten, wie gesagt, bei der Infanterie, bei der der Adel sozusagen »zum Anzug« gehörte; Adelsherkunft war deshalb so selbstverständlich, daß er gar nicht in Zweifel gezogen wurde. Aber der jüngste, Carl, war seit 1803 bei Hof Adjutant eines königlichen Prinzen. Fragte man da nicht genauer nach seiner Familie? Es hätte sein können. Wenn es dann nicht der Fall war, dann doch wohl deshalb, weil Carl von Clausewitz sich nobel benahm und neidlos anerkannt wurde, so daß keine Intrigen gegen ihn aufkamen. So galt auch bei ihm der Adel als selbstverständlich. Einen »Gotha« für die adeligen Familien, in dem man hätte nachschlagen können, wenn Zweifel aufkamen, hat es damals noch nicht gegeben.[5]

Dann hat König Friedrich Wilhelm III. 1827 offenbar Gnade vor Recht ergehen lassen. Denn ein Zusammenhang mit der freiherrlichen Familie von Clauswitz, die im ersten Drittel des 18. Jahrhunderts wohl ausgestorben ist, hat sich nicht erstellen lassen. Nach Karl Schwartz, dem ersten Clausewitz-Biographen,[6] wird im Jahre 1704 ein Ernst Friedrich Freiherr von Clauswitz als Königlicher Mann und Ältester im Fürstentum Breslau erwähnt, dessen Witwe jedoch ihre Güter den Jesuiten in Breslau vermachte; in deren Obhut hat sie auch ihre letzten Lebensjahre verbracht. Um diese Zeit aber war der erste bekannte Clauswitz unserer Familie bereits evangelisch-lutherischer Pfarrer in Sachsen.

Carl von Clausewitz ahnte wohl immer, daß der Adel seiner Familie nicht die urkundliche Grundlage besaß, wie er sie wünschte. Das »wurmte« ihn. Denn es widersprach seinem Charakter, der immer auf Klarheit und Redlichkeit ausging. Akut wurde die Frage, als er sich in die Komtesse Brühl verliebte und sich heimlich mit ihr verlobte, selbstverständlich, um sie zu heiraten. Sie war die Enkelin des berühmten Reichsgrafen von Brühl. Carl von Clausewitz aber besaß nichts als »den Degen an seiner Seite«, und sein Adel war obendrein zweifelhaft. Trotzdem hat sie sich vorbehaltlos für ihn entschieden. Da durfte er sie über sein Herkommen nicht im unklaren lassen.

Am Vorabend seines Abtransportes nach Frankreich, Ende 1806, wo man ihm und seinem Prinzen einen Zwangsaufenthalt zuwies, schrieb Clausewitz einen ausführlichen Brief an seine heimliche Verlobte, zum erstenmal mit dem vertraulichen »Du«. Sie sollte über sein Herkommen die Wahrheit wissen, aber sie sollte ihr schonend beigebracht werden, auch unter Schonung derer, die es an der notwendigen Nachprüfung der Familientradition hatten fehlen lassen. So war der Brief vom 13. Dezember des unglückseligen Jahres 1806 ein halbes Geständnis. Die heimliche Verlobte sollte genau seine Familienverhältnisse kennenlernen, denn die wenigen Stunden, in denen sie unter vier Augen hatten miteinander reden können, hatten dazu nicht ausgereicht. Nun holte er das schriftlich nach, bevor er nach Frankreich ausrücken mußte. Für wie lange, das wußte damals noch niemand... So schrieb Carl von Clausewitz an jenem 13. Dezember 1806 einen langen und zarten Liebesbrief und zugleich ein verklausuliertes Geständnis. Nach längeren allgemeinen Betrachtungen über die »Größe des verlorenen Gutes« schreibt er[7]:

»Die heitersten Stunden, die ich verlebe, sind unstreitig die, in welchen ich mich mit Dir, geliebte Marie, unterhalte. Immer komme ich darauf zurück, daß ich Dir nicht zu sagen weiß, wie viel Du meiner Seele bist! O daß mir dieser letzte Trost nie geraubt werden möge. Nicht wahr, teure Freundin, unsere Herzen trennen sich nie wieder?«

Soweit der einleitende Brieftext. Es ist bezeichnend, daß Clausewitz hinter diesen Satz ein Fragezeichen gesetzt hat; denn nun folgt die Geschichte mit dem zweifelhaften Adel, von der er doch noch nicht ganz sicher weiß, wie sie ankommt. So heißt es:

»Nachdem ich es mir recht überlegt habe, liebe Marie, scheint es mir besser, den neulich angefangenen Gegenstand der Unterhaltung jetzt gleich schriftlich zu beendigen. Unangenehm ist er mir nur dann, wenn ich mich nicht ganz darüber aussprechen kann, und das ist in einem Brief nicht der Fall. Ich hatte mir vorgenommen, was ich darüber zu sagen hatte, für einen späteren Zeitpunkt aufzubewahren; ich weiß nicht warum, aber es lag in meinem Gefühl und es gibt so manche Dinge, die man dem dunklen Takt dieses Gefühls überlassen muß. Die Art aber, wie Du mir davon gesprochen hast, und das täglich wachsende innige Vertrauen unserer Seelen macht es mir jetzt ordentlich angenehm, mich darüber aussprechen zu können. Hier also mein ganzer Ursprung.«

Und nun folgt die Erzählung der Familienüberlieferung in gedrängter Kürze. Es ist diejenige, die wir kennen. Dabei wird besonders des Vaters mit Dankbarkeit gedacht. »Er schrieb an den König, der uns einen nach dem anderen in der Armee anstellte, meine Schwestern erhielten Stifts-Expektanzen. So mit rechtlichem Eifer für seine Kinder sorgend, legte mein Vater endlich sein sorgenbelastetes Haupt ruhig ins Grab, denn er hatte Freude an seinen Kindern gehabt.« Wer denkt nicht bei diesem Vater-Sohn-

Verhältnis an den lautersten der bürgerlichen Dichter dieser Zeit, an Matthias Claudius?
Aber nun kommt die eigentliche Beichte. Gut, die drei Brüder, Söhne des Secondeleutnants Friedrich Gabriel v. Clausewitz, waren als Adelige in der Armee angestellt, zwei von ihnen im Regiment Prinz Ferdinand, in dem nur Edelleute dienen konnten, wie wir wissen. Es gab aber Verwandte, die älteren Söhne des Großvaters aus erster Ehe, des Hallenser Theologieprofessors, die »nicht Edelleute zu sein schienen« und sich ganz einfach Clauswitz schrieben. Wenn man auf diese Merkwürdigkeit stieß, lag der Verdacht nahe, daß sich die »von Clausewitz« ihren Adel angeeignet hätten, daß sie in dieser Beziehung Usurpatoren waren, wie Clausewitz an die Komtesse Brühl schrieb: »Diese Idee war unaussprechlich unangenehm für uns, denn wir fühlten wohl, daß kein betrügerischer Blutstropfen in uns war.« Und nun folgen weitere Bekenntnisse, die sich Clausewitz vom Herzen schreiben will, bevor er in die Internierung nach Frankreich abgeht. So heißt es weiter:
»... indessen hatten wir nicht die mindeste Furcht, denn einem jeden, der in dieser Absicht unserem Adel hätte angreifen wollen, würden wir mit dem Degen eine Antwort gegeben haben, die uns vor jeder Demütigung schützte; aber in zarteren Verhältnissen war die Idee einer Usurpation unerträglich, so oft nicht (wie in diesem Augenblick geschieht) eine ausführliche Erzählung der Umstände sie entfernen und uns so rein darstellen konnte, als wir uns in dem Innersten unserer Seele fühlten.« Dann folgt der Hinweis auf eine Absicht, die aber erst nach mehr als zwanzig Jahren verwirklicht werden sollte: »Mein mit mir im Regiment Prinz Ferdinand dienender Bruder faßte daher den Vorsatz, eine Erneuerung des Adels nachzusuchen, aber seine Freunde, unter anderen Rüchel, rieten ihm, dies nicht zu tun, weil sich niemand finden würde, der an unserem Adel zweifle, und der ganze Schritt in diesen Zeiten (es war im Revolutionskrieg 1793) etwas Kleinliches haben werde. Die Zerstreuung der Kriegsbegebenheiten brachte uns immer mehr von der Idee ab und in der Tat bin ich bis jetzt noch nie genötigt gewesen, darüber Erklärungen zu geben.«

1806 aber hat sich die Lage geändert. Da ist das Verlöbnis sicher, vorerst gewiß noch heimlich und ohne Mitwissen Dritter, aber doch schon mit der festen Absicht der späteren ehelichen Verbindung, sobald es sein kann. Und so heißt es denn in dem genannten Brief mit unbedingter Aufrichtigkeit weiter:

»Von dem Augenblick, da unser Verhältnis mich an Deinen Besitz denken ließ, fiel mir der Gegenstand wieder aufs Herz; da es mir indessen bei einem so innigen Verhältnis nie an einer Gelegenheit zur ausführlichen Erklärung fehlen konnte, so hat er mich auch in Rücksicht *Deiner wenig beunruhigt, obgleich ein bloßes Berühren des Gegenstandes* mir stets eine unangenehme Empfindung geben mußte.«

Und dann noch einmal die Beichte: »Ich gestehe, daß die Idee, für einen Usurpator, einen Glücksritter genommen zu werden, die Idee des Verdachtes, daß ich meiner Verwandten mich schämen könnte, die noch dazu überaus rechtliche Leute waren, mir stets wie ein spitziger Pfeil tief ins Herz gedrungen ist und mir eine unaussprechlich unangenehme Empfindung erzeugt hat. Die erste dieser beiden Ideen hat bei Dir schwerlich stattgefunden; vielleicht aber hast Du Dich der zweiten einen Augenblick nicht erwehren können. Jetzt, Marie, hoff ich, bist Du auch von dieser frei und gehörst mir nun wieder mit ganzer, mit befreiter Seele an. Ich bin in diesem Augenblick zu berührt, um etwas zu sagen, also laß mich schließen. Morgen hoffe ich Dich wiederzusehen, Deine herrlichen, himmlischen Züge wiederzusehen!«

Zwischen den Verlobten war damit die Klarheit geschaffen, die sie brauchten. Marie v. Brühl wußte, wem sie ihr Herz geschenkt hatte: einem unbedingt wahrhaftigen jungen Mann und lauteren Charakter. Aber sie wußte nun auch, daß u. U. Widrigkeiten entstehen konnten, Widerstände von seiten ihrer Familie, ihrer Verwandten. Das Geständnis ihres Verlobten stellte sie auf die Probe, gewiß ohne Absicht. Sie sollte Bescheid wissen, bevor er fortging, Abschied von ihr nahm; wie lange und mit welcher Wiederkehr, das wußte im Dezember des preußischen Katastrophenjahres 1806 noch niemand.

So bestimmte der zweifelhafte Adel nicht nur den Auftakt dieser ungewöhnlichen Biographie; er bestimmte sie auch noch bis zur Heirat. Die Umstände haben es Carl von Clausewitz nicht leicht gemacht. Von Anfang an wurde er auf harte Proben gestellt; nichts ist ihm in den Schoß gefallen und nichts geschenkt worden, nicht einmal das so Selbstverständliche seines Namens: Selbst ihn haben er und seine Brüder sich erst erdienen müssen. Daß sie dann legitim *von* Clausewitz hießen, war nicht nur Gnadenakt ihres Königs, sondern auch dessen Anerkennung ihrer Gesamtleistung: Die Familie hatte dem preußischen Staat drei Soldaten gestellt, von denen zwei Generale wurden sowie einer höherer Beamter: sie taten sich sämtlich hervor. Der Secondeleutnant von Clausewitz hat freilich den großen Aufstieg seiner Söhne nicht mehr erlebt: Er starb schon 1802, müde und ausgezehrt mit 62 Jahren. Die fromme Mutter hat ihn um neun Jahre überlebt. Als sie im November 1811 das Zeitliche segnete, war der jüngste ihrer Söhne, Carl, am 1. Juni 1780 in Burg geboren, Major im Generalstab und mit Marie Reichsgräfin von Brühl verheiratet.

III.

So fällt die Lebensgeschichte von Carl von Clausewitz von Anfang an aus dem herkömmlichen Rahmen. Ihr Ansatz ist ebenso ungewöhnlich wie ihr Werden und Wachsen; sie paßt in kein Schema. Schon im Herkommen unterscheidet sich der spätere Kriegsphilosoph von den meisten seiner Standesgenossen, die aus alten Soldatenfamilien stammten und von Geburt an zu den »oberen Zehntausend« gehörten, alte ehrwürdige Namen trugen. Gewiß, den ersten Schritt in die militärische Laufbahn hat ihm ein angeheirateter Stabsoffizier erleichtert, die nächsten Schritte dessen Sohn als Oberst und General begünstigt. Aber dann geht das Talent seine eigenen Wege, sein Geist kommt zur Reife; er ahnt, dann weiß er von den Veränderungen der Zeit, von der Notwendigkeit einer neuen Entwicklung. Der Autodidakt ist von einem brennenden Ehrgeiz erfüllt, nicht zuletzt auch infolge des zweifelhaften Adels seiner Familie.

Aber auch dieser Ehrgeiz ist nicht alltäglich. Er zielt bald auf Kenntnisse und Erkenntnisse des Soldaten, die über das Hergebrachte hinausweisen, um das Wesentliche zu erfassen, vor allem hinsichtlich des Phänomens Krieg. Er erlebt ihn mit 13 Jahren, und von da an bleibt er im Mittelpunkt des Bewußtseins; um die Probleme des Krieges kreisen seine Gedanken. Die Kriegsgeschichte ist ihm nicht mehr Selbstzweck der Forschung wie den Historikern, sondern Mittel und Brücke allgemeiner und höherer Erkenntnis.

An der geistigen Wiege des Kriegsphilosophen haben, wenn man so will, die geistlichen Vorfahren gestanden, vor allem der Hallenser Theologieprofessor. Sie überlieferten ihm die Moralität des Denkens, die Gabe der Unterscheidung, die Gewissenhaftigkeit der Kritik, die mit der Selbstkritik an der eigenen Urteilskraft anfängt. Die christliche Haltung wie die hohe Moral und Gemütstiefe seiner Familie waren ebenso an seinem Werdegang beteiligt, wie Verstandesschärfe und philosophisches Bewußtsein der ausgereiften Persönlichkeit an dem späteren Konzept seines Hauptwerks entscheidenden Anteil haben. Der erlebte und studierte Krieg blieb dann nicht mehr bloß Stoff und historische Materie, sondern wurde das stärkste Motiv philosophischer Reflexion.

Bis dorthin aber war noch ein weiter Weg, als Carl von Clausewitz mit zwölf Jahren Soldat wurde, Junker, Gefreiterkorporal, wie es damals hieß. Das harte und eingeschränkte Leben im Haus des Steuereinnehmers in Burg fand seine Fortsetzung in Potsdam und dann im Feldlager vor Mainz. Es gibt keine Hinweise darauf, daß der Knabe Carl ein begeisterter Soldat war oder das poetische Leben des Kornett Rilke geführt hat. Er ist bei aller poetischen Anwandlung in Sachen Kriegsdienst und Militär eher nüchtern geblieben. Aber im Dienen hat er außer einem unendlichen Fleiß vor allem ursprüngliche Begabung, Klugheit, Güte und Strebsamkeit gezeigt. Damit gewann er die väterliche Zuneigung Scharnhorsts, die Liebe Marie von Brühls, die Freundschaft Gneisenaus und schließlich auch die Anerkennung des Reichsfreiherrn vom Stein. Mit ihnen gemeinsam bildete er den Kader bewußter Staatsbürger unter den Wahlpreußen in Zivil und in Offiziersuniform, die die

Befreiungskriege in Gang brachten und schließlich gewannen. Sie haben die Niederlage von 1806 zur hohen Schule des Anspornes zur Befreiung fortentwickelt.

Zweites Kapitel
Ein Sohn des Lagers

I.

Am 28. Januar 1807 schrieb der in Frankreich internierte Stabskapitän Carl v. Clausewitz an seine Verlobte[1]: »Bedenke, daß ich ein Sohn des Lagers bin, aber aus der wirklichen, nicht aus Schillers poetischer Welt wie Max Piccolomini. Nach einer sehr mittelmäßigen Schulbildung war im zwölften Jahr mein erster Ausflug in die Laufgräben vor Mainz — da trug, als Mainz ein Raub der Flammen wurde, die wir angefacht, das Jauchzen des rohen Soldatenhaufens auch meine kindliche Stimme empor. So den Umständen, den mannigfältigsten Einwirkungen und meiner schwachen Kraft überlassen, sind die äußeren Eindrücke, die Umstände, kurz der Zufall meine Erzieher gewesen. Ich hätte schlechter werden können, das gebe ich zu; indessen hätte der Schutz einer sorgfältigen Erziehung, unter der Hand eines würdigen Freundes meiner Vergangenheit einen reineren Gehalt bewahrt, meine Kräfte sicherer entwickeln, mit Kenntnissen und mit Kunstbildung mich ausstatten können.«

Es ist ein weiteres Bekenntnis, das Clausewitz da seiner späteren Frau gegenüber ablegt. So also ist seine Jugend verlaufen: Die dürftige Elementarbildung auf der Lateinschule in Burg, die Einförmigkeit des ersten Soldatendienstes in Potsdam, bei dem er freilich nicht kaserniert war, sondern eine eigene Stube hatte, die er mit einem anderen »Gefreiterkorporal« teilte, und nun also das erste Kriegserlebnis 1793 bei der Einschließung und Belagerung von Mainz. Er war am 1. Juli gerade dreizehn Jahre alt geworden. Der Vater mit seinen 300 Talern Jahresgehalt hatte Not gehabt, seine große Familie zu ernähren, und so wurden eben drei Buben von den sechs Kindern schon in früher Jugend zu den Soldaten gesteckt, einer nach dem anderen, zuerst Friedrich, dann Wilhelm und schließlich Carl, 1780 geboren, der jüngste Sohn der Familie. Alle drei wurden die tüchtigen preußischen Offiziere, wie sie sich der Vater gewünscht hatte, nur der älteste Sohn Gustav sollte wie sein Großvater Theologie studieren, sprang aber ab und ging ins Steuerfach über. Nun also, 1793, lag der Gefreiterkorporal Carl v. Clausewitz als ein schmächtiges Bürschchen vor Mainz und lernte den wirklichen Krieg kennen. Der war ganz anders als der, für den man in Potsdam einexerziert worden war. Das Regiment Prinz Ferdinand lag ziemlich am nördlichen Flügel der Zernierung links des Rheins, vor sich Feldwachen, damals Piquet geheißen. Die davor liegenden Ortschaften Gonsenheim und Bretzenheim waren durch Vorposten gesichert. Erst im Mai und Juni kam es hier zu einigen Gefechten, über deren eines Karl Schwartz, der erste Clausewitz-Biograph kurz berichtet[2]: »Unweit Mombach warf eine Kompanie des Regiments den sehr überlegenen Feind, der ein Piquet attakkierte, über den Haufen.« Auch um die Zahlbacher Schanze, von den Franzosen zu einer Schlüsselstellung ihrer Vorfeldverteidigung ausgebaut, wurde gekämpft, bis sie das Regiment Prinz Ferdinand endgültig eroberte. Über die Beteiligung von Carl von Clausewitz an den Attacken, Gefechten und Scharmützeln vor Mainz fehlen nähere Nachrichten, doch ist bekannt, daß sein älterer Bruder Wilhelm, bereits Secondeleutnant im gleichen Regiment, sich so auszeichnete, daß er dem König vorgestellt wurde, damals noch Friedrich Wilhelm II. Er erbat sich die Altersversorgung für seinen Vater[3].

Die Belagerung von Mainz war kein großes kriegerisches Spektakel. Was sich dabei ereignete, hat später Goethe aufgezeichnet, der im Gefolge des Herzogs von Weimar daran teilnahm. Aber der Gefreiterkorporal Clausewitz, der noch vor Mainz Fähnrich wurde, wußte offenbar davon nichts. Für ihn, den damals noch Unbelesenen, war Goethe noch kein Begriff; er wurde es erst sehr viel später durch seine Verlobte, dann durch seinen Freund Gneisenau. Aber vor Mainz hatte er doch schon ein Erlebnis, das ihn mit dem Dichter von »Hermann und Dorothea« verband, einer Dichtung, die er übrigens später kennenlernte und schätzte. Beide, der militärische Anfänger und der längst anerkannte große Dichter, gerieten in den Feueratem der Französischen Revolution und erlebten in den Laufgräben vor Mainz, die noch der hergebrachten Manier der Belagerungen entsprachen, daß ein neues Zeitalter angebrochen war, daß nun von einer anderen Politik auch ein andersartiger Krieg als der zwischen stehenden Heeren und absolutistischen Fürsten geführt wurde: »Mit anderen Mitteln und zu einem anderen Ziel.«

Welches das Ziel war, darüber konnte bereits dem Junker v. Clausewitz kein Zweifel mehr aufkommen, so jung er damals noch war. Es ging nicht mehr um Eroberungen und Landgewinn; das Motiv war anders, der Krieg urplötzlich wieder eine Sache des Volkes, das Ziel die gemeinsame republikanische Freiheit. Wie ein Steppenbrand hatten sich die revolutionären Ideen von Frankreich her ausgebreitet, und die französischen Soldaten und Generale waren ihre Sendboten. Eine andere Art der Kriegführung ergab sich daraus, die die alte Taktik erschütterte. Nicht mehr das Kommando und die Fuchtel der Offiziere trieben voran, sondern das revolutionäre Feuer, die Kampflust der Freiwilligen, das Schmettern der Clairons und das Triumphlied der Marseillaise. Nichts dergleichen gab es auf preußischer Seite. Nur Mut und Bereitschaft, sich aufzuopfern, vor allem unter den Offizieren.

Das erste Kriegserlebnis vor Mainz traf auf den wißbegierigen Sinn des 13jährigen Clausewitz. Er konnte die neuen Eindrücke gewiß noch nicht voll erfassen und verarbeiten. Aber er sah, hörte und registrierte. Dieser Krieg war anders als der, für den man die Truppe in Preußen drillte. Erste Skepsis wurde in dem jungen Fähnrich wach. Dieses Kriegsbild, das er vor Mainz erlebte, hatte mit dem von Fehrbellin und Leuthen, Zorndorf und Hohenfriedberg wohl kaum mehr etwas zu tun, auch wenn es sich nur um eine Belagerung handelte. Es war in einer Wandlung begriffen, von der man freilich noch keineswegs wußte, wohin sie führte.

Drei Grunderlebnisse waren es offenbar, die sich dem Junker v. Clausewitz bei der Belagerung und Wiedereroberung der Reichsfestung Mainz einprägten und von ihm später ausgedeutet werden sollten: Da war zuerst die politische Frage, wie die Französische Revolution so rasch auf Mainz hatte übergreifen können, ferner, warum sie dort so viele Anhänger und Mitläufer fand, und dann natürlich die militärische: Warum war die Festung nicht rechtzeitig instandgesetzt und kriegsbereit gemacht worden? Man hatte also die Gefahr, die mit der Französischen Revolution aufkam, ganz und gar unterschätzt. Und schließlich gab der nächtliche Überfall von 3000 Franzosen auf das Hauptquartier Marienborn zu denken, weil er einer Mentalität entsprang, die die gedrillten stehenden Heere damals noch nicht kannten. Natürlich war sich der junge Clausewitz dieser Probleme 1793 noch nicht bewußt, aber sie speicherten sich gleichsam in seinem Gedächtnis als Material für spätere Erkenntnisse.

II.

Wie hatte die Reichsfestung Mainz in die Hand der Franzosen fallen können? Man kann annehmen, daß Clausewitz, wißbegierig, danach gefragt hat. Es ergab sich aus den Gesprächen mit älteren Kameraden und Einheimischen, mit denen er sicher Kontakt hatte. Da stellten sich Fragen über Fragen: Warum hatte sich der Herzog von Braunschweig nach der Kanonade von Valmy im Herbst 1792 kampflos zurückgezogen? Gewiß wegen des anhaltenden Regenwetters wie wegen der Epidemien, die sich in seinem Heer ausbreiteten und es dezimierten. Aber da waren wohl auch noch andere Gründe. Warum hatten »seine« Preußen fast fluchtartig Frankreich verlassen, sogar unter Preisgabe des Fuhrparks? Warum konnten die verachteten Sansculotten nachdrängen und die Rheinpfalz besetzen? Vor allem aber: Wie konnte die Reichsfestung Mainz, dieses alte Bollwerk des Reiches, so in den kriegerischen wie revolutionären Strudel geraten? Da kam es eben zutage, was der Geschichtsschreiber Hermann Stegemann später so schilderte[4]: Die französische Rheinarmee unter General Custine war aus dem Elsaß hervorgebrochen und marschierte nordwärts. Sie fand keinen Widerstand mehr, ja ihre Truppen wurden teilweise mit Jubel empfangen; man erwartete von den »Neufranken« Freiheit, Gleichheit und Brüderlichkeit. Noch vor dem Eintreffen Custines vor der Festung hatte sich in Mainz ein Klub von Jakobinern gebildet, der die Franzosen als Befreier feierte und sie zur Besetzung des Erzstiftes einlud. Das geschah, als Custine sich mit 18 000

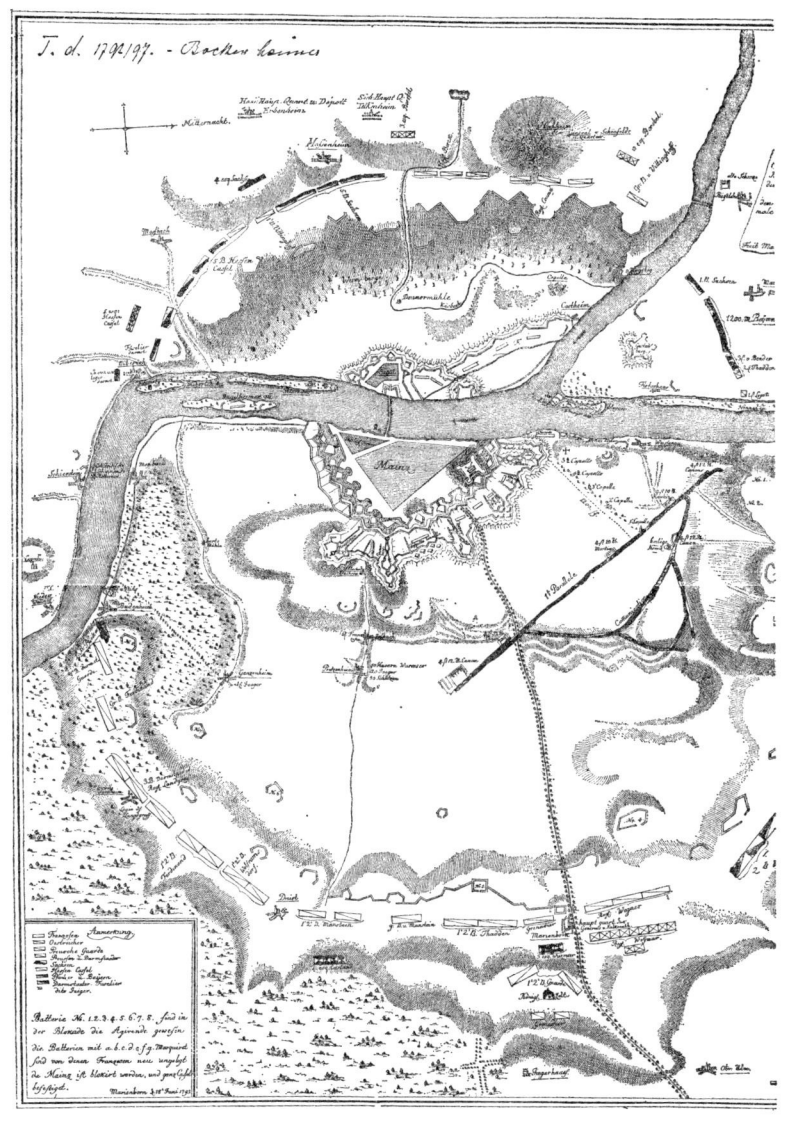

Abb. III: Die Belagerung von Mainz im Sommer 1793

61

Mann der Festung näherte. Der kurfürstliche Hof war geflüchtet, Kapitel und Adel waren nach Würzburg ausgewichen, die zurückgelassene Bevölkerung geriet in Panik. Die Festung selbst aber, eben allzulang schon als Waffenplatz vernachlässigt, verfügte nur über 3000 Mann überalterter Besatzung und war weder fähig noch willens, sich zu verteidigen. So übergab sie der Kommandant kampflos den revolutionären Franzosen. Ihr General Custine aber machte sie in kurzer Zeit zu einem französischen Bollwerk. Ja, er war drauf und dran, sie zum wichtigsten Brückenkopf an Rhein und Main, zu einer Operationsbasis auszubauen, die Mitteldeutschland bedrohte. So mußte um jeden Preis Mainz wiedererobert werden, nachdem man es so leichtfertig preisgegeben hatte.

Die große Lage aber hatte sich unterdessen beträchtlich verändert: Am 21. Januar 1793 war König Ludwig XVI. von Frankreich hingerichtet worden, die Königin Marie Antoinette, Tochter von Maria Theresia, folgte ihm am 6. Oktober auf dem Schafott. Die Koalition gegen die Französische Republik erweiterte sich durch den Beitritt Englands und der meisten Monarchien des Kontinents. Preußen setzte neue Regimenter, darunter das Regiment Prinz Ferdinand, nach Westen in Marsch und übernahm den Oberbefehl zur Wiedereroberung von Mainz. König Friedrich Wilhelm II. trat selbst an die Spitze der Belagerungsarmee, von seinem Sohn, dem späteren König Friedrich Wilhelm III., begleitet. General Graf Kalckreuth leitete in seinem Auftrag die Operationen. Bis Ende März waren ca. 30 000 Mann aufmarschiert, preußische, österreichische, pfälzische und hessische Regimenter. Die Belagerung begann am 1. April, die engere Einschließung auf beiden Rheinufern 14 Tage später. Aber noch dauerte es bis zum 18. Juni, bis die Belagerungsartillerie herangeschafft und in Stellung gebracht werden konnte. Dann begann das Bombardement, während die Parallelen und Tranchéen immer näher an die Festungswerke vorgetrieben wurden. Am 23. Juli kapitulierte der französische Kommandant General d'Oyré mit der durch Hunger zermürbten Besatzung. Der Verlust der Franzosen betrug ca. 5000 Mann an Toten, Verwundeten und Gefangenen, der der Verbündeten etwa 3000, also etwa 10

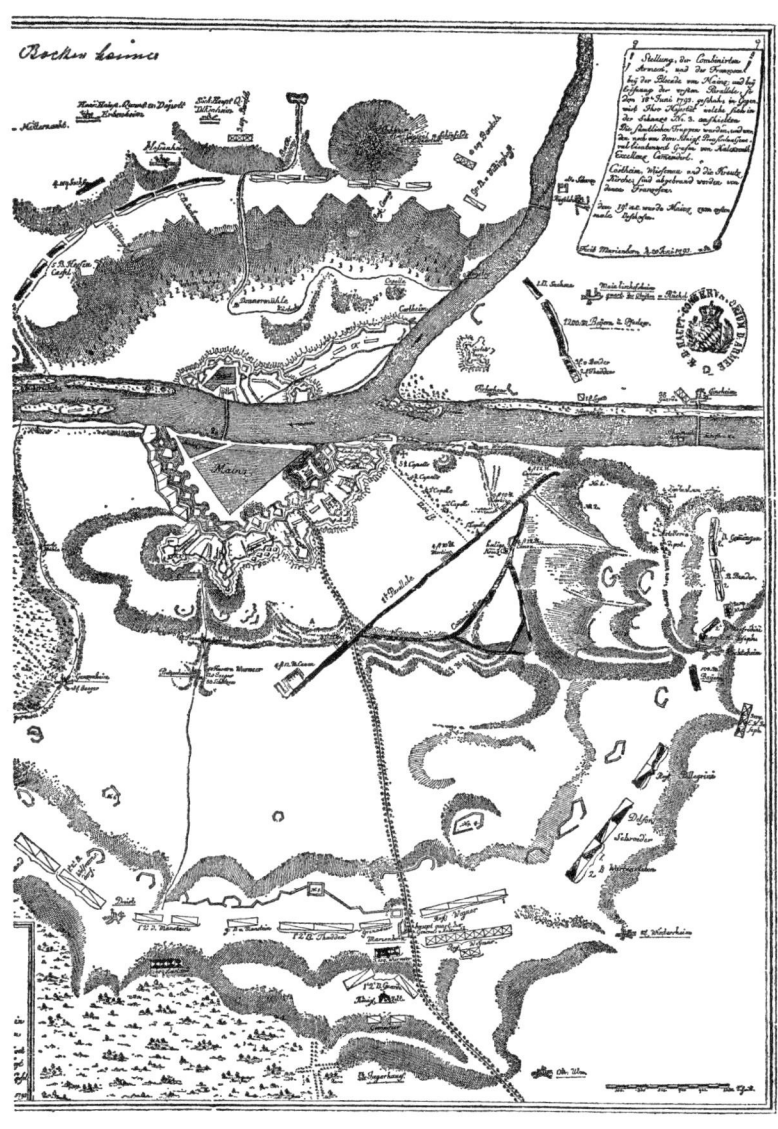

Abb. IV: Die Belagerung von Mainz im Sommer 1793

Prozent der eingesetzten Truppen. Stadt und Bürgerschaft hatten unsäglich gelitten.

Aber da war noch ein anderes Moment, das man aus früheren Kriegen in diesem Ausmaß nicht kannte: Das revolutionäre Frankreich hatte inzwischen Parteigänger gewonnen, ideologische Verbündete, viele Sympathisanten. Nach Hermann Stegemanns »Kampf um den Rhein«[5] hatte sich die revolutionäre Bewegung wie ein Steppenbrand ausgebreitet: »Freiheitsbäume wuchsen aus dem eroberten Boden. Jakobinerklubs taten sich auf, revolutionäre Ausschüsse erließen schwungvolle Manifeste. Pariser und Mainzer feierten Verbrüderungsszenen, vom Taumel der Zeit erfaßte Frauen erschienen mit Tuniken, Weinlaub im Haar, auf den französischen Freiheitsbällen.« Auch das Volk, dem der letzte Kurfürst ein schlechter Herr war, empfing die Franzosen zunächst als Befreier. Vor allem der Naturforscher und Völkerkundler Georg Forster, seit 1788 Bibliothekar in Mainz, der mit Alexander v. Humboldt England, Frankreich und die Niederlande bereist hatte, wurde ein feuriger Republikaner und Haupt der Klubisten. Ja, er ließ sich 1793 als Abgeordneter nach Paris schicken, um die Vereinigung des Kurfürstentums mit Frankreich zu betreiben. Dafür wurde später die Reichsacht über ihn verhängt.

Zum Kreis um Forster gehörte auch Caroline, geb. Michaelis, die Witwe des Bergarztes Böhmer, die seit 1791 in Mainz lebte. Die entfesselten Freiheitsfeiern von 1793 waren sicher schuld, daß sie ein Kind von einem Offizier der Besatzungsmacht bekam. Nach der Wiedereroberung zu Festungshaft verurteilt, wurde sie von August Wilhelm Schlegel befreit und geheiratet. Als »Dame Lucifer«, wie sie Schiller spöttisch nannte, war sie das ebenso anmutige wie geistvolle Medium der Jenaer Romantik. Als 1807 Clausewitz August Wilhelm Schlegel in Coppet bei Madame de Staël kennen lernte, war sie schon längere Zeit von diesem geschieden; endlich kam sie an der Seite des Philosophen Schelling, als dessen glückliche Gattin zur Ruhe. Sie starb schon 1809, eben erst 46 Jahre alt.

64

*Abb. 3. Gerhard von Scharnhorst (geadelt 1804), 1755—1813, preuß. Ge-
neralleutnant — Büste in der Walhalla in Regensburg —*

Abb. 4. König Friedrich Wilhelm III. im Kreise seiner Familie. Stehend hinter der Königin Luise Kronprinz Friedrich Wilhelm und Prinz Wilhelm, der spätere deutsche Kaiser Wilhelm I.

Abb. 5. Prinz August von Preußen, 1779—1843, Bruder des Prinzen Louis Ferdinand (1772—1806)

III.

Das erste Kriegserlebnis des jungen Clausewitz wurde also von revolutionären Kriegshandlungen bestimmt. Besonders beeindruckt war er vor Mainz gewiß durch das Verhalten der Franzosen bei ihren Ausfällen: Da waren sie Naturkrieger. Der dreiste Überfall auf Marienborn Ende Mai 1793 war dafür ein eindrucksvolles Beispiel. Er wird sowohl von dem Mainzer Chronisten Karl Klein in seinem Buch über die erste französische Okkupation 1792/93 wie von Goethe in seinem Bericht »Die Belagerung von Mainz« anschaulich geschildert. Bei Klein heißt es[6]: »Die Belagerten waren in ihren Ausfällen bisher nicht unglücklich; sie wurden jetzt kühner und wollten durch List und Verrat den General Kalckreuth, der in Marienborn, und den Prinzen Louis Ferdinand, der im Chausseehaus wohnte, gefangen nehmen. Geführt von (einem gewissen) Lutz, früher Gerichtsschreiber in Oberolm, jetzt in Mainz wohnhaft, waren in der Nacht zum 31. Mai um ein Uhr etwa 3000 französische Freijäger unbemerkt durch die preußischen und österreichischen Vorposten vorgedrungen; da man tags vorher den Bauern befohlen hatte, das Getreide gegen die Stadt hin abzumähen, so sahen die Deutschen in den Feinden die zurückkehrenden Landleute. Doch da die Franzosen in Marienborn, wo noch Licht war, zu früh schossen, entstand Lärm und Alarm und sie mußten unter Verlusten die Flucht ergreifen. Lutz wurde gefangen, gestand nach achtzig Prügeln den Verrat und wurde am 2. Juni unweit des Chausseehauses aufgehängt.«

Goethe schildert den Überfall der 3000 Freijäger ausführlicher und wahrscheinlich so, wie die Geschichte bei den Belagerungsregimentern die Runde machte: Die 3000 Freiwilligen hatten sich in den Grund des Baches hineingezogen, der von Marienborn gegen Mainz fließt, waren in der Dunkelheit unbemerkt über die Straße gelangt und dann wie aus dem Boden gewachsen zwischen den ersten Häusern von Marienborn erschienen. Aber ein Schuß, der zu früh losging, verriet den Überfall. Es kam zu einem »verwirrten Gefecht«, wie Goethe schreibt — der Gefechtslärm hatte ihn aus dem Schlaf in seinem nahegelegenen Wohnzelt gerissen — und nur der Geistesgegenwart und dem Mut einiger Offiziere war es zu danken, daß keine Panik ausbrach. Vor allem Prinz Louis Ferdinand, der im Chausseehaus nahe Marienborn sein Quartier hatte, warf sich mit beherztem Ingrimm den Franzosen entgegen und wurde dabei im Nahkampf verwundet. So gelang es, die Angreifer wieder zurückzutreiben, bevor sie mit ihren Pechkränzen das Dorf hatten anzünden können. Das Gefecht verlief rasch. Die Franzosen ließen 30 Tote und schwer Blessierte auf dem Gefechtsfeld, während die Preußen an neunzig Tote und Verwundete verloren, darunter mehrere Offiziere. Im ganzen hatten sich die Franzosen als verwegene Naturkrieger erwiesen, während die Verteidiger aus Furcht vor Desertionen versäumten, das Vorfeld durch ständige Patrouillengänger zu sichern. Die größere Aktivität wie das kriegsmäßigere Verhalten waren jedenfalls damals bereits auf französischer Seite.

IV.

Clausewitz wird am 20. Juli 1793 Fähnrich — ein Zeichen, daß er sich trotz seiner Jugend in den Laufgräben bewährt hat, die man in den vorangegangenen Wochen gegen die Festung vortreibt. Mit dreizehn Jahren ist er damit in den Stand der Offiziere getreten, die alle die gleichen Uniformen trugen. Zwei Tage später kapituliert der Kommandant von Mainz, General d'Oyré. Die Festung ist nicht länger zu halten. Aber weniger die Belagerung als die Hungersnot und die Brände, die das schwere Bombardement hervorrief, haben sie bezwungen. Der erhoffte Entsatz aus Frankreich blieb aus. Denn noch ist die republikanische Armee in einem krisenhaften Übergang begriffen: Die Kader der Regimenter wie die meisten älteren Offiziere und vor allem die Generale stammen noch aus königlicher Zeit; sie geben sich zwar als überzeugte Anhänger der neuen Freiheit, aber sie heißen *Graf* Custine oder *Graf* Beauharnais; so macht man sie für Rückschläge verantwortlich; der Konvent ruft sie nach Paris »zur Berichterstattung«, dann fällt ihr Haupt unter der Guillotine. Der Marquis von Lafayette aber, der sich als Freiheitskämpfer auf seiten der Amerikaner einen Na-

men gemacht hatte, dann als Befehlshaber der Nationalgarde in den ersten Pariser Revolutionstagen — er entzog sich der blinden Rache des Konvents und ging zu den Österreichern über.
Es ist nicht bekannt, ob Clausewitz Augenzeuge des Abmarsches der französischen Besatzung aus Mainz wurde, wie ihn Goethe schildert. Der König von Preußen hatte ihr freien Abzug bewilligt, dem sich dann auch Klubisten und Kriegsliebchen anschlossen. Aber davon hörten bestimmt die naheliegenden Truppen, daß den lumpigen Freiwilligen — sie hatten die Masse der Angreifer bei jenem nächtlichen Überfall gestellt — die »alten« Regimenter in einer fast düsteren Ordnung gefolgt sind. Alle aber mußten sich auf Ehrenwort verpflichten, innerhalb eines Jahres nicht mehr gegen die Verbündeten zu kämpfen. Selbst die Pariser Schreckensherrschaft hielt sich an dieses Wort. Aber gleichzeitig hatte sie damit auch verfügbare Truppen gewonnen, mit denen der Aufstand in der Vendée grausam niedergeworfen wurde.
Die Erinnerung an diese ersten Kriegserlebnisse fand in den Büchern »Vom Kriege« später ihren Niederschlag. So heißt es im Achten Buch[7]: »So standen die Sachen, als die Französische Revolution ausbrach. Österreich und Preußen versuchten es mit ihrer diplomatischen Kriegskunst; sie zeigte sich bald unzureichend. Während man nach der gewöhnlichen Art, die Dinge anzusehen, auf eine sehr geschwächte Kriegsmacht sich Hoffnung machte, zeigte sich im Jahre 1793 eine solche, von der man keine Vorstellung gehabt hatte. *Der Krieg war urplötzlich wieder eine Sache des Volkes geworden* (von uns hervorgehoben, Anm. d. Verf.), und zwar eines Volkes von 30 Millionen, die sich alle als Staatsbürger betrachteten ... Mit dieser Teilnahme des Volkes an dem Kriege kam statt eines Kabinetts und eines Heeres das ganze Volk mit seinem natürlichen Gewicht auf die Waagschale. Nun hatten die Mittel, welche angewandt, die Anstrengungen, welche aufgeboten werden konnten, keine bestimmte Grenze mehr; die Energie, mit welcher der Krieg geführt werden konnte, hatte kein Gegengewicht mehr, und folglich war die Gefahr für den Gegner die äußerste.«
Allerdings war es in den Jahren bis 1795 noch nicht soweit. Die

»levée en masse« wurde nach dem Fall von Mainz mit der Parole verkündet: Das Vaterland ist in Gefahr (23. August 1793). Von dem Ingenieuroffizier Lazare Carnot organisiert, wirkte sie sich erst in den nachfolgenden Jahren voll aus und schuf dann rasch freie Bahn für die zahlreichen militärischen Talente und verwegenen Anführer, die sich überall hervortaten. Sie machten die französische Armee zur ersten in Europa und trugen den »Kriegsgott« Napoleon auf ihren Schultern. Eine völlig veränderte Zeit, Welt und Gesellschaft bahnte sich seit 1793 an.

Zugleich aber tritt ein anderes Phänomen in Erscheinung, das die Zeitgenossen überrascht. Es ist die Faszination des Krieges als eines großen Abenteuers. Schiller hat dieser Faszination zuerst 1795 im »Wallenstein« Ausdruck verliehen, Goethe ihr in seinen Erinnerungen an die »Campagne in Frankreich« und »Die Belagerung von Mainz« auf seine Weise gehuldigt. Es ist der Tribut der führenden Klassiker an das kriegerische Zeitalter von 1792 bis 1815: Bald wird es unter der Gloriole des Generals Bonaparte, als des siegreichen Feldherrn und Ersten Konsuls und schließlich im Zeichen Napoleons als des Kaisers der Franzosen (1804) stehen, bis zu dessen Verbannung nach St. Helena 1815. In dieser Zeit schreitet er »zertrümmernd durch Europa« (Clausewitz). Seit 1809 aber und vollends seit 1813 werden auch die Deutschen im Gegenzug von der Faszination des Krieges erfaßt und huldigen ihr dichterisch. Heinrich von Kleist macht damit den Anfang, endigt aber 1811 verzweifelt mit Selbstmord. Clausewitz erwähnt ihn nicht. Wie eine Ouvertüre zu dieser kriegerischen Poesie schrieb Goethe in der »Belagerung von Mainz« folgende Impressionen:

Werda: der Infanterieposten
Werda: Wenn die Runde kam.
Hin- und Wiedergehen der Schildwache,
Geklapper des Säbels auf den Sporen.
Bellen der Hunde fern.
Knurren der Hunde nahe.
Krähen der Hähne.
Scharren der Pferde.

Häckerlingschneiden.
Singen, Diskutieren und Zanken der Leute.
Kanonendonner.
Brüllen des Rindviehs.
Schreien der Maulesel.

V.

Vier Monate dauerte der Elementar-Unterricht des Junkers v.
Clausewitz in den Laufgräben vor Mainz. Er erlebte dabei den
Krieg bereits in allen seinen Erscheinungsformen gleichsam in
nuce. Die Rückständigkeit der alten Lineartaktik drängte sich ihm
dabei ebenso auf wie neue Möglichkeiten des »Naturkriegs«. Aber
auch die Wirkung der Artillerie lernte er kennen und beobachten.
Er hatte Zeit, Erfahrungsmaterial zu sammeln, um es später zu
verarbeiten, und erlebte, daß der französische Gegner nicht mehr
derselbe war wie bei Roßbach. Noch nachhaltiger aber prägte sich
ihm der politische Hintergrund ein, auf dem sich die Belagerung
von Mainz abspielte: Die revolutionäre Gärung hatte auch das
fortschrittliche Bürgertum in Deutschland erfaßt, vornehmlich am
Rhein. Der Geist der Zeit verlangte nach neuen Formen, militärisch
und politisch. Clausewitz hat wohl damals schon dunkel gefühlt,
daß dergleichen auch in der Armee an der Zeit war. Darum wurde
er später nicht nur der Meisterschüler von Scharnhorst in Berlin,
sondern wenige Jahre später das Medium der Reformer und vertrauter Freund Gneisenaus. Der Keim für diese Entwicklung wurde
vor Mainz gelegt. Es war kein friderizianischer Krieg mehr, der da
ausgetragen wurde, sondern ein im Ansatz revolutionärer.
Im Rheinfeldzug, der der Wiedereroberung von Mainz folgte,
machte sich die Wandlung noch nicht so deutlich bemerkbar. Mit
der Festung im Rücken ließ es sich leichter kämpfen. Auch das
Gefühl der Überlegenheit der preußischen Waffen war für eine
Weile wiederhergestellt. So brachten Ende November 1793 20 000
Preußen unter Führung des Herzogs Carl Wilhelm Ferdinand von
Braunschweig bei Kaiserslautern die Offensive der doppelt so star-
ken französischen Moselarmee des Generals Hoche zum Scheitern

— der erste Elementar-Unterricht des jungen Clausewitz über die Stärke der Verteidigung, wenn sie richtig und aktiv geführt wird. Auch Hoche wurde für seinen Rückzug zur Verantwortung gezogen und gefangen gesetzt. Nach seiner Befreiung rehabilitierte er sich durch die Wiedereroberung der Vendée mit grausamen Mitteln.

Im Rheinfeldzug 1793/94 erfuhr Clausewitz außerdem grundlegend, was er später *kriegerische Tugend des Heeres* genannt hat. Sie war *damals* in der preußischen Armee aus friderizianischer Zeit noch vorhanden, während sie sich in der französischen noch nicht voll ausgebildet hatte. Es gab in den preußischen Regimentern noch den »erweiterten und veredelten Bandengeist einer abgehärteten Kriegerrotte, nicht zu verwechseln mit dem Selbstgefühl und der Eitelkeit stehender Heere, die bloß durch den Leim eines Dienst- und Exerzierreglements zusammengehalten werden[8]«. Das war der grundsätzliche Unterschied zwischen 1793/95 und dem Krieg von 1806. Die elf Friedensjahre nach dem Separatfrieden von Basel 1795 sind der preußischen Armee nicht gut bekommen: Wieder einmal bestätigte sich die alte Erfahrung, daß militärische Überlegenheit rasch veraltet, wenn sich auf der Gegenseite die politischen, sozialen und psychologischen Voraussetzungen ändern. Das war in Frankreich seit der vollen Auswirkung der levée en masse und dem unvergleichlichen Aufstieg Bonapartes extrem der Fall. An Preußen aber rächte es sich, daß es gegenüber den revolutionären Franzosen eine Entspannungspolitik zu treiben versuchte, weil im Osten die endgültige Aufteilung Polens reiche und leichte Länderbeute einzubringen schien. Dabei stand das Erwachen des Nationalgefühls *aller* Völker vor der Tür, die Franzosen haben es geweckt.

VI.

Clausewitz brachte aus dem Rheinfeldzug nicht nur die Erinnerungsbilder mit, wie sie die Kriegshistoriker festzuhalten pflegen und in Karten eintragen: Er hatte auch wirklichen Krieg mit dem empfänglichen Gemüt des Heranwachsenden erlebt.

Auch das steht in seinen Briefen, die zur Charakteristik seiner ganzen Persönlichkeit immer wieder herangezogen werden müssen. So schreibt er auf dem Weg in die französische Internierung aus Metz unter dem 16. Januar 1807[9]: »Ich habe die Gegend von Mainz wiedergesehen und kann sagen, nicht ohne die tiefste Rührung. Wie ist aber das linke Rheinufer noch so in den Schutthaufen liegengeblieben, in welche der Revolutionskrieg es versenkt hatte. Der Anblick des Dorfes Kostheim bei Mainz erweckt nicht bloß Wehmut, sondern *Schwermut*. In dem ersteren sieht man eine elende Hütte, mit Reißern gedeckt, *seit 14 Jahren* den ehemaligen Bewohnern stattlicher Häuser zum Aufenthalt dienen, und die Ruinen ihrer vormaligen Wohnung stehen als Zeugen ihres ehemaligen Wohlstands daneben, in Mainz steht die Fassade des ehemaligen Dallbergschen Palastes wie ein Gerippe da, und je edler und größer das Ganze war, um so tiefer ist der Eindruck. Mir fiel dabei der schöne Pinselstrich aus Schillers Glocke ein:

> In den öden Fensterhöhlen
> Wohnt das Grauen
> Und des Himmels Wolken schauen
> Hoch hinein.

An all diesen Ruinen der Rheingegenden hat seit 14 Jahren keine Menschenhand einen Stein gerührt und Moos und Gras haben schon ihr Leichentuch über sie hingezogen.« Und dann schließt der Zwangsreisende in die Internierung in dem Bericht über seine weitere Reise mit dem Geständnis, wie traurig es gewesen sei, als er nur noch französisch sprechen hörte: »Im Vertrauen gesagt, Marie, ich habe seitdem das Heimweh wie ein junger Schweizerbursche von achtzehn Jahren.« So erinnerte sich Clausewitz des Soldatenliedes »Zu Straßburg auf der Schanz . . .«. Es klang anders als Schillers »Wohlauf Kameraden aufs Pferd, aufs Pferd«.
Bis zu dieser Zwangsreise nach Frankreich im Jahre 1807 war allerdings beim Ausgang des Rheinfeldzuges 1795 noch ein langer Weg. Elf Friedensjahre folgten. In dieser Zeit bildeten sich das militärische Talent und der wißbegierige Geist in der Stille zunächst

fast autodidaktisch, dann im Regimentsrahmen gefördert, bis sie ein überragender Mann als wahlverwandt erkannte und größeren soldatischen Aufgaben, dem Hof und der großen Welt zuführte: Scharnhorst — sein weites Aufgabengebiet tat sich für Clausewitz auf. Die Reformpartei an der Spitze Preußens hatte einen jungen Mann einfachen Herkommens gewonnen, der sich als lebhafter Geist, aber auch als integrer Charakter bewährte. Seit seinem ersten Krieg 1793/95 wußte Clausewitz, daß sich Zeit und Welt gewaltig veränderten. Er war in jungen Jahren Zeuge dieser gewaltsamen Veränderungen. Seitdem ahnte, seit der Begegnung mit Scharnhorst wußte er, was auch für Preußen und seine Armee nottat: Die Anpassung an die veränderte Welt und Zeit wie die Um- und Neugestaltung aller Verhältnisse von oben, die konservative Revolution »unter so wenig Aufhebens wie möglich«. Im Jahre 1806 aber rächte es sich bitter, daß man sie bis dahin versäumt hatte, obwohl »die Besten« längst deren Notwendigkeit erkannten.

Drittes Kapitel
Der klassische Autodidakt

I.

Der Bildungsprozeß von Clausewitz ist anders verlaufen, als wir heute dergleichen gewohnt sind. Er war Autodidakt. Aber er war es in einer Zeit und Gesellschaft, die die Persönlichkeitsbildung begünstigte. Die klassische Welt des deutschen und abendländischen Geistes hat ihn erzogen, geformt, ausgebildet, seine Anlagen zur Reife gebracht, seinen Charakter gefestigt, seine Talente entfaltet. Immer wieder wurde er auf harte Proben gestellt. Er war kein Außenseiter der Gesellschaft. Die Übereinstimmung, die ihn mit ihr verband, mit der damals »herrschenden Klasse«, war gewiß nicht darauf gegründet, nur an ihrem Besitz, ihrer Macht, ihren Privilegien teilzuhaben, sondern auf dem Bewußtsein, auch die notwendigen Verpflichtungen zu übernehmen.

Vor allem aber ist er wißbegierig gewesen, weltoffen. Die dürftige Elementarbildung auf der Lateinschule in Burg hinderte ihn nicht, immer dazuzulernen, neue Kenntnisse zu gewinnen. Im zwölften Lebensjahr hießen die weiterbildenden Kräfte zunächst nur das Regiment und Potsdam, beide in ihrer Art gewiß nicht zu unterschätzen: Das Regiment als Schule der Einordnung und Pünktlichkeit in den Pflichten und Potsdam als offenes Lehrbuch der jüngsten preußischen Geschichte. Die Nestwärme des Elternhauses, vor allem die Fürsorge des Vaters, der ihn nach Potsdam begleitet hatte, und die Gemütstiefe der Mutter – das freilich konnte die friderizianische Garnisonstadt nicht ersetzen, wie wir aus späteren Berichten wissen. Eine gewisse Verschlossenheit bildete sich hier aus. Aber sie schützte den Heranwachsenden auch im Lager vor Mainz und in dem anschließenden Feldzug. Der Fähnrich von Clausewitz lernte, sich zu behaupten; er wurde früh allein mit sich fertig.

Ein Offizierskorps ist im übrigen auch eine Stätte der Bildung und Erziehung, wie der Kundige weiß; es erzieht zur Rücksicht, zur gegenseitigen Duldung, zu unbefangener Geselligkeit und vermittelt Ansichten und Wissen. In dieser Beziehung war das »vornehme«

Regiment Prinz Ferdinand gewiß ergiebiger als das Sammelsurium von ausgedienten und invaliden »Kommißhengsten«, die bei den Garnisonsbataillonen in Burg standen: Clausewitz schrieb darüber ja später an seine Verlobte: »In meinem Vaterhause sah ich fast nur Offiziere und nicht gerade die Gebildetsten.« In Neuruppin, der Garnison seines Regiments nach 1795, war das etwas besser, wenn auch längst nicht so, daß der Secondeleutnant seinen Wissensdurst löschen, seinen Hunger nach geistiger Nahrung hätte recht stillen können. Der Soldatenstand von damals begünstigte nicht gerade diese Bedürfnisse. Clausewitz blieb »eingezwängt von lauter prosaischen Erscheinungen und Menschen«[1].

Indessen kam zweierlei seinem Bildungsbedürfnis zu Hilfe: Die Zeit, die ihm der Dienst ließ, und das allgemein in Deutschland erwachte, für die klassische Zeit typische geistige Interesse, das auch auf das Militär übergriff. Es galt zunächst den militärischen Werken Friedrichs des Großen. Dann setzte seit etwa 1796 eine eigene literarische Aktivität ein, die die militärische Problematik erfaßte und weite Kreise ziehen sollte. In dem Ruhequartier bei einer Bauernfamilie in der Grafschaft Tecklenburg — er war da offenbar zur Erholung beurlaubt — hatte Clausewitz bereits 1795 gelesen und gelesen, was immer er aus dem nahen Osnabrück an Büchern hatte bekommen können. Auch Bücher der sogenannten Illuminaten waren darunter; in Neuruppin aber konnte er sich die neu erscheinende Militär-Literatur verschaffen, die ihn besonders interessierte. Inzwischen waren u. a. erschienen: 1794 Knesebeck: »Betrachtung über den jetzigen Krieg und die Ursachen seiner falschen Beurteilung«; 1796 und 97 »Magazin der neuesten Kriegsbegebenheiten«, dann die »Neue Bellona«, vor allem mit dem Beitrag des hessischen Majors F. P. von Porbeck: »Über die Ursachen der vielen Siege und des Kriegsglücks der Franzosen auf dem festen Lande in diesem Revolutionskriege« und schließlich die drei Bände H. H. Berenhorst 1797/99 »Betrachtungen über die Kriegskunst, über ihre Fortschritte und ihre Zuverlässigkeit«. Auch die Schrift von Pölnitz »Über den Einfluß, den der Geist des Zeitalters auf die höhere Cultur des Offiziers haben kann und soll« wird der Leutnant v. Clausewitz ebenso studiert haben wie die 1800 erschienene Schrift F. v. d. Deckens: »Betrachtungen über das Verhältnis des Kriegsstandes zu dem Zwecke der Staaten«. Spuren der Nachwirkung und geistigen Auseinandersetzung mit dieser Militärliteratur sind bis in das spätere Hauptwerk von Clausewitz zu verfolgen. Mit Dietrich von Bülows »Geist des neuern Kriegssystems« hat er sich besonders auseinandergesetzt.

Im übrigen wurde in diesen Jahren der Selbstausbildung 1796 bis 1801 auch schon die Anziehung des Bezüglichen wirksam, obwohl doch »eingezwängt von lauter prosaischen Erscheinungen und Menschen«. Im Regiment regte es sich, und die Kommandeure wurden auf ihn aufmerksam. So hieß es in seiner Beurteilung von 1799: »Ein trefflicher junger Mann, brauchbar eifrig im Dienst, der Kopf hat und sich Kenntnisse aller Art zu verschaffen sucht.« Und hier die Konduite ein Jahr später: »Sein Betragen ist gut, ist in allem Betracht ein sehr guter Offizier, hat Kopf und sucht sich Kenntnisse zu erwerben[2].« Diese Erweiterung der allgemeinen wie der militärischen Kenntnisse im besonderen war im Regiment Prinz Ferdinand eher und besser möglich als in anderen: Nach 1795 war dort nämlich eine eigene Regimentsschule eingerichtet worden, über die Gottlieb Friedländer in seiner Geschichte der Allgemeinen Kriegsschule 1763—1813 (Berlin 1854) folgendermaßen urteilt[3]: »Hocherfreulich, aber völlig vereinzelt stand das Reglement für die Junkerschule des Regiments Prinz Ferdinand vom Obersten von Tschammer.«

II.

1801 gab der Regiments-Kommandeur dem jungen strebsamen Offizier die folgende Beurteilung mit auf die Allgemeine Kriegsschule in Berlin[4]: »Sein Betragen ist sehr gut, er ist ein guter Offizier, der sich Kenntnisse zu erwerben sucht. Ist jetzt in Berlin, um die militärischen Kollegia zu hören.« Der brennendste Wunsch des Einundzwanzigjährigen war damit erfüllt. Aber auch eine weitere Fügung kam hinzu, die für ihn schicksalsbestimmend wurde: Der aus dem Hannoverschen stammende Oberstleutnant Scharnhorst war gerade aus den heimischen in preußische Dienste übergetreten und zweiter Direktor der Allgemeinen Kriegsschule geworden. Die Begegnung mit ihm wurde zum Wendepunkt für Clausewitz: »Da war die Tendenz meines Lebens mit einem Mal in Übereinstimmung mit meinem Tun und Hoffen.« Allerdings waren auch da zunächst noch Schwierigkeiten zu überwinden: »Die militärischen Kollegia«, die Scharnhorst auch in akademischer Freiheit gestaltete, stellten so hohe Anforderungen an die allgemeine Bildung, daß unser Neuruppiner zunächst nicht mitkam. Aber Scharnhorst, der ausgezeichnete Menschenkenner, hatte die ungewöhnliche Begabung erkannt und half ihr, die Bildungslücken auszufüllen. Dank dieser väterlichen Hilfe holte Clausewitz in diesen ersten Berliner Jahren nicht nur auf — er wurde durch Fleiß und Ehrgeiz bald einer der gebildetsten preußischen Offiziere. In militärischer Beziehung wurde Scharnhorst für ihn zum »Vater seines Geistes«. 1802 heißt es in der Konduite, die der Regiments-Kommandeur in Neuruppin, Oberstleutnant von Bömcken, über ihn schrieb[5]: »Ist jetzt in Berlin, um die militärischen Kollegien zu hören, wo er sehr fleißig und nach dem Urteil des Oberst von Scharnhorst einer der besten Köpfe sein soll.« Der Weg zu ausgezeichneter Verwendung war damit gebahnt.

Scharnhorst wurde nach der Jahrhundertwende der gute Geist und führende Kopf der preußischen Armee. Er war Praktiker und Theoretiker zugleich, dessen Erfahrungen und Einsichten, aus der Praxis gewonnen, zu Neugestaltungen aufriefen. Bei der Belagerung von Menin hatte er sich ebenso ausgezeichnet wie durch sein Handbuch der angewandten Kriegswissenschaft[6]. Seine Schriften bereiteten den Boden für das große Reformwerk der Armee. Scharnhorst kam aus einer bäuerlichen Familie und war der Sohn eines Wachtmeisters, auch darin seinem Meisterschüler Clausewitz wahlverwandt — und darum auch nicht mit den Vorurteilen der »Offizierskaste« behaftet. Hatte man das am preußischen Hof erkannt? Die gute Fee dieses Hofes hieß damals Königin Luise. Sie wußte oder ahnte wie ihre Vertrauten: Dem Wandel der Zeit entsprechend, brauchte man einen neuen Offizierstyp, der ebenso Charakter, Geist und Bildung besaß wie Beziehung zum Volk hatte. Scharnhorst wurde darin zum Vorbild. In seinem Nachruf hat Clausewitz ihn so beschrieben[7]: »Wer feil um Geld diente, war ihm verhaßt, wem äußerliche Ehre die Hauptsache war, der blieb ihm wenigstens fremd; wer ohne alles Streben träg dem Schlendrian folgte, war ihm verächtlich. Menschen aber, die irgend einem edlen Zweck mit Aufopferung nachgingen, wurden ihm, welcher Art sie sonst sein mochten, lieb und achtenswert. Eine große Wirksamkeit, nicht um des Geldes oder der Ehre, sondern um ihrer selbst willen, aus Geistesbedürfnis lieben, war ihm der Stempel des Mannes.«

III.

Clausewitz gewann dank dieser »Beziehung« Kontakt zu den Besten der damaligen preußischen Monarchie. Das war die zweite glückliche Fügung in seinem Werdegang. Denn Scharnhorst war ein Praktiker und Taktiker auch im Umgang mit Menschen und wußte sie zu gewinnen. Deshalb setzte er später auch die Reform der Armee durch, allerdings erst nach dem lebensgefährlichen Umweg über die katastrophale Niederlage von 1806. Immer und überall aber erwies er sich bald nach dem Übertritt in preußische Dienste als ein ausgezeichneter Organisator und militärischer Pädagoge. Sein bäuerlicher Realismus war sich darüber klar, daß zunächst einmal der Boden dafür bereitet werden mußte. Die Allgemeine Kriegsschule war die Pflanzstätte, von der aus man Einfluß auf das übrige Offizierskorps gewann.

So kam es zur Organisation der »Militärischen Gesellschaft«. Scharnhorst hatte sie bereits geschaffen, bevor er dem General von Geusau, dem damaligen Direktor der Allgemeinen Kriegsschule, beigegeben wurde. Sie war insofern besonders zukunftweisend, als ihr nicht nur Offiziere mit wissenschaftlichen Interessen, sondern auch Gelehrte angehören konnten, die sich ihrerseits wieder für militärische Probleme interessierten. So wurden auch hier die bisherigen Standesschranken aufgehoben. Der Gründungsausschuß setzte sich aus zwei Obersten, vier Hauptleuten und zwei Majoren zusammen. Zwei preußische Prinzen und General v. Rüchel, der sich vor Mainz einen Namen gemacht hatte, kamen außerdem hinzu.

Diese »Gesellschaft« gab sich am Geburtstag Friedrichs des Großen am 24. Januar 1802 eine förmliche Verfassung. Ganz leicht war ihre Formulierung allerdings nicht. Denn den Statuten zufolge sollte auf der einen Seite die große preußische Tradition gewahrt, andererseits aber auch deren zeitgerechter Weiterentwicklung Rechnung getragen werden. Die Schläue Scharnhorsts, die Clausewitz in seinem Nachruf besonders hervorhebt, wußte das in dem dialektischen Satz zu formulieren: Tradition in der Armee ist es, an der Spitze des Fortschritts zu marschieren. Und das tat sie auch in der Tat, wenn auch vorerst noch zögernd. Dabei wurde der Begriff Fortschritt nicht nur technisch und taktisch verstanden, sondern auch im Sinn der freien politischen und sozialen Anpassung an eine veränderte Zeit und Welt. Das allgemeine Bewußtsein sollte sich erweitern; geistige Bildung, Überblick und Beweglichkeit waren notwendig und an der Zeit, auch im Militär. Es war erforderlich, daß »die Besten«, die aus dem Bürgerstand kamen, ihren Beitrag dazu leisteten.

Praktisch verfolgte Scharnhorst mit dieser Gesellschaft offenbar drei Ziele, die er dann auch in der geschichtlichen Folge erreicht hat:

1. den Sinn für die militärischen Probleme der Zeit und deren Lösung zu beleben,

2. den Kastengeist des Militärs und vor allem des Offizierskorps zu durchbrechen und

3. das allgemeine Wehrbewußtsein zu wecken in Hinblick auf eine allgemeine Wehrpflicht. Denn wenn Frankreich die levée en masse proklamierte und praktizierte, dann mußten die anderen europäischen Staaten auf ihre Weise nachziehen. Schließlich sollten wohl auch Kader gebildet werden, die die Reformideen weitertrugen und verbreiteten. Jedenfalls waren Programm und Organisation der Gesellschaft durchdacht. Es gab einen Präses, einen Direkteur (Programmdirektor, für die zu behandelnden Fragen), einen Sekretär, Regisseur und Bibliothekar, also einen fünfköpfigen Vorstand, der sich mit den laufenden Aufgaben befaßte. Dazu kam noch ein

Komitee, aus verschiedenen Berufen und Dienstgraden zusammengesetzt, das, wie es scheint, die Themen der wissenschaftlichen Aufgaben auszuwählen hatte. Alle Mitglieder hatten das gleiche Mitsprache-Recht. Wer der Gesellschaft beitreten wollte, mußte die Befähigung dazu durch eine Probearbeit nachweisen. Nur Prinzen, Regimentschefs, Generaladjutanten und Stabsoffiziere, die zu den »abwesenden« Mitgliedern gehörten, waren von dieser Vorbedingung befreit. So wurde, wie immer bei Scharnhorst, trotz Annäherung an manche demokratischen Grundsätze, auf das Auswahlprinzip durch Leistung wie auf das Herkommen Rücksicht genommen — und das war gut so.

Die »Militärische Gesellschaft« muß als die Keimzelle der preußischen Reformen angesehen werden. Sie gab zugleich Zeichen für die gesellschaftliche Wandlung. Die bisherigen Standesschranken fielen, aber die Angleichung wurde nicht durch Niveausenkung erreicht, sondern durch Anhebung auf eine gemeinsame höhere geistige Ebene. Militärisch führte dabei »der Bürger« Scharnhorst, politisch und sozial der Reichsfreiherr vom Stein. Denn auch er gehörte seit dem 5. Mai 1803 der militärischen Gesellschaft an. Sie war und ist damit nicht nur historisch interessant, sondern beispielgebend für eine zeitgerechte Entwicklung bis heute.

Die Gesellschaft nahm ihre Aufgabe ernst und drang auf akademischen Fleiß. Man kam jeden Mittwoch von fünf bis sieben Uhr zusammen; nach einem allgemeinen Gedankenaustausch pflegte man ab sechs Uhr die eigenen Arbeiten oder Rezensionen vorzulesen und diskutierte dann darüber, sicher ausgewogen und in gesellschaftlichen Formen. Im Anschluß daran wurden dann durch das Komitee Fragen beantwortet. Auf diese Weise erhob sich die Gesellschaft zu einer Art militärwissenschaftlichem Senat. Sie wurde zum geistigen Mittelpunkt der Armee, zu ihrem Salz, wenn man so will, das sie vor Fäulnis und Stumpfheit bewahrte und einem neuen Bewußtsein Raum schuf. Als sie infolge der Niederlage einging, hatte sie ihre Samen ausgestreut. 1813 reiften die Früchte.

IV.

Es war von größter Bedeutung für Clausewitz und dessen künftige Entwicklung, daß er in die »Militärische Gesellschaft« aufgenommen wurde. Sie war die notwendige Ergänzung zur Allgemeinen Kriegsschule, die im übrigen seit dem 21. Juli 1804 Akademie hieß. Noch war die Universität Berlin nicht gegründet. Aber der Leutnant, der aus Neuruppin kam, konnte bereits eine akademische Freiheit auskosten: Die Vorlesungen wurden in einem würdigen Rahmen gehalten, nämlich in einem Saal des königlichen Schlosses; aber sie nahmen nur die Vormittagsstunden in Anspruch, so daß sich die Studierenden gründlich weiterbilden konnten. Niemand hat diese Zeit besser ausgenutzt als Clausewitz. Er bildete sich nicht nur in den rein militärischen Fächern weiter, die Scharnhorst vortrug, sondern auch in reiner und angewandter Mathematik, für die er besondere Begabung und überdurchschnittliches Interesse zeigte, sodann auch in Logik, Geographie und Geschichte. Er beschäftigte sich mit der deutschen Literatur seiner Zeit, vor allem mit Schiller. In den ersten Berliner Monaten war der Autodidakt Clausewitz oft tief niedergeschlagen gewesen; nun wuchsen mit zunehmendem Selbstgefühl und allgemeiner Bildung auch seine geistigen Fähigkeiten. Die natürliche Ungezwungenheit seiner Umgangsformen, die keine Devotheit kannten, haben ihm zudem offenbar viele Sympathien gewonnen, nicht allein die von Scharnhorst.

Diese allerdings war ihm die wichtigste. Ein Wahlverwandter, der kommende Mann, hatte ihn erkannt und unter seine Fittiche genommen. Er wurde »zum Vater seines Geistes«, dem er mit Verehrung und Liebe anhing und diente. Auch dem militärischen Autor Scharnhorst hatte Clausewitz viel zu verdanken, denn in dieser Zeit war u. a. dessen »Handbuch der Artillerie« erschienen wie der »Militärkalender«, den Scharnhorst mit seinem Freund, dem Professor Stützer, herausgab. Einen literarisch so tätigen Offizier wie ihn hatte es in der preußischen Armee bis dahin noch nicht gegeben, wenn man von Friedrich dem Großen absah. Scharnhorst hatte es im übrigen auch erreicht, daß die »Militärische Gesellschaft«

bis Anfang 1805 auf 188 Mitglieder anwuchs; ihre »Denkwürdig-keiten« sind dann von 1802 bis 1805 in fünf Bänden herausgege-ben worden. Clausewitz trat dabei nicht hervor; noch war sein literarisches Talent erst im Werden; noch stand er im Schatten sei-nes um fünfundzwanzig Jahre älteren Freundes und Protektors.
Im Jahre 1803 kam die große Wende für Clausewitz. Prinz August von Preußen, selbst Mitglied der »Militärischen Gesellschaft«, ein Jahr älter als Clausewitz und bald Kommandeur eines Grenadier-bataillons, suchte einen Adjutanten. Er kannte offenbar Clause-witz bereits und begrüßte es, als Scharnhorst diesen für eine sol-che Dienststellung vorschlug. So kehrte der Leutnant aus Neurup-pin nicht wieder in seine Provinz-Garnison zurück, sondern blieb in Berlin. Im Frühjahr 1803 wurde er probeweise Adjutant des Prinzen August von Preußen; die Stellung wurde ihm am 8. August desselben Jahres endgültig übertragen. König Friedrich Wilhelm III. war auf ihn aufmerksam geworden und schrieb ihm dazu[8]: »Ich mache Euch bekannt, daß ich auf Ansuchen des Prin-zen Ferdinand von Preußen beschlossen habe, Euch ferner bei dem Prinzen August zu belassen. Ihr tretet demnach aus dem Regiment Prinz Ferdinand heraus und leget die neue Armee-Uniform an, bis der Major von Wartenberg (sein Vorgänger als Adjutant des Prin-zen August) anderweitig plaziert sein wird. Ich habe von dieser Resolution dem Oberstleutnant von Bömcken Nachricht gegeben und erwarte von Euch, daß Ihr Euch bestreben werdet, das durch die Anstellung Euch bewiesene Vertrauen zu rechtfertigen. Char-lottenburg 8. 8. 1803.«
Im August 1803 legte demnach Clausewitz die Uniform des Regi-ments Prinz Ferdinand (blauer Rock, rote Aufschläge und Klap-pen, gelbes Kamisol und gelbe Hosen) ab, in dem er groß gewor-den war und über elf Jahre gedient hatte. Dem Sohn des Steuer-einnehmers in Burg ist nicht an der Wiege gesungen worden, daß er einmal der Adjutant eines königlichen Prinzen werden und zur Hofgesellschaft gehören werde. Für den Vater Friedrich Gabriel wäre das bestimmt eine große Genugtuung gewesen. Aber er hat diese Auszeichnung seines jüngsten Sohnes nicht mehr erlebt. Er starb schon 1802. Aus dem Kommando Carls wurde im übrigen

am 26. Juni 1804 eine feste Anstellung mit einem Gehalt von 360 Talern im Jahr. Damit hatte der Vierundzwanzigjährige das väterliche Einkommen bereits überrundet. Am 2. November 1805 wurde Carl von Clausewitz Stabskapitän. Der wichtigste Abschnitt seines Werdegangs begann.

Viertes Kapitel
Zu Höherem berufen

I.

Der Klassen-Ideologie zufolge wäre der Berliner Hof am Anfang des 19. Jahrhunderts eine Hochburg der feudalen Herrschaftsgesellschaft gewesen, vom Klassenfeind Bürgertum argwöhnisch beobachtet. In der geschichtlichen Wirklichkeit war es anders: Da hatte sich dieser Hof nicht zuletzt durch den Einfluß einer anmutigen Königin, die vom Volke verehrt wurde, längst der bürgerlichen Bildungs- und Leistungsgesellschaft geöffnet. Auch das Militär, nach hergebrachter Meinung eine besondere Domäne des preußischen Feudalismus, prägte der Sohn eines landfremden Wachtmeisters als kommender Mann, und nun wurde auch noch sein Schützling, arm wie eine Kirchenmaus und dazu noch von zweifelhaftem Adel, der Adjutant eines königlichen Prinzen. Man hatte keinen Ahnennachweis für nötig befunden. Wenn Scharnhorst selbst, wie es heißt, 1802 von König Friedrich Wilhelm III. »mündlich« geadelt wurde, dann wohl nur dessen Gewohnheit zufolge, die Männer in seiner nächsten Umgebung mit dem Adelsprädikat anzusprechen: Da ging es ihm eben im Falle Scharnhorsts wider den Strich, eine Ausnahme zu machen.

Für Clausewitz, Scharnhorsts Meisterschüler, wenn man so will, hatte ein neuer Lebensabschnitt begonnen, der wichtigste seines Werdegangs[1]. Er hatte den Kasernenhof hinter sich gebracht, aber auch die Studierstube verlassen, um sich nun auf dem Parkett des königlichen Hofes zu bewähren. Er mußte an Hofbällen und Soirées teilnehmen und höfische Konversation pflegen. Das war sicher kein leichter Übergang. Aber bereits die »Militärische Gesellschaft«, zu der auch Prinzen und Exzellenzen gehörten, war eine Vorschule dazu. So gelang es dem Dreiundzwanzigjährigen, wenn auch wohl zunächst sicher mit einigen Hemmungen, sich in der Hofgesellschaft einzuführen und mit Anstand vorzustellen. Von Natur aus zurückhaltend, aber ein guter Zuhörer mit wachem Verstand, wußte er wohl auch treffende Antworten zu geben und erwies sich als aufgeweckter Gesprächspartner. In der »Berliner Luft«, die auch am Hof wehte, wußte man das zu schätzen. Der junge Clausewitz bewährte sich als Adjutant des Prinzen August von Preußen. Und nicht nur das: Er lernte die große Welt durch ihn kennen und gewann neue Beziehungen und Personenkenntnisse. Er wurde ein aufmerksamer Beobachter des Hofes als der damaligen Zentrale der Politik. Im großen Welttheater war er vom Stehparkett in eine Proszeniumsloge versetzt und wußte seinen Beobachtungsposten zu nutzen, wie er alle Lebenslagen gescheit genutzt hat.

Dank der Fürsorge Scharnhorsts hatten sich auch seine persönlichen Verhältnisse verbessert. Da er freie Station hatte und im Palais Prinz Ferdinand, dem Schloß Bellevue (dem heutigen Amtssitz des Bundespräsidenten in Berlin) wohnen konnte, kam er mit seinen 360 Talern jährlich gut aus und konnte sich zusätzlich Bücher kaufen und einen Bedienten halten. Seine Zeit war nicht über Gebühr in Anspruch genommen, so daß er weiterhin kriegswissenschaftliche Studien trieb. Vor allem aber erweiterte er seine schöngeistige Bildung und machte sich mit der deutschen Literatur bekannt, die in dieser Zeit blühte. Denn mit militärischen Kenntnissen allein war am damaligen Berliner Hof nicht mehr allzuviel Staat zu machen: Es gehörte zum guten Ton, daß man sich über die literarischen Neuerscheinungen unterhielt und ein persönliches Urteil abzugeben wußte. Auch da holte Clausewitz auf. Er begeisterte sich für Schiller. Erst später gewann er auch ein persönliches Verhältnis zu Goethe. Der fleißige Besuch der Vorlesungen des Philosophen Kiesewetter über Kant vermittelte ihm die logische Methode und dialektische Schärfe, die sein späteres Hauptwerk kennzeichnen[2].

Jedenfalls kann man sagen: Sein Talent, seine geistigen Interessen hatten sich in der Stille gebildet, sein Charakter und der Gesamtüberblick über die damaligen Verhältnisse gründeten sich in diesen Jahren am Berliner Hof, der dem Musenhof von Weimar schöngeistig nur wenig nachstand. Nur gaben in Berlin bemerkenswerterweise die Damen den Ton an, von Prinzessin Wilhelm und Luise, der Tochter des Prinzen Ferdinand, nun Prinzessin Radziwill, an-

geführt. In den aufschlußreichen Aufzeichnungen der späteren
Frau v. Clausewitz, Gräfin Marie v. Brühl, ist auch von häufigem
Besuch des Schauspiels die Rede.

Das höfische Intermezzo dauerte drei Jahre. Es hat aus dem strebsamen Infanterieleutnant, der aus der Provinz kam, einen Mann
von Welt gemacht, dies aber mehr im kulturellen und politischen
als im »mondänen« Sinn; denn bei dem angeborenen kritischen
Verstand des prinzlichen Adjutanten konnte es nicht ausbleiben,
daß er die Fragwürdigkeiten hinter der glänzenden Fassade bald
ebenso erkannt hat wie die Rückständigkeiten in der preußischen
Armee und ihrer damaligen Generalität. Trotzdem brach auch für
ihn 1806 eine Welt zusammen, so hatte er sich bereits mit Preußen identifiziert, mit der *Idee* Preußen. Insofern war auch er ein
echter Sohn der herrschenden Weltanschauung, der Zeit des Idealismus.

Mit dreiundzwanzig Jahren war Clausewitz in den Sog der preußischen Geschicke geraten, der ihn von da an nicht mehr losließ. Er
gewann Kontakt zum inneren Kreis, zu den Spitzen der politischen
und militärischen Hierarchie. Selbst nicht verantwortlich, stand er
doch den Verantwortlichen nahe. Nur am Rande konnte er mitwirken; seine tätige Natur machte sich aber dann auf andere Weise
Luft. So fügte es sich, daß Clausewitz einer der fleißigsten Briefschreiber seiner Zeit wurde[3]. Der erhaltene Briefwechsel, wahrscheinlich nur wenig retuschiert oder verändert, ist auf weite
Strecken das Spiegelbild seiner Erlebnisse, der äußeren wie der
inneren, aber auch der großen Ereignisse dieser Zeit.

II.

Clausewitz erwies sich als befähigter Adjutant. Er war auf der
einen Seite eine Art Hofmeister des Prinzen, aber auch dessen militärischer Begleitoffizier als des Kommandeurs eines Grenadierbataillons in Berlin. Er stand ihm bei den häufigen Paraden zur Seite,
wenn auch nichts Näheres über seinen Truppendienst bekannt ist.
Er behielt den Kontakt mit der militärischen Praxis, wenn dieser

auch sehr viel loser war als in Neuruppin. So hatte Scharnhorst dafür gesorgt, daß er im Kommißdienst nicht unterzugehen brauchte, daß sich ihm das Militärische schon früh von seiner geistigen wie von seiner problematischen Seite zeigte. Den Berliner Hof hat er in diesen Jahren von der besten Seite erlebt. Und dann fügte es sich: Selbst die Niederlage von 1806 hat dazu geführt, daß seine Bildung, sein Wissen weiter angereichert wurden und seine Weltkenntnis an Tiefe und Überblick gewann. Die Berliner Adjutantenzeit war dafür die beste Einführung und zugleich Vorbereitung für die kommende Entwicklung.

Am Berliner Hof stand Clausewitz nach der Jahrhundertwende in einem Mittel- und Brennpunkt seiner Zeit. Er nahm aus nächster Nähe teil an den geistigen Interessen wie an den politischen und gesellschaftlichen Ereignissen. Er verkehrte mit ausgezeichneten Männern, die Geschichte machten oder sie beeinflußten. Sechs Momente sind es u. E. in diesen Jahren vor allem gewesen, die ihn bewegen, bilden, weiterentwickeln sollten, von größtem Einfluß auch auf sein späteres Lebenswerk wurden, dem abenteuerliche Erlebnisse vorangingen.

* Die Romantik als Gegenbewegung gegen die Französische Revolution, und damit in nahem Zusammenhang das Erwachen eines deutschen Patriotismus, den man in dieser Intensität vor der Jahrhundertwende noch nicht gekannt hat. Schillers »Wilhelm Tell« verlieh ihm 1804 dichterisch Ausdruck und hatte damit die nachhaltigste Wirkung, auch auf Clausewitz, wie wir an seinen Briefen erkennen.
** Der »Wilhelm Tell« brachte auch ein neues Naturerlebnis. Man entdeckte die Alpen, die Schweiz, in ihrer Größe und jungfräulichen Schönheit. Auch Clausewitz ist 1807 dieses Erlebnis zuteil geworden. Er gewann dadurch aber auch das Anschauungsmaterial für den Gebirgskrieg, er erkannte die natürliche Bundesgenossenschaft der Landschaft für die Verteidigung. Sein Kriegsbild löste sich vollends vom Exerzierplatz.
*** Selbstverständlich gab es am Berliner Hof um diese Zeit auch antifranzösische, später antinapoleonische Strömungen. Clausewitz teilte sie zunächst. Sie wurden durch die rigorose Besatzungspolitik der Franzosen seit 1806 auf die Spitze getrieben. Aber sie milderten sich wieder, als Clausewitz selbst Frankreich kennenlernte und mit Franzosen lebte.

**** Der Frankophobie entgegengesetzt war die aufkommende Russophilie dieser Jahre. Preußen und Rußland verbündeten sich, nachdem sie durch die dritte Teilung Polens eine gemeinsame Grenze gewonnen hatten. Die Besuche des ganz und gar westlich erzogenen Zaren Alexander in Berlin taten ein Weiteres. Auch Clausewitz sah in dem Zusammengehen mit Rußland damals die einzige Möglichkeit der abendländischen Befreiung wie der Wiederherstellung des europäischen Gleichgewichts.

***** Es blieb indessen nicht bei der Antithese zum Französischen. Ein neues geistiges Selbstgefühl erwachte in diesen Jahren in Deutschland. Nicht zuletzt das Werk der Madame de Staël »De L'Allemagne« hatte mitgeholfen, es zu wecken. Es war ein großes Erlebnis für Clausewitz, daß er in langen Wochen am Genfer See die Autorin persönlich kennenlernte und sich mit August Schlegel befreundete.

****** Schließlich setzte sich unter dem Einfluß von Philosophie und wiedererwachtem Glauben, der sich damals im Wirken Schleiermachers personifizierte, auch eine vertiefte Ehe-Auffassung durch. Eheliche Liebe und Treue wurden zu Idealen und bewußt gelebt. Auch am Hof war die leichtfertige Zeit der Mätressen und ihres Einflusses vorüber. Königin Luise brachte die Wende.

Alle diese Strömungen und Tendenzen kamen in den ersten Berliner Jahren auf Clausewitz zu, um auf ihn nachhaltig zu wirken. Die erste und wichtigste Begebenheit aber war die Begegnung mit der Hofdame Marie Komtesse Brühl, die zur Verlobung und Ehe führen sollte, zu einer der vorbildlichsten Ehen des 19. Jahrhunderts. Sie sollte kinderlos bleiben, aber geistig Früchte tragen. Die Begegnung mit ihr und die mit Scharnhorst waren die wichtigsten und glücklichsten Ereignisse im Werdegang von Clausewitz.

Fünftes Kapitel
Schicksalhafte Begegnung

I.

Es war ein weiter Weg von der Kleinstadt Burg bei Magdeburg nach Berlin, den Carl von Clausewitz gehen mußte, um seiner späteren Frau zu begegnen, die ihm zum »Engel seines Lebens« werden sollte. Aber auch diese ging nicht alltägliche Wege, bis sie nach Berlin kam und vor allem, bis sie sich endgültig mit Clausewitz verband. Es ist eine ausgesprochene Liebesgeschichte, gewiß empfindsam, mit sentimentalen und idealistischen Zügen, aber sie führt zu ungewöhnlichen Ergebnissen, zu gemeinsamen *Werktagen*, die niemals ins Alltägliche absinken sollten: Sie haben dieser Ehe den Stempel aufgedrückt. Es ist müßig, darüber nachzudenken, was aus dem Helden dieser Geschichte geworden wäre, hätte er nicht die Frau seines Lebens gefunden: Er fand sie, und mit dieser anderen Hälfte seines Lebens dieses erst ganz.

Sicher hat es in allen sozialen Schichten des 19. Jahrhunderts viele Liebesgeschichten gegeben, die sich dem bürgerlichen Zeitideal entsprechend in einer glücklichen Ehe vollendeten. Sie erfüllten sich, um in gesunden und tüchtigen Nachkommen Leben weiterzugeben. Die Verbindung von Carl und Marie v. Clausewitz aber war anders und auf höhere Ziele ausgerichtet. Im übrigen hatte sie harte Proben zu durchlaufen, bis die Ehe erreicht war. Und dann blieb sie kinderlos, unfruchtbar nach landläufigen Begriffen. Dafür jedoch war sie in geistiger Beziehung produktiv wie kaum eine zweite des 19. Jahrhunderts.

Da steht ein Ereignis am Anfang, das seinerzeit in Preußen viel Aufsehen erregt hat[1]: Ende 1786 wurde Graf Karl Adolf von Brühl, der zweite der vier Söhne des sächsischen Ministers Reichsgraf Heinrich von Brühl, nach Berlin berufen, und zwar als Erzieher des Kronprinzen, des späteren Königs Friedrich Wilhelm III. Das war ungewöhnlich, denn die Brühls waren katholisch und der Vater, der kursächsische Minister Heinrich Reichsgraf von Brühl, hatte sich nicht gerade durch Preußenfreundlichkeit ausgezeichnet.

88

Aber Friedrich Wilhelm II. hatte wohl Gründe für diese Berufung: Offenbar wollte er für den gehemmten, steifen und schüchternen Kronprinzen einen weltoffenen Erzieher oder Gouverneur, wie man damals gesagt hat, einen eleganten, musischen Sachsen anstelle eines pflichtgetreuen, aber ledernen Preußen. Außerdem spielte es sicher auch eine Rolle, daß dieser Reichsgraf, der dann General der Kavallerie wurde, mit einer Engländerin verheiratet war, mit einer Bürgerlichen übrigens, was freilich in England hinsichtlich des Herkommens nicht sehr viel zu sagen hatte; mit Sophie Gomm, der Tochter des englischen Konsuls, nach anderen Gesandten in St. Petersburg. Er hatte sie dort kennengelernt. Graf Karl von Brühl war 1742 in Warschau geboren. Seine Frau war zwanzig Jahre jünger. Sie hatten zwei Töchter. Die ältere war Marie, die spätere Frau v. Clausewitz. Sie kam am 5. Juni 1779 in Warschau zur Welt, war also etwa ein Jahr älter als ihr späterer Mann.

Über dem weiteren Leben des Grafen Karl von Brühl waltete kein glücklicher Stern[2]. 1788 endete seine Aufgabe als Gouverneur des Kronprinzen Friedrich Wilhelm, als dieser großjährig wurde, dann zog sich der General bei einer Minenexplosion eine Beinverletzung zu, die seine militärische Dienstfähigkeit stark beeinträchtigte, und so wurde er Oberhofmeister des Kronprinzen. 1791 wurde ihm in Berlin noch ein Sohn Friedrich Wilhelm geboren, der auch Offizier wurde und später eine der Töchter von Gneisenau heiratete. 1802 starb Karl Graf Brühl, sechzig Jahre alt. Seine Familie gehörte jedoch auch weiterhin zum innersten Kreis des Hofes. So kommt es, daß sie in den Erinnerungen und Briefen der Zeit immer wieder auftaucht, ebenso wie die Vertraute der Königin Luise, Frau von Berg, und deren Tochter Luise, die spätere Gräfin Voss, auf deren Gut Groß-Giewitz in Vorpommern sich Marie von Brühl oftmals aufhielt. Man muß diese Zusammenhänge kennen, um sich die Welt und Umwelt gegenwärtig zu halten, in die der junge Clausewitz von außen her eintrat, um dann in dauerndem Kontakt mit ihr zu bleiben, ohne daß er freilich seine geistige Unabhängigkeit aufgab. Auch bei seiner späteren Frau war dies offenbar nicht der Fall. Ihre Erinnerungen beschreiben anschaulich das damalige Leben am preußischen Hof. Auch ihre eigene Liebesgeschichte ist darin wie in Pastellfarben geschildert. Übrigens erwähnt Marie v. Brühl in ihrer fragmentarischen Autobiographie[3], daß man in Karlsbad, wohin sie ihre Eltern 1793 begleitet hatte, durch einen großen Ball auch die Wiedereroberung von Mainz feierte. Dort hatte ihr späterer Mann gerade die Feuertaufe empfangen.

Marie berichtet, daß sie im Dezember 1796 eingesegnet wurde: also war sie wohl wie ihre Mutter protestantisch oder protestantisch geworden. Dann starb am 16. November 1797 König Friedrich Wilhelm II. und der III. wurde sein Nachfolger, mit ihm Luise, geborene Prinzessin von Mecklenburg-Strelitz, Königin von Preußen. Ein neuer Geist zog am preußischen Hof ein, an dem auch Marie teilhatte: sie wurde am 1. Januar 1798 zum erstenmal bei Hofe vorgestellt und befreundete sich mit der nur wenig jüngeren Luise von Berg, der Tochter der Frau von Berg, der nächsten Freundin und späteren Biographin von Königin Luise. Luise von Berg heiratete den Grafen Voss. Eine andere Atmosphäre als unter Friedrich Wilhelm II. herrschte von da an am preußischen Hof: ungezwungener, natürlicher; man könnte sagen, bürgerlichen Moralbegriffen verpflichtet. Es gab auch weiterhin viele Festlichkeiten, Bälle und Empfänge bei Hofe, aber sie waren ganz offensichtlich für Marie von Brühl nicht die Hauptsache. Im Winter 1802 auf 1803 litt sie an Krämpfen. Sie begleitete ihre Freundin Luise im April 1803 auf das Gut Groß-Giewitz bei Stavenhagen. Dort lebte sie zurückgezogen, ganz mit interessanter Lektüre beschäftigt, ähnlich wie ihr späterer Mann 1795 im Tecklenburgischen, so daß sie in der Erinnerung über diese Zeit schrieb[4]: »In Giewitz ging mir eine neue Welt auf; ich lernte zuerst alle besseren deutschen Schriftsteller kennen und fand in ihnen alles, was ich bisher immer vergeblich gesucht, und Kraft für die traurige Zeit, die nun eintrat.«

Nach dem Tod des Vaters, des Generals der Kavallerie Karl Heinrich v. Brühl, verlebten Mutter und Tochter das Trauerjahr nach der damaligen Sitte in größter Zurückgezogenheit. Erst im Mai 1803 kehrte Marie nach Berlin zurück; am 12. Mai war die Hochzeit ihrer schönen Schwester Franziska, genannt Fanny, mit Friedrich August Ludwig v. d. Marwitz, dem späteren Haupt der preußischen Alt-Konservativen. Nach einem längeren Aufenthalt auf dem Land und in Freienwalde zogen Mutter und Tochter im Dezember 1803 wieder nach Berlin; die Trauerzeit war zu Ende[5]: »Ich mußte mich mit schwerem Herzen entschließen, wieder in die große Welt zu treten und zwar allein, da meine Mutter ihr auf immer entsagte.«

Und dann, noch im Dezember 1803, geschah, was für Marie v. Brühl und Carl v. Clausewitz und ihr gesamtes weiteres Dasein zum Wendepunkt werden sollte: »Bei diesem ersten Wiedererscheinen in der Welt sah ich beim Prinzen Ferdinand meinen Mann zum ersten Male und an diesen wehmütigen Tag knüpft sich der Anfang meines höchsten Glücks, er wird mir ewig unvergeßlich bleiben.« Marie von Clausewitz hat die Erinnerung an diese erste Zeit der Begegnung mit ihrem späteren Gatten aufgezeichnet, natürlich mit der Empfindsamkeit ihrer Zeit. Sie war damals 23 Jahre alt. Sie schreibt[6]: »Auf einem Souper beim Prinzen Ferdinand (leider erinnere ich mich nicht mehr des Tages) geschah dieser erste Eintritt in die Welt, der eine so wichtige Epoche meines Lebens beginnen sollte. Ich war tief gerührt, Ort und Menschen wiederzusehen, die ich seit dem Tode meines Vaters nicht gesehen hatte. Die Prinzeß (Gemahlin des Prinzen Ferdinand) sprach von ihm, von meiner Mutter und brachte mich dadurch so außer Fassung, daß ich, als ich in das andere Zimmer zurückkam, mich der Tränen nicht erwehren konnte. Ich trat ans Fenster, um mich wieder zu fassen; die selige G. kam teilnehmend zu mir; in diesem Augenblick trat Carl ins Zimmer und als ich mich mit der G. wieder dem Teetisch näherte, ließ er sich mir ... vorstellen. Noch zu sehr mit meinen Gedanken und Empfindungen beschäftigt ... begnügte ich mich mit einer Verbeugung und der gewöhnlichen Phrase: ›je suis etc.‹«

Da war also noch nichts geschehen, was Marie stärker berührte. Aber schon einige Tage später wurde sie auf Clausewitz aufmerksam. Da war ein Empfang bei der Königin Luise in Schloß Monbijou. Auch Prinz August erschien mit seinem Adjutanten, der sich dann mit dem Vetter Mariens, Carl v. Brühl, am Kamin stehend lebhaft unterhielt. Dieses Bild prägte sich ihr ein. Denn

Carl v. Brühl, den seine Cousine wegen seiner musischen Anlagen besonders schätzte — er war der nachmalige Intendant der Königlichen Schauspiele und später der Königlichen Museen — Carl von Brühl »rühmte uns ihn nachher als einen sehr ausgezeichneten jungen Menschen«, »ich machte mir Vorwürfe, nicht auch mit ihm gesprochen zu haben...« Aber diese Gelegenheit kam bald anläßlich eines Soupers beim Prinzen Ferdinand; nun war Marie an der Reihe: sie näherte sich ihm und stellte einige Fragen, vor allem die, ob er schon lange mit ihrem Vetter bekannt sei. Seine Antworten wirkten sympathisch. Offenbar fand Marie v. Brühl bei diesem ersten kurzen Gespräch das günstige Urteil ihres Vetters bestätigt.

Von da an sahen sich Carl und Marie immer wieder, und Clausewitz zeigte bald, daß ihm die Komtesse nicht gleichgültig sei; bei ihm also war es wohl die berühmte Liebe auf den ersten Blick. Die Freundin Charlotte v. Berg hatte es schon bemerkt und sprach lachend darüber. Bei Marie v. Brühl war es aber noch nicht soweit. Doch häuften sich die Gelegenheiten, ihn zu sehen, sich mit ihm zu unterhalten: Man sprach bei einem Ball beim Prinzen Ferdinand über Goethes »Werther«, »wo wir uns nachher unsere vorteilhaftesten Bemerkungen über ihn mitteilten«, man saß sich bei einem Diner beim König an einem schmalen Tisch gegenüber und unterhielt sich angeregt; man traf sich bei Bällen und in der Oper, »wo ich Carl beinahe unwillkürlich zuerst grüßte und es mir dann als eine Unschicklichkeit vorwarf.«

So vergingen die ersten Wochen des neuen Jahres 1804. Neun Jahre lebte Preußen bereits im Frieden. Es hatte durch die beiden letzten Teilungen Polens 1793 und 1795 große Gebiete wie das sogenannte Südpreußen und Neu-Ostpreußen dazu gewonnen und reichte nun beiderseits der Weichsel bis nach Warschau. Es war reicher geworden, und die Lebenslust der jungen Königin Luise äußerte sich in zahlreichen Bällen und Hoffesten. So gab es in dieser Zeit, die nicht wiederkehren sollte, für Carl und Marie immer neue Gelegenheiten, sich zu sehen, Gespräche zu führen, miteinander zu tanzen. Noch ist es ganz im Stil des ancien régime, wie Marie v. Brühl eine solche Begegnung schildert[7]: »Am 27. Februar war ein großer Ball beim Prinzen von Oranien: Clausewitz stand hinter mir, während ich tanzte, und folgte mir, während die Kolonne heraufrückte; das Gespräch nahm eine ernsthafte Wendung; er sagte, daß er sich sehr unglücklich fühle, und obgleich dies ohne die geringste Beziehung auf mich geschah, so lag doch etwas in seinen Mienen und in dem Ton seiner Stimme, das mir dies anzudeuten schien, und das mich rührte und mich verlegen machte. Der Ball dauerte bis zum frühen Morgen...« Am folgenden Tag war bei Prinzeß von Oranien, der Schwester Friedrich Wilhelms III. — die dann als Gemahlin des Königs Wilhelm Königin der Niederlande werden sollte —, die erste Probe der Moden-Quadrille; die jungen Damen am Hofe waren bis zum 12. März ständig damit beschäftigt. Aber in dieser ganzen Zeit gingen die Gedanken Mariens offenbar bereits häufig zu dem, der ihr gesagt hatte, daß er sich sehr unglücklich fühle: »Am 12. sah ich ihn auch nur einen Augenblick, obgleich ich gestehen muß, daß ihn an diesem Tage meine Augen schon unaufhörlich suchten.«

Dann nahm »dieses Karnevalstreiben« — so die Erinnerungen[8] — ein jähes Ende. Die Schwester Fanny, die Friedrich August v. d. Marwitz geheiratet hatte, starb am 16. März 1804 an Kindbettfieber — ein sehr schmerzlicher Verlust für Marie und ein schrecklicher Kontrast zu der Ausgelassenheit am Hof in den vergangenen Monaten. Marie fuhr für mehrere Monate nach Dresden, und von da im August aufs Land, dann ging es wieder auf Reisen, um dazwischen in Berlin eine neue Wohnung auszusuchen: So verging fast das Jahr 1804, ohne daß sich die Liebenden begegneten. Es war wie die erste Probe auf die kommenden langen, jahrelangen Trennungen. Erst bei den Bällen zu Jahresbeginn 1805 sah man sich flüchtig wieder. Und doch hatten beide einander nicht vergessen.

Dann erkrankte die Königinwitwe Friederike und starb am 25. Februar 1805. »Prinz August kam oft, sich nach ihrem Befinden zu erkundigen. Sein Adjutant blieb im Vorzimmer. Einmal aber wurde er doch genötigt hereinzukommen und da geschah es[9]: »Ich stand eben bei der Tür, als er so unerwartet vor mich trat, und meine Überraschung und Bewegung war so groß, daß mir die Stimme einen Augenblick versagte und ich die beobachtenden Blicke meiner Kolleginnen sehr fürchtete. Dieser Tag ist mir merkwürdig, weil er mich zuerst auf das, was in meinem Herzen vorging, recht aufmerksam machte und es mir viel wichtiger erscheinen ließ, als ich bisher geglaubt hatte. Ich sprach bald darauf auf einem Spaziergang zum ersten Mal ernsthafter mit Charlotte (v. Berg) darüber.«

Ende Februar 1805 wurde Königin Friederike mit großer Feierlichkeit beigesetzt. Dem Sarge folgte auch Prinz August mit seinem Adjutanten: »Als die Leiche aus dem Thronzimmer getragen wurde, suchte ihn mein Auge unter der versammelten Menge; doch sah ich ihn erst deutlich und nahe, als wir aus der Gruft zurückkamen ... auch er erkannte und grüßte mich ... und es bewegte ihn sehr, wie er mir nachher erzählte, mich so gleichsam vom Tode zum Leben zurückkehren zu sehen. Ach! Wie wäre ich nicht gern zum Leben zurückgekehrt, es sollte mir ja durch ihn noch so schön werden! Ich ahnte aber damals nicht, daß ich diese Gruft sieben Jahre später als seine Frau zum ersten Male wieder betreten würde, um Prinz Louis an dieser letzten Ruhestätte zu sehen.« Es war Prinz Louis Ferdinand, bei Saalfeld 1806 gefallen, der dann nach Berlin überführt wurde, um dort seine letzte Ruhe zu finden. Das ancien régime ging mit ihm zu Ende.

Die Monate des Jahres 1805 kamen und gingen rascher als sonst. Europa war immer unruhiger geworden und hatte sich gewaltig verändert. Während man in Berlin tanzte, große Hoffeste feierte, die alte Königin begrub — waren bereits von einer Handvoll fortschrittlicher Männer in Preußen die ersten politischen und militärischen Reformen vorgeschlagen und z. T. schon in die Wege geleitet worden. Die rückständige Welt der mitteleuropäischen Monarchien geriet immer stärker in den Sog Napoleons: Seit der Jahrhundertwende schritt er »zertrümmernd durch Europa«, wie Clausewitz später schreiben sollte. Im Frieden von Lunéville 1801 war das ganze linke Rheinufer an Frankreich gefallen, an dessen Spitze nun Napoleon Bonaparte als 1. Konsul stand; 1802 machte er sich nach einer Volksabstimmung zum Konsul auf Lebenszeit und 1804 zum erblichen Kaiser der Franzosen. Die Zeit war vorbei, da sich

Preußen aus dem europäischen Geschehen heraushalten konnte. Ein gewaltiger Schatten war über seine Neutralitätspolitik gefallen. Aber noch glaubten die Preußen an die Unbesiegbarkeit der preußischen Truppen und Waffen. Auch die Liebenden — sie hatten sich freilich ihre gegenseitige Neigung noch nicht erklären können — gerieten in den Strudel der großen Staatsangelegenheiten, in die Gefahr der Trennung, vielleicht für immer, so im Dezember 1805, als die Armee ausmarschierte. Aber Gott Eros, der die Liebenden gern durch »Zufälle« begünstigt, hatte im letzten Augenblick noch ein Einsehen. Das »Vorspiel« dazu wird von Marie v. Brühl folgendermaßen beschrieben[10]: »Im Herbst dieses Jahres (1805) fingen die unruhigen und unglücklichen Begebenheiten an, die seitdem fast ununterbrochen fortgedauert haben. Der Hof ging nach Potsdam; wir zogen wieder in die Stadt. In dieser Zeit, kurz vor der Ankunft des Kaisers Alexander, schrieb ich zum erstenmal an Charlotte über meine Empfindungen für C. Sie hatte mir noch nicht geantwortet, als ich sie am Tage der Ankunft des Kaisers (am 25. Oktober 1805) auf dem Schloß wiedersah; sie neckte mich über mein Bekenntnis. Als wir dem Kaiser entgegengegangen waren und die Treppe wieder heraufgingen, war ich im Gedränge einen Augenblick neben C.; wir wurden aber bald wieder getrennt. Als die Gesellschaft sich in mehrere Zimmer verteilt hatte, fanden wir uns wieder. Wir sprachen, an einen Marmortisch gelehnt, einige Augenblicke zusammen, dann traten wir ans Fenster, um die Truppen zu sehen: ich hatte die Hand aufs Fenster gelegt, er die seinige auch: zufällig berührten sie sich einen Augenblick. Ich führe alle diese kleinen Züge an, weil sie beweisen, wie mich alles ihn Betreffende damals schon interessierte. Denselben Abend war ich in Bellevue, Prinz Radziwill saß neben mir, C. nicht weit davon; ich saß mit dem Rücken nach dem Fenster, nach dem zweiten Zimmer; wir waren bei Tische sehr lustig; als ich fortging, half mir C. meinen Schal umnehmen. Am meisten sah ich ihn immer in der Komödie, und seitdem vom Ausmarsch der Truppen die Rede war, mit immer zunehmender Bewegung.«
Natürlich sprach Marie von Brühl jetzt auch des öfteren mit ihrer Freundin Charlotte über das, was sie sonst niemand anvertraute.

Warum, so fragte diese, hat er sich noch nicht erklärt? Warum tretet Ihr auf der Stelle? War aber, so erklärte Marie, nicht auch die Schuld daran auf ihrer Seite; hatte sie ihn nicht gelegentlich aus falscher Verlegenheit kalt, ja abschreckend behandelt? Hatte sie nicht bei einer Aufführung der »Jungfrau von Orléans«, als man darüber scherzte, daß sich gleich zwei Anbeter für sie fänden, zweideutig gesagt, daß man an einem schon zuviel haben könne? Kurz, sie machte sich einen Vorwurf nach dem anderen. Dann heißt es in den Erinnerungen[11]: »So stieg meine Unruhe immer mehr, denn der Eindruck, den diese bevorstehende Trennung auf mich machte, ließ mich erst recht fühlen, wie teuer mir C. war.« Aber es fand sich keine Gelegenheit zur Aussprache unter vier Augen. Man sah und traf sich kurz, aber doch immer in Gesellschaft; so einmal noch in der königlichen Loge des Hoftheaters, »so daß es nur ein ganz gewöhnlicher, freundlicher Abschied sein konnte und nicht einer, wie wir ihn bedurften«.

II.

Aber dann hatte das Schicksal doch noch ein Einsehen. Marie von Brühl hat die Einzelheiten festgehalten. Es war Dienstag, der 3. Dezember 1805, vormittags zwischen elf und zwölf. Da geschah das, was über beider Dasein und Schicksal entschied. Marie schreibt[12]: »Madame Rahn ging mit der Kleinen und ihrer Kinderfrau in die Stadt, um ihr Pelzstiefelchen zu kaufen. Meine innere Unruhe und die leise Hoffnung, C. zu begegnen, trieb mich an, sie zu begleiten. Das Bataillon des Prinzen hatte damals seine Parade bei der Breiten Straße und wir gingen in einen, nicht weit von der Ecke der Straße dem Schloß gerade gegenüber liegenden Pelzladen. Ich sah mich vergebens nach ihm um; die Parade schien schon vorüber, also trat ich ganz niedergeschlagen und hoffnungslos in den Laden; aber ich war kaum einige Augenblicke darin, als ich die unbeschreiblich freudige Überraschung hatte, ihn hereintreten zu sehen. Madame Rahn beschäftigte sich mit der Kleinen, der mehrere warme Schuhe anprobiert wurden. C. sprach einige Worte

mit dem Herrn des Ladens über Angelegenheiten seines Prinzen,
dann mit mir über die Hoffnungen, mit denen er ausmarschierte,
über die Freude, die es ihm verursachen würde, uns gute Nachrichten geben zu können.«

»Andere Käufer, die aus- und eingingen, machten, daß wir unbemerkt in einer Ecke des Ladens stehen blieben. Ich sagte, ich hoffe, er würde seine hiesigen Freunde nicht vergessen; es mußte in
meinem Ton wohl mehr liegen als in meinen Worten; denn indem
er meine Hand faßte und küßte, sagte er tief gerührt und sehr be-
deutend: ›O, wer Sie einmal gesehen hat, der vergißt Sie nie wieder!‹ Sein Blick, der Ton seiner Stimme bei diesen Worten drang
mir bis ins Innerste der Seele und wird mir ewig unvergeßlich bleiben.« Dann erinnert sich Frau v. Clausewitz weiter: »Wir hielten
einander noch einen Augenblick schweigend und gerührt bei der
Hand; wir wären einander in die Arme gesunken, wenn wir allein
gewesen wären, . . . denn wir hatten einander verstanden und der
Bund unserer Seelen war schweigend geschlossen.«

Und dann kam nach der Rührung doch auch die Komik zu ihrem
Recht, die unfreiwillige, versteht sich, und auch über sie hat
Marie berichtet, damit verratend, daß ihr auch der Schalk im
Nacken sitzen konnte: »Beim Nachhausegehen ritt C. in einiger
Entfernung von uns; er sah sich oft um und ritt in der Zerstreu-
ung durch das niedrige, nur für Fußgänger bestimmte Portal des
Schlosses; ich habe dies seitdem nie angesehen, ohne an diesen Tag
zu denken.«

Der Ausmarsch der preußischen Truppen aus Berlin erfolgte am 5.
Dezember. Marie erlebte ihn gemeinsam mit ihrer Freundin Frau
vom Stein bei der Ministerin v. Heinitz, die am Wilhelmsplatz
wohnte und Fensterplätze angeboten hatte. So sahen sich die Liebenden noch einmal von fern. Und keiner von beiden wußte, ob es
nicht zum letztenmal sein würde.

Aber dann ereignete sich eine der politischen Komödien, wie sie
den tierischen Ernst der Geschichte zuweilen auflockern: Preußen
hatte ursprünglich auf die Seite der verbündeten Russen und
Österreicher treten wollen, und der preußische Kabinettsminister
Graf Haugwitz war zu Napoleon mit einem Ultimatum geschickt

worden, das die Räumung der von den Franzosen besetzten Fürstentümer Ansbach-Bayreuth verlangte. Aber am 2. Dezember
schlug der Kaiser Napoleon die Heere der beiden anderen Kaiser
bei Austerlitz vernichtend; da fiel Haugwitz um und verzichtete
auf Wesel, die Grafschaft Neuenburg in der Schweiz und die beiden fränkischen Fürstentümer gegen die Anwartschaft auf das
Kurfürstentum Hannover. Es kam zu einem »Schutz- und Trutzbündnis« zwischen Preußen und Frankreich zu Schönbrunn am 15.
Dezember 1805. Die preußischen Patrioten tobten über so viel
Nachgiebigkeit. Auch viele Offiziere murrten. Es wäre anders gekommen, wenn man rechtzeitig marschiert wäre, meinten sie. Aber
die Unentschlossenheit des Königs führte immer wieder zu Halb-
heiten; auch die Armeereform blieb in den Anfängen stecken,
trotz Scharnhorst und seinen Freunden, zu denen seit einiger Zeit
auch der Major von Gneisenau gehörte. Marie von Brühl hatte ihn
beim Ausmarsch der Truppen am 5. Dezember zum erstenmal gesehen. Die Nachricht von der Dreikaiserschlacht bei Austerlitz
hatte damals Berlin noch nicht erreicht.
Das Jahr 1805 endete für die von Carl von Clausewitz Auserwählte mit einer persönlichen Gewißheit, zugleich aber auch mit der
Vorahnung kommenden politischen Unheils. In ihren Erinnerungen (1797—1813) an die Tage des Jahreswechsels von 1805/06
schreibt sie[13]: «Am Silvester-Abend 1805 war ein großer Ball . . .
dem Großfürsten Konstantin zu Ehren. Ich stand beim Tanzen neben der Königin; sie erinnerte sich an das frohe Fest des 12.
August, an welchem wir uns noch so unbefangen freuten, und
machte einen traurigen Vergleich zwischen dieser Zeit und der gegenwärtigen. Aber sie ahnte doch wohl nicht, welche viel traurige-
re ihr in kurzem bevorstand. Ich stand nicht weit vom König, als
es zwölf schlug und man ihm gratulierte zum Anfang des Jahres,
das seinem Reich den Untergang bereiten sollte. Er wünschte, es
möchte glücklicher sein als das vorige.
C. war mit der Armee in Sachsen. Seine Abwesenheit machte mir
alle die Feste, welche die Anwesenheit des Großfürsten (des Bruders des Kaisers Alexander) so sehr zur Unzeit verursachte, noch
unangenehmer.«

Das Jahr 1806 begann also »unangenehm«. Politisch hatte es Preußen trotz oder vielleicht gerade wegen des Schutz- und Trutzbündnisses mit Napoleon, das Graf Haugwitz abgeschlossen hatte, fertiggebracht, sich zwischen alle Stühle zu setzen. Es entfernte sich von seinem natürlichen Verbündeten Österreich, geriet dem Zaren gegenüber ins Zwielicht und gewann doch nicht die geringste Sicherheit gegenüber dem Expansionsdrang Napoleons. Der Rheinbund, zu Anfang des Jahres 1806 gegründet, besiegelte das Ende des Heiligen Römischen Reiches Deutscher Nation endgültig, so daß Kaiser Franz I., durch ein Ultimatum dazu gezwungen, die römisch-deutsche Kaiserwürde niederlegte. Deutschland, das kein Reich mehr ist, fällt in die tiefste Erniedrigung. Auf der einen Seite macht sich in Preußen ein Verhalten breit, das man später als Defaitismus bezeichnete, auf der anderen Trotz und Entschlossenheit, gestützt auf die erhoffte russische Waffenhilfe, um der napoleonischen Expansion Einhalt zu gebieten. Aber die Lagebeurteilung ist falsch, so sehr der Trotz echt ist: Die schwerfälligen Russen sind mit ihrer Aufrüstung längst noch nicht so weit, daß sie schnelle und wirksame Waffenhilfe leisten können, und die preußische Armee lebt noch immer vom friderizianischen Ruhm und in nachfriderizianischen Gefechtsformen. Keiner ihrer Heerführer ist dem Genie Napoleons gewachsen. Aber solche Überlegungen mochten in Scharnhorst aufkommen, Gneisenau und seine Freunde beunruhigen, vielleicht auch den jungen Clausewitz anwandeln — für die Masse der Offiziere bis zu der hohen Generalität war der Krieg immer noch mit der Lust verbunden, zu wagen und zu gewinnen, ohne Rücksicht zu nehmen auf die veränderten Formen auch der militärischen Taktik — daß ein künftiger Krieg aber *nicht* so ist, das hat Clausewitz offenbar aus den Irrtümern von 1806 gelernt, für die Preußen so fürchterliche Opfer hat bringen müssen.

III.

Marie von Brühl hat sich 1806 im privaten Bereich nicht der notwendigen kritischen Lagebeurteilung entzogen. Das zeugt in hohem Maß von ihrer Gewissenhaftigkeit auch in der persönlichen Sphäre. Ihre beiderseitigen Beziehungen hatten den kritischen Punkt erreicht: Marie und Carl wußten, daß sie sich liebten; aber noch war nicht ausgemacht, ob diese Liebe dauern, ein ganzes Leben lang vorhalten würde. So unterwarf sich Marie selbst einer rückhaltlosen Gewissenserforschung und stellte zugleich, vielleicht halb unbewußt, den Freund auf die Probe. Sie bekannte rückschauend[14]: »Ich war auf den Punkt gekommen, wo mein Verhältnis mit C. entweder ein *unauflösliches* werden oder in ein bloß freundschaftliches zurückkehren mußte.« Eine vorübergehende Liebschaft erschien ihr unwürdig für beide. Also gab es nur das Entweder-Oder. Es war ihr klar, daß sie ihr Herz einem Habenichts geschenkt hatte, einem Mann ohne Stand und Familie nach den damaligen Begriffen. Wenn er in aller Form um ihre Hand anhielt, wie es den gesellschaftlichen Formen entsprach, so hätte das Schwierigkeiten gegeben: Die Einwilligung der Gräfin-Mutter war ebenso zweifelhaft wie die Erlaubnis des Königs oder der Beifall des Hofes. Außerdem wußte Marie damals soviel wie nichts von Carls Verhältnissen. Sie wußte auch nicht, ob er überhaupt an eine Heirat denken könne. Jedenfalls hatte er noch nicht davon gesprochen. So ging Marie von Brühl in diesen Monaten zunächst einmal auf Distanz. Sie zeigte sich zurückhaltender, als es ihr lieb war. Sie nahm keine Notiz davon, wenn er auf die Begegnung im Pelzladen anspielte. Ja, sie hielt es für das Beste, erst einmal nach Dresden zu reisen und sich zu prüfen. In den ersten Apriltagen 1806 kam sie zurück. Da traf sie C. wieder und wußte nun: Der Bund ist unauflöslich. Du kannst nicht mehr zurück. Dieser oder keiner. Sie schreibt[15]: »Bald darauf war ich auf einem Souper beim Prinzen Ferdinand; ich erinnere mich, daß ich ein schwarzes Samtkleid (trug) und meine Perlen um hatte. C. kam erst kurz vor dem Souper zur Gesellschaft, oder war doch während des Spiels weggegangen; wir saßen und arbeiteten an der Tür des gelben Zimmers; er setzte sich zum Arbeitstisch, es wurde einiges gesprochen, unter anderem über von Müllers Vorlesungen, die ich aus Dresden mitgebracht und C. durch Friederike geschickt hatte, und über die wir nicht einer Meinung waren. Als man aufstand, um zum Souper zu gehen, blieben wir, während die anderen sich entfernten, einen Augenblick zurück; ich weiß nicht mehr, wovon wir sprachen; auch hatten wir kaum die Zeit, ein Gespräch anzufangen; aber ich weiß, daß ich sehr gerührt war, daß C. es nicht minder zu sein schien und daß es mir wohltat, ihm diesen kleinen Beweis gegeben zu haben, daß er mir mehr war als die ganze übrige Gesellschaft.«

ZWEITER TEIL

Krise und Katastrophe

Erstes Kapitel
Vor der Niederlage

I.

Nicht Glück und Erfolg, sondern Unglück und Prüfung prägen Persönlichkeit und Charakter; nicht der Triumph, sondern das Trauma machen den Philosophen, immer vorausgesetzt, daß er die nötigen angeborenen Eigenschaften mitbringt, vor allem Geist. Auch Clausewitz ging durch diese harte Schule. Er hatte fünf Jahre lang ein mehr oder minder konventionelles Hofleben geführt. Er war von einem Empfang, Diner, Souper, von einem Ball und Fest zum anderen stolziert; er hatte auch als Soldat nur Adjutantendienste bei Hof geleistet und lediglich bei Paraden des Grenadierbataillons Kontakt zur Truppe gehabt, aber in seiner militärischen Ausbildung war er nicht weitergekommen. Gewiß, er hatte seine Kenntnisse der deutschen Literatur erweitert, sich schöngeistig weitergebildet. Durch die »Militärische Gesellschaft« hatte er sich allerdings auch theoretisch und in der Führung der Feder geübt. Aber das war auch alles — vorläufig wenigstens. Als Hauptgewinn dieser Zeit sollte sich die Begegnung mit Marie von Brühl erweisen, diesem ruhigen, gebildeten Mädchen mit dem dunklen Haar und den blauen Augen, die so wenig von einer Hofdame an sich hatte. Nun war er bis über die Ohren in sie verliebt. Aber bis auf weiteres war nicht daran zu denken, daß er ihr einen förmlichen Antrag machen und bei der Gräfin-Mutter in aller Form um ihre Hand anhalten konnte. Was dann?

Im Herbst 1806 war der Krieg da, der Krieg mit dem Kaiser Napoleon, der im Dezember 1805 die beiden anderen Kaiser vernichtend geschlagen und dann mit demselben Preußen ein Schutz- und Trutzbündnis abgeschlossen hatte, das jedoch keinen Pfifferling wert war. Also weiter kuschen, weiter nachgeben, nach der französischen Pfeife tanzen? Es gab wie immer und überall die Falken und die Tauben, und so auch am preußischen Hof. Merkwürdigerweise waren dabei die Damen unter der Führung der Fürstin Radziwill nicht die Tauben, sondern die Falken, die am liebsten auf den Usurpator heruntergestoßen wären, um ihn zu zerzausen. Jedenfalls mußte Preußen seinem weiteren Vordringen Einhalt gebieten. Friedrich Wilhelm, der sonst so Unentschlossene, ließ Zar Alexander wissen, daß er entschlossen sei, Krieg zu führen. Aber er brauchte dazu einen starken Verbündeten; 600 000 Mann forderte er von den Russen. Der vierte Koalitionskrieg sollte endlich das Gleichgewicht in Europa wiederherstellen. Dazu brauchte man den Zaren. Napoleon hatte noch nicht gegen die preußische Armee im Felde gestanden, nun sollte er sie kennenlernen. Mit ihr zieht der Geist Friedrichs des Großen: Roßbach ist noch nicht vergessen, wo die Franzosen mitsamt der Reichsarmee so vernichtend geschlagen wurden.

Allerdings: Seit dem Siebenjährigen Krieg sind fast anderthalb Menschenalter vergangen. Die Welt hat sich inzwischen von Grund auf verändert. In Berlin denkt und verhält man sich anders als zu Zeiten des »Alten Fritz«. Die allgemeine Bildung hat Einzug gehalten. Die Deutschen sind ein Volk von Dichtern und Philosophen geworden. Da hätte sich »der Alte« gewundert. Auch militärisch sind die Geister in Bewegung geraten. Aber der König vertraut auf seine Truppen, ihre Tradition, ihren Kampfgeist. Die Königin Luise schreibt an den Zaren »... ich habe keine Angst, ich gestehe es Ihnen, weil es keine andere Armee geben kann, die von solch glühendem Geist und Eifer erfüllt ist wie die unsere«.

Emotionen gaben bei diesem Krieg gegen Napoleon den Ausschlag, nicht die nüchterne Prüfung der beiderseitigen Kräfteverhältnisse. Soweit ist das militärische Urteilsvermögen noch nicht entwickelt. Man hofft auf das Schlachtenglück und stellt noch nicht die einfachen Vorfragen, die etwa vier Generationen später Generaloberst v. Seeckt, der Schöpfer der deutschen Reichswehr, auf die simple Formel gebracht hat: Was willst, was kannst Du? Was wollen, was können die anderen? Die Frage des einheitlichen Oberbefehls, des Kriegsplanes, der eigenen Linear-Taktik gegenüber der Tirailleur-Taktik der Franzosen, die Überlegenheit in der Verwendung ihrer Artillerie: Alle diese Probleme, die schon in der »Militärischen Gesellschaft« auf den Tisch kamen, bleiben in der Luft hängen. Warum? Weil in Preußen, angefangen beim König, der kein schlechter Soldat ist, die Überzeugung vorherrscht: Die Armee schlägt sich tapfer, das ist die Hauptsache; alles andere wird sich finden.

Im Hinblick auf diesen Fehlschluß sollte dann Clausewitz später im Ersten Buch seines Werks *Vom Kriege* schreiben, offenbar in lebhafter Erinnerung an 1806[1]: »Obgleich sich unser Verstand immer zur Klarheit und Gewißheit hingedrängt fühlt, so fühlt sich doch unser Geist von der Ungewißheit angezogen. Statt sich mit dem Verstand auf dem engen Pfad philosophischer Untersuchung und logischer Schlußfolgen durchzuwinden ... weilt er lieber mit der Einbildungskraft im Reich der Zufälle und des Glücks. Statt jener dürftigen Notwendigkeit schwelgt er hier im Reichtum von Möglichkeiten, begeistert davon beflügelt sich der Mut und so wird Wagnis und Gefahr das Element, in welches er sich wirft wie der mutige Schwimmer in den Strom.« So weit, so gut! Aber[2]: »Auch im Wagen gibt es noch eine Klugheit und ebensogut eine Vorsicht, nur daß sie nach einem anderen Münzfuß berechnet sind ... Der Krieg ist kein Zeitvertreib, keine Lust am Wagen und Gelingen, kein Werk einer freien Begeisterung, er ist ein ernstes Mittel zu einem ernsten Zweck. Der Krieg einer Gemeinschaft — ganzer Völker und namentlich gebildeter Völker — geht immer von einem politischen Zustand aus und wird nur durch ein politisches Motiv hervorgerufen. Er ist also ein politischer Akt.«

Für einen durchdachten politischen Akt, aus dem eine durchdachte militärische Strategie hätte hervorgehen können, fehlten im Oktober 1806 noch alle Voraussetzungen. Und so kommt die kritische Studie von Clausewitz, die er unter dem Titel »Historische Briefe über die großen Kriegsereignisse im October 1806« in der Zeitschrift »Minerva« 1807 veröffentlichte, zu dem Schluß, der sich aus der Gesamtdarstellung in großen Zügen ergibt[3]: »Sie werden daraus schließen, welche Tendenz meine kritischen Bemerkungen haben. Nicht die, Ihnen oder Ihren Freunden zu lehren, wie man es besser hätte machen können, *sondern:* Von der einen Seite ins Licht zu setzen, wie die preußische Armee einem unausbleiblichen Verderben ausgesetzt wurde ohne ihre eigene Schuld *dadurch,* daß *in einer sehr nachteiligen Lage* nichts *Genialisches* geschah, und von der anderen Seite zu zeigen, daß Mangel an Genialität und außerordentlichem Talent *allein* hinreicht, über die Armee und den Feldherrn das Unglück herbeizuführen, worüber man im ersten Augenblick erstaunt...« Dieses Urteil war treffend, aber noch summarisch. Clausewitz hat es später beträchtlich differenziert.

Der Feldzug von 1806 war der zweite, an dem Clausewitz persönlich teilnahm. Elf Jahre waren seit dem ersten vergangen. Aber 1806 trat man einer ganz anderen französischen Armee gegenüber als 1793/94. Und vor allem: Seit Jahren stand an der Spitze dieser Armee der kriegerische Genius Napoleon Bonaparte, der, getragen von der levée en masse, einen ganz anderen Krieg führte als das stehende Heer der Preußen mit seiner veralteten Taktik. Mußte sie denn nicht ins Leere stoßen mit ihren Linien? Mußte ihr Salvenfeuer nicht gegen Tirailleure verpuffen, die ihrerseits in die dichtgeschlossenen Linien schossen? Tat das konzentrierte Feuer der französischen Artillerie gegen sie nicht das übrige? Dann zersprengte der französische Kolonnenstoß die erschütterten Reihen. Die Auflösung kam. Flucht und Panik vor den rapid nachsetzenden französischen Reitern setzten ein. Und dann war kein Feldherr da, der die Katastrophe noch einmal hätte aufhalten können, sondern nur noch ein Haufen von Generälen, von denen sich einige ihrer Haut bis zuletzt wehrten, während die anderen kopflos kapitulierten. Dieses Schicksal haben im Laufe ihrer Kriege immer wieder die Franzosen den Deutschen und die Deutschen den Franzosen bereitet. 1806 waren die Franzosen als triumphierende Sieger am Zug. Der Stabskapitän v. Clausewitz gehörte mit seinem Prinzen zu den Geschlagenen.

1806 erwachte eine andere Leidenschaft in Clausewitz, die des Schreibens. Er fixierte damit seine Gemütsbewegung. Es wurde ihm zum Bedürfnis, ja zum Lebenselixier. Er begann mit Studien, wie sich ein junger Klavierspieler mit Etüden das Instrument erobert und seine Hände zu einem lebendigen Werkzeug des Ausdrucks macht. So übte sich Clausewitz seit dem Jahre 1806, zuerst und vor allem in den Briefen an seine Geliebte. Allein aus dem Jahre 1806 sind siebenundzwanzig lange Briefe und weitere Studien erhalten, die Erlebnisse, Anschauungen, Gedanken und Gefühle mitteilen. Sie sind die Grundlage dieser Biographie[4]. So gleich der erste Brief von Clausewitz an seine Freundin vom 30. August 1806. Es ist ein Abschieds- und Liebesbrief, hier im Auszug wiedergegeben: »Ich habe Sie nicht mehr sehen sollen; der Abschiedsbrief, den Sie von mir für eine andere Gelegenheit erhielten, sollte also ein wirklicher Abschiedsbrief sein. Es würde mir sehr wohlgetan haben, Sie noch einmal zu sehen, Sie noch einmal, geliebte Marie, fest an mein Herz zu drücken. Daß Sie gerade an dem Tage zurückkehren mußten, da ich noch in Ihrer Nähe und doch schon lange von Ihnen getrennt war! Es liegt fast etwas Hämisches in diesem Spiel des Zufalls, doch fühle ich dies weniger, weil der Blick starr in die verhängnisvolle Zukunft gerichtet ist. Ich kann und mag Ihnen nicht mein Innerstes ganz entwickeln, doch glauben Sie nicht, daß ich mutlos verzweifle... Lassen Sie mich froh sein und voll Zuversicht auf mein Glück. Bewährt sich dieses Glück, was mir bis jetzt lächelte, so kehre ich wieder glücklich zu Ihnen zurück. O Marie, welch ein Augenblick des freudigen Wiedersehens! Bis dahin soll mir der Gedanke, daß Sie *mein* sind, daß ich Sie meine Marie nennen darf, daß Sie sich selbst so genannt haben, daß Sie voll Liebe an mich denken, es sollen mir alle die seligen Bilder dieser reinen und schönen Liebe Ersatz sein für die bittere Trennung...«

Dem ersten folgen noch drei weitere Liebesbriefe aus dem Feldquartier, lange, innige, sehnsuchtsvolle. Es sind die Liebesbriefe eines Sechsundzwanzigjährigen, der von der Geliebten getrennt wurde, gerade, als er sie ganz gefunden hatte. Unter dem 11. September schreibt Clausewitz[5]: »Ich hätte es nie geglaubt, daß ich so wenig Gewalt über meine Seele hätte, ich hätte mich stärker geglaubt gegen die unendliche Wehmut, die mir oft... tiefe Seufzer auspreßt.«

Aber noch während er schreibt, erhält er einen Brief von seiner

Auserwählten, und zwar durch den Postboten, und der Himmel ist offen. Noch einmal wird das letzte Wiedersehen in Berlin in der Antwort beschworen[6]: ». . . Am Morgen vor dem Ausmarsch konnte ichs nicht lassen, noch einmal vor Ihrem Hause vorbeizureiten, aber es war keine Spur Ihres Daseins zu entdecken. Bald darauf sah ich Ihren Bruder.« Er hatte schon alle Hoffnungen aufgegeben, die Angebetete zu sehen, doch war sie auf einmal da, und es fielen wohl auch die Worte, die diese Liebe besiegelten. Die bevorstehende Trennung vor dem Ausmarsch in den Krieg, der ein wirklicher, schrecklicher Krieg werden sollte, löste die Zweifel.

Politisch ist Clausewitz allerdings äußerst skeptisch. So schreibt er aus Schönbeck unter dem 11. September in dem bereits zitierten Brief: »Alle unsere politischen Hoffnungen welken dahin. Zwar hat dieser Tage die sächsische Armee die schleunigste Order erhalten, sich auf den Kriegsfuß zu setzen und bei Dresden zu versammeln, allein, wer daraus noch Hoffnung schöpfen wollte, müßte weniger oft getäuscht worden sein, als wir es sind seit Jahr und Tag. Demnach werde ich so bald noch nicht so glücklich sein, Sie wiederzusehen und ich fürchte vielmehr, daß dieser Zustand einer *scheinbaren* Ungewißheit noch lange fortdauern wird und ich lebe in ihm wahrlich auf keine angenehme Art.«

Militärisch ist Clausewitz als junger Offizier ganz bei der Sache. So am 18. September aus Gerbstädt in der Grafschaft Mansfeld voll kriegerischer Stimmung, wie damals noch die meisten seinesgleichen[7]: «Es ist wirklich ein recht ästhetischer Eindruck, den das Vorüberziehen eines Kriegshaufens macht, wobei man nur nicht an unsere Revuen denken muß: Hier sind es nicht wie dort steife Truppenlinien, die sich dem Auge darbieten, sondern man unterscheidet in den geöffneten Reihen noch das Individuum in seiner Eigentümlichkeit und es herrscht neben der ruhig fortschreitenden Bewegung viel Mannigfaltigkeit und Ausdruck des Lebens. Jeder leuchtet mit seiner Rüstung einzeln durch die grünen Zweige des jungen Waldes, und wenn schon der Mann dem Auge entschwunden ist, blitzt noch seine Waffe durch die Wolke von Staub, die sich hoch über dem Rand des Tals erhebt und dem Entfernten den Zug des verborgenen Heeres verkündet.«

Am 20. September ist Clausewitz in Roßbach. Noch ist er zuversichtlich und erbaut sich in Erinnerung an den Sieg Friedrich des Großen wie die meisten seiner Kameraden. Erste Erkenntnisse seines späteren Hauptwerks tauchen auf, wie die, daß im höchsten Wagen die höchste Weisheit liegen könne; allerdings muß er dann aus Merseburg am 29. September schreiben, wie schwer es seinem verehrten Vorbild Scharnhorst gemacht werde, sich durchzusetzen[8]: »Unter wie schwierigen Umständen dieser Mann wirkt, ist kaum zu glauben; man erhält davon einige Vorstellungen, wenn man weiß, daß *drei* Feldherren und *zwei* Generalquartiermeister sich bei dieser Armee befinden, da doch nur *ein* Feldherr und *ein* Generalquartiermeister da sein sollten.« Trotzdem rechnet der junge Clausewitz immer noch mit der Wahrscheinlichkeit des preußischen Sieges; noch fehlt ihm der spätere, kritisch geübte Blick für die großen Zusammenhänge.

Noch ist kein Krieg. Die militärische und die persönliche Welt halten sich noch die Waage. Und so ist es neben dem jungen preußischen Offizier, damals noch mehr oder minder im Bann der Vorstellungen seiner Umwelt, immer wieder der Liebende, der sich äußert. An seine Auserwählte schreibt er, was außer ihnen beiden noch niemand weiß[9]: »Ihren Ring trage ich mit unaussprechlichem Vergnügen, und ich darf nur daran denken, daß meine liebe Marie ihn zwölf Jahre trug, so geht eine magische Gewalt von ihm aus, die mir das Herz in seinen innersten Tiefen bewegt. O meine herrliche teure Marie, wie liebe ich Sie, wie glücklich bin ich, von Ihnen geliebt zu werden. Noch vor wenigen Monaten durfte dieses Wort nicht über meine Lippen gehen und nur furchtsam, nicht ohne Besorgnis, gedemütigt zu werden, sprach mein Blick es aus. Endlich ist das beglückende Geständnis über meine Lippen gegangen und ich habe die glückliche Erinnerung, diese Lippen in dem Kuß der innigsten Liebe berührt zu haben — wie sind seit diesem Kuß an dem Baum meines Lebens alle Zweige neu ergrünt! Könnte ich Sie noch einmal sehen, fest an mein Herz drücken. — Doch nein, ich wünsche es nicht eher, bis etwas Großes geschehen ist, vielleicht fällt mir dann ein schönes Los oder wenn ich auch nur wie ein gemeiner Mann in der Schlacht für die Rettung Deutsch-

lands mitgefochten habe — immer werde ich mich dann reicher und besser und der Umarmung meiner himmlischen Marie würdiger finden — und dann nach so langer Trennung welch ein seliges Gefühl des Wiedersehens!«
Auch diese jugendliche Schwärmerei gehört in das Gesamtbild dieses denkwürdigen Lebens. Wie viele ähnliche Briefe wurden auch in späteren Kriegen geschrieben! Clausewitz nimmt an der Empfindsamkeit, der idealischen Liebe seiner Zeit teil. Er ist mit seinem ganzen Gemüt beteiligt. Aber während er in der Liebe auf reinste Weise belohnt wird, trifft ihn die militärische Niederlage Preußens vernichtend. Er erleidet ein persönliches Trauma, einen Schock durch die Katastrophe von Jena und Auerstedt, die ihn zunächst betäubt; um so leidenschaftlicher beginnt er dann aber zu fragen: Warum? Was ist da verfehlt worden? Wie wird man damit fertig? Sein militärisches Gewissen ist erwacht, und sein Gemüt fordert Rechenschaft über die Ursachen des nationalen Unglücks. Zunächst enden die Briefe mit einer traurigen Nachricht. Der letzte Brief vor der unglückseligen Doppelschlacht kommt aus Tennstedt bei Weimar. Da schreibt Clausewitz unter dem 12. Oktober, zwei Tage also vor Jena und Auerstedt: »Die Nachrichten, die Sie von dem Tode des Prinzen Louis (Ferdinand) und dem unglücklichen Gefecht bei Saalfeld haben werden, was diesen Tod veranlaßte, fordern mich auf, Ihnen, geliebte, teure Marie, noch ein paar Zeilen zu schreiben, ungeachtet die Nachricht von einer großen entscheidenden Schlacht diesem Briefe vielleicht zuvoreilt. Der Tod des Prinzen hat fast der ganzen Armee Tränen gekostet, das Gefecht selbst ist ohne alle Folgen. Übermorgen oder in zwei bis drei Tagen wird es zur großen Schlacht kommen, der die ganze Armee mit Verlangen entgegensieht. Ich selbst freue mich auf diesen Tag, wie ich mich auf meinen Hochzeitstag freuen würde, wenn er mich so glücklich machte, segnend jener Hand verbunden zu werden, von der ich den Ring trage. Ich hoffe auf den Sieg. Lebwohl, meine geliebte Marie, nie fühlte ich mich Dir so nahe wie in diesem Augenblick, nie Deiner würdiger. Lebe wohl, auf ein glückliches Wiedersehen hier oder in einer anderen Welt.

Ewig Dein Carl.«

Abb. 6. Germaine de Staël, geb. Necker, Baronin von Staël-Holstein (geb. 1766 in Paris, gest. 1817 in Paris). Französische Schriftstellerin Schweizer Abstammung. Autorin des berühmten Werkes »De l'Allemagne« (1810). — Lithographie von Delpech nach Gérard —

Abb. 7. Das Schweizer Besitztum Schloß Coppet der Madame de Staël (1766—1817), in dem sich Clausewitz und Prinz August im Herbst 1807 längere Zeit aufhielten

Abb. 8. August Wilhelm Schlegel (8. 9. 1767—12. 5. 1845), Orientalist und Literarhistoriker

Abb. 9. Julie Récamier, geb. Bernard (1777—1849). 1807 auf Schloß Coppet zu Gast bei Mme. de Staël. — Gemälde von F. Gérard —

Zweites Kapitel
Der Weg in die Gefangenschaft

Der Sturm, der am 14. Oktober 1806 über Preußen hereinbrach, fegte die Illusionen von Waffenehre und Kriegsruhm an einem einzigen Tag hinweg: In der Doppelschlacht von Jena und Auerstedt zerbrach der Nachglanz Friedrichs des Großen. Die napoleonische Armee zertrümmerte die erstarrte friderizianische. Der Herzog von Braunschweig wurde tödlich verwundet, das Heer der Preußen kopflos. Dann ging es mit rasender Schnelligkeit in die vollendete Katastrophe, da die preußischen Truppen vielfach in Auflösung immer weiter zurückwichen. Teilweise artete der Rückzug in Flucht aus. Keine der Festungen bot ihnen mehr den erhofften Rückhalt. So kapitulierte Erfurt bereits am 16. Oktober, Spandau am 25., elf Tage nach der Katastrophe im offenen Felde, Stettin vier Tage später, Küstrin an der Oder am 1. November. Als eine Woche darauf sich auch noch Magdeburg, der Schlüssel der Mark und des preußischen Königreichs, den Franzosen ergab, war die letzte Aussicht auf einen organisierten Widerstand gegen Napoleon zunichte. Eine unvorstellbare Panik hatte das Heer, das sich unbesiegbar geglaubt hatte, nach der ersten vernichtenden Niederlage ergriffen.

Mit reißender Schnelligkeit marschierte Napoleon ostwärts. Am 24. Oktober war er bereits in Potsdam, um drei Tage später nach der Kapitulation von Spandau in Berlin seinen Einzug zu halten. Das königliche Schloß wurde sein Hauptquartier. Die Vernichtung der letzten Trümmer des preußischen Heeres überließ er seinen Marschällen Soult und Ney, die Gefangennahme der Flüchtenden dem Kavalleriekorps des Marschalls Murat, des Großherzogs von Berg. Hauptsächlich vor dieser Kavallerie kam es mit der Kapitulation der Festungen auch zu weiteren Kapitulationen im offenen Felde, von denen die von Prenzlau später als die schimpflichste angesehen wurde: Fürst Hohenlohe ergab sich dort mit den Resten seines Korps; die Franzosen nahmen fast 10 000 Mann mit 328

Offizieren gefangen, dabei die Garden des Königs, und erbeuteten 45 Fahnen, 64 bespannte Geschütze und 1800 Pferde.

Ein Rest von Ritterlichkeit des ancien régime hatte sich indessen erhalten: Die gefangenen Offiziere behielten ihren Degen und blieben beritten, viele wurden auf ihr Ehrenwort hin, bis zum Ende des Krieges nicht mehr zu dienen, entlassen, die Mannschaften aber nach Frankreich in die Kriegsgefangenschaft abgeführt. Auch war Murat hochherzig genug, mit den Garden des Königs eine Ausnahme zu machen. Sie wurden zwar entwaffnet, aber sie konnten nach Potsdam zurückkehren und wurden dort konfiniert. Auch das Grenadierbataillon des Prinzen August mit Clausewitz als Adjutanten war bei Auerstedt in die Niederlage des Hohenloheschen Korps mit hineingerissen worden und geriet dann in die Strudel des Rückzuges. Immerhin war es noch so kampfkräftig, daß es wiederholt diesen Rückzug decken konnte. Am 17. Oktober erreichte man Nordhausen am Harz. Fürst Hohenlohe, inzwischen zum Oberbefehlshaber ernannt, sammelte dort die Reste der geschlagenen Armee, immerhin noch 40 000 Mann, detachierte die Hälfte davon nach Magdeburg und zog auf Umwegen an die untere Oder. Am 24. Oktober übernahm General Blücher, bei dem sich Scharnhorst als Generalstabschef befand, mit noch intakten Kavallerieregimentern die Führung der Nachhut, damals Arrièregarde geheißen. Hohenlohe erreichte nach mehreren unglücklich verlaufenen Gefechten schließlich Prenzlau, aber gleichzeitig mit den Franzosen. Da kapitulierte er, schlecht beraten, Hals über Kopf ohne Kampf, ohne Versuch des Ausbruchs vor dem scharf nachdringenden Gegner.

Nur das Grenadierbataillon Prinz August, das den Rückzug deckte, hatte sich der Kapitulation entzogen und versuchte, sich auf eigene Faust durchzuschlagen und die Ostsee zu erreichen. Über diesen letzten Kampf, der dann doch zur Gefangenschaft führte, schrieb Clausewitz den folgenden hier gekürzt wiedergegebenen Bericht[1]: »Das Grenadier-Bataillon Prinz August war mit einigen hundert Mann, den Überresten des Grenadierbataillons Rheinbaben, bei Magdeburg zusammengeschmolzen worden und dann, 600 Mann stark, am 26. Oktober von Neuruppin abmarschiert. Am 28. Ok-

tober zählte es, durch Marschausfälle und Marodeure dezimiert, nur noch 240 Mann. Bei der Annäherung an Prenzlau wurde Clausewitz beauftragt, die Lage zu erkunden: Er sah den Wirrwarr, der dadurch entstand, daß eigene Truppen und feindliche Kavallerie gleichzeitig die Stadt erreichten und durch das Stadttor drängten. Nach kurzer Beratung hielt es der Prinz für das Beste, sich im Linksabmarsch aus dem Staub zu machen. Das Kürassier-Regiment Quitzow, von dem man noch einige Verstärkung erhoffte, wurde dann allerdings durch französische Kanonenschüsse auseinandergetrieben, »wie wenn man eine Handvoll Erbsen auf die Erde wirft« (Bericht Clausewitz). Das Bataillon Prinz August formierte Karree und setzte den Marsch die Ucker abwärts fort. Dann heißt es weiter in dem Bericht[2]: »Das Bataillon hatte etwa eine halbe Stunde lang seinen Marsch fortgesetzt, als es links hinter einem ganz flachen Höhenzug etwa drei bis vier Schwadronen Kavallerie erscheinen sah. Wir hielten sie anfangs für die Quitzower, die in jene Gegend hingeflohen. Da wir aber gleich darauf sahen, daß sich noch eine große Anzahl hinter uns formierte, so erkannten wir denn bald, daß es der Feind war, und daß es nun darauf ankomme, uns tüchtig zu wehren. Das Bataillon hatte nur noch sieben Offiziere und, wie gesagt, 240 Gemeine. Der Prinz ermunterte zu einem ehrenvollen Widerstand, befahl Offizieren und Gemeinen ruhig zu bleiben, den Kopf nicht zu verlieren, und den Letzteren besonders auf keinen Fall eher zu feuern, als sie den Befehl erhielten. Nach wenigen Minuten rückte die feindliche Kavallerie an, das Bataillon machte halt — fertig — und nun wurden die Leute unaufhörlich ermahnt mit den Worten: ›Schießt nicht.‹ «
Und dann erinnert sich Clausewitz einer ähnlichen Lage in der Schlacht bei Minden. Dort war französische Kavallerie auf zwei Hannoversche Bataillone angeritten, aber diese warteten mit dem Feuer. Da fielen die französischen Reiter aus dem Galopp in den Trab und aus dem Trab in den Schritt. Genau dasselbe ereignete sich am 28. Oktober an der Ucker: Die französischen Dragoner ritten Attacke, im Galopp versteht sich, dann aber, als das auf hundert Schritt erwartete Feuer nicht losbrach, zügelten sie ihre Pferde, um sich zuletzt im schwachen Trabe zu nähern. Endlich,

auf dreißig Schritt, wurde »Feuer« kommandiert, das eine entsprechende Wirkung hatte: Eine ziemliche Anzahl von Reitern und Pferden stürzte, die übrigen beugten sich über die Hälse ihrer Pferde, machten kehrt und jagten davon. Clausewitz fährt fort: »Nun hatten wir alles bei unseren Leuten gewonnen; sie schienen ganz erstaunt über den Erfolg einer Sache, die sie oft auf dem Exerzierplatz geübt und immer nur für eine Art von Spaß gehalten hatten; ja, als ein feindlicher Dragoner, der dicht vor dem Bataillon zusammengestürzt war, sich unter seinem toten Pferd hervorarbeitete und eiligst davonlief, machte der Kontrast dieser ängstlichen Flucht mit dem wilden Ansehen dieser behelmten und pferdegeschwänzten Reiter einen solchen Eindruck auf die Leute, daß ein allgemeines Gelächter losbrach.« Die Sicherung des Rückzugs schien gewonnen. Aber die feindliche Führung war aufmerksam geworden und schickte Verstärkung. Über die weiteren Ereignisse schreibt Clausewitz: »Wir setzten unseren Marsch fort. Es dauerte nicht lange, so erfolgte ein zweiter Anfall, der ebenso abgewiesen wurde. Als wir unseren Marsch wieder antraten, fanden wir denselben durch ein paar Schwadronen gesperrt und die übrigen umgaben uns so nahe, daß wir keinen Augenblick vor ihren Anfällen sicher waren. Wir machten also wieder halt, zogen die wenigen Schützen, die wir noch hatten, heraus und ließen mit einzelnen Schüssen in die dichten Schwadronen hineinschießen. Das wirkte auf der Stelle; sie machten von allen Seiten Platz, der Weg war frei und wir konnten unseren Marsch fortsetzen. Nun erfolgten mit einzelnen Intervallen noch fünf Angriffe und wir konnten dabei übersehen, daß die Zahl der feindlichen Schwadronen vierzehn war, aus welchen, wie wir nachher erfuhren, die Division Beaumont bestand. Sie waren aber ohne Artillerie.« Das war das Glück des Grenadierbataillons, vorläufig wenigstens. Aber es gab keinen Übergang über die Ucker bis Pasewalk. Der Fluß selbst war wegen seiner morastigen Ufer nicht zu passieren, und so war guter Rat teuer, wenn weitere Kavallerieattacken folgten. Auch die Munition wurde knapp. Da beschloß der Prinz, das geringere Übel zu wählen. In Gottes Namen denn hinein in die Ucker-Sümpfe: Die Grenadiere würden schon weiterkommen, denn vor der Kavallerie

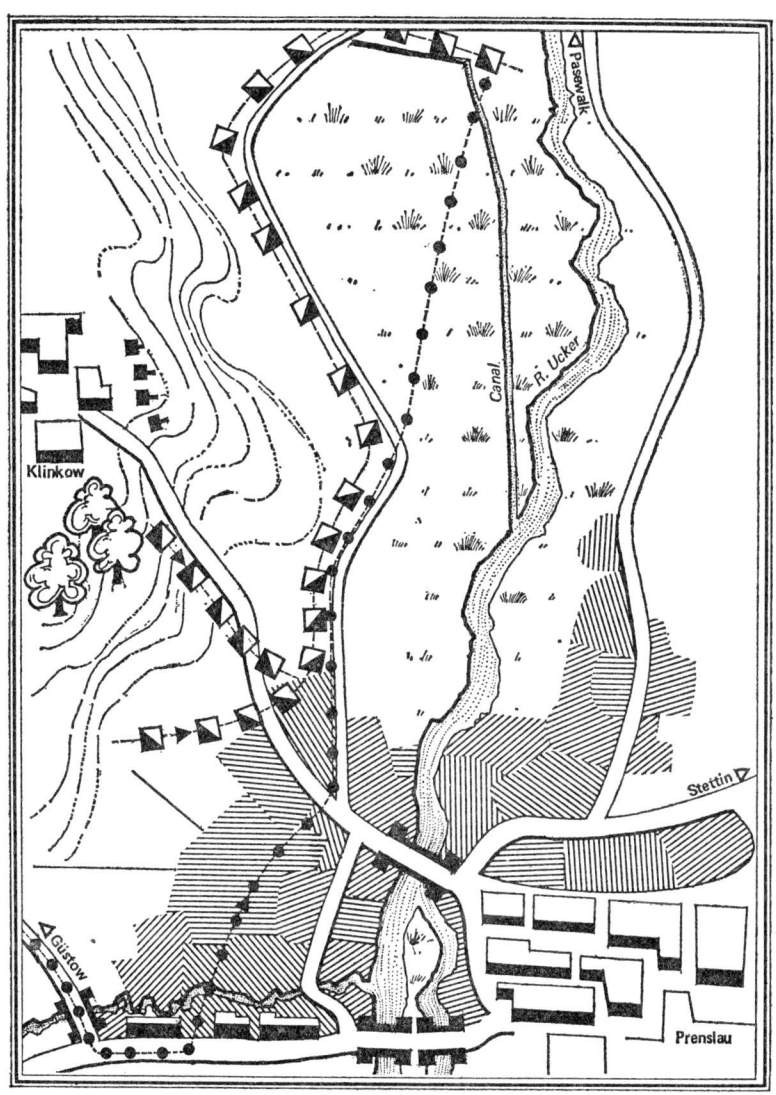

Abb. V: Der Kampf in den Uckersümpfen.

●–●–●– Marsch des Bataillons Prinz August
◤–◤–– Angreifende französische Kavallerie
▬ Französische Artillerie

war man da sicher. Auf diese Weise bestand doch noch einige Hoffnung, Pasewalk zu erreichen. Ortskundige Bauern freilich, die man antraf und befragte, schüttelten die Köpfe. Aber es blieb keine andere Wahl mehr.

Eine Stunde lang ging es noch gut; man kam durch, während die feindliche Kavallerie auf sicherem Boden, doch außer Schußweite folgte. Sie hatte zunächst das Zusehen. Aber dann wurden die Sümpfe breiter und tiefer, das Durchkommen immer schwieriger. Breite Wassergräben mußten durchwatet werden, in denen man bis unter die Arme einsank. »In diesem schlimmen Boden blieben uns etwa hundert Leute stecken, denen es an Kraft fehlte, sich aus dem Morast wieder herauszuarbeiten.«

Das größte Problem waren inzwischen die Pferde geworden. »Unsere sämtlichen Reitpferde hatten wir bereits zurücklassen müssen, nur der Prinz hatte noch ein schönes englisches Pferd von besonderer Kraft an der Hand durchbringen können; es war dasselbe, auf welchem sein Bruder, der Prinz Louis, bei Saalfeld zusammengehauen worden war, und das Blut dieses kühnen Prinzen war noch am Sattel sichtbar.« Aber dem feurigen Rassepferd war der Morast zuwider, es riß sich los vom Zügel, sprang in das freie Wasser der Ucker und schwamm davon; alle Versuche, seiner wieder habhaft zu werden, scheiterten. Eine letzte Hoffnung des Prinzen war dahin, trotzdem wollte er immer noch nicht aufgeben. Als Prinz von Preußen war er entschlossen, sich durchzuhauen.

Doch nun war auch feindliche Artillerie angekommen, fuhr auf und beschoß die Grenadiere aus geringer Entfernung. Noch war der Morast zu breit, um Kartätschen zu verwenden, und im Sumpfboden blieben zum Glück die Kanonenkugeln meist stecken. Dafür tauchte eine andere Gefahr auf: Nach einem breiten Abzugsgraben, den man mit größter Mühe passierte, wurde der Boden fester und erlaubte der feindlichen Kavallerie, wieder heranzupreschen. Es blieb nichts übrig, als erneut Karree zu formieren oder es doch zu versuchen. Aber es klappte nicht mehr. Da gedenkt Clausewitz eines sturen Kommißkopfes, wie man heute sagen würde: »Er hatte sich im Frieden stets durch jene geregelte, äußerst abgemessene Tätigkeit ausgezeichnet, wie man sie wohl mit dem Namen der Pe-

danterie zu belegen pflegt. Auch in der äußersten Gefahr hatte er
sie nicht abgelegt. Aber auch sein gewaltiges Fluchen und Schimp-
fen brachte das Karree nicht mehr zustande. Die Leute waren mit
ihren Kräften am Ende.«

So begann die Auflösung des Grenadierbataillons Prinz August im
Uckerbruch vor Pasewalk. Beim Überqueren der tiefen Gräben war
das Pulver in den Patronentaschen naß geworden. Die Grenadiere
konnten nicht mehr schießen, sich nicht mehr wehren, hatten wohl
auch die Kraft dazu verloren: So warfen sie die Gewehre weg und
ergaben sich der feindlichen Kavallerie. Nur ein kleiner Haufen um
den Prinzen August, einige Offiziere und sein Adjutant Clausewitz
blieben schließlich übrig. Übrigens war der Prinz verwundet worden, wenn auch nicht schwer. Und dann kam der schreckliche
Augenblick, da auch sie ihre Waffen niederlegen und sich gefangengeben mußten, wie dies Millionen später in den Weltkriegen
erlebten: Man liefert sich aus und ist von da an Objekt fremder
Willkür. Der Prinz vor allem sollte es spüren. Nicht nur der Degen, auch die Uhr wurden ihm abgenommen und der Stern des
Schwarzen Adlerordens von seiner Uniform gerissen. Aber dann
kam der Divisionsgeneral Beaumont, der die Szene beobachtet hatte, herangesprengt, grüßte, entschuldigte sich und brachte mit einigen barschen Worten gegen die Räuber die Sache wieder in Ordnung. Sogar das Pferd des Prinzen ließ er aus der Ucker herbei-
bringen. Im ganzen hatten die Franzosen nur noch etwa hundert
Mann gefangennehmen können, das ganze Scharmützel hatte sie
aber etwa 80 Tote und Verwundete gekostet.

Noch hoffte der Prinz August bei seiner Gefangennahme, daß sich
die Truppen aus Prenzlau hatten durchschlagen können. Verwun-
dert und schmerzlich betrübt mußte er dann von den Franzosen
erfahren: Fürst Hohenlohe hat mit annähernd 10 000 Mann kapituliert. Seine Armee hatte aufgehört, zu bestehen.

Auch der Reitergeneral Blücher mit Scharnhorst als Generalstabschef mußte schließlich kapitulieren, allerdings erst am 7. November. Nach einem abenteuerlichen Rückzug gelangte er mit dem
Rest seiner Truppen nach Lübeck, mußte sich aber dann nach Rat-
kau und Schwartau zurückziehen und schließlich bei drohender

Umzingelung aufgeben. Er hatte kein Brot und keine Munition
mehr. Zum Glück hatten die Preußen den französischen Marschall
Victor gefangengenommen: Er wurde gegen Blücher ausgetauscht,
aber dieser mußte sein Ehrenwort geben, in diesem Krieg nicht mehr
gegen Frankreich zu kämpfen. Scharnhorst kam gleichfalls im Zug
einer Auswechslung, aber ohne dieses Ehrenwort frei. So stand er
in der blutigen Schlacht bei Eylau am 7. und 8. Februar 1807 schon
wieder mit Rat und Tat zur Verfügung und zeigte, was er konnte.

Drittes Kapitel
Das Trauma

Vae victis: Wehe den Besiegten. Das hat Clausewitz Ende des Jahres 1806 am eigenen Leibe erfahren, wenn auch längst nicht in den unmenschlichen Formen wie die Millionen deutscher Soldaten nach Kriegsende 1945. Das Erlebnis führte bei dieser im Grund empfindsamen Seele zu einem Trauma, zu einer tiefen inneren Verletzung, aber wohl weniger des Selbst- als vielmehr des Nationalgefühls: Der Patriot in dem jungen Offizier war erniedrigt, beleidigt und reagierte mit lang anhaltender Empörung. Nur so ist das Verhalten von Clausewitz in den kommenden Jahren zu verstehen. Gewiß, er hat auch dann schon dieses verletzte Gefühl sublimiert; er fällt nicht in Haß und Rachegelüste, aber die Abneigung gegen den Feind, der dann Preußen besetzt hält und sich in alle inneren Angelegenheiten einmischt — sie bestimmt doch die kommenden Jahre bis 1815. Sie ist auch das tiefste Motiv gewesen, nach Rußland zu gehen, in russische Kriegsdienste zu treten und so gegen Napoleon zu kämpfen.

Aber zurück zu den Ereignissen nach der Gefangennahme des Prinzen August von Preußen und seines Adjutanten. Sie wurden bald darauf dem Marschall Murat in Prenzlau vorgeführt, offenbar durch Divisions-General Beaumont persönlich. Der Marschall, Sohn eines Gastwirts, aber *der* Reitergeneral Napoleons und dessen Schwager, benahm sich durchaus chevaleresk, sagte dem Prinzen einiges Schmeichelhafte über dessen tapferes Verhalten und teilte ihm mit, daß er noch in der Nacht, von einem Stabsoffizier begleitet, nach Berlin abgehen würde. Der Kaiser Napoleon wünsche ihn zu sehen. Übrigens berichtet Clausewitz dazu anschaulich[1]: Murat, in seiner gestickten Marschalluniform höchst prächtig anzusehen, sei eben dabei gewesen, auf einem ausgebreiteten Foliobogen quer über die Foliofalten in schiefen Linien und unbeholfener Schrift einen Bericht an den Kaiser über die Kapitulation von Prenzlau zu machen. In der Tat hatte der spätere König von

Neapel als Reiterführer in dieser zweiten Phase des Krieges 1806 Vorzügliches geleistet. Die französischen Tirailleure und die Kolonnen, denen die Artillerie den Weg freischoß, hatten die Feldschlachten gewonnen, die Kavallerie, vor allem die Dragoner, den Sieg vollendet, indem sie den Geschlagenen »bis zum letzten Hauch von Mann und Roß« nachsetzten, bis sie sich gefangengeben mußten.

Clausewitz war ein scharfer Beobachter, das beweist der Bericht über Prenzlau und die nachfolgenden Ereignisse. Aber er beobachtete nicht nur, sondern er reflektierte auch. Er ging dem Geschehen auf den Grund. So wurden seine Erlebnisse bereits damals zur Materialsammlung für sein späteres Hauptwerk. Wer es kennt, findet das immer wieder bestätigt, wie z. B. den Hinweis auf die rastlose Verfolgung des geschlagenen Gegners. Aber auch andere Erlebnisse haben sich eingeprägt und führten dann zu allgemeinen Erkenntnissen. Auf der Fahrt von Prenzlau nach Berlin, die offenbar mit der regulären Postkutsche erfolgte, traf man am Morgen in Oranienburg ein. Die Postmeisterin, die den Prinzen in seiner ramponierten Uniform nicht erkannte, fragte, als sie das Frühstück auftrug, ob es denn wahr sei, daß alle Garden gefangengenommen seien. Der Prinz antwortete darauf nur mit einem finsteren Blick, wie Clausewitz berichtet. Aber die Postmeisterin hielt mit ihrer Meinung nicht hinter dem Berg und sagte: »Ach Gott! Wenn doch nur erst alle gefangen wären, damit es ein Ende hätte.« Bei jeder Niederlage ist dergleichen zu hören.

Clausewitz hat das registriert und nicht nur das: Auch in seinem Hauptwerk hat es einen Niederschlag gefunden, wenn er im II. Kapitel seines ersten Buches, von den dem Frieden zugewandten Gemütern, schreibt[2], »deren es in jedem Volk und unter allen Verhältnissen immer eine große Anzahl gibt«. Clausewitz sollte das dann auch in Frankreich, in der Schweiz, in Ostpreußen und Berlin und schließlich auch in Rußland immer wieder bestätigt finden. Insofern war die Frage und Antwort der Postmeisterin von Oranienburg typisch. Sie war kennzeichnend für den Geist und die Stimmung des Volkes Ende Oktober 1806, wie Clausewitz in seinen Aufzeichnungen damals bereits feststellt.

Indessen stand ihm das eigentliche Trauma noch bevor. Es kündigte sich an, als die beiden Gefangenen Berlin erreichten und durch die Straßen fuhren. Man erkannte wohl den Prinzen; man war neugierig, teilnehmend. Gruppen bildeten sich, die auf den Postwagen wiesen. Vielleicht sind auch hämische Zurufe gefallen. Jedenfalls schreibt Clausewitz, sie seien »unter den widrigsten Gefühlen ein Gegenstand der Volksneugierde« geworden.

Und dann das königliche Schloß. Es war nun die Residenz des Eroberers Napoleon, der sein kaiserliches Hauptquartier in den Zimmern des verstorbenen Königs aufgeschlagen hatte. Und überall Wachen, Trommeln und Clairons. Auf den Treppen und in den Zimmern Kuriere, Flügeladjutanten in prunkvollen Uniformen, ein geschäftiges Kommen und Gehen, wie in allen siegreichen Hauptquartieren. Und im Gegensatz dazu die im Vorzimmer wartenden Gefangenen, der Prinz und sein Adjutant, so wie sie aus den Ukkersümpfen kamen, in schmutziger und zerrissener Uniform, ohne Kopfbedeckung, nur mit dem Degen, den man ihnen gelassen bzw. wiedergegeben hatte. Die französischen Offiziere, die kamen und gingen, schienen sie nicht zu beachten, nur ab und zu traf sie ein neugieriger oder hämischer, vielleicht auch ein mitleidiger Seitenblick. Fremdes Stimmengewirr, dann ein Adjutant mit Feldbinde und Fangschnüren, der mit knapper Verbeugung auf sie zutrat: Seine Majestät der Kaiser der Franzosen wünsche den gefangenen Hohenzollernprinzen zu sehen. Die Türen zum Arbeitszimmer des verstorbenen Königs Friedrich Wilhelm II. öffneten sich, das Stimmengewirr legte sich einen Augenblick, als der Prinz, leicht hinkend, mit einem schmutzigen Verband am Bein, zu Napoleon geleitet wurde.

Die Unterredung dauerte nur fünf Minuten. Sie war die Besichtigung einer lebenden Trophäe aus dem preußischen Königshaus durch Napoleon, der natürlich auch sagte, daß sich der Prinz tapfer geschlagen habe. Und dann wiederholte er die Phrase, die er in diesen Tagen allen hochstehenden Gefangenen gegenüber immer wieder anwandte: Er habe stets den Frieden gewünscht und wisse gar nicht, warum ihm Preußen den Krieg erklärt habe. Diese Bemerkung hat Clausewitz in die Maxime umgesetzt, die dann später den besonderen Beifall Lenins finden sollte, weil sie lautet[3]: »Der Eroberer ist immer friedliebend, er zöge ganz gern ruhig in unseren Staat ein.« Preußen hatte tatsächlich Napoleon nicht den Gefallen getan, alle Willkür hinzunehmen, und es daher zum Krieg mit ihm kommen lassen. Aber es führte ihn nur mit einem rückständigen Heer gegen eine Armee neuer Fechtart, dazu mit einem kriegerischen Genius als Feldherrn. Militärische Reformen aber steckten in Preußen erst in den Anfängen, obwohl man ihre Notwendigkeit längst erkannte. So bedurfte es notgedrungen des Umwegs über eine vernichtende Niederlage, um politisch und militärisch die geistige Trägheit zu überwinden und neue Kräfte in Gang zu setzen. Erst nach 1806 wurde in Preußen Ernst damit gemacht.

Clausewitz war ein anderer geworden, als er mit seinem Prinzen an jenem Novembertag das Schloß verließ, in dem er glänzende Tage und strahlende Soireen erlebt hatte. Wie ein Aussätziger, beschmutzt und gedemütigt, hatte er unter fremden, prunkenden Uniformen gestanden, Hohn, Gleichgültigkeit oder hämischen Bemerkungen ausgesetzt. Ein glühender Haß hätte sich seiner bemächtigen können, wenn er vom Durchschnitt gewesen wäre. Vielleicht schlug sogar, als er im Vorsaal wartete, die Flamme des Hasses für einen Augenblick über ihm zusammen. Aber dann wandelte sie sich in ein anderes, helleres Feuer, das stetig brannte: In das der Verpflichtung für dieses Preußen, das immer noch seinesgleichen suchte, selbst in der Niederlage. Als leidenschaftlicher Patriot kehrte Clausewitz aus dem Berliner Schloß, nun Hauptquartier des Kaisers Napoleon, zurück.

Übrigens hatte dieser dem Prinzen August zugesichert, daß er in Berlin bei seinem Vater, dem Prinzen Ferdinand, bleiben und seine Beinwunde ausheilen könne. Er mußte sich aber verpflichten, keine Briefe zu schreiben und keine öffentlichen Reden zu halten. Auch seinen Adjutanten durfte er behalten. Aber das Zugeständnis erwies sich nur als vorübergehend. Denn als Napoleon Berlin wieder verlassen hatte, um den Krieg in Ostpreußen fortzusetzen, wehte ein schärferer Wind in der Hauptstadt als in den besetzten Provinzen. Clausewitz wurde von seinem Prinzen getrennt und erhielt seine alte Garnison Neuruppin als Aufenthaltsort zugewie-

sen. Ende Dezember 1806 wurde Prinz August mitgeteilt, daß er
unverzüglich mit seinem Adjutanten Berlin und Preußen verlassen
müsse, um in Frankreich zwangsinterniert zu werden. Der französische Gouverneur von Berlin, General Clark, hatte das verfügt.
Noch dauerte der Krieg, kein Friede war in Sicht.

Abschied

Aus Neuruppin sind zwei Briefe von Clausewitz erhalten, die er im
Dezember 1806 an Marie von Brühl schrieb[4]. Sie beleuchten den
tragischen Wechsel zum Unglück Preußens ebenso wie die innigen
Beziehungen zwischen den Liebenden. Auch stehen sie am Anfang
einer neuen Lebensperiode in mehrfacher Beziehung. Auf der
einen Seite fällt der dunkle Schatten des nationalen Unglücks über
sie, zum anderen sind die Briefe in dem Bewußtsein der bevorstehenden Trennung geschrieben, und schließlich stehen sie doch auch
im Zeichen der kristallklaren Devise, die Clausewitz über sein ganzes Leben gesetzt hat: »Die Zeit ist Euer, was sie sein wird, wird
sie durch Euch sein!« Der das gesagt hat, weiß, daß sich die Zeit
wie die Umstände dem fügen, der sich ihnen gibt, aber geistig frei
und von niederen Zwängen unabhängig bleibt. Dann bestimmt
nicht das Sein das Bewußtsein, sondern das überlegene Bewußtsein
das Sein. Dann kommen Fügungen aus dem Dunkel. Das beweist
auch der weitere Werdegang des ungewöhnlichen Mannes, dessen
Bild wir hier nachzeichnen.
Vorläufig, d. h. Anfang Dezember 1806, ist der Kriegsteilnehmer
Clausewitz zunächst einmal dem Leben wiedergeschenkt. Was das
bedeutet, weiß der am besten, der einen Krieg erlebt hat. So beginnt denn auch der Brief aus Neuruppin vom 1. 12. 1806 mit
einem aufatmenden Bekenntnis[5]: »Unsere Freundin Friederike hat
mir vor einiger Zeit einige Zeilen von Ihrer Hand überschickt, verehrte, geliebte Marie, die meinem Gemüt die wohltätigste Arznei
gewesen sind. Dieser ganze herzliche und innige Ton, der in Ihren
beiden letzten Briefen herrscht, hat mich zwar wehmütig machen
können, da er in einen Zeitpunkt traf, wo — die Dinge mit den äu-

ßeren Verhältnissen gemessen — das Schicksal mich in die Flut der
Begebenheit so tief heruntersenkte, daß ich von Ihrem Auge nicht
mehr hätte getroffen werden sollen, doch ist er mir eine innige La-
bung gewesen; er hat mich daran erinnert, wie viel die Vorsehung in diesem Geschenke mir noch verhieß: *der Stern des Lebens
ging mir wieder auf* (hervorgehoben durch den Verfasser)

Das ist der Stern, der meinem Leben strahlt
und wunderbar oft stärkte mich sein Anblick.«

Im übrigen erinnerte der Brief, noch ganz im Ton der Empfindsamkeit gehalten, daran, daß Clausewitz wußte: Seine Marie hielt
sich gerade in den Tagen, da er mit seinem Prinzen sozusagen um
die letzte Ehre kämpfte, in Giewitz bei ihrer Freundin, der Gräfin
Voss auf, nur wenige Meilen vom Kampfplatz an der Ucker entfernt. So schreibt Clausewitz davon, wie sie noch hofften, sich
durchschlagen zu können, um nicht in Gefangenschaft zu fallen.
Aber es war der vierte Akt eines Trauerspiels[6]: »indem wir der
Gefahr zu entrinnen glaubten, gingen wir in die Schlinge des bösen Zufalls, die das Verhängnis ausgeworfen — das Schicksal war
des Spieles müde, es versagte uns den letzten Einsatz, um das Verlorene wieder zu gewinnen.«
Das Verlorene ist für Clausewitz das Vaterland und dessen Größe,
aber nicht die Hoffnung. In dem allgemeinen Zusammenbruch,
dem soldatischen wie dem politischen, blieb doch ein einziges Gut
erhalten: Die unverbrüchliche gegenseitige Liebe zwischen ihm
und Marie v. Brühl. Mit dem Dank an den Himmel für dieses Ge-
schenk schließt der Brief aus Neuruppin vom 1. Dezember 1806.
Aber dann schreibt Clausewitz noch einmal zwölf Tage später.
Der Brief ist eine seelische Lageanalyse, wenn man so will, und
zugleich eine wichtige Aussage zur eigenen Abstammung. Er enthält ein doppeltes Bekenntnis vor der Abschiebung zur Internierung in Frankreich. Das größere, das politische, steht voran, so daß
es gleich zu Anfang heißt[7]: »Mein Gott, wer fühlte jetzt nicht *die
Größe des verlorenen Gutes!* In diesem Punkt, scheint es, sind
jetzt alle Menschen einig, nur verschieden in dem Grad von Hoff-

nung und Verzweiflung, der sie belebt.« Clausewitz steht auf der
Seite der Hoffenden. Er sieht die furchtbare Krise, in die das geschlagene Preußen gestürzt ist; er vergleicht sie mit einer schweren Krankheit, aber er glaubt, daß gerade sie zur Heilung führen
könne, »denn der jetzige Zustand und der, welcher ihm folgen
wird, also der, bei welchem die meisten anderen *wohl ganz verzweifeln möchten,* bietet viel mehr Hilfsmittel an, als die meisten
glauben«. Clausewitz teilt das hoffnungslose Räsonnement nicht,
»weil ich die Hoffnung erhalten möchte, wo es nach meiner Einsicht noch zu früh zum Verzweifeln ist«.

Und dann ein kurzer, aber charakteristischer »Bericht zur Person«:
»Von dem Zustand meines Gemüts kann ich Dir nicht viel sagen,
liebe Marie. Das Gefühl des Unglücks ist mir im Grunde weniger
gegenwärtig, als ichs mir vorgestellt hatte. Ich beschäftige mich
viel mit dem Studium der Mathematik, die mich in ein bewußtlo-
ses Dasein wiegt. Schwerlich würde mir die gewöhnliche und
eigentliche Art von Zerstreuung gewähren, was mir diese un-
eigentliche *durch Sammlung aller Geisteskräfte auf einen Gegenstand* gewährt, einen ruhigen, selbst stärkenden Schlaf. Aber das
Erwachen ist freilich immer sehr bitter. – Die heitersten Stunden,
die ich verlebe, sind unstreitig die, in welchen ich mit Dir, geliebte
Marie, mich unterhalte. Immer komme ich darauf zurück, daß ich
Dir nicht zu sagen weiß, wie viel Du meiner Seele bist! O daß mir
dieser letzte Trost nie geraubt werden möge!« Wir kennen ja diesen Brief bereits im Auszug.

Und dann gehört zu der Redlichkeit seiner Gesinnung, daß er sich
eine Sache vor der Abreise in die Internierung noch von der Seele
schreiben will: Die Unsicherheit seines Adels und überhaupt die
Einweihung seiner Geliebten in seine Familienverhältnisse, die sie
ja noch nicht kennt. Frau von Clausewitz schreibt später in der
Rückerinnerung an die Tage des Jahreswechsels 1806[8]: »Das traurige, aber für mich doch so wichtige Jahr 1806 endete ich auch
nicht heiter; denn am 30. Dezember reiste C. nach Frankreich;
doch hatte ich noch den Trost, ihn an diesem Tage und dem vorhergehenden bei Friederike zu sehen. Das Wiedersehen tat mir unbeschreiblich wohl. Die Gefahr hatte jede Spur von ängstlicher

oder stolzer Zurückhaltung aus meinem Herzen verbannt und mich ganz empfinden lassen, was C. mir war; mit der innigsten Liebe und der völligsten Hingebung schloß ich ihn an mein Herz.« So ging Carl von Clausewitz als heimlich Verlobter nach Frankreich in die Internierung, mit einem Rückhalt seines Gemütes also. Es war eine Trennung auf unbekannte Zeit. Denn der Krieg zwischen Preußen und Napoleon dauerte ja noch an und kein Friede war in Sicht. Aber Clausewitz verlor nicht die Hoffnung auf eine Wende; sein elastischer Geist wußte jeder Lage die beste Seite abzugewinnen. Auch sein persönlicher Werdegang blieb ein System von Aushilfen, wie Moltke das später zur Definition der Strategie formuliert hat. So geschah es auch mit der Internierung in Frankreich, der sich dann die Reise in die Schweiz anschloß. Aus dieser Internierung wurde die Bildungsreise des jungen Clausewitz. Niemals hätte er sich dergleichen leisten können. Niemals hätte er Frankreich, Land und Leute, Nancy, die französische Provinz mit dem beschaulichen Soissons, nie Paris mit seinen Kunstschätzen und nie die Schweizer Alpen kennengelernt, wenn er eben nicht in den Uckersümpfen gefangengenommen worden wäre und dann die Gelegenheit nutzte. Auch das gute Französisch, das er später sprach und schrieb, verdankte er der Internierung, wie überhaupt die entscheidende Erweiterung seines geistigen Horizonts.

Und dann blieben die Briefe an seine heimliche Verlobte. Sie schlugen die Brücke zur Heimat. Sie waren ein Regenbogen des Friedens, der sich von Frankreich nach Preußen wölbte. Die Briefe sind immer zugleich Bericht und Liebeserklärung. Die deutsche Briefliteratur der Zeit wurde im Jahre 1807 durch zwanzig, zum Teil sehr lange Briefe bereichert[9]. Clausewitz schrieb sich in ihnen frei. Aber er verfaßte auch noch eine Reihe von Studien und ein Reisejournal, die von seiner Beobachtungsgabe wie von seiner geistigen Vielseitigkeit zeugen. Die Vorsehung, von der er gelegentlich spricht, legte es offenbar darauf an, daß er sein Wissen bereicherte, sein politischer Überblick ständig erweitert wurde und neue Menschen und Erkenntnisse an ihn herantraten. Sein Geschick sorgte dafür, daß der junge Stabskapitän nicht nur auf immer neue Charakterproben gestellt wurde: Es hat ihn von seinem

128

Abb. 10. Napoleon empfängt Königin Luise in Tilsit, Juli 1807

Abb. 11. Karl, Reichsfreiherr vom und zum Stein (26. 10. 1757 bis 29. 6. 1831), Haupt der preußischen Reformer

21. Lebensjahr an auch vor der militärischen Einseitigkeit bewahrt. Allerdings mußte er selbst sehen, was er daraus machte, wie er sich im Notfall zurechtfand und seine Erlebnisse deutete, umsetzte in bleibende Erkenntnis.

DRITTER TEIL

Bildungsreise wider Willen

Erstes Kapitel
Ab nach Frankreich

Die Reise nach Frankreich war unfreiwillig, eine Reise in die Internierung. Clausewitz teilte sie mit »seinem« Prinzen. Ob sie dabei eskortiert wurden, ist unbekannt. Aber die Zeiten waren damals chevaleresker als im 20. Jahrhundert. Wenn ein Mann ein Wort gab, dann wurde es auch gehalten, und es genügte. Der Abschied von seiner heimlichen Verlobten war Clausewitz schwergefallen. So schrieb er gleich am 3. Januar 1807 aus Ellrich am Fuße des Harzes[1]: »Von Dir sich losreißen, Marie, ist unaussprechlich bitter, von den Gedanken an Dich *unmöglich;* dazu kommt, daß ich gar keine Reisepassion habe: mir ist ein tätiges Geschäftsleben oder auch ein ruhiges Studium befriedigender. Doch würde es mir nicht unmöglich sein, mit sehr vielem Genuß zu reisen, aber dann wären zwei Bedingungen unerläßlich: *ein freies Gemüt,* die andere, die Gesellschaft meiner geliebten Freundin ... Denn alle Regungen meines Herzens fließen unaufhörlich *zu dem einen Gefühl zusammen, das Du mir gabst,* und dem alles Gute in mir so nahe verwandt ist. Wie oft betrachte ich die Locke, die Schrift, die Nadel, den Ring, alles was ich von meiner Marie habe ... Bei dem Ring sind mir die Worte tief in die Seele gegraben: *Ich gebe ihn Dir, bis Du einst einen anderen von mir erhältst.*«
Aber schon drei Tage später entschließt sich der geistig immer rege Beobachter, die Briefe an seine Marie auch als Reisejournal zu schreiben, das gar nicht sentimental ist. So heißt es z. B.[2]: »Die kleinen Städte des Harzes, Wernigerode, Elbingerode usw. sind viel weniger unangenehm als die Treuenbrietzen, Beelitz und Konsorten. Dort hat wenigstens alles ein echt altväterliches (obgleich nicht gotisches) Ansehen, ungefähr so, wie ich mir den Schauplatz von Goethes ›Hermann und Dorothea‹ denke, soviel ich mich dieser lieblichen Dichtung erinnere.« Auf der Reise erregen im übrigen die Zeugen der gotischen Baukunst sein besonderes Interesse, weil sie das ganze Europa des Mittelalters in seinem

religiösen Glauben und diesen in seinem ganzen Wesen darstellen. »Überall herrscht darin ein großer, männlicher Geist, der aber in allem seinen Spiel etwas Kindliches hat, weil ihm die Vernunft noch nicht die strenge Zuchtmeisterin ist... Vorzüglich geschickt waren diese Baumeister in dem Bau der Türme. Hier in Marburg finde ich z. B. ein Paar, die mit einer Leichtigkeit in allen ihren Teilen emporstreben, daß der getäuschte Sinn glauben sollte, die schweren Steinmassen auf der Hand tragen zu können.« Diese Briefstelle weist darauf hin, daß der Sinn für die eben von der Romantik wiederentdeckte Gotik auch Clausewitz aufgegangen war. Sicher hatte er auch mit Marie, der Kunstsinnigen, darüber gesprochen.

Am 9. Januar sind die Reisenden in Frankfurt, damals noch freie Reichsstadt. »Ganz geschäftslos[3]«, geht Carl ins Schauspiel. Aber an diesem Abend wird eine Symphonie gegeben, die Erinnerungen an Berlin weckt, so daß er schreibt: »Wie ist alles so verändert! Wie viel ist an Hoffnungen und an Eigentum verlorengegangen! Verwaist irren die Kinder eines verlorenen Vaterlandes umher und der Glanz des Staates, dem wir dienten, den wir bilden halfen, ist erloschen... Darum ist der Aufenthalt in der Fremde jetzt so bitter für uns. Denn alle Rechte, welche der Ausländer mit in den Schoß fremder Nationen trägt, nimmt er aus dem Schatz öffentlicher Achtung seines eigenen Volkes, wo diese vernichtet ist, sind alle seine bürgerlichen Ansprüche ungültige Papiermünze...« Eine Woche später berichtet Clausewitz vom Wiedersehen mit dem noch immer in Trümmern liegenden Mainz und seiner Umgebung, das ihn mit Schwermut erfüllt, und dann überschreitet er die Sprachgrenze und schreibt dazu[4]: »Welch eine Empfindung, als ich zum erstenmal den deutschen Genius so ganz verschwinden fühlte und nichts als französisch sprechen hörte! Das war unter allen der unangenehmste Augenblick.« Von Heimweh geplagt, erreicht der noch nicht Siebenundzwanzigjährige den ersten Bestimmungsort der Internierung, die alte Hauptstadt von Lothringen, Nancy, am 18. Januar 1807.

Der Aufenthalt dort hat nur etwa sechs Wochen gedauert. Es ist Winter, kalt, die Abgeschobenen sind sich selber überlassen. Da bleiben nur die Briefe und die Hoffnung, wieder Briefe zu erhalten. So heißt es am 28. Januar[5]: »Unter wie traurigen Empfindungen ich hier mein Leben zubringe, darf ich Dir nicht sagen. Es ist mir nicht erlaubt, sie Dir alle in ihrer ganzen Stärke mitzuteilen, so sehr mir dies Bedürfnis ist. Tausende Erinnerungen an die Vergangenheit, an die Augenblicke des Unglücks, an *die mir unaussprechlich teuren Augenblicke der Gefahr*, die diesem Unglück vorhergingen, in denen alle meine Hoffnungen und Wünsche sich vereinigten, und die mich, kaum mir selbst bewußt, mit sich fortgerissen... Ich sehe hier viele von den Gefangenen, die in der Schlacht[6] sich in der Division unseres teuren braven Schmettau befanden, auf welche sich das Unglück zuerst hinwälzte; ich höre die Märsche blasen, womit sie in langen Linien anrückten. Gott, ich kann nicht beschreiben, welches Empfinden mir das gibt. Schmettau und den Herzog (von Braunschweig), von deren Talenten man in diesem Augenblick so viel erwarten konnte, traf die tödliche Kugel ohne Zögern: die Truppen, das schönste Instrument zum Schutze unserer heiligsten Rechte, die mühevolle Arbeit so vieler Jahre, Gegenstand der Bewunderung Europas, sie sind nicht mehr...«

Aber es ist nicht die Sache dieses reichen und erregbaren Gemüts, nur der Vergangenheit nachzutrauern, so sehr er an ihr hängt. Er ist immer begierig nach Nachrichten, die auch die Hoffnung nähren können. So hört er mit freudiger Genugtuung, daß Scharnhorst lebt, daß er ausgewechselt wurde. Da fällt zuerst das Bekenntnis: »Er ist der Vater und der Freund meines Geistes, und nur noch werter ist er mir geworden, seit mein Herz ihn gegen die ungerechten Vorwürfe der Blödsinnigen oder Übelgesinnten in Schutz nehmen muß... Ich lebe hier täglich in Gesellschaft, ein wahres Kurvisitenleben, das unpassendste für meine Individualität, das unschicklichste für unsere Lage. Ich habe hier keinen deutschen Freund gefunden, zu dem ich mich hingezogen fühle, und von meinen wissenschaftlichen Beschäftigungen muß ich mich so oft losreißen, daß ich dieses Trostes kaum froh werde. Deine Briefe und ihre Beantwortung machen meine einzige Erholung aus.«

Offensichtlich sind die Briefe seiner Verlobten für Clausewitz *die*

Heilmittel der seelischen Verwundung. Denn die Politik war damals noch nicht so verroht, diesen Trost den Gefangenen zu verweigern. Am 2. Februar 1807 erhält Clausewitz bereits den zweiten Brief von Marie v. Brühl. Sie weiß, wie sie ihm helfen kann, und sie hilft, daß er in diesen Wintertagen nicht in einen Abgrund von Melancholie versinkt. Er dankt[7]: »Soviel ist gewiß, meine liebe Marie, es wird besser werden und Du wirst mich ganz heilen, wenn Du mit solchen Briefen fortfährst.« Und wie zum Beweis der seelischen Rekonvaleszenz schließt der Brief vom 2. Februar 1807: »Da liegt mein Bild vor mir, was ziemlich ähnlich ist, und was ich für mein Leben gern in Deinen Händen wüßte, solange mich selbst diese unabsehbare Gefangenschaft von Dir trennt, denn was ich Dir in diesen Briefen nicht ausdrücken kann, würdest Du in dem Bilde lesen. Aber ich sehe keine Möglichkeit, wie ich Dirs übersenden könnte.«

Was dann? Der phantasiebegabte Geist weiß immer Aushilfen. Wenn das Produkt der Porträtkunst, von einem unbekannten Meister in Nancy inzwischen verfertigt, nicht übermittelt werden kann, dann ein imaginärer Blumenstrauß der Poesie. Clausewitz flüchtet in die Dichtung, die eigene, wie viele junge Offiziere und Soldaten seiner Zeit und wohl auch später noch. »Du vergibst mir wohl, meine gute Marie, wenn ich (etwas verschämt) ein paar schlechte Verse hersetze, die eigentlich das Bild begleiten sollten und deren ich mich umsonst schämen würde, da ich sie *gefühlt*, *gedacht* und *geschrieben* habe.«

Das erste Gedicht, das wir von dem jungen Clausewitz kennen, ist ein Sonett. Es lautet[8]:

> Wenn hie und da in einem leichten Zug
> Das heitre Licht des frohen Sinnes fiel,
> Und freundlich in des Bildes Farbenspiel
> Des schönern Lebens wahre Farbe trug,
> Ja, wenn entrückt dem hochgestellten Ziel,
> Gehemmt in meiner Hoffnung kühnem Flug,
> Mir dennoch segensvoll der Zauberspruch
> Der Liebe in den Kreis des Lebens fiel,

Aus dem das Bild den heitern Farbenstrahl
Dem Quell der Farben und des Lichtes stahl.
Und den in mir Dein süßer Blick gezogen
Und jenes Glück im Zauberspruch gebannt,
Löst nur der Wunderring von Deiner Hand.

Schon zwei Tage später schreibt Clausewitz wieder einen Brief. Er
verwünscht die Geselligkeit, an der er am Abend teilnehmen muß;
er bezeichnet die Mathematik, in die er sich den Tag über versenkt, als ein Opium der Betäubung. Das einzige Mittel, um
nachts Schlaf und Ruhe zu finden, sind die Briefe seiner Verlobten, wenn er am Abend die Türe seines Zimmers hinter sich zu-
macht und die Briefe wieder und wieder liest. Es gibt keine bessere
Arznei der Hoffnung und des Trostes. Und nun schreibt er[9]: »Die
Hoffnung, die ich aus meiner Jugend schöpfe, bildet mir die Zukunft, die teuren Beweise Deiner Liebe, die ich in Händen halte,
sind mir Gegenwart und die Vergangenheit rufe ich mir in den
Momenten zurück, wo Dein liebevoller Blick auf mir ruhte: so bilde ich mir den dreifachen Gehalt des Lebens freundlich ab und in
dem Ganzen herrscht die Einheit und in der Einheit herrscht die
Liebe. Das sind die Stunden der Feier, die einzigen, in welchen ich
mich froh fühle.«
Nach diesem kurzen, aber bekenntnisreichen Brief vom 4. folgt ein
sehr ausführlicher am 28. Februar. Er beginnt mit der Nachricht,
daß dem Prinzen und seinem Adjutanten ein anderer Ort des
Zwangsaufenthaltes in Frankreich zugewiesen werden soll. Anlaß
sind die preußischen Gefangenen, vor allem der Division v.
Schmettau in Nancy, mit denen es offenbar zu Kontakten kam, die
das Gouvernement nicht wünschte. So hat der Prinz mit seinem
Adjutanten Nancy innerhalb von drei Tagen zu verlassen und sich
in die Nähe von Paris zu begeben. Vier kleinere Orte stehen zur
Wahl: Senlis, Beauvais, Meaux oder Soissons. »Es scheint, man
will ihn gar zu gern in der Nähe von Paris haben.« Darauf Clausewitz: »Übrigens gilt mir ein jeder Ort gleichviel, der gleich weit
von meinem Vaterland entfernt ist.« Gerührt bedankt er sich über
die »so sehr schön berührte Stelle« aus »Wilhelm Tell« im letzten

Brief Maries, die Worte Gertruds zu Stauffacher: »Ich bin Dein treues Weib und meine Hälfte fordr' ich deines Grams[10].«

Dann äußert sich der Briefschreiber über einen literarischen Gegenstand, in einer für das hohe Niveau der Korrespondenz bezeichnenden Weise. Er schreibt: »Ich habe Müllers in der Gesellschaft der Wissenschaften über Friedrich II. gehaltene Rede gelesen; man hatte sie dem Prinzen geschickt. Ich muß gestehen, daß die Höflichkeit, welche er dem Kaiser und den Franzosen zu sagen nicht umhin zu können glaubte, so gelinde und so fein gewandt ist, daß ich nichts dagegen einzuwenden habe, so delikat ich über diesen Punkt auch fühle. Das Ganze ist voll Geist und *tiefer, tiefer Wahrheit;* aber eins ist mir sehr zuwider und gewiß eine Ungeschicklichkeit, wenn es nicht gar Kleinheit ist. Er sagt: Man liebt in den späteren Geschlechtern einer Nation die großen Erscheinungen wiederzuerkennen, die man in ihrer Geschichte antrifft. Man verzeiht den Nachkommen ihre Fehler um der großen Tugenden ihrer Ahnherren willen, und Cornelius Sulla, als er erobernd nach Athen kam, hatte nur *Güte* für diesen Ort... Also, schließt er, Preußen verzweifelt nicht, so lange ein religiöses Andenken eures großen Friedrich unter Euch lebt. Jeder Held wird ein großmütiges Mitleid mit dem Volk Friedrichs fühlen.« Da widerspricht Clausewitz entschieden: Er will nichts von einem »großmütigen Mitleid« wissen; »es erinnert an die vermeintliche Achtung der Römer für Athen, die im Grunde nichts ist als eine sehr feine Ironie«, und er zitiert schließlich den letzten Satz seines Beitrags in der »Minerva«, der Zeitschrift des Hauptmanns v. Archenholz, über die preußische Niederlage von 1806: *»Verzweifelt nicht an Eurem Schicksal, das ist: ehret Euch selbst!«*

Zum Schluß des Briefes die Mitteilung: »Wir werden morgen Nancy verlassen und nach Soissons gehen. Der Eindruck, welchen wir hier zurücklassen, ist nicht der edelste, wenn er auch nicht unvorteilhaft ist. Der Intrigengeist, der einen notwendigen Bestandteil des französischen Nationalcharakters ausmacht, hat hier, von dem Neide gepeitscht, sein Spiel in vollem Maße mit uns getrieben.« So ist es immer die Liebe seiner ihm heimlich Verlobten, die Clausewitz aufrichtet und ihm moralisch Rückhalt gibt. Der Brief schließt: »Ich lerne täglich mehr, welche schwierigen Aufgaben die Mathematik zu lösen vermag, wie sie die durch tausend Verhältnisse und Bestimmungen verwickelte Größe, die dem menschlichen Verstand sich ganz zu entziehen scheint, mit wahrhaft göttlicher Kunst diesem Labyrinth entzieht und rein und einfach darstellt. — O könnte doch ein Meister dieser Kunst mir die Stunde aus den mannigfaltigsten Verhältnissen unseres Lebens entwickeln, *in der Du auf immer Deine Hand in die meinige legst.*«

Der Aufenthalt in Soissons dauert von Mitte März bis zum 1. August 1807, eine Reise nach Paris mit eingeschlossen. Aus dieser Zeit sind neun, wiederum sehr inhaltsreiche Briefe überliefert, die der genaueren Analyse wert sind. Vorherrschend in ihnen ist nicht nur das immer wiederkehrende Bekenntnis der Liebe zu der Empfängerin, sondern auch der Versuch der Selbstanalyse, der Beichte des Briefschreibers, bemüht zu sein, die eigene Bildung zu erweitern und zu vertiefen. Man lernt durch sie gut den Clausewitz dieser Periode kennen; deshalb werden sie hier in längeren Auszügen mitgeteilt. Sie enthalten im übrigen aufschlußreiche Berichte über diese Zeit, unentbehrlich für die Kenntnis der damaligen Verhältnisse wie als Hintergründe dieser Biographie.

Auch in einem weiteren Betracht sind die Briefe aus Soissons von Bedeutung: Sie lassen nämlich erkennen, wie bei dem Siebenundzwanzigjährigen die Empfindsamkeit der Jugend ab- und infolge seiner Gabe der scharfen Beobachtung der Sarkasmus zunimmt, wie etwa gleich in dem ersten Brief aus dem neuen Aufenthaltsort vom 16. März 1807, in dem es zu Anfang heißt[1]: » . . . namentlich bin ich seit drei Tagen mit nichts anderem beschäftigt, als neue Bekanntschaften zu machen; denn keine alte Dame gibt es in dem übrigens kleinen Soissons, die nicht hervorgesucht würde, um zu sehen, ob es wohl möglich sei, einen Abend bei ihr die edle Zeit zu töten, was man sich amüsieren nennt. Übrigens ist es hier so reich an solchen Mütterchen, daß man glauben sollte, Soissons sei das Spital Frankreichs. In dieser Galerie sind gar viele, die den Musen nachlaufen: Madame Genlis, Madame Sabran, Madame Miremont — schon die Namen schmecken ein wenig nach der poetischen Blüte, obgleich es nicht die eigentlichen Gelehrten dieser Namen sind. Prinz August, der mit dem Kinderbrei der französischen Literatur großgezogen worden ist, spricht darüber wie ein Primaner im Examen, und da ist kein Buch von der Tragödie bis

zu den unsterblichen Spielereien des aimablen Boufflers[2], wovon
er nicht wenigstens die Stelle anzugeben wüßte, die es in der Literatur einnimmt, versteht sich nach hergebrachter Meinung. Welch
eine Rolle ich dabei spiele, schäme ich mich zu sagen; aber Du
kannst sie Dir leicht denken, liebe Marie, denn ich weiß kaum,
wer Corneille, Racine und Voltaire waren, und kein Wort weiß ich
von all den Briefen und Memoiren männlicher und weiblicher
Autoren, und wie die guten Leute denn alle etonniert sind über die
tiefen Bemerkungen und den Esprit eines deutschen Prinzen über
die französische Literatur.«

Dann folgt ein Bekenntnis des Briefschreibers, offenbar für seine
weitere geistige Entwicklung besonders wichtig. Er spricht nämlich
von erlernten Ideen, die er ablehnt auf der einen, und dem dunklen Gefühl und der Ahnung der Wahrheit auf der anderen Seite:
Die erlernten Ideen sollten später im Hauptwerk von Clausewitz
beiseite gelassen und die dunkle Ahnung der Wahrheit aufgehellt
werden durch die Erleuchtung der Erfahrung mit der konkreten
Wirklichkeit der Geschichte. Es ist reizvoll, diesen Aufhellungs-
prozeß auch in den Briefen zu verfolgen.

Übrigens steht auch in diesem Brief wieder ein Bekenntnis zur Gotik, mit dem Clausewitz den meisten seiner Zeitgenossen voraus
ist. Auf der Fahrt von Nancy nach Soissons wurde auch Reims besucht und die Kathedrale besichtigt. Nach einem kurzen Hinweis
auf die »Jungfrau von Orléans« in der Schillerschen Darstellung
schreibt er[3]: »Das Gebäude ist in seinem Innern eines der schönsten Monumente der gotischen Baukunst in Frankreich. Die bunt-
gemalten Fensterscheiben fielen mir in ihrer Wirkung zuerst auf.
Sie verwandeln das freundliche Licht der Sonne in einen stillen,
ernsten, in einen *heiligen* Schein. Die starken Pfeiler sind mit
schlanken Säulen bekleidet, die das hohe Gewölbe fast schwebend
erscheinen lassen, und das Drückende, Schwermütige, was große
Massen, auf eine solche Weise belastet, in einen hehren Eindruck
verwandeln... In einer solchen Kirche herrscht die Stille eines
Grabes, und, nur von Gott gehört, steigt die Stimme des still auf
seinen Knieen Betenden empor.« Nach einer kurzen Betrachtung
über den irdischen Charakter der griechischen Tempel und den

transzendenten der gotischen Kathedrale bekennt sich Clausewitz ganz zum christlichen Glauben, wenn auch in der romantischen Grundstimmung seiner Zeit. Er schreibt: »Ich bin ein so schlechter Antiquar, daß ich nicht weiß, ob die Glocke eine Erfindung des Altertums oder des Mittelalters ist, aber ich sollte glauben, sie gehörte dem letzteren an, denn nichts ist dem Gefühl so analog, was die christliche Religion erzeugt und pflegt, als die erhabene Stimme der Verkünderin unserer Andacht. In Nancy wohnte ich nahe bei einer Kirche, in welcher täglich vier- bis fünfmal von einem Priester gebetet wurde, und sooft er den Namen einer heiligen Person ansprach, verkündigte es der dreimalige Ruf einer tiefen Glockenstimme der ganzen Stadt. Diesem und allen wesentlichen Teilen des christlichen Gottesdienstes liegt ein so richtiges Gefühl zugrunde, daß man erstaunen muß über die Größe des Stifters, der dieses Gefühl in dem größten Teil des Menschengeschlechtes veranlaßt hat, zu einer Zeit, da falsch ausgebildete Religiosität auf der einen Seite und barbarische Rohheit auf der anderen das Menschengeschlecht am weitesten davon zu entfernen schien.«

Am 17. März erhält Clausewitz wieder einen Brief von seiner geliebten Marie und antwortet noch am gleichen Tag[4]. Die Antwort ist deshalb bemerkenswert, weil sie ein Selbstbekenntnis enthält, ein für die Einsicht in diesen ungewöhnlichen Charakter wichtiges. Clausewitz spricht von seiner Neigung zur Schwerblütigkeit, die sich nicht durch Argumente überwinden lasse, sie seien so einleuchtend wie immer, sondern nur »durch die Natur Deines stillen friedlichen Gemüts, die den Stern der Hoffnung nie untergehen läßt«. Dann folgt das Bekenntnis: »Jene Leidenschaftlichkeit..., die Du mir bei meiner ersten Erscheinung beilegtest, und die jetzt Dein liebevolles Vorurteil mir nicht zutraut, ist vielleicht wirklich ein wesentlicher Teil meiner ganzen Eigentümlichkeit. Zwar nimmt sie mit den Jahren ab und vielleicht ist dies besonders seit vier Jahren der Fall gewesen, da ich mich in der Lebensperiode befand, welche gewöhnlich den Übergang der leidenschaftlichen Jugend zu dem ruhigeren Mannesalter ausmacht; aber dessen ungeachtet und obgleich ich ihrer immer soweit Herr zu bleiben mich bestrebe, daß sie mich nie ohne Überlegung handeln lasse, so werde ich schwerlich eher den schönen Frieden der Seele ganz genießen, als bis der Schnee des Alters einst meinen Scheitel kühlt, und bis in dieses Klima des Lebens wird meine nicht übermäßig starke Konstitution mich schwerlich tragen.« Mit dieser Vorahnung sollte Clausewitz allerdings recht behalten. Marie von Brühl hatte von einer unglücklichen, selbstverzehrenden Leidenschaftlichkeit geschrieben, die in ihrem Carl mehr als in anderen lebe: Clausewitz gibt ihr recht. »Unglücklich und in ihr selbst begründet, das ist ohne Bedenken wahr, ja auch selbstverzehrend, wenn kein äußerer Stoff mir Nahrung gibt und die verderbliche Flamme mich selbst ergreift. Ich erkenne dies alles noch deutlicher an meinem Zustand seit der Unglücksepoche: ich beschäftige mich bloß, um mich zu zerstreuen, und noch nicht ein einziges Mal habe ich das Vergnügen dabei empfunden, durch welches ich mich sonst in meinen Beschäftigungen hin und wieder belohnt fühlte. Überhaupt kenne ich keinen wahren Genuß als den Deiner Unterhaltung, denn das Herz behauptet stolz seine Rechte.«

Zum Schluß dieses Briefes folgt die Mitteilung über die bevorstehende Reise nach Paris, wo Prinz August mit seinem Adjutanten vierzehn Tage in strengstem Inkognito bleiben will. »Nach dieser Zeit gebe ich Dir Nachricht von den Eindrücken dieser Hauptstadt mit allen ihren Kunstwerken. Gott weiß, wie wenig meine Stimmung zu dieser Reise paßt.«

Am 29. März folgt ein Brief aus Paris selbst[5]. Es ist eine schwermütige Epistel, die eines Geschlagenen, der vergeblich versucht, sich von dem Bewußtsein frei zu machen, daß er sich in fremdem Gewahrsam befindet. Gewiß, seine Freundin hat ihm die bildenden Künste erschlossen, und er nimmt die Gelegenheit wahr, seine Kenntnisse zu vertiefen. Aber sein Gemüt ist dabei zu wenig beteiligt und sein geistiges Freiheitsbedürfnis lehnt sich gegen den Zwang, gegen die Äußerlichkeiten des sogenannten »Kunstgenusses« auf. So ist da zu lesen: »Ich habe es wohl geahnt, wie wenig mir Paris sein würde; und ich habe mich nicht betrogen. Es ist entsetzlich, in seinem Leben der Tendenz eines anderen zu folgen, der nicht gemacht ist wie wir. Dieses ewige Streben nach Vergnügungen ist mir fast unerträglich, und wenn es nicht ganz unmöglich wäre, so hätte ichs schon längst versucht, meine Kraft daran zu setzen, mich diesen Verhältnissen zu entziehen. Nur mit dieser Unmöglichkeit werde ich es einst am Ende meines Lebens vor mir selbst verantworten können, diese Tage der Kraft und Jugend so verschleudert zu haben. Seit elf Tagen sind wir hier und laufen, was unsere physischen Kräfte nur aushalten können, um alles, alles, alles zu *besehen,* was hier an Merkwürdigkeiten sich findet; ob wir nicht vielleicht schon alle moralische Kraft dabei konsumiert, alle Empfänglichkeit verloren haben, kommt nicht in Betracht. Ich für meinen Teil habe allen Reiz verloren. Wie ist es auch möglich, eine solche Menge von Eindrücken aufzufassen und ihnen Eingang in unser Innerstes zu verschaffen in so kurzer Zeit; einer verdrängt ja den andern. Was ich Dir mitzuteilen habe, sind daher mehr kalte Bemerkungen als empfangene Eindrücke des Gemüts.«

In der Tat folgen in dem Brief mehr kritische Anmerkungen, die den genauen Beobachter verraten, als enthusiastische Berichte. Das Ergebnis der vielen Theaterbesuche in Paris und in der Provinz liest sich dann so[6]: »Die französische Sprache, obgleich sie nicht als harmonisch gilt, ist doch sehr sonor und sie kokettiert mit dieser Eigenschaft mit aller in dem Nationalcharakter liegenden Eitelkeit. Daher ist alle Betonung, also der wesentliche Teil der Deklamation, den Gesetzen des Wohlklanges, d. i. beständigen und ziemlich einfachen Gesetzen unterworfen; ein Wort klingt einmal wie das andere, welches auch seine Bedeutung sei. Daher lernen die Schauspieler einander diesen Teil der Deklamation mechanisch ab, oder mit anderen Worten, es ist eine bloße *Manier.* In unserer äußerst vernunftmäßigen Muttersprache wird eine jede Silbe, ein jedes Wort nach Bedeutung und Gehalt betont; diese leiden aber eine unendliche Varietät und sind in jedem besonderen Fall anders; daher muß der deutsche Schauspieler aus eigenem Takt und eigener Überlegung betonen und da man im Deutschen die schöne Freiheit hat, den Ton fast auf jede, auch die kleinste Silbe fallen zu lassen, um dadurch dem ausgedrückten Sinn immer neue und feine Nuancen zu geben, so ist das sehr schwierig. Daher kommt es, daß unsere talentvollen Schauspieler unendlich viel mannigfaltiger und befriedigender, unsere *talentlosen,* jeder Stütze beraubt, viel schlechter sind als die französischen.«

Der junge Clausewitz ist also offen nach allen Seiten. Er geht nicht einfach ins Theater, um sich zu zerstreuen, wie die meisten Zeitgenossen: Er studiert Sprache, Sprachbehandlung und natürlich vor allem den Nationalcharakter. Die Manier, und sei sie noch so vollendet, macht ihm keinen Eindruck, ja sie ist ihm zuwider. Er registriert nicht ohne Sarkasmus, der immer wieder bei ihm durchbricht, was ihm ein französischer Literat von den drei Hauptaktricen des Theatre Français gesagt hat: »Elles sont bêtes comme des oies.« Unwillkürlich denkt er dabei an die deutschen Frauen: »Das, was unsere Frauen so vorzüglich auszeichnet, weil sie es als Nationalmitgift besitzen, was wir an ihnen so überaus schön finden, was Schiller in seiner *Würde der Frauen* so lebhaft gefühlt, dem er so sehnlich nachgestrebt und was er hin und wieder so glücklich erreicht hat, — *die schöne Weiblichkeit* — o wer dieses schöne Idol in seiner Seele nicht erzürnen, aus seiner Brust nicht vertreiben will, muß kein französisches Theater sehen.«

Es ist schon sehr merkwürdig: Dieses positive Urteil über die deutschen Frauen damals, in der klassischen Zeit des deutschen Geistes, wird von einer Schweizer Französin, der Madame de Staël, bestätigt: Noch auf der gleichen unfreiwilligen Bildungsreise sollte ihr Clausewitz in Coppet am Genfer See begegnen.

In Clausewitz, dem Enkel eines ebenso frommen wie gelehrten lutherischen Theologen, ist die Konzentration auf das Wesentliche von vornherein angelegt. Er bleibt nicht an äußeren Eindrücken hängen, sondern strebt immer nach Einsicht und Überblick. So kommt er nach den längeren Betrachtungen über das Theater auf die Werke der Bildhauerkunst und Malerei zu sprechen, die er in Paris besichtigte; dann faßt er seine Eindrücke in folgenden Sätzen zusammen[7]: » Ich habe den Apoll, ich habe die Venus und ihr ganzes schöne Gefolge gesehen. Ich bin nicht, von Erstaunen und Bewunderung ergriffen, stehengeblieben, aber ich habe ein stilles Wohlgefallen gefühlt, eine unsichtbare, unbekannte Macht rief mich zurück, wenn ich mich entfernt hatte, und ein sanftes, *befriedigendes* Gefühl befreundete mich bald mit dem Kunstwerk. Das und nicht mehr habe ich Dir zu sagen, wenn ich in mein Inneres blicke, um die Eindrücke darzustellen, welche die schönsten Werke der bildenden Kunst auf mich gemacht haben.«

Auch bei den Gemälden bemüht sich Clausewitz um Konzentration. »In Raffael habe ich die Schönheit der menschlichen Bildung, in Rubens die Schönheit der Komposition bewundert. Da ich die Gemäldegalerie bis jetzt nur einmal gesehen habe, so habe ich mich auf diese beiden Meister ganz allein eingeschränkt, um nicht die schwache Empfänglichkeit meines Gemütes ganz zu ersticken. In den treibenden Wellen des Lebens erkennt man zwar das Bild seines eigenen Gemüts, aber es ist nicht möglich, zu unterscheiden, wieviele davon der unruhigen Bewegung und wieviel den Ereignissen angehört; aber gegenüber der stillen Spiegelfläche der Kunst ist keine Täuschung möglich – o nie habe ich meinen Zustand deutlicher erkannt, als da!« Und nun kommt das Bekenntnis, das zum Leitstern dieses außerordentlichen Lebens werden sollte: *»... ich fühle in mir ein bestimmtes Streben nach einem edlen Zweck und es sollen in mir, wie in einem wohlgeordneten Staat, diesem Streben alle Kräfte Gehorsam leisten.«*

Mit diesem Bekenntnis hatte Clausewitz seine Gesamtexistenz einer Lebensaufgabe unterworfen, die er damals noch nicht kannte, deren Offenbarung er aber schon ahnte. In der Ehe mit Marie v. Brühl hat sie sich vollendet.

Am 2. April erhält er wieder einen Brief von der Auserwählten, und zwar mit guten Nachrichten, die Scharnhorst betreffen. Sie richten ihn auf. Denn wenn er einen Mann verehrt und bewundert, so diesen, nicht nur als Persönlichkeit, sondern er erwartet in ihm auch den künftigen Reformer der preußischen Armee. Dem Ausdruck der Freude aber folgt eine Selbstbetrachtung, charakteristisch für seinen geistigen Werdegang. Er schreibt[8]: »Es ist sonderbar, was mir die Natur für eine Gravität gegeben hat, von der ich mich nicht lossagen kann. Ich wäre um keinen Preis in der Lage, mich zu einer Maskerade, zu einer lustigen Rolle in der Gesellschaft zu verstehen. Ich weiß, daß man das Pedanterie zu nennen pflegt; aber man hat Unrecht, denn bei mir ist es ganz gegen oder wenigstens ganz ohne meinen Willen. – Trotz dieser Gravi-

tät, die schwerlich an einem jungen Manne gefällt, *der noch gar nichts getan hat und noch gar nichts ist*, hat Marie, von allen Menschen die liebenswürdige genannt, mir wohlgewollt. Wunderbares Schicksal! Antizipierter Lohn für ein tatenreiches Leben! Gerne möchte ich diese Schuld abtragen, und alles was ich wünsche, ist — eine Umarmung meiner Marie und dann zur Armee. Dahin zurückzukehren ist mir höchstes Bedürfnis.«
Und dann beginnt der junge Stabskapitän von einem künftigen Sieg nicht nur zu schwärmen, sondern sich seinem Naturell entsprechend reale Gedanken darüber zu machen[9]: »Von allem dem, was ich in der Kriegskunst erlernt habe, habe ich unsererseits nicht das Mindeste ausführen sehen: überall aber habe ich in der Wirklichkeit die Wahrheit dessen erkannt, was die Theorie mich gelehrt hat, und mich von der Wirksamkeit ihrer Mittel überzeugt. — Wie sehr muß dies das Verlangen stärken, diese Mittel anzuwenden! — Aber so ist die Verfassung unserer Staaten: jetzt in der Fülle und Kraft meines Geistes, wo kein großer Name mich schreckt — weil ich weiß, daß eine überlegte Kühnheit, *Neuheit, Rapidität* gerechte Ansprüche auf den Sieg geben (und darin liegt der Vorteil eines jungen Generals, daß er mit der ganzen Originalität und Neuheit seines Talents den Gegner überrascht) — so komme ich nicht von der Stelle und einst wird man vielleicht mir wie so vielen anderen das Wohl des Staates, die Leitung der Armee anvertrauen, wenn mein Arm vor Altersschwäche zittert. Es gibt wenig ganz außerordentliche Menschen, aber ein jeder hat einen Zeitpunkt des Lebens, wo er sich selbst übertrifft und von diesem muß man Gebrauch machen.«
Clausewitz ist siebenundzwanzig Jahre alt, als er dies schreibt, man muß daran erinnern. Er ist ein Internierter in Frankreich. Sicher hat er an Napoleon gedacht, den Besieger Preußens, der mit 27 Jahren schon Oberbefehlshaber in Italien wurde und mit 35 Kaiser der Franzosen. In Preußen aber geht es träge voran bei den Beförderungen, immer langsam von Stufe zu Stufe nach dem Dienstalter, wenn man nicht gerade aus einem fürstlichen Hause stammt. — Der Brief endet mit einem poetischen Traum von künftiger Größe, wie ihn wenige Jahre später Heinrich von Kleist, der

Wahlverwandte, in seinem »Prinzen von Homburg« dichterisch gestaltet hat. Aber Kleist und Clausewitz sind sich wohl nie begegnet.

Im übrigen findet seine Vielseitigkeit in Paris doch reiche Nahrung, über die er in seinen Briefen Rechenschaft ablegt. So wiederholt er seine Besuche in der Gemäldegalerie, um seine Kenntnisse über die Malerei zu vertiefen und seiner Freundin darüber zu berichten. Insbesondere ziehen ihn die Landschaften an, wobei man erfährt, daß sich Marie von Brühl auch im Zeichnen von Landschaften versucht, mit Glück und Talent — für die späteren gemeinsamen Reisen nicht ohne Bedeutung —, und so heißt es in dem Brief vom 8. April 1807[10]: » Alle Landschaften vorzüglicher Meister habe ich aus besonderer Vorliebe aufgesucht — Du errätst warum? Von Vernet, Claude Lorrain und Ruisdael habe ich ganz außerordentliche Sachen gesehen und tausendmal bedauert, Dich nicht an meiner Seite zu haben, liebe Marie, sowie überhaupt die Kunst bei mir nicht schöner und lieblicher eingeführt werden könnte als durch Dich, die ich über alles in der Welt liebe und an deren Bild sich alle die Vorstellungen von Lebensfreude und Genuß, deren ich fähig bin, anreihen.«

Es ist in der Tat die Liebe zu Marie von Brühl, die alle Kräfte in ihm weckt und aus Clausewitz einen ganzen Menschen macht. Aber zu diesem Menschen gehört auch das karitative Element. Wem von den Millionen durchschnittlicher Paris-Besucher wäre es je eingefallen, auch das Taubstummeninstitut zu besuchen? Aber es gehörte damals wohl nicht zuletzt auch noch zum Stil der »fürstlichen Personen«, daß sie sich darum kümmerten. Denn es ist anzunehmen, daß Clausewitz nicht allein, sondern mit seinem Prinzen das Institut besucht hat, das ein Abbé Sicard leitete, damals eine weit bekannte Persönlichkeit. Allerdings vergleicht auch hier der Patriot Clausewitz Paris und Berlin[11], indem er sich dabei auf das Urteil Metternichs beruft, der von den drei Taubstummeninstituten in Paris, Wien und Berlin das letztere als das vorzüglichste bezeichnet. Aber den dortigen Leiter, Professor Eschke, kenne kein Mensch, während Abbé Sicard in ganz Europa einen Namen habe: »Man sieht daraus, wie sehr die Franzosen ihre

Ware geltend zu machen wissen.« Aber das ist in dem Bericht darüber nicht die Hauptsache, es sind vielmehr die Bemerkungen des Briefschreibers über die Taubstummen und ihre Einführung in die menschliche Gesellschaft. Hier tritt die philanthropische Betrachtungsweise des jungen Offiziers zum ersten Mal hervor. Und so verdient wohl gerade diese Briefstelle angeführt zu werden: »Was könnte wohl an Interesse die Idee übertreffen, daß die Bildung eines Taubstummen *eine Schöpfung des moralischen Menschen durch die Hand der Philosophen* ist? Nichts ist wahrer als das... Ich möchte sagen, man tritt hier in die Werkstatt der moralischen Natur ein, und jenes merkwürdige Organ des Geistes, die Sprache, sieht man besser hier als irgendwo, in ihrem ganzen inneren Wesen und in ihrer Übereinstimmung mit der Natur unseres Geistes. Um dies zu beweisen, ist eine einzige Bemerkung hinreichend: Der Lehrer ist nicht imstande, dem Taubstummen eine abstrakte Vorstellung beizubringen, außer in dem Augenblick, wo der Geist in seinem Fortschreiten *gerade dieser Vorstellung bedarf,* wo sie den neuen Ring in der Mitte seiner Ideen ausmacht, wo er ohne sie nicht weiterkann. Wollte der Lehrer diese Ordnung der Natur nicht befolgen, so würde er einen Automat, aber keinen *Menschen* bilden. Dies ist kein bildlicher Ausdruck, sondern *wörtlich* wahr. Der Lehrer könnte den Schüler z. B. abrichten, gewisse pantomimische Zeichen für gleichbedeutend mit gewissen geschriebenen Zeichen zu halten. Er würde also auf gewisse Zeichen das Wort *Tugend* niederschreiben. Das wäre die Funktion des Automats. Aber wird er darum auch wissen, was Tugend ist? Ihm eine solche Vorstellung zu geben, erscheint als ein halbes Wunder; es kann nicht anders geschehen, als wenn die vorhergehenden Vorstellungen, welche der Schüler schon aufgefaßt hat, schon den Keim zu dieser gelegt haben, so daß es nur der Hilfe des Lehrers bedarf, um diesen hervorzurufen. — Die Erziehung eines Taubstummen ist eine der schönsten Erscheinungen der Philosophie, nicht bloß wegen ihres menschenfreundlichen Zwecks, sondern wegen der wunderbaren Schöpfung ihrer Hand.«

»Eine andere Bemerkung ist die: Taubstumme von einigem Talent zeigen eine *auffallende Kraft des Denkens.* Man hat sich begnügt, dies den geringen Zerstreuungen zuzuschreiben. Da uns aber das Gehör überhaupt nicht sehr zerstreut, so glaube ich vielmehr, daß der Grund in der streng philosophischen Erziehung ihres Geistes liegt. Wir anderen Menschen erlernen auf eine leichtere Art, aber nicht so rein und unverfälscht, durch bildliche Vorstellungen, Beispiele usw., was der Taubstumme durch bloße Konzeption erlernt. Ein Beispiel ist folgendes: Wer möchte sich beweisen lassen, daß 2 mal 2 vier ist? Ich habe Menschen gekannt, die aus Ekel vor einer solchen Demonstration von der Mathematik zurückgeschreckt wurden. Gleichwohl kann uns bloße Wissenschaft das Studium solcher Beweise durchaus nicht erlassen. Der Taubstumme, weit entfernt, einen Ekel dagegen zu haben, bedarf dieses Beweises im höchsten Grade: hieraus sieht man, wie viel beständiger er auf dem Wege der strengen Wissenschaft bleibt, wie viel reiner die Form seiner Vorstellungen ist, und dies ist wieder: Wie viel schärfer die Kraft seines Denkens ist.«

Was bei diesem Brief auffällt, ist die Erkenntnis von der Kraft und der Stärke, ja der Schärfe des ursprünglichen Denkens: Genau mit diesen Eigenschaften geht Clausewitz später die Probleme des Krieges an, und zwar auf allen Ebenen, in allen ihren Erscheinungsformen. Deshalb steht sein Werk in seinen Grunderkenntnissen wie der Kraft seiner Sprache einzigartig da.

Die unfreiwillige Bildungsreise nach Frankreich dient also Clausewitz zur Ausbildung des *ganzen* Menschen. Sie fördert nicht nur die Kenntnis von Land und Leuten und ihrer Sprache, ihrer Mentalität, ihres Volkscharakters, sondern auch die der Künste und Wissenschaften. Vor allem in Hinblick auf Architektur, Plastik und Malerei hat Clausewitz seine Vorstellungen erweitert, auch als Philanthrop neue Erkenntnisse gewonnen. Wie aber steht es mit der Musik? Marie hat ihm offenbar auch über dieses Thema geschrieben und ihrem Freund geraten, ein Instrument zu erlernen. Aber Clausewitz ist ehrlich genug, ihr dazu reinen Wein einzuschenken: er fühlt einen gänzlichen Mangel an Talent dazu; er sagt, daß ein ungeheurer Zeitaufwand nötig wäre, auch nur eine geringe Fertigkeit zu erlangen, er bekennt[12]: »Du wirst mich schon einmal lieben müssen ohne Musik.« Aber an diesen Satz knüpft er auch eine bemerkenswerte Mitteilung an seine Freundin: »Übrigens genießt man hier in Frankreich in dieser Rücksicht ein für allemal eine große Achtung. Seit Gluck, Haydn und Mozart berufen sich die Franzosen in Musiksachen gern auf das Urteil eines Deutschen, wenn er auch keine Note kennt. Diese Superiorität unserer Nation ist wirklich auffallend, da im Ganzen ein Franzose gewiß zehnmal soviel singt als ein Deutscher und da die Italiener doch offenbar einen viel allgemeineren Sinn und viel mehr Talent dafür haben als wir.«

Das schrieb Clausewitz am 9. April 1807 unmittelbar nach der Rückkehr aus Paris. Der Frühling steht vor der Tür. Mit dem Erwachen der Natur, an der er froh wie jeder andere Fühlende teilnimmt, erwacht aber auch das Bedürfnis kritischer Rechenschaft, sein bisheriges Leben betreffend, und so zieht er Bilanz [13]: »Mein Eintritt in die Welt geschah auf dem Schauplatz großer Begebenheiten, wo das Schicksal der Nationen entschieden wurde ... Vielleicht auch von der Natur zu reichlich mit jener Eitelkeit versehen, die wir Ehrgeiz nennen, habe ich nur selten das schöne Bewußtsein des Daseins und Wirkens ohne einen bitteren Rückhalt gefühlt. Zwei Ereignisse meines Lebens aber haben einen ganz ungestörten, ungeschwächten Eindruck der Freude auf mich gemacht und mich wenigstens auf Augenblicke alles vergessen lassen. Das eine war die Auszeichnung, welche man mir angedeihen ließ, als man mich an die Spitze von vierzig jungen Leuten stellte, die alle in Eigenschaften des Geistes und erworbenen militärischen Kenntnissen wetteiferten. Dieser Vorzug hat mich nicht glauben lassen, daß ich es allen an Geisteseigenschaften zuvortäte, aber er hat mich überzeugt, daß ich am meisten im Geiste desjenigen gedacht hatte, der dieser Anstalt vorstand ... Das zweite Ereignis ist der erworbene Besitz Deiner Liebe! Du glaubst nicht, liebe Marie, welch einen großen Fortschritt ich dadurch gegen das Ziel getan zu haben glaube, was ich erringen möchte. Ich hatte das Bedürfnis zu lieben und welcher Mensch von Gefühl kennt dieses schöne Bedürfnis nicht — aber eine Liebe, die mich in den gewöhnlichen Kreis des Lebens hineingezogen hätte, würde Bitterkeit und Unzufriedenheit mit mir selbst erzeugt haben; aber ein so ausgezeichnetes Wesen zu lieben, das beschleunigt den Schritt in der edlen Bahn!... Dein reicher innerer Gehalt sichert mir die Dauer meiner eigenen Liebe: meine Vernunft sagt mir dies ebenso deutlich wie mein Herz.«

Drittes Kapitel
Zwischen Hoffnung und Verzweiflung

Ende April 1807 erscheint für Clausewitz der erste Silberstreifen am Morgenhimmel der Hoffnung. Natürlich studiert er alle französischen Journale, die er bekommen kann, wißbegierig und immer hungrig nach neuen Nachrichten. So liest er regelmäßig die halboffiziöse Zeitung »Gazette de l'Empire«, denn sie bringt immer wieder Hinweise auf Auswechslungen namhafter Gefangener, und zwar oft früher, als die Betroffenen selbst davon erfahren. So liest Clausewitz von der Auswechslung Blüchers, dann von der des Generals Tauentzien, die bezweifelt wurde und sich dann doch bestätigte, und nun stand auch die Nachricht von der bevorstehenden Auswechslung des Prinzen August in der Gazette. Noch hält Clausewitz mit seiner Freude zurück, um die endgültige Bestätigung abzuwarten, aber dem Pathos des Briefes vom 28. April ist doch schon anzumerken, wie bewegt, um nicht zu sagen, wie erregt-hoffnungsvoll er ist. Dabei geht er, von dem liebevollen Urteil seiner Verlobten ermuntert, kritisch mit seinen Eigenschaften ins Gericht und schreibt[1]: »... ein bißchen weniger leidenschaftlich könnte nicht schaden — wenigstens sind es die Vorbilder viel weniger, denen ich nachstrebe, ich sehe ein, daß man nicht aus seinem Charakter heraustreten darf, daß ich mich also vor sklavischer Nachahmung in der Handlungsweise hüten muß; indessen bleibt doch im Ganzen meine Tendenz von ihnen entlehnt, und ich würde nie zufriedener sein, alle die kleinen Ausbrüche der Leidenschaft zu unterdrücken ... Aber leider fürchte ich, für immer recht zu behalten, wenn ich den Zustand leidenschaftlicher Menschen einen unglücklichen nenne; alles hängt von der Zeit ab, in der man lebt, und von der unsrigen erwarte ich nicht viel Gutes, denn ich sehe, die Erfahrung des bittersten Unglücks hat uns nicht viel weiser oder besser gemacht. Ich sage *besser,* denn jetzt ist eine *gewisse Indolenz,* die in gewöhnlichen Zeiten schon ein *politischer* Fehler war, ein wahres *moralisches Laster.* — Das Theater ist jetzt aufgestellt, die spielenden Personen haben sich versammelt, in wenigen Tagen wird der Vorhang aufgezogen werden. Gott welch ein Schauspiel für uns! Welch ein Augenblick ängstlicher, sehnsuchtsvoller Erwartung.« Clausewitz meint damit die Friedensverhandlungen, die bevorstehen.

In dem langen und inhaltsreichen Brief ist aber nicht nur von Selbsterkenntnis und Politik die Rede, sondern auch wieder von Kunst und Kunstbetrachtung, dies charakteristisch für die Vielseitigkeit des Briefschreibers. Offenbar hatte ihn Marie wegen seines Urteils über den *profanen Rubens* getadelt, und nun antwortet er mit folgendem militärischem Gleichnis: Er spricht angesichts der Tatsache, daß er sich offenbar zu weit vorgewagt hat auf einem Feld, das er noch nicht behaupten konnte, von einem Entsetzen, wie sich ein General nur entsetzen kann, der trotz aller Vorsicht plötzlich eine feindliche Armee in seinem Rücken sieht. »Ein solcher General nun, wenn er ein *schicklicher, kunstverständiger* Mann ist, macht eine retraite en bon ordre und greift deswegen den Feind, um der Schicklichkeit willen, noch einmal mit gemäßigter Kraft an und zieht sich dann nach einem geringen Vorteil mit Anstand zurück. Es ist also bloß des Anstands wegen, wenn ich hier noch einmal von Rubens spreche und mich dann auf immer aus dem Gebiet der Kunstkritik zurückziehe.«

Das politische Interesse in Clausewitz ist indessen immer stärker als das ästhetische. Das beweist auch dieser Brief einmal mehr. So heißt es denn nach der Abschweifung zu Rubens mit einem leidenschaftlichen Unterton: »Man hat die Statue Friedrich II. aus Stettin abgeführt — man sprach auch davon, daß der große Kurfürst in die Gefangenschaft wandern und was für uns ein Gegenstand inniger Verehrung war, in Frankreich ein Gegenstand profaner Kuriosität werden sollte. Der Siegeswagen vom Brandenburger Tor wird in Paris unter den Trophäen gesehen werden — wir können also mit Recht in die Worte Dunois fallen: *›Die Freiheit ist geraubt, die Ehre ist verpfändet, das Palladium entwendet‹*, könnten wir nur auch für Deutschland hinzusetzen: *Frei muß es sein, noch eh' das Jahr sich endet.*«

Es sollte noch sechs Jahre dauern, bis diese Hoffnung sich erfüllte.

Noch ist es längst nicht soweit. Noch ist kein Friede geschlossen, die angekündigte Auswechslung nicht »amtlich«. Die Internierten sind zwischen Hoffnung und Befürchtung hin und her gerissen — man kennt das. Aus dem Brief vom 14. Mai erfährt man im übrigen, daß sich Marie v. Brühl über die Hofdame der Königin Luise, Charlotte Gräfin Moltke, auch um ihren Freund bemüht. Clausewitz will gewiß nicht bevorzugt werden, aber er benützt die Gelegenheit, einen Brief an Scharnhorst beizulegen; mit allem Anstand nimmt er die Verbindung mit dem Vater und Vorbild seines Geistes wieder auf.

Am 1. Juni 1807, an seinem 27. Geburtstag, erhält er wieder einen Brief von Marie. In der Antwort schreibt er dazu, von frohen Gedanken bewegt[2]: ».. . seit meinem Eintritt in die Welt bin ich gewohnt, diesen Tag oft durch etwas Glückliches bezeichnet zu sehen. Im 12. vertauschte ich an diesem Tag das wollene Feldzeichen mit dem silbernen, im 13. wurde ich vor Mainz Offizier, im 14. befand ich mich in einem heftigen Gefecht in einer bösen Lage, aus der ich glücklich entkam, die übrigen sind fast immer von einer kleinen Überraschung begleitet, die mir das Schicksal bereitet, in Ermangelung eines Familienkreises, der mich umgeben hätte. Dein Brief, geliebte Marie, hat mir eine so herzliche Freude gemacht, daß ich diesen ganzen Tag heiter gewesen bin, und ihn so abermals den feindlichen Mächten meines Schicksals entriß.«

Dann erfährt man: Prinz August wird eine zweite Reise nach Paris machen, aber Clausewitz ihn diesmal nicht begleiten. Er ist froh, auf einige Zeit sein eigener Herr zu sein und sich selber zu gehören. Trotzdem fängt er an, die Einsamkeit in der Fremde zu fürchten. Er wird sich also doch in Gesellschaft begeben, aber unter den vielen Bekannten in Soissons die wenigen auswählen, die seinem Gemüt und seiner Empfindungsweise entsprechen. Dazu die Bemerkung, die so charakteristisch für ihn ist: »Deutlicher spricht sich übrigens nie die Verschiedenheit der Charaktere zwischen mir und dem Prinzen aus als in den Menschen, denen wir und die uns wohl wollen. Es ist ordentlich interessant zu sehen, wie die verschiedenen Stoffe der Gesellschaft, die anfangs alle ineinander zu verschmelzen scheinen, sich nach und nach von einander absondern, indem sie sich wechselseitig von dem einen unter uns entfernen und dem anderen nähern.«

Inzwischen spricht, schreibt und liest Clausewitz perfekt Französisch. Auf Veranlassung des Prinzen nimmt er sich auch den neuen Roman von Frau von Staël »Corinne ou l'Italie« vor und ist trotz einiger kritischer Vorbehalte sehr angetan davon, so daß er an Marie darüber schreibt[3]: »Ein großer Reichtum von oft sehr tiefen Bemerkungen über die schönsten Gegenstände des Lebens, die man schwerlich in einem anderen französischen Roman finden wird, drücken diesem das Gepräge der Deutschheit auf.«

Ist es im übrigen Zufall, daß im nächsten und letzten Abschnitt dieses Briefes vom 2. Juni die Mutter Maries erwähnt wird? Was weiß sie von der heimlichen Verlobung, was von Carl v. Clausewitz? Sie kennt ihn offenbar kaum. Damit sie ihn besser kennen und vor allem sein Urteilsvermögen schätzen lernt, darum hat Marie ihr die Briefe von Clausewitz über die Ereignisse des Jahres 1806 aus der »Minerva« vorgelesen, die diese Zeitschrift vor kurzem gebracht hat. Dazu schreibt dieser: »Ich weiß wohl, daß mir dies keine Ansprüche auf ihr Wohlwollen geben kann, aber, wenn es auch bloß in der Einbildung liegt, so ist mir doch, als hätte ich mich dadurch auf irgendeine Weise ihr genähert, die ich so gern auch Mutter nennen möchte.«

Die nächsten Briefe sind sehnsüchtige Liebesbriefe, die mit der Frage beginnen: »Wann werden wir uns wiedersehen?« und in dem Bekenntnis gipfeln »Deinem Besitz will ich nachringen«. Auch ein Gedicht, empfunden und nachempfunden zugleich, ist beigefügt.[4] Aber dazwischen fehlen auch nicht politische Ausblicke wie diese: »Unser Schicksal wird immer außerordentlicher, und so denke ich, werden wir doch nicht in gemeiner Schande untergehen. Ich denke, die Mittelmäßigkeit in diesem Treibhaus unsäglicher Erniedrigung und Verhöhnung kann unmöglich eine Mittelmäßigkeit bleiben. Der Zeitpunkt jener furchtbaren Krise, an die ich sonst geglaubt, auf die ich mit Zittern gehofft habe wie der Kranke auf das Messer des Arztes, scheint sich zu nahen; noch ist sie leider nicht gewiß, ich denke aber, das Äußerste wird doch das Äußerste gebären. O Gott, wie drücken jetzt die Fesseln, die ich trage! Wie paßt auf unsere Zeit, was Buttler vom Dreißigjährigen Kriege sagt:

> Es ist ein großer Augenblick der Zeit,
> Dem Tapfern, dem Entschlossenen ist sie günstig,
> Wie Scheidemünze geht von Hand zu Hand,
> Tauscht Stadt und Schloß den eilenden Besitzer,
> Uralter Häuser Enkel wandern aus,
> Ganz neue Wappen kommen auf und Namen;
> Auf deutscher Erde unwillkommen wagts
> Ein nördlich Volk sich bleibend einzubürgern.
> Nichts ist so hoch, wo noch der Starke nicht
> Befugnis hat, die Leiter anzusetzen.«

Das alles sind Anspielungen auf die preußische Endkatastrophe in Ostpreußen. Am 14. Juni 1807 siegt Napoleon bei Friedland auch über die Russen. Königsberg ist von den Franzosen besetzt, Memel die letzte Zuflucht Friedrich Wilhelms III. und der Königin Luise. Die Krise Preußens hat ihren Höhepunkt erreicht. Clausewitz weiß das; es steht zwischen den Zeilen seiner Briefe, auch wenn sie auf weite Strecken nur wie Privatbriefe wirken. Aber es gab ja die Zensur, die die Post überwachte, wenn man sich auch nach den infernalischen Erfahrungen des 20. Jahrhunderts wundert, was sie durchließ und vor allem, daß sie so lange Briefe erlaubte. Eine andere Frage ist die: Was wäre aus Clausewitz geworden, wenn ihm der Rückhalt der brieflichen Aussprache, die Wohltat der Antwortbriefe gefehlt hätten? Bei seiner Leidenschaftlichkeit wäre eine Kurzschlußhandlung nicht ausgeschlossen gewesen wie etwa bei Heinrich v. Kleist! Jedenfalls deutet der Brief vom 25. Juni in diese Richtung[5]. »Wie oft habe ich in diesen Tagen an Dich, an alles, was mir noch auf der Welt teuer ist, gedacht . . . während die Glut der Hölle mein Innerstes zu zerstören sucht. Mir ist, als wäre ich in einem brennenden Haus und hörte Balken und Giebel krachend stürzen; und die äußere Flamme will mich nicht erreichen, um das Werk der Zerstörung zu vollenden, was die innere begonnen hat, um über die körperlichen Teile meines Daseins die Gewalt auszuüben, die dem inneren Zerstörungselement versagt ist. Peinlicher ist auf Erden kein Augenblick gewesen als der, in welchem ich lebe, nicht als ob Furcht und Hoffnung sich zweifelnd die Hände reichten, sondern weil ich gelähmt hier sitze, während alles zusammenstürzt, was mir heilig ist, und ich mich dem Abgrund nicht nähern darf, der dies alles verschlingt ... Ein Mann ohne Vaterland, entsetzlicher Gedanke! Sein Leben ist der Faden eines aufgelösten Gewebes, zu nichts mehr tauglich.«

Dieselbe Klage wird noch einmal in dem Brief vom 27. Juni laut, der die Frage aufwirft: »Gab es nicht große Nationen, die ein halbes Jahrtausend unter dem Joch der Römer blieben? Was wird nach einem halben Jahrtausend von mir und meinem Geschlecht übrig sein?« Und dann am 28. Juni[6], kurz vor dem Frieden von Tilsit: »Nichts fürchte ich mehr als den Frieden, je mehr man das Bedürfnis haben mag, ihn zu schließen, um so gefährlicher ist er. Es ist der Schlaf eines Menschen, der in Gefahr ist, in erstarrender Kälte das Leben aufzugeben; gibt er dem dringenden Bedürfnis der Natur nach, so ist es, um nie wieder zu erwachen.«

Aber merkwürdig: Noch bevor der Tilsiter Friede geschlossen wurde, der das alte Preußen vorerst auslöscht, fanden die inneren Stürme in Clausewitz ihr Ende. Er kann gewiß sein, daß er einen festen Halt hat, daß er unverbrüchlich geliebt wird. Daran richtet er sich wieder auf. So enthält der Brief vom 3. Juli[7] den wichtigen Beitrag zu seiner Biographie, den wir bereits erwähnten: Er schildert die Ruhezeit vom Frühjahr 1795 in der Grafschaft Tecklenburg und die Monate bei einer Bauernfamilie, in denen der damals 17jährige die Verzauberung durch das Lesen zum erstenmal erlebt. Über die Folgen heißt es: »Da wurde mit einem Male die Eitelkeit des kleinen Soldaten zu einem äußerst philosophischen Ehrgeiz und ich befand mich damals der Schwärmerei so nahe, als die Natur meines Geistes dies erlauben wollte, der überhaupt keine starke Tendenz dazu hat. Wäre indessen diese Glut in mir besser unterhalten und benutzt worden, so würde ich vielleicht um ein gutes Teil besser geworden sein als ich bin. Bald darauf in einer kleinen Garnison eingezwängt, von lauter prosaischen Erscheinungen und Naturen umgeben und bearbeitet, zeichnete sich mein Dasein durch nichts

von dem besseren Teil meiner Kameraden, d. h. von immer noch
sehr gewöhnlichen Menschen aus als durch etwas mehr Neigung
zum Denken, zur Literatur und durch militärischen Ehrgeiz, den
einzigen Überrest des früheren Schwunges. Indessen war auch dieser mehr hinderlich als heilsam in meiner inneren Ausbildung, solange es kein Mittel zu geben schien, ihn zu befriedigen. Als ich
aber im Jahre 1801 nach Berlin kam und sah, daß geachtete Männer es nicht für zu geringfügig hielten, mir ihre Hand zu reichen,
da war die Tendenz meines Lebens auf einmal in Übereinstimmung mit meinem Tun und Hoffen. Ich habe seitdem stets versucht, mir eine vernünftige, große und praktische Ansicht des Lebens und seiner Beziehungen auf die Erdenwelt zu verschaffen,
wovon Du die wichtigsten Resultate kennst. Ich habe mich selbst
mit meinem Stand, meinen Stand mit den großen politischen
Ereignissen verglichen, welche diese Welt regieren und dadurch
bestimmt erkennen gelernt, wonach ich zu streben hätte... So bin
ich bis in mein siebenundzwanzigstes Jahr herangewachsen, ein
Stück- und Flickwerk, und eben darum ein sehr unvollkommenes
Werk...«
Dieses unvollkommene Werk aber suchte seine Ergänzung und
Vollendung. Darum ist dieser Brief ein so wichtiges Selbstbekenntnis. Clausewitz besteht in der Verbannung die Feuerprobe, um am
Ende das große Ziel seines persönlichen Lebens zu erreichen: Die
Ehe mit Marie v. Brühl. Dazu die Aussage in dem vorletzten Brief
von Soissons[8]: »Als ich Dich zum erstenmal sah, geliebte Marie,
dachte ich mir, Du müßtest mir eine recht liebe Freundin werden
können, denn ich habe für gewisse Charaktere und also auch für
gewisse Gesichtsbildungen eine solche Vorliebe, daß ich ihnen
nicht nur sogleich wohl will, sondern auch überzeugt bin, daß sie
mir gut sein werden, wenn sie mich kennen, und nie haben Züge
dem innern Urbild mir verwandter Seelen mehr entsprochen, als
die Deinen; außerdem hat die Freundschaft zwischen einem Mann
und einer gehaltsreichen Frau einen besonderen Reiz für mich.
Ohne Freund und näheren Bekannten wie ich war, in dem Zirkel
worin ich lebte, war mir der Gedanke ganz besonders reizend,
Dich zu meiner Freundin zu machen: Dieser Entschluß war das

Werk des ersten Augenblicks, noch ehe wir ein Wort miteinander gewechselt hatten. — Hast Du einen Begriff von einer solchen Anmaßung, liebe Marie? Aus der projektierten Freundschaft ist sehr bald Liebe geworden; ich habe mir oft die Frage aufgeworfen, unter welchen Umständen es wohl hätte Freundschaft werden können. Vielleicht, wenigstens ist dies die einzige Möglichkeit, wenn wir gleich in ein freundschaftliches Verhältnis hätten treten können, ohne äußere Hindernisse, und wenn Du mir dann nichts als Freundschaft hättest geben können. — Aber der Wunsch, Dich zu sehen, die Heimlichkeit dieses Wunsches, die beständigen Hindernisse und daß er so selten erfüllt wurde, — und wenn ich Dich nun sah, mich Dir nicht herzlich, vertraulich nähern zu können, mich oft mit einem Blick begnügen und diesen Blick noch stehlen müssen — o beim dritten Male war es pure, pure Liebe ... Und nun fühlte ich, daß mir Freundschaft nicht mehr genügen könnte: von nun an war auch auf eine freundschaftliche Näherung gar nicht mehr zu rechnen, denn in meinem Leben bin ich wohl nicht hölzerner gewesen als in den Augenblicken unseres früheren Umgangs, so sehr hatte ich die Unbefangenheit verloren, eine Unterredung von einer Stunde hätte sie mir wiederbringen können, aber unsere Unterredungen waren ja gewöhnlich nur Sekunden und das Talent des Augenblicks ist gar nicht meine Sache, wenn es darauf ankommt, das Herz und den Verstand eines anderen zu gewinnen ...«

Dann schweigt Clausewitz ganze vier Wochen. Jedenfalls ist kein Brief zwischen dem langen Selbstbekenntnis vom 3. Juli und dem Billet vom 31. Juli erhalten[9], und das ist dann eigentlich nichts anderes als ein empörter Schrei: »Das sind die Friedensbedingungen für uns!«, heißt es da. »Welch ein Kind ich bin! Konnte ich etwas anderes erwarten? Habe ich etwas anderes erwartet? Nein! Und doch bin ich wie ein Verzweifelter, der alles in einem Moment und auf ewig verlor! ... Was so viel Aufwand an Talent und Anstrengung und Sorgfalt, was so viel Blut gekostet hat, all die Größe, alles Glück unseres Hauses, alles ist hingeopfert, den Tribut unserer Schwachheit zu bezahlen.«

Was wird aus den Internierten und Gefangenen in Frankreich, was aus Prinz August und seinem Adjutanten? Noch weiß es niemand, obwohl die »Gazette de l'Empire« bereits die Nachricht von ihrer bevorstehenden Auswechslung gebracht hat. Aber nun? Im Brief vom 31. Juli 1807 lesen wir weiter[10]: »Unter alle die Ungewißheiten, welche eine solche Lage erzeugt, gehört denn auch die Rückkehr eines Prinzen aus der Gefangenschaft. Solange der Krieg noch Hoffnungen ließ, wie schwach sie auch waren, habe ich die Verbannung aus meinem Vaterland ertragen können. Jetzt sehne ich mich unaussprechlich zurück, denn es bleibt jetzt ja nichts als der Besitz eines treuen Herzens und dessen möchte ich mich wenigstens in seiner ganzen Fülle erfreuen. O Marie, mich verlangt Dich wiederzusehen, denn mich verlangt nach einem Augenblick des Trostes.«

Viertes Kapitel
Geistige Früchte der Verbannung

In seinem ganzen Leben war Clausewitz niemals müßig. Er kennt kein süßes Nichtstun, kein dolce far niente. Man kann in manchen Abschnitten seines immer tätigen Lebens sogar von einer Art Beschäftigungsneurose sprechen. Sie kommt nicht zuletzt darin zum Ausdruck, daß er immer wieder mehr oder minder utopische Feldzugs- und Operationsentwürfe niederschreibt, mit denen sich dann spätere Kritiker allzu ernsthaft befaßten. In Wirklichkeit sind sie seinem rastlos arbeitenden Geist und dessen Tätigkeitsdrang entsprungen. Es sind Studien, Etuden also, in denen sich das strategische Ingenium übt und auswirkt. Ihr Bezug ist indessen weniger die kriegerische Wirklichkeit dieser Jahre als das künftige Hauptwerk, weniger die praktische Bedeutung als die strategische Vorübung auf den »Gesamtüberblick über alle Verhältnisse«.

Auch in anderer Beziehung müssen sie als Präludien angesehen werden. Clausewitz hat die Freizeit der Internierung genutzt, auch um sich freizuschreiben. Er denkt und übt sich im Formulieren. Er bildet sich aus als Autor. So sind es nicht nur die bemerkenswerten Briefe, die die Nachwelt der Verbannung des späteren Kriegsphilosophen in Frankreich verdankt, sondern auch eine Reihe von Denkschriften und Berichten, mit denen sich Clausewitz in die zeitgenössische Literatur einreiht und an ihrem Schaffen teilnimmt. Sie sind literarische Probestücke. Von Anfang an hält er sich dabei nicht in den engen Grenzen des Militärischen, sondern erweist sich als vielseitiger Beobachter und universaler Geist. Er denkt nicht nur an den Krieg, sondern an die politische Versöhnung von Krieg und Frieden. Marie von Brühl fühlt diese Größe des künftigen Auftrags und bleibt unverbrüchlich an der Seite »ihres« Carl, auch wenn sie gelegentlich anderer Meinung ist als er und Anlaß hat, ihn zu besänftigen.

Zwei größere Studien sind der Verbannung nach Frankreich zu verdanken. Die eine ist der Entwurf eines Operationsplans für

Österreich, für den Fall, daß es an dem Krieg gegen Frankreich teilnehmen sollte, und die zweite ein größerer Versuch über das Thema »Die Deutschen und die Franzosen«. Was die operative Studie des Siebenundzwanzigjährigen betrifft, so bleibt sie natürlich im Theoretischen, weil dieser Krieg niemals stattfand; interessant daran ist aber bereits die Großräumigkeit des Denkens und das Abwägen der Vor- und Nachteile der geo- und militärpolitischen Situation. Der mögliche Kriegsschauplatz gilt dabei als potentieller Verbündeter der Verteidigung und als Feind des Angreifers. Heute ist das ganz selbstverständlich; aber Clausewitz war einer der ersten, der die Bedeutung des Terrains, der Landstruktur, Bebauung und Bewachsung für die Massen- und die Volksheere wie für die Landwehr im buchstäblichen Sinn erkannt hat. Der Operationsentwurf für Österreich ist eine Vorstudie dazu. Vor allem aber behandelt er zum erstenmal die Frage des *rechtzeitigen* Friedensschlusses und die Problematik *weitläufiger* Eroberungen, die er dann später in seinem Hauptwerk so grundsätzlich herausstellt. So heißt es in diesem »Präludium«[1]: »Große weitläufige Eroberungen sind in unseren Zeiten schwer zu verteidigen, darum haben die gescheitesten Leute geglaubt, daß sie überhaupt nicht mehr ausführbar wären. Die ganze neuere Kriegsgeschichte hat diesen Glauben gerechtfertigt oder vielmehr veranlaßt. Bonaparte allein hat dagegen gehandelt, und zwar nicht eher als im Jahre 1806. Denn im Jahre 97 fühlte er noch, daß seine Lage mit jeder neuen Eroberung gefährlicher werde, und schloß schnell Frieden. In den Jahren 1801 und 1805 hat er dem Kaiser von Österreich zum zweiten und dritten Mal einen Frieden abgewonnen, in dem Augenblick, da der Krieg anfing, für ihn höchst gefährlich zu werden . . . Tritt (nun 1807) Österreich als feindliche Macht Frankreichs auf, so wird die zu verteidigende Landlinie dreimal so groß als sie bisher war, und es tritt nun aller Nachteil *weitläufiger* Eroberungen ein. — Ich kann mich nicht enthalten, die Lage der Sache unter diesem Gesichtspunkt zu betrachten und zu glauben, daß dies die *entscheidendste* Eigentümlichkeit derselben ist . . .«
Die Studie »Die Deutschen und die Franzosen« ist unter einem anderen Gesichtspunkt zu betrachten, nämlich dem des Traumas ih-

res Autors. Gewiß, er kämpft gegen Einseitigkeit der Parteinahme; er gibt sich auch hier als Systematiker und sucht den überhöhenden philosophischen Standpunkt, um freien Überblick zu gewinnen. Aber die ganze Studie ist nicht um ihrer selbst willen, dem abstrakten Wissen zuliebe geschrieben, sondern offenbar aus dem Motiv, Klarheit darüber zu gewinnen, warum die Deutschen den Franzosen unterlagen und welche moralischen Kräfte sie besitzen, um diesen die Waage zu halten. Clausewitz sieht über den Tag hinaus; auch schon als Siebenundzwanzigjähriger kann er schreiben . . .: ». . . dieses Wesen einer Nation, selbst insofern durch Sittenveränderung das Ursprüngliche einem prekären gewichen ist, ist nicht so leicht umzuschaffen, wie Philosophen und Sittenrichter zu glauben scheinen; aus dem Verhältnis aber, in welchem beide Nationen als Menschen untereinander stehen, möchte manches wichtige Resultat für die Zukunft fließen.«

Die Studie ist oft einseitig im Urteil, was sich aus der Situation des Autors als Internierter in Frankreich erklärt. Aber sie versucht, den Nationalcharakter beider Völker gegeneinander abzuwägen[2]. So heißt es z. B. »Wie sehr man in der Revolutionszeit sich für die äußeren Formen der Freiheit begeisterte, wie wenig man aber von dem Wesen des Republikanismus gefaßt hatte, erkennen wir jetzt sehr bestimmt. Bonaparte, dem an dem Glück Frankreichs nur insoweit liegt, als es mit seiner Herrschsucht verträglich ist, der aber für die Befriedigung der Eitelkeit und eines oberflächlichen Räsonnements gesorgt hat, findet in den Franzosen wieder sehr getreue Untertanen. Aber jene Beschränktheit der Franzosen macht sie nicht bloß lenksamer für die Regierung, sondern sie konzentriert auch ihren Verstand in engeren Grenzen und macht ihn *praktischer für das politische Leben;* sie erzeugt eben durch die Einförmigkeit der Individuen den esprit de corps und dieser, etwas erweitert, den *Nationalgeist,* durch eben diese Wirkungen aber *macht sie den Franzosen geeigneter zum politischen Instrument, seiner Regierung zu dienen.«*

Als die hervorstechendsten Züge des französischen Nationalcharakters bezeichnet Clausewitz, in seiner Neigung zur Systematisierung, die Eitelkeit, die Höflichkeit, aber auch die Grausamkeit, wie sie in der Revolution ausbrach, und zudem einen aufwallenden ungestümen Mut, den hohen Grad von point d'honneur unter den Franzosen. Das macht sie kriegerisch, und ihre Tapferkeit befähigt sie, zu siegen, »und alle diese Eigentümlichkeiten geben wieder die Folge, *daß der Franzose durch sie ein vorzügliches politisches Instrument werde«.* Auch die Sitten der Franzosen hat Clausewitz interessiert beobachtet und gelangt zu der Ansicht[3]: » . . . alle Dinge, die mehr Oberfläche als Gehalt haben, gefallen dem Franzosen vorzüglich; daher zieht er Witz, Laune und Spielereien des Verstandes der Meditation, das Vergnügen der Arbeit, das Spiel der Leidenschaft vor. Der allgemeinste Beweis davon ist die Art zu leben, an der das Vergnügen weit mehr Anteil hat als bei den nordischen Nationen. Dahin gehört die Menge der Schauspiele, die in den kleinsten Städten mehr besucht sind als bei uns in den Hauptstädten, die stattlichen Promenaden, die sich bei sehr kleinen Städten befinden, auf öffentliche Kosten mit Sorgfalt unterhalten, und von Leuten aus den geringsten Ständen fleißig besucht werden; die Fertigkeit der Franzosen in einer Menge von Spielen, die große Zahl der Kaffeehäuser, der Zirkel und Gesellschaften in allen Städten; der Wert, welchen die Nation auf gesellschaftliche Formen legt; der Konversationscharakter der französischen Sprache, die Liebe zum Tanz, die Tanzpartien unter freiem Himmel, das Ballspiel und viele andere ähnliche Spiele, die bei uns dem Knabenalter angehören, deren sich der Jüngling schämt, die aber in Frankreich der fünfzigjährige Geschäftsmann mit der größten Unbefangenheit stundenlang spielt, und wozu oft auf Kosten der Stadt öffentliche Plätze und Einrichtungen unterhalten werden.«

Dann geht es weiter in dieser gewiß nicht unliebenswürdigen Schilderung der französischen Lebensart: »Wie überhaupt Himmelsstrich und Boden auf dem Wege der Sitten ihren Einfluß auf den Nationalcharakter bekommen, so ist es denn auch in Frankreich der Boden, welcher die Befolgung dieses Hanges zum Vergnügen möglich macht und ihn vermutlich erzeugt hat, denn er ist ergiebig und wenig Arbeit reicht zur Erhaltung des Lebens hin. Dazu kommt, daß der Franzose äußerst mäßig ist, und wenn er gleich sehr viel Neigung zur Gourmandise hat, doch selten ein

Schwelger ist, sich überhaupt mit unglaublich Wenigem begnügt, wenn es nur pikant ist. Der Franzose arbeitet also weniger als der Deutsche; die südlichen Völker arbeiten noch weniger, aber bei diesen ist es der Hang zur Faulheit, wovon die französische Pétulance himmelweit entfernt ist. Der Franzose will Beschäftigung, aber eine solche, die so wenig als möglich angreift, — also Spiel . . .« Dann heißt es: »Dieser tändelnde Charakter der französischen Sitten, diese flachen Pläsirs, diese Zufriedenheit mit Wenigem, dieser kleine Kreis des Betriebes und Erwerbes, dieser ergiebige Boden machen, daß die Regierung nur selten gegen die empfindlichsten Teile des Volksinteresses verstößt. Wenn sie einigermaßen geschickt ist und jene kleinlichen Bedürfnisse zu schonen weiß, so kann sie sich die gewaltsamsten Operationen erlauben, ohne bedeutenden Widerstand zu finden . . . denn die Klage einiger Spekulanten ist nicht in Betrachtung zu ziehen gegen das Geschrei, was bei anderen Nationen, vorzüglich den Deutschen, eine solche Hemmung der Industrie erzeugen würde. Also auch hier erhalten wir dasselbe Resultat; und auch *die eigentümlichen Sitten der Franzosen machen sie zu guten Instrumenten ihrer Regierung.*«

Ist diese Ansicht nicht zeitbedingt? Sie galt vorzugsweise für die Ära Napoleon.

Und wie steht es nun mit den Deutschen? Wer da annimmt, daß Clausewitz, vielleicht unter dem Eindruck von Niederlage und Internierung, ein Idealbild von ihnen entwerfen würde, irrt. Er wägt ab, sieht Licht und Schatten, fragt nach den deutschen Eigenschaften, die man typisch nennen kann, und prüft ihre politische Führungsmöglichkeit. Dabei kommen die Deutschen sehr viel schlechter weg als die Franzosen, oder, genauer, es wird erkannt, wie viel schwieriger es ist, sie zu einer Nation zu bilden und sie zu regieren. Wenn der Nationalcharakter der Franzosen mehr zum Sanguinischen neigt, dann der der Deutschen zum Phlegma, vielleicht auch zur politischen Indolenz, wie wir heute sagen würden. Im ganzen ist bei den Deutschen die Gefühlsregung verhaltener, doch wohl auch tiefer, »das deutsche Gefühl ist stiller, mehr Glut als Flamme, wird also später laut und gräbt sich tiefer in das Gemüt ein«. Clausewitz zieht daraus die folgende Erkenntnis: »Eben diese Tendenz hat der deutsche Verstand. Er verfolgt einen gefaßten Gedanken mit mehr Beständigkeit und also weiter, und anstatt wie der Franzose sogleich an der Übereinstimmung seiner Vorstellungen mit der Wirklichkeit sich zu erfreuen... vertieft er sich in ihre Natur, wird augenblicklich abstrakt und strebt, den Gegenstand ganz zu erschöpfen. Wer könnte diesen Geist in der deutschen Sprache und Literatur verkennen? Hier ist er ganz vortrefflich, denn von dem ganzen Geistesreichtum, womit die Natur den Menschen ausgezeichnet hat, ist dieser Sinn des abstrakten Forschens gewiß das Höchste und wird ewig der deutschen Menschennatur zum höchsten Schmuck gereichen.«

Aber dieser Zug zur philosophischen Tiefe hat auch seine Kehrseite, wie gleich darauf hervorgehoben wird. »... wenn dieser Sinn das Individuum als Menschen erhebt, so schadet er sehr oft seiner Brauchbarkeit im praktischen, vorzüglich im politischen Leben. Je höher der Geist sich schwingt, um so unabhängiger wird die Natur des Menschen, um so mehr strebt sie gegen die irdischen Fesseln der Regierungsformen an. Denn diese bedürfen bei der Ungleichheit der menschlichen Natur in dem Individuum *des Vorurteils, der Leidenschaften, selbst der Schwächen* als Mittel zur Verbindung und Leitung des Ganzen, und noch kein Staat ist auf bloßen Vernunftwegen regiert worden.«

Clausewitz ist selbst ein philosophischer Kopf und insofern typisch deutsch. Gerade darum aber erkennt auch er die Gefahren des abstrakten Denkens und Forschens, die so »unsäglich vielen Verirrungen ausgesetzt« sind. Dabei ist es schwer, »des Irrtums beizeiten gewahr zu werden, daß die wenigsten derer, die sich in dieses Feld wagen und von der irdischen Welt der Erfahrung sich entfernen, auf dem Wege der Wahrheit bleiben. Von dieser philosophischen Tendenz rührt der unbeschreibliche Geist des Räsonnements bei den Deutschen her... Je tiefer der Verstand steigt, um so mehr muß er die Einseitigkeit fürchten ... Und diese Einseitigkeit, die Feindin aller politischen und überhaupt praktischen Einsicht, zeichnet wirklich den deutschen Untersuchungsgeist aus. Daher die Menge von Systemen, die sich in engen Kreisen drehen und der Wahrheit *ihre* Grenze stecken wollen. Dies ist nicht bloß wahr von den vornehmen Gelehrten und den Philosophen, sondern von dem großen Haufen aller, die über die wichtigeren Gegenstände des menschlichen Denkens sprechen, also auch von den Kannegießern.«

Diese Tendenz zum abstrakten Denken erzeugt natürlich auch eine Vielfältigkeit der Meinungen unter den Deutschen und »macht den großen Haufen zu einem stehenden Heer von immer bereiten Tadlern«. Sie erschwert die Übereinstimmung außerordentlich, die wir Nationalsinn nennen, einen Sinn, der sich nicht gut mit dem Grad von Originalität verträgt, der die Individuen des deutschen Geschlechts so sehr vor den Franzosen auszeichnet. »...Diese Tendenz unseres Geistes, die den Nationalsinn zerstört und uns zu Kosmopoliten macht, macht ja einen Teil unserer Nationalität aus. Dieser Geist der Deutschen eignet sie sehr wenig zu Bürgern einer großen einförmigen Monarchie. *Wenn es eine Regierungsform gibt, welcher er am wenigsten entgegen ist, so ist es die republikanische,* wo sein Geist der Kritik sich an der rechten Stelle befinden und ein gesetzmäßiger Anteil an der Regierung sein Interesse mehr an das Vaterland knüpfen und seinen natürlichen Kosmopolitismus einschränken würde. Sein wahres Element aber, wo er sich allen seinen natürlichen Neigungen überlassen kann, ist die eben verlorene Föderativ-Verfassung und es ist doch wohl nicht bloße Einbildung, wenn wir annehmen, daß die Nationalität der Deutschen eine der Hauptursachen ist, warum Deutschland diese Verfassung so lange erhalten hat.«

Und nun kommt ein schwerwiegender geopolitischer Vorbehalt, der so lautet[4]: »Leider sind auf dem Kontinent bedeutende Republiken unzulässig und am wenigsten verstattet Deutschlands geographische Lage eine solche Verfassung. Deutschland ist von allen Ländern am meisten in Berührung mit seinen Nachbarn und es spielt in allen politischen Verhandlungen Europas eine zu wichtige Rolle; man muß daher ihm die höchste Einförmigkeit des politischen Lebens und der Verfassung wünschen. Parteiungen, welche in anderen Ländern wohltätige Wirkungen haben können, müssen in Deutschland, um welches sich das Ausland unaufhörlich reißt, immer zu großen Spaltungen führen, durch welche das Reich in sich zusammenstürzt.«

Wie steht es mit dem deutschen Volkscharakter? Von ihm hält Clausewitz viel, denn er beschreibt ihn so[5]: »Der deutsche Volkscharakter würde in mehr als einer Hinsicht sehr dazu gemacht sein, ein einigendes Band um die Glieder der Nation zu schlingen. Wir sind *herzlich, treu* und *redlich,* solange wir uns nicht selbst Gewalt antun, um des klügelnden Räsonnements willen. Aber diese Gewalt tut der Deutsche seinem Herzen öfter an, als er sollte. Diesen ewigen Klügeleien verdankt er ein unseliges Mißtrauen. Keiner vertraut den Kräften des anderen und so auch keiner den Kräften der Nation. Früher und bei deutschen Stämmen, die kindlicher geblieben waren, hat sich eine so innige Verbindung gezeigt, daß sie einzig ist in der Geschichte; ich meine den Schweizer Bund...«

Natürlich kommt Clausewitz auch auf die deutschen Sitten zu sprechen — um sich auch darin als genauer Beobachter der Wirklichkeit zu erweisen, der »seine Pappenheimer« kennt. »In seinen Sitten«, schreibt er, »zeichnet sich der Deutsche durch Arbeitsamkeit und Betriebsamkeit aus. Teils weil sein Boden im allgemeinen mehr Arbeit fordert, teils weil beständige Tätigkeit in der Natur seines Geistes liegt. Sein ernster Charakter entfernt ihn von Vergnügungen und Spielereien und eben das, was diesen ernsten Charakter erzeugt, sein Hang zum tiefen Forschen, erzeugt auch die weit umfassenden Spekulationen, womit der Betriebsgeist sich beschäftigt, und dieses Streben von einer Stufe des Wohlstands zur anderen, ist was in Deutschland so sehr auffällt im Vergleich mit Frankreich. Wenn in Deutschland jemand durch seine Industrie 10 bis 15 000 Taler erworben hat, so wird er nicht ausruhen von der Arbeit und sich selbst eine Grenze setzen, vielmehr wird dies ein neuer Ansporn und keine Altersschwäche, keine Aussicht auf den nahen Tod hindert ihn an einer Erweiterung seines Gewerbes, um vom Wohlstand zum Reichtum fortzuschreiten. So verfolgt der deutsche Gewerbsmann im Reich der Industrie seinen Zweck mit eben der an sich großen Kraft, mit welcher der deutsche Philosoph in die Tiefen der Wissenschaft hinabsteigt. Von der anderen Seite ist der Deutsche viel weniger haushälterisch als der Franzose; auch bedarf sein Leib der reichlicheren Nahrung.«

Zum Schluß zieht Clausewitz folgende Bilanz[6]: »Was wäre also das endliche Resultat dieser Untersuchungen? Daß der Franzose in seiner Beschränktheit und Genügsamkeit und mit seiner Eitelkeit sich viel leichter zu einem einförmigen Ganzen vereint, viel lenksamer ist für die Zwecke der Regierung und also überhaupt ein viel besseres politisches Instrument als der Deutsche in der Unbeschränktheit seines Geistes, der Mannigfaltigkeit und Originalität der Individuen, dem Hange zum Räsonnement, dem unausgesetzten Streben nach einem höheren selbstgesteckten Ziel.« Überall versucht also der Siebenundzwanzigjährige die großen Linien herauszuarbeiten, wenn er dabei auch von Einseitigkeiten noch nicht frei ist.

Hierfür ein Beispiel. Im Jahre 1807 schreibt er noch: »Wer da glaubt (in Deutschland, d. Verf.), die öffentliche Meinung wie in Frankreich durch ein paar besoldete Zeitungsschreiber beeinflussen zu können, irrt sich sehr. Jeder will seinen eigenen Weg gehen und ein Zeitungsschreiber aus Bamberg hat soviel Autorität beim Publikum als einer aus Berlin.« Da ist die »Bezugsperson« Scharnhorst anderer Meinung und macht schon im folgenden Jahr Clausewitz zum »literarischen Faktor« für die Öffentlichkeitsarbeit, die neuen Kriegsartikel oder die Beispiele tapferer Taten in dem unglücklichen Feldzug 1806/7 betreffend. Vollends 1831 schreibt Clausewitz »Leserbriefe«, um die Öffentlichkeit aufzuklären, weniger allerdings, um sie in einem bestimmten Sinn zu beeinflussen. Die Studie »Die Deutschen und die Franzosen« war das Bekenntnis des werdenden Kriegsphilosophen in seiner Jugend. Er hatte sie als Gefangener in Frankreich konzipiert. Sie ließ vor allem das Hauptproblem noch offen: Wie und mit welchen Überzeugungsmitteln man die Deutschen trotz Eigenbrötelei und separatistischen Neigungen doch noch unter ein Dach bringen könne. Eines aber war nach der katastrophalen Niederlage von 1806 klar und drängte sich förmlich auf: Die preußische Militärverfassung war von Grund auf zu verbessern, von der Taktik bis zu den Grundsätzen des Avancements. Der internierte Prinz August und sein Adjutant

Clausewitz waren sich darüber einig. Noch vor dem Frieden von Tilsit hatten sie gemeinsam eine Denkschrift, ein »Memoire« ausgearbeitet[7], das der Reorganisationskommission vorgelegt wurde — der König hatte sie eben berufen. Auch andere namhafte Militärs waren zu solchen Denkschriften aufgefordert worden. Aber die aus Soissons galt als die bedeutendste. Allerdings enthielt sie noch keine durchgreifenden neuen Ideen, und es fragt sich, wie sie aus Frankreich nach Memel gelangte, ohne Aufmerksamkeit zu erregen. Die noch vorhandenen Unterlagen schweigen sich darüber aus.

Fünftes Kapitel
Romantische Reiseerlebnisse

Von Soissons nach Savoyen

Das Leben des Kriegsphilosophen Carl von Clausewitz war nicht das eines Abenteurers, aber reich an ungewöhnlichen Erlebnissen. Ein vielfaches Auf und Ab und ein bunter Wechsel der Umwelt sind zu verzeichnen. Bis zu seinem Tode haben außerdem namhafte Zeitgenossen und führende Geister der Zeit seinen Lebensweg gekreuzt, und zwar nicht nur die führenden Soldaten Preußens, sondern auch die Rußlands im Jahre 1812. Zu dem Freiherrn vom Stein tritt er in ein zunächst distanziertes, dann immer freundschaftlicheres Verhältnis. Jedenfalls hat eine merkwürdige Fügung, sein Karma, wie man wohl auch sagen könnte, ihn vor jeder einseitigen Entwicklung bewahrt. So folgen von 1803 bis zum Beginn der eigentlichen Mannesjahre nach seiner Verheiratung Ende 1810 die verschiedensten Stationen: Da ist zunächst der preußische Hof mit seinen Bällen, Festen und Empfängen noch im Stil des ancien régime, aber bereits mit unterschwelligen neuen Tendenzen, dann die furchtbare, so von niemand erwartete Katastrophe von 1806 mit anschließendem Zwangsaufenthalt in Frankreich als harte Prüfung, aber mit lehrreichen Folgen. Dann verändert der Diktatfrieden von Tilsit Anfang Juli 1807 die politische Szene in Mitteleuropa wie die Lebenserwartung unseres Helden vollkommen: Preußen wird amputiert; es verliert alle seine Besitzungen westlich der Elbe und im Osten weitere Gebiete. Vor allem aber wird seine Armee auf rund 40 000 Mann reduziert. Das Schicksal von Clausewitz ist damit ganz ungewiß geworden: zunächst hängt er sozusagen in der Luft. Von diesen Hiobsbotschaften noch wie betäubt, gingen Prinz August und sein Adjutant am 1. August 1807 auf die Reise[1]. Sie waren nach dem Frieden von Tilsit aus der eigentlichen Internierung entlassen, mußten aber noch im französischen Machtbereich bleiben, bis ihnen die Reisepässe nach Preußen zugestellt wurden. Es spricht für den Prinzen August, daß er sich für die Schweiz entschied, nicht nur um der großartigen Alpenlandschaft willen, die die Romantik eben entdeckte, sondern vor allem auch, um Madame de Staël zu besuchen, die den literarisch interessierten Prinzen besonders anzog. Schon in Soissons hatte er ja Clausewitz deren Roman »Corinne ou l'Italie« gegeben; dieser hatte ihn mit viel Zustimmung gelesen, wie wir wissen, und seiner Herzensdame darüber geschrieben. So war das Schloß der Madame de Staël, Coppet am Genfer See, nach Savoyen das nächste Ziel der beiden Reisenden, bis sie heimkehren konnten. Es sollte für Clausewitz die Krönung dieser großen Bildungsreise bringen, die er ganz wider Willen hatte antreten müssen.

Dieser zweite Teil war anders und persönlich sehr viel ergiebiger als der erste. Es ging nicht mehr bloß um Theater und Museen, um eine Weltstadt, um die französische Provinz, konventionelle Gespräche: Die Natur selbst trat in ihrer ganzen Prachtentfaltung den Wanderern entgegen. Dann war es die ausgewählte Gesellschaft mit und um Madame de Staël, die ungewöhnliche personelle Verbindungen und literarische Einsichten vermittelte. Aber auch politisch war das Erlebnis der Schweizer Eidgenossenschaft wichtig für Clausewitz, wie wir aus seiner Studie »Die Deutschen und die Franzosen« wissen. Schließlich hatte der im Jahre 1804 erschienene »Wilhelm Tell« Schillers auf dem Hintergrund der freien Schweiz die Initialzündung der neuen deutschen Vaterlandsliebe gebracht, auch für Clausewitz und Marie von Brühl.

So war ein Reichtum an neuen Motiven gegeben, die die Feder des Autors Clausewitz in Bewegung setzten. Es sind aus dieser Zeit nicht nur weitere, in ihrer Art aufschlußreiche Briefe erhalten, sondern auch das »Journal einer Reise von Soissons über Dijon nach Genf«[2].

Fünf Tage waren die Reisenden unterwegs. Sie nahmen ihren Weg wohl von Soissons nach Reims und wählten dann die Heerstraße, die über Châlons-sur-Marne und Caumont auf das Plateau von Langres führt, wo Marne und Seine entspringen. Bei der kleinen Festung Dôle gelangten sie in die Franche Comté, erst von Ludwig XIV. für Frankreich erobert, früher ein Teil Burgunds. Der aufmerksame Beobachter Clausewitz notierte dazu gleich in den ersten Sätzen seines Reisejournals: »Es ist auffallend, wie der Charakter der Franche Comté sowohl was die Einwohner, als was den Bau ihrer Häuser betrifft, sich dem Deutschen nähert. Himmelsstrich und Boden sollten wohl eine entgegengesetzte Wirkung hervorbringen; von der anderen Seite aber erklärt die Nachbarschaft der Schweiz, die Herrschaft der Spanier bis zur Zeit Ludwigs XIV., vielleicht auch die ursprüngliche Verschiedenheit der Stammvölker, der Franken und Burgunder, die Veränderung hinlänglich. Die Burgunder sind weniger gesprächig, sprechen langsamer, sind ruhiger und ernster und gestikulieren weniger. An ihren Häusern vermißt man die französische Eleganz und sie nähern sich mehr der schweizerischen Konstruktion.« Immer wieder erweist sich Clausewitz als aufmerksamer Beobachter. Im übrigen ist das Reisejournal nicht das eines Vergnügungsreisenden, sondern das eines militärischen Fachmanns. Er betrachtet die Landschaft schärfer und prüfender und sieht sie in ihrer Grundstruktur, vor allem bei weiten Ausblicken. Einen solchen Ausblick erlebt er mit aller Intensität, als der Prinz und sein Begleiter den Jura überschritten hatten und sich die Ebene des Genfer Sees vor ihnen ausbreitet, eine fruchtbare, um die silberne Fläche des langgestreckten Sees bebaute und vielfach gegliederte Landschaft. Eine schon fast vergessene Erinnerung wird in Clausewitz wieder wach[3], die von 1794: Die preußische Armee verließ damals die Vogesen und marschierte nordwärts in die Pfalz. Nach mühevollem Marsch stand das Regiment Prinz Ferdinand, aus den Wäldern der nördlichen Vogesen heraustretend, auf einer Höhe wie auf einer Kanzel, und das Rheintal breitete sich bei klarer Sicht von Landau bis Worms vor den erstaunten Soldaten aus. »In dem Augenblick schien mir das Leben vom finstern Ernst zur Freundlichkeit, von Tränen zum Lächeln überzugehen.« Dazu weitere Erinnerungen an das Kriegserlebnis von damals: »Wir hatten ein halbes Jahr in diesem äußerst waldigen und eben deswegen rauhen, armen und melancholischen Gebirgszug zugebracht und mit einer Art von Resignation hatte sich das Auge schon daran gewöhnt, nur wenige Schritte des Pfades zu übersehen, den man verfolgte. Ganz ähnlich war unser moralisches Dasein, wovon das physische also das beste Bild entwirft. Ein äußerst beschränkter Horizont erlaubt dem Soldaten kaum, die nächsten Stunden seines Daseins zu übersehen. Oft trifft sein Ohr die Stimme der Schlacht, die ihm nahe und doch unsichtbar ist, und er geht seinem Geschick entgegen wie der Gefahr in dunkler Nacht.« Und dann auf einmal der freie Ausblick, die weite Sicht — ein unbeschreiblicher Kontrast!

Clausewitz erlebt und empfindet am Genfer See aber auch noch einen anderen Gegensatz: den zwischen den abweisenden Eis- und Schneemassen der Hochalpen und der Kulturlandschaft der Täler, und er kommt ihm noch so abschreckend vor wie den Menschen vorangegangener Jahrhunderte. Das Gesamtbild scheint ihm in einen von Menschen gepflegten, angebauten und in einen anderen wilden Teil zu zerfallen, der unzugänglich und menschenfeindlich ist. Außerdem will ihm die Nüchternheit der Architektur hier gar nicht gefallen, wenn er sich seiner sächsisch-thüringischen Heimat erinnert[4]: »Kein Landhaus zeichnet sich durch eine zierliche Form und lachende Farbe, kein Dorf durch einen festlich geschmückten Turm, keine Stadt durch eine stattliche Kathedrale aus. Städte und Dörfer haben ein graues, unscheinbares Ansehen. Aber der Charakter dieser Landschaft ist höchster Reichtum der Natur, und Reichtum der Kunst und des Anbaus sollten ihr zur Seite stehen.« Weitere Erinnerungsbilder steigen vor dem geistigen Auge auf, ganz romantisch empfunden[5]: »Ich erinnere mich immer noch eines Turmes von Merseburg, der vom Scheitel bis zur Ferse mit weißem Kalk übertüncht war und in der Nähe, besonders abends wie die Leiche eines Riesen aussah; es ist nicht zu beschreiben, welchen Effekt dieser Turm in der großen Ebene Leipzigs macht, wenn er das strahlende Sonnenlicht in der blauen Himmelsatmosphäre auf sich konzentriert und ungeteilt zurückwirft. Wenn am Rhein die gotischen Türme mit ihren vielfach schimmernden Spitzen hervorragen und die Nähe der vielen uralten und berühmten Städte verkünden, die sich längs seines Laufes hingelagert haben, so macht das einen tiefen Eindruck auf das Gemüt. Zwei oder drei Turmspitzen am Horizont sagen aus, daß dort der Sitz einer gesellschaftlichen Verbindung von vielen tausend Seelen ist; sie erinnern uns lebhaft an die Freunde und Bekannten, die wir vielleicht darunter haben; wir glauben ihnen näher zu sein, wenn wir das Dach sehen, unter welchem sie wohnen; die Begebenheiten, welche den Ort auszeichnen, die Schicksale, welche er erlebt hat, treten vor unsere Seele sowie die Merkwürdigkeiten, welche er noch enthält...«

Am Genfer See vermißt Clausewitz diese Romantik. Er schreibt weiter[6]: »Genf selbst nimmt seinen schönen Platz in der Natur ohne Grazie und Würde ein. Die Häuser scheinen sich mit ökonomischer Genauigkeit um den Mittelpunkt eines Kreises herumzudrängen, die Kirchen haben ein evangelisch trockenes Ansehen, die Türme gerade so hoch, um den Namen Türme noch zu verdienen, und ehrenhalber einige Fuß über den übrigen Häusern hervorzuragen. Lausanne ist nicht viel besser, die kleinen Städte wie Coppet, Rolle, Morges usw. verlieren sich gar unter Obstbäumen und Gärten.« Und dann noch ein kurzer Bericht wie der eines Schweizer Modejournals aus dem Jahre 1807: »In der Kleidung der Frauen fallen die großen flachen Strohhüte auf, die sich fast nicht zubinden lassen, ohne ein etwas sentimentales und naives Ansehen zu bekommen. Daher wird ein Fremder oft komisch überrascht, wenn er einen schiefgesetzten, in Wellenlinien gebogenen Hut, mit zierlichen Schleifen geschmückt, von hinten und einen fünfzigjährigen Frauenkopf darunter sieht.«

Sinn für das Komische, auch wenn es unfreiwillig war, hatte Clausewitz immer, aber nicht nur im Anblick der Strohhüte von Genf, sondern auch seinen eigenen, allzu preußischen Landsleuten gegenüber, wie wir noch sehen werden.

Der Aufenthalt der beiden Reisenden in Genf dauerte nur drei Tage. Am 8. August 1807 reist der Prinz mit seinem Adjutanten nach Savoyen, um von Chamonix aus den Montblanc zu bestaunen. Die Reisen in die Hochalpen kamen eben in Mode, aber nur bei den großen Herren. Eine solche Exkursion war damals noch abenteuerlich, vor allem für einen Prinzen aus dem Flachland. Auch einige Anstrengungen waren damit verbunden. Denn immerhin betrug die Entfernung von Genf nach Chamonix etwa 20 Fuß-Stunden nach damaligen Maßstäben. Wahrscheinlich sind der Prinz und sein Adjutant diese Wegstrecke auf Saumpferden geritten; sie waren vier Tage, vom 8. bis 11. August, unterwegs.

*Abb. 12. Carl v. Clause-
witz als Oberstleutnant
in russischer Uniform*

*Abb. 13. Michail Ilario-
nowitsch Kutusow (Ge-
lenischtschew-Kutusow),
(1745–1813), russischer
Feldmarschall, seit 1813*
Fürst Smolenskij *— Gemälde von Geo Dawe,
1829 —*

Abb. 14. Verbrennung französischer Fahnen beim Rückzug vom Rußland-
feldzug 1812 — Gemälde von A. v. Kossak, 1897 —

Der Anlaß zu dieser Exkursion ist wohl auch literarisch bedingt gewesen. Albrecht von Haller hatte zuerst die Romantik des Hochgebirges entdeckt[7] und dichterisch verherrlicht, Johannes von Müller mit seiner Geschichte der Schweizer Eidgenossenschaft[8] seiner Heimat nationales Ansehen in Europa, besonders am preußischen Hof, verschafft, so daß man ihn als Historiographen nach Berlin berief. Darauf nahm vor allem Prinz August Bedacht, der ja Wert darauf legte, literarisch auf der Höhe der Zeit zu sein, wie damals viele Angehörige der Fürstenhäuser. Sein Adjutant Clausewitz, der Schiller-Verehrer, wäre allerdings sehr viel lieber zum Vierwaldstätter See und zum Rütli gewandert, um die Schauplätze des »Wilhelm Tell« kennen zu lernen. Die Vaterlandsliebe, zu der der »Wilhelm Tell« aufrief, war nun die eigenste Angelegenheit auch von Clausewitz geworden. Der Zwangsaufenthalt in Frankreich hatte diese Vaterlandsliebe vertieft; in der Schweiz nahm sie weiter zu — durch eine merkwürdige Fügung, wie so oft in seinem Leben.

Zunächst allerdings hatte sich der genaue Beobachter, der Clausewitz nun einmal war, mit der großartigen Landschaft, den Hochalpen, auseinanderzusetzen. Daß ihn die Hochtäler mit den Gletschern und Bergriesen mehr befremdeten als beglückten, kann in seinem Reisejournal nachgelesen werden. Sein Geist war immer auf Freiheit, Weitblick und Übersicht gerichtet, und eben das fehlte diesen Hochgebirgstälern, die die majestätischen Gipfel der Hochalpen beherrschen und abschließen. So fühlte sich Clausewitz eingeengt und kam zu dem folgenden nüchtern-kritischen Bericht[9]: »Die umliegenden Berge sind zum Teil bis auf 1000 oder 1500 Fuß Höhe kultiviert, d. h. sie zeigen dem Auge kleine Figuren von grünen und gelben Flecken mit zwei oder drei Häusern bebaut, die wie eine Handgroß aussehen. Noch höher sieht man einzelne grüne Stellen und wie ein brauner Punkt, dem Auge kaum sichtbar, erscheinen weidende Kühe. Auch im Tal ist der größte Teil des Landes Weide und alles Vieh trägt Glocken. An Wasserfällen und an Quellen fehlt es nirgends. Mitten im Tal liegt der Kirchturm von Chamonix mit Gold und Silber festtäglich geschmückt. — Ich erwähne bei allem diesen des Schnees nicht, denn ich muß wieder-

holen, was ich bei dem Genfer See gesagt habe: sein unangenehmes Weiß tut weder in dem sanften Farbenspiel der Landschaft
eine gute Wirkung, noch ist der moralische Eindruck dieses Kon-
trastes dem Total-Eindruck günstig.« So urteilte »man« damals
noch, es war noch nicht Mode geworden, das Hochgebirge zu bewundern oder gar einen nach dem anderen der Eisriesen- und Felsengipfel zu erobern.

Aber Clausewitz, der Pastorenenkel, wäre nicht der Philanthrop
gewesen, als der er nun einmal zur Welt kam, wenn er nur der
Landschaft sein besonderes Interesse geschenkt hätte, die ihn zugleich erfreute und befremdete. So hat er sein Augenmerk nicht
nur auf Almen und Vieh, Gletscher und abweisende Felsengipfel
gerichtet: Es ist das Volk dieses Hochtals, das ihn vor allem beschäftigt. Ihn interessiert die Art, wie es den Boden bestellt, sich
kleidet, lebt. Er erweist sich auch hier als der genaue Beobachter
wie immer. Am Schluß seines im übrigen nicht sehr umfangrei-
chen Journals faßt er die Eindrücke darüber folgendermaßen zusammen[10]: «Was in Savoyen überhaupt sehr auffällt, ist die ent-
setzliche Armut der Einwohner, während alle Täler das Ansehen
eines Gartens haben. Die Ursache liegt darin, daß der größte Teil
Wein-, Obst- und Wiesenbau ist, drei Gegenstände der Kultur, die
dem Kornbau an Einträglichkeit nachstehen. Im Tal von Chamonix
herrscht ein gewisser Reichtum; er versteht sich aber nach dem
Maßstab Savoyens. Die wesentlichen Eigenschaften der Einwohner
kann man in wenigen Tagen nicht kennen lernen; indessen ist es
immer schon der Mühe wert, den Blick auf das Äußere, auf Kleidung und Sitten zu werfen. Wenn sie in vielen Fällen schon den
Charakter des Individuums verraten, so deuten sie fast noch weit
sicherer auf den Charakter des Volkes hin. An den Männern fällt
eben nichts auf, sie sind fast wie Deutsche, wenigstens fehlt viel,
daß sie die französische Redseligkeit und Petulanz* hätten; auch
sieht man viele blonde unter ihnen. Das zweite Geschlecht ist ausgezeichneter. Gewöhnlich sind alle Frauen sehr brünett und da das
ganze Volk kränklich aussieht, so sehen auch die Frauen sehr blaß

---

* Petulance = Lebhaftigkeit

und gelb aus, dabei haben sie oft schöne schwarze, meistens aber noch schönere dunkelblaue Augen, schöne Zähne, eine angenehme, feine und geistreiche Gesichtsbildung; und in dem Ganzen liegt ein Ausdruck von Schwermut, der ihnen *allen,* auch den häßlichen, einiges Interesse gibt. Die Kleidung ist ärmlich, hat aber doch etwas Malerisches, etwas Naiv-Poetisches. Das ganze Volk hat einen seltenen Grad von gutmütiger Höflichkeit.«

Aufzeichnungen in Coppet

Die Reise nach Savoyen war indessen nur der Auftakt zu dem nachfolgenden Aufenthalt in der Schweiz. Andere romantische Reiseerlebnisse schlossen sich an. Denn der Aufenthalt zog sich länger hin als man ursprünglich angenommen hatte, da die Pässe nicht eintrafen. Der Prinz und sein Adjutant hatten am 1. August Soissons verlassen, wie wir wissen, von der Exkursion nach Savoyen kehrten sie am 11. August zurück. Noch am gleichen Tag trafen sie in Schloß Coppet am Genfer See ein, offenbar schon länger angekündigt. Fast bis Mitte Oktober waren sie dann die Gäste der Frau von Staël. Aber noch war Clausewitz so erfüllt von den vorangegangenen Eindrücken und Erlebnissen in Frankreich, daß er am 25. August in Coppet schrieb, er wolle nicht versäumen, Weiteres über den Nationalcharakter oder vielmehr den Nationalgeist der Franzosen niederzuschreiben. Das liest sich dann so[11]: »Ich habe in meinem Leben immer gehört, die Franzosen sind eine äußerst geistreiche Nation, von feinem Verstand, vielem Takt, Witz und vieler Phantasie. Jedermann weiß von ihren fröhlichen Sitten, ihrer leichten Art, das Leben zu nehmen, von ihrer aufwallenden Lebhaftigkeit, von ihrem Mut, aber auch von ihrer Eitelkeit, ihrer Arroganz, ihrer Neigung zum Geckenhaften. Mit ihrem Glauben an ihre Herzensgüte hat es im Ausland, glaub ich, nie so recht fortgewollt, in Frankreich aber hört man häufig mit einer zweideutigen Gutmütigkeit sagen: nous sommes des bonnes gens.« Im ganzen aber handelt es sich bei diesen Aufzeichnungen um ein Konzept, das später noch weiter ausgearbeitet wurde. Das muß hier besonders erwähnt werden, weil es die damalige Gesinnung von Clausewitz charakterisiert und die Brüder Schlegel angesprochen sind: Clausewitz hatte inzwischen seine Personen- und Literaturkenntnis auch nach der Seite der Romantik hin erweitert und bewies Sinn für romantische Ironie, wie der folgende Passus erkennen läßt: »In dem Wesen der (französischen, d. Verf.) Nation überhaupt liegt das größere Interesse des gemeinen Mannes für die National-Poesie deswegen, weil unter diesen dreißig Millionen Individuen eine so merkwürdige Einförmigkeit herrscht, so daß Friedrich Schlegel mit ebensoviel Recht als Witz gesagt hat: warum es mehr als einen Franzosen gibt, ließe sich aus dem auch sonst häufig wahrgenommenen wunderlichen Hang der Natur erklären, gewisse Produkte bis ins Unendliche zu vervielfältigen, da doch ein einziges Exemplar zur Darstellung der Gattung hinreichend wäre. Wilhelm Schlegel behauptet, es wäre, als würden die Franzosen nicht wie andere Menschen geboren, sondern etwa wie eine Waffel in einer Form gebacken und diese Waffel sei ihre Sprache . . . Alle diese Einfälle sind im höchsten Grade treffend.« Charakteristisch an diesen Aufzeichnungen ist eine weitere Tendenz, die besonders hervorgehoben zu werden verdient. Es ist das Bestreben von Clausewitz, dieses redlichen, immer auf die ganze Wahrheit bedachten Kopfes, landläufige Meinungen oder noch schärfer, wie er später einmal gesagt hat, »die Anmaßung von geistigen Modetorheiten« auf ihren Wahrheitsgehalt hin zu prüfen. Gewiß sind dabei auch Emotionen mit im Spiel, aber sie trüben nicht den Blick, sie intensivieren nur das Engagement. Vor allem aber zielen sie auf eine kritische Prüfung der herrschenden Ansichten. Dem politischen Beobachter machen sie ebensoviel Ehre wie dem ausgezeichneten Psychologen. Dazu folgender Passus in der angeführten Aufzeichnung[12]: »In Frankreich und in Deutschland herrscht allgemein die Meinung, als sei der französischen Nation durch die Revolution mit ihrem Enthusiasmus und mit ihren Schrecken, durch die Siege, endlich durch den Despotismus in ihrem Gefolge ein solcher Schwung, eine so militärische Tendenz gegeben, daß es unmöglich sei, einer solchen Nation zu widerstehen. Diese Meinung ist ein Irrtum, für den großen Haufen allenfalls verzeihlich, nicht aber für den unterrichteten Mann. Nachgerade, dächte ich, wäre es zu spät, über den Freiheitsschwindel der Franzosen zu Anfang der Revolution selbst schwindelnd zu sprechen; zu spät, sich länger die Einbildungen aufbürden zu lassen, über die Heldentaten, die er erzeugt haben soll. Wer den Machiavelli recht aufmerksam studiert hätte, würde den Ausgang dieser Revolution leicht vorhergesehen haben. Ein Volk mit verdorbenen Sitten ist der Freiheit nicht fähig, hat dieser merkwürdige Mann gesagt.«

Dann kommt Clausewitz wieder auf die Folgen der Französischen Revolution zu sprechen, und fragt mit einer Art von fast grimmigem Sarkasmus: »Daß, zitternd vor einer Schreckensregierung, ein Volk sich nicht zweimal gebieten läßt, die Waffen zu ergreifen, daß, wer zu Hause nur Gespenster guillotinierter Brüder, Väter, Mütter, Kinder sieht, gern hinwegeilt von der blutigen Lagerstätte in den Krieg, wo wenigstens Mord um Mord getauscht wird, — ist das ein Beweis von Energie? Daß eine Million von beute- und raublustigen Menschen auf die Grenzen des Reiches hingeworfen, gegen Armeen, die kaum den vierten Teil dieser Zahl ausmachten, von Greisen angeführt, mit abwechselndem Glück fochten — ist dies ein Beweis von Energie?«

Clausewitz wendet sich gegen die unkritischen Bewunderer des französischen Kriegsruhms seit der Jahrhundertwende mit folgenden Argumenten: »Daß sie vergessen, wie die ganze französische ehemalige Militärmacht in der ungeübten Armee mit enthalten war, will ich ihnen durch die Finger sehen. Die Thermopylen-Schlacht, die Schlacht von St. Jakob an der Birs, wo von 1500 Schweizern 1450 tot auf dem Platze und nur zehn unverletzt blieben, das sind Wirkungen eines energischen Enthusiasmus. Welcher einzelne Zug aus dem Revolutionskrieg läßt sich mit diesem vergleichen? Wie oft sind die französischen Heere vor einer kleinen Anzahl schimpflich geflohen? Welchen Sieg, erfochten gegen Übermacht, haben sie aufzuweisen? Dieser gänzliche Mangel einzelner glänzender Züge hätte längst Mißtrauen gegen die Energie des Revolutions-Enthusiasmus und das ganze Heldentum der Franzosen erwecken sollen. Der Geist, der in den Heeren zu herrschen schien, die großen Worte sind es, die das Urteil verführt haben, die Franzosen aber sind eitel und prahlerisch, und das reelle militärische Selbstvertrauen, was sie in der Folge gezeigt haben, ist ein Werk genereller, voller und glücklicher Führer, nicht von Revolution, nicht des Nationalcharakters.«

Und nun folgt auch noch ein Sündenregister der inneren Politik des damaligen Frankreich, kennzeichnend für die antifranzösische Periode, die der junge Clausewitz gerade durchläuft. So schreibt er u. a. weiter: »Die Zivilverwaltung ist in den Händen von einem Hundert Präfekten und Souspräfekten, die, nicht in ordentlicher Geschäftslaufbahn gebildet, vom Kaiser ganz willkürlich ernannt werden und vorher oft ganz anderen Zwecken gedient haben. Ihre ganze Kunst ist, die Geschäfte übers Knie zu brechen, ihr ganzer Eifer, die militärischen Maßregeln schnell zu vollziehen, und die gültigste Summe von Staatsverwaltungskenntnissen besteht in dem besten Modus, den Willen des Gefürchteten pünktlichst zu erraten und zu erfüllen. Die öffentlichen Unterrichtsanstalten sind alle über einen, und zwar äußerst militärischen Leisten geschlagen; die schöne Literatur ist im äußersten Verfall, an eine politische ist nicht zu denken: die historische beschränkt sich auf Allegorien zu Ehren des Allgefürchteten, eine politische Meinung gibt es in Frankreich nur verschlossen in der Brust einzelner. Alle ausgesprochenen Ideen sind orthodox in dem Glauben an die beseligende Kraft des Militär-Despotismus«.

Hätte Ähnliches nicht auch viereinhalb Generationen später über »Das Dritte Reich« geschrieben werden können?

Geschichtsphilosophische Zwischenbemerkung

Die Lebensgeschichte von Clausewitz bedarf der Interpretation: Von dieser Prämisse sind wir ausgegangen. Seine geschichtliche wie kriegsphilosophische Erkenntnis hat einen dialektischen Werdegang durchlaufen: Er schreitet von der These zur Antithese, aber dann auch zur Synthese fort, in der sich sein kriegsphilosophisches Hauptwerk vollendet. Später hat er die »ungeheuren Wirkungen der französischen Revolution« wieder bejaht, wenn auch auf einer höheren Ebene, nachdem sie abgelaufen waren und das europäische Konzert nach dem Wiener Kongreß wieder in Gang kam. 1807 jedoch stand ganz Europa unter der französischen Hegemonie und der napoleonischen Despotie. Aber Preußen hatte letzten Endes doch tiefere moralische Wurzeln: aus ihnen konnte es die Kräfte gewinnen, die es nach der Katastrophe von 1806 schnell wieder erneuerten.

Aber auch in anderer Beziehung sind die zitierten Passagen von grundsätzlicher Bedeutung. Sie erinnern an Machiavelli, den der politische Kopf Clausewitz inzwischen studiert hat[13]. Sie erinnern daran — und dies in unbewußter Übereinstimmung mit dem Zeitgenossen Hegel —, daß die *Wiederkehr des Ähnlichen* eine der drei Kategorien der Geschichte ausmacht, diese philosophisch betrachtet. Und schließlich ist nicht zu verkennen, daß zwischen dem Frankreich des Kaisers Napoleon und dem Großdeutschen Reich Hitlers mit seinen Gauleitern nicht nur zufällige Übereinstimmungen auftraten: ähnliche politische und personalpolitische Methoden erzeugten ähnliche Folgen, wie z. B. die Liebedienerei, alle Wünsche des Gefürchteten zu erraten und zu erfüllen, den Verfall der Literatur, die Unterdrückung der persönlichen Meinung und das Informationsmonopol des Staates, die allgegenwärtige Staatspolizei mit ihrem Spitzelsystem, ob nun der oberste Staatspolizist Joseph Fouché oder Heinrich Himmler hieß. Freilich stand der Staatsmann Napoleon sehr viel höher als der Politiker Hitler, von dem Feldherrn und Schlachtenlenker Bonaparte ganz zu schweigen. Wenn Clausewitz aber den Aberglauben an die »beseligende Kraft des Militärdespotismus« geißelt, der das napoleonische System beherrsche, dann wird erhärtet: Mit dieser Einseitigkeit hatte der werdende Kriegsphilosoph nichts zu tun, außerdem sind dem homo sapiens mit seinem sicheren Blick für die Rangordnung der menschlichen Tätigkeiten die Grenzen des Militärischen und seines Anspruchs immer bewußt. Im übrigen stellt er fast grimmig fest: »Est ist ein pöbelhafter Irrtum, daß eine Nation in einem Menschenalter ihre Natur von Grund aus verändern könne, pöbelhaft, weil man ihn des Gestern und Heute wegen angenommen hat; denn das ist des gemeinen Haufens Erbfehler, daß er alles anstaunt, was sich nahe vor ihm zuträgt und von den Täuschungen der Sinne und lebendiger Wahrnehmungen nicht zu abstrahieren weiß.« Schließlich kommt Clausewitz in dem Memoire vom 25. August 1807 zu dem Schluß: »Das Zeugnis, das Machiavelli den Deutschen gibt, die Taten der deutschen Schweiz, der deutschen Niederlande, auch der siebenjährige Krieg, dieser dreimal in großen Akten wiederholte ehrenvolle Kampf des Schwachen gegen die Übermacht — erlaubt, berechtigt, nötigt die Deutschen zum Selbstvertrauen unbedingt mehr als irgendeine Epoche der Geschichte die Franzosen, wenn überhaupt nicht jedes Volk wohltäte, sich alles zuzutrauen, was die menschliche Natur Großes vermag.«

Bestätigt wurde Clausewitz in dieser hohen Meinung in der dritten Phase seiner Bildungsreise wider Willen durch die Begegnung und Freundschaft mit August Wilhelm Schlegel in Schloß Coppet.

Sechstes Kapitel
Große Literatur in Coppet

Der Nationalgeist, der Clausewitz in den kommenden Jahren beherrscht, kommt nicht von ungefähr, sondern hat tiefere, politische, zeitbedingte, aber auch essentielle Ursachen. Er kommt, wie wir wissen, zunächst aus verletztem Nationalstolz. Aber von vornherein ist die Tendenz zu erkennen, ihn zu vergeistigen, zu sublimieren, auch die Daseinsrechte anderer Nationen zu respektieren. Er zielt auf die Wiederherstellung des politischen Gleichgewichts in Europa, entsprechend den realen Leistungen der Völker für die Gesamtheit der menschlichen Gesellschaft. Trotz mancher verbalen Übereinstimmung unterscheidet er sich jedenfalls von dem Nationalismus und fanatischen Nationalegoismus des 20. Jahrhunderts, denn er will Ausgleich, nicht Diktatur oder Hegemonie einer einzelnen Macht. In seinem Hauptwerk hat Clausewitz das einwandfrei formuliert.

1807 steht er erst am Anfang, noch ist er der Adjutant eines preußischen Prinzen, der, halb schon aus der Internierung entlassen, auf die Pässe wartet, um nach geschlossenem Frieden oder erfolgtem Friedensdiktat heimzukehren. Niemand weiß, was dann wird. Wenn der Prinz in der Wartezeit in die Schweiz reiste, um den höchsten Berg Europas zu bestaunen, so lag das im Zug der Zeit, auch an der Naturschwärmerei, die gerade die vornehme Gesellschaft erfaßt hat; wenn er dann in Schloß Coppet einkehrte, um dort Woche auf Woche zu verweilen, so auch der Literatur zuliebe, den Zeittendenzen folgend. Sicher spielte wohl auch die reizvolle Erscheinung der Madame Récamier, die der Prinz wohl schon in Paris kennengelernt hatte, eine Rolle, denn die aparte Dame »weilte« um diese Zeit auch in Coppet. Alles in allem war das Schloß im ersten Jahrzehnt des 19. Jahrhunderts der Mittelpunkt deutsch-französischer Begegnungen, aber im Zeichen der deutschen Literatur. Dort hat sich auch die Bildungsreise des jungen Clausewitz vollendet. Wieder geben die Briefe an Marie von Brühl darüber im einzelnen Auskunft. Sie vermitteln ein farbiges Bild der Gesellschaft um Madame de Staël.

Es sei vorausgeschickt, daß diese Schloßherrin *die* französische Autorin war, die man in Deutschland in diesen Jahren am meisten gelesen und geschätzt hat. Das hatte auch seine Gründe. Denn die Baronin, eine Tochter des früheren Finanzministers Ludwig XVI., war zwar Schweizerin der Abstammung nach, aber in Paris aufgewachsen und ganz Französin in ihrer Mentalität. Um so bemerkenswerter, daß sie den geistigen Reichtum der Deutschen in diesen Jahren erkannte und zur internationalen Wegbereiterin für ihn wurde. 1804 war sie in Berlin auch der Königin Luise begegnet; aus dieser Zeit stammte auch noch die Bekanntschaft des Prinzen August mit dieser Verehrerin der Deutschen und ihrer Literatur.

Die ersten Eindrücke des Aufenthaltes in Coppet faßt Clausewitz in dem Brief aus Lausanne vom 16. August 1807 zusammen[1]: »Wir sind hier täglich in der Gesellschaft von Frau von Staël, und ungeachtet, daß ich ein sehr müßiges Glied für die Gesellschaft bin, so ist sie doch so angenehm für mich, als eine Gesellschaft von lauter fremden Menschen es sein kann. Frau von Staël spricht viel und sehr interessant, so daß man nicht müde wird, sie zu hören. Mit erlernten Floskeln über Kunst und Literatur kommt man da nicht weit; davon sehe ich ein lebendiges Beispiel, und deswegen gefalle ich mir in meinem Stillschweigen um so mehr, denn ich fühle, daß ich damit noch nicht die schlechteste Rolle spiele. Die bekannte Madame Récamier ist von der Gesellschaft — eine sehr gewöhnliche Kokette.«

So war das erste Urteil des jungen Stabskapitäns über die bekannte Autorin und gastliche Schloßherrin von Coppet ebenso positiv wie das über Madame Récamier kurz und hart. Die Récamier, die der große Louis David so lebensnah gemalt hat, galt in diesem Kreis auch als napoleonfeindlich und deutschfreundlich; sie stand schon in Paris in Verbindung mit den dort weilenden deutschen Romantikern. So schreibt Dorothea Veit, die spätere Gattin Friedrich Schlegels, aus Köln am 8. Juni 1804 an eine Freundin in Paris über sie[2]: »Es ist sehr liebenswürdig und ganz ihrer würdig, daß sie sich Deiner angenommen, ich hoffe die liebreiche Behandlung und die Landluft werden Deine Gesundheit wiederherstellen.« Woher der Unterschied im Urteil zwischen Clausewitz und Dorothea Veit? Nun, Clausewitz urteilt durchaus nach den strengen moralischen Grundsätzen seiner Familie; Madame Récamier aber war noch ein Kind des galanten Zeitalters. In anderer Hinsicht sah unser sittenstrenger Freund aber doch durch die Finger: In der Verbindung von Madame de Staël mit August Wilhelm Schlegel. Sie war im Jahre 1804 in Berlin zustande gekommen. Eben war die Ehe Wilhelms mit Karoline, »der Muse der Romantik«, geschieden, da ergab es sich, daß Madame de Staël nach dem Tod ihres Gatten einen Erzieher für ihre Kinder suchte und gleichzeitig einen genauen Kenner der deutschen Literatur: Da war niemand besser geeignet als Wilhelm Schlegel. In der Folge ist er dann wohl auch eine Art Prinzgemahl für sie geworden. Dorothea Veit schreibt unter dem 26. Oktober 1804, da sich gerade Friedrich Schlegel in Coppet aufhielt[3]: »Von unserem Friedrich habe ich erst einen einzigen Brief aus Coppet. Von der Staël schreibt er Gutes; er meint, sie sei zwar ganz und gar Französin, aber doch von der besten Gattung, die ihm noch vorgekommen sei. Sie scheine sinnlich und veränderlich zu sein, aber nichts von der wüsten Koketterie, die bei ihnen so gewöhnlich ist ... Sie scheint den Wilhelm noch sehr zu lieben, ... obgleich sie in Meinungen und Grundsätzen sehr verschieden von den seinigen ist, denn sie soll voller französischer Vorurteile stecken. Wilhelm soll sanfter geworden sein, die Staël schreibt dies ihrer Erziehung zu, Friedrich meint aber, es sei weit richtiger dem angenehmen Gefühl seiner günstigen Lage zuzuschreiben ...«

Drei Jahre später ist Wilhelm Schlegel noch in derselben günstigen Lage: Er lebt seinen Studien, kann seinen literarischen Arbeiten ungestört nachgehen ohne materielle Sorgen, während der romantische Kreis in Berlin wie der in Jena durch die kriegerischen Ereignisse weltweit zerstreut wird. So kommt Clausewitz in Coppet zum erstenmal mit einem der führenden Repräsentanten der deutschen Romantik in Verbindung. Aus dem Kontakt erwächst dann bald ein intensiver Gedankenaustausch, ja eine literarische

Freundschaft. Aber auch von der Schloßherrin ist Clausewitz beeindruckt, vor allem von ihrem Urteil über die deutschen Frauen: »Frau von Staël erinnert sich sehr oft der Gräfin Voss und spricht mit vieler Wärme von ihrem Wert. Es ist unmöglich, eine größere Verehrerin der deutschen Literatur und der deutschen Frauen zu sein, als Frau von Staël es ist. Nach ihrer Meinung sind beide die ersten der Welt. Überhaupt sagt sie, ein Deutscher, der die Literatur seines Vaterlandes kennt, ist doppelt ein Mensch.« Das gefällt dem jungen Patrioten und bestimmt sein Urteil. Zum Vergleich mag ein anderer Brief herangezogen werden, den Karoline, seit 1804 von Wilhelm Schlegel geschieden und mit Schelling verheiratet, wenige Monate später, nämlich am 15. Januar 1808, aus München an eine Freundin schrieb[4]: ». . . Wir haben hier kurz vor Weihnachten Frau von Staël nebst ihrer Familie und Schlegel gesehen. Diese Anwesenheit, welche etwa 8 Tage dauerte, hat uns viel Angenehmes gewährt. Schlegel war sehr gesund und heiter, die Verhältnisse die freundlichsten und ohne alle Spannung, er und Schelling waren unzertrennlich. Frau v. Staël hat über allen Geist hinaus, den sie besitzt, auch noch den Geist und das Herz gehabt, Schelling sehr lieb zu gewinnen. Sie ist ein Phänomen von Lebenskraft, Egoismus und unaufhörlich geistiger Regsamkeit. Ihr Äußeres wird durch ihr Inneres verklärt, und bedarf es wohl, es gibt Momente oder Kleidung vielmehr, wo sie wie eine Marketenderin aussieht, und man sich doch zugleich denken kann, daß sie die *Phädra* im höchsten tragischen Sinne darzustellen fähig ist. Die Gesellschaft war hier auf der Durchreise nach Wien.«

Offenbar haben sich Madame de Staël und Clausewitz »auf Anhieb« verstanden. Der Adjutant des Prinzen August ist noch erfüllt von dem Thema des Vergleichs zwischen den Deutschen und den Franzosen, der deutschen und der französischen Sprache, die ihn in besonderem Maß interessiert und beschäftigt. So hält er auch seiner Gastgeberin gegenüber nicht hinter dem Berg: »Ich sprach mit ihr über die herrliche Eigentümlichkeit unserer Sprache, daß sie in ihrem Reichtum und ihrer Freiheit auch den mittelmäßigen Menschen erlaubt, originell zu sein, während man in der französischen Sprache lauter gemachte Gedanken findet und sich also mehr oder weniger immer der Form anderer bedienen muß.« Darauf zitierte die Angesprochene den Gedanken von Friedrich Schlegel, den dann Clausewitz in seiner Studie festhielt[5]: »Es ist unglaublich, sagt Schlegel, wie splendid die Natur in Frankreich ist, sie hat von einem einzigen Originalmenschen 30 Millionen Exemplare aufgelegt.«

Aber Frau von Staël war auch gegen einseitige Parteinahme. So beschwerte sie sich z. B. über die langen Perioden der deutschen Prosa. Dazu Clausewitz: »Ich bemerkte, daß diese Länge gleichwohl eine gewisse Energie habe. Sie überraschte mich dadurch, daß sie sagte: Wenn man diesen Vorteil nicht zu teuer bezahlte, so ließe er sich nicht bezweifeln, car il serait à désirer de pouvoir rendre tout un livre par un seul souffle. Gewisse Personen von der Gesellschaft würden keine größere Dummheit gekannt haben als meine Behauptung, wenn die schöne Bemerkung der Frau von Staël mich nicht übertroffen hätte.«

Dann berichtet Clausewitz folgende hübsche Szene: »Pestalozzi, der bekannte Pädagoge, hat Frau v. Staël besucht. Er ist ein Mensch ohne alle äußerlichen Formen . . . Frau von Staël läßt ihn in ihr Zimmer kommen, in dem Augenblick, in dem sie sich anzieht, und sagt ihm, er möchte sich auf dem Sofa niederlassen. Madame, sagte er, je suis un homme naturel, ne me faites pas faire des choses, qui ne soient pas bonnes. Kann man etwas Naiveres hören? Frau von Staël bemerkte sehr richtig: Cela prouve que 'est un homme qui a de la candeur. Während zwanzig Jahren, sagt er, hat man mich für imbecile gehalten, aber ich habe es nicht geglaubt. — Wir werden heute mit ihm essen und morgen sein Institut sehen, zwei Dinge, die mir Vergnügen machen.«

Das ist dann auch geschehen. Clausewitz, der geborene Autor, der sich von Natur aus gedrängt sieht, über jedes Erlebnis, das ihn beschäftigte, mit der Feder Rechenschaft zu geben, hat dann auch eine Studie über Pestalozzi geschrieben[6]. Leider sind nur wenige Seiten davon erhalten. Sie beginnen mit dem für ihn und seine geistige Redlichkeit bezeichnenden Sätzen: »Man müßte mehr Sachkenntnis von der Schulerziehung haben und mehr Beobachtungen damit verbinden, als dies bei mir der Fall ist, um ein definitives

Urteil über Pestalozzis Methode und seine Unterrichtsanstalt zu fällen. Was ich davon sage, sind Vermutungen.«

Aber die »Vermutungen« sind interessant und originell genug, um wenigstens im Auszug mitgeteilt zu werden, weil sie zeitlose Gültigkeit besitzen. So kennzeichnet er die Zielsetzung des klassischen Pädagogen so: »Er geht von dem Grundsatz aus, zuerst die Kräfte des moralischen Menschen bis zu einem gewissen Grade auszubilden, ehe das Wissen der Zweck des Unterrichts wird. Sein Institut ist fast bloß für den ersten Zweck berechnet, sowie seine Methode mehr diesem Zweck als dem eines leichten und sicheren Erlernens dient, obgleich dieser letztere dabei gleichfalls gewiß gewinnt. — Wenn man also glaubt, daß man es hier mit maschinenmäßig erlernten Kenntnissen oder, nach einem Lieblings-Ausdruck aller derer, die darüber zu sprechen pflegen, mit Papageien zu tun hat, so irrt man sich eher. Für die Ausbildung der Geisteskräfte ist unstreitig gesorgt. «

Clausewitz hatte sich wohl als Offizier für die Frage der Bildung und Erziehung, wenn auch von Erwachsenen, interessiert. Er hat sich damit beschäftigt, darüber grundsätzlich nachgedacht, wie diese fragmentarisch erhaltene Studie beweist, und er bescheinigt der Pestalozzischen Methode, daß sie im Ergebnis die *Kraft der Meditation* und damit der eigenen Urteilsbildung entwickelt. Es entspricht seiner besonderen Liebe zur Mathematik, daß man auch hier von der niederen Mathematik ausgeht. »Daher werden hier gewiß gute Mathematiker oder vielmehr gute mathematische Köpfe gebildet.«

Das nächste Interesse von Clausewitz gilt der Phantasie und ihrer Ausbildung, wozu er bemerkt: »Ich kenne im Grunde keine Unterrichtsmethode, durch welche die Phantasie besonders gefördert würde. Ich denke, die Phantasie, zumal die höhere, die, welche den Künsten dient, wächst am liebsten von selbst, wenn sonst der Boden ihrer Natur nicht entgegen ist. Aber Spielraum muß man ihr freilich gönnen; gegen diese Bedingung aber sündigt das Institut durch zu viele gebundene Beschäftigung der Kinder; sie haben täglich elf Unterrichtsstunden und wenngleich Pestalozzi das merkwürdige Problem gelöst hat, den Kindern diese elf Stunden von der ersten bis zur letzten angenehm zu machen, so verhindert doch diese stete Beschäftigung das Herumschweifen des inneren Auges auf eine Reihe von abwechselnden Gegenständen, deren Mannigfaltigkeit Lebendigkeit erzeugt und den inneren Anschauungen fast das bunte Farbenspiel der äußeren gibt, oder, mit anderen Worten die Phantasie belebt... Es ist also nicht die Übung der Meditations-Kraft, welche die Phantasie hier zurücksetzt, sondern die zu viele Beschäftigung.« Aber: »Dem Kinde solche Beschäftigungen geben zu wollen, die seine Phantasie beleben, kommt mir sehr schulmeisterisch vor; die Phantasie ist kein Stier, der sich in den Pflug spannen läßt, zumal bei einem Kinde, sie verlangt Müßiggang oder mit einem edleren Ausdruck Muße.«

Hinweis auf das Hauptwerk

Der Werdegang von Clausewitz ist durch vielseitige Erlebnisse und Begegnungen gekennzeichnet, aber offenbar gerade dadurch die beste Vorbereitung auf sein Hauptwerk: Das wird in diesen Jahren erkennbar. Da er den Krieg nicht als militärisches Handwerk betrachtet, sondern als den Konfliktfall des politischen, die Armee als Verdichtung des gesellschaftlichen und geselligen Lebens auffaßt, so ergeben sich für ihn auch immer wieder grundsätzliche, die Gesamtexistenz des homo politicus betreffende Fragen. Dazu gehört auch die Phantasie, und zwar sowohl die schweifende, ungebundene, wie die auf die konkrete Situation bezogene. Clausewitz steht der ersteren mit Vorbehalten gegenüber. So heißt es in diesem Fragment[7]: ». . . wer könnte auch leugnen, daß in jüngeren Jahren der Umgang des Herzens mit der Phantasie ein sehr gefährlicher Umgang für den ganzen inneren Menschen ist und daß die schönen Früchte der Phantasie nicht ohne Gefahr gebrochen werden können.« Jedenfalls ist nach diesem Denkansatz zwischen schweifender, ungebundener Phantasie und der konkreten Vorstellungskraft zu unterscheiden. Als Frucht der damaligen ersten Überlegungen sagt dann Clausewitz in seinem Hauptwerk über die Phantasie, und zwar gleich im 22. Abschnitt des 1. Kapitels des Ersten Buches[8]: »Obgleich sich unser Verstand immer zur Klarheit und Gewißheit hingedrängt fühlt, so fühlt sich doch unser Geist oft von der Ungewißheit angezogen. Statt sich mit dem Verstand auf dem engen Pfade philosophischer Untersuchung und logischer Schlußfolgen durchzuwinden, ... weilt er lieber mit der Einbildungskraft im Reiche der Zufälle und des Glücks. Statt jener dürftigen Notwendigkeit schwelgt er hier im Reichtum von Möglichkeiten; begeistert davon beflügelt sich der Mut und so wird Wagnis und Gefahr das Element, in welches er sich wirft wie der mutige Schwimmer in den Strom.« Die Phantasie junger Soldaten ist damit trefflich gekennzeichnet. Dann heißt es jedoch weiter: »Aber der Krieg ist kein Zeitvertreib, keine bloße Lust am Wagen und Gewinnen, kein Werk einer freien Begeisterung, er ist ein ernstes Mittel für einen ernsten Zweck.« Für diesen ernsten Zweck aber ist die ungebundene, schweifende, spielerische Phantasie von Übel, weil sie oft Möglichkeiten vorgaukelt, die weder den eigenen Möglichkeiten noch Fähigkeiten entsprechen, und vor allem den Gegenwillen des Feindes außer Acht lassen.

Clausewitz läßt im Kriege deshalb nur eine gebundene, auf die vorliegenden Realitäten bezogene Vorstellungskraft gelten, vor allem den Ortssinn, der das mit dem körperlichen Auge Erkennbare ergänzt, um aus den Bruchstücken des Sichtbaren ein zutreffendes Bild des Ganzen zu gewinnen: Dann ist dies auch »fast der einzige Dienst, welchen die kriegerische Tätigkeit von dieser ausgelassenen Göttin fordert, die ihr eher verderblich als nützlich ist«.

Der Ortssinn, der dem Jäger und Naturburschen beisteht, sich in jeder Gegend zurecht zu finden, hat natürlich sehr viele Ebenen: Die der richtigen Beurteilung des jeweiligen Schlachtfelds für Angriff und Verteidigung und die zutreffende Vorstellung von der Eigenart eines Kriegsschauplatzes, auf dem der Krieg sich abspielt. Dazu ist eine lebhafte Vorstellungskraft notwendig. Deshalb fordert Clausewitz, auch hier scharf unterscheidend, die Unterordnung der Phantasie unter den kritischen werktätigen Verstand, wie es der Natur des Soldaten entspricht. So hat, wie wir glauben, der Besuch des Instituts von Pestalozzi in der Schweiz dem jungen

Abb. 15. Ludwig Georg Thedel, Graf von Wallmoden (1769–1862), hannoverscher Feldmarschall-Leutnant in österreichischen, dann in preußischen Diensten. Schwager des Freiherrn vom Stein

Abb. 16. Abschluß der Konvention von Tauroggen zwischen General Yorck und dem russischen General Diebitsch am 30. Dezember 1812. Unser Bild: Sitzend Graf Seydlitz, stehend mit Händedruck links russischer General Graf Diebitsch-Sabalkansky und General Graf Yorck (mit Mantel), hinter Graf Yorck: Friedrich Erhard von Roeder, Stabschef von Yorck, hinter Graf Diebitsch: v. Clausewitz und Graf Dohna

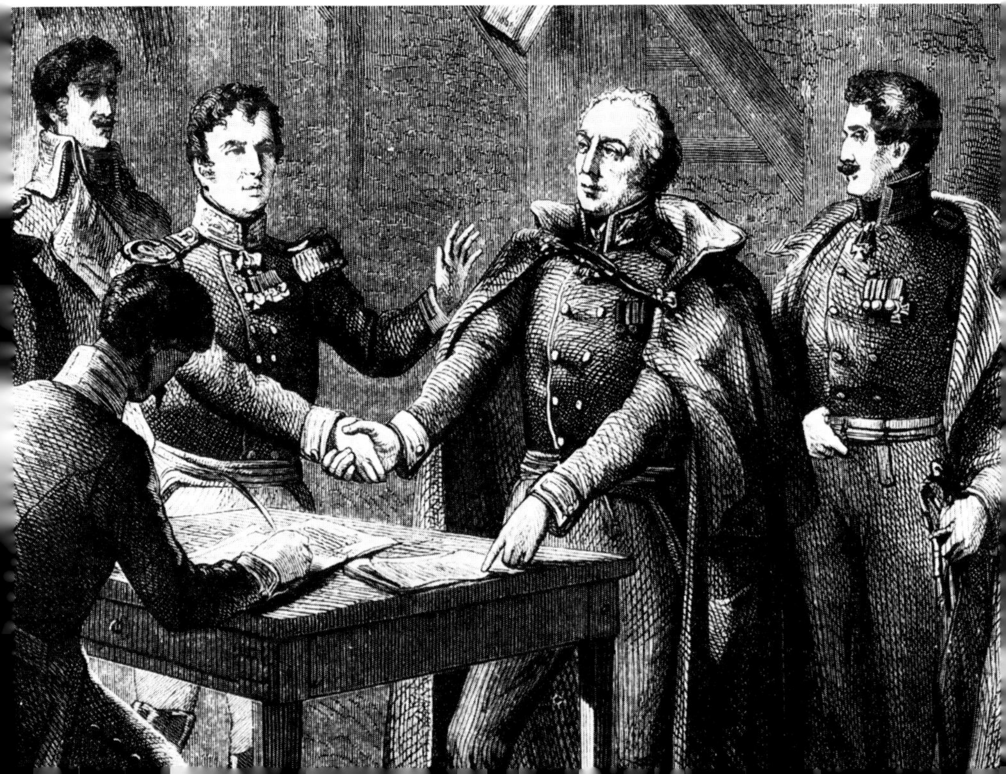

Abb. 17. Gebhardt Leberecht Fürst Blücher von Wahlstatt (1742–1819), preußischer Feldmarschall, in der Schlacht bei Ligny am 16. 6. 1815 – Holzschnitt von Camphausen, 1859 –

Abb. 18. Blücher und Wellington treffen sich am Abend des 18. Juni 1815 bei Belle Alliance nach der Schlacht bei Waterloo, in der Napoleon endgültig besiegt wurde

Clausewitz erste Denkanstöße gegeben, die dann in seinem Hauptwerk fruchtbar werden sollten. Allerdings mußten sie bis dahin noch einen langen Reife- und Klärungsprozeß durchlaufen.

»Les deux Allemands par excellence«

Madame de Staël hat Wilhelm August Schlegel, ihren »Prinzgemahl«, und den Stabskapitän von Clausewitz als »les deux Allemands par excellence« bezeichnet, und beide, die sich angefreundet hatten, waren stolz darauf. Dabei war es jeder auf eine andere Weise, aber so, daß sie sich ergänzten. Patrioten waren sie beide, ohne nationalistische Engstirnigkeit versteht sich. Aber seinen Patriotismus verstand jeder anders: Clausewitz als konzentrierte gedankliche Vorarbeit für die Erneuerung Preußens, Schlegel als Bemühung um den Ruf und Ruhm der deutschen Nationalliteratur, zugleich in ihrer Verbindung mit der Weltliteratur. Das war auch nach dem Herz und Geschmack des Stabskapitäns. Die innere Befriedigung über die Gesellschaft, die ihn in Coppet aufnahm, spiegelt sich in den Briefen an Marie von Brühl. Soweit sie die politische Lage, den Zustand Preußens, die Möglichkeiten der eigenen Zukunft berühren, sind sie meist melancholisch, oft deprimiert, aber bei der Schilderung der Gastgeberin und ihres Prinzgemahls zur linken Hand heitern sie sich auf. So heißt es in dem langen Brief vom 5. Oktober 1807[9]:

»Frau von Staël ist eine Frau von vieler Phantasie und einer entsetzlichen Reizbarkeit des Gefühls, die in Deutschland begierig den deutschen Geist eingesogen hat und ganz davon beseelt ist; im übrigen ist sie ganz Französin. Das heißt also: Alles, was sie mit Nachdenken spricht, aus dem Innersten ihrer Seele schöpft, atmet deutschen Geist; dagegen fehlt ihr in den leichten oberflächlichen Berührungen des Geistes und in den äußeren Sitten durchaus die stille sanfte Würde deutscher Weiblichkeit, die mir an den Frauen Bedürfnis ist, wenn sie mir als Frauen interessant sein sollen. Bei der Frau von Staël fällt mir dies weniger unangenehm auf, weil sie fast beständig über Gegenstände der Literatur spricht und also immer in Berührung mit ihrer vorteilhaften Seite steht. Es macht mir Vergnügen, unter fremden Menschen dem deutschen Genius, dem deutschen Gefühl so aufrichtig huldigen zu sehen.« Das ist allerdings die Ausdrucksweise der aufkommenden Romantik.

Solche Huldigung ist in der Tat ein Trost für denjenigen, der jetzt so wenig Anlaß hat, auf sein Vaterland stolz zu sein. So ist es verständlich, daß Clausewitz Frau v. Staël aufmerksam zuhört und sich wohl auch ihr gegenüber von seiner besten Seite zu zeigen bemüht ist. Er schreibt weiter[10]: »Sie ist eigentlich durchaus ein Zögling von Schlegel und hat wenigstens alles Gute seiner Ansichten. Sie ist fast beständig in Diskussionen begriffen; doch macht nicht leicht jemand eine geistreiche Bemerkung, ohne daß sie innehält und ihr Vergnügen ausspricht, diese Empfänglichkeit des Geistes macht ihren Umgang vorzüglich angenehm. Mir ist sie vorzüglich gewogen, ich weiß nicht recht warum.«

Schon in dem Brief vom 15. September, der sich sonst nur mit persönlichen Verhältnissen befaßt, hatte es geheißen[11]: »Meine Lebensweise hier ist so angenehm, als es die Umstände zulassen. Frau von Staël hat viel Güte für mich; vor allem aber habe ich mich gefreut, Schlegel zu finden ... Er hat mir viele hübsche Sachen von sich gezeigt und mir besonders dadurch Vergnügen gemacht, daß er mich mit der deutschen Poesie aus dem neunten und den späteren Jahrhunderten des Mittelalters bekannt gemacht hat. Er ist mein einziger Trost, denn aller Verstand der hiesigen Sozietät kann auch nicht die kleinste Entschädigung für den Kummer und die Sorgen sein, die jetzt auf jedem gefühlvollen Deutschen lasten.« Ein gefühlvoller Deutscher — das ist allerdings der Clausewitz dieser Zeit.

Also auch hier wieder Hell und Dunkel, Melancholie und geistige Aufheiterung, wie so oft in jener Zeit. So kommt Clausewitz noch einmal auf den Umgang mit Wilhelm Schlegel zu sprechen und schreibt in dem schon erwähnten Brief vom 8. Oktober weiter darüber[12]: »Schlegel liest mir hin und wieder von seinen Sachen etwas vor und macht mir dadurch großes Vergnügen, unter anderem hat er mir gestern aus seiner Übersetzung des Calderon ein noch nicht ganz gedrucktes Stück — ich glaube der Titel ist: der gefangene Prinz (richtig der standhafte Prinz) — vorgelesen, was mir ein unbeschreibliches Vergnügen gewährt hat. Seiner Ansicht komme ich übrigens dadurch gar nicht näher und den Poesien seines Bruders kann ich auch keinen Geschmack abgewinnen, doch sind manche schöne Sachen darunter. Unter anderem bitte ich Dich, wenn Du den *Dichtergarten,* eine von Hardenberg unter dem Namen Rostorf herausgegebene Sammlung von Gedichten haben kannst, ein Sonett von Friedrich Schlegel zu lesen, was *das Sinnbild* heißt. Mehr hat mich noch nie etwas wehmütig ergriffen.«

Der Aufenthalt von Clausewitz auf Schloß Coppet 1807 war außerordentlich wichtig. Er bereicherte seine gesellschaftliche und literarische Bildung beträchtlich und gewann ihm neue Freunde. Aber immer und überall ist es die Politik, die er höher stellt; das politische Schicksal seines preußischen Vaterlandes liegt ihm am meisten am Herzen. Und so schließt dieser Brief: »Du wirst nun eine ziemlich deutliche Vorstellung haben von den Annehmlichkeiten meines hiesigen Lebens; aber Du wirst auch leicht einsehen, wie wenig ihr leichter Gehalt hinreichend ist, mich zu trösten. Ich fühle mich vielmehr so unglücklich hier, daß ich außer mir vor Freude sein würde, wenn die Pässe kämen, denn das nächste Bedürfnis ist doch, aus fremder Gewalt zu sein.«

Die ersehnten Pässe treffen endlich am 7. Oktober ein. Für den Prinzen August war die Verzögerung wohl gar nicht so unangenehm, weil ihm — einem on dit zufolge — Madame Récamier die Zeit verkürzte. Ganz anders bei Clausewitz. Er schreibt am 9. Oktober an Marie von Brühl[13]: »In drei Wochen von hier, und nach Ankunft meines Briefes etwa in acht Tagen siehst Du mich vor Dir stehen — und ich; o ich Glücklicher werde Dich in meine Arme schließen und mit der heißesten Liebe an mein Herz drükken.« Was aber wird sonst sein, wenn er heimkehrt? Er weiß nur, daß ihn *eine* Gewißheit erwartet, aber er kennt auch die drei großen Unbekannten, die die Zukunft überschatten: Da ist die Zukunft Preußens nach dem Tilsiter Diktatfrieden, dann damit im engsten Zusammenhang die Zukunft seiner Armee, mit der sein persönliches Schicksal auf das engste verknüpft ist, und schließlich die Frage: Wie wird sich Mariens Mutter verhalten, wenn die Frage der Eheschließung akut wird? Die Antworten auf diese Fragen liegen im dunkeln.

Auch die Rückreise selbst führt zu einer Enttäuschung: »Bei der Rückkehr hoffte ich die deutsche Schweiz zu sehen, die in so vieler Rücksicht klassisch ist. Vor allem würde ich mich glücklich geschätzt haben, den Vierwaldstätter See zu sehen. Wenn ich auch nicht so glücklich gewesen wäre, ihn zu befahren, wo Tell im Schiffe lag, mit Stricken festgebunden, wehrlos, ein aufgegebener Mann, zu sehen, was er uns erzählt:

> Und als wir an die Ecke jetzt gelangt,
> Beim kleinen Axen, da verhängt es Gott,
> daß solch ein grausam mördrisch Ungewitter
> Jählings hervorbrach aus des Gotthards Schlunde,
> Daß allen Ruderern das Herz entsank.«

Führte Clausewitz den »Wilhelm Tell« in seinem sicher nicht üppigen Reisegepäck mit oder hatte er ihn sich in Coppet neu beschafft? Wir wissen es nicht. Aber in seinem romantischen Herzen trug er ihn bestimmt. Die Reise nach Italien hatte man aufgegeben. Es war nun die Hauptsache, Deutschland wiederzusehen und »meiner angebeteten Marie in die Arme zu sinken«.Der Brief schließt: »Ich erwarte jetzt keine Antwort mehr von Dir ... Tausend Dank für die lieben, lieben Briefe, die Du mir in dieser Zeit geschrieben hast! Sie sind der Trost meines Lebens gewesen.«

VIERTER TEIL

Die konservativen Revolutionäre

Erstes Kapitel
Heimkehr

I.

Mit widerstreitenden Gefühlen kehrte Clausewitz mit seinem Prinzen im November 1807 in die preußische Hauptstadt zurück. Es gab ein bewegtes Wiedersehen mit Marie und manche Begegnung mit ihr in den kommenden Wochen und Monaten. Aber sonst? Die Rückkehr war von der Niederlage überschattet, die der Diktatfrieden von Tilsit erst richtig offenkundig machte. Was würde aus dem Offizier einer geschlagenen Armee werden, die bestimmt in der alten Stärke nicht wiedererstehen konnte? Darüber würde der Sieger Napoleon bestimmen und nicht der König. In Berlin wurde man täglich daran erinnert. Denn noch immer war es von Franzosen besetzt. Wohin man auch immer ging, auf der Straße wie in den Lokalen, begegnete man Franzosen, französischen Generälen und Offizieren. Clausewitz und die ihm nahestanden, führten darum ein zurückgezogenes Leben. Alle Erwartung war auf den König gerichtet.

Die Franzosen hatten nicht nur die preußische Hauptstadt besetzt. Sie hatten sich auch in den preußischen Festungen eingenistet und fast in ganz Rest-Preußen etabliert, das sie ernähren und das gewaltige Kontributionen zahlen mußte. Wie würde es weitergehen? Der König hatte sich unterdessen mit der Königin, die erkrankt war, in die äußerste Ecke seines ihm noch verbliebenen Landes zurückgezogen und lebte dort in den bescheidensten Verhältnissen[1]. Er sei ganz in sich gekehrt, hieß es. Aber dann drangen Nachrichten nach Berlin, die Clausewitz aufhorchen ließen: Der König habe sich zu außerordentlichen Entschlüssen durchgerungen. Mit der alten Generation und Zeit sollte Abrechnung gehalten, Staat und Gesellschaftsordnung sollten reformiert, die Armee oder das, was noch von ihr übrig geblieben war, von Grund auf neu gestaltet werden, der Gegenwart angepaßt. Der erste Schritt dazu war die auszeichnende Behandlung Scharnhorsts durch Friedrich Wilhelm III.: Scharnhorst war zum Generalmajor befördert und zum Vorsitzenden der Militär-Reorganisationskommission ernannt worden[2]. Außerdem hatte er als königliche Anerkennung für die Schlacht bei Eylau den Pour le mérite erhalten. Diese Nachrichten erfüllten Clausewitz mit Hoffnung. In Berlin herrschte praktisch Napoleon. Aber in Memel, so schien es, war ein erstes Licht angezündet worden. Dieses Licht und das Wiedersehen mit seiner heimlich Verlobten hielten Clausewitz in diesen Monaten aufrecht. Es lag nahe, daß er die Verbindung mit Scharnhorst von Berlin aus wieder aufnahm; dabei ergab sich, daß zwei Briefe, die ihm der väterliche Freund schon geschrieben hatte, verlorengegangen waren. Sie fielen wohl irgendwelchen Zensoren oder Spitzeln zum Opfer. Das geht aus dem Brief von Scharnhorst an Clausewitz aus Memel vom 27. November 1807 hervor. Außerdem heißt es da[3]: »Wäre es möglich nach einer Reihe von Drangsalen, nach Leiden ohne Grenzen, aus den Ruinen sich wieder zu erheben, wer würde nicht gern Alles daransetzen, um den Samen einer neuen Frucht zu pflanzen, und wer würde nicht gern sterben, wenn er hoffen könnte, daß er mit neuer Kraft und Leben hervorginge! Aber nur auf Einem Weg, mein lieber Clausewitz, ist dies möglich: Man muß der Nation das Gefühl der Selbständigkeit einflößen, man muß ihr Gelegenheit geben, daß sie mit sich selber bekannt wird, daß sie sich ihrer selbst annimmt, nur erst dann wird sie sich selbst achten und von anderen Achtung zu erzwingen wissen. Darauf hinzuarbeiten ist alles, was wir können. Die Bande des Vorurteils lösen, die Wiedergeburt leiten, pflegen und sie in ihrem freien Wachstum nicht hemmen, weiter reicht unser hoher Wirkungskreis nicht.« Dann kommt Scharnhorst von diesen Grundgedanken aus auch auf das Praktische zu sprechen und teilt seinem jungen Freund und Schutzbefohlenen mit: »Obgleich es mit unserer Zukunft mißlich steht, so haben wir doch auf eine innere Regeneration des Militärs in Hinsicht sowohl auf die Formation, das Avancement, die Übung als auch insbesondere den Geist hingearbeitet; der König hat ohne Vorurteile hier nicht allein sich willig gezeigt, sondern uns sehr viel dem Geist und den neuen Verhältnissen angemessene Ideen selbst gegeben. Folgt der König dem neuen Entwurf, den er zum Teil schon sanktioniert hat, erschwert das Vorurteil nicht die Ausführung, wird nicht der Hauptzweck durch Abänderungen, durch schlechte Exekutors verfehlt, so wird das neue Militär, so klein und unbedeutend es auch sein mag, in einem andern Geist sich seiner Bestimmung nähern und mit den Bürgern des Staates in ein näheres und innigeres Bündnis treten.«

II.

Der 27. November 1807 war aber auch noch in anderer Beziehung denkwürdig: An demselben Tag hatte in Memel König Friedrich Wilhelm III. auch eine »Immediatkommission zur Untersuchung der Kapitulationen und sonstigen Ereignisse des letzten Krieges« berufen[4]. Den Vorsitz führten seine beiden Brüder, die Prinzen Wilhelm und Heinrich. Von den Reformern gehörten ihr Gneisenau und Grolman an. Gneisenau hatte die wichtige Aufgabe, die Kapitulationen von Erfurt, Hameln, Nienburg und Neisse zu bearbeiten. Bereits am 1. Dezember 1806 in Ortelsburg hatte der König in einem Publicandum die Kommandanten bzw. Gouverneure von folgenden Festungen, die kapituliert hatten, ohne Abschied entlassen oder kassiert: Erfurt, Stettin, Küstrin, Spandau und Magdeburg. Über den Oberst und Kommandanten von Küstrin, von Ingersleben, wurde die Todesstrafe durch Erschießen verhängt. Sämtliche Fälle waren auf Antrag der Kommission vor ein Kriegsgericht gekommen, nach abgeschlossener Untersuchung wurde ein Teil zu lebenslänglicher, andere zu begrenzter Festungshaft verurteilt, nur im Fall von Ingersleben hatte der König das Todesurteil bestätigt. Allerdings war durch die Untersuchungen auch die Überalterung der Armee offenkundig geworden[5]: So gab es nicht nur Generäle über achtzig, die noch in den Festungen kommandierten, sondern auch zahlreiche Stabsoffiziere über siebzig. Bei Beginn des Krieges 1806 hatte man 142 preußische Generale gezählt, 6 waren gefallen oder gestorben; dann schieden bis zum Beginn der Befreiungskriege aus: 86 freiwillig und ehrenvoll, 17 zwangsweise, weil sie bestraft wurden, im ganzen also 103. Nach Beendigung der Reorganisation im September 1808 verfügte die Armee nur noch über 22 Generale, nur zwei: Blücher und Yorck, waren es schon 1806.

Verjüngung und Erneuerung der Armee: Diese Hauptaufgaben der Reorganisation sind also noch im Herbst 1807 tatkräftig in Angriff genommen worden, und zwar auf Anordnung des Königs. Doch Scharnhorst war sich klar, daß diese Maßnahmen allein nicht ausreichten. Nun ging es weiter darum, daß die Bürger des Staates in ein näheres und innigeres Verhältnis zur Armee treten sollten. Hier lagen die Dinge noch sehr im argen. Um den Boden zu bereiten und die Brücke zur gegenseitigen Verständigung zu schlagen, wählte Scharnhorst einen neuen Weg, auf dem er vor allem die gebildeten Staatsbürger ansprechen wollte: Er wandte sich publizistisch an die Öffentlichkeit und bediente sich dabei der Medien, wie er sie damals vorfand. So schreibt er in dem oben erwähnten Brief weiter: »Ich habe nichts geschrieben als eine Relation des Rückzugs des Blücherschen Korps..., einen Bericht der Schlacht von Jena und Auerstedt (übersichtlich) in der Königsberger Zeitung und die Relation der Schlacht bei Eylau, die Sie gelesen. Ich werde aber die Schlacht bei Jena beschreiben und den Herzog von Braunschweig zwar nicht verteidigen, aber doch den Gesichtspunkt, aus dem er handelte, darstellen, denn so unentschlossen und charakterlos er war, so fehlte es ihm doch nicht an militärischer Beurteilung. — Nie aber werde ich mich auf Widerlegungen einlassen und zu dem Pöbel der Gelehrten mich gesellen.« Das ist ebenso deutlich wie nobel; dann kommt noch eine persönliche Information: »Sie, mein innigster Freund, müssen jetzt die neue Formation abwarten, kommt sie zustande, so findet sich für Sie auf mehr als eine Art eine Stelle. Kommt sie nicht zustande, so finden Talent und Kraft, sie anzuwenden, immer ihr Unterkommen.« Aus einem zweiten Brief Scharnhorsts aus Memel vom 1. Dezember erfährt Clausewitz weiter[6]: »Was gäbe ich darum, wenn wir alle Woche nur einen Abend zusammen sein könnten! Mein Umgang ist hier auf den Oberstleutnant von Gneisenau, den Verteidiger Colbergs, einen vorurteilsfreien Mann, den Major von Grolman und Schöler den Älteren beschränkt.« Für den Prinzen August hat Scharnhorst viel übrig und gratuliert ihm zu seiner

Rückkehr. Im übrigen hatte im Oktober 1807 der Reichsfreiherr vom Stein die Leitung der Geschäfte des preußischen Staates wieder übernommen. Damit war die »Revolution von oben« gewährleistet. Das Verhalten der Besatzungsmacht dazu war allerdings noch eine unbekannte Größe.

Natürlich gab es zunächst Unstimmigkeiten in der Militär-Reorganisationskommission, die der König berufen hatte. Noch überwogen die Gestrigen. Gneisenau brachte indes den Stein ins Rollen und bat den König um seine Entlassung. Aber Friedrich Wilhelm III. trat, von der Königin beraten, auf die Seite der Reformer. Wie er Stein aus Nassau zurückgeholt hatte, als er Hardenberg unter napoleonischem Druck nicht mehr halten konnte, so stärkte er jetzt auch Scharnhorst den Rücken und entfernte Mitglieder der Reorganisationskommission, die »nicht spurten«[7].

Nach dem Tod von Scharnhorst 1813 hat Clausewitz seinem Förderer bekanntlich einen Nachruf gewidmet, der allerdings erst im Jahre 1831 von Ranke veröffentlicht wurde[8]. Darin schreibt er in Erinnerung an das Miterlebnis über die Leistung seines großen Freundes: »Scharnhorsts ganzes Streben war darauf gerichtet, dem preußischen Kriegsstaat innere Tüchtigkeit zu geben und ihm, da die Armee durch den Tilsiter Frieden auf 40 000 Mann beschränkt war, solche Keime schnellen Wachstum einzuimpfen, daß er, wenn der Druck von außen je nachlassen sollte, schnell emporschießen könnte.« Er schreibt weiter[9]: »Die Hauptzwecke, welche er sich bei der Reorganisation der Armee vorsetzte, waren:

1. Eine der neuen Kriegsart entsprechende Einteilung, Bewaffnung und Ausrüstung.

2. Veredelung der Bestandteile und Erhebung des Geistes. Daher die Abschaffung des Systems der Anwerbung von Ausländern, eine Annäherung an die allgemeine Verpflichtung zum Kriegsdienst, Abschaffung der körperlichen Strafen, Einrichtung guter militärischer Bildungsanstalten.

3. Eine sorgfältige Auswahl derjenigen Offiziere, welche an die Spitze der größeren Abteilungen gestellt wurden. Das Dienstalter, welches bis dahin in der preußischen Armee eine allzugroße Herrschaft ausgeübt und derselben ihre Führer gegeben hatte, wurde in

seinen Rechten beschränkt und daneben der für den Augenblick sehr heilsame Grundsatz aufgestellt, daß diejenigen vorgezogen werden müßten, die bis zuletzt im Kriege gedient oder sich auf irgendeine Art in demselben ausgezeichnet hätten. Wirklich sind unter Scharnhorsts Administration die meisten der Männer zuerst hervorgezogen worden, die später zu den ausgezeichnetsten Führern gehörten.

4. Neue, der heutigen Kriegsart angemessene Übungen.«

Diese Reorganisation wurde in Memel »papiermäßig« vorbereitet - nicht ohne Schwierigkeiten, Widerstände und Intrigen, aber doch so, daß sie anlief. Man kann sich vorstellen, wie peinlich es inzwischen für Clausewitz war, mehr oder minder untätig in Berlin zu sitzen und den Anblick fremder Wachtparaden zu ertragen. Nur die Gegenwart von Marie half, tröstete, spornte an. So blieb eine Insel des Friedens mitten in den politischen Wirren und Querelen. Frau von Clausewitz hat über diese Zeit später geschrieben[10]: »Am Ende des Jahres 1807 war ich in Berlin. Carl war im November aus Frankreich zurückgekommen: ich erinnere mich nicht, wie ich den Silvesterabend zubrachte, wahrscheinlich zu Hause, so still und eingezogen, wie wir damals lebten.« Aber sie erinnert sich noch lebhaft, daß sie Carl kurz vor Weihnachten auf dem Christmarkt begleitet habe, um dort mit ihm Weihnachtsgeschenke einzukaufen. »Wir dachten dabei an die Freude, die es uns machen würde, einst für unsere eigenen Kinder auf diese Weise beschäftigt zu sein. — Am Neujahrstag 1808 machte ich mehrere Visiten, immer in der Hoffnung, Carl zu begegnen. Ich erinnere mich, daß ich an diesem Tag eine rechte Sehnsucht nach ihm hatte; ich schlug nur deshalb Caroline und Julie M. einen Spaziergang vor. Wir begegneten ihm auch; allein er grüßte uns nur im Vorbeigehen: ich war ganz verstimmt und verwünschte den ganzen Spaziergang. Doch beim Nachhausegehen war ich so glücklich, ihn endlich auf einen Augenblick zu sprechen; wo? erinnere ich mich nicht recht, mir scheint, ich machte noch spät einen Versuch, zu Friederike zu gehen. An solchen Tagen, an denen alle, die sich lieben und einander angehören, sich vereinigen, um einander Beweise ihrer Zuneigung zu geben, wurde mir immer die schmerzliche Entfernung, in der ich trotz der Nähe von dem Geliebten meines Herzens lebte, recht schwer zu ertragen. Wie viele habe ich so verlebt, in dem peinlichsten Zwang, der traurigsten Entbehrung!« So standen also Anfang des Jahres 1808 die Dinge für Clausewitz: Die politischen Verhältnisse warfen lange Schatten auf seine persönliche wie militärische Zukunft. Solange diese aber nicht geklärt war, blieb es ausgeschlossen, in der Form, die sich nun einmal gehörte, um die Hand von Marie von Brühl anzuhalten. Und solange dies nicht geschehen konnte, mußte die Neigung zwischen den beiden verborgen gehalten werden, mußten sie sich mit zufälligen Begegnungen oder Zusammenkünften in großen Gesellschaften begnügen. Nur die gute Freundin Friederike verschaffte ihnen wohl ab und an die Gelegenheit, daß sie sich trafen, unter vier Augen sprechen und einander in die Arme schließen konnten. Kein Wunder, daß beide darunter litten. Da war eine Trennung beinahe besser; vor allem dann, wenn sich neue Hoffnungen damit verknüpften.

III.

Die Trennung sollte nicht lange auf sich warten lassen. Am 16. Januar 1808 siedelte der König mit seiner Familie und dem Hof von Memel nach Königsberg über. Er nahm im alten Schloß Wohnung. Die wichtigsten Behörden folgten, auch die Reorganisationskommission, deren Arbeit allmählich voranging. Scharnhorsts Reformdenkschrift vom April 1806 war zu spät gekommen, um noch die preußische Katastrophe zu verhindern; jetzt endlich fielen ihre Grundgedanken auf fruchtbaren, umgepflügten Boden. Schon in dieser Denkschrift hatte Scharnhorst darauf hingewiesen, daß eine falsche Einstellung bedenkliche Folgen für ein tapferes Volk haben könne[11]: »Sie besteht darin, daß man gewöhnlich glaubt, nur ein großer Mann könne eine seltene oder außerordentliche Anstrengung der Völker im Krieg bewirken. Dieses ist wohl in Hinsicht eines Eroberungskrieges nicht ganz unrichtig. Aber in einem Krieg, wo ein jeder einen großen Anteil an dem glücklichen Ausgang desselben hat, wo die Nation für ihre Freiheit oder Unabhängigkeit ficht, wo sie mit Unterjochung oder Beraubung bedroht wird, — da vertritt der allgemeine Willen das, wozu unter anderen Umständen die größte Weisheit erfordert wird. ... Wir haben angefangen die *Kunst* des Krieges höher als die militärischen *Tugenden* zu schätzen, — dies war der Untergang der Völker in allen Zeiten — Tapferkeit, Aufopferung, Standhaftigkeit sind die Grundpfeiler der Unabhängigkeit eines Volkes — wenn für dies unser Herz nicht mehr schlägt, so sind wir schon verloren, auch selbst in dem Laufe der großen Siege.«

1806 war nichts Durchgreifendes geschehen. Der König zögerte. Die schon damals von Scharnhorst vorgeschlagene Verjüngung der Generalität wie die Auslese des älteren Offizierskorps waren unterblieben — mit dem bekannten niederschmetternden Ergebnis. Vor allem die überalterten Festungskommandanten hatten versagt. Clausewitz hat dann im Jahre 1823/24 eine Studie »Nachrichten über Preußen in seiner größten Katastrophe« geschrieben, die auf die damalige militärische Personalpolitik ein scharfes Licht wirft. Es heißt da gleich im Anfang: »Ich kann mich nicht darauf einlassen, alle Fehler, die sich in der letzten Zeit in unserer Kriegsverfassung fanden, ausführlich darzutun und die teils dadurch entstanden waren, daß das System derselben nicht mehr auf die veränderte Zeit paßte, von seinem Grundbau losgelassen und Klüfte und Risse bekommen hatte, teils dadurch, daß es eingerostet und in sich verfallen war; ich muß mich begnügen, sie bloß zu erwähnen und will sie hier noch einmal zusammenfassen: — Die obere Leitung der Militär-Angelegenheiten war ohne Geist, die höheren Offiziere sämtlich waren alt und kassiert, bis zum Stabskapitän hinab. Die Soldaten selbst auch zu alt, denn ein Tagelöhner, der die Mühen seines Lebens 40 bis 50 Jahre schon getragen hat (sie mußten 25 bis 30 Jahre dienen, ehe sie invalide erklärt werden konnten) bringt nur erschöpfte Kräfte des Geistes und Körpers mit ins Feld. Die Bewaffnung war schlechter als eine in Europa, das Material der Artillerie, mit Ausnahme der Geschützrohre, nicht besser; Nahrung und Kleidung des Soldaten unter dem Notdürftigen, die Ausrüstung für den Krieg nach alter Art, folglich für das Bedürfnis der Zeit mit überflüssigen Dingen überladen; der Geist des Heeres im höchsten Grad unkriegerisch, die Bildung nur einseitig, im Preußentum befangen, ohne Teilnahme und Aufmerksamkeit für das, was sich anderswo begab, ohne Würdigung der neuesten kriegerischen Erscheinungen; die Übungen unpassend, in ewiger steriler Nachbildung des Alten und Veralteten, zu allem dem ein seltener Dünkel, der sogar die Besorgnisse natürlicher Furchtsamkeit einschläferte.

Von dieser Schilderung kann der Verfasser bei sorgfältiger Prüfung seines Gewissens nichts streichen.«

Und nun folgt ein Bekenntnis, dem in dieser Biographie eine besondere Bedeutung zukommt, auch wenn wir einiges davon schon wissen: Der Verfasser »... ist in der preußischen Armee groß geworden. Sein Vater war ein Offizier des Siebenjährigen Krieges, voll der Vorurteile seines Standes, in seinem elterlichen Hause sah er fast nur Offiziere, und zwar nicht gerade die gebildetsten und vielseitigsten; mit dem 12. Jahr wurde er selbst Soldat, machte die Feldzüge von 1793 und 94 mit und sog in der ganzen ersten Zeit seines Dienstes bis zum Jahr 1800 keine anderen Meinungen ein, als die in der Armee zu Hause waren, von der überwiegenden Vortrefflichkeit des preußischen Heeres und seinen Einrichtungen. Das *National-* und selbst das *Kastengefühl* war also in dem Verfasser von jeher so stark und festgewurzelt, wie es nur irgendwo werden kann durch die Erziehung, welche das Leben gibt. Ferner muß der Verfasser von sich bemerken, daß es ihm in dem preußischen Heer stets über Maß und Verdienst glücklich gegangen ist — unter diesen Umständen verdient das Urteil des Verfassers gewiß nicht, mit dem Mißtrauen angesehen zu werden, als könne es aus einseitigem Umgang, Mißmut, Bitterkeit usw. entstanden sein. Der Verfasser war ein preußischer Offizier im ganzen Sinne des Wortes und wenn er bald anders über das preußische Kriegswesen dachte als die meisten seiner Kameraden, so als eine bloße Folge des Nachdenkens. Bei aller natürlichen Vorliebe, welche er für sein Vaterland und seinen Stand hatte, schien ihm doch vieles sehr unvollkommen zu sein. Später, vom Jahre 1806 an, war es der Umgang mit Leuten, die sich mehr in der Welt umgesehen hatten, die dem Verfasser noch mehr die Augen über die Schwächen des vaterländischen Militärwesens öffneten. Nichtsdestoweniger hat er in seinem Gefühl immer eine große Vorliebe für dasselbe behalten, aber je größer und tiefer diese eingewurzelt war, um so mehr fühlte er sich stets angeregt, die Schwächen unverhohlen aufzudecken; um so mehr erkannte er das Bedürfnis an, daß ein belebender, schöpferischer Geist, eine werktätige Hand sich finden mußte, um das Gebäude neu einzurichten, ehe es in Trümmern zerfiele.«

Das war ein tiefgreifendes Bekenntnis. Schöpferische Kritik am eigenen Militärwesen hatte Clausewitz seit 1806 geübt. Er bekennt, daß er in seiner Jugend den Krieg gesehen habe, ohne ihn noch oder schon zu verstehen, aber ein Totaleindruck sei geblieben, daraus der Vergleich der Kriegswirklichkeit mit dem Drill auf dem Exerzierplatz entsprungen und so auch die Erkenntnis, daß in den Übungen der Berliner und Potsdamer Herbstmanöver, wie sie bis 1806 abgehalten wurden, nichts, aber auch gar nichts vom wirklichen Krieg vorkam.

Des weiteren hatte der junge Clausewitz unter dem Einfluß von Stein und Scharnhorst und bald auch von Gneisenau erkannt: »Der Verfall ging vor allem von der Regierungsmaschine aus, nicht vom ganzen gesellschaftlichen Zustand. Das Volk befand sich unstreitig ganz wohl in seiner Haut. Handel und Wissenschaften blühten. Eine gelinde liberale Regierung gestattete dem einzelnen eine große Freiheit des Lebens und die ganze Nationaltätigkeit schritt ruhig zu größerem Wohlstand fort.«

Diese Erkenntnisse waren noch in der Klärung begriffen, als ein neuer Abschnitt im Leben des jungen Stabskapitäns begann. Ende März 1808 verließ Clausewitz mit seinem Prinzen Berlin wieder, nachdem er einen schmerzlichen Abschied von seiner Herzensdame genommen hatte, und erreichte am 1. April Königsberg. Prinz August war damit wieder dem Königshause nahe, vor allem aber nahm er an den Arbeiten der Reorganisationskommission teil, die die Artillerie betrafen. Denn auf sie hatte er sich inzwischen spezialisiert. Er gehörte auch zu den Anhängern Scharnhorsts. Wieder in die Nähe dieses seines großen Freundes zu kommen, vielleicht auch direkt für ihn zu arbeiten, das war nun die große Hoffnung von Clausewitz, mit der er in Königsberg ankam. Königsberg war die Geburtsstadt des Königreichs Preußen, in Königsberg, nicht in dem von den Franzosen besetzten Berlin, sollte es wiedergeboren werden.

So ist das erste große Ereignis in dieser Stadt für Clausewitz das Wiedersehen mit Scharnhorst. Schon im ersten Brief nach Berlin an Marie von Brühl kann er berichten[12]: » Ich habe Scharnhorst gesehen; er hat mich sehr freundschaftlich aufgenommen, und ich habe zwischen drei und vier Stunden bei ihm zugebracht. Er hat mir in dieser ersten Unterredung so viele Dinge zu erzählen gehabt, die unsere Ereignisse, die gegenwärtige Lage, die Zukunft betreffen, so viel über seine persönlichen Verhältnisse der vergangenen und der gegenwärtigen Zeit, daß ich noch bei weitem nicht alles weiß, was mich interessierte, und daß ich ihm noch manche Stunde besonders über seine persönlichen Verhältnisse zuhören werde. Du kannst Dir also vorstellen, daß noch gar nicht Zeit gewesen ist, mit ihm von meiner eigenen Lage zu sprechen, wobei ich um so mehr verhüten werde, Eilfertigkeit zu zeigen, als ich bei seinen so sehr beruhigenden freundschaftlichen Zusicherungen ... nicht gut Besorgnisse äußern kann.« Freilich hat Clausewitz insgeheim solche Besorgnisse. Er ist noch nicht wirklicher Kapitän, sein Ehrgeiz noch unbefriedigt, und von einem Orden ist auch nicht die Rede. Im übrigen aber: »Der König ist *sehr gnädig* gegen mich gewesen, d. h. er hat zwei oder drei Worte mit mir gesprochen.«

Die Großen des preußischen Hofes haben sich inzwischen in Königsberg versammelt. Clausewitz ist ein gerngesehener Gast in der Hofgesellschaft. Am 10. April 1808 schreibt er[13]: »Mit deiner Prinzeß (Prinzessin Wilhelm) habe ich endlich förmlich Bekanntschaft gemacht. Wir waren bei ihr zum Diner. Sie war fast allein unter sechs Männern und doch so ganz Frau und doch so ganz Fürstin. Scharnhorst, Gneisenau, Götz und der Major Pannwitz waren von dem Diner. Du kannst Dir vorstellen, wie vergnügt ich mich in diesem Kreise fühlte. Es machte mir einen neuen angenehmen Eindruck, meinen lieben guten Scharnhorst so zu sehen, wie ich ihn nie gesehen habe, als einen Gegenstand weiblicher und gesellschaftlicher Aufmerksamkeit. Die Prinzessin trat nach Tische mitten unter uns, es wurden Anekdoten erzählt, Einfälle produziert, und sie lachte herzlich und schien selbst vergnügt in diesem Augenblick.«

Tatsächlich keimte schon eine neue Hoffnung, das Unglück Preußens schien nicht mehr endgültig. Vor allem Scharnhorst hatte Fürsprecher und Verbündete bei Hofe gewonnen und sah neue Möglichkeiten der Reform. Er taute auf. So erwähnt Clausewitz am 15. April[14] ein kleines Souper, das Scharnhorst einigen guten Freunden gab, »und wo wir sehr lustig waren«. Und dann schildert er seinen eigenen Tagesverlauf, der dem eines vornehmen Privatmannes gleicht und ihm im Augenblick sogar zusagt, aber vielleicht nur im Augenblick, wie er schreibt: »Ich stehe um 7 Uhr auf, beschäftige mich bis zehn oder elf, besuche dann jemand oder bekomme Besuch, komme um 12 Uhr oder um 1 Uhr zurück, beschäftige mich bis gegen 3 Uhr, gehe dann zur Prinzessin Luise zum Essen, bleibe da bis gegen 6 Uhr, gehe dann zu Scharnhorst oder zu einem meiner anderen Bekannten, mit dem ich zuweilen den Abend zubringe; gewöhnlicher aber ist es, daß ich um 8 Uhr zur Prinzessin gehe, wo gewöhnlich niemand als Prinzeß Wilhelm, Frau von Berg auf einen Augenblick, zuweilen Götz und Gneisenau sind. Unser Aufenthalt hier wird bis Ende dieses Monats dauern; so viel Freunde ich hier verlasse, so sehr in jeder anderen Rücksicht mein Aufenthalt hier besser wäre als in Berlin, so freue ich mich doch, dahin zurückzukehren, denn nur eine sehr ernste Tätigkeit könnte mir eine vernünftige und zulässige Entschuldigung einer Trennung von Dir sein.«

In diesem Brief kommt dann Clausewitz auch auf die »Reden an die deutsche Nation« zu sprechen, die der Philosoph Johann Gottlob Fichte — er hatte einst auch zu den Bewunderern der Französischen Revolution gehört — im Winter 1807/08 in dem von den Franzosen besetzten Berlin hielt. Sie waren gedruckt worden, und die Lektüre hatte sich Clausewitz nicht entgehen lassen. Nun schreibt er darüber an Marie von Brühl: »Den Fichte habe ich in manchen Dingen sehr gut gefunden; nur ist das Ganze als eine bloße Abstraktion, trotzdem was Stein gesagt hat, nicht sehr praktisch; auch hat er die Vergleichung mit der Geschichte und der Erfahrungswelt überhaupt sichtlich *sehr* gefürchtet. Was er über die Bestimmung des Menschengeschlechtes und über die Religion gesagt hat, ist sehr in meinem Geschmack, überhaupt würde mir ein philosophischer Kursus bei ihm viel Vergnügen machen, wenn jetzt Zeit dazu wäre; denn er hat eine Art des Räsonnements, die mir sehr gefällt und alle Tendenz zum spekulativen Räsonnieren, die in mir ist, fühlte ich bei dieser Lektüre aufgeweckt und von neuem angeregt.«

In den Briefen vom 19. und 23. April[15] erwähnt Clausewitz eine bevorstehende Reise nach Eylau und Friedland, die er mit seinem Prinzen und Scharnhorst vorhat, und der dann die Rückkehr nach Berlin folgen soll. In bezug auf die allerpersönlichsten Angelegenheiten heißt es: »Gestern habe ich Frau von Berg zum erstenmal allein gesprochen: wir hatten eine Promenade verabredet, die über eine Stunde gedauert hat, und worin ich ihr in bezug auf unser Verhältnis meine Ansicht von unserer Zukunft und meine Grundsätze und Wünsche mitgeteilt habe, die sie auch sehr gebilligt hat. Dies ist wichtig, denn wie ich von ihr und Charlotte höre, hat Deine Mutter, den Äußerungen zufolge, welche sie gegen Louise gemacht hat, die ganze Sache der Frau von Berg übertragen; oder vielmehr, sie will es tun, und Frau von Berg soll dann ganz an ihrer Stelle entscheiden. Ich hoffe also, wir werden an ihr einen gütigen Richter in unserer Sache haben und am Ende — an Deiner Mutter auch, wie hart sie sich auch anstellt.«

Den ersten Aufenthalt in Königsberg schildert ein Brief, der mit den Zeitverhältnissen nichts zu tun hat, aber dem Beschauer und Beobachter Clausewitz alle Ehre macht und deshalb zu seiner Biographie gehört. Er ist vom 25. April datiert und gibt eine farbige Impression der Stadt: »Gestern stand ich auf der Brücke, welche den Hafen von Königsberg schließt und im Angesicht von unzählichen Mastbäumen in das wahre Handelsviertel, in den Sitz des Reichtums von Königsberg über den stattlichen Pregel hinführt — gedankenvoll in die Welle blickend. Da erweckten mich mit einem Male die mannigfaltigen Erscheinungen der äußeren Welt und der leicht aufgeschlossene Sinn erstaunte über die Menge und Verschiedenheit der Dinge, die wirkungslos an dem trägen Ohr vorübergegangen waren. Es war im reichsten, lebendigsten Teil von Königsberg, an einem Sonntag, da der Abend zum erstenmal eine warme Sommerluft duftete. Alles war in Bewegung, Wagen rollten über die Brücke mit geschmückten Frauen zum Glanz der Feste, Kaufleute gingen vorüber in lebhaftem Gespräch über den Reichtum, den sie den ungewissen Wellen anvertraut. Ein sorgenvoller Staatsmann fährt durch die Menge hin, unbewußt des Gewühls, das ihn umgibt, selbst unbewußt des Ordensschmuckes, der von seinem Kleide glänzend in die Augen der Menge strahlt. Ein armes Weib sitzt auf der Brücke und trägt in einförmigem Gesang ihre Klage an das zerstreute Ohr der vorübergehenden Menge. Eine einzelne Flöte senkt vom hohen Erker herab ihr zufriedenes Lied in die Wellen — eine allgemeinere Stimme dringt der schmetternde Ruf der Posaune vom Schloßturm herab an das Ohr von ganz Königsberg. Ich weiß nicht, ob jemand imstande ist, sich aus diesen Zügen ein Bild zusammenzustellen, aber wem diese ungleichartigen Dinge zugleich die Sinne treffen, in dessen Gemüt werden sie sich bald zu einem wunderbaren Eindruck verschmelzen.«

Diese Schilderung ist ohne Zweifel der Vorfreude auf die Rückkehr nach Berlin und das Wiedersehen mit Marie zu verdanken. Aber noch weiß Clausewitz nicht, was werden soll. Er strebt weg von seinem Prinzen, um wieder militärischen Dienst zu tun. Er will als Offizier vorankommen und, wenn er den notwendigen Rang erreicht hat, sich endlich in aller Form verloben und dann heiraten. Aber noch sitzt er zwischen Baum und Borke und 1808 wird ein Jahr für ihn, in dem er zwischen Hoffnung und Verzweiflung hin- und hergerissen wird. Es ist zudem von politischen Ereignissen überschattet, die die bleibende Erfahrung einmal mehr bestätigen: Vae victis — wehe den Besiegten! Clausewitz bekommt auch das in nächster Nähe zu spüren. Die drei Monate Mai, Juni und Juli in Berlin, von denen wir wenig wissen, sind davon angefüllt.

Aber wie zum Trost hatte ihm Marie noch am 16. April aus Berlin geschrieben[16]: » . . . Eine Stelle im Werther hat mich immer sehr gerührt, da er sich die Möglichkeit denkt, Lotte zur Frau zu haben, und sagt, dann würde sein Leben ein ununterbrochenes Dankgebet

zu Gott sein. Diese Stelle fällt mir oft ein, wenn ich mir die Empfindung vorstelle, die mein ganzes Wesen erfüllen würde, wenn
ich an Deiner Seite säße als liebendes und geliebtes Weib und als
eine glückliche Mutter ... Ich habe kürzlich den Wallenstein wieder gelesen. Wie herrlich, wie himmlisch, zart und rein sind Max
und Thekla. So etwas kann doch nur ein Deutscher erfinden und
fühlen.«

Es war eine romantische Zeit damals. Aber vielleicht auch eine Art
Flucht aus der Wirklichkeit nach 1806.

Komplizierte Lage

Die Historiker[1] haben den preußischen Reformen von 1807 bis
1812 gute, ja ausgezeichnete Noten gegeben. Aber sie fragten
nicht immer nach den besonders erschwerten Umständen, unter
denen diese vollzogen und schließlich zur Wirkung gebracht worden sind: die komplizierte Lage in der sogenannten Reformzeit
wurde wohl nicht genügend beachtet. Erst eine Generation, die
Ähnliches erlebt hat, kann sich genauer in die besondere Situation
von damals versetzen. Immer wieder wird so die zweite Kategorie
der Geschichte nach Hegel bestätigt, daß Ähnliches wiederkehrt,
wenn auch niemals das gleiche. Die menschliche Natur ist so ver-
anlagt, daß sie unter ähnlichen Gegebenheiten sich offenbar ähnlich verhält, ähnlich handelt und reagiert.
Da war zunächst die innenpolitische Neugestaltung in Preußen.
Genau besehen, war sie ein westlicher Exportartikel, den nicht nur
der Nassauer Freiherr vom Stein vom Rheinland her importierte;
sie erfolgte auch unter dem Druck des Siegers, der Angleichung an
französische Verhältnisse wünschte. Er tat dies in allen besetzten
Ländern. Nicht zuletzt deshalb wurde ja Stein als »Westler« zum
Staatsminister berufen, nach einem kurzen Zerwürfnis mit dem
König von Friedrich Wilhelm III. wieder zurückgeholt und in seinem Wirken bestätigt. Allerdings dauerte auch das nicht lange,
dann mußte er auf Verlangen Napoleons wieder verschwinden.
Aber sein Geist blieb gegenwärtig wie das Reformwerk, das er in
die Wege geleitet hatte und das weiter wirken sollte.
Mit der preußischen Heeresreform war es ähnlich. Alles, was damit zusammenhing, erregte die Aufmerksamkeit von Napoleon
und bald auch dessen besonderen Argwohn. Um so höher steht, daß
sie trotzdem gelang. Sie wäre aber wohl nie geglückt, wenn nicht *ein*
Mann die Zügel sicher und doch locker zugleich in seinen ebenso
kräftigen wie sensiblen Händen gehalten hätte: das war eben
Scharnhorst. Er war kein Genie wie Napoleon. Aber Menschen-

kenntnis und Klugheit waren in ihm hoch entwickelt, ebenso wie
Lauterkeit seines Charakters. Außerdem verfügte er nicht nur über
diplomatisches Geschick, auch im Umgang mit dem König, sondern dazu noch über eine gehörige Portion niedersächsischer Bau-
ernschläue. Auch seine beharrliche Verschwiegenheit stammt aus
bäuerlicher Wurzel. So hat er es fertig gebracht, Napoleon zu
überspielen. Aber er hatte auch eine Gruppe um sich versammelt,
die seine Kräfte vervielfachte, mit einem Bürochef, der seine rechte
Hand, ja sein ausführendes Organ war: Clausewitz. Auch das war
die Voraussetzung für das Gelingen des Reformwerks. Denn sie ermöglichte, daß es weitergeführt und verwirklicht wurde, als sich
Scharnhorst aus politischen Gründen zurückzog und das Kriegsdepartement abgab. Clausewitz war nun das Medium, mit dem er
weiterwirken konnte. 1812 blieb dann Scharnhorst allein im Lande:
Stein war zwangsläufig emigriert, Gneisenau nach Rußland und
dann nach England gegangen, Clausewitz und Boyen folgten 1812
den Spuren Steins. Sie wirkten in der Emigration für die Befreiung. Der einzige Rocher de bronce daheim war und blieb schließlich Scharnhorst, um den sich dann alle Reformer wieder versammelten, als die Befreiungsstunde schlug.
Aber da war noch die wichtigste Veränderung, die in diesen Jahren
bewerkstelligt werden mußte. Es war der Übergang, die Umstellung
der Streitkräfte vom Kabinettskrieg auf den Volkskrieg, vom stehenden Heer des Königs auf die Volksbewaffnung. Dieser Veränderung standen zunächst die größten Schwierigkeiten im Wege.
Wie ein Bleigewicht für die Weiterentwicklung war die »Maul-
wurfspartei« am Hof, die einfach nicht weiterdenken konnte und
wollte und zudem für ihre Privilegien fürchtete; aber es gab auch
auf der anderen Seite noch Widerstrebende: das Volk, die Gewerbe-
treibenden, Bürger und Bauern, für die eben Streitkräfte und Krieg
fremde Dinge waren, die sie im Grunde nichts angingen und die sie
fürchteten. Gewiß: Eine Truppenrevue war immer ein Schauspiel
für alle, besonders für die protestantischen Preußen, für die es keine
Prozessionen gab, keine »Prangertage« sonst. Doch selbst mitma-
chen und Soldat spielen — das lag ihnen damals vor 1813 noch gar
nicht. So muß es als ein wahres Wunder gelten, daß fünf Jahre für

eine totale Sinnesänderung ausreichten, auch auf diesem Gebiet. Scharnhorst hat auf dem Weg über die Literatur mit dazu beigetragen, wie wir wissen, darin von seinem literarischen Sprecher Clausewitz tüchtig unterstützt.

1806 lagen die Dinge noch anders. Die Niederlage hatte eine merkwürdige Lage geschaffen. Denn das Volk fühlte sich zunächst nur wenig davon betroffen. Der König hatte eben eine Bataille verloren, nicht Gevatter Bäcker, Fleischer und Krämer, aber auch nicht der Bauer und Hintersasse auf den Dörfern, wenn nicht gerade ihre Häuser eingeäschert waren. Das Leben geht weiter wie bisher, dachten zunächst die meisten. Der Krieg von 1806 war ein »Blitzkrieg«, wenigstens für die Mark, und kostete relativ wenig an materiellen und blutigen Opfern. Auch das ist natürlich zu bedenken. Erregt war zunächst auch die Neugier. Wie manche Franzosen im Sommer 1940 die Deutschen, so erwarteten auch im Jahre 1806 nicht wenige Preußen die Sieger, die die soldatischen Nachfahren der friderizianischen Armee so rasch niedergeworfen hatten, als Sendboten des Fortschritts. Wie sahen sie aus, was brachten sie Neues mit? Das war die Grundstimmung des Volkes, der breiten Masse, weiter gingen die Vorstellungen und Fragen noch nicht. Erst die bittere Wirklichkeit mußte sie eines anderen belehren, daß nämlich auch sie den Krieg mit verloren hatten und nicht nur der König, sein Kabinett, seine Generäle, Offiziere und Soldaten. Zum Erweis für die damalige Stimmung sei ein zeitgenössischer Augenzeugenbericht zusammengefaßt hier wiedergegeben, der anschaulich über den Einzug der Truppen des Marschalls Davout in Berlin berichtet[2]: »Am 25. Oktober 1806 frühmorgens war ganz Berlin gespannt auf den Einmarsch der französischen Scharen; im Rondell am Halleschen Tor versammelten sich die Neugierigen und viele Ungeduldige gingen abermals zum Tor hinaus. Es vergingen einige Stunden; in der Ferne hörte man die Trommeln wirbeln; der Schall kam näher und der Weg nach Tempelhof blitzte von Tausenden von Bajonetten. Der Magistrat in corpore, die Schlüssel der Stadt bereithaltend, war versammelt; jetzt erschütterte Trommelschall und rauschende Musik die Luft und aller

Augen richteten sich nach dem Tore. Der erste französische Infanterist trat ein . . . es war ein langer, hagerer Mann mit blassem Gesicht, das wildes, schwarzes Haar bedeckte, der erste Gegenstand unseres Erstaunens, da wir an wohlgepuderte, egale Locken und steife Zöpfe bei Soldaten gewöhnt waren. Noch mehr erstaunten wir ob seines Anzugs: ein fahler, kurzer Mantel bedeckte den Leib, den Kopf ein kleiner verwitterter Hut, mehr rot als schwarz und von unbeschreiblicher Form, dabei so schief und pfiffig aufgesetzt, daß dieser Kopf und Hut schon eine Merkwürdigkeit dünkte. Die Beinkleider waren von schmutziger Leinwand, stark zerrissen, die Füße nackt, mit zerrissenen Schuhen bekleidet, ein zottiger Pudel, den er am Strick führte, blickte aufmerksam ihm nach dem Munde, mit dem er von einem großen Stück Brot abbiß und mitunter dem Pudel etwas zuwarf; man denke sich, ein Soldat mit einem Hunde am Leitseil und, was noch mehr war, auf dem Bajonett ein halbes Brot aufgespießt, am Pallasch eine Gans hängend, und auf dem Hute statt des Feldzeichens einen blechernen Löffel. — Diese originelle Figur kam allein voran mit einem gewöhnlichen leichten Schritte, blickte aber mit großen schwarzen Augen wie ein König auf die Hunderte, die ihn wieder höchst neugierig anstarrten.

Fünfzig Schritte hinter ihm fesselten aber neue Figuren die Aufmerksamkeit.

Hohe Männer, durch große Bärenmützen mit roten Federbüschen noch vergrößert, mit braunem Gesicht, langen, schwarzen Bärten, die bis auf den Magen reichten und grell gegen ein langes, schneeweißes Schurzfell abstachen, blinkende Äxte auf der Schulter, Gewehre auf den Rücken geschnallt, zogen zum Tore ein; es waren die Sappeurs, und ein Grausen befiel uns, als wir diese Gestalten erblickten, von denen wir nie eine Idee gehabt. Hinter ihnen folgte ein schöner schlanker Mann in sauberem Anzug mit goldenen Epauletts, den großen Hut mit Goldtressen verziert. Er warf einen Stock mit dickem Knauf in die Luft und fing ihn wieder; darauf gab das Echo den Schall von unzähligen Trommeln zurück und das Ohr war erschüttert von dem gewaltigen Lärm, mit dem die türkische Musik . . . uns betäubte.

Es war der Siegeseinzug des Davoutschen Korps und die ersten Eintretenden imponierten gewaltig; als aber die Soldaten folgten, sich ohne Tritt zum Tore eindrängend, in unordentlichem Anzuge, die Hüte kreuz und quer aufgesetzt, auf denen ihre Zierde, der Löffel, selten fehlte, verlor sich die hohe Idee, die die Voraufgehenden erregt hatten, und man flüsterte sich fragend ins Ohr, wie es möglich sei, daß diese abgemagerten kleinen Männer unsere stolzen Krieger sollten überwunden haben. Die Offiziere waren nicht egal gekleidet, ihnen fehlte Schärpe und Portepee, drei Dinge, ohne die wir uns Offiziere nicht denken konnten, nur ein kleiner Ringkragen zeichnete sie als solche aus. Jetzt erscholl ein lautes Kommando, wiederholt von unzähligen Stimmen, die Franzosen begannen ein Rennen, als wäre es ein Wettlaufen und marschierten jetzt auf in breiten Zügen, den Schritt taktmäßig bewegend.

Wieder Ungesehenes! Ein Soldat in Reih und Glied rennend, das war mehr als man je geträumt hatte, und machte auf die Berliner den wunderlichsten Eindruck. Unsere Soldaten freilich, wie hätten sie jemals rennen können mit ihren knappen Stiefeletten, gepreßten Uniformen und engen Beinkleidern. Ja, hieß es im Volk, das ist keine Kunst, die haben unsere Armee aufgelaufen; aber schon stiegen neue Hoffnungen auf, daß die gravitätischen Krieger, vor kurzem noch von uns auf derselben Stelle gesehen, bald wieder mit ihren gemessenen Schritten einrücken könnten und die leichtfüßigen Franzosen verjagen möchten.«

Zwölf französische Regimenter marschierten damals in Berlin ein, zwischen ihnen lange Züge von Artillerie. Die Berliner staunten und genossen zunächst das Schauspiel wie das Trommeln und Trompetengeschmetter. So schließt der Bericht: »Was noch für Truppenteile gefolgt sein mögen, und wo sie an diesem Tage ihr Unterkommen gefunden, werden wenige wissen, die unglaubliche Zahl aber und das Getümmel, das alle Straßen, alle Plätze Berlins erfüllte, machte diesen Tag zu dem denkwürdigsten der Stadt seit vielen Jahren.«

Preußen 1806 und Frankreich 1940! Wie sich die Bilder gleichen, obwohl sie spiegelverkehrt sind! Der Einzug der Sieger in der jeweiligen Hauptstadt vollzog sich als friedliches Schauspiel; die Folgen machten sich erst allmählich bemerkbar. In jedem Fall aber zeitigten sie und die zunehmenden Pressionen vielfältige Meinungen und Parteiungen, und zwar von unten bis oben. So gab es in Preußen nach 1806 natürlich offene Bewunderer und Parteigänger Napoleons. Es gab Sympathisanten für die Franzosen, diese als Neuerer verstanden, Opportunisten, die die verschiedensten Vorteile von der Besatzungsmacht zu gewinnen suchten, und schließlich den großen Haufen der Mitläufer, die einfach abwarteten und sich anpaßten. Nicht zuletzt aber gab es damals auch in Preußen zahlreiche Agenten und Spione der Besatzungsmacht und Spitzel in allen Schichten, die für sie arbeiteten. Eine Aufweichung der politischen Moral machte sich breit. Die Erinnerung daran muß sich im Volk länger erhalten haben als bei den zünftigen Historikern, die an dem klebten, was »aktenkundig« wurde. So sei nur an die Predigt des wackeren Pastors Seidentopf in Theodor Fontanes Roman »Vor dem Sturm« (1876) erinnert, der rückblickend auf diese Tage in seiner Bußpredigt sagt[3]: » . . . schlimmer als der Krieg war der Frieden, der folgte. Ich rede nicht von der äußerlichen Not, die er mit sich führte, ich rede von der traurigen Gewöhnung, die er schuf, *das Unwürdige zu dulden* . . . In vielen war nur noch der Gedanke lebendig, wie man sich in dem fremden Joch am bequemsten fügen könne. Andere aber, die noch die Hoffnung auf eine bessere Zukunft nicht aufgeben wollten, worin gefielen sie sich, in was suchten sie Rettung? *In Lug und Trug.*«
Jedenfalls hatte man es in Preußen nach 1806 mit einem Gesinnungs-Pluralismus zu tun. Die größte Gruppe waren die »Attentisten«. Sie heulten einfach mit den Wölfen. Andere ballten die Faust in der Tasche. Erneuerer gab es nur eine Handvoll.
Zunächst hatten sich im übrigen die Sieger nicht ungeschickt benommen. Großmütige Gesten, wie sie den Franzosen nun einmal lagen, verfehlten nicht ihre Wirkung. Auch, und gerade bei den

Hochgestellten zeigte man sich empfänglich. Der alte Feldmarschall v. Möllendorf[4] z. B. schwor auf die Grande Nation, nachdem ihm die Besatzung eine Ehrenwache gestellt hatte. Ein anderer Feldmarschall, einst Oberbefehlshaber von Mainz, Graf v. Kalckreuth[5], sympathisierte offen mit den Franzosen, nicht zuletzt auch als Gegner der Reformer. Überhaupt bildete sich am Hof, unter den in Berlin Gebliebenen vor allem, eine Partei, die nicht nur für eine Verständigung, sondern für eine Allianz mit Napoleon eintrat, dessen Genie nun einmal unbesiegbar schien. Und schließlich gab es die »Maulwürfe«, wie Boyen sie in seinen Erinnerungen bezeichnet, die die Gelegenheit gekommen sahen, die lästigen Reformer zu beseitigen.

Der König selbst war schwer zu durchschauen, auch weil seine abgehackte Sprechweise nichts hergab. Außerdem setzte er sich ja ab, nach Memel und dann nach Königsberg. Clausewitz bestätigt allerdings auch des öfteren aus nächster Nähe, daß Friedrich Wilhelm auf der Seite »der guten Partei« stand. Er mußte Zugeständnisse machen, Stein in die Wüste schicken, Gneisenau entlassen. Aber er hielt Scharnhorst, der »mit ihm konnte« in allen Fährnissen. Auch auf dem Nebenposten in Schlesien blieb »der General« praktisch *der* Kriegsminister. Das war die Rettung des Königreichs. Aus dem scheinbar hoffnungslosen Ende wurde ein neuer Anfang.

Um 1808 war Preußen kein souveräner Staat mehr, sondern ein Satellit Napoleons. Die Affäre Stein hatte das zur Genüge bewiesen, indem sie die ganze Misere von damals blitzartig beleuchtete. Gewiß, der Staatsminister Freiherr vom Stein hatte einen kompromittierenden Brief geschrieben, der ihn in der damaligen politischen Landschaft untragbar machte; er war vom preußischen König als dem De-facto-Vasallen Napoleons nicht mehr zu halten; aber es blieb doch ein Übergriff sondergleichen: Die erste Amtshandlung des neuen französischen Gesandten in Berlin, des Grafen de St. Marsan, war, daß er ein persönliches Dekret Napoleons überbrachte, das in deutscher Übersetzung folgendermaßen lautet[6]:

1. Der namens Stein (le nommé Stein), welcher Unruhen in

Deutschland zu erregen versucht, ist zum Feind Frankreichs und des Rheinbunds erklärt.

2. Die Güter, welche der besagte Stein, sei es in Frankreich, sei es in den Ländern des Rheinbunds besitzen möchte, werden mit Beschlag belegt. Der besagte Stein wird überall, wo er durch unsere oder unserer Verbündeten Truppen erreicht werden kann, persönlich zur Haft gebracht.

In unserem Kaiserlichen Lager von Madrid, den 16. Dezember 1808.   gez. Napoleon

Graf St. Marsan verfuhr in Berlin vielleicht nicht ganz so rigoros, wie es der Kaiser von Frankreich wünschte: Er schickte den holländischen Gesandten zu Stein, ließ ihm durch diesen das Dekret zustellen und gleichzeitig mitteilen, daß er Befehl habe, die diplomatischen Beziehungen zu Preußen abzubrechen und Berlin zu verlassen, wenn Stein nicht auf der Stelle zurücktrete und aus Preußen verschwinde. Er ließ ihm also wenigstens Zeit zur Flucht. Aber die Achterklärung war doch so ungeheuerlich, daß sie am preußischen Hof als Schock wirkte und die zahlreichen Freunde und Verehrer, die Stein überall hatte, erschreckte, ja empörte. Clausewitz schrieb am 16. Januar 1809 an Marie von Brühl aus Königsberg[7]: »Ich weiß nichts Bestimmtes von dem Aufenthalte Deines Freundes, und ungeachtet ich mir sage, daß Besorgnisse für ihn überflüssig sind, so bin ich doch nicht frei davon. Ich versuche nicht, Dich zu trösten, teure Freundin, denn gibt es hier einen anderen Trost, als den ein jeder in seinem Innern findet. Was Deinem Freunde begegnet ist, sehe ich fürchtend auch dem meinigen[8] sich nahen und doch werden das alles nur einzelne Züge einer großen Katastrophe sein, die darum nicht ausbleibt, weil wir kindisch vor ihr geflohen sind, anstatt ihr mutig entgegenzugehen. Doch darf man noch etwas Mut haben, denn ganz hat das Schicksal sein Spiel noch nicht an den Tag gelegt.«

Wenige Tage später erkrankte Clausewitz an einem Nervenfieber, das ihn lange Wochen ans Bett fesselte. Neben dem vergeblichen Warten auf einen Brief von Marie sind es sicher die deprimierenden politischen Nachrichten gewesen, die den Empfindsamen krank machten. Außerdem war es wohl auch die Tätigkeit der französischen Geheimpolizei, über die er sich alterierte. Sie hatte Preußen inzwischen mit einem Netz von Agenten überzogen. Man muß das wissen, um den nachfolgenden Auf- und Ausbruch des Nationalgefühls ganz zu begreifen.

Die französische Geheimpolizei

Das Imperium des Kaisers Napoleon trug alle Zeichen des Totalitären. Es war eine Gewaltherrschaft, die sich auf Soldaten und Bajonette stützte, wenn sie auch auf der anderen Seite politische und soziale Reformen gefördert oder sie, selbst im Falle Preußens, mit in Gang gebracht hat. Analogien zum Dritten Reich drängen sich bis zu einem gewissen Grad auf: Was Himmler für Hitler, das war der Polizeiminister Fouché für Napoleon. Auf diesen ging auch der Aufbau der Geheimpolizei zurück, die sich wie ein eisernes Netz über alle eroberten und besetzten Gebiete legte und die Bevölkerung bespitzelte. Operationsbasen dieser politischen Geheimpolizei in Deutschland waren vor allem Kassel, Dresden und Magdeburg, nachdem die Festung aus dem preußischen Staatsverband herausgeschnitten, die wichtigste Basis der Fremdherrschaft über ganz Mitteldeutschland wurde und auch das Land zwischen Elbe und Oder[9] wie eine Zwingburg beherrschte. Die Charakteristik dieser Geheimpolizei ist den Zeitgenossen des Dritten Reiches nur allzu bekannt: Wer nicht für den Machthaber ist, wird zum Staatsfeind erklärt und dementsprechend behandelt. Minderwertige Subjekte werden als Aufpasser gedungen, die sich überall einschleichen; selbst die Predigten werden bespitzelt. Willkürliche Verhaftungen sind an der Tagesordnung. Trotzdem hat es auch damals schon achtbare Persönlichkeiten gegeben, die sich der Gewaltherrschaft zur Verfügung stellten, »um das Schlimmste zu verhindern«, wie sie meinten. Das eklatanteste Beispiel ist der Historiker Johannes von Müller, dessen Geschichte der Schweizer Eidgenossenschaft auch am Berliner Hof so viel Aufsehen erregte, daß ihn der König nach Berlin als Historiograph berief. Nach der Katastrophe von 1806 aber trat er nach einem langen Gespräch mit Napoleon in die Dienste des Königs von Westfalen und wurde 1808 Generaldirektor des Unterrichtswesens in Kassel, also Kultusminister nach heutigen Begriffen. Durch seinen frühen Tod im Jahre 1809 blieb ihm erspart, den napoleonischen Zusammenbruch zu erleben.

Über die Tätigkeit der französischen Geheimpolizei geben zum Teil die Papiere Aufschluß, die nach der Befreiung Magdeburgs den preußischen Behörden in die Hände fielen[10]. Das wichtigste war ein genaues Tagebuch über die Einsätze der Spione, Agenten und Spitzel und die ihnen erteilten Aufträge. Selbstverständlich waren alle Vereinigungen in Preußen mit V-Leuten durchsetzt. Aufgrund dieser Angaben in dem Journal wurden später fünfzig Personen in Untersuchung gezogen. Für ihre Dienste waren mehr als 5000 Taler verausgabt. Aber das war nur eine geringe Summe gegenüber dem Aufwand der französischen Spionagezentrale in Dresden: Sie hatte an ihre Späher und V-Leute vom 1. Januar bis zum 8. September 1813 die gewaltige Summe von 259 823 Franken gezahlt.

Und trotzdem

Trotzdem hat die französische Spionage die Entwicklung in Preußen nicht aufgehalten, die dann zur Befreiung geführt hat. In aller Stille und sozusagen hinter den Kulissen vollzog sich von 1808 bis 1812 ein Prozeß ohnegleichen. Er ist oft beschrieben und bis in die Einzelheiten erforscht worden. Man sollte indessen auch fragen, um welches geschichtliche Phänomen es sich dabei handelte. Darauf aber lautet die Antwort: Um eine Erneuerung, ja eine Umwälzung, die von wenigen ausging, und doch, »als die Zeit erfüllt war«, das ganze preußische Volk erfaßt, ja weit darüber hinausgewirkt hat. Fünf Jahre genügten im ganzen, um Deutschland aus seiner tiefsten Erniedrigung wieder zu einem politischen Selbstbewußtsein zu führen, das sich als stärker erwies als Napoleons Macht. Wer aber hat das vollbracht? Kein einsames Genie war dazu nötig, wie seinerzeit Friedrich II., der Große, kein Kriegsgott wie Napoleon, aber auch kein gewaltsamer Umsturz, der in Deutschland das unterste zu oberst gekehrt und grausam Opfer gefordert hätte wie die Französische Revolution. Die Revolution in Preußen, beispielgebend für Deutschland, erfolgte von oben, von einer Handvoll Männer, die der gleiche Geist erfüllte, und die alle das gleiche Ziel hatten. Sie haben es auch fertiggebracht, daß der König von Preußen ihre Umwälzung sanktionierte und legitimierte. Sie waren und blieben *konservative Revolutionäre*.

Diese Revolution, die unblutig verlief, ergriff alle Lebensgebiete. Sie brachte die politische und militärische wie die soziale und gesinnungsmäßige Erneuerung. Sie war das Werk einer Gruppe von starken Persönlichkeiten; dabei ist auffallend, daß keiner von ihnen aus Alt-Preußen stammte — aber der *Idee* Preußen hatten sie sich sämtlich verschrieben. Auf der politischen und sozialen Seite war ein Edelmann, der aus dem Nassauischen kam, der Reichsfreiherr vom Stein, Haupt dieser konservativen Revolution, die dann, wenn auch in abgeschwächter Form, der niedersächsische Freiherr von Hardenberg fortführte, die militärische Erneuerung war dem Hannoveraner Scharnhorst zu verdanken, dem sich der Süddeutsche Neidhardt von Gneisenau anschloß, der schließlich 1815 Napoleon endgültig besiegte. Der fleißigste »Arbeiter im Weinberg« dieser konservativen Revolution aber wurde der Bürochef der Armeereform, der die Weisungen Scharnhorsts in die Tat umsetzte: Clausewitz. Indessen kam er nicht von einem Tag auf den anderen zu dieser wichtigen Aufgabe. Seine Geduld und sein Vertrauen auf seinen Stern wurden auch diesmal wieder auf die Probe gestellt, bis er Scharnhorsts Bürochef wurde. Dann war das erste Ziel seines Lebens erreicht: Die Einordnung in die Armeespitze, die wiederum seine Heirat mit Marie von Brühl ermöglichte — endlich. In dem Jahr nach der Rückkehr aus Frankreich 1808 allerdings lebte er noch wie zwischen Baum und Borke.

Drittes Kapitel
Zwischen Baum und Borke

I.

Das Jahr 1808 war eines der schwersten in der Geschichte Preußens. Denn in diesem Jahr wurden die Konsequenzen der Niederlage ebenso offenkundig wie die Erbarmungslosigkeit des Siegers[1]. Im September 1807 hatte sich Prinz Wilhelm, der Bruder des Königs, nach Paris begeben, um Napoleon persönlich zu einer Milderung der Friedensbedingungen zu bewegen: Die ungeheure Kriegsentschädigung sollte herabgesetzt und die französischen Truppen aus Preußen abgezogen werden. Dafür erbot sich der Prinz mit seiner Frau, so lange als Geisel in französischem Gewahrsam zu bleiben, bis Preußen die ihm auferlegten Kontributionen abgeleistet hatte. Nach langem Warten konnte er auch eine Audienz bei Napoleon erreichen, der ihn zwar höflich anhörte, ja gerührt zu sein schien von dem noblen persönlichen Anerbieten des Prinzen, aber dann doch erklärte: »Das ist sehr edel, mein Prinz, aber es ist unmöglich«. Dann wurde Prinz Wilhelm, wie üblich, an einen »zuständigen« Minister verwiesen, der aber hart blieb. Die Verhandlungen stockten vollends, nachdem sie sich bis in den August 1808 hingezogen hatten. Am 15. August aber wurde die Auslieferung Preußens an den Sieger ganz offenkundig, und zwar aus dem Anlaß, den wir schon kennen.
Der preußische Staatsminister Freiherr vom Stein hatte einen offenherzigen persönlichen Brief an den Fürsten zu Sayn-Wittgenstein geschrieben und dieser Brief war französischen Spitzeln in die Hände gefallen. Am 8. September hatte ihn der Pariser Moniteur, dazu entstellt und verändert, in großer Aufmachung veröffentlicht und mit entsprechendem Kommentar versehen, wie »man« es eben damals auch schon gemacht hat[2]. In dem Brief war schärfste Kritik an Napoleon geübt, enge Anlehnung an Österreich gefordert und zur Vorbereitung eines Aufstands im Königreich Westfalen aufgerufen worden. Der Skandal, den der Brief erregte, hatte zur Folge, daß Napoleon mit einem neuen Krieg drohte und so Prinz Wil-

helm und den preußischen Gesandten von Brockhausen zwang, den Pariser Vertrag vom 8. September zu unterzeichnen. Dieser setzte die von Preußen noch zu zahlende Kontributionssumme auf 140 Millionen Francs fest, bürdete ihm die Verpflegung der in Stettin, Küstrin und Glogau zurückgebliebenen, je 10 000köpfigen Besatzung auf und beschränkte endgültig das preußische Heer auf rund 40 000 Mann. Die Errichtung einer Landwehr war verboten. Außerdem wurde verlangt, daß alle Beamten entlassen werden sollten, die aus den von Preußen abgetretenen Landesteilen stammten. Schließlich sollten die Preußen ein Hilfskorps für die Franzosen stellen. Wie ein Peitschenschlag traf die Patrioten dieser Vertrag. Stein selbst zog die Konsequenzen und bat den König um seine Entlassung. Nach langem Zögern wurde sie ihm am 24. November 1808 bewilligt.

II.

Bevor indessen diese tragische Wendung eintrat, wäre der Reichsfreiherr beinahe zu einem Feind von Clausewitz geworden, ohne es zu ahnen und zu wollen. Es war zu einer Spannung zwischen Marie und ihrer Mutter gekommen, die von der Liebesbeziehung erfuhr und offenbar ihre Tochter darüber zur Rede stellte, und zwar des öfteren. Jedenfalls schreibt Clausewitz nach der Rückkehr am 5. August aus Königsberg einen sehr langen Brief an Marie, in dem es heißt[3]: »Es hat mich betrübt, was Du ... gelitten hast, liebe Marie, weniger groß ist meine Empfindlichkeit gewesen, die gleichwohl ein Recht gehabt hätte, sehr rege zu werden. Dieser beständige Vorwurf der Exaltation, die man mir ansieht, ist wirklich zu gekünstelt, um ihn als den wahren Grund der Mißbilligung zu betrachten. Name, Stand, Vermögen sind die wahren Rücksichten, sie mag es aussprechen oder nicht; und um ein recht deutliches Licht darauf zu werfen, folgende Geschichte, von der ich nicht weiß, ob Du sie kennst.

Stein hat sich aus Freundschaft für Deine Mutter, aus Wohlwollen gegen Dich vorgesetzt, Dir eine gute Partie zu machen. Der älteste Graf Dohna ist von ihm sehr geschätzt, und er glaubt, daß sich keine schicklichere Wahl treffen lasse. Dieses Projekt hat er ge-

habt, *ehe* er nach Berlin kam; daß er es Deiner Mutter mitgeteilt hat, kann nicht einen Augenblick bezweifelt werden. Jetzt entstehen für mich zwei Fragen oder vielmehr drei: Erstlich hat Deine Mutter Dir nichts davon gesagt, zweitens hat sie an Stein bei dieser Gelegenheit nichts von unserem Verhältnis gesagt, drittens, wie hat sie ihm davon gesprochen? Hätte sie es mit all der Mißbilligung getan, die sie gegen Dich darüber äußert, so würde Stein gewiß einmal Gelegenheit genommen haben, Deine Besserung zu versuchen und sich sarkastisch über ein so tadelnswertes Verhältnis zu äußern. Daß von der ganzen Sache bei dieser Gelegenheit nichts zur Sprache gekommen ist, scheint auf einen hohen Grad von Delikatesse von seiten Deiner Mutter hinzudeuten. Du erinnerst Dich der leisen Betrachtungen, die sie zuweilen über den Vorteil guter Partien angestellt hat: vielleicht waren das Beziehungen auf diesen Gegenstand, eine Art von Einleitung, die sie aus Furchtsamkeit nicht fortgesetzt hat. Auf mich hat diese ganze Geschichte, die ich, wie Du denken kannst, von Charlotte weiß, einen sehr unangenehmen Eindruck gemacht, teils Deiner Mutter wegen, teils um Deiner selbst willen. Denn wenn Deine Mutter auch ein wenig zu weit geht, wenn sie Dein Wohlwollen gegen mich für Romanenliebe hält, als sei ich ein verlaufener Glücksritter, so kann ich doch recht gut begreifen und sie deswegen nicht im mindestens tadeln, daß es ihr wehe tut, für Dich eine so wünschenswerte Verbindung ausschlagen zu müssen.«
Das ist bezeichnend für den gerechten Sinn, die Tendenz zur Objektivität von Clausewitz, wie seine Fähigkeit, auch einen ihm entgegengesetzten Standpunkt zu begreifen. Aber dann fährt er fort: »In Rücksicht auf Dich selbst hat diese Sache mir insofern einen unangenehmen Eindruck gemacht, als sie das Glück unserer Verbindung einen Augenblick stört. Denn wie könnte ichs mir verhehlen, daß, wenn sonst der Mann Steins Achtung würdig ist, jene Verbindung Dich glücklicher gemacht haben würde, als die unsrige, die mit dem großen Schicksal der Völker in zu enger Verwandtschaft steht und deswegen so vielen Unglücksfällen ausgesetzt ist.« Hat da Clausewitz nicht recht? Sein persönliches Schicksal, sein Avancement, die Frage ob und wann er, der nichts hat als

den »Degen an seiner Seite« überhaupt einmal heiraten kann, steht ebenso in den Sternen wie das fernere Schicksal Preußens. Doch Clausewitz nimmt mutig, vielleicht sogar trotzig die Herausforderung dieser Verbindung an: »Doch nun ist sie einmal geschlossen, nichts als der Tod kann sie aufheben und ich bin nicht nur ohne alle Besorgnis wegen einer unzeitigen Reue von seiten Deines Herzens, sondern ich glaube auch, daß die Vernunft diese Beständigkeit billigt, weil man sein Herz nicht versteigern kann.« Und dann kommt er noch einmal auf Stein zu sprechen und schreibt: »Sollte Stein bei dieser Gelegenheit unsere Verbindung erfahren haben, so wird mich das nicht sonderlich bei ihm in Gnade bringen, denn er wird die Sache geradeso wie Deine Mutter ansehen, darüber würde ich mich trösten, denn die Zeit der Protektionen und Konnexionen ist vorüber; bin ich brauchbar, so wird die Zeit kommen, wo man mich brauchen wird, obgleich die Zukunft schwarz ist wie die tiefste Nacht und also auch nicht heiter in meine Seele leuchtet, so bin ich doch vollkommen ruhig über mein eigenes Schicksal, denn in dem Kampf des Lebens, in dem ich nun schon sechzehn Jahre ringe, habe ich wenigstens gelernt, furchtlos allein zu stehen...«

So hatte es im Sommer 1808 fast den Anschein, als ob der Reichsfreiherr zur Schlüsselfigur im persönlichen Leben von Clausewitz werden könnte. In dem Brief vom 8. August heißt es[4]: »Mit St. bin ich einige Male zusammengewesen, doch nie so, daß ich eine besondere Gelegenheit gehabt hätte, seine Bekanntschaft zu machen. Er gibt alle Monate einen Tee, da mich aber mein Prinz nie aufgefordert hat, mitzugehen, so komme ich nicht hin. Übrigens habe ich ihm wie den übrigen Ministern meine Karte geschickt, also getan, was bei mir stand. Neulich sah ich wohl, wie er mich fixierte und von Kopf bis Fuß mit den Augen maß; Gneisenau, der so einiges auf mich hält, hat ihm vermutlich von mir gesprochen...« Nach einem Bericht über seinen Tagesverlauf, den Verkehr mit Scharnhorst, Grolman und Gneisenau folgt dann zum Schluß dieses Briefes die eher sarkastisch gemeinte Information: »Dein Dir von Stein bestimmter künftiger Gemahl wohnt in Marienwerder und ist dort Kammerpräsident. Das Städtchen ist freundlich und hübsch und hat im Weichseltal die schönste Lage von der Welt.«

228

III.

Clausewitz macht sich Sorgen, wahrscheinlich mehr, als er seiner Verlobten zu erkennen gibt. Was bringt ihm denn diese Sinekure bei einem königlichen Prinzen? Er hat viel dazu gelernt, gewiß, er hat sich bei Hof umgetan und kann sich unter den Großen bewegen, er hat auch einflußreiche Freunde und Gönnerinnen gewonnen, aber sein eigentlicher Beruf, der des Soldaten, kommt dabei zu kurz! Das ist seine höchstpersönliche Lagebeurteilung im Sommer 1808. So kommt er nicht weiter. Er ist noch nicht einmal wirklicher Kapitän geworden; wie sollte er denn auch, da er sozusagen außer Etat nur Dienst am Hof tut. All das steht im Brief vom 10. August teils wörtlich, teils zwischen den Zeilen. Wörtlich heißt es[5]: »Ich habe Scharnhorst geradezu gesagt, daß ich entschlossen wäre, diesen Posten zu verlassen, und da er nicht recht zu wissen schien, wie man es anfangen könnte, so habe ich ihm gesagt, ich würde den König schriftlich darum bitten und wäre überzeugt, daß, wenn ich ihm vorstellte, wie schädlich es meiner Ausbildung sei, einen Posten fernerhin zu bekleiden, in welchem ich nun schon seit fast sechs Jahren kein einziges militärisches Geschäft gehabt hätte, und daß des Prinzen Anstellung bei der Artillerie mir ohnehin jede Aussicht dazu raubte, der König die Sache nicht übelnehmen könnte.« Allerdings sei auch zu befürchten, daß Clausewitz dann in die Kategorie derjenigen Offiziere eingereiht werde, die ohne Anstellung, auf Halbsold gesetzt seien. Das wären monatlich 10 Reichstaler. Darauf habe Scharnhorst gesagt: »Das wird nun wohl nicht geschehen, und was Ihren Sold betrifft, so werde ich jetzt dafür sorgen, daß er Ihnen ausgezahlt werde, alsdann bleibt ihnen dieser (20 oder 30 Taler) wenigstens gewiß ... Ich habe den Brief an den König bereits aufgesetzt und bin entschlossen, ihn abzusenden, sobald des Prinzen Anstellung erfolgt ist. Du siehst, liebe Marie, ich opfere ein Avancement auf und vertausche 20 oder 30 Taler gegen 80 und eine ganz freie Station, um wieder frei zu werden.«
Aus dem gleichen Brief erfährt man, daß Scharnhorst seinem jungen Freund gar nichts versprochen hat, weil er ihm nichts verspre-

chen konnte. Aber er zog ihn in sein persönliches Vertrauen, d. h. gab ihm Einblick in seine wohl geheimsten Pläne: »Er hat mit mir über Dinge von der höchsten Wichtigkeit gesprochen und zum erstenmal in meinem Leben bin ich mit meinen Seelenkräften aus dem engen Wirkungskreis eines engen Privatlebens herausgetreten.« Im nächsten Brief vom 17. August erfahren wir dann[6]: »Der Gedanke an die Zukunft erfüllt mich mit ernsten Betrachtungen und mit schwerem Kummer meine Seele . . . Groß, unbeschreiblich groß ist diese Zeit, von wenigen Menschen wird sie begriffen . . . Mit dem Gemüt will die Zeit aufgefaßt sein, ohne Vorurteil soll man sie anschauen und betrachten. Nur in einem Gemüt voll Tatkraft kann sich die tatenreiche Zukunft verkündigen, in steter Berührung muß es sein mit Gegenwart und Vergangenheit und unverloren in philosophischen Träumen. Denk an meine Prophezeiung, Marie, es wird ein noch viel schwärzerer Himmel über uns aufgehen und in Nacht und Schwefeldämpfe werden wir eingehüllt sein, ehe wirs glauben.«

Clausewitz ist in dieser Zeit von tiefem Pessimismus erfüllt. Er hat auch persönliche Ursache dazu, denn seine Angelegenheiten gehen nicht vorwärts. Doch bleibt die freundschaftliche Verbindung und der Gedankenaustausch mit Scharnhorst. So gibt er am 4. September Nachricht, daß ihn sein Freund, der nun praktisch Kriegsminister ist, als seinen literarischen Faktor brauche[7]: »Vor einigen Tagen hat er mir den drolligen Auftrag gegeben, von den preußischen neuen Kriegsartikeln und einigen anderen Verordnungen, die neue Einrichtung der Armee betreffend, Rezensionen zu schreiben, und zwar gleich drei Stück, eine für die Hallische Literaturzeitung, eine für die Jenaische, eine für die Göttingische Gelehrten-Zeitung. Du kannst denken, daß ich bei der dritten die ganzen Kriegsartikel satt hatte. Heute habe ich einen Artikel für die Berliner Zeitung schreiben müssen. Der König bekommt die albernsten Briefe über die neuen Einrichtungen des Avancements usw. Man muß also den Leuten die Köpfe ein wenig zurechtsetzen. Nun soll ich auch die besten einzelnen Taten, die sich während des Krieges bei der Armee zugetragen haben, zusammentragen und daraus ein kleines Buch zur Erweckung des Gemeingeistes fabrizieren. So unbedeutend alle diese Beschäftigungen sind, so sind sie mir doch lieber als gar keine, denn sie haben einen nützlichen Zweck und übrigens sind sie mir ein Beweis von Scharnhorsts Freundschaft.«

Damit hatte Clausewitz allerdings recht. Als literarischer Faktor erfüllte er eine nützliche Aufgabe. Und wahrscheinlich begriff er in der Folge noch besser, daß diese erste »*Öffentlichkeitsarbeit in Wehrfragen*«, von der man in der preußischen Armee hört, notwendig war, um die angestrebte Verbindung zwischen Armee und Volk zu gewinnen und auf ihr weiterzubauen. Es spricht für die praktische Genialität von Scharnhorst, daß er das erkennt und das literarische Talent seines Meisterschülers darauf ansetzt. Es gab damals kaum einen jungen Offizier im preußischen Heer, der dergleichen Aufgaben so gut zu lösen vermochte wie Clausewitz.

Operationspläne

Auch im übrigen blieb der rastlose Geist, der Clausewitz nun einmal war, nach der Rückkehr aus Frankreich nicht untätig; auch in der scheinbar hoffnungslosen Lage nutzte er die Zeit aus. So ist zwischen dem November 1807 und dem März 1808 eine Denkschrift von 14 Bogen Umfang entstanden: »Über die künftigen Kriegsoperationen Preußens gegen Frankreich«. Sehr bezeichnend beginnt sie mit einer politischen Lageanalyse. Besonders interessant ist dabei das Urteil über Rußland, im 3. Abschnitt, in dem es heißt[8]: »Über die Partei, welche dieser Staat ergreifen wird, läßt sich nichts mit Wahrscheinlichkeit vorhersagen. Folgt es ferner der Politik, welche es bis 1806 beobachtet hat, sich den Fortschritten der Franzosen zu widersetzen, so wird es natürlich ein ebenso wesentlicher Teil der Koalition sein als Österreich. Hat es aber seine Politik mit der vertauscht, zu welcher der letzte Friedensschluß in jedem Fall eine schwache Vermutung gibt, sich mit Frankreich in die Herrschaft der Welt teilen zu wollen, so wird es sich gegen Preußen und Österreich erklären. Mir scheint das Betragen Rußlands bisher sehr einfach zu erklären zu sein.«

»Die Politik, sich den Franzosen entgegenzustellen, war die persönliche Denkungsart des Kaisers Alexander: denn diese Politik ist einfach, rechtlich und hat etwas Heroisches. Ein junger Mann von gutem Herzen, mittelmäßigem Kopf, schwachem Charakter und etwas Eitelkeit findet sich von selbst auf diesem Wege ein. Aber mit dem guten Willen kommt man nicht weit. Bei der Ausführung jenes politischen Plans mußten große Kräfte und Talente angewendet werden und diese mangelten der Person Alexanders. Er war also in der Ausführung durchaus unglücklich und weil er ein gewöhnlicher Mensch und kein heroischer Charakter ist, so konnte er nie bis zum Mut der Verzweiflung kommen. Er fing also an, zu wanken und sich auf den Rat seines Kabinetts zu stützen. Kabinette haben selten persönliche Eitelkeit und noch seltener einen weiten Überblick. Daher konnte die erstere nicht das Selbstgeständnis verhüten, daß man der moralischen Kraft der Franzosen nicht gewachsen sei und aus Mangel des letzteren suchte man den *nächsten* Vorteil und verband sich mit dem Mächtigeren und Geschickteren.« Von den weiteren Ausführungen dieser Studie, die auch psychologisch sehr viel aussagt, verdient u. E. der § 7 besondere Beachtung, weil sich darin bereits Samenkörner des späteren Hauptwerks finden. Es heißt da: »Es gibt Militärs und Politiker, welche glauben, daß, sobald die Streitkräfte einen solchen Grad der Schwäche im Verhältnis zu den feindlichen erreichen, daß man die *Wahrscheinlichkeit* des Erfolges nicht mehr berechnen kann..., man aufhören müsse, Krieg zu führen. Dieser Grundsatz würde der Vernunft entsprechen, wenn die Ansicht der Dinge nicht *beschränkt* wäre. Das Talent und alle moralischen Größen, welche man im Kriege geltend machen kann, sind äußerst schwer zu schätzen... Diese Betrachtung sollten diejenigen anstellen, welche mit einer Art anspruchsvoller Präzision die Grenze des Wahrscheinlichen nie überschreiten wollen. Sie rechtfertigt vor dem Richterstuhl der Vernunft diejenigen, welche sich auf Unternehmungen einlassen, deren guter Erfolg bloß möglich, übrigens aber *unwahrscheinlich* ist. Nur muß dann die bewegende Ursache hinreichend sein, d. h. die Wichtigkeit des Zweckes im Verhältnis stehen zu der Gefahr, welche man dabei läuft. Es gibt aber keinen politisch wichtigeren Zweck als die Unabhängigkeit des Staates und der Nation. Diesen muß man unter den größten Gefahren verfolgen.« Solchem Grundsatz ist Clausewitz in den kommenden Jahren gefolgt: Unmittelbar nach der Niederlage hat er sich auf den Befreiungskrieg vorbereitet und die Chancen dafür geprüft. Bei entsprechender Energie und Initiative erschienen sie ihm besser, als die bloße Vernunft annahm. Aber noch war es nicht so weit, daß man bereits die moralischen Kräfte mit in Rechnung stellen konnte. Die Öffentlichkeitsarbeit, die Clausewitz von Scharnhorst aufgetragen wurde, war der erste Schritt, sie zu wecken, bzw. den Boden dafür zu bereiten.

IV.

Vorerst sind die Aussichten allerdings noch trüb. Die Besatzungsmacht mischt sich in alles, vor allem auch in die Personalpolitik der preußischen Regierung. Sie hatte Hardenberg als persona ingrata erklärt, so daß Stein zurückgerufen werden mußte[9], und nun ist dieser auf ihrer Abschußliste wegen des aufgefangenen kompromittierenden Briefes. Unter diesen Umständen ist der Besuch des Kaisers Alexander in Königsberg ein Ereignis, an das einige Hoffnungen geknüpft wurden. Der Zar wird am 18. Oktober vom Prinzen Heinrich, dem Bruder des Königs und dem Prinzen August zu Pferde eingeholt. Er bleibt drei Tage. Besprechungen mit dem König, Stein, Scharnhorst und Gneisenau finden statt. Aber am 21. September weiß man: Die Mission des Prinzen Wilhelm in Paris ist gescheitert, der Pariser Vertrag vom 8. September 1808 unterzeichnet. Clausewitz berichtet unter dem 20. Oktober aus Königsberg[10]: »Heute ist der Kaiser hier angekommen, unser Schicksal ist nun entschieden, der Traktat (schon früher) ratifiziert und, wie man sagt, die Reise des Hofes nach Berlin (wohin die Königin so außerordentlich verlangt) schon für den Monat November entschieden. Der Minister vom Stein wird vermutlich (darüber ist fast kein Zweifel mehr) das Ministerium verlassen. Die beiden Herren von G. (Gneisenau und Grolman) werden wahrscheinlich auch ihren Wanderstab weitersetzen und der General Scharnhorst wird, wenn er nicht gleich jetzt weggehen sollte und müßte, dies doch höchst wahrscheinlich bald darauf tun; er kann unter den neuen Verhältnissen nicht bleiben, weil die Franzosen nie Zutrauen zu ihm haben werden und er dem König also mehr schaden als nützen würde. Den Traktat hat der König, wie man sagt, ohne Wissen, in jedem Fall gegen den Rat des Ministers vom Stein ratifiziert; nachher hat der Kaiser Napoleon großmütig 20 Millionen Kontributionen nachgelassen. Wir werden also nun bald das Glück haben, nach Berlin zu kommen, trotz allen denen, die uns dies Glück haben verleiden und dem König vorstellen wollen, daß Berlin ein Bayonne[11] für ihn werden könne. Seit dem Brief im »Moniteur« hat der König den Minister Stein gar nicht mehr in Gesellschaft bei sich gesehen.«

In diesem Zusammenhang bekennt Clausewitz, daß dem Freund seiner heimlich Verlobten, dem Reichsfreiherrn vom Stein, seine ganze Bewunderung gehöre, allerdings mit dem Vorbehalt, er sei anfangs doch zu nachgiebig und unentschlossen gewesen. Was Scharnhorst betrifft, so will Clausewitz jetzt nicht von seiner Seite weichen, auch wenn er auf das Glück verzichten müsse, Marie bald wiederzusehen. Außer sachlichen hat er auch persönliche Gründe: »Alle Menschen sehen hier krank aus und elend, vorzüglich aber gefällt mir mein Freund in dieser Rücksicht nicht, der auf eine fürchterliche Weise in wenigen Monaten gealtert und ein so ungesundes Ansehen bekommen hat, daß sein sonst so angenehmes Gesicht ordentlich entstellt ist.« In dem nächsten Brief vom 27. Oktober heißt es[12]: »Über unsere Reise nach Berlin ist noch nichts Näheres bestimmt; wenn die goldenen Services eingeschmolzen, der Diamantenschmuck der Königin verkauft und damit der *erste* Termin der Kontribution erlegt sein wird, und dann die französischen Truppen von Berlin abziehen werden, dann werden wir im Triumphe in die Tore Berlins einziehen.« Im übrigen ist dieser Brief voll von Pessimismus, sowohl das eigene Schicksal betreffend wie das von Scharnhorst und Stein. In bezug auf Stein sollte der Briefschreiber zunächst recht behalten, das Schicksal Scharnhorsts und damit auch das seine aber sollte sich besser gestalten, als er erwartete.

Clausewitz bleibt in Königsberg, wie Scharnhorst in Königsberg bleibt. Insofern sind seine pessimistischen Voraussagen nicht eingetroffen. Der König trennt sich zwar nach langem Zögern von Stein, aber Scharnhorst gibt er, offenbar unter dem Einfluß der Königin, nicht preis, obwohl man von allen möglichen Seiten gegen das Haupt der militärischen Reformer intrigiert. Um so härter traf den entlassenen Reichsfreiherrn der Zorn Napoleons: Er erläßt am 16. Dezember ein förmliches Ächtungsdekret[13] gegen ihn, wie wir wissen. Aber Stein entzog sich der Verhaftung und trat am 12. Januar auf österreichisches Gebiet über, ging nach Prag und dann auf Wunsch des Kaisers von Österreich vorläufig nach Brünn ins Exil. Aber von dort aus verstand er es, seine Korrespondenz mit seinen Freunden fortzusetzen. Überhaupt erzeugte die Siegermacht durch ihren Druck einen Gegendruck und eine Untergrundbewegung, ganz ähnlich der, wie sie Hitler ab 1941 in Frankreich provoziert hat — wie sich die Bilder gleichen!

In dieser Lage hielt es der preußische Hof für angebracht, vor der Welt zu demonstrieren, daß man auch noch Freunde habe: Kurz nach Weihnachten 1808 reisten der König und die Königin mit kleinem Gefolge nach St. Petersburg, »um den Besuch von Zar Alexander in Königsberg zu erwidern«. In ihrer Begleitung befanden sich der Bruder des Königs, Prinz Wilhelm, sowie Prinz August und, auf ausdrücklichen Wunsch des Königs, auch Scharnhorst. Die Reise durch das winterliche Baltikum dauerte zwölf Tage, der Aufenthalt in der russischen Hauptstadt einige Wochen. Erst Mitte Februar 1809 war der Hof wieder in Königsberg. Clausewitz, der die Reise nicht mitzumachen brauchte, schreibt am 22. Dezember[14]:
»Die Reise des Hofes nach St. Petersburg mache ich nicht mit, der Major Holtzendorff wird den Prinzen begleiten, damit doch auf dieser sogenannten artilleristischen Reise auch wirklich einige artilleristische Ausbeute gemacht werde. Mir ist diese Veränderung unendlich lieb, denn ich entgehe dadurch einer höchst lästigen und in mehr als einer Rücksicht unangenehmen Existenz von vierzehn Tagen. Scharnhorst macht die Reise jetzt mit, und zwar in Gesellschaft des Prinzen Wilhelm, der seinen Adjutanten gleichfalls zurückläßt. Gneisenau geht dieser Tage auf Urlaub nach Schlesien

ab. Ich werde also ziemlich einsam leben, da von meinen Freunden bloß Grolman hier bleibt, der übrigens ganz am Ende dieses kleinen Konstantinopel wohnt.«

Im übrigen hat die seelische Verfassung des Briefschreibers am Schluß dieses deprimierenden Jahres 1808 einen Tiefstand erreicht, der sich so äußert:[15] »... der Kampf zwischen Hoffnung, Furcht, Erwartung und Besorgnis (wird) immer ungleicher, und ich muß gestehen, der Einfluß dieses Kampfes auf meine Existenz immer nachteiliger. Dagegen hilft keine Philosophie etwas, die mich vor heftigen Ausbrüchen der Leidenschaft schützen, mich vor dem inneren Tod einer gänzlichen Hoffnungslosigkeit bewahren, aber unmöglich die Berührungen aufheben kann mit den Geschlechtern, die mich umgeben, und einem tief in meinem Gemüt gegründeten Widerwillen gegen eine unwürdige Denkungsart.«

Weiter erfährt man aus dem Brief vom 28. Dezember 1808, der einem langen und sehr persönlichen vom Vortag folgt: »Prinzeß Luise hat mich mit vieler Freundlichkeit aufgefordert, sie abends öfter zu besuchen, wovon ich während der Abwesenheit des Hofes mit Vergnügen Gebrauch machen werde, weil so lange vermutlich Prinzessin Wilhelm alle Abende da sein wird und auch Gneisenau, dem Scharnhorst seinen Urlaub nach Schlesien wie ein echter Kriegsminister abgeschlagen hat. Dieser scheint immer mehr beim König zu gewinnen und jetzt ist er vielleicht der einzige, zu dem der König ein rechtes Vertrauen hat. Er ist unstreitig jetzt die erste Person im Staate. Unter anderem hat er es durchgesetzt, daß endlich das ganze Oberkriegskollegium und mit ihm eine ganze Schiffsladung von invaliden Generalen in den Ruhestand versetzt worden ist.«

Dann: »Ich bin zu ermüdet, liebe Marie, um weiterzuschreiben. Ich habe diese ganze Nacht durch bis heute früh um sechs bei Scharnhorst geschrieben und bin bis Mittag noch in einer gewaltigen Tätigkeit von ihm gehalten worden. Heute mittag ist er mit Prinz Wilhelm abgereist. Auch mein Prinz ist fort und ich fühle mich in diesem Augenblick recht heiter, einmal wenigstens auf kurze Zeit aus diesem Verhältnis herauszusein.«

Noch war Clausewitz zwischen Baum und Borke. Aber eine grundsätzliche Veränderung kündigte sich an. Scharnhorst hat ihn als nächsten Mitarbeiter herangezogen. Trotzdem ist er noch nicht über den Berg. Das Jahr 1809 sollte sich für Clausewitz weiterhin als kritisch erweisen, und zwar in jeder Beziehung, auch hinsichtlich seines Gesundheitszustands.

Viertes Kapitel
Trost der Liebe

I.

Die Biographie von Carl von Clausewitz durchziehen seit 1804 gleichbleibende Merkmale: Es sind die Zeugnisse der Liebe und Treue, die den Heutigen in ihrer Beständigkeit fast märchenhaft erscheinen. Vierzehn Briefe von Marie von Brühl an Clausewitz sind aus dem Jahre 1808 erhalten. Sie gaben ihm ohne Zweifel nicht nur den seelischen Rückhalt in diesem schwierigen Jahr, sondern bestärkten ihn auch in seinem Glauben an die gestellten Aufgaben. Natürlich tragen die Briefe das idealistische Kostüm der Zeit; die Folge hat aber gezeigt, daß es sich nicht nur um sublimierten Eros auf Zeit handelte, sondern um den beständigen Willen zur geistigen und seelischen Ergänzung.

In der Zeit der politischen Unsicherheit und Gefährdung — und das sind diese Jahre — hat Marie von Brühl ihre schönsten Liebesbriefe geschrieben. Sie bedeuten den gefühlsmäßigen Kontrapunkt dieses »Verhältnisses«, der sie von anderen unterscheidet. Ja, sie sind in der Neigung zu dem »Erwählten«, fast religiös gestimmt. So heißt es in dem Brief vom 16. April 1808 von Marie an Carl[1]: »Nie erhebe ich mein Herz zu Gott, ohne von dem Wert seines höchsten, unschätzbaren Geschenkes tiefer durchdrungen zu sein. Wie könnte ich ihm danken, ohne an die treue, schöne Liebe meines Carl zu denken, die mein teuerstes Gut auf Erden ist, und die auch unter den traurigsten äußeren Verhältnissen mein Dasein ewig verschönern und beglücken wird.«

Aus dem Brief vom 11. August[2] erfährt man von der Passion Mariens für Kunst und Künstler, im Zusammenhang mit Nachrichten aus Dresden, der einzigartigen Kunststadt. »Der geringere Grad von Anteil, den ich jetzt diesen Dingen widmete, die mich sonst so ausschließlich interessierten und die mir im Grunde noch so wert sind, hat mich recht daran erinnert, mein teurer Carl, und an so manchen Augenblick, in welchem Du nicht geneigt warst, die Kunstnachrichten und Kunstideen anzuhören, die ich Dir vielleicht sehr zur Unzeit aufdringen wollte. Ich fühle jetzt deutlich, daß der lebhafte Wunsch, *einen Zweck* zu erreichen, wenigstens auf einige Zeit jeden anderen mindern und der Seele einen Teil ihrer Empfänglichkeit für neue Eindrücke rauben muß. Wenn einst unserem Vaterland bessere Zeiten zuteil werden, dann, mein teurer Carl, soll uns die Natur und die Kunst wieder alle ihre Schätze aufschließen ...«

Brief vom 25. August 1808[3]: » Mit Mama ist alles beim Alten; sie ist gut und freundlich, aber sie *schweigt* und ich gebe mir auch weiter keine Mühe, neue Erklärungen herbeizuführen. Wenn äußere Verhältnisse unsere Verbindung erst möglich machen, dann, denke ich, wird sich auch das übrige wohl finden und bis dahin muß man Geduld haben. Doch scheint sie mir seit einiger Zeit weicher, und ohne einen *bestimmten* Grund dafür zu haben, möchte ich fast glauben, daß ihr Urteil über uns etwas billiger geworden ist. Du wirst vielleicht lächeln, wenn ich Dir sage, woher ich mir diese gemutmaßte Veränderung erkläre, vielleicht aber auch finden, daß ich nicht ganz Unrecht haben könnte. Sie hat kürzlich mit vieler Rührung und vielem Anteil die ›Delphine‹ der Frau von Staël gelesen und es scheint mir nicht unmöglich, daß eine so lebhafte Schilderung eines tiefen Gefühls sie (besonders da sie höchst selten Romane liest und durch öftere Rührungen dieser Art nicht abgestumpft dafür ist) in eine *jugendlichere* Stimmung versetzt und ihr daher die unsrige etwas *begreiflicher* gemacht haben könnte.«

Aus dem Brief vom 28. August erfährt man[4], welch großen Wert Marie von Brühl auf die Begegnung und nähere Bekanntschaft von Carl mit dem Freiherrn vom Stein legt, und was sie sich davon erhofft: »Sollte er Dich *recht lieb* gewinnen, so muß meine Mutter — bon gré mal gré — ein Gleiches tun und dann wäre uns ja aus aller Not geholfen.«

Stein genießt eine hohe Verehrung im Hause Brühl. Das kommt auch in dem nächsten erhaltenen Brief aus Giewitz vom 4. Oktober 1808 zum Ausdruck, in dem es eingangs heißt[5]: »Es scheint mir unmöglich, den preußischen Staat wirklich zu lieben, ohne Steins Verlust beinahe für das größte Unglück zu halten, das ihm jetzt noch widerfahren kann... Selbst wenn ich alle persönlichen Gefühle von Anhänglichkeit und Verehrung für Stein, die mir von Jugend auf zur Gewohnheit geworden sind, beiseite setze, kann ich mich nicht enthalten, den Verlust dieses herrlichen Mannes als den Untergang unserer letzten, aus dem allgemeinen Verderben geretteten Hoffnungen anzusehen. Eine *moralische* Wiedergeburt des Staates war das Einzige, was uns jetzt zu hoffen übrigbleibt, und ich weiß nicht, von wem wir sie zu erwarten haben, wenn er uns entrissen ist. Die Art, wie man die Sache in Königsberg aufzunehmen scheint, ist mir ganz unbegreiflich; man scheint zu hoffen, daß alles wieder gut gemacht werden kann; aber was sind das für Hoffnungen, die sich auf die Freundschaft eines Alexander und die Großmut eines Napoleon gründen.«

Bemerkenswert in diesem Brief ist allerdings auch eine gewisse Meinungsverschiedenheit zwischen Marie und Carl, Stein betreffend: Marie hält unbedingt zu ihm; Carl von Clausewitz hat einige Vorbehalte, vielleicht aus ganz persönlichen Gründen. Aber gerade in dieser Beziehung ist nun Marie um eine Hoffnung ärmer, so daß sie schreibt: »Auch in Rücksicht auf unsere Zukunft hat mich diese Schreckensnachricht traurig und mutlos gemacht, teils weil sie überhaupt mit der Zukunft des preußischen Staates in so enger Verbindung ist, teils weil sie mich unwillkürlich dem Gedanken hingegeben hatte, daß Stein der einzige wäre, von dem wir eine vorteilhafte Veränderung der Gesinnungen meiner Mutter hoffen dürfen... Vielleicht war dies alles nur ein schöner Traum; aber der Verlust einer Illusion ist immer schmerzhaft und er ist es um so mehr in einem Augenblick, wo es der wahren Hoffnungen so wenig gibt.«

Aber nach solchen Meinungsverschiedenheiten schreibt Marie dann um so zärtlichere Briefe, warmherzige Liebesbriefe, in denen sie die Natur nachzeichnet, in der sie in Giewitz lebt. So erinnert sie sich am 29. Oktober der Gefangennahme ihres Carl am 27. Oktober 1806, also vor zwei Jahren[6]: »Wie habe ich vorgestern an Dich gedacht, mein geliebter Carl! Es war ein göttlicher Tag; wir waren fast den ganzen Vormittag (nämlich bis gegen 5 Uhr) draußen und ich in Gedanken immer bei Dir. Indem ich an die Gefahr

*Abb. 19. König Friedrich Wilhelm III. von Preußen (1770—1840)
— Gemälde von Lawrence —*

Abb. 20. Das Berliner Schloß mit der Königsstraße um 1800 — Stich von Jean Rosenberg — (nach 1945 abgetragen)

Abb. 21. Ansicht des von der Leyenschen Hofes in Koblenz im heutigen Zustand, seinerzeit Sitz des rheinischen Generalkommandos

dachte, in welcher Du an diesem Tage schwebtest, und an den schrecklichen Ausgang, den sie hätte haben können, fühlte ich mich so glücklich, mich noch Deines Lebens und Deiner Liebe zu erfreuen, daß fast kein Raum für traurige Empfindungen in meiner Seele blieb. Wie viel hätte ich darum gegeben, um diesen Tag hier mit Dir zu feiern! Es ist jetzt unbeschreiblich schön hier, die vielen Buchen und Eichen, die es hier gibt, gewähren die größte Mannigfaltigkeit der schönen herbstlichen Schattierungen, die ich so sehr liebe; die Landschaft wird ernster, ohne traurig zu sein, denn fast alle Bäume haben noch Blätter, und nur die dunklere Farbe kündigt die nahe Veränderung an, und der leichte Nebel, der selbst bei hellstem Sonnenschein wie ein magischer Flor alle Gegenstände bedeckt, hat einen ganz eigenen Reiz. Es gibt auch noch Lerchen hier, die mich durch ihren späten Gesang recht an Deine Beschreibung der Gegend von Genf erinnern ... Zum Beweise, daß ich immer an Dich denke, schicke ich Dir hier einige Blumen, die ich *vorgestern* für Dich gepflückt habe und zugleich nehme ich für heute von Dir Abschied, indem ich Dich zärtlich umarme.«

Ein weiteres Bekenntnis legt Marie auch in dem Brief vom 17. November ab, in dem sie schreibt[7]: »Was mir ... *immer* und jetzt ganz besonders notwendig scheint, ist die Liebe zur Natur und die Freude an ihr recht innig und rein sich zu erhalten — es ist die einzige Freude, die vom Tun und Lassen der Menschen ganz unabhängig ist und die in jedem Moment an ewige Güte und Weisheit erinnert, während die Geschichte des Menschengeschlechts so vom Gegenteil erfüllt ist. Literatur und Kunst sind zwar auch zwei unversiegbare Quellen des Trostes und Genusses, allein da sie mit allem Menschlichen und Irdischen immer in naher Verwandtschaft bleiben müssen, wenn sie sich auch so sehr über daselbe erheben, so begreife ich sehr wohl, daß es Zeiten geben kann, wo das Gemüt, von mächtigeren Gefühlen ergriffen, sich dem sanften Zauber ihres Einflusses nicht hingeben kann, aber der heiligen Stimme der Natur, die mir die eigentliche Sprache der Gottheit ist, muß das innere Ohr immer geöffnet bleiben ... Wenn wir noch einst so glücklich sein sollten, eine Reise zusammen zu machen ... so soll sie uns wenigstens in allem, was *unser Verhältnis* zu einander betrifft, zu einer solchen Lustreise werden. Ich kann mir nicht vorstellen, mein geliebter Carl, daß wir je auf dem trocken-prosaischen Fuße zusammen sein könnten, der in so vielen, gar nicht unglücklichen Ehen als der einzig schickliche angesehen wird, und bei welchem freilich das Leben, um nicht ganz aus der Rolle zu fallen, nicht wie eine *Lustreise*, sondern wie *ein Geschäft* betrieben werden muß.«

Zum Schluß dieses Liebesbriefes folgt eine fast feierliche Erklärung, die der Hochherzigkeit der Schreiberin alle Ehre macht: Nachdem sie eben die ganze Tiefe der gegenseitigen Bindung noch einmal beschworen, sagt sie: »Nur die Bitte muß ich noch hinzufügen, daß Du bei Deinen Plänen für die Zukunft dem Gedanken an mich keinen Einfluß auf Deine Entschließungen einräumen mögest. Deine Liebe ist mein höchstes, mein einziges Gut; aber ich würde untröstlich sein, wenn Du mir, meiner Meinung, meinen Wünschen irgendein Opfer brächtest, das Du in der Folge bereuen könntest; an Dich und Deine Zukunft, nicht an die meinige denke und wie Diotima im Hyperion sagt: *Handle Du, ich will es tragen.*« Marie von Brühl war also in der hohen Literatur ihrer Zeit so belesen, daß sie auch Hölderlins »Hyperion« gekannt hat.

In einem ähnlichen Sinn schreibt sie übrigens auch im nächsten Brief aus Giewitz am 9. November[8]: »Besprechen, überlegen wollen wir *alles* zusammen, was uns beide so nahe angeht, aber *entscheiden* mußt du ganz allein, und ich werde mich allem unterwerfen, was *Dir* das Beste erscheint: nur übereile Dich nicht und tue nicht in einem Augenblick von Mißmut und Hoffnungslosigkeit einen Schritt, den Du nachher bereuen könntest. Doch das brauche ich ja von meinem Carl nicht zu befürchten.« Im übrigen läßt sie »ihren« Carl zum Schluß des Briefes wissen: »Ich weiß nicht, ob ich Dir schon erzählt habe, daß ich den Herodot lese; er interessiert mich unbeschreiblich. Es ist doch eine ganz andere Sache, die Alten in ihrer ruhigen Einfalt selbst reden zu hören, oder sie durch moderne Kompilationen kennenzulernen, bei denen gewöhnlich ihr ganzer Geist verloren geht. Ich habe mir vorgenommen, die ganze Zeit, die ich hier noch zubringen werde, auf Lektüre dieser Art zu verwenden.«

Am 23. November schreibt Marie von Brühl über ihren großen Freund Stein[9]: »... Er hat ein ganz besonderes Talent, alle Anmaßungen der Eitelkeit und des Eigendünkels durch seinen treffenden Witz zu züchtigen und ist recht dazu geeignet, in dem Verhältnis des gesellschaftlichen Lebens wie in dem größeren und wichtigeren der öffentlichen Geschäfte die Rolle der Nemesis zu spielen, deren gerechte, aber strenge Wiedervergeltung wir so sehr bedürfen.«

Marie von Brühl zeigt indessen nicht nur idealistische Regungen in bezug auf ihre Liebe und ihren Auserwählten; sie hat auch Vorstellungen von dieser Welt und den Völkern, die ganz real sind, wie der Brief vom 15. Dezember zeigt[10], als beide noch annahmen, Clausewitz werde Prinz August auf seiner Reise nach Petersburg begleiten: »Du weißt, daß ich die *Russenpassion* einiger meiner Freundinnen nie geteilt habe; allein das *Land* wird doch immer ein gewisses Interesse für mich behalten. Mein Vater kannte es sehr genau, hatte mehrere Jahre seines Lebens dort zugebracht und sich dort viel Achtung und Freundschaft erworben. Sollte Dich der Zufall mit Menschen vereinigen, die ihn kannten, so wirst Du gewiß sein Andenken noch lebendig unter ihnen finden. Er sprach oft mit Interesse von den Eigentümlichkeiten des gemeinen Volkes, das bei allem Mangel an Kultur gewiß viel unverdorbener ist als die Vornehmeren. Auf einer kurzen Reise, die zum Teil durch Hoffeste ausgefüllt werden wird, wirst Du wohl nicht viel Gelegenheit zu derlei Betrachtungen haben, doch freue ich mich schon im voraus auf diejenigen, die Du mir von dort aus oder nach Deiner Rückkehr mitteilen wirst ...«

Dann weiter ... »ich beschäftige mich jetzt, wie ich Dir schon gesagt habe, fast ausschließlich mit Geschichte. Sie macht einen sehr ernsten, ja oft traurigen Eindruck auf mich, wenn ich Vergleiche anstelle und staunend den Abgrund betrachte, in welchen Kleinmut, Leichtsinn, Uneinigkeit usw. die mächtigsten Staaten gestürzt haben ...« Der Schluß des Briefes: »Du scheinst ja jetzt ordentlich zu Goethe *bekehrt* zu sein, da Du in zwei Briefen Stellen aus seinen Werken anführst. Die ›Harzreise im Winter‹ gehört so sehr zu meinen Lieblingsgedichten, daß ich mich ordentlich wundere, daß ich Dich nicht längst *gezwungen* habe, sie zu lesen ... Ich möchte Dir eigentlich heute noch recht viel sagen, mein teuerster Freund; mein Herz ist so voll von Dir und allen Empfindungen, die ich durch Dich kennengelernt habe, aber der Postbote drängt zum eiligen Schluß. Wir leben hier still und einsam und sind recht fleißig. Abends wird jetzt der Dreißigjährige Krieg gelesen und für mich fahre ich fort, die griechische Geschichte zu studieren aus alten und neuen Büchern. Dieser Tage hat mich eine auffallende Ähnlichkeit des Philipp von Mazedonien mit jemand, den wir kennen, ordentlich ergriffen sowie manche andere Ähnlichkeit dieser ganzen Zeit.«

In ihren Aufzeichnungen über die Tage des Jahreswechsels schreibt Marie von Clausewitz später[11]: »Das Jahr 1808 endigte ich in Giewitz, soviel ich mich erinnere allein mit Luise und Voss. Frau von Berg kam einige Tage darauf aus Königsberg zurück und ich ging am 12. Januar nach Berlin. Dieser Neujahrstag war merkwürdig im Örtzenschen Hause. — Als ich zurückkam, fand ich die Preußen in Berlin. Minister Stein hatte einige Tage vorher abreisen müssen.«

An ihren Carl schreibt Marie in ihrem letzten Brief des bewegten Jahres 1808[12]: » . . . ich denke zwar täglich an Dich, mein teurer Freund, aber ich halte es so sehr mit dieser Sitte unserer Väter, und finde es auch so natürlich bei jeder Epoche, die an das schnelle Entfliehen der Zeit erinnert, einen Augenblick still zu stehen, rückwärts und vorwärts zu blicken, und indem man einer unsicheren Zukunft entgegengeht, sich fester anzuschließen an alles, was einem im Leben das Teuerste ist. Jetzt habe ich noch viel vom Himmel zu erbitten; sollte ich aber je so glücklich sein, diesen Tag an Deiner Seite zu feiern, als Dein treues, liebendes Weib, o dann werde ich nichts mehr wünschen als die Fortdauer meines Glückkes!«

Fünftes Kapitel
Das gefährliche Jahr 1809

Die große Lage

1809 sollte ein kritisches Jahr für Europa werden, für die Staaten und Völker, aber auch für Carl und Marie. Ihr persönliches Erleben war nun einmal eng mit den allgemeinen, den politischen Ereignissen verflochten und verband sie mehr und mehr mit allem, was in Preußen vorging. So sind beide buchstäblich 1809 in Mitleidenschaft gezogen worden. Die Spannungen und inneren Kämpfe um die Armeereform hatten im übrigen offenbar auch psychosomatische Störungen zur Folge: So erkrankte Scharnhorst nach dem unfreiwilligen Rücktritt Steins gefährlich, und auch bei Clausewitz kam es zu einer fieberhaften Infektion, die ihn lange ans Krankenbett fesselte. Erst Mitte Februar waren seine Beschwerden wieder einigermaßen behoben. Dann stand er vor einem neuen Anfang seiner Laufbahn.

Auch in kriegerischer Beziehung war 1809 ein Jahr der Krisen. So entwickelte sich die große Lage: Die Macht Napoleons erreichte ihren Höhepunkt, aber auch ihr Kulminationspunkt wurde sichtbar. Ein halbes Menschenalter nach der levée en masse in Frankreich erhoben sich die Widerstandskräfte anderer Länder, die unter der fremden Besetzung litten, in Spanien, in Tirol, in Preußen und anderen okkupierten Gebieten. Es war ein Signal, daß Napoleon mit den spanischen Guerillas nicht fertig wurde, auch nicht, als er persönlich mit einer starken Armee erschien und blutig eingriff. Der Mythos seiner Unbesiegbarkeit erlitt in Spanien den ersten Stoß. So gärte es überall, nicht zuletzt in Preußen. Heinrich von Kleist, der den Kommiß haßte und doch von der Idee eines Befreiungskrieges wie vom Glanz der alten Waffen fasziniert war, schrieb seine »Hermannsschlacht«. Bei Österreich waren damals die Hoffnungen der deutschen Patrioten, die von Kleist und seinen Freunden wie auch die von Clausewitz. Preußen selbst war niedergeworfen und bekam die Härte des Diktatfriedens zu spüren. Napoleon verlangte vor allem Abrüstung, Verminderung der Armee.

Es gab keine drei Korps mit je zwei Divisionen, wie man geplant hatte. Auch die Aufstellung von Milizen war nicht mehr möglich, durch das Pariser Abkommen wurde die Heeresstärke schließlich auf 42 000 Mann beschränkt. Damit war kein Staat zu machen, und Preußen mit seinen offenen Grenzen konnte kaum wirkungsvoll verteidigt werden. So wurde in den sechs noch verbliebenen Provinzen, in Ost- und Westpreußen, Pommern und Brandenburg wie in Nieder- und Oberschlesien je eine Brigade aufgestellt, zusammengesetzt aus je 7 Bataillonen Infanterie, 12 Schwadronen Kavallerie und je 16 Geschützen[1]. Aber Scharnhorst und seine Mitarbeiter verfolgten von Anfang an das Ziel, aus diesem kleinen Heer eine Kaderarmee zu machen, und zwar so unauffällig wie möglich. Sie sollte auch nicht mehr wie bisher fast ausschließlich von adeligen Offizieren geführt werden. In der Verordnung vom 6. August 1808 hatte es geheißen: »Einen Anspruch auf Offiziersstellen können im Frieden nur Kenntnisse und Bildung gewähren, im Kriege ausgezeichnete Tapferkeit, Tätigkeit und Überblick.« Um das Heer stärker mit dem Volke zu verbinden, wurde aus der Not eine Tugend gemacht, das sogenannte Krümpersystem geschaffen: Jede Kompanie erhielt einen Rekrutierungsbezirk, aus dem sie im Monat 5 Rekruten einzog und in den sie ebenso viele ausgebildete Mannschaften wieder entließ. Von 1811 an waren es acht Rekruten im Monat. Die Anwerbung von Ausländern hörte ebenso auf wie die Möglichkeit eingeschränkt wurde, für den Militärdienst einen Ersatzmann zu stellen[2]. Es waren erste Schritte zur Volksbewaffnung, oder genauer, zur allgemeinen Wehrpflicht. Da die französischen Spitzel überall saßen, war es unumgänglich, jede Maßnahme möglichst unauffällig zu treffen, sie zu tarnen. Nach wie vor blieb Scharnhorst Kopf und Gewissen der Reorganisation; nach wie vor besaß er das volle Vertrauen des Königs trotz aller Intrigen. Friedrich Wilhelm III. wuchs in diesen Reformjahren über sich selbst hinaus, ungeachtet der äußeren Annäherung an Napoleon, die er in der Erkenntnis der eigenen Schwäche zunächst noch für unvermeidlich hielt.

Für Clausewitz hatte das Jahr 1809 beschaulich begonnen: wie seine Verlobte in Giewitz, so hat auch er viel gelesen[3]: »Ich gehe den ganzen Vormittag nicht aus und verwende ihn wie auch den größten Teil des übrigen Tages auf das Studium geschichtlicher oder staatswissenschaftlicher Werke«, meldet der Brief vom 2. Januar 1809. Ab und an geht er zu Gneisenau, der in der Nähe wohnt. Dann »Mein Diner, so klein es ist, macht mir Vergnügen, denn ich höre keine einfältigen Meinungen mit Anmaßung vorgetragen... ich denke vielmehr an das, was mir das Angenehmste ist auf dieser Welt, an meine teure Marie. Eben lese ich die Geschichte der niederländischen Revolution und finde eine so merkwürdige Ähnlichkeit zwischen Wilhelm von Oranien, dem Gründer der niederländischen Freiheit, und meinem Freund Scharnhorst, daß ich mich nicht enthalten kann, Dir die Beschreibung jenes großen Mannes zu senden, so wie ich sie aus der allgemeinen Geschichte der vereinigten Niederlande abstrahiert habe.«

In diesen Wochen hatte Scharnhorst den König auf dessen ausdrücklichen Wunsch hin auf der Reise nach Petersburg begleitet. Man traf dort mit einem kleinen Gefolge am 7. Januar 1809 ein. Der Aufenthalt dauerte einige Wochen: Erst am 16. Februar kehrten die Rußland-Reisenden wieder zurück, reich beschenkt übrigens, wie man aus dem Brief vom 17. Februar erfährt[4]: Der neue Adjutant des Prinzen August hat unter anderem einen Ring im Wert von 1000 Rubeln bekommen, Scharnhorst eine Dose im Wert von 4000 Talern, die Damen kostbares Pelzwerk und große Brillanten. In der Zwischenzeit hatte Clausewitz übrigens die Grippe, stand in ärztlicher Behandlung, mußte längere Zeit das Bett hüten; vielleicht hat die Verzögerung der Wiederherstellung bei seiner sensiblen Natur auch seelische Gründe, denn am 17. Februar schreibt er an Marie[5]: »Von Deinem langen Stillschweigen habe ich eigentlich nur sehr undeutliche Begriffe. Die einzige Ursache, welche ich mir klar denken kann, wäre eine Art Verbot von seiten der Prinzessin Wilhelm, die vielleicht gehört hat, daß mir jede Bewegung des Gemüts, jede lebhafte Beschäftigung des Kopfes widerraten und ein geistloses Pflanzenleben als das beste Mittel zu einer baldigen Wiederherstellung aufgegeben ist.« Jedenfalls hat er sich auf dem Krankenbett Sorgen gemacht und über dieses befremdliche Stillschweigen gegrübelt: »In jedem Fall, liebe Marie, bitte ich um schleunige Nachricht von Dir. Was meinen Gesundheitszustand betrifft, so kann ich über denselben Befriedigendes berichten. Die eigentliche Krankheit ist vorüber und ungeachtet ich täglich noch etwas Fieber habe, so fühle ich doch, daß ich schnell zum Ziel meiner völligen Wiederherstellung fortschreite; in drei bis vier Tagen hoffe ich ohne Gefahr das Bett verlassen zu können.« Im übrigen sind seine Dienstverhältnisse noch in der Schwebe. Scharnhorst hat aber beruhigende Versicherungen gegeben und sich sehr um den Kranken gekümmert, ihn mit altem Rheinwein versorgt, aber besucht hatte er ihn nicht, um nicht auch noch angesteckt zu werden, denn er kam ja mit angegriffener Gesundheit aus Petersburg zurück.

Scharnhorst, der redliche, hat ihm übrigens nichts versprochen oder in Aussicht gestellt, was von mehr als seinem eigenen guten Willen abhängt. So kann Clausewitz am 23. Februar schreiben[6]: »Mit meiner Gesundheit geht es so gut, daß ich seit einigen Tagen außer dem Bett bin, seit gestern aber mich vorzüglich wohlfühle...«

Dieser 23. Februar 1809 ist in vieler Beziehung für seinen Lebensgang von Bedeutung. So kann er unter diesem Datum an seine Verlobte weiter schreiben[7]: »Heute... bin ich von Seiner Majestät, dem König, zur Arbeit beim Kriegsministerium, d. i. zur Disposition des Generals v. Scharnhorst angestellt. Jetzt eben hat mich Prinz August verlassen, mit dem ich Ursache habe, außerordentlich zufrieden zu sein. Nach seiner Rückkunft hat er mich dem König mit vielen Lobeserhebungen zum wirklichen Capitain vorgeschlagen, die Idee meiner Anstellung bei Scharnhorst aber nicht berührt. Nachdem er von Scharnhorst unterrichtet war, daß der König mich zum wirklichen Kapitän ernennen würde, machte er mich vorgestern damit bekannt und berührte die Sache meiner anderweitigen Verwendung sehr leicht und ohne alle Empfindlichkeit, doch so, als ob es noch im weiten Felde wäre, weil dem König noch kein Vorschlag darüber gemacht sei. Indessen war ich eines Besseren unterrichtet. Diesmal hat Scharnhorst die Sache nicht liegen lassen. Mit der Kabinettsorder, welche mich zum wirklichen Capitain ernannte, kam zugleich die Bestimmung, daß ich beim allgemeinen Kriegsdepartement arbeiten sollte. Der Prinz schickte mir die Kabinettsorder herüber und kam etwas später selbst. Er berührte die Sache wieder ganz leicht, obwohl ihm diese schnelle Veränderung doch ein wenig zu mißfallen schien. Er fragte mich, ob ich ihn würde (nach Berlin) begleiten können: ich erwiderte, daß dies in keinem Fall mein Gesundheitszustand erlaube — ›und dann wird Sie auch Scharnhorst wahrscheinlich nötig brauchen‹, sagte er, ›ich werde mir daher, bis ich einig bin über die Wahl eines Adjutanten, einen Artillerieoffizier ad interim nehmen.‹ Ich sprach dann noch etwas mit ihm über die Einrichtung seiner Ökonomie, und so schieden wir ganz freundlich, freilich ohne große Rührung, aber doch auch ohne Empfindlichkeit voneinander.«

Neuer Anfang

Clausewitz hatte sein nächstes Ziel erreicht; die Zeit der Vorbereitung war abgeschlossen. Seit 1803 hatte sie ihm wichtige geistige und menschliche Bereicherungen gebracht: den Eintritt in die große Welt, die Kenntnis der Hof-Gesellschaft und der Staatsverhältnisse aus nächster Nähe, und vor allem die Begegnung mit Marie von Brühl und damit das Erlebnis der großen gegenseitigen Liebe. Überall hatte er Fortune: Selbst die Gefangennahme von 1806 hatte sich in eine abwechslungsreiche Bildungsreise verwandelt und Begegnungen mit bedeutenden Zeitgenossen gebracht. Nach zehn Monaten in der Fremde, die seinen Geist außerordentlich erhellten, kehrte er nach Berlin zurück und schloß seine heimlich Verlobte in die Arme. Dann war er in eine neue, zunächst lockere Verbindung zu Scharnhorst getreten, während sein Adjutantendienst weiterlief, und nun geschah, was er immer erhofft, ja als sein nächstes Ziel angesehen hatte: Er war dem »Vater« seines Geistes zur Verfügung gestellt und tat nun Dienst an dessen Seite. Schon vorher war er von Scharnhorst eingeweiht, ins Vertrauen gezogen worden: Eine andere, sehr viel höhere »Ökonomie« war es nun, um die er sich zu kümmern hatte als um die eines königlichen Prinzen. Der wirkliche Kapitän Carl von Clausewitz war nun eine der Schlüsselfiguren der Reorganisation des preußischen Heeres geworden, praktisch die rechte Hand Scharnhorsts. Seit 1801 hatte er mehr oder minder eine »Vita contemplativa« geführt, in der andere über ihn verfügten; nun war er zwar auch nicht sein freier Herr, aber er stand im Dienste des Mannes, den er von allen Zeitgenossen am meisten schätzte und verehrte, und mit diesem vor einer Aufgabe, die ihresgleichen suchte. So steht der Brief vom 23. Februar am Anfang eines neuen Lebens nach eben überstandener Krankheit. Die Trennung vom Prinzen August ist auf noble Weise erfolgt, so wie es Marie immer gewünscht hat, und auch wirtschaftlich war ein erheblicher Fortschritt zu verzeichnen[7a]: »Mit meinem Avancement ist auch eine sehr erwünschte Verbesserung meines Gehaltes verbunden, ich werde solange die Abzüge dauern, 900 Taler jährlich haben; hören die Abzüge auf, freilich ein Zeitpunkt, der nicht viel besser als imaginär ist, so habe ich 1300 und mit einigen kleinen Emolumenten* zwischen 1400 und 1500 Taler.« Über Scharnhorst, seinen verehrten »Meister«, schrieb Clausewitz in seinem berühmten Nachruf später in Rückerinnerung an diese Jahre in Königsberg und dann in Berlin[8]: »Der König hatte den General Scharnhorst, ohne ihm den Namen eines Kriegsministers zu geben, an die Spitze des Kriegsdepartements gestellt. Stein war damals erster Minister. Die genaue Verbindung, in welche diese beiden ausgezeichneten Männer miteinander traten, erleichterte die Grundlegung zu Preußens innerer Vergrößerung und Ermannung. Durch Herrn vom Steins neue Organisation der Zivil-Administration kam Sparsamkeit und Ordnung in die Finanzen, und die politische Verfassung der bürgerlichen Gesellschaft tat einen mächti-

---

* Nebeneinkünften

gen Schritt vorwärts, wodurch dem Bürger neues Vertrauen und neues Leben eingeflößt wurde. Das folgende Ministerium bestand aus Männern, die, soviel es ihnen ihre freilich veränderte Stellung erlaubte, in dem Sinne des Herrn vom Stein fortarbeiteten und den General Scharnhorst nach Möglichkeit unterstützten. Dieser aber strebte nur nach seinem Ziel, mit einem Geist weiser Sparsamkeit und politischer Klugheit, die Bewunderung verdienen.«

Wie Scharnhorst das im einzelnen machte, beschreibt dann Clausewitz weiter so[9]: »Von allem Schlendrian alter Administrationsgrundsätze loslassend, allen Widerspruch der sogenannten Männer vom Handwerk zurückweisend, immer auf das Wesen der Sache sehend, schuf er in wenigen Jahren, ohne auffallende Mittel und außerordentliche Unterstützung die Ausrüstung und Bewaffnung eines dreimal so großen Heeres, als die preußische Armee selbst war. Er stellte die Festungen her und führte bei der Armee ein System ein, wonach alle drei Monate eine Anzahl Rekruten eingezogen und ausgebildet und wieder entlassen wurden, was dem Lande eine Menge notdürftig gebildeter Krieger verschaffte, die beim ersten Aufruf sich zur Fahne stellen konnten. Was aber das Wichtigste war, er bereitete die Idee einer allgemeinen Landwehr nach dem Beispiel Österreichs vor. Obgleich diese Idee damals nicht in wirkliche Ausführung übergehen konnte, so war es doch von einer entscheidenden Wichtigkeit, daß sie nach und nach in den Köpfen reifte und sich allgemein verbreitete, daß der Glaube an die Möglichkeit dieser heilbringenden Institution gegründet wurde.«

In der Tat vollzog sich von 1807 bis 1813 in Preußen eine Veränderung, die fast ans Wunderbare grenzt. Selbstverständlich hatte sie mit den größten Widerständen gegen die »Ausländer« Stein, Scharnhorst und Gneisenau zu kämpfen. Alle drei aber mußten gleichzeitig mit Feinden besonderer Art rechnen; sie mußten vor den französischen Spitzeln und Agenten wie vor deren deutschen Helfershelfern auf der Hut sein. Jeder von ihnen bekam das auf seine Weise zu spüren: Stein mußte abtreten und ins Exil gehen, kaum daß er die großen Reformen eingeleitet hatte, Gneisenau »vom Fenster verschwinden«, wie man heute zu sagen pflegt, nur

Scharnhorst konnte bleiben, weil er offiziell in den Hintergrund trat und sich im übrigen so unauffällig verhielt wie nur möglich. Zu Beginn des Jahres 1809 hatte er, ähnlich wie sein Meisterschüler Clausewitz, eine ernsthafte gesundheitliche Krise durchzustehen. Aber er überwand sie und blieb bis 1813 der rocher de bronce der Reformzeit, seit 1810 allerdings hinter den Kulissen.

Preußen 1809

Die damaligen Verhältnisse in Preußen werden von dem aufmerksam-kritischen Beobachter, zu dem sich Clausewitz unterdessen entwickelt hatte, folgendermaßen beurteilt[10]:
»Der Zustand der politischen Meinung in Preußen war damals, wie er unter solchen Umständen überall sein wird. Es hatten sich, soweit dies bei dem Charakter des ruhigen Norddeutschen vorkommen kann, zwei Parteien gebildet, von denen die eine an keine Möglichkeit glaubte, Frankreich von seiner Höhe gestürzt zu sehen, und deswegen ein enges Anschließen an dasselbe für den einzigen Rettungsweg ansah, während die andere, auf neue Kriege, auf unvorhergesehene Ereignisse, auf Volkswiderstand rechnend, nichts so sehr fürchtete, als daß durch ein solches Anschließen Preußen sich selbst für den günstigen Moment die Hände binden oder gar, anstatt ihn herbeizuführen, ihn entfernen würde. Nachdem Herr vom Stein in Folge des bekannten Briefes entfernt worden war, hielt sich das Ministerium in einer diskreten Ruhe... und wenn einzelne Männer in demselben es weder für unmöglich noch für sündlich hielten, einst aus dem Kerker auszubrechen, so sahen sie sich in ihrer Lage nicht veranlaßt, sich darüber stark auszusprechen. General Scharnhorst aber, der seine ganze Tätigkeit den Vorbereitungen dazu gewidmet hatte, mußte den Geist des Widerstandes, das empörte Gefühl über die Unterdrückung, die sich hin und wieder regten, gerade als die edelsten und wirksamsten aller Mittel betrachten, die er in der Hand des Monarchen zu vereinigen

bemüht war. Er mußte also diesen Geist und diese Partei vor dem Throne vertreten, soweit es das andrängende Mißtrauen der anderen gegen dieselben nötig machte. — Obgleich er durch sein taktvolles, ruhiges, tief verschlossenes Wesen die Aufmerksamkeit und den Verdacht der Franzosen lange von sich entfernt hielt, so waren doch seine Stellung und sein politischer Glaube in Preußen zu bekannt, als daß nicht die antifranzösische Partei sich an ihn hätte wenden sollen. Daher wurde er ihr Fürsprecher beim König und ein heilsames Band zwischen ihr und dem Throne.«

Diese antifranzösische Partei — die »Widerstandskräfte«, wie man später gesagt hätte — war keine Untergrundbewegung und hatte auch mit politischer Konspiration wenig zu tun. Dem Geist der Zeit entsprechend war sie vielmehr eine Vereinigung von Offizieren, höheren Beamten, Professoren und Studenten; sie hatten sich zusammengetan, pflegten vaterländischen Geist, befleißigten sich eines vorbildlichen Lebens und bereiteten den Volksaufstand gegen die Besatzungsmacht vor, insgeheim versteht sich. Ihre Bedeutung und ihr Einfluß aber wurden überschätzt. Es war der vielberufene »Tugendbund«. Natürlich war er den Franzosen verdächtig, denen man aufgebauschte Informationen hinterbrachte[11]. Damals war Baron Louis de Bignon, später als Diplomat und Schriftsteller bekannt geworden, Kommissar der besetzten preußischen Gebiete. Als führende Mitglieder wurden ihm u. a. Freiherr vom Stein, die Generale Blücher und Scharnhorst, der Oberst von Gneisenau und die Majore von Clausewitz und Tiedemann bezeichnet. Aber das stimmte nicht, denn die Teilnahme gerade der Genannten an dem Bund ging über gelegentliche Fühlungnahme mit anderen Patrioten nicht hinaus, und sie hüteten sich sämtlich, sich auf diese Weise zu exponieren. Bereits Ende 1809 ist dann der »Tugendbund« der Auflösung verfallen. Immerhin hatte er Vorarbeit für die Befreiung geleistet.

1809 wurde für die deutschen Patrioten ein Jahr der Hoffnungen, denen dann um so größere Enttäuschungen folgen sollten. Noch war die Macht Napoleons ungebrochen, wenn es auch schon im Gebälk seines Imperiums knisterte. Denn seit 1808 war er bereits in eine Art von Zweifrontenkrieg verwickelt, nachdem er mit dem spanischen Volksaufstand nicht fertig wurde. Das bestärkte auch Österreich zur Kriegserklärung im April 1809. Gleichzeitig erhoben sich die Tiroler Bauern gegen die Fremdherrschaft. Clausewitz schreibt am 23. April an Marie von Brühl unter dem Eindruck dieser Ereignisse[12]: »Welch ein wichtiger Augenblick ist der jetzige! Unendlich viel interessanter als der von 1805 und 1806, teils weil er einer großen Umwälzung der Dinge so viel näher steht, und nach aller menschlichen Klugheit zu urteilen, der nächste und letzte große Moment ist, den es noch vor dieser Umwälzung gibt, teils weil mancher große Umstand jetzt mehr begründete Hoffnungen gibt als damals. Der Kampf der ganzen spanischen Nation um Selbständigkeit, die große Anstrengung Österreichs und seine Vorsicht, die Stimmung Deutschlands, die verhältnismäßig große Schwäche der französischen Militärmacht, alles das sind große Grundzüge, welche wenigstens zu dem Glauben berechtigen, daß nicht alles mit wenigen großen Schlägen abzutun sein wird: und in der Dauer des Kampfes liegt unvermeidlich der Untergang des französischen Obergewichts und also die Rettung des Vaterlandes.«

Clausewitz hatte inzwischen erreicht, wonach er seit seiner Rückkehr aus der Verbannung strebte: Aus einem prinzlichen war endlich ein militärischer Adjutant geworden. Er sah eine neue Laufbahn vor sich, wenn auch in einer schmählich reduzierten Armee.

Aber die Laufbahn war ihm wohl nicht einmal das wichtigste, trotz ihrer Bedeutung für seine künftige Existenz; noch mehr bedeutete ihm sicher, daß ihn das Haupt der Reformer, Scharnhorst, als nächsten Gehilfen heranzog. Das bedeutete zugleich, daß er in die geheimsten Pläne des Generals eingeweiht wurde und teilnehmen sollte an ihrer Verwirklichung. Er hatte unmittelbar Anteil an der Revolution von oben, der Erneuerung der Armee, ihrer Verbindung mit den Bürgern, der Verschmelzung mit dem Volk. Er sollte mitwirken, daß sie heraustrat aus ihrer ständischen Isolierung. Das war, was er selbst seit langem als notwendig erkannt hatte; nun konnte er mit persönlichem Einsatz dazu beitragen, daß das Projekt sich verwirklichte, Hand und Fuß bekam, Fleisch und Blut wurde.

Clausewitz lebte auf. Am Ende des Briefes vom 23. Februar, in dem er die Ernennung nun seiner Verlobten mitteilt — vorher ist auch von dem glücklichen Avancement seines ältesten Bruders Wilhelm die Rede — schreibt er bewegt: »Mir ist, als träte ich aus einer kalten Totengruft in das Leben eines schönen Frühlingstages zurück[13].« Die neue Aufgabe bringt allerdings auch eine Umstellung von der vita contemplativa der letzten Jahre zu der vita activa, so daß man bereits in dem Brief vom 9. März aus Königsberg erfährt: er sei die ganze vergangene Nacht genötigt gewesen, beim General durchzuwachen[14]. Welche Arbeit hat es für ihn gegeben?

Darüber schweigt Clausewitz selbst seiner vertrauten Marie gegenüber. Die durchwachte Nacht aber hängt mit der großen Lage zusammen: Ganz Europa ist in Gärung. Der Aufstand in Spanien geht weiter, auch Napoleon selbst wird nicht mit ihm fertig[15].

Tiefe Unruhe hat Volk, Soldaten und Offiziere erfaßt, seitdem Österreich zum Krieg rüstet, dem sich auch der Zar anschließen wird: Vielleicht ist der Tag der Befreiung schon vor der Tür. In dieser Richtung gehen die Gedanken von Clausewitz voraus. Er denkt sogar daran, in österreichische Dienste zu treten. Aber dann bringt das Jahr 1809 eine Kette von Enttäuschungen, politisch wie militärisch, und Napoleon scheint fester im Sattel zu sitzen als je.

Noch ist es nicht so weit. Auch Clausewitz bleibt in Königsberg, immer noch von seiner Geliebten entfernt. Bei dieser langen Trennung aber muß er es erleben, daß auch sie einmal angefochten wird. Und es ist niemand anders, der diese Versuchung für sie zu bringen scheint, als der tragische Held dieses Jahres in Preußen, Ferdinand von Schill.

*Abb. 22. August Neithardt Graf von Gneisenau (1760–1831) als Feld-
marschall zu Pferd mit seinem Stabe (1825)*

*Abb. 23.
Karl Friedrich
Freiherr von dem
Knesebeck
(1768–1848),
Generaladjutant
Friedrich
Wilhelms III., 1844
Feldmarschall;
Hauptgegner der
Reformer
— Gemälde von
Steuben, 1814 —*

CARL FRIEDRICH
von dem KNESEBECK

Abb. 24. Das Clausewitz-Denkmal auf dem ehemaligen Garnisonsfriedhof in Breslau, das 1906 enthüllt wurde

Abb. 25. Gedenkstätte für Carl von Clausewitz in Burg bei Magdeburg, Einweihung anläßlich seines 140. Todestages am 16. 11. 1971

Sechstes Kapitel
Versuchungen und Versuche

1809 wurde ein Jahr der politischen und militärischen Versuchungen in Europa, da man glaubte, der Stern Napoleons sei schon im Sinken, aber auch ein Jahr der persönlichen Versuchung für Marie von Brühl, die sich offenbar anderweitig stark engagiert hatte, bis das Schicksal eingriff und sie wieder ihrem Carl von Clausewitz zuführte. Dessen lange Erkrankung hängt offenbar damit zusammen, von der doppelten Gemütsbewegung mit verursacht. Jedenfalls waren seine Wünsche und Hoffnungen der Wirklichkeit weit voraus. Aber Clausewitz teilte den Optimismus in dieser Beziehung mit den Regierungen in Wien und London, mit den aufständischen Tirolern und vor allem mit nicht wenigen Preußen, die glaubten, die Zeit der Befreiung sei schon gekommen. Ein verwegener Reiterführer wie Ferdinand von Schill war ebenso darunter wie der Dichter Heinrich von Kleist und der junge Historiker Friedrich Christoph Dahlmann.

Man kann die Ereignisse und ihren Widerhall ziemlich genau in den Briefen verfolgen, die Clausewitz an seine Verlobte schrieb. So teilt er ihr unter dem 23. April mit[1]: »Wir haben hier gestern die halboffizielle Nachricht gehabt, daß die Österreicher am 10. in Hof eingerückt wären, woraus denn die Feindseligkeiten von selbst folgen würden... Tirol wird sich schnell in die Arme der Österreicher werfen, Hessen, das nördliche Deutschland und Franken werden voll Unruhe und Bewegung sein; der König von Westfalen wird das erste Opfer dieser Bewegungen werden und wie wenig auch dies alles zu sein scheinen wird, so wird es doch mehr *bedeuten* als man glaubt. Es wird die Lage der Franzosen in Deutschland sehr schwierig machen; *in Spanien aber wird es ihren Untergang herbeiführen.*«

In der Tat gärte es überall unter den preußischen Patrioten. Viele wollten in fremde Kriegsdienste treten, um gegen Napoleon zu fechten, nachdem sich König Friedrich Wilhelm III. weigerte, hier durchaus mit sicherem politischem Instinkt, sich in kriegerische Abenteuer einzulassen, dazu noch am Anfang der eben in Gang gebrachten Reformen. Aber der junge Clausewitz war seiner leidenschaftlichen Natur und seinem damals glühenden Patriotismus entsprechend durchaus für das Bündnis mit Österreich. Mariens jüngerer Bruder Friedrich war in österreichische Dienste getreten; Grolman ging nach Spanien, um dort auf der Seite der Volkserhebung zu kämpfen. Clausewitz hegte ähnliche Pläne, blieb aber dann an der Seite Scharnhorsts, der ihm wohl sagte, daß er hier notwendiger sei als auf einem fremden Schlachtfeld.

Er war lange krank gewesen. Nicht unbeteiligt daran war, wie gesagt, offenbar das lange Stillschweigen seiner Marie, das er sich nicht erklären konnte. In der Tat klafft in dem gedruckten Briefwechsel zwischen dem 7. Januar und dem 23. Februar 1809 eine auffallende Lücke. An diesem und am nächsten Tag schreibt Marie wieder liebevoll und zärtlich, doch relativ kurz, und dann ist wieder eine längere Pause bis zum Brief vom 17. März, in dem es heißt[2]:

»Ich bin eigentlich ganz untröstlich, daß Du jetzt nicht hier bist, mein geliebter Freund, denn unmöglich könnte sich alles besser vereinigen, um uns täglich und auf eine angenehme Weise das Glück zu verschaffen, uns zu sehen, freilich nicht *allein*, aber doch in einem Zirkel von Freunden, mit denen Du Dich bald ganz bekannt fühlen würdest. Wenn der Hof kommt, wird es doch nicht mehr ganz dasselbe sein, denn Luise wird mehr ausgehen und es wird alsdann schon einer Verabredung bedürfen, um sich bei ihr zu vereinigen. Jetzt ist sie alle Abend zu Hause und ich gehe ebenso regelmäßig alle Abend gegen neun Uhr zu ihr, und da sie mehrere Männer ein für allemal eingeladen hat, und auch täglich einige hinkommen, so wäre es ganz natürlich, daß Du dasselbe tätest. Von Frauen kommt niemand hin als Friederike, Julie Goltz und zuweilen, doch nur selten, Pauline. Mein Vetter und Schill[3], dessen nähere Bekanntschaft Dich gewiß interessieren würde, sind tägliche Gesellschafter; ab und zu kommen die beiden Arnim, besonders der Dichter[4], der im gesellschaftlichen Umgang so einfach und angenehm ist, daß man ihn gar nicht für den Autor so toller

Schriften halten sollte, der Graf Arnim, der junge Goltz, W. Humboldt, Kettenburg usw.«

So war in der Tat jeden Abend bei Prinzeß Luise eine auserwählte Gesellschaft versammelt — eine Elite von Dichtern, Offizieren und geistig bedeutenden Zeitgenossen, wie sie nun einmal zum Umgang der Brühls gehörten. Von allen Anwesenden, die sich hier regelmäßig trafen, war Marie offensichtlich von Schill am stärksten beeindruckt; das verraten ihre Briefe. Wie Carl in Coppet mit der literarischen, so kam Marie nun in Berlin mit der kriegerischen Romantik in Kontakt — ja, es scheint sogar, daß sie sich in den verwegenen Husarenobersten ein wenig verliebt oder doch für ihn geschwärmt hat.

Ferdinand von Schill, übrigens auch in Sachsen geboren, damals 33 Jahre alt, hatte sich schon in Kolberg ausgezeichnet und darum bereits in jungen Jahren das Kommando über das Berliner Husarenregiment erhalten. Er muß eine ähnliche Ausstrahlung gehabt haben wie Prinz Louis Ferdinand, der die Frauen anzog, ja faszinierte, aber auch junge Männer um sich scharte. Auch Marie von Brühl hat wahrscheinlich mehr als nur Freundschaft für diesen Husaren empfunden. Denn am 29. April 1809, abends 11 Uhr, schreibt sie an Clausewitz[5]: »Die große und, so Gott will folgenreiche Begebenheit, die sich gestern zugetragen hat, setzt alle Menschen in eine solche Bewegung, daß ein Besuch auf den anderen folgte, und ich erst jetzt ein wenig zur Besinnung komme. Was Du als Militär zu dieser kühnen Tat sagen wirst, weiß ich nicht, aber ich kann mich nicht enthalten, ihm meine höchste Bewunderung zu zollen und dem lieben Flüchtling vom Grund der Seele Glück und Segen zu wünschen. Innig gerührt hat es mich, daß er sich noch in den letzten Augenblicken unser erinnerte und noch eine Stunde, ehe er mit dem Regiment ausrückte, auf einen Augenblick zu uns kam, wahrscheinlich, um stillschweigend Abschied zu nehmen. Der gute Schill. Er wußte wohl, welchen herrlichen Anteil wir an ihm nehmen und mit welchen aufrichtigen Segenswünschen wir ihn begleiten würden. — Die alten Damen (Mama und einige ehrenvolle Ausnahmen abgerechnet) und die alten Stabsoffiziere schnitten schreckliche Gesichter, aber das Publikum soll im höchsten Enthusiasmus über den Entschluß seines Helden sein und es sollen ihm, wie man versichert, eine Menge Leute heimlich folgen... Übrigens halte ich unseren Helden bei all seiner Lebhaftigkeit für nichts weniger als unüberlegt und ich bin überzeugt, daß er diesen Schritt nicht gewagt hätte, ohne wichtige Ursachen und ohne die Gewißheit, ihn mit Ehren und zum Heil seines Königs und seines Vaterlandes behaupten zu können.«

Von nun an spielt Ferdinand von Schill und der verwegene Kriegszug, den er unternimmt, um das Fanal zum Volksaufstand zu geben, eine große Rolle in den Briefen Mariens, ja manchmal ist er darin die wichtigste Figur. Ist das dem Empfänger nicht aufgefallen? In den überlieferten Briefen von Clausewitz ist trotzdem von Eifersucht keine Rede; im Gegenteil, schon am 27. Dezember hatte er aus Königsberg geschrieben[6]: »Deine Tanzlust, liebe Marie, tadle ich so wenig, daß ich mich vielmehr aufrichtig freue, wenn sie Dir zuweilen einen angenehmen Abend verschafft; überhaupt so wenig diese Zeit im allgemeinen den Charakter der Freude und des Vergnügens an sich trägt, so wäre es doch lächerlich, Freude und Vergnügen überall, wo sie sich freiwillig einfinden, verbannen zu wollen.« Kurz darauf folgt der Anfall von »Nervenfieber«, das wochenlang anhält, als die Briefe aus Berlin so lange ausbleiben. Und in eben diesen Wochen ist Marie Abend für Abend in einer Gesellschaft, in der der junge Husarenoberst *die* eindrucksvollste Figur ist. Daß er da eifersüchtig sein könnte, liegt nahe. Indessen gibt Clausewitz nichts dergleichen zu erkennen; er schreibt vielmehr am 10. Mai seiner Marie, zunächst durchaus beipflichtend[7]: »Schills Tat wird hier vom Militär allgemein verdammt, und die alten Herren schnauben vor Wut, nicht allein gegen ihn, sondern auch gegen seine ehemaligen Protektoren.« Damit ist wohl vor allem Gneisenau gemeint. Auch der König ist natürlich indigniert. Er hat den Kommandanten von Berlin, Oberst Chasot, abberufen und nach Königsberg zitiert. Die Verknöcherten sind wieder obenauf, die »Französlinge« toben, wie der alte Feldmarschall v. Kalckreuth, unter dem Clausewitz vor Mainz gedient hat, und Gleichgesinnte. Scharnhorst aber, angeschlagen von der Rußlandreise zurückgekehrt, ist immer noch krank. Er ist »finster und ganz in sich gekehrt: der König scheint kaum Notiz von ihm zu nehmen«. Dann bekennt sich auch Clausewitz zu Schill und schreibt wörtlich: »Schills Tat flößt mir großen Respekt für ihn ein, denn sie zeugt von ungewöhnlicher Geistesstärke. Ungeachtet ich an seiner Stelle nie so angefangen haben würde, so wird er doch dadurch in meinen Augen kein schlechter Mensch, wie ihn hier diejenigen nennen, die im rechten Gegensatz sich für Freunde des Königs und Vaterlands ausgeben... Es scheint, daß die Herren vom alten Schlage hier vorzüglich die Schrecken einer Revolution fürchten und darum so lange und blasse Gesichter machen. Diese Unruhen, die jetzt eintreten, haben wir vor sechs Monaten prophezeit, als man den Traktat unterzeichnete, damals aber wollte niemand hören: jetzt ergreift man Menschen und Mittel, die die Sache noch verschlimmern werden.«

Am 8. Mai berichtet Marie von Brühl über Schill[8]: »Unserem Helden geht es bis jetzt sehr gut; er ist in Dessau, Köthen und Bernburg mit lautem Jubel aufgenommen worden; die Bernburger Garde ist ihm gefolgt, in Halle hatte er die preußischen Adler aufgepflanzt und die alten Autoritäten wieder eingesetzt und bei Dodendorf hat er die Magdeburger Garnison, die ihm entgegengerückt war, aufs Haupt geschlagen und ihr mehrere Kanonen abgenommen; nun vermutet man, daß er sich nach dem Harz ziehen wird. Ich bin sehr begierig, zu erfahren, was Du zu dieser Expedition sagst, mein teurer Freund; nach den gewöhnlichen Regeln militärischer Subordination ist ein solcher Schritt freilich nicht gutzuheißen, aber dennoch erfüllt mich die mutige Entschlossenheit unseres Helden mit Bewunderung.«

Auch Marie von Brühl befällt das patriotische Fieber dieses Jahres: Die Schlacht bei Aspern, in der Napoleon zum ersten Male einen Rückschlag erlitt, ist die große Sensation, der Name des Siegers, des Erzherzogs Carl, in aller Munde. Ein Bericht darüber wird gedruckt und ist »in den Händen der ganzen Stadt[9]«. »Die mündlichen Erzählungen des Kuriers von der ungeheuren Tapferkeit der Truppen, von dem Enthusiasmus, mit welchem Kaiser Franz selbst von den Schwerverwundeten empfangen wurde, als er nach der Schlacht mit seinem Bruder das Schlachtfeld besah, und von der Stimmung des Landes sind wirklich rührend ... Ich schwanke zwischen Furcht und Hoffnung und erwarte mit Ungeduld Nachricht von Dir, Dein Urteil wird das meinige leiten und nur wenn Du hoffst, werde ich mich ganz freudigen Empfindungen überlassen.«

Und hier die Lagebeurteilung von Clausewitz nach der Schlacht von Aspern am 21./22. Mai in dem Brief vom 9. Juni[10]: »Die politischen Angelegenheiten stehen, so viel ich davon einsehe, trotz der gewonnenen Schlacht sehr schlecht. Die mächtige und große Basis meiner Hoffnungen war in der unglaublich günstigen Lage der Provinzen vorhanden. Diese wird teils gar nicht benutzt, teils schlecht, teils wird sie sogar zerstört. Daß Kolowrat[11] gegen Sachsen und Württemberger nichts ausrichten kann, daß man in Tirol nicht stark genug ist, um den Bayern den Eingang zu verwehren, endlich und vor allem aber, daß der Erzherzog Johann die italienischen Pässe unverteidigt läßt, Tirol abandonniert und sich, wie es mir höchst wahrscheinlich ist, über Ungarn zurückzieht, ist doch wirklich schlechter, als ichs erwartet habe ... So wie der Besitz von Tirol mehr war als ein glänzender Sieg, mit dem Erzherzog Carl den Feldzug eröffnet hatte, so ist dieser Rückzug von der italienischen Grenze bis gegen Wien mehr als eine entscheidende Niederlage. Wir dürfen großen und schrecklichen Resultaten entgegensehen; obgleich noch in diesem Augenblick die ungeheuren Vorteile der österreichischen Lage zwar im Verschwinden, aber noch nicht ganz verschwunden sind.«

Und Schill? Sein Wagemut hat sich als größer erwiesen als sein operatives Können, das hat auch Marie eingesehen, als sie am 2. Juni mitteilt[12]: »Mit wahrem Schmerz muß ich gestehen, daß mein guter Schill und sein Unternehmen meinen Erwartungen nicht ganz entsprechen. Ich habe es mir lange selbst kaum gestehen wollen, und glaube auch noch, daß bei allem, was man von ihm erzählt, der Neid, von welchem selbst die Besseren gegen ihn nicht frei sind, vieles Nachteilige hinzusetzt; dennoch scheint deutlich daraus hervorzugehen, daß er in einem Augenblick edler Begeisterung eine Sache unternommen hat, *der er nicht gewachsen* ist ... Was mich am meisten für ihn betrübt und mutlos macht, ist sein planloses Hin- und Herschwanken, über welches leider nur eine Stimme ist. Es ist ewig schade, daß dies herrliche Instrument nicht eine Hand gefunden hat, die es gehörig zu gebrauchen wußte!... Schills gänzlicher Untergang würde mir weniger wehe tun als der Gedanke, daß er der Erwartung nicht entspricht, die man von ihm hatte.«

Dieser gänzliche Untergang Schills war bereits am 31. Mai erfolgt: Der allzu Verwegene fiel in Stralsund im Straßenkampf. Sein Tod traf Marie von Brühl tiefer als der jedes anderen unter ihren Freunden. Er wird zum Anlaß eines langen Briefes am 8. Juni 1809 an ihren Verlobten, der einer Beichte gleichkommt. Wir geben ihn hier im Auszug wieder[13]: »Die bisherige Übereinstimmung unserer Meinungen gibt mir die tröstliche Gewißheit, daß Du auch meinen Schmerz über den tragischen Untergang unseres Helden innig mitgefühlt und vollkommen verstanden haben wirst. Wir sind an schmerzliche Empfindungen gewöhnt, dennoch hat mich lange nichts so tief ergriffen und, wie mir scheint, hat auch lange keine einzelne Begebenheit so viel Stoff zu Kummer und Wehmut vereinigt, und mein persönliches Interesse an den gefallenen Helden, so sehr es meinen Schmerz vermehrt, trägt doch nur wenig dazu bei, mich die Sache aus diesem Lichte betrachten zu lassen. Es ist nicht bloß das Fehlschlagen einer Unternehmung einer wahren Heldenschar, das ich betraure, sondern die allgemeine Mutlosigkeit, die dieser Sieg des schlechten Prinzips über edle Begeisterung unter dem Volk verbreiten muß, das in dem Untergang seines geliebten Helden gewiß schon das traurige Vorspiel der eigenen Unterdrückung sieht...

Meine Anhänglichkeit an unseren unglücklichen Freund war so groß, daß ich mir beinahe Vorwürfe machte, Dir meine Zweifel an seinen Fähigkeiten, gegen die ich mich selbst so lange gesträubt hatte, mitgeteilt zu haben. Jetzt, da ich von der Sache weiß, sind meine Zweifel leider zur Gewißheit geworden und ich *muß* der Meinung derer beitreten, die behaupten, daß unser armer Freund seinem großen Unternehmen nicht gewachsen war und das Mißlingen desselben größtenteils seinen falschen Maßregeln zuzuschreiben ist...

Das persönliche Interesse, die wahre herzliche Freundschaft, die er mir eingeflößt hatte, vermehren zwar jetzt meinen Schmerz um ihn, aber es wird mir doch immer ein sehr wohltätiges Gefühl bleiben, diesen merkwürdigen Menschen näher gekannt zu haben, dessen Erscheinung durch den Enthusiasmus, mit welchem sie das Volk belebte, als das einzige glückliche Resultat der ganzen Unglücksperiode zu betrachten war — nun ist auch dieser Funken erloschen! Das Volk war durch ihn ordentlich poetisch geworden und selbst unter dem härtesten Druck des Feindes waren sie unerschöpflich in der Freude über seine Taten... Wir sind diese lebhafte Teilnahme des Volkes so wenig gewohnt, daß Berlin wirklich durch ihn ein neues Interesse erhalten hatte, seine Tätigkeit schien alles zu beleben und der bloße Anblick seines herrlichen Regiments erregte allgemeine Freude; es war aber auch das schönste, was ich in meinem Leben gesehen habe, nicht weil sie sich *gerade hielten und schön angezogen waren,* sondern weil ihr freier, entschlossener Anstand das Gepräge des Selbstvertrauens trug, das dem Soldaten so notwendig ist... Jetzt ist alles vorbei, wir sind wieder in unsere trockene Alltäglichkeit zurückgekehrt und diejenigen, die jetzt über uns gebieten, werden wohl Sorge tragen, daß dieser poetische Funke sich nicht wieder entzünde, wenigstens lassen sie es an kaltem Wasser nicht fehlen.«

Die Rache Napoleons und seiner Organe an den Schillschen Husaren war grausam. Wieder einmal, wie oft in der Weltgeschichte, zeigte es sich, daß zwar Könige großmütig sein und Gnade walten lassen können, aber nicht Emporkömmlinge der Macht: So wurden bekanntlich die elf Schillschen Offiziere in Wesel erschossen, die Husaren aber endeten als Galeerensträflinge, von denen keiner wieder nach Deutschland zurückkam. Wenn der englische Schriftsteller Vincent Cronin in seiner Napoleon-Biographie[14] mit keinem Wort Schill und das Schicksal seiner Husaren erwähnt, dann ist das Napoleon-Bild, das er entwirft, nach der idealistischen Seite hin verzeichnet. Auch daß der Nürnberger Buchhändler Johann Philipp Palm, der 1806 die anonyme Flugschrift »Deutschland in seiner tiefsten Erniedrigung« verlegte, auf Weisung Napoleons als des »Protektors« des Rheinbundes verhaftet, in Braunau vor ein

Kriegsgericht gestellt und erschossen wurde, gehört in dieses dunkle Kapitel. Selbst das verschweigt Cronin, während Dimitri Mereschkowskij in seinem Napoleon-Buch über Palm ausführlich berichtet[15]. Zu früh! Das ist die Quintessenz des Jahres 1809. Die Kraft des Kriegsgottes Napoleon war noch nicht gebrochen. In mancher Beziehung ähnelt es dem Jahr 1942; um die Ähnlichkeit noch zu unterstreichen, sei daran erinnert: 1809 waren die Engländer sozusagen probeweise auf der holländischen Insel Walcheren gelandet, 1942 die Kanadier im englischen Auftrag bei Dieppe. Beide Landungsversuche waren zum Scheitern verurteilt. Nur in Portugal hatte sich der spätere Herzog von Wellington mit einer Expeditionsarmee festsetzen können. Dieses reguläre Heer war dann der Rückhalt für die aufständischen Spanier. In Tirol fehlte dieser Rückhalt, so daß die Kraft des Aufstands nach aufsehenerregenden Anfangserfolgen bald wieder erlahmte. Außerdem waren nach dem Waffenstillstand, der dem Sieg Napoleons bei Wagram folgte, die Tiroler preisgegeben worden. Die Erfahrungen dieser Jahre wurden dann von Clausewitz später zu einem der wichtigsten Kapitel seines Sechsten Buches über Volksbewaffnung verarbeitet, in dem beispielsweise steht[16]: »Will man ... keinem Phantom nachjagen, so muß man sich den Volkskrieg in Verbindung mit dem Krieg eines stehenden Heeres und beide durch einen das Ganze umfassenden Plan geeinigt denken.« Das war in Spanien geschehen, in Tirol eben nicht. Marie von Brühl nimmt jedenfalls an den kriegerischen und politischen Ereignissen dieses tragischen Jahres auch weiterhin mit innerer Bewegung teil. So schreibt sie an Carl in einem längeren Brief unter dem 20. Juli[17]: »Eben wollte ich durch Mitteilung meines Kummers über die neuen schlechten Nachrichten und meiner Angst um meinen Bruder meinem gepreßten Herzen Luft machen, als Röder mit der Nachricht des *Waffenstillstandes* in mein Zimmer trat! Du begreifst, teurer Freund, daß ich nach einer solchen Nachricht nicht mehr fähig war, die Feder in die Hand zu nehmen, und daß ich es auch jetzt nur mit Zittern tue. Auf neue verlorene Schlachten, auf Fehler und Mißgriffe war ich vorbereitet, aber nicht auf eine solche Erbärmlichkeit, nicht darauf, daß der edle Geist, an dessen hellen Flammen sich ganz

Deutschland entzünden und erwärmen sollte, verlöschen würde wie ein leichtes Strohfeuer!«

Noch in dem letzten der aus diesem Jahr überlieferten Briefe der Komtesse von Brühl an Clausewitz vom 19. Oktober 1809[18] beschäftigt sie sich hauptsächlich mit den politischen Ereignissen, vor allem mit dem Frieden von Schönbrunn, der am 14. Oktober abgeschlossen wurde. Sie bejaht ihn, denn sie glaubt nicht mehr an einen sinnvollen Krieg gegen Napoleon, weil die Ausdauer fehlt, wie sich gezeigt hat. Dann schließt sie: »Ich gebe mir jetzt recht viel Mühe, meinen Blick von den großen Verhältnissen der politischen Welt, welchen das Schicksal doch früher oder später eine andere Wendung geben wird, abzuwenden und ihn nur auf das zu richten, was mich zunächst betrifft und was mir die nächste Zukunft bringen kann. Ich denke nur an diesen Winter, an die Möglichkeit, Dich hier zu sehen und dieses Glückes noch einmal recht froh zu werden; von allem, was jenseits liegt, sage ich wie Clärchen im Egmont: ›*Laß diese Zeit kommen wie den Tod. Daran zu denken, ist schrecklich*‹.«

Welche Wandlung hatte sich in den Jahren von 1804 bis 1809 in der deutschen Mentalität vollzogen! Auch die Briefe und Äußerungen von Marie von Brühl sind in dieser Beziehung typisch. Sie war von einer ausgesprochenen Vorliebe für die schönen Künste und Wissenschaften, wie von der Empfindsamkeit erfüllt und hatte auch »ihrem« Carl den Sinn dafür geöffnet. Aber bei dieser schöngeistigen Neigung war sie nicht stehen geblieben. Wenn sie in Clausewitz das Interesse an Goethe weckt, dann dieser das ihre für Schiller — da war dann offensichtlich nach dem »Wallenstein« vor allem »Wilhelm Tell« Anlaß, Marie von Brühl für das Vaterland zu begeistern. Dem kriegerischen Zweikampf zwischen Franzosen und Deutschen folgte der literarische. Die Französische Revolution hatte unabsehbare Wirkungen auf den deutschen Geist; sie belebte ihn, forderte ihn heraus, wie die französische Aufklärung die deutsche Romantik herausforderte und auf den Plan rief. Dann kam das Ausgreifen Napoleons nach Deutschland, kamen mit seinen überwältigenden Siegen die fremden Besatzungen ins Land. Da regte sich der Widerstand, wie er sich in allen eigenständigen

Völkern unter solchen Umständen regen wird, früher oder später. Härte, Übermut, Übergriffe taten das übrige. So verwandelten sich die deutschen Weltbürger, die Kosmopoliten von ehedem, wie Fichte beispielsweise, in bewußte Bürger ihres Vaterlandes. Aber die besten von ihnen vergaßen nie, daß man zur menschlichen Gesellschaft gehörte, der Humanität verpflichtet blieb, wie Herder und dann auch Fichte sie als weltgeschichtlichen Auftrag dieser deutschen Nation betrachteten. Sie war nun einmal weltoffen und mußte es bleiben, um nach dem Gesetz, nach dem sie angetreten, in die Weltgeschichte zu wirken. Auch Carl und Marie nahmen an diesem Wandlungsprozeß teil; sie wurden Patrioten, aber sie blieben nicht im Nationalen oder gar Nationalistischen befangen, das Nationale war nur das Fundament, von dem aus sie an der Weltgeschichte teilnahmen. Mit den Jahren und den Erfahrungen aber erweiterte sich ihr Blick, bis er das Ganze erfaßte: Das Ganze des Krieges als blutiger Erscheinungsform politischer und gesellschaftlicher Konflikte (durch Clausewitz) und das Ganze der Weltgeschichte als Weiterentwicklung des menschlichen Bewußtseins. Diese Wandlung ist als Frucht der weltgeschichtlichen Erschütterungen von 1789 bis 1815 zu betrachten, auch als weltrevolutionärer Vorgang, aber auf geistigem Gebiet. Clausewitz war es vorbehalten, das Militärische zu vergeistigen. Zunächst aber hatten die Deutschen und damit auch er noch eine Entwicklungsstufe zu durchlaufen, auf der ihr Patriotismus sie zum Handeln aufrief.

FÜNFTER TEIL

Vor der Befreiung

Erstes Kapitel
Zeit der Vorbereitung

I.

Das an sich so unglückselige Jahr 1809 endete für Clausewitz persönlich mit einem außerordentlichen Fortschritt. Er wird nach dem Zeugnis des späteren Generalfeldmarschalls v. Boyen[1] erster und vertrauter Mitarbeiter des Generals von Scharnhorst, besonders auch in den Plänen zur Heeresvermehrung und besseren Bewaffnung, was aus politischen Gründen geheimgehalten wird. Er bekam also eine ebenso dankbare wie verantwortungsvolle Aufgabe — und er zeigte sich ihr gewachsen. Diese Seite seines Wirkens ist bisher zu wenig gewürdigt. Es ist kennzeichnend für seine Verschwiegenheit in diesen Dingen, daß er selbst Marie von Brühl gegenüber keine näheren Angaben darüber macht und ihr über seine eben anlaufende Tätigkeit im allgemeinen Kriegsdepartement im Mai 1809 lediglich schreibt, es sei dort sein Geschäft, »wöchentlich zweimal eine übersichtliche Darstellung der stattgehabten Kriegsereignisse zu geben«. Er mußte sich natürlich auch die nötigen Informationen beschaffen und blieb so auf dem laufenden. Der Sammlung von Unterlagen und Einsichten für sein späteres Hauptwerk kam das außerordentlich zustatten.

So sind es hauptsächlich Personalien, die Clausewitz in dieser Zeit seiner Verlobten mitteilt, übrigens auch wichtige Zeugnisse dafür, in wie engem Zusammenhang er mit der Kerngruppe der Heeresreform steht, denkt, plant, gemeinsam arbeitet. Aber das alles sind erst Vorbereitungen, die im wesentlichen das Jahr 1809 ausfüllen. So die Nachricht vom 22. Mai[2]: »Mein General ist wiederhergestellt, arbeitet aber noch nicht. — Gneisenau wird in einigen Tagen hier eintreffen, worüber ich mich wenigstens insofern freue, als er mir die Gegenwart angenehmer macht. Er ist übrigens Oberster geworden.« Dann am 29. Mai[3]: »Endlich ist eingetreten, was ich so lange befürchtet habe, General Scharnhorst hat dem König um seine Entlassung von seiner jetzigen Stelle geschrieben. Ein zweiter Schritt, fürchte ich, wird diesem ersten bald folgen, nämlich die

Bitte um Entlassung aus dem Dienste. Knesebeck[4] ist wahrscheinlich gerufen, um den Vortrag beim König zu bekommen. Jetzt schließt sich erst mein Herz mit neuer jugendlicher Wärme an den teuren Freund, den Führer meiner Jugend, und ich fühle mich so stolz auf dieses Bündnis, daß mir das Leben darin einen neuen Glanz zu haben scheint. Noch nie hat es der König gewagt, uns, die wir kräftige Maßregeln wollten, ... und immer eine offene Stirn und Sprache führten, anders als die *gute Partei* zu nennen. Mag er sich auf seine eigene Gefahr von dieser guten Partei losreißen, weil er mehr Verstand zu haben glaubt als sie; wir dürfen dreist an die Zukunft appellieren. Gneisenau hat sich vorzüglich schön benommen bei dieser Gelegenheit.«

Nachricht vom 9. Juni[5]: »Der General ist aufs Land gezogen; er hat sich von den Geschäften soviel als möglich losgemacht; ich freue mich darüber, denn es wird ihm wohl tun. — So schwarz die Zukunft sich bewölkt, so bleibt mir doch ein Grad von Mut und Lebenskraft, der fast anfängt, mit meiner kalkulierenden Vernunft in Widerspruch zu geraten, der mir aber darum doch ein sehr willkommener Freund ist.«

Ist für diesen Grad von Mut und Lebenskraft noch Platz in Preußen, dessen Personalpolitik weitgehend der Sieger bestimmt? Clausewitz zweifelt und denkt deshalb daran, in österreichische Dienste zu treten, wie er am 19. Juni seiner vertrauten Freundin mitteilt. Oberst Steigentesch aus dem österreichischen Hauptquartier kam unterdessen an, der offenbar dergleichen vermittelt. Grolman ist bereits im Generalstab des Erzherzogs Carl angestellt. »An Grolman habe ich bereits geschrieben und werde den Brief durch Steigentesch besorgen; Steigentesch's Bekanntschaft habe ich heute im Radziwillschen Hause gemacht; morgen esse ich mit ihm bei Gneisenau und dann werde ich zu ihm gehen, um ihm meine Angelegenheit vorzutragen.« Das ist dann auch in den nächsten Tagen geschehen, wie aus dem Brief vom 26. Juni hervorgeht[6]: Hohe Gönner haben in dieser Sache inzwischen nach Österreich geschrieben und sich für Clausewitz eingesetzt: »In drei Wochen kann eine Antwort zurück sein: alsdann nehme ich unverzüglich den Abschied und gehe, versteht sich, über Berlin zur Armee ab.

Du wirst hoffentlich Teil an dem Vergnügen nehmen, teure Marie, was ich über diese glückliche Einleitung meiner Sache empfinde. Ich werde mich nur einige Tage in Berlin aufhalten, um Dich nach jahreslanger Abwesenheit noch einmal an mein Herz zu drücken, und dann soviel als möglich beeilen, bei der Armee anzukommen.« Clausewitz hat Grund, sich nach einem anderen Wirkungskreis umzusehen. Scharnhorst tritt in den Hintergrund und Gneisenau ist offiziell vom König als Persona ingrata erklärt. In diesem Sinn ist die deprimierende Nachricht zu verstehen[7]: »Gneisenau wird in wenigen Tagen um seinen Abschied anhalten, der ihm auch schon zugesagt ist, und nach England gehen; ich hoffe aber, er ist darum nur um so weniger für das deutsche Vaterland verloren. Dies aber bleibt ganz unter uns, denn es wissen nur wenige darum … Ich hoffe mich mit Gneisenau früh oder später wieder zusammenzufinden. Des Generals Schicksal ist noch immer nicht entschieden, und ich finde es sehr unweise, daß er nicht mehr darauf dringt.« Inzwischen hatte der Sieg Napoleons bei Wagram am 5./6. Juli den Krieg gegen Österreich entschieden. Der Waffenstillstand folgte, Friedensverhandlungen begannen. Aber so schlecht waren damals die Nachrichtenverbindungen, daß Clausewitz erst am 20. Juli schreiben kann[8]: »Seit Sonntag haben wir die unangenehme Nachricht von der verlorenen Schlacht, ohne bis heute etwas über den weiteren Verlauf gehört zu haben.« Aber noch hofft er auf den Erfolg der englischen Landung auf der Insel Walcheren. Auch die große politische Lage, von der er immer ausgeht, beurteilt er noch nicht hoffnungslos. So endet der Brief: »Was mein eigenes Schicksal betrifft, so verharre ich bei dem Entschluß, zu den Österreichern zu gehen. Ich hoffe, die unglücklichen Begebenheiten werden höchstens eine Verzögerung meiner Antwort veranlassen; sollte sie ganz ausbleiben, so gehe ich vielleicht nach Norddeutschland, um von den Engländern angestellt zu werden. Gneisenau ist nach England, um sich und *andere* für den norddeutschen Dienst anzubieten. Ich bin mit ihm in enger Verbindung geblieben.«

II.

Indessen wird eine andere Anziehungskraft wirksam: Clausewitz
bleibt. Die Zusammenarbeit mit Scharnhorst hatte am 4. Dezember 1808 begonnen, damals noch lose als dessen literarischer Faktor, aber bereits die Übereinstimmung bestätigend. Dann folgte am
23. Februar 1809 die Anstellung im Generalstab und die förmliche
Berufung als Scharnhorsts Bürochef. Im Sommer traten Störungen
ein, als Gneisenau zurücktrat und Scharnhorst um seinen Abschied
gebeten hatte. Aber der König entschied, er sollte bei seiner Aufgabe
bleiben. Alle Pläne von Clausewitz, in fremde Kriegsdienste zu
treten, zerschlugen sich. Sie zerschlugen sich gottlob, wie man sagen möchte, weil es dem Einfallsreichtum, ja der Schläue von
Scharnhorst gelang, nachdem er sozusagen vom Fenster zurückge-
treten war, doch insgeheim alle Fäden weiterhin in der Hand zu behalten und das begonnene Reformwerk weiterzutreiben. Dabei war
ihm Clausewitz nicht nur die rechte Hand, sondern oft in der Ausführung die glücklichste Ergänzung. Man kann sagen: Nächst dem
Verständnis des Königs, der in diesen Jahren tatsächlich über sich
hinauswuchs, hat dieses geistige Vater-Sohn-Verhältnis die preußische Armee auf eine neue Grundlage gebracht. Hier war das Zentrum, von dem nicht nur eine organisatorische und technische,
sondern vor allem die moralische Erneuerung ausging. Der Weg
dazu war bereitet.

»Ich bin in diesen wenigen Wochen Jahre älter geworden«, schreibt
Clausewitz am 31. Juli 1809 an Marie von Brühl[9]. Er ist zunächst
verzweifelt. Er will immer noch weg, fort, in fremde Dienste. Doch
kommt auch jetzt wieder die andere Seite seines Charakters zum
Durchbruch, den man als optimistisch nur unscharf bezeichnen
könnte: der unerschütterliche Glaube an eine größere Zukunft. So
schreibt er zum Schluß des Briefes: » ... so sehr ich darauf gefaßt
bin, jede Entsagung leisten zu müssen, die ein hämisches Schicksal
von mir fordern kann, so gebe ich doch die Hoffnung auf ein besseres Schicksal, auf eine Gelegenheit, noch einmal für Deutschlands Rettung zu kämpfen, nicht auf. Meine Zufriedenheit ist zerstört, meine Ruhe erschüttert, aber mein Mut verläßt mich nicht.«

Dem Brief vom 8. August zufolge[10] hat er die Absicht, in österreichische Dienste zu treten, immer noch nicht ganz aufgegeben. Reflexionen über die große politische und strategische Lage füllen diesen und andere Briefe, wo oft auch das Gefühl durchbricht, die Sehnsucht nach der Geliebten, die zärtlichste Liebe. Bezeichnend für den inneren Anteil, den er am Volkskrieg nimmt, ist der Passus in dem Brief vom 21. August[11]: »Nichts kränkt mich so tief als das Schicksal der Tiroler — die Aufopferung dieses treuen Völkchens ist gewiß das weiteste Ziel, welches die feige Politik unserer Zeiten hat erreichen können und bleibt immer unbegreiflich. Unser König wäre eines solchen Schrittes schwerlich fähig gewesen ...« Aber noch hofft Clausewitz; er hofft sogar, daß die englische Landung auf Walcheren, obwohl nach seiner Ansicht an einer ganz falschen Stelle erfolgt, immer noch zu strategischen Weiterungen führen könne. Schließlich doch die Resignation: »Meine Anstellung im Österreichischen ist nicht mehr denkbar, da die Österreicher selbst schon Schwierigkeiten machen, Offiziere anzustellen. Ich denke für den Fall der Not auf den englischen Dienst, vielleicht läßt sich bei Anwesenheit der Engländer auf dem Kontinent dieser Zweck leichter erreichen, doch bin ich mit meinem Plan noch nicht zur Reife.« Aber auch dazu sollte es nicht mehr kommen.

III.

Im September 1809 nimmt Clausewitz an den ersten Herbstübungen der reorganisierten Armee teil, die drei Wochen dauern. Prinz Ludwig von Hessen-Homburg führt dabei ein kleines Korps. Clausewitz ist zu dessen Hauptquartier kommandiert und glücklich über die praktischen Erfahrungen, die er in der Truppenführung sammeln kann, wie über das Leben auf dem Land, das das herrlichste Wetter begünstigt. So ist es ein froher Brief, den er am 4. September aus Rottmanshöfchen bei Königsberg schreibt[12]. In einigen Sätzen kommt er auch auf die zeitgenössische Literatur zu sprechen und meint, daß sie nicht ganz rein sei, nicht frei von einer *künstlichen* Schwärmerei. In der Tat ist zu bemerken, daß

sich die Romantik bereits zu einer Manier von Epigonen entwik-
kelt und oft mehr sentimental wirkt als gefühlvoll und der Alter-
tümelei huldigt.

Gegen Ende des Manövers hat sich Clausewitz übrigens wieder er-
kältet; er schreibt am 23. September kurz[13]: »Ich befinde mich
schon auf dem Wege der Herstellung, obgleich ich noch täglich ein
wenig Fieber habe. Du kannst ganz außer Sorge sein, meine teure
Marie. Schon seit fünf Tagen gebrauche ich Chinin und bin heute
zum ersten Male auf.« — In dem Brief wird von häufigen freundschaftlichen Krankenbesuchen bei ihm, auch von Wilhelm von
Humboldt berichtet, mit dem sich Clausewitz angefreundet hat,
wiederum eine Anziehung des Bezüglichen, denn noch im selben
Jahr sollte von Wilhelm v. Humboldt die Berliner Universität ins
Leben gerufen werden. Über Scharnhorst heißt es: »Mit dem General geht es, dem Himmel sei Dank, täglich besser, doch wird er
sich immer nur langsam herstellen, denn die Krankheit hat ihn
sehr erschöpft.«

Aber auch mit der Gesundheit von Clausewitz selbst steht es noch
nicht zum besten. Er kränkt sich buchstäblich über den Frieden
von Schönbrunn, der am 14. Oktober abgeschlossen wird, von
dessen Verhandlungen er jedoch schon in den ersten Oktobertagen
aus sicherer Quelle erfährt, wie aus dem Brief vom 9. Oktober
hervorgeht. Dabei denkt Clausewitz auch wieder an Tirol und Spanien und schreibt dazu[14]: »Zwar wird der Einfluß, besonders auf
das Letztere nicht so unmittelbar sein, als man glaubt, die französischen Armeen werden gewiß größtenteils in Deutschland bleiben, indessen wird der Frieden den Mut niederschlagen, und so
wie in diesem Augenblick gar nichts da ist, was jenen Völkern bei-
stehen könnte, so ist auf das, was sich etwa in Jahresfrist Vorteil-
haftes zutragen könnte, auch nicht mit einiger Deutlichkeit vorauszusehen.«

Und dann eine erfreuliche persönliche Nachricht: »Man sagt, un-
mittelbar nach der Herstellung der Königin, also vielleicht Ende
November oder Anfang Dezember, also in sechs Wochen, teuerste
Marie, würde ich das unbeschreibliche Glück haben, Dich in meine
Arme zu schließen. Darauf freue ich mich unbeschreiblich und

hoffe, den kurzen Moment noch so froh zuzubringen, als es mir nur
möglich ist. Außer einigen anderen Vorbereitungen werde ich mich
auf das Englische legen, vielleicht bringe ichs in den paar Monaten
noch so weit, daß ich über die ersten Schwierigkeiten hinauskom-
me . . .«
Aber noch einmal kommt ein Rückfall des Fiebers, und erst am 18.
Oktober kann Clausewitz schreiben[15]: »Man spricht immer mehr
von der Reise nach Berlin, und wenn nichts Politisches dazwischen
kommt, so glaube ich an eine sehr baldige Abreise . . . Die Reise
wird das beste Stärkungsmittel gegen die Fieberschwäche sein; mit
dem Klima von Preußen wird mich hoffentlich die Kränklichkeit
verlassen, in der ich hier gelebt habe, fast ohne eines gesunden
Tages zu genießen . . . Der Genuß im Umgang mit der Freundin,
die mir ohne Einschränkung das Nächste und Teuerste auf der
Welt ist, soll mich vorbereiten auf die übrige Fahrt des Lebens.
Denn was stärkt wohl mehr den Geist und erhöht Mut und Lebenskraft mehr als eine Befriedigung edler Gefühle!«
Der empfindsame Clausewitz! Das Jahr, in dem er seine Geliebte
nicht sah, vielleicht sogar einmal um ihre Liebe fürchtete, machte
ihn krank, wohl auch vor Sehnsucht.

IV.

Aber noch dauerte es bis zum 31. Dezember dieses kritischen
Jahres 1809, bis der Hof nach Berlin zurückkehrte, und mit ihm
Clausewitz. Das Wiedersehen mit Marie von Brühl, die ersten Begegnungen im neuen Jahr 1810 standen unter ganz anderen Vor-
zeichen als früher. Denn nun war der Kapitän Bürochef Scharnhorsts und konnte mit einem baldigen weiteren Aufstieg rechnen.
Auch der Widerstand der Gräfin-Mutter war so weit besiegt oder
doch gemildert, daß sie die Korrespondenz ihrer Tochter mit Clausewitz wenn auch noch nicht begrüßt, so doch ohne Widerrede zugelassen hatte. So schreibt Frau von Clausewitz später über die
lange Wartezeit und schmerzliche Trennung, der dann doch im Jahre
1810 die glückliche Vereinigung gefolgt ist[16]: »Überhaupt, wenn

ich so alle die Nuancen unserer immer innigeren Annäherung übersehe, ist es mir immer, als hätte alles so kommen müssen, um die Stärke der Neigung, die uns aneinander kettete, recht zu entwickeln und uns recht zu beweisen, daß wir einander angehören *mußten.* Eine Liebe, die schneller ans Ziel geführt, mit weniger inneren und äußeren Hindernissen zu kämpfen gehabt hätte, hätte uns manche Schmerzen erspart, aber sie hätte auch unmöglich so reich an Glück und Genuß sein können. Ich wünschte, C. einige Jahre früher kennengelernt zu haben, um das Glück unserer Ehe noch vor dem gänzlichen Entfliehen der Jugend genossen zu haben; allein die lange Prüfungszeit, die wir ertragen mußten, kann ich unmöglich aus meinem Leben wegwünschen, denn ohne sie wäre (es) mir bei meiner äußeren Ruhe, die so oft in Kontrast mit C.'s Lebhaftigkeit war, gewiß viel schwerer gewesen, ihn von der ganzen Stärke und Innigkeit meiner Liebe zu überzeugen ... So hat Gott alles gut gemacht, und so dürfen wir, wenn wir betrachten, wie er uns bisher so sichtbar beschützte und leitete, auch für die Zukunft um so sicherer auf seinen Schutz hoffen.«

Auch dieses gläubige Bekenntnis war bemerkenswert. Die Zeit der gebildeten Verachtung der Religion, wie sie die Aufklärung mit sich gebracht hatte, war vorüber. Schleiermacher hatte in Berlin um die Jahrhundertwende diese Tendenzwende eingeleitet und die Romantik sie in jeder Weise gefördert. Niederlage und Unterdrückung durch die Eroberer hatten wie eine Pflugschar den festgetretenen Boden der Konventionen umgeackert. Er war für die neue Aussaat bereit. Der Samen konnte aufgehen, den die Fichte, Stein, Scharnhorst und Gneisenau säten. Gewiß, es gab noch Stände und Standesunterschiede und das soziale Gefälle war weiterhin beträchtlich. Aber ein neues Gemeinschaftsgefühl hatte sich durchgesetzt, vor allem von den Gebildeten gepflegt, von der Dichtung genährt, von den Universitäten weitergetragen, von der guten Gesellschaft gefördert: So erhob sich der preußische Adler in wenigen Jahren wieder aus seiner Niederlage; an den versengten Flügeln wuchsen ihm neue Federn.

I.

Es waren sonderbare Vorkommnisse, die zu der erzwungenen Entlassung des Freiherrn v. Stein geführt hatten. Umstände und Ereignisse, die zum Teil bis heute nicht geklärt sind. Sie machten die Reformgruppe hellhörig, und deshalb müssen wir hier noch einmal darauf zurückkommen. Denn selbstverständlich hatte Stein den Brief, der ihn so kompromittierte, nicht durch die normale Briefpost gehen lassen, ihn vielmehr einem Kurier, den er für unbedingt zuverlässig halten mußte, persönlich anvertraut. Es war der damalige Regierungsassessor Koppe. Aber der junge Mann muß wohl mit seinem geheimen Auftrag geprahlt oder sonstwie sich wichtig gemacht haben, jedenfalls wurden französische V-Leute auf ihn aufmerksam. Vielleicht, so meint Boyen in seinen Denkwürdigkeiten, denen wir hier folgen[1], haben die Franzosen auch aus den Kreisen der »Maulwürfe« in Königsberg einen Wink erhalten. Jedenfalls wurde Koppe in Berlin gestellt und ihm der Brief abgenommen. Wie ein Donnerschlag wirkte die Nachricht, als sie Königsberg erreichte. Nun war klar, daß das französische Spitzelsystem vor nichts und vor keiner Persönlichkeit halt machte; insonderheit zielte es auf die Reformer.

Die Briefe von Clausewitz an Marie von Brühl aus dieser Zeit sind ein Spiegelbild dieser Ereignisse. Sie waren beide nicht nur politisch, sondern auch persönlich beteiligt. Denn wenn Clausewitz von Scharnhorst als »Mein Freund« sprach, dann im gleichen Sinn Marie von dem Reichsfreiherrn, der ihr und ihrer Familie seit Jahren nahegestanden hatte. Am 12. Oktober hatte übrigens Clausewitz Stein bei der Prinzessin Wilhelm auch persönlich kennengelernt[2]. Eine Woche später sollte dieser erfahren, wer tatsächlich Herr im Lande war und die preußische Politik bis in die Personalpolitik hinein bestimmte. Das erkannte Clausewitz. Die Entfernung Steins war nur ein Anfang. Auf weitere Entlassungen bezogen sich seine Prophezeiungen oder pessimistischen Prognosen.

Aber zugleich wuchsen der Mut und der Wille bei ihm und anderen, »dieses Meer von Plagen durch Widerstand zu enden«. So wurden die Jahre unter der Fremdherrschaft von 1809 bis 1812 Jahre der Konspiration, auch auf deutscher Seite. Die Härte Napoleons selbst und seine wachsende Hybris hatten sie erzeugt und machten sie schließlich erfolgreich. Immer wieder hat sich Ähnliches im Gang der Weltgeschichte ereignet.

II.

Am 3. Dezember 1808 verließ der Reichsfreiherr vom Stein Königsberg. Wohl oder übel hatte ihn der König entlassen, obwohl niemand zunächst wußte, wer ihn ersetzen sollte. Aber auch ein Alpdruck war von Königsberg genommen, der sich bei der tristen Lage sonderbar auswirkte, wie Clausewitz vermerkt[3]: »Da nun der Hof seiner eigenen Natur wiedergegeben ist, so ist alles viel freundlicher und heiterer; man hat Bälle, Schauspiele, Sprichwörter etc. und besonders ist die liebenswürdige Königin jetzt liebenswürdiger als je; beim Kronprinzen hat sie neulich bis zwei Uhr getanzt. Minister Stein ist von hier nach Berlin gegangen und wird von da nach Breslau gehen« (27. November). Unter dem 28. Dezember schreibt Clausewitz dagegen hoffnungsvoll[4]: »Scharnhorst ... scheint immer mehr beim König zu gewinnen, und jetzt ist er vielleicht der einzige, zu dem der König ein rechtes Vertrauen hat.« Mitten in der Finsternis der Besiegten also ein Strahl Hoffnung: Die Verjüngung der Armee ist im Gange; nur noch wenige Generale sind da, aber diese mit neuen Impulsen. Allerdings: nach außen hin muß alles so unauffällig geschehen wie möglich. Und das versteht Scharnhorst. Seine Gegner nehmen ihn nicht für voll, weil er sich »unmilitärisch« gibt. Gerade das aber bewahrt ihn zunächst vor der Entlassung durch französischen Druck. Doch diesen Druck, der von Napoleon ausging, bekam ganz Europa zu spüren, jetzt um die Jahreswende vor allem Spanien, in dem sich die Guerillas nicht niederkämpfen ließen. Wenn Preußen sich äußerlich auch in sein Schicksal ergab, so regten sich doch die Widerstandskräfte im Hintergrund und begannen, sich zu sammeln. Napoleon selbst hatte sie provoziert.

Der erste Biograph des großen Reformers Stein, G. H. Pertz, schildert die folgenden Ereignisse so[5]: »Der Entschluß (zur Abreise) mußte schnell gefaßt werden ... er (Stein) benachrichtigte den König von der wider ihn verfügten Verfolgung, ... und erbat sich seinen Schutz und seine Vermittlung bei dem russischen Kaiser, um dessen Verwendung bei Napoleon und die Erlaubnis, sich erforderlichenfalls nach Rußland zu begeben. Er zeigte dem König zugleich an, daß er nach der böhmischen Grenze abreise und seine Befehle durch General Scharnhorst erwarte.« Am Abend des 5. Januar 1809 versammelte er zum letztenmal seine Freunde, Zivilisten und Militärs, um sich von ihnen zu verabschieden. Angesichts der verhangenen Zukunft bemächtigte sich eine tiefe Niedergeschlagenheit der Gäste. Da sagte einer von ihnen, Major v. Roeder: »Euer Exzellenz werden jetzt durch die Franzosen Ihres angestammten Erbes beraubt; wir Preußen müssen es Ihnen mit unserem Blut wiedererobern.« Jeder der Anwesenden spürte, was hinter diesen Worten stand. Aber niemand hätte es damals für möglich gehalten, daß für die Erfüllung dieses Versprechens fünf Jahre genügten — und allerdings auch Ereignisse, die niemand voraussah, keiner voraussagen konnte.

Nach Stein war also damals Scharnhorst der wichtigste Mann in Preußen, Haupt und Antrieb der Reformer. Sicher hatte Napoleon auch über ihn geheime Informationen, die dem Niedersachsen in preußischen Diensten gefährlich werden konnten, wie Clausewitz vermutete, aber Scharnhorst war viel vorsichtiger und zurückhaltender als Stein, dessen Temperament ihn gelegentlich zu Unbedachtsamkeiten fortriß. Der General blieb in sich gekehrt. Wenn es um die Geheimhaltung ging oder um vorbeugende Maßnahmen zum Schutz von Staatsgeheimnissen, war er von einer exemplarischen Vorsicht und Umsicht. Auf ihn ging wohl auch die Anregung zurück, sich von nun an bei vertraulichen Mitteilungen in Briefen einer vereinbarten Chiffre zu bedienen. Das System ist dann vor allem in wichtigen Briefen von Clausewitz an Gneisenau angewendet worden und hat sich als so fest erwiesen, daß es bis heute erst teilweise gelöst ist.

Nach Stein war nun Gneisenau am meisten gefährdet. Er war *der* preußische Offizier, der im letzten Krieg von sich reden gemacht und ihn rühmlich bestanden hatte, wo so viele versagten: Er hatte die Festung Kolberg bis zum Frieden von Tilsit verteidigt und gehalten, die Volksbewaffnung dort mit dem Bürgermeister Nettelbeck zuerst praktiziert und 1808 die »Freiheit des Rückens« verkündet. Außerdem war er *die* soldatische Erscheinung unter den Reformern, der die Blicke auf sich zog. Ein Mann dieser Art mußte Argwohn bei der Besatzungsmacht erregen, die von seiner Aktivität sicher nicht nur durch eine einzige Quelle wußte. Auch dem preußischen König war natürlich »gesteckt« worden, daß die Franzosen diesen »Kriegshelden« nicht schätzten.

Friedrich Wilhelm III. zögerte jedoch mit der Entlassung Gneisenaus — aus begreiflichen Gründen. Nach dem Auslaufen der Arbeit der Reorganisationskommission hatte er ihn zum Chef des Ingenieurkorps und zum Inspekteur sämtlicher, noch preußisch besetzter Festungen ernannt. Zwischen Gneisenau und Clausewitz hatte sich unterdessen ein fast so freundschaftliches Verhältnis entwickelt wie zwischen dem letzteren und dem »Vater seines Geistes«. Gneisenau war gerade zum Obersten befördert, als er sich entschloß, den König um seine Entlassung aus dem Militärdienst zu bitten. Er tat dies wohlüberlegt, um den König nicht in Ungelegenheiten zu bringen, denn er kannte die Einstellung der Franzosenpartei ihm gegenüber. Sicher hat er auch mit Scharnhorst und wohl auch mit Clausewitz darüber gesprochen. Der König verstand und bewilligte den Abschied. Aber Gneisenau wurde gleichzeitig zum Staatsrat ernannt. Er war der gegebene Mann für geheime Missionen. Von dieser Zeit an blieb Clausewitz mit ihm dauernd in Verbindung, und zwar persönlich wie in konspirativer Beziehung. Man kann das anhand der erhaltenen Briefe oft bis in amüsante Einzelheiten verfolgen.

III.

Die damalige Korrespondenz zwischen Clausewitz und Gneisenau umfaßt neunundzwanzig Briefe und Billets des ersteren[6], der auch hier als passionierter Briefschreiber auftritt. Dazu kommen noch wichtige militärpolitische Beilagen, die der näheren Erläuterung bedürfen. Im übrigen ist bezeichnend für die gemeinsamen literarischen Interessen der beiden gebildeten Offiziere, daß der erste Brief von Clausewitz an Gneisenau mit dem Satz beginnt[7]: »Ich danke Ihnen schönstens, Herr Oberstleutnant, für die gefällige Mitteilung des Faust und bitte ihn nur bis morgen zu erlauben.« Im übrigen bringen die Briefe Hinweise auch auf den Volkskrieg in Spanien, der starke Kräfte bindet und deshalb besonders aufmerksam verfolgt wird. Sie berichten ferner über die herrschenden Meinungen und politischen Strömungen wie über Personalien zunächst von Königsberg, dann von Berlin aus. Man erfährt von dem Plan, in Österreich eine preußische Legion aufzustellen, mit der Bemerkung: »Übrigens habe ich gegen jedermann ein Geheimnis daraus gemacht.« In dem Brief vom 12. April steht zu lesen[8]: »Der Vorfall mit der Stendalschen Kasse, deren sich ein ehemals beim (Regiment) Tschammer gestandener Hauptmann *Katte* mit etlichen Kavalleristen *im Namen der Deutschen* bemeistert hat, wird Ihnen auch bekannt sein, und ich will nur hinzufügen, daß das vornehme Publikum greulich entrüstet darüber ist, und daß der entschiedene Widerwille gegen alle autoritätslosen Streiche und Unternehmungen bis zu einer Art von Wut wächst.« Tatsächlich handelt es sich um den ersten Raubüberfall aus politischen Gründen in der preußisch-deutschen Geschichte, soweit wir wissen.

Von Scharnhorst berichtet der Briefschreiber, daß »er der einzige ist, mit welchem sich der König über politische Gegenstände expliziert«.

Der nächste Brief vom 8. Februar 1810 kommt bereits aus Berlin[9]. Der König ist unterdessen dorthin zurückgekehrt, aber der außenpolitische Himmel womöglich noch verhangener als zuvor. Österreich hat schmählich den Krieg verloren; der Aufstand der Tiroler ist zusammengebrochen, nur in Spanien geht der Klein- und Volkskrieg »mit unverminderter Härte« weiter. Gneisenau sucht Bundesgenossen für den künftigen Befreiungskrieg. Sein Ziel ist England, das eben ein Landheer von 40 000 Mann aufstellt und eine Invasion auf dem Kontinent vorbereitet. So begibt sich Gneisenau mit Billigung des Königs in geheimer Mission auf die Reise. 2000 Dukaten sind ihm dazu bewilligt. Nur die engsten Freunde, Scharnhorst und Clausewitz, wissen davon. Den Franzosen-Freunden gegenüber ist er in Ungnaden entlassen. Doch Clausewitz, dieser »Liaison«-Offizier par excellence, bleibt mit ihm in ständiger Verbindung. Auf einem Segelboot reist Gneisenau nach Schweden und von dort aus nach England. Aber die Reise erweist sich als Fehlschlag: statt in Norddeutschland erfolgt die englische Landung auf der Insel Walcheren an der Scheldemündung und scheitert, wie wir wissen. Enttäuscht kehrt Gneisenau nach Schweden zurück; dann reist er über das brechende Eis des Bottnischen Meerbusens nach St. Petersburg, überall Fäden spinnend und Kontakte anknüpfend. Die Agenten der französischen Geheimpolizei haben seine Spur verloren. Nach einem Jahr der Abwesenheit kehrt er im Sommer 1810 endlich wieder auf sein Gut in Schlesien zurück. »Die geheime Mission« hat kein konkretes Ergebnis.

Den V.O. (Verbindungsoffizier) Clausewitz hatten inzwischen deprimierende Berichte Gneisenaus aus Göteborg und dann aus Stockholm erreicht. In seiner Unterrichtung über die »große Lage« heißt es in dem Brief vom 8. Februar 1810[10], adressiert an den Obersten von Gneisenau in St. Petersburg und offenbar mit diplomatischem Kurier befördert: »Wie unser Verhältnis zu Frankreich ist, weiß hier kein Mensch. Wir sind bestimmt, bei nächster Gelegenheit von ihm vernichtet zu werden. Diese Gelegenheit wird der nächste Zwist mit Rußland sein, und wie nahe oder wie weit entfernt dieser ist, werden Sie besser beurteilen können als ich. Von einer eigentlichen Annäherung unser(erseits) zu Frankreich kann also nicht die Rede sein ... Der König besieht die hiesigen Truppen fleißig und scheint nicht immer besonders zufrieden zu sein. General Tauentzien möchte wohl nicht im Kredit steigen, seit der König ihn an der Spitze von Truppen sieht, denn er versteht vom kleinen Dienst womöglich noch weniger als vom großen, und der König scheint es schon bemerkt zu haben.«

Diese Kritik ist vielleicht überschärft. Denn immerhin war Graf Tauentzien von Wittenberg einer der ganz wenigen früheren Offiziere, die die Niederlage von 1806/07 in Ehren überstanden hatten; so wurde er bei der Reorganisation 1808 Brigadier der brandenburgischen Brigade in Berlin. In den Befreiungskriegen hat er sich ausgezeichnet. Clausewitz urteilt also wohl in einer schwarzgalligen Stimmung, denn er schreibt außerdem: »Die Sachen im Militär gehen wie bisher zwar vorwärts, aber nach dem Gesetz einer krummen Linie in immer aufs neue abweichenden Richtungen. Service-Konspirations-Gendarmerie-Miliz-Angelegenheiten geben zu einer zahllosen Menge von Konferenzen Veranlassung, bei denen nichts herauskommt, weil so wenig Menschen von großen, reinen Ansichten darin sind.« Im übrigen ist aus dem Brief auch zu erfahren, daß 50 Persönlichkeiten offenbar zu Neujahr den Roten Adler-Orden III. Klasse erhalten haben, und zwar auch Scharnhorst, Wilhelm von Humboldt und der Schauspieler Wilhelm Iffland.

Die Briefe von Clausewitz an Gneisenau in St. Petersburg dienen der Information des Empfängers. Sie sollen ihn auf dem laufenden halten über die Lage in Berlin und in Preußen. Dabei wird vorausgesetzt, daß Gneisenau weiß, was sich in der politischen Welt ereignet: Der Feldmarschall von Kalckreuth, Anhänger des Bündnisses mit Frankreich[11], ist nach Paris entsandt worden, um der Hochzeit Napoleons mit Marie Luise, der Tochter des Kaisers Franz I. von Österreich (2. 4. 1810), beizuwohnen und im Namen des Königs von Preußen und seiner Regierung Glück zu wünschen. »Aber man hört bis jetzt noch nichts über den anderweitigen Erfolg seiner Sendung.«

Hier ist der Klartext zu Ende, und es folgen vier-, drei- und zweistellige Zahlen, die bis heute nicht entziffert werden konnten, mit einzelnen ausgeschriebenen Worten untermischt. Dann heißt es wieder offen: »Daß der General seinen Abschied gefordert hat, kurz vor der Reise des FM, werden Sie vielleicht auch schon wissen. Er hat ihn nicht erhalten; doch will der König ihn von seiner jetzigen Stelle entlassen, wenn er einen anderen dazu gefunden hat, und dann soll er Chef des Generalstabs und des Ingenieur-Korps sein; ob, wenn sich der andere gefunden hat, der General diese anderweitige Anstellung annehmen wird, weiß ich selbst nicht zu sagen, ungeachtet er mir sehr oft davon gesprochen hat.« Dann folgen wieder über 60 Zahlengruppen, bevor der Brief schließt. »Mehr, mein teuerster Freund, kann ich heute nicht schreiben. Ich empfehle mich Ihrem freundschaftlichen Andenken und bleibe Ihnen stets innig ergeben.«

Auch der nächste Brief aus Berlin vom 8. Juni 1810[12] steht im Zeichen der Konspiration. Er geht dabei bereits über chiffrierte Mitteilungen hinaus, denn er vereinbart einen geheimen Treff nach der Heimkehr Gneisenaus. »Unser Freund freut sich außerordentlich, Sie, wenn auch nur auf einige (Tage) zu sehen; ich habe das Dorf Pankow gewählt, weil dort vielleicht am ehesten und ohne daß es auffällt, jemand einige Tage wohnen kann; es liegt von Ihrer Straße ziemlich weit ab, zwischen der Hamburger und Prenzlauer Straße, eine Meile von Berlin. Bis jetzt habe ich indessen noch nicht hinausgekonnt, weil ich krank gewesen bin und noch nicht wieder förmlich ausgehe. Ich bitte Sie deshalb, mir, ehe Sie von Königsberg abgehen, noch die Straße wissen zu lassen, welche Sie wählen, und den Tag Ihrer Ankunft ungefähr zu bestimmen. Sie werden dann auf der letzten Station eine nähere Nachricht von mir vorfinden. Wahrscheinlich werden Sie unter einem anderen Namen gehen und mich also auch davon unterrichten. Sie werden von unserem Freunde mit« — folgen sieben Zahlengruppen — »erhalten haben, wodurch Sie Ihre Angelegenheiten so gut und sicher wie möglich arrangiert sehen werden. Ich kann Ihnen nicht genug rühmen, mit welcher Freundschaft 3415,82 sich dabei benommen hat.« Dann folgt wieder eine ziemlich umfangreiche chiffrierte Briefpartie mit belanglosen Klarschriftworten dazwischen, offensichtlich die neue Regierung betreffend.

Am Sonntag, dem 24. Juni 1810 erfährt man: »Leider bin ich krank und bettlägerig, sonst hätte ich mir die Freude gemacht, Ihnen entgegenzukommen und Sie in Ihrem sehr kleinen dörflichen Zimmer in Pankow selbst einzuführen. Ich habe vor 11 Tagen eine Opera-

tion glücklich überstanden, indem ich Hämorrhoidal-Knoten habe
wegschneiden lassen; jetzt laboriere ich noch mit abwechselnden
Schmerzen an der Heilung. Sehr unangenehm ist es mir, daß es gerade in diese Zeit treffen mußte; indessen hoffe ich, Sie doch zu
sehen, denn inkognito können Sie ja Berlin so oft besuchen als es
Ihnen gefällt. Den General treffen Sie noch; er ist von Ihrer Ankunft unterrichtet. Der General wohnt an der letzten [!] und Char-
lotten-Straßen-Ecke; ich wohne hinter der katholischen Kirche Nr. 3
zwei Treppen hoch. Ihre Wohnung ist in Pankow beim Tischler-
Meister Schueler unweit der Kirche. Es ist nur eine sehr kleine
Stube mit einer noch kleineren Art von Kammer. Sie werden ver-
zeihen, wenn ich kein besseres Quartier habe auftreiben können;
indessen ist es reinlich.« Dann kommen Anzugsfragen, der Hinweis auf einen guten Schneider und die Mitteilung, daß der Briefschreiber in einigen Monaten eine Frau haben werde. Dazu
schreibt Clausewitz: »Ich will vorderhand wenigstens einige Jahre meines Lebens genießen und darum die Möglichkeit, die sich
mir dargeboten hat, benutzen, um eine Verbindung zu vollziehen,
davon vor sieben Jahren die ersten Empfindungen keimten. Gefühle, die mich seitdem immer mit einer wohltätigen Einwirkung
durchs Leben begleitet haben. Über meine Wahl darf ich mich
nicht rechtfertigen, denn meine künftige Frau ist sehr viel mehr
und sehr viel besser als ich — fragen Sie Prinzeß Luise, die Ihnen
das weitere berichten mag. Noch ist die Sache nicht publik. Sie
erinnern sich wohl, daß Stein immer eine Gräfin Brühl verheiraten
wollte — gerade die ist es, und er gab sich umsonst so viel Mühe,
Minister Dohna zu der Partie zu bereden. Meine Verhältnisse werden eingeschränkt, aber so sein, daß meine Frau im Notfall eine
von mir unabhängige Existenz durch ihr eigenes Vermögen hat,
dies betrachte ich als Hauptsache.« Dann folgt die Mitteilung, daß
Clausewitz mit Scharnhorst aus dem Kriegsdepartement ausgetreten ist, aber dessen Bürogeschäfte weiter besorgen werde. Außerdem ist er »halb wider Willen Professor« geworden, nämlich Tak-
tik-Lehrer an der künftigen Kriegsschule für Offiziere und außerdem militärischer Lehrer des Kronprinzen. Er hat also endlich festen Boden unter den Füßen und kann demnächst heiraten.

Am Dienstag, früh, den 26. Juni 1810, schreibt Clausewitz an den Herrn von Neithardt Hochwohlgeboren zu Pankow beim Tischler-Meister Schueler[13]: »Sollten Sie schon angekommen sein, so will ich Sie hiermit einladen, den General heute noch zu besuchen. Seine Wohnung habe ich Ihnen beschrieben; er ist von 12 Uhr an zu Hause. Ich finde nur etwas Schwierigkeit mit Ihrem Hereinkommen. Sie werden Mühe haben, in P. Pferde und Wagen zu bekommen; findet Sie dieser Brief schon, so kann ich Ihnen gleich einen Mietwagen von hier aus schicken; aber Sie können auch mein Pferd behalten und meinen Bedienten zu Fuß zurückschicken ... Der General meint, Sie können ohne alles Aufsehen und ganz unerkannt zu ihm kommen, seine jetzige Wohnung begünstigt dies; bei mir hat dies ebensowenig Schwierigkeiten, ... Wir erwarten Sie mit Ungeduld.«

Es ist nicht bekannt, was die Besprechungen zwischen Gneisenau, Scharnhorst und Clausewitz ergaben. Höchstwahrscheinlich militärische Planungen. Ihre politischen Hoffnungen standen im Sommer 1810 auf dem Tiefpunkt, so daß sogar der Feuerkopf Gneisenau bekannte: »So bin ich endlich zurückgekommen, reich an Erfahrungen bitterer Natur, arm an Hoffnungen, oder vielmehr ganz ohne Hoffnungen.« Er verschwindet wieder aus Berlin, ebenso unauffällig, wie er ankam, und geht auf sein Gut Kauffungen bei Hirschberg in Schlesien, um sich fast ein Jahr lang der Landwirtschaft zu widmen. Durch die Zeitverhältnisse ist es heruntergekommen und wäre dem Konkurs verfallen, wenn nicht der König mit einer namhaften Schenkung eingesprungen wäre.

So sind die Jahre 1810 bis 1813 dadurch gekennzeichnet, daß eben einer der großen Reformer nach dem anderen von der politischen Bühne abtritt. Nur Scharnhorst verstand es noch, zu bleiben und zu wirken, wenn auch aus dem Hintergrund, aber mit Clausewitz weiterhin als Bürochef. Mit dessen Hilfe spann er weiter seine Fäden, klug und verschwiegen. Es ging ihm nicht allein um die kleine Armee und deren Ausbau, sondern um das Volk; in genauer Übereinstimmung mit Gneisenau wollte er dieses Volk wehrwillig und wehrfähig machen. In den Jahren der scheinbar tiefsten Erniedrigung ist dies auch gelungen.

Und Clausewitz? Ebensowenig wie seine nächsten Freunde war er ein Mann, der der Trübsal anhing. Gewiß, er litt und empörte sich persönlich über die politischen Verhältnisse, aber sein Geist, seine Anpassungsfähigkeit wie sein Temperament bejahten das Leben und wußten auch diesen Jahren hellere Tage abzugewinnen, vor allem zunächst im persönlichen Bereich. Anfang August 1810 ging er nach Bad Landeck in Schlesien, nahm jeden Tag ein Bad und traf sich mit Scharnhorst, der sich in Glatz aufhielt, sicher nicht nur zum Vergnügen, und dann nach Bad Kudowa ging, gleichfalls angeblich zur Kur. Clausewitz verlebte in Landeck inzwischen ein paar Wochen des Ausspannens, über die er an Gneisenau berichtet[14]: »Mein beim Westpreußischen Regiment stehender Bruder (Wilhelm Benedikt) ist mit seiner Familie hier, an welche sich einige stille und artige Frauen angeschlossen haben, dies ist der Zirkel, in dem ich abends einige Stunden verlebe. Die ganze übrige Zeit geht mir mit An- und Ausziehen, Baden, Brunnentrinken, Schlafen, Herumlaufen etc. etc. verloren. Ich empfehle mich Ihrem freundschaftlichen Andenken bestens und hoffe, Sie bald wiederzusehen, und zwar auf immer; ich gestehe Ihnen: Unser Vorteil mehr als der Ihre verleitet mich zu diesem Wunsch, der also sehr eigennützig ist.« Nach Rückkehr am 6. Oktober 1810[15] schreibt Clausewitz aus Berlin an Gneisenau: »Der General ist gestern hier sehr wohlbehalten und gesund eingetroffen. Ich habe ihn bloß einmal bis jetzt gesehen, morgen geht er nach Potsdam... Für den Schluß Ihres Briefes danke ich insbesondere; er hat mir sehr viel Vergnügen gemacht, denn nichts ist mir angenehmer, als wenn ich jemand finde, dem Gräfin Brühl bei einer kurzen und oberflächlichen Bekanntschaft den angenehmen Eindruck macht, den sie mir im ersten Augenblick, ich kann sagen, in der ersten Sekunde gemacht hat. Leider habe ich die schöne Stellung noch nicht erreicht, und der Weg hinauf ist *bergig und mühsam;* indessen denke ich doch in vier bis sechs Wochen von hier mein Lager aufgeschlagen zu haben. Gräfin Brühl ist in diesem Augenblick noch abwesend, und ich lebe ziemlich wie ein Eremit.«
Am 29. August 1810 war Clausewitz Major geworden und Lehrer an der Kriegsschule für die Offiziere in Berlin[16]. Übrigens wurde

diese gleichzeitig mit den Vorlesungen an der neuen Friedrich-Wilhelm-Universität am 15. Oktober 1810 eröffnet. Das muß als ein symbolischer Akt angesehen werden, dem guten Geist dieser Zeit ebenso entsprechend wie der Absicht der Reformer: die Offiziere hatten gleichgezogen an Wissen und Bildung, sie erhielten für ihre Aufgabe eine wissenschaftliche Grundlage und gewannen ein Weltbild. Das Wort Goethes war damit sanktioniert: »Die größten Vorteile im Leben überhaupt wie in der Gesellschaft hat ein gebildeter Soldat« (»Wahlverwandtschaften« II). Auf Clausewitz traf dies in besonderem Maße zu.

Vor allem aber gehörte er zu der Kerngruppe der Konspiration, die trotz scheinbar aussichtsloser Lage die Erhebung und Befreiung vorbereitete. Ihr besonderes Interesse galt dem »feindfreien« Schlesien. Hier war die künftige Operationsbasis und hier lagen die Festungen, auf die man sich im Ernstfall stützen konnte. So war es die erste Sorge, diese wieder so auszubauen und zu armieren, daß sie wirksam verteidigt werden konnten. Solcher Absicht galt offenbar vor allem die Reise von Scharnhorst im September 1810, auf der ihn außer Clausewitz auch noch Oberst v. Boyen begleitete, der zum Direktor des Allgemeinen Kriegsdepartements ernannt war und den Militärvortrag beim König hatte[17]. Es war also eine regelrechte Generalstabsreise. Aber auch die Badekuren, die Scharnhorst und Clausewitz mehrmals in die schlesischen Bäder führten, dienten natürlich dem Zweck, sich mit dem Land und seiner Beschaffenheit gründlich vertraut zu machen, eine Kenntnis, die sich 1813 als wichtig erweisen sollte.

Nächst den Erfahrungen vor Mainz sind dann die Überlegungen und Gespräche dieser Reisen im zehnten Kapitel des Sechsten Buches »Verteidigung« ausgewertet worden, wo es grundsätzlich heißt: »Ein Verteidigungsheer ohne Festungen hat hundert verwundbare Stellungen, es ist ein Körper ohne Harnisch.« Außerdem sollte sich 1813 durch den Rückhalt an den schlesischen Festungen der Erfahrungssatz des X. Kapitels ergeben: »Jede Verteidigung, die hauptsächlich auf fremden Beistand berechnet ist, legt einen großen Wert auf Zeitgewinn.« So war es auch 1813.

Die Jahre von 1809 bis 1813 sind jedenfalls Jahre der Konspiration, wie sie in der deutschen Geschichte ihresgleichen suchen. Es geht nicht nur um die Anfänge der heimlichen Volksbewaffnung, als die doch auch das vielberufene Krümpersystem de facto anzusprechen ist, es geht auch nicht bloß um den Widerstand gegen die Besatzungsmacht, wobei der individuelle Terror unterbleibt, sondern um die Erneuerung des Ganzen, die Integration der neu aufzubauenden Armee in eine Gesellschaft, die sich trotz noch vorhandener Standesunterschiede als Ganzes empfindet — eben als Nation — und für dieses Ganze und seine Befreiung zu Opfern bereit ist. Im Gegensatz zu der Revolution von unten, die von den Massen ausgeht, aber auch das Unterste zuoberst zu kehren pflegt, vollzieht sich diese Umwälzung von oben fast unbemerkt, aber durchdringend. Eine Gruppe, die nicht mehr zählt als die fünf Finger an einer Hand, bringt sie in Gang und führt sie schließlich zum Erfolg: Stein, Scharnhorst, Gneisenau, Clausewitz, Boyen.

Diese fünf Männer standen in genauer Verbindung untereinander und wußten, was sie wollten. Es war dabei nicht so ausschlaggebend, daß sie persönlich hervortraten, sondern daß ihr Geist wirkte und weiterwirkte, selbst als sie abgetreten waren und emigrieren mußten: Stein verschwand, wie gesagt, schon Anfang 1809 von der politischen Bühne in Preußen, Scharnhorst trat als Chef des Kriegsdepartements zurück und ging nach Schlesien[18], Gneisenau betätigte sich nach vergeblichen Missionen als Landwirt und Clausewitz emigrierte 1812 nach Rußland. Auch der einzige Preuße in der illustren Gesellschaft der gesamtdeutschen Reformer, Boyen, wählte 1812 auf seine Weise die Freiheit von der Besatzungsmacht und trat gleichfalls in russische Dienste.

Es ging damals nicht nur um militärische Reformen. Ebenso wichtig waren die gegenseitige Öffnung der Stände und die Beseitigung der meisten Privilegien des Adels. Auch dabei wurden neue Wege beschritten. Der Adel des Geistes wurde vor allem in Weimar nobilitiert, in Berlin ein neuer Schwertadel geschaffen, mit Scharnhorst an der Spitze, dem dann genaugenommen auch Gneisenau und die Brüder Clausewitz nachfolgten. Dieser Neuadel trat vor allem mit *dem* Uradel in Verbindung, der sich für eine organische Weiterentwicklung aufgeschlossen zeigte: mit ihm kam Scharnhorsts Familie ebenso in Kontakt wie die von Gneisenau und Clausewitz. So hatten sich die Türen zwischen den Ständen geöffnet. Nun konnte der angesehene Bürger Offizier werden, nahm der Offizier an der weltbürgerlichen Erziehung teil. Berlin wurde zur Bildungsstätte der nationalen Sammlung, seit Fichte dort die »Reden an die deutsche Nation« gehalten, die Idee des Weltbürgertums und des nationalen Sendungsbewußtseins ineinander verschmolzen hatte. Freilich ging es nicht ohne Übertreibung nach beiden Seiten: den Kollaborateuren vom gelehrten Rang eines Johannes von Müller und dem militärischen des Feldmarschalls von Kalckreuth standen ausgesprochene Nationalisten wie Ernst Moritz Arndt und die »Sänger der Freiheitskriege« gegenüber. Aber bezeichnenderweise wollte der kritische Geist unseres Freundes Clausewitz nichts mit den Konventikeln im Stil des Tugendbundes zu tun haben. Dieser hat der vaterländischen Sache mehr geschadet als genützt, weil er das Mißtrauen der Besatzungsmacht erregte und viele in Verdacht brachte.

Die Konspiration der Kerngruppe war anders und praktikabler. Sie verfolgte konkrete Zwecke, mit dem Endziel der Befreiung. Bei der Zusammenkunft in Berlin, bei der Gneisenau inkognito auftrat, hatte man sich offenbar auf eine Art Aufmarschanweisung geeinigt, auf ein System der nächsten Schritte, vor allem auf die künftige Operationsbasis Schlesien. Man folgte der Kunst des Möglichen in der gegebenen Lage. Was noch an Emotion fehlte, das, kalkulierte man richtig, werde schon die Besatzungsmacht besorgen, denn mit jedem Tag bewies sie mehr, daß sie nicht die erhoffte gallische Freiheit brachte, sondern Ausbeutung und Unterdrückung. Die Schmeichelei derer, die sich von ihr materielle Vorteile erhofften, erregte oft Spott und Hohn auch des »Mannes auf der Straße«.

Und hier muß ein pikanter konspirativer Vorfall nachgetragen werden, der die Verfahren der einen wie die der »Abwehr« auf der anderen Seite fast bengalisch beleuchtet. Boyen hat ihn in seinen Denkwürdigkeiten berichtet[19].

Offensichtlich, so schreibt er, war es den Franzosen nicht geheuer, daß sich Scharnhorst nach Schlesien zurückgezogen hatte — sie wollten wissen, was er dort machte. Offenbar versagten bei der Wachsamkeit von Scharnhorst auch die üblichen Methoden. Da war es Marschall Berthier, der Generalstabschef Napoleons persönlich, der auf folgenden Einfall kam: Im Winter des Jahres 1810 wurde ein französischer Artilleriekapitän mit einem sehr verbindlichen Schreiben von ihm und der Bitte zu Scharnhorst geschickt: da jener Hauptmann die Absicht habe, die Werke des Generals über die Artillerie ins Französische zu übersetzen, so möge der General Scharnhorst ihn doch beraten und dabei helfen. Das bedeutete praktisch, daß Scharnhorst einen Aufpasser für längere Zeit auf dem Hals hatte. Dieser durchschaute das Manöver natürlich, aber er ließ sich nichts anmerken, ja er lud den Franzosen fast täglich an seinen Tisch. Natürlich wurde gewaltig gefachsimpelt, aber sonst war aus dem »tief verschlossenen deutschen Charakter« (nach Boyen) nicht das geringste herauszubringen, auch die liebenswürdige Geschmeidigkeit des Franzosen half da nicht weiter. »So ward der Mann am Ende der Sache satt und reiste nach einigen Wochen nach Hause.« Unverrichteter Dinge, versteht sich.

Aber die Tatsachen blieben und wurden durch die Agenten immer wieder bestätigt: Die Preußen rüsteten auf, und der spiritus rector war Scharnhorst. Der französische Gesandte Graf St. Marsan hatte das auch unverhohlen dem König gesagt, so daß Scharnhorst zurückgezogen wurde, die Leitung des Kriegsdepartements abgab und nur Chef des Generalstabs und Inspekteur der Festungen blieb, ja aus Berlin verschwand. Aber Clausewitz blieb als Bürochef und vollzog die gegebenen Direktiven. Die großen Linien lagen fest, aber auch im tiefsten Geheimnis.

Künftige Alliierte

Wichtig war die Frage der Allianzen im künftigen Befreiungskampf. Gneisenau setzte auf England, auf Großbritannien — und kehrte mit leeren Händen zurück, wie auch ein Goerdeler vor dem Zweiten Weltkrieg enttäuscht von dort wieder heimkehrte. Auch Stein, der zunächst nach Böhmen emigriert, dann nach Wien reiste, fand in Metternich, dem Pragmatiker, nicht den Partner, den er erhoffte. So blieb nur Rußland. Aber die russische Politik wie auch Zar Alexander selbst blieben immer zweideutig, doppelbodig. Der Zar hielt es einmal mit dem König von Preußen, dann mit Napoleon. Trotzdem mußte es früher oder später zu einem Krieg Napoleons mit dem Riesenreich kommen. Denn erst, wenn *es* besiegt war, war die napoleonische Hegemonie in Europa gesichert, der Kaiser der Franzosen Nachfolger der römischen Cäsaren. Das mußte Preußen den Russen klarmachen. Deren Armee war rückständig und galt trotz des gewaltigen Menschenreservoirs als ein plumpes Kriegsinstrument, vielleicht mit Ausnahme der Kosaken. Aber sie blieb in diesen Jahren der einzige Rückhalt Preußens, die Hoffnung ihrer Patrioten für später.

Unter diesen Gesichtspunkten muß auch die konspirative Reise Scharnhorsts nach Rußland im September 1811 angesehen werden. Sie erfolgte streng geheim, in Verkleidung, mit falschen Pässen unter dem Namen eines Obersten von Menin. Nach Empfang durch den Zaren Alexander in Zarskoje Selo konnte Scharnhorst einen förmlichen Allianz-Vertrag abschließen, der im Falle eines Krieges mit Napoleon ein militärisches Bündnis zwischen Rußland und Preußen vorsah. Aber der König von Preußen selbst war noch unschlüssig. So schickte er im darauffolgenden Februar 1812 seinen Generaladjutanten Freiherrn von dem Knesebeck nach Petersburg, und zwar mit förmlicher Zustimmung Napoleons; ja Knesebeck reiste mit französischen Pässen und machte zuerst Besuch beim französischen Gesandten[20]. Offenbar sollte er auf Wunsch Friedrich Wilhelms III. Rußland vor einem Krieg gegen Napoleon warnen, denn der preußische König war von der Genialität Napoleons überzeugt. Aber durchaus seiner Verantwortung bewußt, hatte er schon vorher auch die geheime Mission Scharnhorsts nach Wien gebilligt. Dieser reiste Ende November 1811 unter dem Namen eines Geheimen Rates Ackermann in die österreichische Hauptstadt, wo er sich etwa zwei Monate aufhielt, um erst am 24.

Januar 1812 zurückzukehren. In seiner Abwesenheit führte Clausewitz allein die Geschäfte; darauf konnte sich der Chef verlassen. Übrigens war auch diese geheime Mission Scharnhorsts vergeblich: Metternich nahm ihn zwar zuvorkommend auf, wollte sich aber nicht binden: er mißtraute der doppelbodigen russischen Politik und fand es zu riskant für ein Bündnis, daß Preußen erst etwa 80 000 Mann ins Feld stellen konnte. Für eine Erhebung war es noch zu früh, so sehr die leidenschaftlichen Patrioten darauf brannten, voran Clausewitz. Freilich gärte es im Volk: Übermut und Übergriffe der Besatzer hatten erreicht, daß die Unzufriedenheit ständig wuchs, der Unmut zunahm, Widerstandsgruppen sich untergründig bildeten. Die französische Geheimpolizei verfolgte diese Gärung mit steigendem Argwohn.

Schließlich entschloß sich der König zu einer Allianz mit dem Stärkeren, der damaligen politischen und militärischen Situation entsprechend: So kam es am 24. Februar 1812 in Paris zu dem Bündnisvertrag zwischen Preußen und Frankreich; kurz nach der Rückkehr von Scharnhorst aus Wien wurde er von den beiderseitigen Gesandten Krusemark und Maret abgezeichnet und am 5. März in Berlin ratifiziert. Die preußische Hauptstadt bekam zehn Tage später bereits die Folgen zu spüren. Das Korps des Marschalls Oudinot rückte in Berlin ein und bezog dort wie in der nächsten Umgebung Quartiere: Der Aufmarsch gegen Rußland hatte begonnen. Die Sendung des Generaladjutanten v. d. Knesebeck stand damit in unmittelbarem Zusammenhang. Dieser hat später angegeben, er habe Zar Alexander den Plan suggeriert, die Grande Armée durch hinhaltenden Widerstand immer tiefer in das Innere Rußlands zu locken, bis General Winter ihr schlimmster Feind und der stärkste russische Bundesgenosse wurde: Diesen Plan kann Knesebeck von Scharnhorst gehört und weitergegeben haben; von ihm selber stammte er sicher nicht. Jedenfalls versicherte ihm Zar Alexander unter Handschlag: »Sagen Sie Ihrem König, daß ich nicht Frieden schließen werde, es sei denn, ich wäre in Kasan.«

Um noch einmal auf das Jahr 1811 und die konspirativen Verfahren zurückzukommen: Der Brief von Clausewitz an Gneisenau[21] vom 12. Juli 1811, also schon nach seiner Heirat, enthält einen bezeichnenden Abschnitt: »Ich muß Sie um Verzeihung bitten, daß in meinem vorigen Brief (nicht erhalten) die chiffrierten Stellen von einer anderen Hand waren, es ist die Hand meiner Marie, die mir zum Sekretär gedient hat, um schneller fortzukommen, und die übrigens die Chiffren geschrieben hat, ohne sie zu verstehen. Sie empfiehlt sich herzlich.«

Aus dem nächsten Brief, datiert aus Warmbrunn, dem 9. August 1811, adressiert an den Herrn Obersten von Gneisenau, Hochwohlgeboren, Berlin, zu erfragen im Goldenen Adler, ist zu erfahren, daß Gneisenau vom König empfangen wurde. So heißt es[22]: »Aus Berlin fehlt es mir ganz an Nachrichten, wenn Sie, mein verehrter Freund, sich nicht meiner erinnern und mir einmal mit wenigen Worten das Interessanteste mitteilen; ich muß indessen dabei bemerken, daß ich den Chiffre-Schlüssel nicht mithabe. Vor allem interessiert mich, zu wissen, wie lange Sie in Berlin zu bleiben gedenken..., ferner, wie der Monarch sich gegen Sie benommen hat, endlich, wie es mit den Reiseprojekten und dem Aufenthalt des Generals ist.«

Zehn Tage später schreibt Clausewitz aus Warmbrunn einen weiteren langen Brief an Gneisenau mit einem ersten Entwurf zur Verteidigung von Schlesien, die sich in der Hauptsache auf die Festungen Breslau, Glatz, Neiße und Silberberg stützt, und äußert sich dann am 26. August aus Kudowa so zur Lage[23]: »Es scheint sich die Befürchtung immer mehr zu bestätigen, daß wir höchstwahrscheinlich dem Augenblick der Katastrophe nahe und leider scheint mir nichts sicherer vorherzusehen als große Konfusion. Was zur Verhütung dieser unter allen Umständen noch geschehen kann, ist das Beste, was sich jeder von uns vorsetzen kann, namentlich Sie. Ich kenne kein besseres Mittel gegen dieses Übel als Einfachheit in dem Entwurf und Vorbereitung zur Ausführung. Darum versehen Sie die schlesischen Festungen mit Brot und Menschen. Sie haben neun Zehnteile alles dessen getan, was zu tun ist. Ich glaube zwar, daß es nicht an Lebensmitteln fehlt, indessen bin ich teils meiner Sache nicht gewiß, teils kann man hierin nicht genug tun. An Menschen fehlt es noch sehr. 8000 Mann der oberschlesischen Brigade geben für keine der Festungen mehr als ein Drittel dessen, was sie zur Verteidigung brauchen.«

Die Jahre der Konspiration endeten mit einem scheinbaren Fiasko der Konspirierenden. Der König stellte fast die Hälfte seiner neu aufgestellten Armee, nämlich 20 000 Mann unter den Generalen Grawert und Yorck den Franzosen zur Verfügung, die dann unter dem Kommando des Marschalls Macdonald zur Blockade von Riga im Baltikum einmarschierten. Das war die tragische Seite. Aber zugleich traf er selbst Maßnahmen, die gleichfalls konspirativ waren: Major von Boyen, zum Obersten befördert, wurde mit geheimen Aufträgen zum Zaren Alexander entsandt[24], Gneisenau, zuletzt Staatsrat für die Dauer des Friedens, erhielt den erbetenen Abschied, ging aber nun als eine Art von Geheimer Gesandter zu Erzherzog Carl nach Wien, um dann erneut nach Rußland, Schweden und England weiterzureisen. Auf welche Art diese Geheimemissäre mit Berlin in Verbindung blieben, ist nicht bekannt. Nur Scharnhorst hielt aus. Aber er erhielt unbeschränkten Urlaub nach Schlesien. So waren im Frühjahr 1812 alle Reformer kaltgestellt oder aus Preußen verschwunden: Der von Napoleon geächtete Freiherr vom Stein war über Österreich nach Petersburg gegangen, Scharnhorst, dem Namen nach beurlaubt, in Schlesien, Gneisenau befand sich in militärisch-diplomatischer Mission auf großen Reisen, und schließlich hielt Boyen heimlich Verbindung mit Zar Alexander. Die Konspiration wurde also mit anderen Mitteln fortgesetzt und befand sich unter der Kontrolle des Königs. Daß sich Clausewitz, der dank seiner Heirat und der langen Adjutantenzeit dem Hof besonders nahestand, dem königlichen Dienst entzog und im März 1812 um seinen Abschied einkam, hat ihm Friedrich Wilhelm jahrelang nachgetragen. Aber Clausewitz konnte wohl gar nicht danach fragen. Er war von rationalen wie emotionalen Kräften getrieben, wie seine drei Bekenntnisse erweisen. Diese Kräfte waren sogar noch stärker als die tiefe Liebe zu seiner Frau, die er eben gewonnen hatte, um ein Jahr des Glücks mit ihr zu erleben, das Kometenjahr 1811.

Drittes Kapitel
Romantisches Intermezzo

Das junge Paar

Am 17. Dezember 1810 war es endlich so weit: Carl von Clausewitz und Marie von Brühl konnten heiraten, nachdem sie sich Ende August öffentlich verlobt hatten. Es gab eine glückliche, aber
bescheidene Hochzeit, über die nur spärliche Nachrichten vorliegen: Da ist von keinem Hochzeitsdiner, keinem großen Empfang,
keinem Aufzug illustrer Hochzeitsgäste die Rede; ja man weiß
nicht einmal die Namen der Trauzeugen oder der hochgestellten
Persönlichkeiten, die an der Trauung in der Berliner Marienkirche
teilnahmen. Nur daß sie Konsistorialrat Ribbeck zelebrierte, ist bekannt, was nicht zufällig war, denn Ribbeck gehörte zu dem Kreis
um Schleiermacher und Fichte[1], dem auch das junge Paar nahestand. Im übrigen wünschten die beiden offensichtlich kein Aufsehen bei ihrer immerhin ungewöhnlichen Heirat. Die unruhigen
Zeiten verhinderten außerdem, daß einer der Brüder Clausewitz an
der Trauung teilnahm, und seine Eltern hatten schon das Zeitliche
gesegnet, der Vater 1802 und die Mutter im Jahr der preußischen
Katastrophe 1806.
Es war ein langer und beschwerlicher Weg, den Carl und Marie
von Clausewitz bis zum 17. Dezember 1810 hatten gehen müssen.
Jeder der beiden Eheleute war vor der endgültigen Vereinigung auf
seine Weise geprüft worden, hatte in den langen sechs Jahren, in
denen sie aufeinander warteten, ungewöhnliche Feuerproben zu
bestehen und lange Trennungen auszuhalten. Dann aber wurde die
Ehe zwischen den beiden nicht nur eine der glücklichsten, sondern
wohl auch eine der geistig fruchtbarsten des 19. Jahrhunderts.
Aber die Möglichkeiten dazu boten sich erst nach dem Ende der
Befreiungskriege, so daß neue lange Trennungen und Gefahren be-
vorstanden: Immer wieder blies den Liebenden wie den Eheleuten
der Wind der aufgewühlten Zeit ins Gesicht. Krieg, Ungewißheit,

Gefangenschaft waren vorausgegangen, neue Ungewißheit und kriegerische Gefahren folgten, bis sich die eheliche Gemeinschaft endlich und endgültig gefügt hat.

Indessen schrieb man erst das zu Ende gehende Jahr 1810. Clausewitz hatte das erste seiner militärischen Laufbahnziele erreicht: Er war Major im Generalstab und die rechte Hand Scharnhorsts. Persönlich konnte er aufatmen und erleichtert, ja mit Genugtuung zurückblicken. Aber wie, wenn er in die Zukunft blickte, in die gesamteuropäische wie die vaterländische? Sie stand unter dem Schatten Napoleons und dieses dämonische Genie hatte sich zu einem Alptraum für die Staaten und Völker Europas entwickelt, vor allem für Preußen. Aber gerade mit diesem Staat war das junge Ehepaar auf das innigste verbunden: Preußens Schicksal war auch das ihre.

Vorläufig allerdings erfüllte die glückliche Hochzeit die größte der beiderseitigen Hoffnungen. Der Widerstand der Gräfin-Mutter war überwunden, die bösen Zungen verstummten: Es hatte sich bei dem jungen Mann nicht um einen hergelaufenen Glücksritter gehandelt, sondern um einen führenden jüngeren Offizier, der nun ausersehen wurde, dem Kronprinzen den grundlegenden militärischen Unterricht zu erteilen; wenn außerdem, nach dem Ausscheiden von Stein, Scharnhorst der erste Mann neben dem König wurde, so fiel ein Abglanz davon auch auf seinen nächsten Mitarbeiter. Um Clausewitz, der weiter zurückhaltend blieb wie immer, hatte es keine Intrigen gegeben. Seine moralische Integrität flößte Respekt ein.

Nur ein Zweifelnder war im Jahre 1810 noch nicht ganz überzeugt und hatte seine Vorbehalte: kein anderer und Geringerer als der Reichsfreiherr vom Stein. Auch in der Emigration war er in Verbindung mit der Gräfin-Mutter geblieben und hatte noch am 8. Juli 1810 aus Prag an die Prinzessin Radziwill geschrieben[2]: »Je serais fâché que Marie fasse un mariage qui puisse la rendre parfaitement heureuse et convenir à sa mère, qui depuis plusieurs années a essuyé tant de malheurs«. Die Prinzessin Radziwill hatte in ihrem Brief vom 29. Juni Stein daraufhin angesprochen[3].

Bis zuletzt waren also noch Hürden zu überwinden. Man erfährt davon auch aus den Briefen von Clausewitz an Gneisenau. Er schreibt darüber am 6. Oktober[4], wie wir wissen. Dann am 20. Oktober[5]: »Noch bin ich nicht Ehemann; noch ist zwar Gräfin Brühl nicht aus Böhmen zurück; ich erwarte sie aber dieser Tage und denke in 4 bis 5 Wochen diese ganze (Sache) beendigt zu haben.« Dann am 14. Dezember[6]: »Marie dankt herzlich für Ihr gütiges Andenken; noch führt sie ihren alten Namen. Übertag aber vertauscht sie ihn gegen den meinigen — dann setzen wir uns in den Wagen und fahren schnell zu unseren Freunden nach Mecklenburg.«

Gneisenau schrieb später an seine Frau über die junge Gattin seines Freundes Clausewitz: »Mit dem kultiviertesten Geist verbindet sie die größte Herzensgüte und die angenehmsten, feinsten Formen des Umgangs. Sie ist hier in Berlin eine von unseren Musterfrauen und wird dem Bilde wenig entsprechen, das man sich in Eurer Gegend gewöhnlich von den Berliner Frauen macht. Ich hoffe, daß Du sie gut aufnimmst und ihr mit Freundlichkeit entgegenkommst.«[6a]

Die Hochzeitsreise

Die kleine Hochzeitsreise des jungen Paares ging nach Giewitz. Zuvor aber hatten sie noch einige kurze Verwandtenbesuche gemacht, und dann berichtet Frau von Clausewitz in ihren Aufzeichnungen so[7]: »Den letzten Tag des Jahres 1810 brachten wir auf unserer Rückreise von Giewitz zu und kamen einige Stunden vor dem Schluß desselben in Berlin in unserer freundlichen Wohnung an, wo uns die hübsche Einrichtung derselben und manche Geschenke von unseren Freunden angenehm überraschten. Aber es bedurfte solcher äußerer Eindrücke nicht, um den Augenblick, in welchem wir zum erstenmal unsere Wohnung betraten, zu einem der schönsten unseres Lebens zu machen.« Es war in der Tat ein gutes Omen, daß das junge Paar die Neujahrsnacht 1811 bereits in den eigenen vier Wänden erlebte: Das glückliche Jahr 1811 wurde das erste erfüllte ihres gemeinsamen Lebens. Die Liebe und Sympathie des Anfangs hatte sie nicht getrogen; sie blieb nicht nur, sondern mehrte und vertiefte sich noch mit den Jahren.

Diese Gemeinschaft trug allerdings bereits 1811 wie das Haupt des

Janus ein doppeltes Gesicht: Das eine war ganz dem Frieden zuge-
wandt, dem Glück der Erfüllung, der Häuslichkeit und den persönlichen Gesprächen wie dem Zauber gemeinsamer Reisen — das andere sah voraus auf Trennung und Krieg: Dabei wurde die schlesische Landschaft ein mögliches »Kriegstheater« mit Engen, Festungen, Straßen und Flußübergängen und die Romantik des Glatzer
Berglandes mit Bad Kudowa zum potentiellen réduit nationale für
Preußen, von dem seine Befreiung ausging. So hatte das Jahr 1811
doppelten Boden. Schlesien wurde für Scharnhorst, Gneisenau,
Clausewitz und Boyen zu einem Teil Anlaß von Badereisen und
beschaulichen Wanderungen, zum anderen aber auch schon zu
einem möglichen Kriegsschauplatz. Auf ihren Reisen und Badereisen entdeckten sie das Land als Vater-Land, als ersten aller Bundesgenossen, weil es mit Tälern und Höhen, Wald und Gebirge
nicht nur romantisch aussah, sondern auch viele zusätzliche Ver-
teidigungsmöglichkeiten bot, wie das Land Tirol 1809 den Tiroler
Bauern. Im Notfall galt es, aus Schlesien ein zweites Tirol zu machen. Das bedeutete aber auch, daß sich die Kadergruppe loslöste
von jeder Exerzierplatz-Ideologie. Eine innere Revolution des
Kriegsbildes hatte sich vollzogen. Selbst die Badereise des Ehepaares nach Kudowa im Glatzer Bergland stand in diesem Zeichen
ebenso wie die Generalstabsreisen von 1810—1812. Die Briefe aus
dem Jahre 1811 geben darüber Aufschluß. Der aus Landeck am 17.
August 1810, der von Reisen Scharnhorsts nach Glatz und Kudowa berichtet, ist ein erster Hinweis dafür, ein Vorspiel. Die Briefe
und Denkschriften, die Clausewitz in diesen Jahren verfaßt, bedeuten zudem ein erstes Aufleuchten der großen Gedanken des
späteren Hauptwerks. Wie in der deutschen Romantik der natürliche Mensch sich der Landschaft neu zugehörig fühlte, so wurde
nun auch die Rückkehr zur Natur zur Basis der Landesverteidigung. Unter diesem Aspekt erhalten die Briefe von Clausewitz an Gneisenau, die jetzt vollständig vorliegen, samt den sie be-
gleitenden Studien und Denkschriften ihre Bedeutung für damals
wie grundsätzlich. Die vielen Anmerkungen und Reflexionen
zur Zeitgeschichte können dabei beiseite gelassen werden. Nur sei
herausgegriffen, daß Clausewitz an den großen Freund am Schluß

des Briefes vom 29. Januar 1811 schreibt[8]: »Meine Frau empfiehlt sich Ihnen herzlich, sie ist ebenso wohl und aufgeräumt, als ich beides nicht bin; nichts kann ihre stille Heiterkeit stören und ich fühle, wie sehr ich ihr dafür danken muß. — Der General ist wohl und läßt Sie herzlich grüßen.«

Am Schluß eines langen Schreibens, das sich mit grundsätzlichen Fragen der Verteidigung befaßt, vom 17. Juni 1811 aus Berlin datiert, heißt es[9]: »Meine Reise ist nun so ziemlich definitiv bestimmt. Ich hoffe nämlich spätestens Mitte künftigen Monats von hier abzureisen, grade nach Warmbrunn. Da werde ichs mit dem Bade versuchen, und wenn es mir dort nicht mehr bekommt oder gefällt, nach Kudowa gehen. Ich gehe über Landeshut, was ein Gegenstand meiner diesjährigen (Generalstabsaufgabe) ist. Von Kudowa (im September) werde ich durch Böhmen über Reichenberg nach Teschen gehen, wo ich meine Frau bei ihrer Kusine, der Gräfin Thun lassen werde, um allein nach Berlin zurückzukehren. Die Stellungen der Österreicher und Preußen im Jahre 1778 und das Treffen bei Reichenberg sind meine Aufgaben.« So kamen auch die Reisen, bei denen Scharnhorst seinen Generalstabsoffizieren die Aufgabe stellte, Schauplätze früherer Schlachten und Gefechte zu studieren, dem späteren Hauptwerk von Clausewitz zugute. Im übrigen trifft er Vorsichtsmaßnahmen für die Sicherheit seiner Frau.

Allerdings war dieser Absicht dann »ein Querstrich gemacht«, wie im nächsten Brief an Gneisenau vom 12. Juli zu lesen ist[10]: »Der General will nach Pommern und Preußen reisen und mich mitnehmen. Diese Reise macht mir viel Vergnügen. Da sie aber noch gar nicht auf den Tag gestimmt ist und nicht unter vier Wochen beendet sein wird, so wird meine Badereise dadurch sehr hinausgeschoben, welches mir von der anderen Seite sehr unangenehm ist. In jedem Fall aber denke ich in acht Tagen von hier abzugehen, sei es mit dem General nach Preußen, oder im Fall dies zu lange ausgesetzt bleibt, nach Schlesien ins Bad.« Dann folgt in diesem Brief die schon bekannte Erwähnung, daß »Frau von Clausewitz ihrem Mann als Sekretär gedient und die chiffrierten Stellen geschrieben hat, ohne sie zu verstehen.«

Aus der Reise nach Preußen mit Scharnhorst ist offenbar nichts geworden. Der nächste Brief an Gneisenau kommt aus Warmbrunn am 8. August 1811. Da heißt es[11]: »Ich weiß Ihnen, mein verehrtester Freund, von hier aus so wenig zu sagen, daß ich kaum den Mut habe, einen Brief anzufangen, in dem ich bloß Nachricht von unserem Befinden geben kann. Dies Befinden ist denn, bis auf einige örtliche Übel so außerordentlich gut, daß ich glauben würde, mein ganzes Übelbefinden in Berlin wäre Einbildung gewesen, wenn ich mich nicht zu deutlich noch des ganzen Kampfes erinnerte, den ich mit meiner Existenz geführt habe; ich hoffe, die Bäder werden noch ein Übriges tun, und ich, ganz ein neuer Mensch, nach Berlin zurückkehren, beflügelt von einem Lebensmut, gestählt mit neuer Kraft. Wer weiß, könnten mich diese Adlerkräfte nicht noch in die Pyrenäische Halbinsel führen.« Immer wieder verfolgt Clausewitz die Idee, in fremde Kriegsdienste zu treten, so etwa auch auf der Seite der aufständischen Spanier gegen Napoleon zu kämpfen, wozu sich beispielsweise Major Grolman bereits entschloß.

Wie im Rückspiegel

Es gibt aber auch noch andere Briefe, in denen das persönliche Glück des Sommers 1811 erscheint, und zwar wie im Rückspiegel. Es sind diejenigen, die Clausewitz im Frühjahr 1812 an seine Frau aus Schlesien schreibt, bevor er nach Rußland geht. Es handelt sich um ausgesprochene Liebesbriefe. Aber auch das gemeinsame Erlebnis der Landschaft, vor allem des Riesengebirges, wird in ihnen noch einmal lebendig. So schreibt er aus Liegnitz unter dem 2. April 1812 nach einem kurzen Bericht über die Kopfschmerzen, die ihn wieder geplagt haben, wie über seinen Besuch bei Bruder Wilhelm und Schwester Johanna in Frankfurt/Oder[12], »... So habe ich diesen Weg, auf dem ich im vorigen Jahr so oft gejauchzt hatte vor Freude und Lust, mit Dir, teures Weib, in Angstschweiß zugebracht, jeden Stein verwünschend, über den ich fuhr ... Der Abschied von Frankfurt, vorzüglich von meiner armen Schwester, die ich nur auf so kurze Zeit gesehen hatte, tat mir sehr weh

und rief den Kopfschmerz von neuem hervor. Von meinen Empfindungen auf dem Wege, welchen wir im vorigen Jahre so vergnügt und so glücklich zurückgelegt hatten, mag ich nicht viel sagen, denn ich bedarf der Stärke und darf mich also nicht auflösen
in der Rührung und Wehmut, die noch über mein ganzes Wesen
ausgegossen ist... Ich war froh, als ich den Weg verlassen hatte,
der mir so viele Erinnerungen gab, aber es half nicht viel, denn die
bloß ähnlichen Gegenstände erneuerten die wehmütigen Augenblicke unaufhörlich...«

Dieser und die nachfolgenden Briefe sind aber nicht nur von persönlicher, sondern auch von kultur- und geistesgeschichtlicher
Bedeutung, wie so oft bei Clausewitz. Sie sprechen von einer
neuen Beziehung zur Landschaft, zur Natur, zur Schöpfung,
deren eigentümliche Schönheit die Romantik wiederentdeckt
hat. Auch Clausewitz, an sich mehr der klassische Ratio-
nalist, gehört ihr in dieser Beziehung zu. Und so hat nicht
nur der Maler Caspar David Friedrich in eben diesen Jahren das
Riesengebirge entdeckt und in unvergeßlichen Bildern festgehalten, auch Clausewitz tut das mit der Feder, wenn er bekennt[13]:
».... besonders hat mich das Riesengebirge gerührt, was ich
schon gestern in hoher Pracht wiedergesehen habe. Seine hohen
Rücken sind noch mit Schnee bedeckt und geben ihm das Ansehen
der Savoyischen Alpen; es war Sonnenschein; Licht und Schatten
stellten sich in den schärfsten Umrissen dar; so schön haben wir
das Gebirge nie gesehen. Als zuerst die Schneekoppe wie ein kleiner Hügel am Horizont heraufstieg mit der wohlbekannten Kapelle, dachte ich mir das Glück, mit meiner teuren Marie dort gewesen
zu sein; es hatte einen eigenen Reiz, einen einzelnen Punkt — denn
größer als ein Punkt erschien mir die Kapelle nicht — zu sehen, auf
dem wir ungezweifelt Hand in Hand gestanden hatten.«

Aber auch die Städte Schlesiens sind Clausewitz durch die gemeinsamen Reisen und den gemeinsamen Aufenthalt dem Alltäglichen
entrückt und in eine höhere Sphäre erhoben, die die Erinnerung
verklärt. So heißt es über Liegnitz[14]: »Liegnitz, wo ich den General (Scharnhorst) gefunden habe, ist so allerliebst, daß ich wieder
mit jedem Schritt an Dich erinnert werde, teure Marie; die herr-

lichsten Promenaden schöner Linden-Alleen und die schönsten
Wiesen umgeben die Stadt, das Gebirge in der Entfernung, eine
reiche, fruchtbare Ebene zwischen dem Gebirge und uns — man
kann sich nichts Reizenderes denken. Ach, warum kann ich das
nicht mit Dir genießen...«

Nun, im Frühjahr 1812 hat Clausewitz immerhin auch einen wahlverwandten Partner, mit dem er durch Schlesien reist und es zum
zweiten Male erlebt: eben »seinen« General Scharnhorst. So
schreibt er in dem gleichen Brief[15]: »Auch Kirchen haben wir besehen; der General, der einer der liebenswürdigsten Menschen ist,
die es je gegeben hat, sprach mit einer Wärme und einem Vergnügen über die Eindrücke der Baukunst und alter Monumente, daß
ich eine Art von Trost darin fand über Deine Abwesenheit.« Aber
dann meldet sich auch gleich wieder der Sarkasmus, mit der der
Briefschreiber oft Gefühlsüberwältigungen abwehrt: »Leider war
noch jemand mit, der da meinte, man hätte doch besser getan,
statt der vielen Kirchen Chausseen zu bauen, denn noch in diesem
Augenblick könnte keine Batterie ohne die greulichsten Beschwerden marschieren.«

Und dann folgt wieder eine Liebeserklärung und das Geständnis:
»O Marie, ich empfinde Deinen Wert, wie ihn nur ein Mensch
empfinden kann, und Deine beseligende Nähe zu entbehren, ist
das einzige Opfer, was ich jetzt bringe, aber dieses Opfer ist auch
sehr groß und nur die Stärke, mit welcher meine *Vernunft* den
Schritt von mir fordert, kann mich zu dieser Aufopferung des
Höchsten, was ich im Leben besitze, bringen. Gott wolle, daß diese
Trennung auf so kurze Zeit als möglich sei, denn für eine lange
Entbehrung des unendlichen Glücks, womit mich das Schicksal vor
Millionen begünstigt hat, gäbe es keine Entschädigung.«

Erlebnis Schlesien

Natürlich ist auch dieser zweite Besuch Schlesiens wiederum eine
Generalstabsreise. Aber es ist nicht nur eine Besichtigung, sondern
wie ein Gespräch mit der Landschaft, ihrer Kultur, ihrer Geschich-

te. Man befreundet sich mit ihr und zieht Kräfte und Erkenntnisse aus dieser Begegnung. Clausewitz bereichert seine Einsichten und setzt sie in Gemütsbewegungen um, die dann auch für die Landesverteidigung 1813 wirksam werden sollten. Das ergibt sich auch aus dem Brief vom 4. April 1812[16]: »Gestern bin ich mit dem General nach Kloster Wahlstatt geritten und habe dort die Kirche gesehen, welche die heilige Hedwig in allen Abbildungen in der einen Hand trägt. Weiß mein lieber Historiker noch, wie das alles zusammenhängt? Bei Wahlstatt war die große Schlacht, wo der Herzog Heinrich der Fromme von Liegnitz, Sohn der heiligen Hedwig, gegen die Tataren blieb[17]. An der Stelle, wo er geblieben ist, wurde eine kleine Kirche von seiner Mutter zum Andenken dieses Tages erbaut, deren Hochaltar genau den Platz angibt, auf dem er fiel; diese Kirche trägt sie seitdem auf allen Abbildungen in der Hand und sie ist die, welche wir gesehen haben. Dicht bei derselben (sie ist protestantisch) steht ein schönes katholisches Kloster, welches eben dieser Schlacht wegen die katholische Geistlichkeit hier erbaut hat, indem sie das Grundstück an sich kaufte. In dem Kloster ist eine Kirche im neuen, reichen Stil, eine der schönsten, die ich gesehen habe. Ein großes Altarblatt stellt den Augenblick dar, wo die Mutter den entseelten Sohn wiedersieht, das Bild ist von einem Niederländer, wie mir schien, ein sehr vorzügliches Stück. Beim Geistlichen fanden wir noch einen Pfeil und ein Hufeisen, die beim Bau des Klosters ausgegraben worden sind. Das Hufeisen war offenbar von dem Pferde eines Mongolen, denn es war so klein, daß man auf den Huf eines kleinen tartarischen Pferdes schließen mußte. Der General ist glücklicher in solchen Dingen wie Du, er hat hier eine alte Chronik gefunden, in der alles sehr umständlich beschrieben ist.«

Über die weiteren Reiseerlebnisse in Schlesien gibt Clausewitz seiner Frau ausführliche Nachricht am 13. April[18]: »Heute sind wir mit des Generals Pferden im offenen Wagen spazieren gefahren, gerade wie wir bei Kudowa in unserem liebenswürdigen Wagen. Die engen Wege, die unsicheren russischen Pferde, alles erinnert mich an jene glückliche Zeit. Wann, teure Marie, werden wir so glücklich sein, wieder so fahren zu können? Grüße Deine Mutter herzlich.« Dann folgt ein weiterer eingehender Bericht aus Frankenstein vom 18. April[19] über eine Reise nach Silberberg und von da nach Glatz. »Es waren die herrlichsten Frühlingstage. Von Silberberg aus ritten wir den bekannten Kolonnenweg, dessen sich unsere guten Russen vielleicht noch erinnern werden[20]. Ich wußte mich an jeder Stelle zu erinnern, da, wo wir in Gebersdorf einkehrten, wo uns der Bote verließ, wo wir den Weg nicht wußten, alle diese Punkte riefen mir lebendig das Bild unserer Reise, unseres Glücks in die Seele zurück. Wie wir von Silberberg wegritten, war das Wetter noch ganz schön, und gerade das verschaffte uns einen herrlichen Anblick.« Und nun kommt wieder eine der Schilderungen weiter und großer Ausblicke, die für die Anschauungsweise von Clausewitz so charakteristisch sind und des öfteren wiederkehren: »Von dem böhmischen Waldhaus, wo wir damals Silberberg zuerst gesehen hatten, öffnete sich das Gebirge zuweilen schnell wie der Vorhang des Theaters, einzelne Berge schoben sich rechts und links wie Kulissen vor und Silberberg lag vor uns wie eine Reihe fester Burgen links und im Hintergrund die Ebene von Frankenstein in wunderbarer Beleuchtung. Sie war mit dunkelblauen Wolken überzogen, während hinter uns die Sonne glühende Strahlen aussandte. Die ganze Gegend hatte einen blauen Farbenton angenommen, aus dem die einzelnen Türme und Gebäude wie Sterne hervorblitzten. Wie habe ich da an meinen lieben Maler gedacht! Silberberg von diesem Punkte aus zu zeichnen, wäre viel lohnender gewesen. Sooft ich die schönen Gegenden Schlesiens sehe und der schönen Tage gedenke, die wir hier verlebt haben, habe ich keinen höheren Wunsch, als nur noch einmal in diesem Leben diese Gegenden mit meiner lieben Freundin zu durchziehen.« Dieser Wunsch sollte freilich nicht in Erfüllung gehen. Aber es fügte sich doch, daß Clausewitz in Breslau starb — und dann wurde auch seine Frau an seiner Seite in der Hauptstadt Schlesiens begraben.

Neues Kriegsbild

Zu Beginn des 19. Jahrhunderts kannte man den Begriff des Nationalen Reduits noch nicht, soweit wir wissen. Aber man praktizierte ihn bereits. Denn er war einfach die Konsequenz des Naturkrieges und bot der Volksbewaffnung, dem kleinen Krieg, neue, ungeahnte Möglichkeiten. Das hatte sich in Spanien und noch mehr in Tirol gezeigt, aber der österreichische Hofkriegsrat hatte das nicht begriffen und Andreas Hofer im Stich gelassen. Anders in Preußen bei den Reformern, als sie nach neuen Defensivmöglichkeiten Ausschau hielten. Da fiel ihr unbefangener Blick auf Schlesien. Es war mit der Mark Brandenburg damals nur noch durch einen schmalen Korridor verbunden, aber *das* Gebirgsland der Monarchie mit vielen Bergen, Wäldern und Engen, schwer zugänglich in vielen Regionen; außerdem sprang es mit dem Glatzer Bergland, dieser Naturfestung, nach Böhmen vor und hatte lange gemeinsame Grenzen und damit Rückhalt an dem anderen Hauptfeind Napoleons, an Österreich. Vor allem aber verfügte es über eine Reihe von Festungen, die in eigener Hand waren und noch weiter ausgebaut werden konnten. Das ist dann auch unverzüglich geschehen. Aus diesen vielfachen Gründen wurde Schlesien seit 1808 *der* Rückhalt der preußischen Landesverteidigung, um dann zur Operationsbasis des Anfangs der Befreiungskriege zu werden. Schon in diesen Jahren wurde sie vorbereitet.

In der Zeit zwischen den Kriegen war Schlesien also bereits Hoffnung und Zuflucht der Reformer, die wußten, was sie wollten. Es entsprach ihrem Kriegsbild. Zuerst hatte sich Gneisenau hierher abgesetzt, wie wir wissen, dann sich als Gutsherr vorübergehend zurückgezogen, und schließlich war Scharnhorst zwischen seinen diplomatischen Reisen mehr oder minder in Schlesien untergetaucht, wirkte aber von hier aus in aller Stille weiter und wartete auf seine Stunde. Daß auch beider Adlatus Clausewitz nach Schlesien kam und Land und Gebirge durchstreifte, wissen wir. Aber er tat das nicht nur als Privat- und junger Ehemann, der hierher seine eigentliche Hochzeitsreise machte: immer stand er zugleich im Dienst, im Dienst der Armee, des preußischen Staates, der zukünftigen Befreiung. Als Stratege und Taktiker machte er sich Gedanken darüber, wie man das Land nicht nur verteidigen, sondern in eine sichere Operationsbasis verwandeln könne. Er besprach das mit Gneisenau wie mit Scharnhorst als den möglichen Oberbefehlshabern und Partnern. Die neuerdings von Werner Hahlweg vollständig herausgegebenen Briefe an Gneisenau aus dieser Zeit geben darüber im einzelnen Aufschluß. Das sind vor allem die zwischen dem 17. Juni und dem 24. September 1811, die ersten zwei noch in Berlin, alle anderen aus Schlesien selbst geschrieben, mit Anlagen und Denkschriften: In ihnen tritt die künftige Philosophie des Krieges bereits in ersten Umrissen hervor wie etwa der Satz: Taktik ist die Lehre vom Gebrauch der Streitkräfte im Gefecht, Kriegskunst (noch nicht Strategie) der Gebrauch der ausgebildeten Streitkräfte zum Zweck des Krieges.

Gneisenau war damals, wie aus dem Briefwechsel hervorgeht, zum Oberbefehlshaber in Schlesien vorgesehen, Clausewitz als sein erster Führungsgehilfe, wie man heute sagen würde. So sind auch die Briefe überwiegend militärischen Inhalts, zwei vom 8. und 18. August aus Warmbrunn, vier aus Kudowa. Es sind Briefe bei Gelegenheit einer Art Hochzeitsreise, aber auch auf dieser hat Clausewitz seinen Beruf nicht vergessen, sicher mit der verständnisvollen Zustimmung seiner jungen Frau. So war diese gemeinsame Reise nach Schlesien auch eine Vorschule für die Jahre nach 1815. Bereits aus Warmbrunn kann man unter dem 18. August 1811 erfahren: Clausewitz hat einen Verteidigungsplan für Schlesien entworfen, natürlich »sehr einfach, wie es für alle Länder der Erde sein müßte«, denn im Krieg hat nur das Einfache Erfolg[1].
Dann heißt es weiter: »Ich unterscheide zwei Fälle. Der erste ist, wenn der Feind mit einer bedeutenden Macht und auf eine entscheidende Art einrückt, alsdann bleibt, wenn die *disponible* Macht nicht groß genug ist, um in einem Treffen zu siegen, nichts übrig, als sich in die Festungen zu werfen, diese *reichlich* zu besetzen, mit dem übrigen das Gebirge zu besetzen und zum allgemei-

nen Aufstand zu bringen. Ist... die *disponible* Macht so groß, daß man ein Treffen damit gewinnen kann, so halte ich es für ratsam, dies Treffen so weit rückwärts als möglich und womöglich im Gebirge zu liefern. Daß man das Land einen Augenblick zum großen Teil einräumt, ist ein vorübergehender Nachteil. Nur in der Nähe von Glatz, Neiße und Silberberg wird man alle Vorteile genießen, welche dem Verteidiger in diesem Fall zugute kommen.«

Der andere Fall ist der des Aufmarsches gegen einen schwachen oder entfernten Feind. Da wäre eine Bereitstellung der disponiblen Macht bei Liegnitz am zweckmäßigsten, »wo die Straßen aus Sachsen und der Mark so ziemlich zusammentreffen, Breslau noch gedeckt und das Gebirge sowie die Festungen sich im Rücken befinden«. Dann wäre das ganze Hinterland zu einem kräftigen Widerstand zu organisieren. Im übrigen denkt Clausewitz nicht an eine unbewegliche oder bloß abwartende Besetzung der schlesischen Festungen, sondern er stellt sie sich, falls die eine oder andere nicht angegriffen wird, als Operationsbasen vor, aus denen vor allem mit Kavallerie überraschende Ausfälle gemacht werden könnten. Darüber will er noch nachdenken. Nach diesem Verteidigungskonzept in großen Zügen heißt es[2]: »Mit meiner Gesundheit geht es noch sehr gut; ich glaube indessen fast, daß die eigentlichen Bäder wenig Anteil daran haben.« Im übrigen will Clausewitz in drei Tagen aus Warmbrunn abreisen, um anschließend noch nach Kudowa zu gehen, d. h. um das Glatzer Bergland zu erkunden. In der Zwischenzeit wird er noch etwa eine Woche unterwegs sein, vor allem, um das Land und seine Topographie genauer zu studieren.

Der nächste Brief an Gneisenau, datiert aus Kudowa den 26. August 1811, ist also unmittelbar nach der Ankunft geschrieben. Er spricht bereits von einer herannahenden Katastrophe, d. h. einem notgedrungenen Krieg. Im übrigen will Clausewitz noch etwa 14 Tage in Kudowa bleiben: »Tritt bis dahin eine Katastrophe ein, so gehe ich nach Glatz, wenn mir keine andere Weisung wird, und diene da dem König, so gut ich immer kann. Bleibt alles ruhig, so gehe ich durch Böhmen und Sachsen nach Berlin zurück, wo ich Anfang Oktober einzutreffen gedenke. — Sollten die Fran-

zosen den König zwingen, seine Hauptstadt zu verlassen, so ist der
Weg hierher viel sicherer als der über die Weichsel, und ich halte
es durchaus für vernünftig, daß er den ersteren Weg wähle.« Von
Schlesien und vor allem vom Glatzer Bergland aus hätte er jeden-
falls einen sicheren Zugang nach Böhmen, also zum Übertritt nach
Österreich.

Ein zweites Bayonne?

Aus diesem Brief wird ersichtlich, was man im Sommer 1811 in
Preußen fürchtete: Es war ein zweites Bayonne, wie es von Clausewitz schon früher einmal angesprochen wurde: In Bayonne hatte
Napoleon im Frühjahr 1808 die spanischen Bourbonen zum Thronverzicht gezwungen, um seinen Bruder Joseph als König einzusetzen[3]. Mit Ähnlichem wurde also auch damals in Preußen gerech-
net, die Gefahr später allerdings durch ein förmliches Bündnis mit
Napoleon gebannt. Aber bis dahin vergingen noch lange Monate,
so daß der nächste Brief aus Kudowa, der am 28. August an
Gneisenau abgeht[4], mit dem Stoßseufzer beginnt: »Gefaßt auf
alles, befinde ich mich doch in einer großen Unruhe und Erwartung dessen, was da kommen wird.« Anschließend die Bitte:
»Können Sie mir in einigen Zeilen Ihre dermalige Ansicht von unserem innern und äußern Zustand und eine Übersicht dessen mitteilen, was sich etwa in den nächsten acht oder vierzehn Tagen zutragen wird, so werden Sie mich dadurch nicht allein von dieser
peinlichen Unwissenheit einigermaßen befreien, sondern mir auch
Gelegenheit geben, für die Fortsetzung meiner Reise einen zweck-
mäßigen Entschluß zu fassen.«
Jedenfalls hatten sich die Reformer im Jahre 1811 nicht nur in Rü-
stungsorganisatoren verwandelt, sondern auch zu Planern der Landesverteidigung entwickelt. Sie konzentrierten sich zunächst auf
Schlesien und die schlesischen Festungen. Gemäß dem Brief vom
2. September aus Kudowa[5] wandte sich das Interesse von Gneisenau auch Spandau zu, während von Blücher in Pommern tatkräftig Rüstungen und Schanzarbeiten im Raum von Kolberg betrieben wurden. Doch in der Hauptsache kreisten ihre Gedanken

um Schlesien, wobei es wünschenswert erscheint[6], »daß die hiesigen Anstalten für geringer beim Feind passierten, als sie sind, damit der Schlesien nicht mehr Ehre erweise als im Ersten Feldzug (1806/07)«, d. h. also, sie sollten möglichst unauffällig erfolgen. Mit der Verstärkung des Verteidigungspotentials gerade dieser Provinz beschäftigt, fragt der Briefschreiber anschließend: »Kann man kein Gewehr aus dem Österreichischen mehr holen lassen? Kein Pulver im Ausland kaufen? Kann man die *Neißer* Fabrik nicht plötzlich erweitern?«

Und was ist mit Scharnhorst? Er ist um diese Zeit von der Bildfläche verschwunden, auf geheimer Mission in Rußland. Daher die Bitte von Clausewitz an Gneisenau[7]: »Schreiben Sie mir doch etwas Ordentliches über des Generals Aufenthalt.« Und dann weiter: »Ihr gütiges Anerbieten, aus der Kauffunger Metall-Quelle mich einen Zug tun zu lassen, lehne ich dankbar ab; solange ich noch nicht gebraucht werde, reicht meine kleine Summe hin; nur wenn ich irgendwohin mit der Post reisen müßte, würde ich schnell verarmen und in dem Fall von Ihrem Anerbieten Gebrauch machen, weil Sie die Unkosten wohl liquidieren könnten.« Das deutet darauf hin, daß Gneisenau damals bereits über einen Geheimfonds für besondere Zwecke verfügte. Der Brief schließt dann mit den bemerkenswerten Sätzen: »Ich gestehe, daß bei der Aussicht, hier meine künftige Rolle zu übernehmen, ich Schlesien überhaupt ungern verlasse und nach Berlin zurückkehre. Die Durchflüge, die ich durch die einzelnen Gegenden gemacht habe, haben mir noch bei weitem nicht die Kenntnis des Landes gegeben, die ich mir wünsche, indessen bleibt freilich nichts übrig, als nach Berlin zurückzukehren, Kollegienhefte abzulesen und kronprinzlichen tauben Ohren zu predigen, solange meine Anstellung hier noch eine Privatsache unter uns beiden ist, und von der anderen Seite werde ich mich auch freuen, Sie mein teuerster Freund, wiederzusehen.«

Die heimlichen Aufrüstungen Preußens waren Napoleon nicht verborgen geblieben. Am 27. August 1811 forderte deshalb der französische Gesandte in Berlin, Graf St. Marsan, Aufschlüsse darüber. Staatskanzler Hardenberg, der zwar nicht gleich tatkräftige, aber doch staatsmännisch begabte Nachfolger Steins, trat die Flucht nach vorn an und erklärte rundheraus, daß Preußen allerdings rüste, wie alle seine Nachbarstaaten auch. Als St. Marsan den Zweck dieser Rüstungen wissen wollte, erklärte Hardenberg entschlossen, aber ruhig im Ton: »Mit dem Degen in der Hand sterben und nimmer in Unehren untergehen.« Dann folgte der Hinweis auf die Kriegsbereitschaft der preußischen Festungen und einer Armee von 100 000 Mann im Kriegsfall[8].

»Die kühne, selbstbewußte und in Paris völlig ungewohnte Sprache verfehlte nicht ihren Zweck.« Napoleon fand sich veranlaßt — es würde zu weit führen, auf seine Gründe im einzelnen einzugehen —, den Abschluß eines Bündnisses zu versprechen, er forderte aber... vor weiteren Verhandlungen die sofortige Abrüstung, widrigenfalls Marschall Davoust den Befehl erhalten würde, in Preußen einzumarschieren. Gleichzeitig aber ließ Napoleon versichern, er sei bereit, die engste Verbindung mit Preußen einzugehen. Daraufhin siegten nach erregten inneren Auseinandersetzungen »die Tauben« unter Führung des Königs und seines Staatskanzlers Hardenberg: Die Befestigungsarbeiten um Spandau und Kolberg wurden eingestellt und ein Teil der bereits eingezogenen Reservisten wieder entlassen. St. Marsan war unterdessen »zur Berichterstattung« nach Paris berufen worden. Am 26. Oktober kam er wieder zurück, und zwar mit den Vollmachten zum Abschluß einer französisch-preußischen Allianz. Napoleon ließ Friedrich Wilhelm die Wahl zwischen dem Beitritt zum Rheinbund oder einem Schutz- und Trutzbündnis »für alle Fälle und auf ewig«. Für den Fall eines Krieges mit Rußland hatte Preußen ein Hilfskorps von 20 000 Mann zu stellen, vor allem aber der Grande Armée und ihrer Versorgung mit seinen Behörden zu dienen. Der Vorschlag war in anmaßendem Ton gehalten, brachte keine Herabsetzung der Kontri-

butionen, verlangte Lieferungen und stellte Bezahlung lediglich in
Aussicht. Es war offensichtlich ein Ultimatum oder die Vorstufe
dazu, aber ein Ausweg aus der bisherigen Ungewißheit und Krise.
Und was war mit der russischen Hilfe? Die geheime Mission, die
Scharnhorst im September 1811 nach Zarskoje Selo geführt hatte,
brachte zwar eine Art Konvention, änderte aber an der gefahrvol-
len Lage Preußens de facto nichts. Scharnhorsts Sendung nach
Wien brachte vollends eine Ablehnung Metternichs. Auch Öster-
reich stand nun auf der Seite Napoleons. Was war da zu tun? Die
Spannung wuchs täglich; sie stand im Mittelpunkt der Briefe von
Clausewitz an Gneisenau ebenso wie die drückende Ungewißheit
über die politische Zukunft. So heißt es am 6. September[9]: »Aus
Neiße schreibt ein vernünftiger Mann, es rüste sich alles zum
Krieg und der Ausbruch scheine wohl unvermeidlich; so möge es
denn in Gottes Namen sein und man möge doch nur alles tun, um
das Werk mit Ernst und Nachdruck, mit Anstrengung aller Kräfte
anzugreifen. — Eine Stimme, die nicht schon fest überzeugt ist,
daß wir mit Frankreich gehen müssen und werden — eine große
Seltenheit.« Dann spielt Clausewitz auf die stolze Antwort an, die
der Staatskanzler Hardenberg dem französischen Gesandten St.
Marsan gab, und bemerkt dazu, daß er sie vortrefflich finde,
»wenn man, wie dies der Fall ist, die Allianz mit Frankreich als
das Beste ansieht; können wir je zu dieser Ehre gelangen, so kann
es nur durch ein solches Betragen geschehen«.
Am 13. September schreibt Clausewitz[10] an seinen »Verehrtesten
Freund«, daß er dessen Rat folge und sich in Schlesien noch einmal umsehen werde, damit er das so interessante Gebirge wenigstens oberflächlich in allen seinen Teilen kennenlerne. Dann wollte
er nach Kauffung abreisen und dort die Familie Gneisenau besuchen. Anfang Oktober will er wieder in Berlin sein. Im übrigen ist
der Brief eine einzige Vertrauenserklärung an Gneisenau, ja eine
visionäre Vorausschau, daß dieser einmal der »glückliche, siegrei-
che Feldherr Schlesiens« sein werde mit dem Bekenntnis: »In der
Armee hat niemand das allgemeine Vertrauen außer Ihnen. Dem
einen hängt dieser an, jener dem andern, dieser aus Vernunft, jener aus Torheit. Für Sie sind die Stimmen noch nicht geteilt und

namentlich in Schlesien nicht. Ich kenne niemand, der hier ein solches Vertrauen erwecken würde.«

Da Clausewitz dem Brief an Gneisenau auch noch den neun Punkte umfassenden Operationsentwurf beilegt, ist anzunehmen, daß er dies als vorgesehener Generalstabschef tut. So heißt es in dem Schreiben: »Die Stelle, welche Sie mir angewiesen haben, ist sehr ehrenvoll und obgleich ich eine andere einfachere Anstellung in mancher Rücksicht beneidenswerter finde, so hat doch diese in Rücksicht auf Ihre Person einen großen Wert für mich. — Fürchte ich ihr nicht gewachsen zu sein, so denke ich dabei tröstend, daß, was man mit Überlegung, Ruhe des Geistes und gutem Willen tut, nie ganz schlecht werden kann.« Im übrigen erfährt man aus dem Operationsentwurf, der dem Brief beiliegt: In Schlesien sind rund 20 000 Gewehre vorhanden. »Dies macht eine bewaffnete Macht von rund 30 000 Mann möglich, weil ja Kavallerie, Artillerie, Offiziere, Spielleute usw. keine Feuergewehre zu haben brauchen.« So arm an Gewehren war man damals noch in Preußen.

Nach dem Schreiben aus Goldberg vom 24. September[11] haben sich dann aber offenbar die Absichten im Hinblick auf den künftigen Oberbefehl in Schlesien geändert. Man scheint nun an Prinz Wilhelm zu denken, worüber Clausewitz konsterniert ist, so daß er schreibt: »Ich fühle mich von allem, was in mir spricht, abgetrieben und fortgerissen, vor der Gefahr zu warnen, die mit der Wahl verknüpft ist, von der Sie sprechen. Ich kenne eins, das im Kriege nötiger ist als Kunst und Talent und Verstand und alles, das ist die *Autorität*. Sagen Sie mir um Gottes willen, wer soll sie haben? P. W. (Prinz Wilhelm), der nicht das Herz hat, ein deutliches Ja oder Nein auszusprechen? Der, welcher ihm beigegeben wird, müßte ein Mann sein wie Sie oder der General, vor dem der Prinz Furcht und zu dem er Vertrauen hat, wenn er imstande sein sollte, durch den Prinzen die nötige *Autorität* des Oberkommandos aufrecht zu erhalten; jeder andere könnte ein Gott sein und er würde mit Schande bestehen. Das Verfahren, welches der Befehlshaber in Schlesien zu beobachten hat, ist wahrhaftig nicht aus alten Ordnungen und modrigen Papieren zu entlehnen, es muß original sein; es muß unerhört sein in Rücksicht der Energie — und das alles soll man erwarten von einem jungen Mann ohne Kenntnis, ohne *Entschluß*, ohne Urteil, ohne Dreistigkeit...?«

Ende September geht die Reisezeit zu Ende. Die Lehrgänge an der allgemeinen Kriegsschule beginnen demnächst wieder, und Clausewitz rüstet zum Aufbruch aus Schlesien, nachdem er noch mit seiner jungen Frau die Familie Gneisenau in Gut Kauffung besucht hat[12]. Er wäre lieber geblieben und hätte weitere Vorarbeit geleistet für die Landesverteidigung. Aber in Berlin hat man anders entschieden. So bleibt ihm, Clausewitz, nichts anderes übrig, »als daß ich meine abstrakte Weisheit noch einmal wie zitierte Geister auf Rauchwolken sich gestalten lasse und mit blassem Schimmer in matten ungewissen Umrissen vor das Auge der Schule bringe[13]«.

Aber Schlesien hat sich tief in seine kriegerische Vorstellung eingeprägt und mit seinem militärischen Denken und Planen verbunden. Er bringt Karten von Schlesien nach Berlin mit, in denen die Stellungen des Siebenjährigen Krieges eingezeichnet sind, und er spricht in dem letzten langen Brief an Gneisenau in dieser Periode davon, daß es seine Hauptbeschäftigung dort gewesen sei, sich von der Richtung des Wasserlaufs und der einzelnen Gebirgszüge eine deutliche Vorstellung zu machen. In der Erinnerung sieht er die Festung Silberberg vor seinem geistigen Auge wie eine Vision: »Dieser Ort kann mit 20 000 Mann ebensogut besetzt werden wie mit 2 und ist in dem einen Fall so unüberwindlich wie im andern. Dabei hat er natürlich eine bequeme Wirkungssphäre durch das Gebirge in die Ebene von Glatz.«

Am 1. Oktober 1811 ist Clausewitz wieder in Berlin[14]. Er hätte sich lieber Schlesien gewidmet, wie wir wissen. Aber er fügte sich. Was er tut, tut er ganz: Ob das nun seine Vorlesungen über den kleinen Krieg sind, oder die weitere Tätigkeit als rechte Hand Scharnhorsts, die anhaltend viel Kleinarbeit erfordert. Er unterzieht sich diesen Aufgaben mit dem höchsten Anspruch an sich selbst. Er ist rastlos tätig. Wenn für jemanden, so gilt für Clausewitz die Devise: Genie ist Fleiß.

Fünftes Kapitel
Genie ist Fleiß

Von 1808 bis 1812

Schauen wir noch einmal auf diese wichtigen Jahre zwischen den Kriegen von 1806/07 und dem von 1813 zurück. Es ist für diese Biographie besonders wichtig, zu wissen, was in diesem kurzen Zeitraum vor allem an militärischen Reformen vorging. Wir kommen dann zu erstaunlichen Resultaten. Die Reformer waren nicht nur daran beteiligt, sondern die eigentlichen Urheber der Wiedergeburt Preußens damals. Das allgemein Bekannte kann man dabei voraussetzen, aber noch ist aufzuhellen, was erst neuerdings erforscht wurde und besondere Aufmerksamkeit verdient.

Am 23. Februar 1809 war Clausewitz, wie wir wissen, dem Allgemeinen Kriegsdepartement zur Dienstleistung zugewiesen und zur Disposition des Generals von Scharnhorst gestellt worden[1]. Nach vorerst noch tastenden Anfängen begann etwa ab Sommer 1809 *die* Periode seiner militärischen Laufbahn, die am meisten mit Büroarbeit erfüllt ist. Indessen wirkte er an zentraler Stelle und konnte so Einblick und Überblick über die Gesamtverhältnisse gewinnen, die seiner geistigen Entwicklung außerordentlich zugute kommen sollten. Das gehörte mit zu der Vorbereitung auf sein Hauptwerk. Denn nun wurde er auch mit den Details der Um- und Neuorganisation vertraut und konnte all die psychologischen Hemmnisse kennenlernen, die einer solchen organischen Weiterentwicklung immer im Wege stehen, bis sie freie und überlegene Geister durchzusetzen wissen. Weil das damals dank überlegener Führung geglückt ist, deshalb konnte man auf eine gewaltsame Umwälzung verzichten.

Der Freiherr vom Stein hatte die nötige Vorarbeit geleistet, politisch, gesellschaftlich und ökonomisch; Gneisenau folgte mit der »Freiheit des Rückens« und der Initiative zur Volksbewaffnung. Viele alte Zöpfe fielen, auch Privilegien des Adels dank Scharnhorst. Das waren die geistigen und psychologischen wie die politischen und moralischen Prämissen der Erneuerung; nun folgten die

317

praktischen Maßnahmen, um ein schlagkräftiges Kaderheer zu schaffen. Die Um- und Neuorganisation der Armee war durchzuführen, und zwar nicht nur nach allgemeinen Direktiven, die von oben herab erlassen wurden, sondern durchdringend bis in die Details der Reorganisation, Umrüstung und Bewaffnung. Nicht gerade vom Punkte Null aus, aber dafür gegen den um so größeren Widerstand der »Ewiggestrigen« in Uniform wie in Zivil war die Armee neu aufzubauen. Der Geist der Reform, der von dem Führungskader ausging, mußte alles erneuern: Strategie und Taktik, obere und untere Führung, Organisation, Waffen, Waffengebrauch, Versorgung. Und nicht zuletzt waren neue Reglements zu erarbeiten, natürlich gab es dabei auch viel von den Siegern zu lernen. Jedenfalls war es eine umfassende Aufgabe, die sich da stellte. Erstaunlich, wie und wie rasch sie gelöst wurde, sicher ein Vorbild für alle Zeiten.

Clausewitz, der bisherige »Hofoffizier«, hatte das rasch begriffen, sich geistig längst darauf vorbereitet. Er war von Scharnhorst eingeweiht in die Pläne wie in die Geheimpläne, und er kannte die allergeheimsten Ziele. Er wußte, daß er zu schweigen hatte, selbst seiner Verlobten und späteren Frau gegenüber: Da war dienstliches und persönliches Leben reinlich zu trennen. So steht auch nichts in den Privatbriefen darüber, die er in diesen Jahren schrieb. Um so wertvoller sind der jetzt vollständig gedruckte Briefwechsel mit Gneisenau und das Zeugnis des späteren Feldmarschalls von Boyen. Auch er ist in diesen Jahren ein unbedingter Gefolgsmann von Scharnhorst, über den er in seinen Erinnerungen schreibt[2]: »Niemals habe ich für das praktische Leben einen so konsequenten Denker als Scharnhorst gefunden, niemals einen Menschen, der seine Person so großen Zwecken, die er leitete, unterzuordnen verstand. Den Krieg und die Kriegswissenschaft kannte er mehr als irgendeiner. Ein glühender Haß gegen Napoleon und Frankreich kochte fortdauernd in diesem anscheinend teilnahmslosen, schläfrigen Körper und gab ihm die Kraft, zur Erreichung seines Zweckes gegen Kabalen und Undank zu kämpfen.«

Nach Boyen war auch Clausewitz unstreitig von 1809 bis Anfang

1812 der erste und vertrauteste Mitarbeiter Scharnhorsts, »besonders in den aus politischen Gründen geheimzuhaltenden Bewaffnungsplänen[3].« Ja, die geistige und charakterliche Übereinstimmung war so groß, daß bei diesem einzigartigen Vater-Sohn-Verhältnis oft ein Wort, ja nur eine andeutende Geste von Scharnhorst genügte — und die Ausführung durch Clausewitz erfolgte genau in Scharnhorsts Sinn. Ohne diesen grundsätzlichen Konsens wäre das umfassende Reformwerk wohl kaum in so kurzer Zeit gelungen, hätten auch nach der Katastrophe der Grande Armée in Rußland 1812 die Befreiungskriege nicht so schlagartig begonnen und durchgefochten werden können. Scharnhorst hat dies auch ausdrücklich anerkannt, indem er schon im März 1813, als die eigentliche Bewährungsprobe noch vor der Tür stand, an seinen jüngeren Freund und ersten Mitarbeiter schrieb[4]: »Ich habe nie Ihren großen Wert verkannt, gefühlt aber habe ich ihn erst in dieser Zeit, wo ich viel zu tun hatte; nur mit Ihnen verstehe ich mich, nur unsere Ideen vereinigen sich oder gehen in ruhiger Gemeinschaft nebeneinander in unveränderter Richtung.« Diese Übereinstimmung war vorgegeben und wirkte sich seit dem ersten Tag der engen Zusammenarbeit glücklich aus, als Scharnhorst Ende des Jahres 1809 mit dem König nach Berlin zurückkehrte, noch geschwächt von seiner schweren Krankheit. Hier unterlag er oft beinahe der Last der Geschäfte. Es war daher um so wohltätiger für ihn, da (nach seinem eigenen Ausdruck) »die Vorträge, welche Clausewitz bei ihm hatte, zu wahren Erholungsstunden für ihn wurden durch die Art, wie dieser seine Entscheidungen oft aus einer bloßen Miene, aus einer bloßen Bewegung des Kopfes oder der Hand erriet und immer genau in die seiner Absicht entsprechenden Worte zu kleiden wußte[5]«.

Was die Dienstkorrespondenz verrät

Clausewitz hat nach den vorhandenen Unterlagen die Dienstkorrespondenz von Scharnhorst von Anfang Dezember 1809 bis Ende März 1812 geführt, bis er in russische Dienste übertrat. Sie ist in

19 Aktenbündeln erhalten und bekanntlich von Werner Hahlweg 1966 herausgegeben worden, der dazu schreibt[6]: »Die Dienstkorrespondenz als Ganzes umfaßt mehr oder weniger die Sachgebiete der gesamten Heeresreform, zumindest soweit es den allerdings weitgespannten Dienst- und Einflußbereich Scharnhorsts anlangt. So hat Clausewitz etwa bearbeitet: Personalangelegenheiten, Konstruktion und allgemeine Dienstpflicht, Organisations- und Bewaffnungsangelegenheiten, Truppenausbildung, neue Fechtweise, Offiziersbildungswesen, Montierungs- und Rüstungsangelegenheiten, Landesverteidigung, Armierung der Festungen, kurz alle für den Gang der Reform bedeutsamen Sachgebiete, wie sie zum Dienstbereich des Allgemeinen Kriegsdepartements gehörten.«

Eine Seite dieser Dienstkorrespondenz ist besonders bemerkenswert. Die Dokumente betreffen die technische Entwicklung der Gewehre und des Artilleriematerials. Der »geborene« Artillerist Scharnhorst bewegte sich hier auf vertrautem Boden, dem sein besonderes Interesse gehörte, aber für Clausewitz war das Neuland. Er hatte seit Jahren keinen praktischen Dienst mehr getan, die Wirkung der Artillerie weniger im Jahre 1806, stärker 1793 vor Mainz kennengelernt, verstand aber trotzdem mit und durch Scharnhorst deren zunehmende Bedeutung für die Gesamtkriegführung wie im Gefecht. Er begriff in jedem Fall rasch, worauf es ankam, und von daher beherrschte er bald auch die Praxis. Nie blieb er an Einzelheiten hängen; in den Vorträgen bei Scharnhorst arbeitete er die wesentlichen Punkte heraus und handelte bei minder wichtigen Dingen selbständig, aber stets im Sinne seines Herrn und Meisters. Sein Unterscheidungsvermögen, schon immer ungewöhnlich präzis, wurde geschärft, sicher auch seine Menschenkenntnis. Wenn »der General« der Kopf des preußischen Reformwerks war, von dem die Initiative ausging, so war es die Leistung von Clausewitz, daß er diesem Hand und Fuß gab, es in die Wirklichkeit umzusetzen verstand. Das beweist die Dienstkorrespondenz von der ersten bis zur letzten Zeile. Man kann Hahlweg bei seiner Darstellung der Zusammenarbeit Scharnhorst-Clausewitz in diesen entscheidenden Jahren der Armee-Erneuerung deshalb nur zustimmen, wenn er dazu anmerkt[7]: »Scharnhorst ist der

Dienstältere, Erfahrenere, der das Ganze überblickt, verantwortlich dirigiert und letzthin die Entscheidung trifft, Clausewitz sein tätiger, ganz der Sache gewachsener Gehilfe, der ihn weitgehend entlastet und auf diesem Wege zu eigener Wirkung kommt. Er bearbeitet *sachlich-konkret* im einzelnen die einlangenden Schreiben oder Vorgänge. Durch die Art, *wie er dies tut,* wie er die Unterlagen vorher durcharbeitet, vorlegt, hilft er auf seine Weise mit, die Entscheidungen Scharnhorsts vorzubereiten; hier ist Clausewitz mitunter durchaus selbständig — eben weil er eine ausgesprochene Vertrauensstellung bei diesem innehat.« Freilich ist Clausewitz taktvoll genug, die gebotenen Grenzen niemals zu überschreiten. Vielleicht läßt sich sagen: »Bei den Dokumenten der Dienstkorrespondenz ist durchaus *Eigenes* von Clausewitz dabei, aber doch nach den Direktiven, den sachlichen Hinweisen von Scharnhorst.« Damit erhellt auch der Anteil des späteren Kriegsphilosophen am großen Reformwerk der preußischen Armee. Er ist größer, als bisher angenommen wurde, und übertrifft die Leistungen derer, die in der Regel mit ihm in einem Atem genannt werden, die der Boyen und Grolman, ja selbst die von Gneisenau, der ja auf französischen Druck hin ausscheidet und so von 1810 ab für die praktische Arbeit nahezu ausfällt. Hahlweg weist in diesem wichtigen Zusammenhang darauf hin, daß sich in diesen Jahren der Organisator Clausewitz außerordentlich bewährte, daß jedenfalls der Vorwurf des blutleeren Theoretikers, den man ihm später oft gemacht hat, durch diese Leistung entkräftet wird. Die Theorie wird ihm geistige Vorbereitung, durchdachte Anweisung zum Handeln. Denn ihm, dem Soldaten, erscheint, wie er später einmal formuliert, eine Verhaltensweise für die Soldaten unerläßlich: »Die *ausgezeichnete Natur ihres werktätigen Verstandes.«* Diese Natur bewies Clausewitz in der Zentrale des preußischen Reformwerks von 1809 bis 1812 in hohem Grade. Einmal mehr sollte er dartun, daß eine der wichtigsten Voraussetzungen, man kann auch sagen, Lebensäußerungen des Genies, Fleiß ist, Ausdauer und immer wieder Fleiß.

In der Aufgabenstellung ist die Dienstkorrespondenz aus naheliegenden Gründen besonders interessant: Sie umfaßt u. a. das Problem der Festungskommandanten und die Ausarbeitung des Exerzierreglements für die Infanterie und Kavallerie. Aus dem Schreiben an Blücher vom 4. Februar 1811[8] erfährt man: »Seine Majestät der König haben eine Kommission zu ernennen geruht, unter Seiner Leitung, welche die sämtlichen Dienstbestimmungen, die in unseren verschiedenen Reglements und einzeln vorhanden sind, zusammentragen und auf diese Weise ein Reglement sowohl für die Infanterie als auch Kavallerie bilden soll. Für die Kavallerie sind dazu der Oberste von Ziethen, Oberstleutnant von Dolfs und Rittmeister von Golz vom ostpreußischen Kürassier-Regiment, für die Infanterie die Majore von Krauseneck, von Natzmer und von Clausewitz ernannt.« Selbstverständlich wurden Rat und Gutachten erbeten von Blücher für die Kavallerie, von General v. Yorck für die leichten Truppen und die Infanterie überhaupt. Zum Vergleich werden französische und kurhessische Reglements herangezogen. Auch für die Artillerie gab es ein neues Exerzier-Reglement, zu dessen Ausarbeitung Scharnhorst grundsätzlich (und für immer gültig) bemerkte[9]: »... ich habe mich bereits über die Ansichten ausgelassen, welche ich von dem Exerzice der Artillerie habe, und wie ich namentlich der Meinung bin, daß, wie bei der Infanterie und Kavallerie, noch mehr bei der Artillerie dieser Teil mit Pedanterien überfüllt ist. Meine Begriffe von Geschützbedienung reduzieren die Sache auf wenige wesentliche Dinge, und alles übrige halte ich für schädliche Spielerei. Man geht bei der *Manipulation* viel zu sehr ins Detail... man erhält durch ein pedantisches Exerzice vielleicht eine größere Geschwindigkeit im Bedienen des Geschützes in Zeughäusern und auf Exerzierplätzen und setzt sich im Gefecht den entscheidendsten Unglücksfällen aus, weil da nur das Einfache und Natürliche geschieht.«

Gilt diese directive nicht immer und überall und für alle Waffengattungen?

Gewehre und Gewehrfabriken

Die technische Entwicklung und Fabrikation der Infanteriegewehre nimmt in der Dienstkorrespondenz einen breiten Raum ein. Hier sind die Anweisungen sehr genau. So sind allein siebzehn Vorgänge überliefert. Bemerkenswert ist dabei, daß es selbstverständlich, wie immer in solchen Fällen, Stimmen gab, die die alten Gewehre besser fanden als die neuen. Deshalb sah sich das Büro Scharnhorst veranlaßt, am 5. Februar 1812 zu erklären[10]: »Die neuen Gewehre sind freilich nicht vollkommen, wie keine Fabrikation der Art vollkommene Fabrikate liefern kann, und wenn sie in vielen Stücken den besten französischen Gewehren nachstehen, so liegt das an Dingen, die sich nicht so leicht ändern lassen: in jedem Fall aber wird die jetzige Fabrikation nicht schlechter sein als die ehemalige, da viel mehr Aufmerksamkeit auf den Gegenstand verwendet wird. Freilich konnten ehemals, wo sich kein Mensch um die Güte der Gewehre bekümmerte, wo ewig nur blind damit exerziert wurde, die wesentlichen Fehler nicht so leicht an den Tag kommen als jetzt: noch weniger konnte eines zerspringen, welches ohnehin nicht so leicht möglich war, da sie eineinhalb Pfund schwerer waren; aber um so sonderbarer ist es, daß jetzt eine Truppe, die sonst nie etwas von dem Wert ihrer Waffe gewußt hat, so hohe Forderungen tut.«
Mit Rücksicht auf die geheimen Pläne einer schnellen Heeresvermehrung im Ernstfall gewannen natürlich die Gewehrfabriken im Lande besondere Bedeutung. Scharnhorst-Clausewitz widmeten infolgedessen denen zu Neiße und Malapane wie der Gewehr-Handwerkskompanie in Neiße besondere Aufmerksamkeit. Die letztgenannte war deshalb von vorrangigem Interesse[11], »weil wir dort die Sache mehr in unserer Hand haben, Verbesserungen in der Fabrikation anbringen können usw. und dabei die Gewehre um 20 bis 30 Prozent wohlfeiler haben«. An den Staatskanzler von Hardenberg wird das Ersuchen gerichtet, zur Erweiterung der Gewehrfabrik das alte Regierungsgebäude zur Verfügung zu stellen, während man dem König die Bitte unterbreitet, eine gewisse Anzahl kantonpflichtiger Schlosser als Arbeiter einzuziehen, »denn um

freiwillige, geschickte Arbeiter für diese Fabrik anzunehmen und bei derselben zu fesseln, würden Lohnsätze erforderlich sein, die durchaus nicht verträglich sind mit der Natur einer solchen Anstalt«. Es heißt dann weiter, offensichtlich mit Rücksicht auf die durch Niederlage und Kontributionen verursachte Finanznot: »Die Stellung kantonpflichtiger Arbeiter hat auch bei der Einrichtung dieser Fabrik schon einmal stattgefunden, und ohne sie würde dieselbe gar nicht haben stattfinden können. Ferner findet bei der Handwerks-Kompanie der Artillerie diese Maßregel statt, und es kann wohl auch keinen Unterschied machen, ob ein für den Kriegsdienst Eurer Majestät ausgehobener Kantonist Artillerie- oder Infanterie-Waffen arbeitet; endlich sind die sämtlichen russischen Fabriken durch Arbeiter betrieben, die vom Lande gestellt sind. Aus allen diesen Gründen darf ich mich wohl unterstehen, Eurer Königlichen Majestät untertänigst vorzuschlagen, die Arbeiter der Neißer Gewehrfabrik mit Ausschluß der gelernten Büchsenmacher und anderer freiwilliger Arbeiter bei der bevorstehenden Erweiterung zu einer Gewehr-Handwerks-Kompanie zu organisieren.«

Artillerie

Auch der technischen Entwicklung des Artilleriematerials wurde natürlich die größte Aufmerksamkeit gewidmet. Ihr dienten zwischen dem 10. Dezember 1809 und dem 14. März 1810 nicht weniger als einundzwanzig Vorgänge, Briefe und Eingaben, in der Mehrzahl an den Prinzen August in dessen Eigenschaft als Inspekteur der Artillerie gerichtet. Hier ist Scharnhorst natürlich besonders in seinem Element und macht einen Vorschlag zur waffentechnischen Weiterentwicklung nach dem andern. Aber er unterläßt es auch nicht, noch aus Königsberg an den Prinzen August unter dem 10. Dezember 1809 zu schreiben[12]: »Euer Königlichen Hoheit Bericht über den Zustand der schlesischen Artillerie ist in jeder Hinsicht vortrefflich, nur erlauben mir Höchstdieselben zu bemerken, daß er zu detailliert war, denn zu einer guten Geschäftsführung gehört ganz gewiß, daß man nichts vor den König

bringt, als was ihm zur Entscheidung oder Übersicht nötig ist.«
Eine Mahnung für alle Zeiten, auch wenn es keine Könige mehr
gibt, sondern nur noch Minister.

Auch der Salpeterherstellung in Glatz, dann den Festungswerken
von Breslau gehört das besondere Interesse Scharnhorsts und seines Büros. Das hängt natürlich damit zusammen, daß Schlesien als
Operationsbasis für einen künftigen Befreiungskampf ausersehen
ist, über den im übrigen nichts »aktenkundig« wird. Denn man ist
ja vor der französischen Ausspähung nirgends mehr sicher. Darauf
achtet Clausewitz besonders, nachdem er seit dem 14. März 1810
zum Leiter des Chefbüros (Ministerialbüro) ernannt ist.

In der Dienstkorrespondenz Scharnhorsts umfassen die von Clausewitz bearbeiteten Aktenstücke vom 10. Dezember 1809 bis zum
25. März 1813 immerhin 256 Schreiben. Wenn es beispielsweise
um die Frage der Festungswerke von Breslau geht, heißt es in dem
von Clausewitz niedergeschriebenen Konzept[13]: »Es ist nicht zu
leugnen, daß die Stadt Breslau der wichtigste Teil von Schlesien
genannt werden kann. In ihr sind eine große Menge Hilfsmittel
zum Kriegführen durch den Handel und Reichtum der Einwohner
vorhanden; auch macht es auf den Geist der Einwohner allemal
einen nachteiligen Eindruck, wenn die Hauptstadt der Provinz sich
in den Händen des Feindes befindet. — Eine Reihe von festen
Punkten, um den Ort herumgelegt, würde ihn, bei übrigens starken Verteidigungsmitteln, gegen den ersten Anfall decken.« Die
Idee des Generals Reinhold von Grawert, seit 1. August 1807
kommandierender General in Schlesien und Generalgouverneur,
wird also bejaht, aber dem König vorgeschlagen, die Ausführung
zurückzustellen, und zwar aus folgenden politischen Gründen[14]:
Sie würde bei den Franzosen Verdacht und Mißtrauen erregen.
Eine wirksame Verteidigung wäre ohne die Teilnahme der Bürgerschaft undenkbar. Außerdem müßten bedeutende Streitkräfte und
Waffendepots bereitgestellt werden, die dann dem Feldheer fehlen würden. Schließlich waren erhebliche Verschiebungen des
Eigentums an Grund und Boden notwendig. Angesichts dieser
Nachteile schlägt das Schreiben an den König vor, »die Ausfüh-
rung dieser Idee bis zum vorkommenden Fall aufzuschieben«. Der

Verstärkung und Modernisierung der übrigen schlesischen Festungen Glatz, Kosel, Silberberg und Neiße wird dafür um so größere Aufmerksamkeit gewidmet.

Das Merkmal dieser Jahre ist der immense Fleiß des Bürochefs. Er ist das eigentliche Medium der Reformen, der Mittler und Vermittler, der verlängerte Arm Scharnhorsts, der dafür sorgt, daß in drei Jahren eine erneuerte und verjüngte Armee steht, die alle Preußen, und nicht nur die Junker, als *ihre* Armee betrachten. Der Reichsfreiherr vom Stein und sein Nachfolger Hardenberg haben die notwendigen politischen und sozialen Voraussetzungen, Gneisenau die psychologischen für sie geschaffen, und der König hat sie legalisiert und legitimiert, nicht zuletzt unter dem Einfluß seiner Gemahlin, der Königin Luise. So erfolgt in den Jahren von 1807 bis zum Beginn des Jahres 1813 eine Revolution von oben, eine konservative Umwälzung, die der Einsicht der Krone und der Dynamik einer Kadergruppe zu verdanken ist und sich gegen alle widerstreitenden Kräfte durchsetzt. Das kommt selten vor in der Weltgeschichte. Dazu vollzieht sich die Reorganisation unter den Augen der Besatzungsmacht, die auch jetzt noch, trotz aller Zugeständnisse an sie, der Feind ist, gegen den man sich rüstet. Die Befreiung wird vorbereitet.

Der Professor

Dieser Befreiung gingen indessen noch Jahre der intensiven Arbeit voraus, die als geistig angesprochen werden muß. Dazu gehörte, daß sich die Verantwortlichen auch mit Kriegsbildern befaßten, die das ancien régime beiseite gelassen hatte. So war es nicht nur die Dienstkorrespondenz, die Clausewitz mit Fleiß und Genauigkeit für »seinen« General führte; dieser hat sicher auch den Lehrauftrag an der Allgemeinen Kriegsschule für Clausewitz veranlaßt. Mit einem gewissen Stolz und zugleich mit einiger Selbstironie schreibt dieser eben dann am 24. 6. 1810 an Gneisenau[15]: » Ich bin mit dem General aus dem Kriegsdepartement ausgetreten und werde seine *Büro*geschäfte ferner besorgen. Außerdem bin ich halb

wider Willen Professor geworden; ich soll nämlich mit Tiedemann[16] gemeinschaftlich die Taktik bei der künftigen Kriegsschule für Offiziere lehren. Außerdem unterrichte ich den Kronprinzen ...«
Es war indessen nicht die gewöhnliche Taktik, für die Clausewitz
den Lehrauftrag erhielt. Es handelt sich um die Taktik des Kleinen Krieges und außerdem um Generalstabsdienst, Artillerie, Geschütze, über die er vorzutragen hatte, Neuland also, das über das
bisherige Kriegsbild hinausging. Clausewitz hatte sich dann auch
vorzüglich damit beschäftigt und vor allem über den Kleinen Krieg
in Spanien und in Tirol Unterlagen beschafft. Mit dem gewohnten
Eifer löste er die gestellten Aufgaben, schrieb, zeichnete, sammelte
und studierte das geschichtliche Material, um die Nutzanwendung
daraus zu ziehen. Als er im Herbst 1810 vom Urlaub zurückkam
und die Vorlesungen am 15. Oktober begannen, hatte er bereits
acht Vorlesungshefte fertig, nach Abschluß 244 Blätter. Sie gaben
nicht nur die Anschauungen der Reformgruppe wieder, voran die
Gneisenaus, sondern erzogen durch Beispiele zur Initiative, die ja
im Kleinen Krieg das A und O ist. Sie sind aber auch bezeichnend
dafür, welche Erwartung man mit ihm damals verbunden und welche Hoffnungen man auf ihn gesetzt hat. Vor allem aber hat die
systematische Arbeit und Materialsammlung mit das Fundament
des späteren Hauptwerks gelegt. Anstoß aber waren Volksbewaffnung und revolutionärer Krieg. Sie beschäftigten in diesen Jahren
vorzüglich die Geister und Gemüter. Ja, man hat sogar den Eindruck, daß sie überbewertet wurden. Denn in den nachfolgenden
deutschen Befreiungskriegen spielte die Guerilla nur eine unter-
geordnete Rolle — ganz im Gegensatz zu Spanien. Sicher ist, daß
sich Clausewitz gehörig in das Problem versenkte und seine Möglichkeiten auszuschöpfen sich bemühte. Vor allem aber gab er an-
schauliche Beispiele. Die Vorstellungskraft sollte sich an ihnen
üben und erhellen, daß die Geistesgegenwart fast für jede Lage die
erfolgversprechende Aktion und für die meisten Krisen einen pas-
senden Ausweg oder eine überraschende Aushilfe bereithält. Dann
kann die Schleuder Davids sehr viel wirksamer sein als die Keule
Goliaths.

Die Vorlesungen dauerten von Mitte oder Ende Oktober bis etwa Anfang April und nahmen viermal wöchentlich zwei akademische Stunden in Anspruch. Im Wintersemester 1811/12, das früher abgebrochen wurde, weil Clausewitz nach Rußland ging, hatten sich 37 Kapitäne, Premier- und Secondeleutnants eingeschrieben, darunter nur 3 bürgerliche. Erst ganz allmählich wurde die Öffnung des Offizierskorps auch für den Bürger wirksam und von den Regimentern akzeptiert.

Die intensive Beschäftigung mit dem Kleinen Krieg war nicht von ungefähr, wie wir wissen. Sie versuchte, aus der Not eine Tugend zu machen, und richtete sich vor allem daran auf, daß Napoleon mit den aufständischen Spaniern nicht fertig wurde. Die Reformer dachten an einen ähnlichen Widerstand in Deutschland, an den kleinen und irregulären Krieg im Rücken Napoleons für den Fall, daß er gegen Rußland marschieren würde — und dieser Fall wurde immer wahrscheinlicher. Sie waren für ein Bündnis mit Rußland. Aber der König zögerte, und mit Recht, wie wir heute wissen. Sein ererbter Sinn für Legitimität sträubte sich gegen den irregulären Krieg und die damit verbundenen Greuel. Lieber ging er zum Schein, und solange ihn die Übermacht dazu zwang, als Verbündeter mit Napoleon. Die Reformer waren dagegen für Krieg. Sie gingen aufs Ganze. Das ehrt ihren Charakter. Ihre Gesinnungsethik war eindeutig, aber die Verantwortungsethik des Königs größer[17]: Er erlag nicht der Versuchung, ein arevolutionäres Volk für die revolutionäre Kriegführung zu mobilisieren. Es wäre ein blutiges Experiment geblieben, das bald niedergeschlagen worden oder in sich erloschen wäre wie der Tiroler Aufstand. Die Deutschen waren nun einmal keine Revolutionäre und Partisanen, wie sich immer wieder gezeigt hat.

Für die Gesinnungsethiker war die Versuchung damals beträchtlich. Sie wollten sich befreien und losschlagen, koste es, was es wolle. Am meisten brannte die Ungeduld in dem jüngsten der Reformgruppe, in Clausewitz, am wenigsten in Scharnhorst, dem eigentlichen Oberhaupt, dem einzigen auch, der im Lande aushielt und ruhig auf seine Stunde wartete, während die anderen emigrierten. Bevor aber Clausewitz in russische Dienste übertrat, geschah noch, was später von den Nationalisten als Hauptleistung von Clausewitz angesehen wurde: Die patriotische Leidenschaft ging mit ihm durch, und er schrieb die »Drei Bekenntnisse« in einem Zug. Sie sind ein Fanal der Vaterlandsliebe wie des Feuereifers für die Befreiung, des glühenden Hasses gegen Napoleon — in ihrem sachlichen Teil aber nicht ohne Übersteigerungen der Vorstellungen, die mit dem Volksaufstand das Unmögliche möglich machen wollten. Die »Drei Bekenntnisse« oder »Die Bekenntnisdenkschrift« sind und bleiben deshalb persönliche Konfessionen. Sie stammen aus dem Februar 1812, als eben die Allianz mit Frankreich abgeschlossen wurde. Ihr Autor hatte sich von einem inneren Zwang befreit und niedergeschrieben, was er damals glaubte, bekannte, für rechtens hielt. Aber seine Vorschläge blieben gefährliche Versuchungen, in denen die Emotion obenan stand. So blieben sie auch in der Schublade liegen, zum Glück für die führend Beteiligten.

Die Befreiung sollte durch andere Ereignisse in die Wege geleitet werden als durch Aufstand und Kleinkrieg. Sie sollte nicht nur Schlesien mobilisieren, sondern ganz Preußen, Deutschland und Europa. Sie sollte die Wiederherstellung des abendländischen Gleichgewichts herbeiführen. Den Anstoß dazu gaben wohl die preußischen Reformer, aber auf andere Weise, als sie es sich ursprünglich dachten. Hauptautor der Geschichtswende aber war Napoleon selbst: Am 22. Juni 1812 überschritt er den Njemen mit einem Heer, wie es die Welt bis dahin noch nicht gesehen hatte; sechs Monate später blieb ihm nur noch ein Schlitten zur Flucht nach Frankreich.

Sechstes Kapitel
Die Bekenntnisdenkschrift

Napoleon auf der Höhe seiner Macht

Im Jahre 1811 stand Napoleon als Kaiser der Franzosen auf der Höhe seiner Macht in Europa — ähnlich wie Hitler 130 Jahre später. Auf dem Fürstentag in Erfurt 1808 hatten ihm die politischen Souveräne, aber auch geistige Größen wie Goethe und Wieland gehuldigt, auf die sich der große Schauspieler, der er auch war, einzustellen wußte. Dann leuchtete Napoleon 1809 die Sonne von Austerlitz als dem Sieger über die beiden anderen Kaiser. Im April 1810 hatte er nach der Scheidung von Josephine Beauharnais Marie Luise, die Tochter von Kaiser Franz I. geheiratet und dadurch Österreich zum Bundesgenossen, wie er meinte — und zunächst wirklich. Es gab kein Halten mehr für seinen Macht- und Landhunger: Holland, Oldenburg, Ostfriesland und die drei Hansestädte Bremen, Hamburg und Lübeck wurden zu seinem Imperium geschlagen, das damit 134 Departements umfaßte. Und überall vergab Napoleon Throne und Königskronen, Fürstentitel und reiche Pfründe an seine Vasallen.

Die politische Karte Europas war um diese Zeit nicht mehr wiederzuerkennen. Sie hatte selbst keine Ähnlichkeit mehr mit der aus der Zeit von Napoleons Krönung zum Kaiser der Franzosen 1804: Preußen war auseinandergeschlagen und zerteilt; seit 1807 herrschte Napoleons Bruder Jerôme in Kassel als König von Westfalen; in Süd- und Mitteldeutschland waren die Satelliten-Königreiche Württemberg, Bayern und Sachsen von Napoleons Gnaden errichtet und zum Rheinbund zusammengeschlossen. Seit 1807 gab es ein Großherzogtum Warschau und, förmlich eingeklemmt zwischen ihm, Westfalen und Sachsen, gerade noch das, was der Sieger vom preußischen Königreich übriggelassen hatte: die Mark, Pommern, Ostpreußen, Schlesien, in hoffnungslos erscheinender geopolitischer Isolierung. Die preußische Armee war zwangsreduziert auf die eines unbedeutenden Staates. Zahllose Deutsche kämpften wohl oder übel auf der Seite Napoleons. Bis Ende 1813 waren über 100 000 von ihnen für ihn und sein Imperium gefallen[1]. Diese große Lage muß man sich klarmachen: Wie eine Handvoll Zwerge standen die preußischen Reformer dem Riesen Goliath mit dem Schiffshut und der trikoloren Kokarde gegenüber.

Auch in Preußen selbst standen französische Truppen. Die Hauptfestung Magdeburg hatte Napoleon zu Westfalen geschlagen und sie wie Küstrin und andere preußische Festungen zur Hälfte mit Franzosen, zur anderen mit Westfalen besetzt. Spandau und Berlin hatten französische Besatzung; Danzig, seit 1807 Republik von Frankreichs Gnaden, war ein französischer Waffenplatz geworden. Thorn, Posen und die Provinz Posen gehörten zum Großherzogtum Warschau, das nun um einiges größer war als Preußen damals. In diesem selbst hielten sich Besatzungstruppen und eigene Armee zahlenmäßig etwa die Waage, nur mit dem Unterschied, daß diese auch noch reformiert und neu organisiert werden mußte. Auch fehlten Gewehre und Geschütze; denn nach 1807 verfügten die Geschlagenen gerade noch über 10 000 Gewehre, vielleicht die beschämendste Folge der Katastrophe. Die Geschützgießereien in Berlin und Breslau waren zerstört und mußten erst wieder aufgebaut und in Gang gebracht werden. Um so größer ist das Verdienst Scharnhorsts und seines Büros, daß es schon 1809 gelang, die Fertigung auf 1300 Gewehre im Monat zu steigern[2]. So war bis Ende 1810 wenigstens die reguläre kleine Armee wieder voll ausgerüstet. Für die geplante Landwehr aber gab es außer privaten Jagdflinten vielfach noch keine anderen Waffen als Piken, Sensen und Säbel.

Politisch allerdings war da einige Hoffnung: Es mußte zum Krieg zwischen Rußland und Frankreich kommen, zum Angriff Napoleons auf Land und Armee des Zaren. Wer konnte wissen, wie dieser Krieg ausging? Rußland war riesig und der russische Soldat hart und tapfer. Das Zarenreich mit seinen großen Reserven schien der natürliche Verbündete der Befreiung. Auch wenn sich dann der König von Preußen zwangsläufig mit Napoleon verbündete, so ließ auch er die Fäden nach Rußland nicht abreißen: geheime Rückversicherungsverträge waren geschlossen, Emissäre entsandt. Und die Reformer? Von Stein angefangen traten sie alle auf die russische Seite. Nur eben Scharnhorst blieb wie unter einer Tarnkappe in Schlesien.

Für und Wider

In Europa hatten sich zwei Parteien gebildet: die Napoleon-Verehrer und die Napoleon-Hasser. Ihre Gegensätze gingen bis in die Familien. Die einen sahen in dem Kaiser der Franzosen das Genie schlechthin, den Nachfolger Karls des Großen, der dessen Reich wieder aufgerichtet hatte, den immer siegreichen Feldherrn, dem niemand zu widerstehen vermochte — die anderen aber sahen in ihm nur einen Emporkömmling und Usurpator, der die Gewalttätigkeit auf seine Fahnen geschrieben hatte, die Besiegten ausbeutete und bedrückte. Dann gab es allerdings auch noch eine Gruppe zwischen diesen Parteien, die eine merkwürdige Haltung einnahm: Sie verachtete den Parvenu, diesen sogenannten Kaiser — er hatte sich selbst die Kaiserkrone aufs Haupt gesetzt —, aber von seiner militärischen Genialität waren sie überzeugt. Sie hielten ihn für den unbesiegbaren Feldherrn, den Strategen, wie ihn die Welt noch nicht gesehen hatte. Zu diesen Bewunderern wider Willen gehörten auch König Friedrich Wilhelm III. von Preußen und viele preußische und russische Generäle, sogar noch im Befreiungsjahr 1813, wie die alten preußischen Feldmarschälle Kalckreuth und Möllendorff.

Vom Fundament her zählten die Reformer zu den Hassern Napoleons, aber ihr Haß war vor allem politisch und trübte durchaus nicht ihr Urteil über den Gegner und sein Genie — im Gegenteil: sie lernten von diesem Kriegsgott, von der Energie seiner Führung, der Wirksamkeit seiner Befehle, der Konsequenz seines militärischen und politischen Handelns. Sie studierten seine Maßnahmen genau und beugten sich wohl oder übel vor diesem konzentrierten Willen zur Macht. Nur in dem entscheidenden Punkt waren sie anderer Ansicht als der König von Preußen: Sie hielten Napoleon sehr wohl für besiegbar, den Freiheitswillen der Völker für stärker, die Gruppendynamik dem Einzelgenie nicht nur gewachsen, sondern auf die Dauer sogar überlegen, weil sie *alle* menschlichen Kräfte mit ins Spiel brachte. Wenn die Zeit reif war, mußte Napoleon stürzen. Er selbst bereitete seinen Sturz vor, »als er zu weit ging«. Es war also nicht nur eine politische und militärische, sondern auch eine moralische und charakterliche Frage, ja eine solche der Vernunft, diese Zeit vorzubereiten, damit sie sich erfüllte. Der gute Geist ihrer Nation kam den Reformern dabei zu Hilfe.

Clausewitz hat in seinem späteren Hauptwerk vom Kulminationspunkt gesprochen, vom Kulminationspunkt des Angriffs, wenn sich die Kräfte des Angreifers erschöpfen. Das galt taktisch wie strategisch. Galt es aber nicht auch für den Eroberer? Er beschritt neue Wege, entfaltete unglaubliche Initiativen und erntete einen überwältigenden Erfolg nach dem anderen, den er den Figuren von gestern abnahm. Aber dann? Verblendete ihn nicht der Erfolg, so daß er das Augenmaß verlor, das Bewußtsein von den Grenzen des Möglichen? Mußte da nicht der Rückschlag kommen? Wie in einem Vorgefühl solchen Umschwungs der Weltgeschichte ist die Bekenntnisdenkschrift geschrieben. Aber sie eilt ihrer Zeit voraus, so grundsätzlich sie in ihren drei Teilen sein mag. In ihren Hoffnungen auf eine Volkserhebung und Volksbewaffnung mit dem Mittelpunkt Schlesien ist sie utopisch.

Ende Februar 1812 wurde die Bekenntnisdenkschrift niedergeschrieben. Allen Anzeichen nach war sie das Endresultat politischer und militärischer Gespräche unter vier, sechs oder acht Augen, die Clausewitz mit Gneisenau und Boyen geführt hat, vielleicht auch mit seiner Frau. Gneisenau nahm die Schrift entgegen und studierte sie ebenso eingehend wie Boyen. Das erkennt man an ihren Marginalien. Sie ist ziemlich umfangreich, umfaßt in der Original-Niederschrift zweiunddreißig Bogen[3], richtet sich »vorzüglich an die teilnehmenden Freunde als Bekenntnis einer privaten Meinung«, aber auch an die Mitbürger. Sie sollte ursprünglich wohl auch veröffentlicht werden; aber das unterblieb, wohl auf Anraten Gneisenaus, und das war gut so. Natürlich hätte sie Aufsehen erregt. Aber in der Hauptsache wäre die Siegermacht aufmerksam geworden. Dann waren harte Repressalien zu erwarten. Fouché, der französische Polizeimeister, war da ebensowenig zimperlich wie später der Gestapochef Himmler. Allerdings war im Jahre 1812 der Fortschritt in die Bestialität noch nicht erreicht, vor dem Jakob Burckhardt so eindringlich gewarnt hat.

Habent sua fata libelli

»Die Bücher haben ihre Schicksale« — und die kleineren Schriften unseres Freundes Clausewitz hatten sie besonders. Viele von ihnen lagen jahrzehntelang unter verstaubten Papieren in irgendwelchen Archiven, bis sie ans Licht und zum Druck gebracht wurden. Dann allerdings fragte es sich, ob man damit dem Autor in jedem Fall einen Gefallen getan hat. Diese Frage erhebt sich auch der Bekenntnisdenkschrift vom Februar 1812 gegenüber. Sie schlief einundfünfzig Jahre lang im Verborgenen, bis sie der erste Biograph Gneisenaus[4] in dessen Nachlaß entdeckte und 1869 zum erstenmal veröffentlichte. Nach der Reichsgründung vom Januar 1871, die kein wirkliches Reich brachte, aber den kleindeutschen Nationalstaat mit fremdvölkischen Anhängseln — da allerdings fiel sie auf fruchtbaren nationalistischen Boden. Ihr Autor Clausewitz aber hatte seinen einstigen, von Empörung flammenden Nationalhaß bereits nach der Befreiung 1815 überwunden: Wie sein Verhalten 1815 und dann vor allem sein Hauptwerk beweisen, wußte er auf der Höhe seiner Erkenntnisse das »Ungleichartige zu trennen«, also auch das Nationale vom Nationalistischen reinlich zu scheiden: das eine hält die Nation als das geschichtlich Gewachsene hoch und entwickelt sie weiter als weltgeschichtlichen Beitrag, der Nationalist huldigt dagegen einem ideologischen Nationalegoismus und ist nur auf Eigeninteressen bedacht. Die ersten Leser der Bekenntnisdenkschrift haben das wohl auch schon gefühlt und legten sie darum ad acta. Erst 1966 hat sie dann Werner Hahlweg mit dem vollständigen Originaltext samt Randbemerkungen, einer Vorbemerkung und dem notwendigen kritisch-wissenschaftlichen Apparat veröffentlicht. — Nun kann man also genau vergleichen[5].

Die Denkschrift besteht aus drei Teilen, und zwar ziemlich heterogenen, wie man zunächst meint. Jedes Bekenntnis steht unter einem anderen Aspekt, das erste unter einem moralischen, das zweite unter einem politisch-wirtschaftlichen (Kontinentalsperre!) und das dritte befaßt sich mit den militärischen Möglichkeiten und Aussichten. Das erste Bekenntnis ist mit moralischem Pathos, die beiden anderen sind bereits in dem sachlichen und doch schwungvollen Stil des späteren Hauptwerks geschrieben, wie W. Hahlweg in seiner Vorbemerkung unterstreicht.

Die Denkschrift

So zeitgebunden die Denkschrift sein mag, so ist sie doch von erheblicher Bedeutung für die Biographie und die geistige Entwicklungsgeschichte von Clausewitz. Außerdem markiert sie die Zäsur des weltgeschichtlichen Schicksalsjahres 1812 besonders deutlich. Nach 1869 hat man allerdings die weitere Entwicklung von Clausewitz bis 1831 nicht mehr in Rechnung gezogen. Wer kannte denn schließlich sein Hauptwerk außer einigen Militär-Spezialisten? Wer nahm sich die Mühe, nachzuprüfen, daß der reife Autor anders dachte und schrieb als der 32jährige? So ergab sich der Irrtum: Durch die Veröffentlichung der drei Bekenntnisse, siebenundfünfzig Jahre nach ihrer Niederschrift 1812, wurde Clausewitz von den Nationalisten und später von den Nationalsozialisten für die Parteipolitik reklamiert, aber der Kriegsphilosoph darüber vergessen. Um wie viel heilsamen Rat haben sich dann die führenden Soldaten in diesem Lande dadurch betrogen, wie z. B. um den[6]:
»Das russische Reich ist kein Land, welches man förmlich erobern, d. h. besetzt halten kann, wenigstens nicht mit den Kräften jetziger europäischer Staaten und auch nicht mit 500 000 Mann, die Bonaparte dazu herangeführt hatte. Ein solches Land kann nur durch eigene Schwäche und durch die Wirkungen inneren Zwiespalts bezwungen werden.«
De facto ist aber nicht zu leugnen: die drei Bekenntnisse oder kurz

die Bekenntnisdenkschrift ist die literarische Äußerung von Clausewitz, von der man im nationalistischen Lager das meiste Wesen gemacht hat. Sie ist im »Dritten Reich« z. B. sehr viel bekannter geworden, wenn auch nur im Auszug, als sein späteres Hauptwerk. *Diesen* Clausewitz meinte auch Hitler zuerst, wenn er den Namen nannte, und nicht den Kriegsphilosophen, dessen Erkenntnisse er als Oberster Befehlshaber der Wehrmacht in den Wind schlug, schon als er 1939 als Aggressor in den Krieg zog und damit den Zweiten Weltkrieg entfesselte. In diesem Sinn hat dann auch z. B. ein Autor wie Gerhard Scholtz sein »Bildnis eines deutschen Soldaten« 1936 in Berlin herausgegeben und darin die Bekenntnisse als *das Vermächtnis* von Clausewitz so zusammengefaßt, wie man sie dann immer wieder lesen konnte[7]:

Ich sage mich los:

von der leichtsinnigen Hoffnung einer Errettung durch die Hand des Zufalls,

von der dumpfen Erwartung der Zukunft, die ein stumpfer Sinn nicht erkennen will,

von der kindischen Hoffnung, den Zorn eines Tyrannen durch freiwillige Entwaffnung zu beschwören und durch niedrige Untertänigkeit und Schmeichelei sein Vertrauen zu gewinnen,

von dem unvernünftigen Mißtrauen in die uns von Gott verliehenen Kräfte, von der sündhaften Vergessenheit aller Pflichten für das allgemeine Beste, von der schamlosen Aufopferung aller Ehre des Staates und des Volkes, aller persönlichen Menschenwürde.

Ich glaube und bekenne,

daß ein Volk nichts höher zu achten hat als die Würde und Freiheit seines Daseins,

daß es diese mit dem letzten Blutstropfen verteidigen soll,

daß es keine heiligere Pflicht zu erfüllen, keinem höheren Gesetz zu gehorchen hat, daß der Schandfleck einer feigen Unterwerfung nie zu verwischen ist, daß man die Ehre nur einmal verlieren kann, daß die Ehre der Regierung eins ist mit der Ehre des Volkes und ein einziges Palladium seines Wohles,

daß ein Volk unter den meisten Verhältnissen unüberwindlich ist in dem großen Kampf um seine Freiheit, daß selbst der Untergang dieser Freiheit nach einem blutigen und ehrenvollen Kampf die Wiedergeburt des Volkes sichert und der Kern des Lebens ist, aus dem einst ein neuer Baum die sichere Wurzel schlägt.

Ich erkläre und beteure der Welt und Nachwelt:
daß ich die falsche Klugheit, die sich der Gefahr entziehen will, für das Verderblichste halte, was Furcht und Angst einflößen können, daß ich die wildeste Verzweiflung für weiser halten würde, wenn es uns durchaus versagt wäre, mit einem männlichen Mut, d. h. mit ruhigem, aber festem Entschluß und klarem Bewußtsein der Gefahr zu begegnen,
daß ich mich rein fühle von jeder Selbstsucht,
daß ich jeden Gedanken und jedes Gefühl in mir vor allen meinen Mitbürgern mit offener Stirn bekennen darf,
daß ich mich nur zu glücklich finden würde, einst in dem herrlichen Kampf um Würde und Freiheit des Vaterlandes einen glorreichen Untergang zu finden!
Verdient dieser Glaube in mir und den mir Gleichgesinnten die Verachtung und den Hohn unserer Mitbürger? Die Nachwelt entscheide darüber!

Die Nachwelt hat darüber entschieden

Der Vergleich dieses Textes mit dem richtigen und vollständigen, den Werner Hahlweg veröffentlichte, erinnert an die berühmte Redaktion der Emser Depesche durch Bismarck am Vorabend des Siebziger Krieges. Im Originaltext hat sich Clausewitz nicht so zusammengefaßt geäußert. Vor allem aber hat er ganz offenbar das Bedürfnis gehabt, nicht nur eine Proklamation zu erlassen, sondern der Sprache der Emotion die Sprache der objektiven Überlegung folgen zu lassen: Das geschieht nun im zweiten Bekenntnis, und hier ist nach dem emotionalen Ausbruch wieder die Vernunft am Werk, die im zweiten wie im dritten Bekenntnis den Ton angibt und die Gesichtspunkte bestimmt. Dazu schreibt Clausewitz an Gneisenau mit der Übersendung der ganzen Schrift: »Ich sehe die-

337

ses Werk... als eine Rechtfertigung unserer Meinung vor den Augen der Welt, als eine Würdigung des Verdienstes derjenigen Männer, welche diese Meinung vor dem Thron vertreten haben... Der Zeitpunkt des Erscheinens müßte... mit dem Zeitpunkt unseres Abtretens zusammenfallen.«

Das dritte Bekenntnis, das militärische, ist natürlich besonders interessant. Denn es enthält konkrete Angaben. So ist z.B. zu erfahren, daß Preußen bereits wieder über 120 000 fertige Feuergewehre verfügt, und daß Österreich in der Lage und offenbar auch bereit ist, 20 000 bis 30 000 weitere zu liefern. Mit den vorhandenen Geschützen kann man eine Armee von 100 000 Mann kampfkräftig ausrüsten; die notwendigen Pferde sind reichlich für Artillerie und Kavallerie vorhanden und die Festungen ebenso »hinreichend, ja überflüssig« versorgt. — Clausewitz geht dann noch in die Einzelheiten der Volksbewaffnung bis zur Organisation und Instruktion des Landsturms.

Man versteht, daß Gneisenau diese Unterlagen nicht an die Öffentlichkeit bringen wollte. Sie waren eigentlich der Abschlußbericht des Bürochefs Scharnhorsts, Stand Ende Februar 1812. Für die spätere Volksbewaffnung in Ostpreußen allerdings, etwa elf Monate später, war bereits die wichtigste gedankliche und »papierene« Vorarbeit geleistet. Der eigentliche Wert des Konzeptes aber zielte schon auf das Hauptwerk. So hieß es in einer Art von Präambel des Anhangs[8]:

Über die Natur der Verteidigung

»Gewöhnlich betrachtet sich ein Staat schon halb verloren, wenn er innerhalb seiner Grenzen den Feind erwarten und durch einen Verteidigungskrieg seine Erhaltung sichern soll.

Diese Gewohnheitsansicht in Regierung und Volk gibt ein dumpfes, ängstliches Gefühl, was sich bald in Mutlosigkeit verwandelt. Es ist daher der Mühe wert, die Begriffe von Angriff und Verteidigung deutlich zu machen, vielleicht wird dann eine Quelle des Muts, was bisher Kleinmut erzeugte.«

So viel über die Bekenntnisdenkschrift und ihre Bedeutung im Rahmen dieser Biographie. Es war, wie gesagt, aus mancherlei Gründen gut, daß sie damals nicht veröffentlicht wurde. Der Expansionsdrang Napoleons hatte seinen Höhepunkt erreicht, als er am 24. Juni 1812 die russische Grenze überschritt: mit seinen vormarschierenden Kolonnen näherte er sich dem Kulminationspunkt seiner Aggressionen. Clausewitz hatte den preußischen Dienst verlassen und war auf die russische Seite übergetreten. Wenige Monate nach dem Abschluß der Bekenntnisdenkschrift fand er Gelegenheit, noch und noch und teilweise unter extremen Verhältnissen praktische Kriegserfahrungen zu sammeln und die Natur von Angriff und Verteidigung noch klarer zu erkennen.

SECHSTER TEIL

Rußland 1812

Erstes Kapitel
Briefe aus dem Felde

Vorspiel

Am 31. März 1812 verließ Clausewitz Berlin, um zunächst in Frankfurt an der Oder seinen Bruder Wilhelm und seine Schwester Johanna zu besuchen. Beim Abschied von seiner jungen Frau gab es bei ihr Tränen, auch der junge Ehemann hatte wohl an sich halten müssen. Aber der Entschluß, nach Rußland zu gehen, war nun einmal gefallen. Auf der Reise plagten ihn heftige Kopfschmerzen. Unter dem 2. April schrieb er den ersten der Briefe, dem bis zum Jahre 1815 rund hundert weitere folgen sollten, in den verschiedensten Situationen geschrieben, oft auf den abenteuerlichsten Wegen befördert. In Schlesien nahm er Abschied von all den Örtlichkeiten, die im Jahre 1811 das Glück seiner junge Ehe sahen, und er »mag dazu nicht viel sagen. Denn ich bedarf der Stärke und darf mich also nicht auflösen in Rührung und Wehmut, die noch über mein ganzes Wesen ausgegossen ist.« Der Schluß des Briefes lautet[1]: »O Marie, ich empfinde Deinen Wert, wie nur ein Mensch empfinden kann, und Deine beseligende Nähe zu entbehren, ist das einzige Opfer, was ich jetzt bringe; aber dieses Opfer ist auch sehr groß und nur die Stärke, mit welcher meine *Vernunft* den Schritt von mir fordert, kann mich zu dieser Aufopferung des Höchsten, was ich im Leben besitze, bringen. Gott wolle, daß diese Trennung auf so kurze Zeit als möglich sei, denn für eine lange Entbehrung des unendlichen Glücks, womit mich das Schicksal vor Millionen begünstigt hat, gäbe es keine Entschädigung.«
In dem Brief aus Frankenstein zehn Tage später heißt es[2]: »Ich werde Dir um so öfter schreiben, da von drei Briefen vielleicht nur einer ankommt; aber ich fürchte, daß ich oft ohne Nachricht von Dir sein werde, da Du nicht im Besitze so ungewöhnlicher Mittel bist, einen Brief zu befördern wie ich...« Am 18. April kommt dann die Mitteilung, daß er gleichzeitig sein Abschiedsgesuch an den König gerichtet habe — ein Entschluß, der schon lange feststeht. Aber noch bleiben materielle Sorgen. Indessen lösen sie sich,

wie man am 21. April erfährt[3]: »Gestern habe ich mein Paket von Perlitz erhalten. Angenehme Überraschung! Statt 100 Dukaten 120, aber noch mehr im Lievenschen Briefe: statt 1300 Taler Gehalt 1900, so daß ich nun ganz ohne Sorge sein kann. Dies setzt uns in den Stand, mit dem Deinigen dort zu leben, und so wäre denn schon jetzt ein großer Schritt zu unserer Wiedervereinigung geschehen.«

Zunächst allerdings entfernt sich Clausewitz immer weiter von seinem bisherigen Dasein. Aus Breslau schreibt er am 28. April 1812[4]: »So ist denn der entscheidende Schritt getan; ich bin den äußeren Zeichen nach nicht mehr der Eurige und das Feldzeichen, dem ich zwanzig Jahre mit Liebe und Anhänglichkeit gefolgt bin, ist mir nicht mehr erlaubt zu tragen. Eine wehmütige Empfindung hat mich doch leise angewandelt bei diesen Vorstellungen, aber sie hat mich nicht betrübt. Mein Schicksal ist in dem allgemeinen verflochten; in diesem aber ist mir kein schlechtes Los gefallen, denn ich wüßte in der Tat nicht, was ich ohne Spielerei der Phantasie mir Besseres wünschen könnte in dieser betrübten Zeit und bei meinen Privatverhältnissen... Nur die Vereinigung mit Dir ist zu meinem Glück erforderlich und für den Fall der Untätigkeit hoffe ich, wird diese Trennung nicht von Dauer sein... Jeder Zug Deiner lieben Hand ist mir teuer. Lange ohne Nachricht von Dir zu sein, ist die schrecklichste Aufgabe, die ich von meiner Zukunft zu erwarten habe. Ich denke den 2. Mai abzureisen und werde nach sechzehn Tagen, also den 18. in Petersburg sein, wenn der Kaiser noch nicht zur Armee abgegangen ist.«

Clausewitz reist mit dem eigenen Wagen, den er sich für diese große Reise gekauft hat. Er gelangt von Breslau aus ohne Zwischenfall durch das damalige Großherzogtum Warschau nach Ostpreußen und schreibt dann aus Gumbinnen am 8. Mai wieder einen Liebesbrief nach Berlin[5]: »Ich träume mir Dich so oft in den Zirkel Deiner Herzensfreunde mit Deiner schönen ruhigen Heiterkeit und beneide dann die Leute, die so das Glück, das ich entbehren muß, genießen. Glück gibt es für mich auf Erden nur bei Dir. Wenn ich einmal einen flüchtigen Augenblick der Verstimmung habe, so fühle ich erst recht den unersetzlichen Verlust; dann verlangt mich nach Deiner Ruhe und Heiterkeit, dann ist die Sehnsucht am größten. Selig, ja *selig* will ich mich preisen, wenn ich Dich zum erstenmal wieder in meine Arme schließe. So schön der Augenblick war, in dem ich Dir den ersten Kuß auf die Wangen drückte, der Augenblick, da Du mir ihn erwidertest, so schön der Augenblick war, da ich mich zum erstenmal allein mit Dir im Wagen befand, mit Dir allein in einer kleinen Welt, die uns allein gehörte, und Du mein *Besitz,* so unaussprechlich beseligend diese Augenblicke waren, so wird doch dieser Augenblick der Wiedervereinigung nach einer Trennung, die mir schon jetzt so schmerzlich zu tragen wird, einen Genuß gewähren, wie ich ihn in meinem Leben noch nicht gehabt habe.«

So überbrückt Clausewitz die Trennung durch lange, oft leidenschaftlich-zärtliche Briefe. Aber bald wird er sich einer Lage gegenübersehen, die er früher nie für möglich gehalten hätte: Dann steht Preußen als Verbündeter Napoleons im Krieg mit Rußland, also auf der ihm feindlichen Seite. Das wird die Korrespondenz außerordentlich erschweren. Aber Clausewitz sieht einen Ausweg und schreibt im gleichen Brief: »Es hat sich ein gutes Mittel ergeben, unsere Korrespondenz auch im Falle des Krieges fortzusetzen. Ich gebe meine Briefe an die Vorposten, versteht sich offen und ohne allen politischen Inhalt, und adressiere sie an den hiesigen Regierungspräsidenten der litauischen Regierung, und Du schickst Deine Briefe gleichfalls offen an ihn; er wird, da er immer mit den kommandierenden Generalen in Verbindung bleibt, Gelegenheit haben, sie durch die Vorposten herüberzuschicken. Wir beide aber unterzeichnen die Briefe nicht und machen auch keine Adresse darauf. Das letztere übernimmt er und kenntlich sind sie ihm durch unsere beiderseitige Handschrift, wovon ich ihm eine Probe lassen werde. Er hat sich mir zu dieser Gefälligkeit anheischig gemacht. Dies nimmt mir einen schweren Stein vom Herzen. Du siehst, liebe Marie, das Glück gibt uns stets ein neues Unterpfand.«

Von Tilsit aus fährt Clausewitz nach Tauroggen. Es ist die erste Station auf fremdem Boden, die später in der Geschichte der Befreiungskriege *die* Schlüsselrolle spielen sollte, dann von Tauroggen nach Wilna, wo er nach elf Tagen ungeduldigen Umherziehens ankommt und gleich mit seinen Freunden Gneisenau und Chasot dasselbe Zimmer beziehen kann. Aber er hat noch keine russische Uniform und hängt dienstlich sozusagen in der Luft. Erst vom 6. Juni an trägt er den grünen Rock der russischen Offiziere, »der aber der Mode wegen fast schwarz ist«. Dann heißt es in dem Brief 124 vom 6./8. Juli 1812 bereits nach Beginn der Feindseligkeiten[6] »Aus der Gegend von Polotzk« beispielsweise: »Unsere Zukunft wollen wir vertrauensvoll dem Schicksal anheimstellen. Bis jetzt ist noch kein großes Unglück geschehen und manche große Hoffnung ruht noch im Keime; wenn ihr Zeit gegönnt wird, so kann sie sich entwickeln. Für den schlimmsten Fall aber habe ich den Mut noch nicht verloren. In uns ist das Glück fest gegründet und keine Macht der Welt kann dies ganz zerstören, wenn wir beide gesund bleiben.«

Der Brief, der diese Sätze enthielt, wurde von dem früheren russischen Gesandten Graf Lieven nach Preußen vermittelt; durch denselben Grafen, der in Berlin die Anstellung in die Armee des Zaren bewerkstelligt hatte, erhielt dann Clausewitz Post von seiner Frau, die allerdings schon etliche Wochen alt war. Aber der Briefwechsel wurde trotz der langen Laufzeit und der Schwierigkeiten der Übermittlung nicht unterbrochen. Immer wieder fanden die Liebenden Mittel und Wege, einander Nachricht zu geben. So sind immerhin vierzehn Briefe aus Rußland erhalten, acht davon nach Ausbruch der Feindseligkeiten geschrieben. Sie ergänzen und vertiefen den Bericht von Clausewitz über den russischen Feldzug von 1812. Übrigens wurde dieser mit dem über die Befreiungskriege 1813–15 zusammengefaßt und erschien als hinterlassenes Werk 1906 in der dritten Auflage »mit einer Biographie, enthaltend Lebenslauf und Würdigung durch Generaloberst Graf von Schlieffen, Exzellenz« in Ferd. Dümmlers Verlagsbuchhandlung in Berlin.

Offensichtlich war es das Werk von Clausewitz, das den damaligen Chef des Generalstabs am meisten beeindruckte. Nächst den Briefen ist der Band auch die wichtigste Quelle für unsere Biographie in den europäischen Schicksalsjahren 1812—15.

Die Russen hatten auf Empfehlung von Gneisenau den vielversprechenden Major im preußischen Generalstab »eingekauft«. Er wurde zugleich zum Oberstleutnant mit 1900 Talern Gehalt befördert. Aber dann wissen sie offenbar nichts Rechtes mit ihm anzufangen. So schreibt Clausewitz aus Wilna am 6. Juni 1812, also noch vor Beginn des Krieges[7]: »Alles, was ich bis jetzt erhalten habe, ist ein russischer Brief des Prinzen Wolkonsky, der Chef des ganzen Generalquartiermeister-Stabes ist, worin er mir sagt, daß er die Ordre wegen meiner Anstellung erhalten und mich demzufolge zur ersten Westarmee (der hiesigen) abgeteilt hätte. Damit trete ich unter den General Muchin, der General-Quartiermeister dieser Armee ist, und nicht ein Wort Französisch kann.« Es kann also dieser den Preußen nicht brauchen. Aber wer dann? Etwa der Oberbefehlshaber der 1. Westarmee und Kriegsminister, der Livländer Barclay de Tolly oder der General Lawaroff, »der wahre Chef des Generalstabs«, oder einer der Korpsbefehlshaber? Clausewitz hängt in der Luft. So schreibt er nicht ohne Resignation: »Die Verzögerung meiner Anstellung hat mich um einen Auftrag gebracht, den mir der Kaiser schon vor acht Tagen geben wollte; ich sollte nämlich zu einem Seitencorps gehen und Stellungen für dasselbe aussuchen. Wahrscheinlich verdanke ich diese Bestimmung dem General Pfull. Jetzt ist sie aufgehoben, doch ist es mir ein Zeichen, daß man einige Notiz von mir nimmt. Morgen werde ich dem Kaiser wahrscheinlich präsentiert werden. Mit meiner persönlichen Lage bin ich nicht unzufrieden. Fürst Wolkonsky, mein eigentlicher Chef und Generaladjutant des Kaisers, hat das Ansehen eines rechtlichen Mannes; er ist etwas sec. Brillante Aussichten haben sich mir nicht eröffnet und ich bin weit entfernt, das Vertrauen in die Annehmlichkeit der Lage zu genießen, die ich in Preußen hatte, selbst nur eine Aussicht dazu zu haben.«

Am 20. Juni, vier Tage bevor Napoleon mit der Grande Armée zur Offensive gegen Rußland aufbricht, berichtet Clausewitz weiter an

347

seine Frau: »Ich bin jetzt bei General Pfull angestellt, eine Anstellung, die nicht von langer Dauer sein wird, da er eigentlich nicht mehr kommandiert. Tiedemann[8] ist nach Riga geschickt, zum General Essen; er verdankt diesen sehr wichtigen Auftrag einem Bekannten, dem Oberstleutnant Wolzogen, der unterdessen (auch) mein Bekannter geworden ist und mir in der Folge sehr nützlich werden kann.« Wolzogen ist einer der Flügeladjutanten des Zaren.

Neun Tage später folgt eine kurze Nachricht aus Swienciany[9]: »Der Ort, von dem ich Dir schreibe, liegt auf dem Wege von Wilna nach dem verschanzten Lager von Drissa an der Dwina, welches die Armee zu beziehen gedenkt, um darin die erste Schlacht zu liefern; indessen befinden wir uns ziemlich weit von den Corps entfernt und es können schon große Sachen vorgefallen sein. Bis jetzt wissen wir noch nichts als von Vorpostengefechten. Die Franzosen sind in jedem Fall im Vorrücken gegen die Dwina. Wahrscheinlich wird die erste Schlacht in zehn bis zwölf Tagen geliefert. Ich bin noch bei General Pfull angestellt und dieser bei der Person des Kaisers.« Der General Pfull, ein geborener Württemberger, bis 1806 in preußischen, dann in russischen Diensten, war um diese Zeit noch strategischer Berater des Zaren Alexander. Er war der Typ des gelehrten Offiziers und strategischen Theoretikers, der vor der kriegerischen Wirklichkeit versagte und bald kaltgestellt wurde. Darauf deutet der längere Brief vom 6./18. Juli aus der Gegend von Polotsk hin, in dem es heißt[10]: »Ich bin noch immer im Hauptquartier des Kaisers bei General Pfull. Diese Anstellung, die mich vollkommen müßig läßt und auf andere Verhältnisse berechnet war, als sie jetzt stattfinden, hat mir nie recht gefallen und mißfällt mir jetzt noch mehr, denn ich werde vom Kriege kaum etwas gewahr. Noch habe ich keinen Schuß gehört; bedeutende Ereignisse haben auch noch nicht stattgefunden. Die Arrière-Garde-Gefechte, die bis jetzt vorgefallen sind, sind im ganzen zu unserem Vorteil gewesen. Man hat bis jetzt einen General und 1000 Mann zu Gefangenen gemacht, welches auf einem Rückzug viel ist. Ich denke, meine Anstellung soll sich durch den einen oder anderen Umstand ändern, sonst würde ich sehr verdrießlich wer-

den. Übrigens ist denn doch am Ende wahr, was ich mir tausendmal gesagt habe, und was alle Menschen bestritten, daß man ohne
Russisch zu können, gar keine Brauchbarkeit hat. Hier nützlich zu
sein, darf ich also wohl kaum hoffen und mein ganzes Streben ist
nur darauf gerichtet, wenigstens den Krieg selbst zu sehen und dadurch für meine Person zu gewinnen. Dieser Feldzug ist für die
Truppen äußerst fatigant, denn selbst hier im Hauptquartier, wo
man doch ohne Vergleich besser dran ist, liegen wir immer in
Scheunen und Ställen und seit drei Wochen habe ich schon das
Zeug nicht vom Leibe gehabt.«
Doch hat Clausewitz den Mut nicht verloren: Seine Ehe ist fest
gegründet. An dieses Fundament hält er sich. Im übrigen hilft ihm
sein elastischer Geist. Bei aller militärischen Unbefriedigung weiß
er sich doch in einer bevorzugten Lage und kann darüber an seine
Frau nun wieder zuversichtlicher schreiben[11]:
»Mit meiner Aufnahme hier kann ich nicht anders als sehr zufrieden sein; der Kaiser namentlich ist sehr gnädig gegen mich gewesen und der Großfürst Konstantin, der die Garden der 1. Westarmee befehligt, hat mich an der Spitze seiner Kolonne mit einer
Auszeichnung behandelt, die weit über mein Verdienst geht.«
Dann allerdings äußert sich der Skeptiker: »Auf diese prekären
Gnadenbezeugungen aber baue ich mein Glück nicht und ich führe
es nur an, um zu beweisen, daß manche Befürchtungen und Prophezeiungen unserer fürstlichen Freundinnen nicht begründet waren. Auch über die russischen Großen habe ich mich nicht zu beklagen; nur die jungen Elegants in der Suite des Kaisers sind von
einer zurückstoßenden Kälte. Graf Osarafski, Generaladjutant des
Kaisers, ist fast die einzige nähere Bekanntschaft, die ich gemacht
habe, und er ist sehr gefällig gegen mich. Unseren Freund (Stein)
sehe ich jetzt sehr wenig, da er immer einige Märsche von uns entfernt weiter rückwärts ist, das tut mir in mehr als einer Rücksicht
sehr leid.«
Dann folgen, wie so häufig in dieser Korrespondenz, Nachrichten
über die jeweiligen Hauptakteure, die zeitgeschichtlich manchen
Aufschluß geben: So hier: »Barclay de Tolly kommandiert jetzt
diese Armee mit mehr Vollmacht als bisher, welches sehr notwen-

dig war. Ich halte ihn für keinen schlechten General. Wir haben seit dieser Veränderung im Kommando das verschanzte Lager von Drissa meistens verlassen, um uns nach links zu bewegen, was ich im Ganzen für zweckmäßig halte. Ich kann Dir kein klares Bild vom Ganzen geben aus leicht begreiflichen Gründen.« Und dann noch eine wichtige außenpolitische Information: »Endlich scheint ein Traktat mit England zustande gekommen zu sein, denn der Admiral Bentink ist mehrere Tage im Hauptquartier gewesen. Man sagt, er habe von Bernadotte (jetzt Kronprinz von Schweden) die Mahnung mitgebracht, eine Hauptschlacht zu vermeiden: das würde ein gutes Zeichen sein. Graf Lieven (bis kurz vor dem Krieg russischer Gesandter in Berlin) ist in Riga und wird täglich hier erwartet; ich werde mich sehr freuen, ihn hier zu sehen. Gneisenau ist erst vor zehn oder zwölf Tagen von Riga (nach England) abgesegelt und er wird also so bald nicht wieder zurück sein können...«

Schließlich noch ein ganz persönliches Bekenntnis: »Zuweilen denke ich mir die ganze Zeit der Abwesenheit von Dir, die ich noch vor mir habe, als eine weite Reise zu Dir zurück, auf der ich mich schon befinde; das ist für das Herz und Phantasie die angenehmste, trostvollste Vorstellung, die ich mir davon machen kann.« Dann Nachschrift vom 19. Juli: »Graf Lieven ist angekommen und verspricht, diesen Brief zu besorgen; meine Anstellung bei General Pfull hat aufgehört; meine neue kenne ich zwar noch nicht, doch bin ich überzeugt, daß sie meinen Wünschen angemessen sein wird.«

Der Brief hat tatsächlich durch die Vermittlung des Grafen Lieven Frau von Clausewitz erreicht; sicher ein Kunststück mitten im Krieg und ein Zeichen dafür, daß die Kontakte zwischen Rußland und Preußen auch jetzt noch nicht ganz abgebrochen waren. So funktionierte die Verbindung auch weiterhin. Denn am 12./24. August schreibt Clausewitz aus Dorogobusch zwischen Smolensk und Moskwa[12]: »Durch Graf Lieven habe ich den letzten Brief von Dir erhalten und mein letzter, vor etwa vier Wochen geschrieben, war durch ihn nach Petersburg gegangen. Diesen Brief wirst Du durch eine sichere Gelegenheit, aber wahrscheinlich ziemlich spät erhalten.«

Zwischen den beiden Schreiben vom 18. Juli und 24. August 1812 hat sich die Lage von Clausewitz zweimal geändert, ohne Zweifel ein Zeichen dafür, daß er auch jetzt noch nicht recht Fuß in der russischen Armee gefaßt hat. So berichten die Briefe[13]: »Nachdem der Kaiser die Armee verlassen hatte (um sich über Moskau nach Petersburg zu begeben), suchte ich eine Anstellung bei der Arrière-Garde unter dem Grafen Pahlen nach, der der renommierteste Kavalleriegeneral ist, den wir haben. Bei diesem bin ich drei Wochen gewesen und habe mehrere Gefechte erlebt. Die Anstellung würde mir höchst angenehm gewesen sein, wenn ich Russisch gekonnt hätte; denn der Graf Pahlen ist ein Mann von einer angenehmen Persönlichkeit. Leider sehe ich ein, daß ich mich nicht betrogen habe, daß es beinahe nicht möglich ist, zu irgend einer nützlichen Verwendung ohne Kenntnis der Sprache zu gelangen. Man ist ein Taubstummer und wenigstens müßten es die Leute ganz anders anfangen, um uns zu gebrauchen, als hier geschieht. Auf Auszeichnungen rechne ich also nicht im geringsten. Darum ist mein sehnlichster Wunsch nach einer Tätigkeit auf *deutschem Boden* gerichtet. Leider ist keine Aussicht auf Erfüllung vorhanden, denn die große Landung geht nach — Kopenhagen; man wird diese Dummheit in der Folge schwer bereuen.«

Doch auch das Kommando bei der Kavallerie-Nachhut des Grafen Pahlen ist nur kurz und bleibt ein Intermezzo: Nach drei Wochen erkrankte der Graf und sein Korps wurde aufgelöst; so kehrte Clausewitz wohl oder übel ins Hauptquartier zurück und stand dort zur Disposition des Generalquartiermeisters, in der Führer-Reserve, wie man im Zweiten Weltkrieg gesagt hat. Da ist immer wieder das Handicap mit der Sprache, die Täuschung durch das Gerede in den Berliner Hofkreisen: Als es um den Entschluß ging, in russische Dienste überzutreten, hieß es: Die höheren russischen Offiziere sprechen doch alle genau wie der Zar deutsch oder französisch, ja beide Sprachen. Das stimmte am Hof. Aber schon im Truppengeneralstab war es anders: So blieb Clausewitz meist zu der passiven Rolle des »Schlachtenbummlers« degradiert, ganz seiner aktivistischen Natur zuwider zur Untätigkeit verdammt. Er konnte also die Zeit nur dazu nützen, sich einen großen Überblick zu verschaffen und Kriegsgeschichte unmittelbar im Ablauf zu studieren. In Rußland fand er die beste Gelegenheit durch häufigen Einsatzwechsel dazu. So lesen wir weiter in diesem langen Brief[14]: »Die strategische Lage ist in diesem Augenblick noch nicht schlecht. Wenn aber die große Schlacht, welche uns bevorsteht, verloren gehen sollte, so ist es freilich schlimm genug, zumal da von der britischen Landung in Seeland dem Kaiser Napoleon nicht der kleine Finger wehtun wird. Wir haben jetzt eine Menge blutiger Gefechte gehabt, aber noch keine Schlacht. Einige davon sind sehr glücklich für uns gewesen, nämlich auf den Flügeln bei Wittgenstein und bei Tormasoff. Die anderen sind meist Arrière-Garde-Gefechte gewesen, die unseren Truppen sehr viel Ehre machen, aber der Armee eine Menge Menschen kosten und nur passive Vorteile gewähren. In der nächsten Schlacht werden die Kräfte so ziemlich gleich sein, nämlich etwas über 100 000 Mann auf jeder Seite.« Immerhin hatte also der Verteidiger durch seine Rückzugsgefechte bereits einen Kräfteausgleich erreicht, während die Offensive, der Raum, die Bedürfnisse des Nachschubs an den zunächst weit überlegenen Kräften des Angreifers zehrten. Die Bedeutung vor allem des Raums als Schutzwaffe drängte sich in diesen Wochen des Sommers 1812 dem hellsichtigen Beobachter förmlich auf.

Aus dem Inhalt des langen Briefes ist weiter wichtig zu hören: »Von Gneisenau habe ich kein Wort erfahren; er ist seit neun Wochen abgesegelt. Die Beschwerlichkeiten des Feldzugs sind außerordentlich. Seit neun Wochen täglich auf dem Marsch, seit fünf Wochen kein Stück Zeug vom Körper. Hitze, Staub, abscheuliches Wasser und oft sehr empfindlicher Hunger. Ich habe bis jetzt noch alle Nächte unter freiem Himmel zugebracht, wenige ausgenommen, denn die Gegenden sind meistens von allen Einwohnern verlassen und die erbärmlichen Hütten verwüstet. Trotz dieser Fatiguen befinde ich mich wohler als in Berlin. Die Gicht quält mich zuweilen; fast unausgesetzt leide ich an Zahnweh, da ich seit Wilna drei hohle Zähne bekommen habe; dabei gehen mir die Haare aus — und meine Hände, die seit vierzehn Tagen aller Handschuhe entbehren, sehen aus wie gelbes Leder. Du siehst,

meine Vorzüge sind alle verschwunden.« Und dann der Selbst-
trost: »Dauert der Krieg noch *einen* Feldzug, so hoffe ich im nächsten brauchbarer zu sein, denn ich werde im Winter Russisch lernen, dann werde ich auch etwas vergnügter sein, denn jetzt, ich
muß es Dir nur gestehen, bin ich *sehr* traurig.«
In diesen Sommermonaten 1812 erreichte die Depression des Briefschreibers den Tiefpunkt. Er hat nur einen einzigen Trost: »Mein
ganzes Leben erscheint mir meistens so verworren und resultatlos,
daß ich schon tausendmal darauf zurückgekommen bin: Dein Besitz ist das Höchste, was ich darin errungen habe — und dieses einzige und höchste Gut muß ich entbehren... Aber wenn alles
scheitert, wo werden wir uns wiedersehen! Tausendmal habe ich
an die entzückenden Tage des vorigen Jahres gedacht und mich
erinnert, wo wir an einem jeden dieser herrlichen Tage gewesen
sind. Ob ich gleich hier bessere Zeiten (er)hoffe, so würde ich es
doch als große Wohltat ansehen, wenn mein Freund Gneisenau
mich von hier erlöste, worauf ich immer noch einige Hoffnungen
gerichtet habe.«
Und dann ein Bericht über seinen körperlichen Zustand, um den
seine Frau offensichtlich besorgt ist, da sie weiß, daß ihr Carl
nicht eben über die kräftigste Konstitution verfügt[15]: »Noch bin
ich erst ein einziges Mal krank gewesen, nämlich einen Tag; ich
war so erschöpft und von der Gicht angegriffen, daß ich mich vom
Pferde heben lassen mußte. In einem Bauernhof hinter der Front
trank ich einige Tassen von der Bouillon Deiner Mutter, legte
mich beim Feuer nieder, schlief neun Stunden und setzte mich am
anderen Morgen gesund zu Pferd, als eben die Arrière-Garde
durch war...«
Der nächste erhaltene Brief ist in der Gegend zwischen Moskau
und Kaluga geschrieben und vom 18./23. September datiert. Die
russische Armee, bei deren Nachhut Clausewitz eingeteilt war,
hatte Moskau schon aufgegeben. So ist er nun erfüllt von einer
merkwürdigen Mischung von Zuversicht und Skepsis, die große
Lage betreffend. Es heißt dazu: »Unsere Angelegenheiten stehen
im Ganzen nicht schlecht: indessen wollen die Leute schon verzweifeln. Die Unternehmungen in Deutschland, auf die ich das

Meiste gegeben hätte, scheinen nicht stattzufinden; der günstige Moment, Europa zu retten, geht wieder verloren. Wir haben eine Schlacht (Borodino) verloren, aber mit Maß; unsere Kräfte ergänzen sich fast täglich, die feindlichen nicht. Schon sind wir jetzt fast überlegen, während es der Feind im Anfang des Feldzugs in hohem Maße war. Dieser Rückzug auf Kaluga macht, daß der Feind Moskau nicht wird behaupten können; überhaupt ist er genötigt, einen Teil der eroberten Provinzen immer wieder fahren zu lassen; ich sehe die Bezwingung Rußlands für eine Unmöglichkeit an, aber ein schlechter Frieden wird uns übereilen.«

Im ersten Punkt, die Unbesiegbarkeit Rußlands betreffend, hatte Clausewitz recht. Später schrieb er in seinem Hauptwerk: »Bonapartes Feldzug im Jahre 1812 ist nicht mißraten, weil er zu schnell und zu weit vorgedrungen ist, wie die gewöhnliche Ansicht lautet, sondern weil die einzigen Mittel zum Erfolg fehlschlugen. Das russische Reich ist kein Land, welches man förmlich erobern, d. h. besetzt halten kann, wenigstens nicht mit den Kräften jetziger europäischer Staaten und auch nicht mit den 500 000 Mann, die Bonaparte dazu herangeführt hatte. Ein solches Land kann nur durch eigene Schwäche und durch die Wirkungen inneren Zwiespalts bezwungen werden. Um auf diese schwachen Stellen des politischen Daseins zu stoßen, ist eine bis ins Herz des Staates gehende Erschütterung notwendig. Nur wenn Bonaparte mit seinem kräftigen Stoß bis Moskau hinreichte, durfte er hoffen, den Mut der Regierung und die Treue und Standhaftigkeit des Volkes zu erschüttern. In Moskau hoffte er den Frieden zu finden, und das war das einzige vernünftige Ziel, welches er sich bei diesem Krieg stellen konnte.« Aber Napoleon fand eben nicht den Frieden in Moskau. Der Zar war klug genug, ihm diesen Frieden zu verweigern, nicht zuletzt deshalb, weil seine Armee nach und nach stärker wurde, die französische immer schwächer. So wurden alle Eroberungen Napoleon »nicht nur unnütz, sondern verderblich«. Wer denkt da nicht an den Rußlandfeldzug Hitlers?

Ende September 1812 war Clausewitz ursprünglich dazu bestimmt, als Generalstabsoffizier des dortigen Gouverneurs und Befehlshabers nach Riga zu gehen, und zwar als Nachfolger seines Freundes

Tiedemann. Dieser war bei einem Ausfall von einem preußischen Husaren durch die Brust getroffen worden und kurz darauf gestorben. So sehr Clausewitz dem gefallenen Freund nachtrauert, so kann er doch nicht umhin, an seine Frau zunächst zu schreiben[16]: »Diese Anstellung befreit mich von tausend großen und kleinen Unannehmlichkeiten; ich muß sie wieder als ein Zeichen des Glückes ansehen, das mich durch mein ganzes Leben begleitet hat.« Und zum augenblicklichen Erweis dieses Glücks: »Ob ich gleich nichts getan habe, das der Rede wert wäre, so bin ich doch bereits Ritter des Wladimir-Ordens und schon zum zweiten Mal in Vorschlag.«

II.

Etwa vier Wochen später, am 15./27. Oktober 1812, schreibt Clausewitz, und zwar noch aus Petersburg, das er vor einigen Tagen erreicht hat, um dort seinen neuen Einsatzbefehl zu erhalten[17]: »Ich bin in diesem Augenblick hier, um meine Equipage instandzusetzen, um dann nach Riga zu gehen an meines unglücklichen Freundes Tiedemann Stelle... Mir war diese Anstellung sehr willkommen, denn meine Lage fing an, sehr unangenehm zu werden... Jetzt tut man, als wären wir Verräter am Vaterland. Tritt ein gänzlicher Umschwung der Begebenheit ein, wie er in Jahr und Tag möglich ist, so wird man wohl von dieser unnatürlichen Ansicht loslassen; ist dies aber nicht, so werden wir vorderhand uns als Verbannte betrachten müssen. — Von Gneisenau haben wir aus England Nachrichten, nach welchen er voll guter Hoffnung ist. Vielleicht bin ich im künftigen Jahre mit ihm vereint. Hier sind jetzt eine Menge ehemaliger Preußen... es tut mir leid, sie zu verlassen, und mich wieder in ein Meer von Fremden zu stürzen.«

Kurz darauf hat sich jedoch die Order für Clausewitz schon wieder geändert, wie aus dem Brief aus Petersburg vom 23. Okt./4. November hervorgeht[18]: Er verzichtet auf die Nachfolge seines Freundes Tiedemann, an dessen Tod er »noch kaum ohne

Tränen denken« kann. Der Grund ist typisch für seinen Charakter: »Der General Essen, der bisherige Gouverneur, hat seinen Abschied genommen und ein anderer Mann ist an seine Stelle getreten, mit dem ich es nicht versuchen mag.« Es ist der Marquis von Paulucci, dem der Ruf eines ebenso anmaßenden wie unfähigen Offiziers vorausgeht. Clausewitz weiß, daß er nicht mit ihm »kann« und, da außerdem ziemlich sicher ist, daß es vor Riga kaum noch zu größeren Kampfhandlungen kommen wird, so verzichtet er auf diesen Posten und bittet den Zaren um eine andere Verwendung. Sie wird ihm auch bald zuteil; er wird zum I. Korps der Westarmee des Generals Grafen Wittgenstein geschickt. Aber es dauert noch bis zum 1. November, bis die Order da ist und Clausewitz sein neues Kommando antritt.

Vier Briefe hat Clausewitz aus Petersburg an seine Frau geschrieben, offenbar dank günstiger Möglichkeiten der Übermittlung, und zwar am 27. Oktober, 4., 10. und 12. November. In dem vom 4. November heißt es[19]: »Dies ist der vierundzwanzigste Brief, den ich an Dich schreibe; viele sind verloren gegangen.« So wiederholt er in dem vom 4. November kurz zusammenfassend den Bericht über seine Erlebnisse der letzten Monate: »Ich war eine Zeitlang bei Graf Pahlen, einem jungen, sehr liebenswürdigen Mann, der unser bester Kavallerie-General war; er wurde krank und ich kam zum General Uwaroff. Beide sind mit mir zufrieden gewesen und haben mich zur Erkenntlichkeit zum Orden vorgeschlagen, worauf ich denn auch den St. Wladimir erhalten habe.« Dann ist wieder von den Sprachschwierigkeiten die Rede, und man erfährt weiter: »Ich habe manchem Gefecht, unter anderen auch der Schlacht vom 7. September (bei Borodino) beigewohnt, was für mich reich an Belehrung gewesen ist. Gerade am 10., als Du Deinen Brief schriebst, hatten wir unter General Miloradowisch ein heftiges Arrière-Garde-Gefecht, was bis spät in die Nacht dauerte und worin mir ein Pferd blessiert wurde. Bei dem Rückzug aus Moskau befand ich mich bei der Arrière-Garde; wir behaupteten uns dicht hinter der Stadt und sahen diese noch in der Nacht an allen Ecken brennen. Die Straßen lagen voll Schwerverwundeter, als wir durchzogen: es ist schrecklich zu denken, daß der

größte Teil davon — mehr als 26 000 Menschen — verbrannt ist.« Der Brief bringt dann noch viele persönliche Nachrichten über preußische Offiziere in russischen Diensten, von denen einige verwundet wurden, aber keiner fiel. Der Brief schließt dann wieder melancholisch: »Ich muß mich schon daran gewöhnen, im nächsten halben Jahr alle Aussicht für die Zukunft verschlossen zu sehen. Für jemand, der, wie ich, fast immer in der Zukunft lebt, ist das sehr hart. Ich habe fast keinen heiteren Augenblick deswegen.« Dieser verdüsterten Stimmung entspricht am 12. November die Klage[20]: »Bald werden es zwei Jahre sein, daß unsere glückliche Verbindung statt hatte, und nur ein Jahr haben wir einander besessen. Soll denn dieser glückliche Verein geschlossen sein, daß wir uns ewig fliehen, Berg, Tal und Meer uns trennen? Mitten im Getümmel des Krieges fühle ich mich einsam und in dieser Einsamkeit verrinnen die schönsten Jahre des Lebens. Die Welt erwacht mir erst wieder an Deinem Herzen. Doch darf ich nicht klagen, ich muß mein Glück zum Opfer bringen und dem Himmel danken, wenn dieser Tropfen im großen Strom der Begebenheiten nur nicht ganz unnütz mit vorüber rinnt...«
Dann der sachliche Schluß, als riefe sich der Briefschreiber selbst zur Ordnung: »Gneisenau ist noch immer in England und ich werde ihn wohl nicht anders wiedersehen als auf deutschem Grund und Boden; v. Stülpnagel ist wohl und läßt Dich und Deine Mutter herzlich grüßen. Graf Lieven ist nach England. Sechs Deiner Briefe sind verloren gegangen. Den Mitgliedern unseres fürstlichen Hauses bezeuge meine Verehrung und meine Dankbarkeit, wenn sie sich jetzt noch meiner mit Wohlwollen erinnern.«

Letzte Briefe aus Rußland

Die beiden letzten Briefe aus Rußland geben Zeugnis von zwei weltgeschichtlichen Wende- und Höhepunkten, die Clausewitz miterlebt. Da ist zunächst die Katastrophe der Grande Armée, die sich an der Beresina vollendet, und dann sind es die Verhandlungen in Tauroggen, in der er *die* Mittlerrolle spielt — und so ist dieser bereits im preußischen Hauptquartier geschrieben. Beide Briefe haben eine ungewöhnliche Bedeutung für die Zeitgeschichte von damals. Der aus der Gegend von Borrissow an der Beresina vom 29. November berichtet[21]: »Seit zehn bis zwölf Tagen befinde ich mich wieder unter kriegerischen Auftritten, nämlich bei der Wittgensteinschen Armee, wo ich gerade zu dem Zeitpunkt ankam, der einen der entscheidendsten Knoten lösen sollte, die je gelöst worden sind. Die Katastrophe ist vorüber: Sie hätte entscheidender sein können; indessen können wir mit der ganzen Kampagne zufrieden sein, die in vier Wochen spätestens geendet sein wird. Ich befinde mich wohl und bin mit meinen hiesigen Vorgesetzten sehr zufrieden; sie sind fast so gütig und freundlich wie mein unvergleichlicher Freund Scharnhorst. Aber welche Szenen habe ich hier gesehen! Wenn mein Gefühl nicht schon abgehärtet oder vielmehr abgestumpft wäre, ich würde vor Schauder und Entsetzen nicht zu mir selbst kommen, so wie ich noch nach vielen Jahren nicht ohne Schauder daran werde denken können. Ich mag meinen Brief nicht damit anfüllen aus vielen Gründen, aber wenn wir uns einst wiedersehen, muß ich Dich einen Blick tun lassen auf dieses blutige Blatt der Geschichte...«

Natürlich muß sich der Briefschreiber Zurückhaltung auferlegen, denn die Nachricht könnte in falsche Hände geraten; aber er zieht das Fazit: Die Grande Armée hat aufgehört zu bestehen. Nicht das Genie eines Feldherrn, der sie in offener Feldschlacht zertrümmerte, gab den Ausschlag. Das taten vielmehr die Elementargewalten der russischen Erde, die Weite, die Armut des Landes, der Winter in Verbindung mit russischen Überfällen: Sie haben die Grande Armée dezimiert, der Mangel an Nachschub, Bekleidung und Brot in der starrenden Winterkälte hat sie vollends vernichtet. Die Landesverteidigung hat sich im Bund mit diesen Naturgewalten als die stärkere Kriegs- und Kampfform erwiesen. Der Aggressor gewann die Schlachten, verlor aber den Feldzug gänzlich. Elementares wie Unberechenbares, aber auch seine eigene Hybris stürzten Napoleon ins Verderben. Der Kulminationspunkt der napoleonischen Expansion war erreicht; sie schlägt, bis in die Substanz geschwächt, in Rückläufigkeit um. Das hat Clausewitz erlebt und später als

Fazit niedergeschrieben. Ende November 1812 aber ist er noch skeptisch und schreibt[22]: »Europa ist gerettet, aber ich zittere dennoch für sein Schicksal in den nächsten zehn Jahren; ich fürchte, die beiden Fürsten Deutschlands, in deren Händen es jetzt liegt, in einem einzigen Jahre Europa zu beruhigen, werden keinen Entschluß fassen und Europa wird also noch zehn Jahre bluten müssen... Nun lebe wohl, Marie! Gott gebe ein baldiges Wiedersehen. Ich schreibe Dir zwischen Leichen und Sterbenden unter rauchenden Trümmern und Tausende von gespensterartigen Menschen ziehen vorüber und weinen vergebens nach Brot. Gott gebe eine baldige Veränderung dieser Szenen!«

Es war Clausewitz selbst, der die Veränderung dieser Szenen mit herbeiführte oder doch an entscheidender Stelle dabei mitwirkte. Er erkannte die einmalige Chance in der Vorausabteilung der Armee Wittgenstein und tat das Seine, um unter Ausnützung besonderer Verhältnisse der europäischen Geschichte eine neue Wendung zu geben und die blutigen Jahre von den befürchteten zehn auf drei zu verkürzen. Ja, ein einziges Jahr, 1813, hätte genügt, wenn der Verbannte von Elba 1815 nicht noch einmal zurückgekehrt und zu neuem Krieg angetreten wäre.

Dieses Gefühl der weltgeschichtlichen Wende bestimmte dann den Enthusiasmus des Briefes aus Tauroggen vom 30. Dezember 1812[23]: »Ich schreibe Dir unter wunderbar angenehmen Empfindungen von diesem Ort aus, teure Marie, in welchem ich vor neun Monaten Rußland zuerst betrat, aus — *dem preußischen Hauptquartier*. Du wirst die Umstände, die mich hierher geführt haben, leicht aus den Nachrichten abnehmen, die Euch zukommen werden. Unter meinen Brüdern, die ich an Leib und Seele wohl gefunden habe, und geschätzt und geachtet, mit Orden behangen (doch nicht französischen) verlebe ich heute einen unaussprechlichen Tag des Wiedersehens. Morgen trennt uns das Schicksal wieder, aber wir stehen uns jetzt nicht mehr gegenüber, und, wenn der Monarch will, nie wieder. Ich habe vier Tage in der schrecklichsten Besorgnis zugebracht; wir hatten den General Yorck abgeschnitten und waren jeden Tag im Begriff, uns mit ihm zu schlagen.« Es waren also außer den politischen und militärischen auch noch persönliche Motive mit im Spiel, daß Clausewitz alle Klugheit und Überredungskunst daran setzte, Yorck für die Konvention zu gewinnen. Im übrigen hoffte er, in vier bis acht Wochen zur russisch-deutschen Legion zu kommen, »die schon 4000 Mann stark ist. Man sagt mir, Gneisenau ist auf dem Rückweg und wird dann wahrscheinlich an die Spitze der Legion treten; dann bin ich selig!... Ich hoffe, bald in Königsberg zu sein«.

Damit enden die Briefe aus dem Feld von 1812. Sie geben Nachricht von den kriegerischen Ereignissen, wie sie Clausewitz in der persönlichen Sphäre erlebt und mitteilt. Darüber hinaus hat er dann später auch einen kriegsgeschichtlichen Überblick über den Feldzug 1812 in Rußland geschrieben. Seine Analyse wird folgen. Vorher aber sei noch ein Auszug aus den Aufzeichnungen von Frau von Clausewitz vom Ende Dezember 1812 wiedergegeben.

Frauliche Bekenntnisse

Clausewitz hat in den drei Bekenntnissen seinen damaligen politischen Glauben wie seine Lagebeurteilung niedergelegt, bevor er nach Rußland ging, wie wir wissen. Am Ende des russischen Feldzugs und des Schicksalsjahres 1812 unternahm seine Frau etwas Ähnliches, aber ganz Frauliches: Sie schrieb die Bekenntnisse zu ihrem Mann nieder, zu dem Bild, das sie von ihm in sich trug, zu dem persönlichen Wert, den er für sie bedeutete. Die Aufzeichnungen, vom 27. Dezember 1812 datiert, stehen offensichtlich unter dem Eindruck der jüngsten Nachrichten aus Ostpreußen und beginnen[24]: »Wie glücklich ist es doch, im Gegenstand seiner höchsten Liebe auch den seiner höchsten Achtung zu finden und ebensosehr durch den Verstand zu Bewunderung als durch das Herz zur Liebe hingerissen zu werden! Ein treues, liebendes, kindliches Gemüt ist viel wert; dem Herzen kann ein solches genügen, aber es wird immer Augenblicke geben, wo der Verstand seine Ansprüche geltend macht und wo es für eine Frau eine drückende Empfindung sein muß, zu ihrem Mann nicht unbedingt *hinaufsehen* zu können. Aber wie ganz anders ist es doch, wenn alles vereinigt ist und wenn man in demjenigen, dem man sich geliebt und liebend auf immer hingab, auch in *allem das Höchste findet!* Dann ist man wirklich über alle Macht des Schicksals erhaben...«

Dann folgen diesem rührenden Bekenntnis Betrachtungen über die Verschiedenheit von Mann und Frau, von der besonderen Abhängigkeit dieser von einer guten Ehe, durchaus in der idealistischen Empfindungsweise jener Zeit, wie sie die Dichtung widerspiegelt. Aber auch die notwendige Verschiedenheit bei ausgleichender Ergänzung wird hervorgehoben, so daß es weiter heißt: »Um aufeinander wirken zu können, um einander nützlich und notwendig zu sein, muß man ja nicht von Anfang an einander ganz ähnlich sein; diese ewige Wiederholung würde bald sehr langweilig werden; nur indem der eine den anderen ergänzt und man gegenseitig gibt und nimmt, kann eine wahre und ewige Vereinigung entstehen...«

»Diese und ähnliche Betrachtungen habe ich oft im stillen gemacht, heute, als ich einige frühere Briefe und einige Aufsätze meines geliebten Mannes wieder durchlas, wurden sie so lebhaft in mir aufgeregt, daß ich mich gedrungen fühlte, sie aufzuschreiben... Ich bin täglich und stündlich von dem durchdrungen, was ich C. schuldig bin, und glaube, daß jede Frau, die das Glück hätte, einen solchen Mann zu haben, das nämlich empfinden müßte...«

»Ja, es ist nicht zuviel gesagt, es ist buchstäblich wahr, daß ich durch ihn erst *wirklich* lebe, denn wie wenige Augenblicke meines vorigen Lebens verdienten den Namen eines solchen. Ein Mann von weniger Verstand hätte ebensowenig auf mich gewirkt als einer, der Verstand gehabt hätte, und kein so zartes, schönes Gemüt; gerade diese seltene Vereinigung, die ich an ihm bewundere, gehört zu meinem Glück.«

Am 1. Januar 1813 folgen weitere Aufzeichnungen, diesmal die große wie die eigene Lage betreffend, in denen es beispielsweise heißt: »Am 16. Dezember erhielten wir die Nachricht von Napoleons Durchreise durch Dresden, täglich folgen neue Nachrichten über den schlechten Zustand seiner Armee, über ihren Rückzug und das Vorrücken der Russen; aber erst am 29. (am Tage, wo ich vor fünf Jahren C. wiedersah) erfuhren wir durch Fritz und Voss, und am 30. (wo C. 1806 nach Frankreich abreiste und ich von ihm Abschied nahm) durch einen Boten aus Dresden, den ganzen Umfang unseres Glücks. Am selben Tage brachte mir auch ein Brief aus Berlin die Nachricht, daß C. am 19. Dezember wohl war und Mama sich über seine Anstellung in Riga sehr freue. Durch Graf Voss erhielt ich auch seine beiden Briefe vom 24. August und 30. Dezember.«

Die Russen und die Fremden

Da war also Clausewitz seit Ende Mai 1812 Oberstleutnant in russischen Diensten. Er hatte ein anständiges Gehalt und sah seinem Einsatz, seiner neuen Verwendung, erwartungsvoll entgegen; Gneisenau hatte ihn persönlich dem Zaren empfohlen[1]. Zunächst sollte er Generalstabsoffizier der russisch-deutschen Legion werden, eines sich eben in Aufstellung befindenden neuen Verbandes unter dem Oberbefehl des Herzogs Peter von Oldenburg, dem Napoleon kurzerhand sein Land weggenommen und zu Frankreich geschlagen hatte. Aber es würde noch längere Zeit dauern, bis dieser Verband stark genug war und zum Einsatz kommen konnte: So begann der russische Dienst sogleich mit einer Enttäuschung. Daran konnte auch die Verfügung nichts ändern, daß Clausewitz vorderhand als persönlicher Adjutant dem Generalleutnant v. Pfull zugeteilt wurde. Denn auch dieses Kommando dauerte nicht lange. Allerdings galt im Augenblick Pfull noch als erster strategischer Berater des Zaren; von dem gebürtigen Württemberger stammte auch der Plan, der napoleonischen Offensive in einem verschanzten Lager an der Düna bei Drissa den ersten Widerstand zu leisten. Doch ist dieser Plan schon Ende Juni aufgegeben worden.
Der Krieg hatte am 22. Juni mit der Kriegserklärung Napoleons begonnen. Am Vorabend aber war eine der Merkwürdigkeiten vorgefallen, wie sie in einer Zeit der geschichtlichen Hochspannung des öfteren sich ereignen, Gläubige wie Abergläubische aufhorchen lassen und dann die Nachwelt noch lange beschäftigten. Sie betraf Napoleon persönlich. An diesem denkwürdigen Abend war am Njemen heller Mondschein. Der Kaiser von Frankreich, nur von wenigen Generälen und Adjutanten begleitet, ritt nahe an das Stromufer heran, um das Gelände zu erkunden und die Stelle für den morgigen Brückenschlag zu bestimmen. Graf Caulaincourt, der als Oberstallmeister am Feldzug teilnahm, berichtet darüber[2]: »Der Kaiser durchstreifte das Ufergelände, nur von dem Pionierge-

neral Haxo begleitet. Schon am Morgen hatte er den Mantel eines Polen überwerfen müssen, um weniger Aufmerksamkeit auf sich zu lenken.«

»Als die Erkundung beendet war, ritt er wieder zu der Gruppe seines Stabes zurück, um nochmals die verschiedenen Punkte anzusehen, die die Truppen besetzen sollten. Während er so über die Felder galoppierte, sprang zwischen den Beinen seines Pferdes ein Hase auf und veranlaßte es zu einem leichten Sprung zur Seite. Der Kaiser, der sehr schlecht zu Pferde saß, fiel zu Boden, erhob sich aber so schnell, daß er schon wieder stand, bevor ich heran war, um ihn aufzuheben. Er stieg, ohne ein Wort zu sagen, wieder zu Pferde. Der Boden war sehr weich; er hatte sich nur den unteren Teil der Hüfte leicht gequetscht. Ich stellte sogleich die Betrachtung an, daß der Vorfall von böser Vorbedeutung sei und ich war sicher damit nicht der einzige; denn der Fürst von Neufchâtel[3] (Berthier) faßte mich unmittelbar darauf bei der Hand und meinte: ›Wir täten besser daran, nicht über den Njemen zu gehen. Dieser Sturz ist ein schlimmes Omen.‹« Aber zunächst verlief der Krieg erfolgreich für die Franzosen.

Am 24. Juni überschritt die Grande Armée mit Masse den Njemen; am 28. zog Napoleon in Wilna ein. Die Russen hatten keinen nennenswerten Widerstand geleistet. Offenbar wußten sie überhaupt nicht so recht, was sie sollten. Der ursprüngliche Plan, sich in dem befestigten Lager von Drissa dem Feind zu stellen, war, wie gesagt, schon aufgegeben worden; dann rückte Napoleon nach seiner Parole »Elan! Vitesse!« so schnell vor, daß er die Vereinigung der beiden russischen Hauptarmeen verhinderte, ja sie vor sich hertrieb, wie es schien. Aber da sollte er sich täuschen, wie er sich überhaupt hinsichtlich des Charakters dieses Feldzugs von Anfang an getäuscht hat. Er verlief in anderen Bahnen als alle, die Napoleon früher so erfolgreich geführt hatte.

Auch Clausewitz merkte bald, daß er es hier mit einer anderen Welt zu tun hatte als der gewohnten europäischen, aus der er kam. Der Nationalcharakter war anders, ganz anders, trotz einiger westlicher Tünchen. Nicht zuletzt in der Armee machte sich das bemerkbar. Die Russen waren in ihrer Mehrzahl harte, furchtlose

Soldaten, die angriffen, ausharrten, sich totschlagen ließen, wann und wo man es von ihnen verlangte, aber das alles geschah ohne eigene Initiative. Vor allem fehlte es an fähigen Generalen und Generalstabsoffizieren, und so waren die dreißig bis vierzig qualifizierten preußischen Offiziere, die freiwillig kamen oder die der Zar durch Vermittlung des Grafen Lieven angeheuert hatte, eine willkommene Bereicherung der militärischen Schlagkraft. Man mußte sie nur nutzen. Aber auch da fehlte es; man hatte keine besondere Neigung zu den Fremden. Äußerlich betrachtet erwies sich der Dienst in der russischen Armee für Clausewitz als Generalstabsoffizier bald als Fehlschlag. Er kam nicht richtig zum Zug, zu keiner angemessenen Verwendung. So wurde er hin- und hergeschoben. Er selbst war daran nicht ganz unschuldig, wie die Briefe verraten, die wir kennen. Da er unbedingt gegen und nicht für Napoleon kämpfen wollte, nahm er die Sprachenfrage zunächst auf die leichte Schulter; allerdings war er auch von allen Seiten falsch informiert worden, da man ihm sagte, mit Deutsch und Französisch werde man in der Armee des Zaren überall weiterkommen. In Wirklichkeit aber erwies sich die mangelnde Kenntnis des Russischen nun als entscheidendes Handikap. Nur die »Westler« sprachen deutsch und französisch, voran die zahlreichen baltischen Offiziere und Generäle, von Barclay de Tolly, dem Kriegsminister und Oberbefehlshaber der 1. Westarmee angefangen bis zu den Divisionskommandeuren: In den meisten der zehn russischen Armeekorps trug die Hälfte von ihnen deutsche Namen[4].

Aber gerade das mißfiel den Groß- und Altrussen und sollte ihnen im Laufe des Sommerfeldzuges von 1812 immer weniger gefallen: Mit dem Vormarsch Napoleons wuchs der patriotische Zorn auf ihn wie der gegen die Feinde aus dem Westen, die nun Rußland verheerten. Fast 80 000 Soldaten mit deutscher Muttersprache waren mit darunter.

So flammte in Rußland bei den »oberen Zehntausend« wie im Volk der Nationalhaß auf gegen alle Fremden. Auch den Deutschen in den eigenen Reihen, den Oberbefehlshabern, Kommandeuren, Generalen und Generalstabsoffizieren begegnete man mit zunehmendem Vorbehalt. Die Mehrzahl der Altrussen, vor allem natürlich die altrussischen Generäle und Offiziere — *sie* waren für die offene Feldschlacht. Sie wollten sich schlagen, den Eindringlingen Halt gebieten, die Fremden und ihre Helfershelfer vom heiligen Boden Rußlands vertreiben. Und zwar so bald wie möglich. Der russische Bär war aufgewacht. Niemand von diesen leidenschaftlichen Patrioten kümmerte sich um das Stärkeverhältnis der beiden Armeen, das anfänglich 3:1 war oder noch schlechter. Das wußte keiner im Volk. Da hieß es: Die Deutschen, sie sind doch die nächsten Ratgeber des Zaren; sie haben sich auch den Feldzugsplan ausgedacht, und dann bliesen sie einfach Retraite. Hatte nicht der Oberbefehlshaber der 1. Westarmee, dieser Livländer Barclay de Tolly, ohne Schlacht einfach den Rückzug angetreten? War das befestigte Lager von Drissa nicht kampflos aufgegeben worden? Das war die Fama, das Gemurmel bei Hoch und Niedrig. Es wurde nach Wochen des anhaltenden Ausweichens so stark, daß der Zar sich veranlaßt sah, einen in der Wolle gefärbten Altrussen zum Oberbefehlshaber zu berufen und auch gleich zum Fürsten zu erheben, den 67jährigen Kutusow[5], nachdem er selbst, der Zar, das Oberste Kommando abgegeben hatte. Dann ging Alexander nach Moskau und von da nach Petersburg. Diese Vorgänge und die führenden Persönlichkeiten werden von Clausewitz folgendermaßen charakterisiert[6]: Am 29. August 1812 hatte Kutusow den Oberbefehl übernommen. »Im Heer war große Freude darüber. Bisher war es nach der Meinung der Russen sehr schlecht gegangen; jeder Wechsel ließ also schon Besserung erhoffen. Der Ruf Kutusows in der russischen Armee war indessen nicht ungeteilt, so daß es eine Partei gab, welche ihn für einen ausgezeichneten Feldherrn hielt, und eine andere, die dies nicht tat; alle aber waren darin einig, daß ein tüchtiger Russe, ein Schüler Suwarows, besser sei als ein Fremder und in diesem Augenblick sehr not tue. Barclay (de Tolly) war kein Fremder; er war der Sohn eines livländischen Predigers (schottischer Abstammung), der auch schon in Livland geboren war; Barclay hatte von Jugend auf im russischen Heer gedient und es war also an ihm nichts fremd als sein Name und freilich auch seine Mundart, denn er sprach das Russische schlecht aus und hatte sich gewöhnt, lieber deutsch als russisch zu sprechen. Dies reichte unter diesen Umständen hin, ihn als Fremden zu betrachten.« Unmittelbar anschließend erwähnt Clausewitz den Oberstleutnant v. Wolzogen und sagt über ihn: »Daß der Oberstleutnant Wolzogen, der erst etwa fünf Jahre in Rußland war, bei des Generals Barclay Person angestellt blieb, ohne sein Adjutant zu sein oder im Quartiermeisterstab zu dienen, ließ ihn als einen intimen Ratgeber Barclays ansehen und warf auf diesen ein verstärktes Licht der Fremdlingschaft. Wolzogen selbst, der ein ernstes und nicht das insinuante* Wesen hatte, welches der Russe fordert, wurde mit einem wahren Haß verfolgt. Der Verfasser hörte einen Offizier, der aus Barclays Hauptquartier zurückkam, sich in Bitterkeit ergießen und dabei sagen, er sitze im Winkel des Zimmers wie eine dicke, giftige Kreuzspinne.«

Im Spiegel Tolstois

Diese Informationen von Clausewitz sind von weitreichender Bedeutung für den Feldzug. Denn nur durch sie versteht man gewisse Abschnitte in Tolstois »Krieg und Frieden« richtig als Äußerungen des erwachenden russischen Nationalismus, der nun bestrebt ist, die deutsche Bevormundung abzuschütteln und sich auf die russische Eigenart zu besinnen. Es ist infolgedessen unzureichend, wenn die meisten Darstellungen von Clausewitz berichten, daß er auch in »Krieg und Frieden« erwähnt sei; die Stelle ist bisher, soweit wir sehen, noch nie genauer ausgedeutet worden. Sie spielt unmittelbar vor der Schlacht bei Borodino und lautet[7]: »Die Offiziere standen auf und Fürst Andrej verließ mit ihnen den Schuppen. Pierre folgte ihnen und wollte, nachdem die Offiziere sich verabschiedet hatten, mit dem Fürsten Andrej ein Gespräch beginnen, als auf dem Weg der Hufschlag von drei Pferden erscholl. Fürst Andrej erkannte Wolzogen und Clausewitz, von einem Kosaken begleitet. Da sie ziemlich nahe vorbeiritten, hörten Fürst Andrej und Pierre folgende Sätze in deutscher Sprache:

---

* einschmeichelnde

›Der Krieg muß in diesen Raum verlegt werden‹, sagte der eine.

›Ja‹, antwortete eine zweite Stimme. ›Es kommt nur darauf an, den Feind zu schwächen, deshalb kann man auf die Verluste von Privatpersonen keine Rücksicht nehmen.‹

›Ganz richtig‹, erwiderte die erste Stimme.

›Jawohl, in diesen Raum verlegen!‹, rief Fürst Andrej zornig, als sie vorübergeritten waren. ›In diesem Raum, da war mein Vater, mein Sohn und meine Schwester... Aber das ist ihm ganz gleich. Höre gut zu, was ich Dir sage, nicht diese deutschen Herren werden morgen die Schlacht gewinnen, sondern sie werden nur Schaden anrichten, soviel sie vermögen, weil sie in ihren deutschen Schädeln nur Gedanken haben, die keine leere Eierschale wert sind; ihren Herzen aber fehlt das, was allein für morgen nötig ist... Ganz Europa haben sie ›ihm‹ überlassen und dann kommen sie her, um uns zu unterrichten! Prächtige Lehrmeister sind das!‹«

Soweit Tolstoi! Er war 1828, also etwa ein halbes Menschenalter nach 1812 geboren und schrieb seinen großen Roman mit etwa 40 Jahren. Aber er gehörte zu der Spitzengruppe der Familien, die führend an den Ereignissen von 1812 teilgenommen und ihre Erlebnisse auch mündlich weitergegeben hatten. Daher auch die lebensnahe Dichte der Schilderungen, als sie von Tolstoi niedergeschrieben wurden[8]. Bemerkenswert ist in diesem Zusammenhang, daß Clausewitz mit Wolzogen in einen Topf geworfen wurde. Wenn die Groß- und Altrussen den Deutschen zunehmend mißtrauten, dann allerdings hatte das auch noch besondere Gründe: Die Einheimischen konnten es einfach nicht fassen, daß es nur *ein* Mittel gab, Napoleon vernichtend zu schlagen: Den Rückzug in das Innere des Landes. War es wirklich die einzige Möglichkeit, den Aggressor laufend zu schwächen, ja zu zermürben? Das wurde für Theorie gehalten, wie wir aus Tolstoi wissen, hier die authentische Quelle der damaligen Meinung. Aber konnte man das den Russen verdenken? Sie wollten ihr Land verteidigen, ihre Städte und Güter schützen, den Feind aus dem eigenen Land vertreiben. Dafür wollten sie sich mit den Eindringlingen schlagen, koste es, was es wolle. Aber gerade die offene Feldschlacht um jeden Preis hätte den Untergang ihrer Armee bedeutet, denn auf der anderen

Seite stand Napoleon, der kriegerische Genius mit seinen Garden, den kriegsgewohnten Truppen. Er hätte die Armee des Zaren vernichtet. Ohne Armee aber wäre Zar Alexander nach Napoleons Einzug in Moskau gezwungen gewesen, den Frieden zu schließen, den dieser diktierte. Tatsächlich aber geschah, was nur wenige richtig voraussahen: Durch den Rückzug tief in das Innere des Riesenreiches[9] wurde das russische Heer immer stärker, weil es aus heimischen Quellen schöpfen konnte, während sich die Kräfte des Angreifers im weiteren Vormarsch immer rascher erschöpften. Bei Smolensk war nach Clausewitz das Kräfteverhältnis der beiden Hauptarmeen immer noch etwa 180 000 Angreifer gegen 120 000 Russen. Aber nur 90 000 Franzosen erreichten Moskau. Dann wendete sich das Blatt mit dem Rückzug Napoleons vollends. Die Zermürbung der feindlichen Hauptkräfte war in der Tat das Hauptziel des ganzen Feldzugs, durch welche Kräfte und Mittel auch immer. In der konkreten Situation war die Schlacht an sich längst nicht mehr das Entscheidende. Eine Summe anderer Faktoren sprach für die Defensive. Die Preisgabe von weiten Landstrecken und ihre Verheerung mußten dafür in Kauf genommen werden. Das haben vor der großen Wende offenbar nur wenige Russen begriffen. Tolstoi in »Krieg und Frieden« ist dafür Zeuge.

Ein wirklichkeitsfremder Theoretiker

Allerdings hatten die Russen von 1812 wohl auch noch besondere Gründe, sich über die deutschen Theoretiker zu mokieren. Da gab es das Fiasko des Generalleutnants von Pfull als des ersten strategischen Beraters des Zaren mit seinem Hirngespinst, den Feind im verschanzten Lager von Drissa aufzuhalten. Gewiß, die Idee bot sich an, den Angreifer zunächst einmal in einer befestigten, vorbereiteten Stellung zu erwarten, um ihn an- und auflaufen zu lassen; aber dann waren auch *alle* Realitäten zu bedenken, um sie erfolgversprechend zu machen. Sämtliche Faktoren der Verteidigung, wie Gelände und Boden, waren dabei zu berücksichtigen. Und das tat eben General Pfull nicht in dem notwendigen Umfang. Ja, mehr noch, er brachte seinesgleichen pauschal in Mißkredit. So ist nun das Zeugnis von Clausewitz besonders wertvoll. Der Kriegsphilosoph der Deutschen tritt gegen die sonore Stimme eines der größten russischen Autoren in die Schranken. Deshalb hat seine Charakterisierung Pfulls viel mehr als nur historische Bedeutung. Er schreibt[10]: »Pfull war im preußischen Generalstab Oberst gewesen und hatte im Jahre 1806 den preußischen Dienst verlassen, um in den russischen zu treten, wo er es seitdem bis zum Generalleutnant gebracht hatte, ohne je aktiv zu dienen. Pfull galt im Preußischen als Mann von vielem Genie. Er, Massenbach und Scharnhorst waren die drei Häupter des preußischen Generalstabs im Jahre 1806. Jeder von ihnen hatte seine hohe Eigentümlichkeit; die von Scharnhorst ist die einzige gewesen, welche sich als praktisch tüchtig erwiesen hat, die von Pfull ist vielleicht die ungewöhnlichste, aber sehr schwer zu charakterisieren. Er war ein Mensch von vielem Verstand und Bildung, aber ohne alle materiellen Kenntnisse. Er hatte von jeher ein nach außen so abgeschlossenes geistiges Leben geführt, daß er von der Welt der täglichen Erscheinungen nichts wußte. Julius Cäsar und Friedrich der Zweite waren seine Lieblingsschriftsteller und Helden. Ein unfruchtbares Grübeln über ihre Kriegskunst ohne irgendwelchen Geist historischer Untersuchung hatte ihn fast ausschließlich beschäftigt. Die Erscheinungen der neueren Kriege gingen oberflächlich an ihm vorüber. So hatte er sich ein höchst einseitiges und dürftiges Kriegssystem ausgedacht, welches weder einer philosophischen Untersuchung noch einer historischen Vergleichung Stich halten konnte. Wenn ihm in seiner Bildung fast alle historische Kritik und in seinem Leben fast alle Berührung mit der äußeren Welt abging, so war es dagegen auch natürlich, daß er ein Feind gewöhnlicher Philisterei, Oberflächlichkeit, Schiefheit und Schwäche war, und die bittere Ironie, mit welcher er sich gegen diese Fehler des großen Haufens erklärte, war es hauptsächlich, welche ihm das Ansehen von großer Genialität, Tiefe und Kraft gab.«

»Im Jahre 1806 war er der Generalstabsoffizier des Königs: Da der König aber nicht eigentlich kommandierte, so war auch Pfull zu keiner eigentlichen Tätigkeit gekommen. Nach der ganzen Katastrophe brach seine Ironie gegen alles Geschehene plötzlich los; er lachte wie ein halb Wahnsinniger über die Niederlage unserer Heere und anstatt jetzt... an die gesunden Fäden, die sich von dem zerrissenen Gewebe noch vorfanden, neue anzuknüpfen, wie Scharnhorst getan hat, gab er übereilt das Ganze verloren und trat in den russischen Dienst... Hätte Kaiser Alexander mehr Menschenkenntnis besessen, so würde er natürlich zu den Fähigkeiten eines Mannes wenig Zutrauen gefaßt haben, der eine schlimme Sache zu früh aufgab.«

Clausewitz sagt weiter zur Charakteristik Pfulls[11]: »Im Hauptquartier des Feldmarschalls von Möllendorf im Jahre 1795 sagte Pfull: ›Ich bekümmere mich um nichts, denn es geht doch alles zum Teufel.‹ — Im Jahre 1806 sagte er auf seiner Flucht, indem er hohnlachend den Hut abnahm: ›Adieu preußische Monarchie.‹ Im November 1812, nachdem die französische Armee ihren Rückzug schon angetreten hatte, sagte Pfull noch zu Clausewitz: ›Glauben Sie mir, aus dieser Sache kann niemals etwas Gescheites herauskommen.‹ Pfull ist sich also immer gleich geblieben.« Und doch war er nach dem Urteil von Clausewitz gleichzeitig in seiner Art ein nobler und uneigennütziger Charakter. Von diesem Mann, dem strategischen Ratgeber des Zaren Alexander, stammte der ursprüngliche Feldzugsplan von 1812. Aber er war so wirklichkeitsfremd, daß er bald aufgegeben werden mußte. Clausewitz hatte Gelegenheit, seine Abstraktionen aus nächster Nähe kennenzulernen und darüber hinaus noch einige Erfahrungen zu sammeln, die er nie mehr vergessen sollte. Er schreibt weiter[12]: »Als der Kaiser mit dem General Pfull in Wilna ankam, war dieser völlig isoliert, ein Fremder mitten zwischen Russen, die ihn mit Neid, Mißtrauen und Mißgunst ansahen. Er kannte die Sprache nicht; er kannte die Personen nicht, die Einrichtungen des Landes und Heeres nicht. ...Was er von der Stärke und dem Stande des Heeres wußte, hatte er nur vom Kaiser gehört. Er war nicht in dem Besitz eines einzigen vollständigen Tableaus oder anderer Papiere, deren beständige Einsicht bei den vorbereitenden Maßregeln zu einem Feldzug nötig ist... Es gehört eine unbegreifliche Torheit dazu, um in solchen Verhältnissen die Leitung eines kriegerischen Aktes zu übernehmen, die eine so schwierige Aufgabe enthält, wie dies von dem Feldzug von 1812 vorherzusehen war. Die russische Armee war 180 000 Mann stark, wenn man sie hoch anschlug, die feindliche nach den geringsten Schätzungen 360 000 Mann und Bonaparte ihr Führer.«

Allerdings teilt Clausewitz in diesem Zusammenhang auch eine Tatsache mit, die in Preußen unmöglich gewesen wäre: 180 000 Mann war die russische Armee im Frühjahr 1812 stark, aber schon damals sagten Eingeweihte zu Clausewitz, der Zar habe für 600 000 Mann *bezahlt;* er, Clausewitz, habe das für eine böswillige Übertreibung gehalten, obwohl er sie aus dem Munde eines höheren Beamten hatte. »*Aber es war die reine Wahrheit[13].*«

Komödie um das Lager von Drissa

Clausewitz stand in einer merkwürdigen Affinität zur großen Literatur. Gleichsam als Memoire für den Dreizehnjährigen schrieb Goethe »Die Belagerung von Mainz« (1793). Clausewitz selbst war bei Madame de Staël in Coppet, als sie 1807 ihr großes Werk »De L'Allemagne« konzipierte, dabei von August Wilhelm Schlegel beraten. Nun lieferte er selbst Material für Leo N. Tolstois Hauptwerk »Krieg und Frieden« oder zeichnete doch Parallelerlebnisse auf, die die Erzählungen von Tolstoi bestätigen. Er hatte ja die Komödie um das verschanzte Lager von Drissa als Augenzeuge miterlebt und in seinem Bericht über den Feldzug 1812 in Rußland darüber geschrieben, was wir hier im Auszug wiedergeben[14]: Der Plan Pfulls, den Beginn des Krieges betreffend, sah folgendermaßen aus: Die erste Westarmee unter dem General Barclay de Tolly sollte sich vor der Grande Armée Napoleons in ein festes Lager zurückziehen, wozu er die Gegend an der mittleren Düna gewählt hatte. Dort sollte sie die ersten Verstärkungen erhalten. Das Lager war durch Erdwerke verstärkt und mit erheblichen Beständen von Lebensmitteln bevorratet. Es sollte die Hauptmacht der Franzosen auf sich ziehen und der zweiten Westarmee so die Möglichkeit verschaffen, gegen die rechte Flanke der Angreifer zu operieren und in ihrem Rücken vorzudringen. So weit so gut. Aber die Gegend bei Drissa, die Pfull gewählt hatte, bot keine taktischen Vorteile; diese lagen einzig und allein in den Schanzen auf dem westlichen Ufer der Düna, die im übrigen kein ernsthaftes Hindernis bot, weil sie seicht war und an vielen Stellen durchwatet werden konnte. »Die strategische Lage war noch weniger beruhigend. Drissa liegt nämlich *zwischen* den — in dem wegarmen Rußland — sehr wichtigen Straßen, die von Wilna nach Petersburg und von Wilna nach Moskau führen, sperrte also keine von beiden. Das Lager hatte also auch keine Rückzugsstraße und konnte auf beiden umgangen werden.« Die feste Stellung von Drissa war damit eine bloße Idee geblieben, ein Abstraktum, dem keine konkrete taktische oder strategische Bedeutung zukam. Der hölzerne Flecken Drissa lag zudem seitwärts außerhalb der Verschanzungen und konnte auf keinen Fall als »Fester Platz« angesprochen werden, wie das Hitler beispielsweise im Jahre 1944 noch mit Tarnopol getan hat. Das Lager bei Drissa war also kein Multiplikator der russischen Verteidigungskräfte. Das merkten natürlich auch die Oberbefehlshaber: »Die wichtigsten Personen des Wilnaschen Hauptquartiers, die Generale Barclay de Tolly, Bennigsen, Armfeldt (dieser schwedischer Nationalität), konnten sich also in jenen Feldzugplan nicht finden und so begann die Vorbereitung zum Feldzug damit, daß sie sich vornahmen, das Vertrauen des Zaren zu Pfulls Plan zu erschüttern.« Clausewitz, der damals zum Stab von General Pfull gehörte, erhielt den Auftrag, über den Stand der Arbeiten zu berichten. Er löste die ihm gestellte Aufgabe mit aller Sachlichkeit, aber doch so, daß seine Vorbehalte sozusagen zwischen den Worten sichtbar wurden.

Und so kam es schließlich zu den Szenen, die Tolstoi in »Krieg und Frieden« schildert, vielleicht überzeichnet realistisch, ohne hier allerdings Clausewitz zu erwähnen: Wir geben sie im Auszug wieder[15]: »An diesem Tage war im kaiserlichen Quartier die Nachricht einer neuen Bewegung Napoleons eingetroffen, die für unsere Armee gefährlich werden konnte. — Fürst Andrej begab sich in das Quartier des Generals Bennigsen[16], der ein kleines Gutshaus dicht am Flusse bewohnte. Weder Bennigsen noch der Zar waren anwesend, der kaiserliche Flügeladjutant Tschernitschow jedoch empfing den Fürsten Andrej und teilte ihm mit, daß der Herrscher die Absicht habe, heute mit dem General Bennigsen und dem Marchese Paulucci die Befestigungen des Lagers an der Drissa, an deren Zweckmäßigkeit Zweifel aufgetaucht waren, zu besichtigen.«

»Tschernitschow saß an einem Fenster des Zimmers und las in einem französischen Roman. Aus diesem Zimmer führten zwei Türen, die eine in einen großen Salon, die andere in ein Arbeitszimmer. Aus der ersten Tür waren Stimmen zu hören, die deutsch sprachen, bisweilen durch französische Worte unterbrochen. Dort war eine Anzahl von Personen, deren Meinung der Zar angesichts der bevorstehenden Schwierigkeiten zu hören wünschte, versammelt; und zwar befanden sich hier der General Armfeldt, der Generaladjutant Wolzogen, Wintzingerode, Michaud, Toll, der Freiherr vom Stein und endlich Pfull*. Fürst Andrej hatte Gelegenheit, Pfull genau zu betrachten, da dieser bald nach ihm ankam, durch den Saal in den Salon trat und eine Zeitlang stehen blieb, um mit Tschernitschow einige Worte zu wechseln. Pfull war von mittlerer Größe, sehr mager, aber starkknochig; er trug eine schlecht gearbeitete russische Generaluniform, die ihm so wenig paßte, als ob er sie ausgeliehen hätte. Sein Gesicht war voller Runzeln; seine Augen lagen tief, die Haare waren an den Schläfen offensichtlich glattgestrichen worden, ragten aber hinten in einzelnen Büscheln in die Höhe... Mit einer linkischen Bewegung den Degen hebend, fragte er Tschernitschow auf deutsch, wo der Zar sich befinde... Er nickte rasch mit dem Kopf und lächelte ein wenig spöttisch, als er Tschernitschows Antwort hörte, der Zar besichtige die Befestigungen... Andrej wollte vorbeigehen. Tschernitschow aber stellte ihn Pfull vor und bemerkte dazu, Fürst Andrej komme aus der Türkei, wo der Krieg glücklich beendet worden sei. Pfull sah über Fürst Andrej hinweg und äußerte lächelnd: Das muß ein schöner strategischer Krieg gewesen sein, und mit einem verächtlichen Auflachen betrat er den Salon, aus dem die Stimmen erklangen...«

---

* nicht Pfuel, wie es in den meisten Übersetzungen heißt.

»Fürst Andrej war sich über den Charakter Pfulls im klaren, Pfull war von einer unerschütterlichen, unwiderlegbaren und geradezu fanatischen Selbstsicherheit, wie sie es nur bei Deutschen gibt, weil nur die Deutschen auf Grund einer abstrakten Idee, also einer vermeintlichen Kenntnis der vollkommenen Wahrheit, so selbstsicher sein können ...«

»Offenbar war Pfull ein solcher Mann, denn er hatte seine Wissenschaft, seine Theorie der schrägen Bewegung, die er sich aus der Geschichte der Kriege Friedrichs des Großen abgeleitet hatte, und alles, was nun in der neueren Kriegsgeschichte vorkam, erschien ihm als Unsinn, wobei von beiden Seiten so viele Fehler begangen wurden, daß diese Kriege eigentlich gar keine Kriege waren, denn sie fügten sich nicht in die Theorie und konnten nicht als Objekt der Wissenschaft dienen ... Pfull war einer von jenen Theoretikern, die ihre Theorie dermaßen lieben, daß sie den Zweck dieser Theorie, nämlich die Anwendung auf die Praxis, ganz aus dem Auge lassen, ja, in seiner Liebe zur Theorie haßte er jede Praxis und wollte von ihr nichts wissen. Er freute sich sogar über Mißerfolge, denn der Mißerfolg, der davon herrührt, daß in der Praxis Abweichungen eingetreten sind, bewies ihm erst recht die Richtigkeit seiner Theorie.«

»Kaum war Pfull hinausgegangen, als Graf Denisow eilig eintrat, Fürst Andrej zunickte, seinem Adjutanten einige Befehle gab und das Arbeitszimmer betrat. Der Zar mußte gleich nach ihm kommen, denn Bennigsen war schnell vorausgeritten, um für seinen Empfang bereit zu sein. Tschernitschow und Fürst Andrej traten auf die Freitreppe, als der Zar vom Pferde stieg und der Marchese Paulucci einige Worte zu ihm sprach. Alexander hörte ihm mit verdrießlichem Gesicht zu und wünschte das Gespräch zu beenden, der Italiener aber, der vor Aufregung einen ganz roten Kopf hatte, redete, hinter ihm hergehend, immer weiter.«

»Was den betrifft, der den Rat zu diesem Lager gegeben hat«, sagte Paulucci, als der Zar die Stufen hinaufging, »was den Menschen betrifft, Sire«, fuhr er, offenbar seine ganze Beherrschung verlierend, wütend fort, »der zu dem Lager an der Drissa geraten hat, so sehe ich für ihn keine andere Möglichkeit als das Irrenhaus oder den Galgen ...«

»Alexander betrat das Arbeitszimmer. Ihm folgten Fürst Peter Michailowitsch Wolkonski und der Freiherr vom Stein. Dann schloß sich die Tür. Fürst Andrej machte von der Erlaubnis des Zaren Gebrauch und begab sich mit Paulucci in den Salon. Fürst Peter Michailowitsch Wolkonski war sozusagen der Chef des kaiserlichen Stabes. Er kam aus dem Arbeitszimmer und breitete im Salon einige Landkarten auf den Tisch ...«

»Es kam zu einer lebhaften Aussprache, in der jeder, der gerade sprach, einen anderen Plan vortrug, zuerst General von Armfeldt, der Schwede, dann der junge Oberst Toll, der zum Stab Barclay de Tollys gehörte, und schließlich der Italiener Paulucci, der für Vormarsch und Angriff war, denn dies sei, so sagte er, das einzige Mittel, aus dieser Mausefalle, damit meinte er das Lager an der Drissa, herauszukommen. Pfull und Wolzogen, der sein Dolmetscher und sein Protektor bei Hofe war, schwiegen. Pfull fauchte nur verächtlich und wandte sich halb ab, und als Fürst Wolkonski, der diese Debatte leitete, ihn aufforderte, seine Meinung zu äußern, sagte er nur: Weshalb fragt man mich überhaupt noch? ... Alle anderen wissen es ja doch besser als ich.«

»Als Wolkonski mit gerunzelten Brauen darauf hinwies, daß er ihn im Namen des Zaren um seine Meinung frage, stand Pfull auf und begann plötzlich lebhaft zu sprechen ... Jetzt ist es nur nötig, daß genau nach den Grundsätzen verfahren wird, die ich aufgestellt habe, sagte er u. a. und klopfte dabei mit seinen knochigen Fingern auf den Tisch ... Er trat an die Karte und begann rasch zu reden, wobei er mit seinem Finger bald hier, bald dort über die Karte fuhr und bewies, daß überhaupt nichts eintreten könne, das die Zweckmäßigkeit des Lagers an der Drissa in Frage stellte, daß alles vorgesehen sei und daß der Feind, wenn er wirklich versuchen sollte, das Lager zu umgehen, dabei unvermeidlich seinen Untergang finden würde.«

Und nun folgt eine Szene babylonischer Sprachverwirrung, sicher typisch für das damalige Hauptquartier des Zaren: »Paulucci, der nicht deutsch verstand, fragte ihn nun auf französisch und Wolzo-

gen kam seinem Chef, der nur mangelhaft französisch sprach, zu
Hilfe. Er konnte jedoch kaum Pfull folgen, der in seiner raschen
Sprechweise noch einmal unterstrich, daß er alle möglichen Fälle
vorgesehen habe. Dabei lachte er immer wieder ironisch auf und
brach schließlich verächtlich ab. Nun trat Wolzogen an seine Stelle
und erklärte auf französisch Pfulls Ideen, wobei er von Zeit zu
Zeit zu Pfull sagte: ›Nicht wahr, Exzellenz?‹ Paulucci und Michaud fielen mit vereinten Kräften auf französisch über Wolzogen
her, Armfeldt wandte sich auf deutsch an Pfull, während Toll dem
Fürsten Wolkonski etwas auf russisch erklärte. Fürst Andrej hörte
schweigend zu und beobachtete nur.«
Dann aber schreibt der Dichter Leo Tolstoi:
»Von allen diesen Leuten erregte der erbitterte, hartnäckige, von
sinnlosem Selbstgefühl erfüllte Pfull Fürst Andrejs größte Teilnahme, denn offenbar war er von allen Anwesenden der einzige, der
nichts für sich wollte, gegen niemand persönliche Feindschaft
fühlte, und nur eines, nämlich die Verwirklichung seines Planes im
Auge hatte. Seine Unbelehrbarkeit, seine Ironie wirkten peinlich;
trotzdem aber flößte er durch seine bedingungslose Hingabe an
seine Idee unwillkürlich Achtung ein. Von Pfull abgesehen war
aber noch ein gemeinsamer Zug bei allen an der Versammlung
Teilnehmenden zu bemerken, der im Kriegsrat des Jahres 1805
noch nicht aufgeschienen war; nämlich eine geradezu panische
Furcht vor dem Genie Napoleon, die man zwar zu verbergen suchte, die aber doch aus jeder Äußerung sprach . . . Pfull allein schien
den Kaiser Napoleon für einen solchen Barbaren zu halten wie alle
anderen Gegner seiner Theorie. Außer dem Gefühl der Achtung
flößte Pfull jedoch dem Fürsten Andrej auch Mitleid ein. Aus dem
Ton nämlich, in dem die Hofleute mit ihm verkehrten, und aus
dem, was Paulucci sich erlaubt hatte, über ihn zum Zaren zu sagen, und besonders aus einer gewissen Resignation in Pfulls eigenen Äußerungen ließ sich schließen, daß die anderen wußten und
er selbst es ahnte, wie nahe sein Sturz war.«
Soweit Leo Tolstoi. Er ist sicher ein zuverlässiger Zeuge.
Denn bei der Dichte der »großen« Gesellschaft, der oberen
Tausend (nicht Zehntausend), zu denen ja er und die Grafen-Fa-

milie gehörten, ist ihm bestimmt von überlebenden Teilnehmern oder nach deren Aussagen erzählt worden, was sich da zutrug. Er hat daraus die Szene mit russischem Realismus wiedererstehen lassen, allerdings auch psychologisch vertieft. Clausewitz allerdings hatte er in diesem Zusammenhang nicht genannt, wie schon erwähnt, aber dafür an anderer Stelle. Um so aufschlußreicher mußte es sein, dessen Bericht der Erzählung von Tolstoi gegenüberzustellen. Wir kennen bereits die Vorbehalte, die er als Mann des »werktätigen Verstandes«, wie er ihn vom Soldaten verlangt, gegen das Lager von Drissa hatte, wie gegen den Urheber des Feldzugsplanes von 1812. Es war naheliegend, daß auch andere Praktiker diese Bedenken teilten. So heißt es bei Clausewitz[17]: »Die wichtigsten Personen des Wilnaschen Hauptquartiers, wie die Generale Barclay, Bennigsen, Armfeldt, konnten sich in jenen Feldzugsplan nicht finden und strebten, das Vertrauen dazu und zu dem General Pfull bei dem Kaiser zu erschüttern. Es entspann sich eine Art von Intrige, durch die der Kaiser vermocht werden sollte, in der Gegend von Wilna eine Schlacht anzunehmen. Vermutlich dachten sie sich, die Franzosen würden die Grenze in eben der Breite überschreiten, in welcher sich die Russen zur Verteidigung derselben aufgestellt hatten... Ohne eine solche, freilich törichte Voraussetzung war der Gedanke einer Schlacht gar nicht zu erklären. So entstand schon zu Wilna ein Kampf der Meinungen, der des Kaisers Vertrauen zu Pfulls Plan allerdings erschütterte.«

Und dann gibt Clausewitz eine Information, die besonderer Beachtung wert ist[18]. Er spricht nicht nur von dem Oberstleutnant von Wolzogen, der zu dieser Zeit in Wilna eintraf, um als eine Art von Verbindungsoffizier zwischen dem Armeeoberkommando Barclay de Tolly (Erste Westarmee) und dem General Pfull zu wirken: Sehr viel wichtiger für den Gesamtverlauf des Feldzugs war das Erscheinen des Generalleutnants Graf Lieven im kaiserlichen Hauptquartier, als man sich schon dem Lager von Drissa näherte. Dazu Clausewitz: »Er war Gesandter in Berlin gewesen und hatte den Eintritt des Verfassers in den russischen Dienst mit vieler Freundlichkeit bewirkt. Der Verfasser besuchte ihn. Graf Lieven dachte und fühlte über die Angelegenheit des Krieges wie der Verfasser. Er hatte in Berlin über die Lage des russischen Reiches viel mit ausgezeichneten Offizieren gesprochen. Die Idee, welche man in Berlin hatte, war, daß Bonaparte an den großen Dimensionen des russischen Reiches zugrunde gehen müsse, wenn Rußland diese gehörig ins Spiel bringe, d. h. seine Kräfte bis auf den letzten Augenblick aufspare und unter keiner Bedingung Frieden mache. Diese Idee war namentlich von Scharnhorst zur Sprache gebracht worden. Graf Lieven war voll davon, als er ankam, und sprach natürlich auch mit dem Kaiser in diesem Sinn. Sein Ausdruck, den der Verfasser schon in Berlin von ihm gehört hatte, war, bei Smolensk müsse der erste Pistolenschuß geschehen. Obgleich dies eine falsche Idee in sich schloß, weil ein beständiger Widerstand im Zurückgehen ein notwendiger und sehr wesentlicher Teil dieser Art von Verteidigung war, so war doch die darin enthaltene Hauptidee höchst wichtig und mußte wohltätig wirken, wenn sie Eingang fand, nämlich, daß man sich nicht scheuen dürfe, das ganze Land bis Smolensk hin zu räumen und den Krieg erst in dieser Gegend ernsthaft zu beginnen.« »Der Verfasser teilte dem General Pfull die Idee des Generals Lieven mit und wollte diesen gewissermaßen darauf hinführen, einen kühneren Gedanken als sein Lager von Drissa zu fassen. Allein Pfull war unter allen Menschen derjenige, der fremde Ideen am schwierigsten erfaßte und in sich aufnahm; er behauptete, dies sei eine Übertreibung, ohne die Gründe davon anzugeben.«

Indessen war Clausewitz von der Fügung offenbar dazu ausersehen, selbst dabei mitzuwirken, daß der preußische und nicht der Pfullsche Feldzugsplan ausgeführt wurde. Er erhielt, wie gesagt, den Auftrag, den Stand der Befestigungsarbeiten in Augenschein zu nehmen und dem Zaren darüber zu berichten. Natürlich geriet er dabei in einen inneren Zwiespalt. So beschränkte er sich auf eine sachliche Kritik an dem Zustand der Befestigungsarbeiten, ließ aber durchblicken, daß es wohl eine Unmöglichkeit sei, der weit überlegenen Grande Armée schon hier Widerstand zu leisten. Gleichzeitig sprach er aber auch in Übereinstimmung mit Graf Lieven die Überzeugung aus, daß die Armee Napoleons durch die ungeheuren Dimensionen des russischen Reiches zugrunde gerichtet werden könne. Dieser Hinweis gab schließlich den Ausschlag: die erste russische Westarmee unter Barclay de Tolly, zunächst vom 9. bis zum 12. Juli im Lager bei Drissa konzentriert, gab dieses Lager auf und suchte sich mit der zweiten Westarmee des Fürsten Bagration zu vereinigen. Barclay de Tolly erhielt den Oberbefehl über beide Armeen. Denn der Zar, der wohl fühlte, daß seine militärischen Anlagen dazu nicht ausreichten, hatte das Armeeoberkommando aufgegeben. Er faßte, von dem Freiherrn vom Stein nachdrücklich beraten, den Entschluß, nach Moskau vorauszugehen, und von da nach Petersburg, um überall die Verstärkung des Heeres zu betreiben, für die Verpflegung und Bevorratung Sorge zu tragen und eine Landwehr errichten zu lassen welche einen erheblichen Teil des Volkes unter Waffen brächte. »Einen besseren Entschluß konnte der Kaiser nicht fassen.« (Clausewitz)

Weiter berichtet Clausewitz[19]: »General Pfull fühlte sich in einer sehr gedrückten Lage; der Kaiser sprach seit einigen Tagen kein Wort mehr mit ihm; die Umgebungen desselben fingen an, ihn ganz zu meiden. Der Verfasser drang nun noch einmal in ihn, dem Bruch zuvorzukommen, selbst zum Kaiser zu gehen und ihm den Rat zu geben, den Befehl der Armee unbedingt in die Hände des Generals Barclay zu legen. Nicht ohne ein schmerzliches Gefühl entschloß sich der General zu diesem Schritt, der aber seinem Herzen um so mehr zur Ehre gereichte. Er ging auf der Stelle zum Kaiser. Der Kaiser nahm ihn freundlich auf und schien in seinem Entschluß nur diesem Rat des Generals zu folgen . . .«

Jedenfalls setzte sich der »preußische« Feldzugsplan bzw. Vorschlag durch. Die russische Armee zog sich unter hinhaltendem Widerstand, d. h. unter fortwährenden Nachhutkämpfen, die dem Angreifer mehr kosteten als dem Verteidiger, in das Innere des Landes zurück. Auf diese Weise konnte sie allmählich das notwendige Kräftegleichgewicht gewinnen. Dann erst wurden die Schlachten geschlagen, auf die eine starke russische Partei von vornherein brannte. Aber Schlachten hatten unter den besonderen Umständen dieses Feldzugs nicht mehr das Gewicht wie in früheren: Auch wenn Napoleon in ihnen siegte, die Summe anderer Kräfte vernichtete in einem halben Jahr die Grande Armée völlig.

Clausewitz wurde Zeuge dieser Ereignisse. Aber er registrierte sie nicht nur, wie die Historiker es tun. Er wußte sie zu deuten. Sein analytischer Geist drang bis zu den Prinzipien vor, die da wirksam wurden. So fügte es sich denn auch, daß er das Jahr 1812 nicht allein auf den Lagekarten des Generalstabs, bei Frontbesuchen und Gefechten erlebte, an denen auch die hohen Stäbe damals noch teilnahmen. Er erfuhr dieses europäische Schicksalsjahr in seiner Ganzheit, der menschlichen, politischen und militärischen mit Not, Verzweiflung und schließlichem Aufatmen. So entstand das Fundament seines Werkes. Die Weltgeschichte hat es ebenso gegründet wie das allerpersönlichste Erlebnis.

Drittes Kapitel
Kriegserfahrungen ohnegleichen

Der geistige Gewinn

Das Werk »Vom Kriege« verdankt sein Entstehen nicht zuletzt dem Kriegsdienst von Clausewitz im russischen Feldzug von 1812. Er konnte dort außerordentliche Erfahrungen sammeln und umfassende strategische Einblicke gewinnen. Sie vermittelten zwar keine neue Taktik, wie er ihr zuerst vor Mainz 1793 in Gestalt des Naturkriegs begegnete, obwohl sie auch 1812 als kleiner Krieg stark mit im Spiel war, doch betrafen sie die Gesamtstrategie wie die Variationen des Kriegsbilds insgesamt, die er in ihrer ganzen Fülle gewahr wurde, ebenso aber auch die verschiedenen Standpunkte der Teilnahme an den kriegerischen Ereignissen: Er erlebte das Hauptquartier des Zaren, eine Reihe von hohen Kommandobehörden, den Generalstabsdienst an der Front und schließlich die ganze Härte des Rußlandkrieges bei all den Kampfhandlungen, an denen er persönlich teilnahm. Er wurde hin- und hergeschoben, gewiß; aber er konnte bei der Verschiedenheit seiner Kommandierungen auch Erfahrungen zusammentragen, die er, fest eingebaut, nie in dieser Vielfalt hätte machen können. So war er in der Lage, selbst aus den Einsätzen, die ihn persönlich zunächst nicht befriedigten, Gewinn zu ziehen. Anpassungsfähigkeit war überhaupt seine besondere Stärke in persönlicher, geistiger und charakterlicher Beziehung.

Äußerlich betrachtet, brachte der Feldzug von 1812 für den Generalstabsoffizier von Clausewitz keinen besonderen Gewinn, wie wir schon sagten. Infolge der Sprachschwierigkeiten konnte er in der russischen Armee nicht richtig Fuß fassen. Bei Gleichgesinnten fand er selbstverständliche Kameradschaft, auch über die russischen hohen Militärs hatte er sich nicht zu beklagen; »Nur die jungen Elegants in der Suite des Kaisers sind von einer zurückstoßenden Kälte.« (Brief vom 18. Juli)[1]. Aber sonst? Bereits am 19. Juli, kaum vier Wochen nach Kriegsbeginn, muß er an seine Frau schreiben[2]: »Meine Anstellung beim General Pfull hat aufgehört,

382

meine neue kenne ich zwar noch nicht, doch bin ich überzeugt, daß sie meinen Wünschen angemessen sein wird.«

Waren die weiteren Verwendungen von Clausewitz in der russischen Armee wirklich seinen Wünschen besser angemessen? Und vor allem, füllten sie ihn aus und brachten sie seine Talente zur Entfaltung? Das ist zu bezweifeln. Rein dienstlich führte in dieser Hinsicht für ihn der Feldzug von 1812 zu einer Enttäuschung nach der anderen. Natürlich bedingte das auch die große Lage: Unter fortwährenden Nachhutkämpfen zogen sich die beiden russischen Westarmeen, die 1. unter General Barclay de Tolly, die 2. unter dem Fürsten Bagration, der dem russischen Uradel entstammte, in das Innere des Riesenreiches zurück. Anfang August trat Clausewitz, seinem persönlichen Wunsch entsprechend, zu der Kavallerie-Nachhut Barclays de Tollys unter dem Kommando des Generals Pahlen, zu dessen Stab auch Oberst Ludwig von Wolzogen kommandiert war, und so konnte sich Clausewitz wenigstens mit seiner nächsten Umgebung verständigen. Doch dauerte dieses Kommando nicht länger als drei Wochen, wie wir wissen, dann kam Clausewitz zu dem Kavallerie-Detachement des Generals Uwaroff, wieder als Quartiermeister. Hier aber machten sich die Sprachschwierigkeiten hemmend bemerkbar. Clausewitz suchte den Ausgleich durch persönlichen Einsatz in der Schlacht bei Borodino und den anschließenden Rückzugsgefechten. Das brachte ihm die Achtung der Russen ein und zudem ein besonderes Erlebnis: Am Nachmittag des 14. September durchzog er mit den Uwaroffschen Reitern Moskau, ohne Aufenthalt jedoch; die russische Hauptarmee hatte die Hauptstadt aufgegeben und marschierte in den Raum Kaluga. Mehr beobachtend als militärisch-aktiv erlebte Clausewitz diese Ereignisse. Später schrieb er darüber[3]: »Es mochte etwa drei Uhr nachmittags sein, als wir in Moskau einzogen und zwischen fünf und sechs Uhr, als wir jenseits aufmarschiert waren . . .

Moskau hatte ziemlich das Ansehen einer verlassenen Stadt. Ein paar hundert Menschen von der geringsten Klasse kamen dem General Miloradowitsch entgegen und flehten um seine Beschirmung. In den Straßen sah man hin und wieder einen Haufen derselben

versammelt, die unserem Durchzug mit wehmütigen Blicken zusahen. Übrigens waren die Straßen mit flüchtigem Fuhrwerk noch so angefüllt, daß General Miloradowitsch ein paar Regimenter Kavallerie voranschicken mußte, um Platz zu verschaffen ...
Wir schlugen in der Stadt die Straße nach Rjazan ein und stellten uns etwa 1000 Schritt hinter derselben auf ...
General Sebastiani[4] hatte in einer Parlamentärsverhandlung zugesagt, daß die Spitze der (französischen) Armee erst zwei Stunden nach unserem Abmarsch einrücken sollte. General Miloradowitsch war daher sehr überrascht, als er sich jenseits kaum aufgestellt hatte, bereits ein paar Regimenter leichter Kavallerie der feindlichen Avantgarde sich vor uns entwickeln zu sehen. Er schickte sogleich einen Parlamentär und bat um eine Unterredung mit dem König von Neapel (Murat). Aber auch diesmal erschien derselbe nicht, vielleicht weil er es unter seiner Würde hielt, und General Miloradowitsch mußte sich wieder mit dem General Sebastiani begnügen. Er machte ihm die lebhaftesten Vorstellungen über das zu schnelle Nachfolgen, das jener leicht beantworten konnte, da unser Durchzug durch mancherlei Umstände aufgehalten, länger gedauert hatte, als die Franzosen voraussetzten. Die Unterredung führte doch dahin, daß beide Teile einander dicht gegenüber stehenblieben, ohne Feindseligkeiten zu begehen. Wir sahen in dieser Stellung, wie sich Moskau an den seitwärts gelegenen Toren durch eine ununterbrochene Kette kleiner russischer Fuhrwerke immer mehr ausleerte, ohne in den ersten Stunden von den Franzosen beunruhigt zu werden; vielmehr schienen die Kosaken sich noch ganz im Besitz dieser Stadtteile zu befinden, während die französische Avantgarde sich nur mit der russischen Arrièregarde beschäftigte. Ferner sahen wir von dieser Stellung aus in den äußersten Vorstädten Moskaus bereits an mehreren Orten Rauchsäulen aufsteigen, welche nach des Verfassers Meinung Folgen der dort herrschenden Verwirrung sein mochten.«
Clausewitz hatte immer eine merkwürdige Affinität zu großen geschichtsträchtigen Situationen, wie wir wissen. So waren es nicht nur die Belagerung von Mainz 1793 und die Kapitulation von Prenzlau 1806, die er mit besonderer Intensität erlebte, sondern eben

auch Moskau 1812 und die damit im Zusammenhang stehenden Ereignisse. Am 14. September hatte er »das schmerzliche Vergnügen«, bei der zweiten Unterredung des Generals Miloradowitsch mit dem General Sebastiani unmittelbar an den Riß erinnert zu werden, der durch Preußen hindurchging, indem er preußischen Landsleuten auf französischer Seite begegnete: Bei den beiden ersten Ulanenregimentern der französischen Vorausabteilung, die sich vor den Parlamentären entwickelten, hörte er unerwartet deutsch kommandieren, und zwar in unverkennbar Berliner Mundart. Und wirklich: er hatte zwei preußische Kavallerie-Regimenter vor sich: davon das eine, die Brandenburgischen Ulanen mit dem Standort in Berlin. Und was tat Clausewitz, der den günstigen Augenblick immer beim Schopf zu fassen wußte? Er benutzte die Gelegenheit, setzte sich mit dem nächsten preußischen Offizier, den er traf, in Verbindung und gab seiner Frau daheim Nachricht, ob mündlich oder schriftlich, ist nicht überliefert[5].

Im übrigen zeugt es von dem strategischen und operativen Gespür des 32jährigen Generalstabsoffiziers, daß er die folgende Truppenbewegung lebhaft begrüßte: Die russische Hauptmacht zog sich nicht weiter nach Osten zurück, sondern marschierte südwestwärts in den Raum von Kaluga, bedrohte also Napoleon in der rechten Flanke; gleichzeitig verlegte sie ihm den Rückzug weiter südlich. Clausewitz bediente sich in den Erörterungen darüber des »ihm schon zur Gewohnheit gewordenen Bildes«, daß man sich in Rußland mit seinem Gegner »Zeck« jagen, das heißt, eine beliebige Richtung einschlagen könne, ja sogar, »daß man also, selbst wenn man im Rückzug bleibe, am Ende wieder an der Grenze mit ihm ankommen werde«[6]. Das war dann allerdings im Spätherbst 1812 der Fall, aber aus anderen Gründen und unter anderen Umständen. Jedenfalls hatte sich Mitte September der Kern der russischen Hauptmacht der weiteren Verfolgung entzogen und stand nun zu der sich selbst verzehrenden Grande Armée mit ihren wachsenden Versorgungsschwierigkeiten bedrohlich in der Flanke; gleichzeitig verstärkte sie sich beständig.

Daran knüpft Clausewitz einige Bemerkungen, die dann in seinem Hauptwerk ihre Kristallisationsform fanden: Operative Ideen entstehen nicht mit einem Schlag, sie entspringen »nicht plötzlich aus dem Kopfe des Feldherrn oder irgendeines Ratgebers wie aus dem Haupte Jupiters«. »Unter fünf oder sechs Ideen, die sich darbieten, diejenige zu wählen, die den besten Erfolg gibt, dieser durchgreifende Scharfsinn, welcher eine Menge dunkel gedachter Verhältnisse schnell durchschaut und beseitigt und mit dem bloßen Takt des Urteils im Augenblick entscheidet, kann eher als eine der Kardinaltugenden des Feldherrn gelten, ist aber doch etwas von der Erfindung ganz Verschiedenes[7].« Und nun das Wichtigste: ...»Die Hauptsache ist die Schwierigkeit der Ausführung. Im Kriege ist alles einfach, aber das Einfachste ist höchst schwierig. Das Kriegsinstrument gleicht einer Maschine mit ungeheurer Friktion, die nicht wie in der Mechanik auf ein paar Punkte zurückgeführt werden kann, sondern überall mit einem Heer von Zufällen in Kontakt ist. Außerdem ist der Krieg eine Tätigkeit im erschwerenden Mittel. Eine Bewegung, die man in der Luft mit Leichtigkeit macht, wird im Wasser sehr schwierig. Gefahr und Anstrengung sind die Elemente, in denen sich der Geist im Kriege bewegt, und von diesen Elementen weiß man nichts auf dem Zimmer. So kommt es denn, daß man immer hinter der Linie zurückbleibt, die man sich gezogen hat, und daß schon keine gemeine Kraft dazu gehört, um nur nicht unter dem Niveau des Mittelmäßigen zu bleiben.« Dann heißt es weiter in dem Bericht[8]: »Am dritten Tage, nachdem wir Moskau verlassen hatten, also am 16. September, wurde der Seitenmarsch beschlossen, am 17. und 18. ausgeführt, wodurch wir auf die Straße nach Tula kamen... Der Marsch gelang so vollkommen, daß die Franzosen uns mehrere Tage aus den Augen verloren hatten.«

»Auf diesem Marsch sahen wir Moskau ununterbrochen brennen, und obgleich wir sieben Meilen davon entfernt waren, trieb doch zuweilen der Wind die Asche bis zu uns herüber. Wenn auch die Russen schon durch den Brand von Smolensk und vieler anderer Städte an Opfer der Art gewöhnt waren, so erfüllte doch dieser Brand von Moskau sie alle mit wahrer Schwermut und steigerte die Wut auf den Feind, welchem man dies als eine rechte Greueltat, als eine Wirkung seines Hasses, seines Übermuts, seiner Grausamkeit auslegte.«

Über den angeblichen Urheber des Brandes, den Grafen Rostoptschin, den Gouverneur von Moskau, wie die daraus entstehenden
Folgen hat Clausewitz eingehende Betrachtungen angestellt. Er
kommt zu dem Schluß, der der besonderen Beachtung wert ist[9]:
»Die Persönlichkeit des Grafen Rostoptschin ist nicht von der Art,
um glauben zu lassen, daß eine bis zur Schwärmerei gesteigerte
Empfindung oder roher Fanatismus die Federkraft zu dieser Tat
abgegeben habe. Er besitzt das Wesen und die Bildung eines ge-
wandten Weltmannes, gepfropft auf eine stark russische Natur.
Mit Kutusow lebte er in entschiedener Feindschaft und klagte ihn
laut an, daß er mit frecher Falschheit bis auf den letzten Augenblick ihn und alle Welt habe glauben machen, er werde noch eine
Schlacht für die Rettung Moskaus wagen.«
»In jedem Fall ist es wohl eine der merkwürdigsten Erscheinungen
der Geschichte, daß eine Tat, welche nach der Meinung der Menschen von so ungeheurem Einfluß auf das Schicksal Rußlands gewesen ist, wie eine Frucht verbotener Liebe vaterlos dasteht, und
allem Anschein nach ewig mit einem Schleier bedeckt sein wird.«
»Daß der Brand von Moskau für die Franzosen ein großer Nachteil
war, ist allerdings nicht zu leugnen: hat er beim russischen Kaiser
die Idee einer Friedensunterhandlung noch mehr entfernt, und ist
er ein Mittel gewesen, das Volk zu exaltieren, so dürfte dies der
Hauptschaden sein, den er ihnen gebracht hat. Indessen ist es wieder ein Überschätzen einer einzelnen Größe, wenn man, wie die
Franzosen gewöhnlich tun, den Brand von Moskau als die Hauptursache des verfehlten Feldzugs ansieht. Es ging den Franzosen
freilich manches Bedürfnis verloren, welches sie hätten benutzen
können, aber ihr Hauptbedürfnis waren *Menschen,* und die fanden
sie auch im unversehrten Moskau nicht. — Eine Armee von 90 000
Mann, mit erschöpften Menschen und zugrunde gerichteten Pferden, in einem spitzen Keil 120 Meilen weit in Rußland hineinge-
trieben, rechts eine Armee von 110 000 Mann, um sie herum ein
bewaffnetes Volk, genötigt, nach allen Weltgegenden Front zu
machen, ohne Magazine, ohne hinreichende Munitionsvorräte, mit
einer einzigen, ganz verwüsteten Verbindungsstraße — das ist keine Lage, in der man überwintern kann. War aber Bonaparte nicht

gewiß, sich den ganzen Winter in Moskau behaupten zu können, so mußte er den Rückzug vor dem Eintritt des Winters antreten... Bonapartes Rückzug war unvermeidlich und sein ganzer Feldzug verfehlt von dem Augenblick an, wo der Kaiser Alexander den Frieden versagte: auf diesen Frieden war alles berechnet und Bonaparte hat sich darüber gewiß nicht einen Augenblick getäuscht.«

Clausewitz war oftmals Augenzeuge weltgeschichtlicher Ereignisse und stand persönlich außerdem in nächstem Kontakt mit führenden Persönlichkeiten seiner Zeit und Umwelt. Das ist immer wieder festzustellen. So tritt er zu Scharnhorst in nächste Beziehung, dann zu Gneisenau, zu dem Freiherrn vom Stein gerade jetzt 1812, so kommt er in jungen Jahren an den preußischen Hof und findet dort seine künftige Frau, die ihm der »Sekretär« wird, und so gewinnt er auch über den russischen Feldzug von 1812 wie dessen Heerführer einen umfassenden Ein- und Überblick, auch wenn ihm ein Führungseinfluß auf die kriegerischen Ereignisse und militärischen Operationen versagt bleibt.

Unmittelbar nach dem Durchzug durch Moskau fand eine Umgruppierung der russischen Truppen statt. Clausewitz wurde wiederum als verfügbar ins kaiserliche Hauptquartier beordert.

Spionenfurcht

Aber die erste Fahrt vom Hauptquartier im Raum von Kaluga nach Petersburg vereitelte die russische Furcht vor Spionen, die damals ebensogroß war wie später die konspirative Neigung der Russen. Bereits an der Oka wurde Clausewitz festgenommen[10]. Selbstverständlich war er mit dem notwendigen Dienstreiseausweis, der Podoroschna, versehen; aber er konnte eben nicht russisch. Da halfen keine Papiere, kein Paß, kein Sack mit russischen Briefen, die er nach Petersburg bringen sollte: Das alles konnte er ja gestohlen oder einem Kurier abgenommen haben. Also: von einem russischen Offizier eskortiert schickte man ihn ins Feldhauptquartier zurück. Zum Glück traf Clausewitz dort gute alte

Bekannte, den Grafen Chasot und Baron Bose, die gleichfalls nach Petersburg wollten, um zur russisch-deutschen Legion zu stoßen: Mit ihnen konnte er reisen, von einem Feldjäger begleitet. Über Tula, Rjasan, Jaroslawl und Nowgorod hoffte man in einer Woche das Ziel zu erreichen. Aber[11]: »Es fehlte in einigen kleinen Städten nicht viel, daß wir auf dieser Reise trotz unseres russischen Feldjägers wieder für Spione erklärt und festgenommen worden wären. Graf Chasot war unterwegs so unwohl, daß wir häufig Nachtquartier nehmen und über 14 Tage unterwegs bleiben mußten. So erreichten wir Petersburg erst Mitte Oktober.«

Auf dieser Reise erlebte also Clausewitz unmittelbar das Mißtrauen auch des Volkes gegen die Fremden. Er erlebte aber zudem die Unermeßlichkeit des Landes, die Armut der Bauern, den Mangel an Straßen. Aber er kam auch in Jaroslawl mit Persönlichkeiten in Kontakt, die die hohe Politik mitmachten oder beeinflußten[12]: Gouverneur der Provinz war damals Prinz Georg von Oldenburg, der jüngere Bruder des Erbprinzen, den Napoleon 1810 einfach entthronte. So kam Clausewitz immer wieder in Berührung mit der »großen« Geschichte. Gemahlin des Prinzen war die Großfürstin Katharina, die Schwester des Zaren Alexander; nach dem Tod ihres Mannes hat sie später König Wilhelm I. von Württemberg geheiratet. Die Großfürstin ließ sich die beiden Offiziere vorstellen und erkundigte sich bei ihnen über die große Lage: Da war es Clausewitz, der erklärte, daß für ihn ein baldiger Rückzug der Grande Armée ausgemacht sei, und daß man sie zwingen werde, den Rückzug über die verwüstete Etappenstraße zu nehmen, auf der sie bis Moskau gelangt war. Tatsächlich entschloß sich Napoleon am 24. Oktober zum Rückzug. Da war es bereits zu spät; der russische Winter stand vor der Tür. Natürlich wollte er die südliche, unversehrte Rückzugsstraße nehmen, aber die Russen verlegten ihm den Weg mit ihrer intakten Hauptmacht. Das war der Anfang seines Unterganges.

Für Clausewitz ergab sich in Petersburg eine neue Wende, diese gleichfalls von größter Bedeutung für ihn wie für die späteren Ereignisse. Statt in Riga sollte er, wie von Anfang an geplant, bei der russisch-deutschen Legion als Generalstabsoffizier dienen, vorher aber noch praktische Kriegserfahrungen bei der Westarmee des Grafen Wittgenstein sammeln, deren Stab sich im übrigen vorwiegend aus deutsch sprechenden Offizieren zusammensetzte: So war doch Gewähr für ein besseres Dienstverhältnis gegeben. Am 15. November reiste Clausewitz in das Hauptquartier Wittgensteins[13], dessen Truppen vorher bereits die Offensive des Marschalls Victor nicht nur zum Halten gebracht, sondern ihn zum Rückzug veranlaßt hatten. Das Selbstgefühl der Truppen hatte sich dadurch gehoben. Petersburg, schon vorher in glücklichen Gefechten gegen drei französische Marschälle erfolgreich abgedeckt, lag damit außerhalb jeder Gefahrenzone. Generalleutnant Peter Graf zu Sayn-Wittgenstein war kommandierender General des I. Korps. Er galt als energischer und dementsprechend erfolgreicher Truppenführer, der über einen tüchtigen Generalstab verfügte[14]. Sein Generalstabschef war Generalmajor d'Auvray, trotz seines französi-

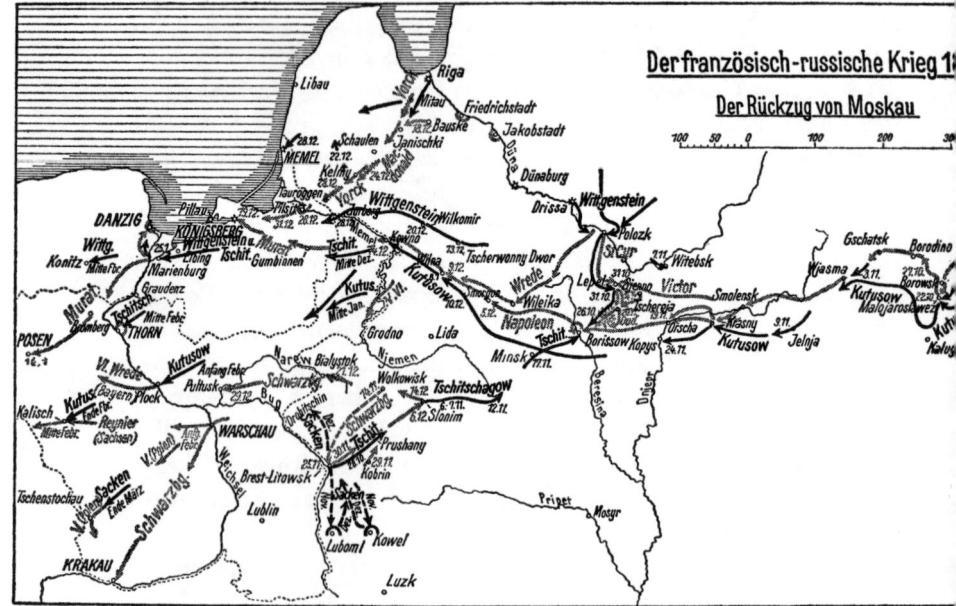

Abb. VI: Der französisch-russische Krieg 1812.
Der Rückzug von Moskau

schen Namens ein gebürtiger Sachse, Generalquartiermeister der Generalmajor von Diebitsch, ein geborener Schlesier, im preußischen Kadettenkorps erzogen, aber schon seit 1801, dem Beispiel seines Vaters folgend, in russischen Diensten. Bereits mit 27 Jahren war er Generalmajor geworden — dank seiner Tapferkeit und Initiative. So war der Wittgensteinsche Generalstab in einer Weise zusammengesetzt, daß Clausewitz ausgezeichnet zu ihm paßte.

Nemesis

Die Nemesis war unterdessen über die Grande Armée Napoleons hereingebrochen. Der Winter kam ungewöhnlich früh und hart — wie im Jahre 1941. — Die Versorgung brach völlig zusammen. Brot und Winterbekleidung fehlten. Nur noch 30 000 Kampffähige erreichten gegen Ende November über Orscha und Borrissow die Beresina, das »Birkenflüßchen« mit den versumpften Ufern. Mit letzter Anstrengung gelang es den alten Haudegen Ney und Oudinot, bei Studjanka den Übergang zu erkämpfen, aber unter schauerlichen Verlusten; damit hatte praktisch die Große Armee aufgehört zu bestehen, so daß schließlich nur einige Tausend Mann den Njemen erreichten. Das Korps Wittgenstein hatte gegen die nördliche Flanke der Franzosen operiert, aber in die Kämpfe an der Beresina nicht mehr einzugreifen brauchen. Nur Clausewitz, der ein Deckungs-Detachement führte, geriet auf das Schlachtfeld und hat die Bilder, die sich ihm boten, erschüttert in einem Brief an seine Gattin beschrieben[15].

Anfang Dezember 1812 gab es keine Grande Armée mehr. Von Molodetschno aus, etwa halbwegs zwischen Studjanka und Wilna, erließ Napoleon das berühmte 29. Bulletin: Es war bewußt wortreich, der Kern besagte[16]: »Die Kälte, die am 7. November begonnen hatte, stieg plötzlich vom 14. auf den 15., und am 16. zeigte das Thermometer 16 und 18 Grad unter Null. Die Wege bedeckten sich mit Glatteis, die Pferde der Kavallerie, der Artillerie und des Trains fielen allmählich nicht zu Hunderten, sondern zu Tausenden, vor allem die französischen und die deutschen... Wir muß-

ten ein gut Teil unserer Geschütze und unserer Kriegs- und Mund-
vorräte im Stich lassen und zerstören. Diese Armee, am 6. noch so
schön, war am 14. nicht mehr zu erkennen. Fast ohne Kavallerie,
ohne Artillerie, ohne Train... Der Feind, der auf dem Wege die
Spuren des entsetzlichen Unglücks sah, das die französische Armee getroffen, suchte Vorteil daraus zu ziehen. Er umringte alle
Marschkolonnen mit seinen Kosaken, die, wie die Araber in den
Wüsten, die vom Weg abgekommenen Trains und die Wagen
wegnahmen. — — — — Diese verächtliche Kavallerie machte sich,
von den Umständen begünstigt, furchtbar.« Dann ist von der
»Heiligen Schwadron« die Rede, beritten gemacht mit den restli-
chen Offizierspferden: »Die Generale taten hier den Dienst von
Hauptleuten und die Obersten den von Unteroffizieren. Diese Heilige Schwadron, vom General Grouchy kommandiert, unter dem
Oberbefehl des Königs von Neapel (Murat), verlor bei allen Bewegungen den Kaiser nicht aus den Augen. Die Gesundheit Sr. Majestät war nie besser.«
Zwei Tage später verließ Napoleon seine letzten Armeetrümmer,
nach Übergabe des Oberbefehls an Murat. Im Schlitten, nur von
Caulaincourt begleitet, erreichte er am 12. Dezember abends Glogau, am 14. Dresden, am nächsten Tag Weimar. In der Nacht zum
19. Dezember war der Kaiser wieder in Paris, in den Tuilerien.
Wenige wußten um die eilige Schlittenpost. Niemand hatte sie aufgehalten. Kein Deutscher stellte sich ihr in den Weg.
Aber auch die Russen hatten gelitten, vor allem die Hauptarmee
auf den Fersen Napoleons. So hat Clausewitz darüber geschrieben[17]: »Nie hat eine Verfolgung stattgefunden wie in diesem
Feldzug. Freilich waren die russischen Generale oft zaghaft in dem
Augenblick, wo sie die Flüchtlinge greifen sollten, aber darum war
ihre Tätigkeit des allgemeinen Nachrückens doch bemerkenswert;
man muß nur den Maßstab nicht aus den Augen verlieren. In den
Monaten November und Dezember, nach einem anstrengenden
Feldzug zwischen Schnee und Eis in Rußland, entweder auf wenig
gebahnten Nebenwegen oder in der ganz verwüsteten Hauptstra-
ße, bei einer sehr großen Schwierigkeit der Verpflegung dem
flüchtigen Feind 120 Meilen weit innerhalb fünfzig Tagen folgend,

ist vielleicht beispiellos, und um das Ganze dieser großen Anstrengung mit einem Worte auszudrücken, dürfen wir nur sagen, daß die russische Hauptarmee 110 000 Mann stark von Tarutina abmarschiert und 40 000 Mann stark bei Wilna angekommen ist. Das Übrige war tot, krank, verwundet, zurückgeblieben. Das darf man nicht vergessen.«

Bilanz

Die Teilnahme am Feldzug von 1812 auf russischer Seite ist von großer Nachhaltigkeit für den Werdegang von Clausewitz. Rein militärisch brachte sie ihm eine Reihe von Enttäuschungen, wie wir sahen: Er fand nicht die Verwendung, die seinem geistigen Rang, seiner Leistungsfähigkeit wie seinem höheren Ehrgeiz entsprochen hätte. Keine war auch nur annähernd mit der als Bürochef Scharnhorsts zu vergleichen. Trotzdem zog Clausewitz aus der Tatsache, daß er den Feldzug von 1812 unter den verschiedensten Aspekten miterlebte, großen Gewinn: 1812 wurde ihm zum Jahr der reichsten kriegsphilosophischen Belehrung, nur noch von 1815 übertroffen. Die Bilanz, die er daraus zog, kann in seinem Hauptwerk, vor allem im Sechsten und Siebten Buch, nachgelesen werden, in denen er auf die Grundbegriffe Angriff und Verteidigung eingeht und sich mit ihrer Wechselwirkung befaßt. Rein militärisch gesehen sind sie der Kern seiner Erkenntnisse.

In diesem Zusammenhang beschäftigt sich Clausewitz insbesondere mit dem Problem »Rückzug in das Innere des Landes«. Ihm ist ein eigenes, das XXV. Kapitel des Sechsten Buches, gewidmet. Da heißt es als Quintessenz der Erfahrungen in Rußland 1812: »Es gibt wohl Fälle, in denen der Rückzug in das Innere des Landes von Volk und Heer schnell verstanden wird und das Vertrauen und die Erwartung sogar steigern könnte, aber sie sind sehr selten. Gewöhnlich wird Volk und Heer nicht einmal unterscheiden, ob es eine freie Bewegung oder ein Zurückstolpern ist, und noch weniger, ob der Plan aus Klugheit, in Aussicht sicherer Vorteile oder aus Furcht vor dem feindlichen Schwert befolgt wird. Das Volk wird Mitleiden und Unwillen fühlen, wenn es das Schicksal der aufgeopferten Provinzen sieht; das Heer wird leicht sein Vertrauen zu seinem Führer oder gar zu sich selbst verlieren, und die beständigen Gefechte der Nachhut während des Rückzuges werden seine Befürchtungen stets aufs neue bestätigen. Über *diese Folgen* des Rückzugs darf man sich nicht täuschen. Und allerdings ist es — an und für sich betrachtet — natürlicher, einfacher, edler, dem moralischen Dasein des Volkes entsprechender, offen in die Schranken zu treten, damit der Angreifende die Grenzen eines Volkes nicht überschreiten könne, ohne seinem Genius zu begegnen, der ihm blutige Rechenschaft abfordert.«

»Dies sind die Vorteile und Nachteile einer solchen Verteidigungsart; jetzt ein paar Worte über die Bedingungen und die dieselben begünstigenden Umstände.«

»Eine weite Oberfläche oder wenigstens eine lange Rückzugslinie ist die Haupt- und Grundbedingung, denn ein paar Märsche vorwärts werden den Feind natürlich nicht merklich schwächen. Bonapartes Zentrum im Jahre 1812 war bei Witebsk 250 000 Mann, bei Smolensk 182 000 Mann stark und erst bei Borodino war es auf 130 000 heruntergekommen, d. h. mit dem russischen Zentrum ins Gleichgewicht der Zahl getreten. Borodino ist neunzig Meilen von der Grenze: aber erst bei Moskau war ein entschiedenes Übergewicht für die Russen eingetreten, das den Umschlag von selbst so sicher herbeiführte, daß der französische Sieg bei Malo-Jaroslawetz nichts Wesentliches daran änderte.«

Gegen Schluß dieses Kapitels heißt es[18]: »Der Rückzug in das Innere des Landes soll ... in der Regel mit unbesiegter und ungeteilter Macht, gerade vor der feindlichen Hauptmacht so langsam als möglich stattfinden und durch fortwährenden Widerstand den Gegner zu einer beständigen Schlagfertigkeit, zu einem verderblichen Aufwand taktischer und strategischer Vorsichtsmaßregeln zwingen.«

»Der Feldzug von 1812 in Rußland zeigt alle diese Erscheinungen in einem hohen Grade und die Wirkungen derselben wie im Vergrößerungsspiegel. Obgleich er nicht ein freiwilliger Rückzug war, so kann er doch füglich unter diesem Gesichtspunkt betrachtet werden. Wenn die Russen ihn mit der Kenntnis des Erfolges, die

sie jetzt davon haben, noch einmal genau unter denselben Verhältnissen zu unternehmen hätten, so würden sie freiwillig und mit Plan tun, was 1812 größtenteils absichtslos geschehen ist.«
Wir möchten zur Zeitgeschichte dazu bemerken: 1941 hatte sich Stalin offenbar diese Hinweise noch nicht zu eigen gemacht. Aber 1942 haben er und seine Heerführer dann durch den systematischen Rückzug zur Wolga bei Stalingrad den Umschwung des Krieges eingeleitet, der Anfang 1943 mit dem Untergang der deutschen 6. Armee begann.
Und noch einmal Clausewitz zum Feldzug von 1812[19]: »In Rußland ist der Umschwung erfolgt, ohne daß eine glückliche Schlacht am Kulminationspunkt die Entscheidung gab; aber wo eine solche Wirkung auch nicht zu erwarten ist, bleibt es schon ein Gegenstand von hinreichender Wichtigkeit, durch diese Widerstandsart ein Machtverhältnis herbeizuführen, welches den Sieg möglich macht, und durch diesen Sieg, wie durch einen ernsten Stoß, eine Bewegung zu veranlassen, die sich dann in ihren verderblichen Wirkungen nach den Gesetzen des Falles zu vergrößern pflegt.«
So hat Clausewitz aus dem Feldzug in Rußland 1812 zeitlose Lehren gezogen. Sie hätten der deutschen Wehrmacht vor dem und im Zweiten Weltkrieg von größtem Nutzen sein müssen, wenn sie beachtet worden wären. Die Sowjetrussen haben dies allerdings auch zu Beginn des Krieges versäumt, aber seit 1942 kämpfte dann wieder, symbolisch gesprochen, der Geist von Clausewitz auf ihrer Seite, wie er es 1812 leibhaftig getan hat. Daher auch die Achtung und Verehrung, die er in der UdSSR und in ihrem Satellitenstaat DDR genießt.
Clausewitz hat den russischen Feldzug von 1812 bei dem Armeekorps des Grafen Wittgenstein beendet, wie wir wissen. Endlich war er auf dem rechten Platz. Denn der Stab, zu dem er zuletzt trat, bestand ja aus lauter Deutschen oder Deutschstämmigen. Daß er gerade zu diesem und keinem anderen Stab kam, war aber nicht nur eine glückliche Fügung für ihn persönlich, sondern zugleich von geschichtsträchtiger Bedeutung. Denn gerade der russische Stab, der sich vorwiegend aus Deutschen zusammensetzte — mit starkem

preußischem Einschlag —, stand den preußischen Truppen im Baltikum unter Marschall Macdonald gegenüber; da beide Seiten noch kampfkräftig waren, hätte es zu einem mörderischen Bruderkrieg kommen können: Da war der Tod des ehemals preußischen Majors von Tiedemann durch den Pistolenschuß eines preußischen Husaren ein warnendes Menetekel. Beide Seiten hatten allerdings größere Kämpfe vermieden. Ja, schon im September war es zu einem ersten Kontakt bei den Vorposten zwischen General Essen, damals noch Gouverneur von Riga, und Yorck gekommen, zunächst noch ohne Ergebnis. Dann hatte der Nachfolger Essens, der Marchese Paulucci, den wir schon kennen, Yorck förmlich zum Abfall aufgefordert, was dieser als Zumutung zurückwies; dann hatte sich der Marchese als Mittler für eventuelle Vorschläge des Zaren für den König von Preußen erboten. Sie sind auch tatsächlich erfolgt, aber nur in »mittelbarer Art und in allgemeinen Ausdrücken«[20].

Mitte Dezember aber war es dann endlich soweit: Da ergaben sich Umstände der Kriegslage, die den Preußen gefährlich werden konnten. So kam es zu ersten Kontakten, und dann zu Verhandlungen. Clausewitz, nun glücklicherweise bei der Vorausabteilung des jungen General von Diebitsch, wirkte als Hauptvermittler. Ihm vor allem ist es dann zu verdanken, daß er den spröden Yorck überzeugte: Dieser und General von Diebitsch schlossen am 30. Dezember die Konvention von Tauroggen. Sie hatte unabsehbare Folgen in weltgeschichtlicher Hinsicht. Denn sie erwies sich als erster Funke des patriotischen Feuers, das die Befreiungskriege entflammte und dann wie ein Steppenbrand um sich griff.

Die Bedeutung der Konvention

Die Konvention von Tauroggen ist das säkulare Ereignis des zweiten Jahrzehnts im 19. Jahrhundert: Sie bedeutete das Ende der napoleonischen *und* den Anfang der Befreiungs-Kriege, sie machte aus der Katastrophe der Grande Armée erst das Ereignis, das zu neuen politischen Konstellationen und Allianzen geführt hat. Vor allem löste sie in der Folge das Zwangsbündnis Preußens mit Napoleon und brachte es an die Seite Rußlands. So ist sie die Initialzündung der Befreiungskriege geworden; diese aber befreiten nicht nur Europa von der napoleonischen Zwangsherrschaft — wie die bedingungslose Kapitulation 1945 Europa von der Hitlers —, sie stellten auch, was mehr wiegt, durch die ihr folgenden Siege von 1813, 1814 und 1815 das europäische Gleichgewicht wieder her, indem sie Frankreich ebenso unangetastet ließen wie die neugeschaffenen Königreiche und territorialen Konzentrationen. So ist, von der heutigen Perspektive aus gesehen, Tauroggen der Anfang einer kommenden Friedensordnung in diesem Erdteil, die ein Jahrhundert hielt und den Krieg auf meist kurze Duelle zwischen einzelnen Staaten beschränkte. Die 99 Jahre von 1815 bis 1914 sind als überwiegend friedlich in die Geschichte eingegangen, ganz im Gegensatz zum 20. Jahrhundert.

Welche Ereignisse aber haben zu Tauroggen geführt? Es kann gleich gesagt werden, daß sie vielschichtig waren: Kriegerische und militärische, politische und psychologische Momente sind dabei ebenso mit ins Spiel gekommen, wie nationale und persönliche. Sie alle wirkten zusammen und bewirkten schließlich die Konvention. Sie war in ihrer Art ohne Vorbild und wäre wohl kaum zustande gekommen, hätten sie nicht besondere Umstände und Persönlichkeiten von ungewöhnlichem Rang begünstigt. Wie so häufig bei bedeutenden geschichtlichen Anlässen, ist schwer zu sagen, wer zuerst die Idee hatte und die sich bietenden militärischen Chancen erkannte, die dann die politischen nach sich ziehen sollten[1]. Übrigens waren die Beteiligten beider Parteien, die die Konvention von Tauroggen schlossen, ob auf russischer oder preußischer Seite, sämtlich Deutsche, ja in der Mehrzahl Preußen oder durch die preußische Schule gegangen wie der russische General von Diebitsch[2]. Es war das Unnatürlichste von der Welt und eine politische Perversion ohnegleichen, daß sie vorher hatten aufeinander schießen müssen. Tauroggen machte diesem widernatürlichen Zustand ein Ende, oder genauer, es machte den Anfang zu diesem Ende. Es hatte mitreißende Folgen.

Im Jahre 1812 mußten Preußen gegen Preußen und Deutsche gegen Deutsche Krieg führen: Das hat Carl von Clausewitz besonders schmerzlich empfunden. Sein Gemüt litt darunter. So traf es ihn hart, daß, wie wir wissen, sein Freund Tiedemann, Generalstabsoffizier des Gouvernements Riga, bei einem Ausfall mit preußischen Husaren ins Gefecht kam und an einem preußischen Pistolenschuß starb. Dann sollte Clausewitz Nachfolger des so zu Tode Gekommenen werden. Aber er wollte nicht gerade dort eingesetzt werden, wo auf der zwangsfeindlichen Seite auch seine eigenen Brüder kämpften. Auch deshalb bat er um eine andere Verwendung, und nicht nur wegen des ihm höchst unsympathischen Marchese Paulucci, der als Nachfolger von General Essen Gouverneur wurde. So ist Clausewitz zu der Armeeabteilung Wittgenstein gekommen, die die Trümmer der Grande Armée weiter westwärts verfolgte.

Das Schicksalsjahr 1812

Das Jahr 1812 war das Schicksalsjahr für Napoleon. Sein Genie hatte den Kulminationspunkt erreicht und überschritten. Der ganze Rußlandfeldzug hatte das gezeigt. Es gab eben auch noch andere Kräfte als rein militärische und *sie* hatten seine Armee zermürbt, zersprengt, aufgerieben. Dann taten die Kosaken und die russische Landwehr das übrige.

Hunger wütete unter den Überlebenden, die sich bis nach Litauen geschleppt hatten. Der zornige Befehl vom 29. November, den Napoleon seinem Minister des Auswärtigen, dem Herzog von Bassano in Wilna noch hinterließ, bevor er sich davon machte, half gar nichts, aber er warf ein grelles Licht auf die Hungersnot der Armee[3]: ... »Lebensmittel, Lebensmittel, Lebensmittel! Ohne diese gibt es keine Greuel, denen diese zuchtlose Masse in dieser Stadt (Wilna) nicht entgegengeht. Vielleicht kann sich diese Armee erst hinter dem Njemen wieder sammeln. Bei dieser Lage der Dinge ist es möglich, daß ich meine Anwesenheit in Paris für notwendig halte, um Frankreichs, um des Kaiserreichs, ja um der Armee selbst willen. — Ich wünsche sehr, daß in Wilna kein auswärtiger Vertreter sich aufhalte. Die Armee ist heute nicht so, daß man sie zeigen kann, die dort anwesenden Vertreter sind zu entfernen; man könnte ihnen beispielsweise sagen, daß ich selbst mich nach Warschau begebe, und sie dorthin beordern, indem man ihnen einen Tag zur Abreise bestimmt.«

Das war deutlich, das klare Eingeständnis der Katastrophe. Es besagte mehr als das 29. Bulletin vom 3. Dezember. Auch Napoleon selbst war nicht mehr der alte. Warum verließ er am 5. Dezember die Armee, wie er dem Herzog von Bassano schon angedeutet hatte, warum blieb er nicht bei den letzten Trümmern, um die Kader zu retten, um die Regimenter mit den Festungsbesatzungen in Preußen zu vereinigen und neue Divisionen zu schaffen? Aber das wagte er offensichtlich nicht; denn wenn einem Zwangsverbündeten, so mißtraute er Preußen. De facto war seine Abreise Flucht und Eingeständnis der augenblicklichen Schwäche seiner Armee wie des Reiches. So verließ Napoleon am 5. Dezember die Trümmer seines Heeres, nachdem er den Oberbefehl an Murat, den König von Neapel, abgegeben hatte, und reiste ebenso schnell wie heimlich im Schlitten westwärts.

Ein bedenkliches Versäumnis

Napoleon hatte indessen einen strategischen Fehler begangen, der auf das Nachlassen seiner Kräfte hindeutet: Er versäumte die rechtzeitige Konzentration der Truppen, über die er auf dem östlichen Kriegsschauplatz noch verfügte. So blieb das Korps des

Marschalls Macdonald im Baltikum ohne Befehl zum Rückzug, wie 1944 die deutsche Heeresgruppe Nord. Erst am 15. Dezember entschloß sich Murat zu dieser Order, die aber Macdonald erst am 18. Dezember erreichte. Der Marschall folgte ihr auf der Stelle, denn schon hing sein Korps in der Luft, waren seine Versorgungsstraßen gefährdet. In drei Kolonnen sollten die Truppen nach dem Raum Tauroggen marschieren, um sich dort wieder zu vereinigen. Dann sollten die rasch vordringenden Russen aufgehalten werden. Die erste »Feindberührung« aber kam schneller als erwartet, und so wurde Tilsit zum Versammlungsraum bestimmt. Die erste Kolonne, die Division Grandjean, konnte die Stadt auch kämpfend erreichen und besetzen, die zweite, unter General Massenbach aus preußischen Truppen bestehend, sollte sich mit der ersten dort am 28. Dezember vereinigen. Doch überall zeigten sich schon Kosaken. Sie gehörten zur Vorhut der Armeeabteilung des Grafen Wittgenstein und diese war schon im zügigen Vormarsch nach Westen[4].

So geriet die dritte Marschkolonne Macdonalds durch den verspäteten Rückzug in eine prekäre Lage; es waren gleichfalls Preußen, diese unter dem Kommando des Generalleutnants v. Yorck. Erst am Abend des 20. Dezember hatte dieser Befehl erhalten, aus dem Raum Mitau aufzubrechen und als Nachhut den Abmarsch des Korps zu decken. Das Detachement führte einen großen Wagenpark mit sich, der auf die Straßen angewiesen war und so einen schnelleren Rückmarsch behinderte. Starke Schneefälle und Glatteis kamen hinzu, daher erreichte Yorck erst am 25. Dezember die Gegend von Koltinenai, etwa halbwegs zwischen Schaulen und Tilsit. Da aber verlegten bereits Kosakenschwärme den Weg nach Ostpreußen. Auch von Nordosten her drängten die russischen Truppen aus Riga nach. Die Gruppe Yorck war vom Gros des Korps abgeschnitten, ohne Verbindung mit Marschall Macdonald.

Was tun? Natürlich gab es das Mittel der gewaltsamen Aufklärung und des Durchbruchs nach Tilsit. Aber Yorck hatte Hemmungen. Er sprach es natürlich nicht aus (Clausewitz später in seinem Hauptwerk: »manches Motiv ist nie zur Sprache gekommen«), aber in Wirklichkeit hatte er keine Lust, jetzt noch für die Franzosen und ihren Kaiser zu kämpfen: Napoleon hatte den Feldzug in Rußland mit Pauken und Trompeten verloren. Daß er nicht mehr bei der Armee war, oder bei dem, was von ihr noch übrig geblieben, hatte Yorck wohl auch schon erfahren, und so griff er nicht ungern nach dem Mittel, das damals noch selbstverständlich war und ihm angeboten wurde: nach dem Parlamentieren. Nur durch Verhandlungen, so hoffte er, kam er aus dieser drohenden Umklammerung heraus. Es ist nicht bekannt, ob er damals schon wußte, wie sich der Stab der russischen Armeeabteilung zusammensetzte, die seine Rückzugsstraße bedrohte.

Die Armeeabteilung des Grafen Wittgenstein war um diese Zeit der kampfkräftigste Großverband des russischen Heeres. Er hatte wirksam Petersburg gedeckt, wie wir wissen, und weniger unter der Kälte und den winterlichen Entbehrungen gelitten als das Gros der russischen Armee, die nur mit 40 000 Mann erschöpfter Soldaten in Litauen ankam. Es war eine glückliche Fügung, daß sich Clausewitz zu diesem Oberkommando gemeldet hatte, denn er fand in ihm Freunde und Gleichgesinnte, vor allem auch in der Vorausabteilung des jungen Generals von Diebitsch. Sie war es dann auch, die sich dem Marsch der Preußen vorlegte und sie von dem Gros Macdonalds abschnitt. Der Oberstleutnant von Clausewitz war bei dieser Vorausabteilung. Es war einer der Zufälle, die im Krieg immer wieder mit im Spiel sind: Auch darüber hat Clausewitz später in seinem Hauptwerk geschrieben.

Die Vorgeschichte

Im übrigen hat die Konvention eine Vorgeschichte, deren Einzelheiten von Clausewitz genau aufgeschrieben wurden. Zunächst wurde ein livländischer Offizier als Parlamentär zu den Preußen geschickt, mit denen man Feindberührung hatte. Man nahm an, daß es sich um die Nachhut handelte. Aber diese unter General Yorck war noch um einen Tagmarsch zurück, und so berief sich der General Kleist, mit dem die Russen zunächst parlamentierten, auf ihn, der erst am Abend eintreffen werde. Damit war klar, daß Diebietsch mit seinem Detachement nicht die Nachhut, sondern die

Masse des preußischen Korps von Macdonald abgeschnitten hatte. Sie hatten keine Verbindung mehr untereinander. Allerdings standen am 25. Dezember zwischen der Hauptmacht Yorcks, die etwa 10 000 Mann stark war, und dem Gros Macdonald nur einige 1400 Russen, in der Masse Kosaken. Es galt natürlich zunächst, diese Schwäche zu verschleiern und durch bewegliches Geplänkel eine größere Streitmacht vorzutäuschen, was offenbar auch gelang.

So kam es zu einer ersten Besprechung zwischen den Generalen v. Yorck und v. Diebitsch am Abend des 25. Dezember, also im Schutz der Nacht. Diebitsch kam nicht mit leeren Händen, sondern mit wichtigen Informationen: Er konnte genaue Angaben machen über die Vernichtung der Hauptarmee der Franzosen, dann über die Flucht des Kaisers Napoleon und vor allem über die Anweisung des Zaren, im vorkommenden Fall »die preußischen Truppen nicht wie Feinde zu behandeln, sondern mit Rücksicht auf die frühere und mit Aussicht vielleicht auch auf eine künftige Waffenbrüderschaft, mit ihnen jedes Abkommen zu schließen, das sie wünschten«. Es war ein autorisiertes Angebot. Wenn General Yorck keine Verhandlungen wünsche, erklärte Diebitsch, dann sei er gezwungen, ihm seinen gesamten Train, seinen Artillerie-Fuhrpark wie auch die Artillerie selbst abzunehmen. Direkten Kampf wolle er aber vermeiden.

Die erste Unterredung zeitigte noch keine großen Ergebnisse. Doch wurden für die Nacht Waffenruhe und Einstellung der Marschbewegungen vereinbart. Beim Abschluß der Besprechung sagte General Yorck[5]: »Ihr habt ja so viele ehemals preußische Offiziere bei Euch, schickt mir doch künftig einen solchen, ich habe dann doch mehr Zutrauen.« General v. Diebitsch sagte zu und seine Wahl fiel auf Clausewitz. Das lag nahe und gab dann als weiterer glücklicher »Zufall« den Unterhandlungen neuen Auftrieb.

Vom 26. Dezember an führte Clausewitz als russischer Parlamentär die weiteren Vorgespräche mit Yorck. Sie wurden durch Zwischenfälle und das versteckte Mißtrauen des Generals erschwert. So kam es beispielsweise bereits in der Nacht zu einer Schießerei der Kosaken mit einer starken preußischen Husarenpatrouille, die General Massenbach abgeschickt hatte, um ein Schreiben Macdonalds an Yorck zu überbringen. Das Schreiben hat diesen allerdings nicht erreicht. Denn die Husaren machten kehrt, als sie angeschossen wurden; denn auch sie hatten wohl keine Lust mehr, sich nach dem Debakel für Napoleon totschießen zu lassen. Allerdings kannte man diese Zusammenhänge damals im Stab des Generals Diebitsch noch nicht; man dachte vielmehr an einen Bruch der vereinbarten Waffenruhe durch Yorck, dem auch Clausewitz mißtraute, wie er unverhohlen schreibt. Er entwirft überhaupt ein höchst realistisches Charakterbild von diesem später so sehr idealisierten General, in dem Licht und Schatten scharf gegeneinander gesetzt sind. Es lautet[6]:

»General Yorck war ein Mann von einigen fünfzig Jahren, ausgezeichnet durch Bravour und kriegerische Tüchtigkeit. Er hatte in seiner Jugend in den holländischen Kolonien gedient, sich also in der Welt umgesehen und den Blick des Geistes erweitert. Ein heftiger, leidenschaftlicher Wille, ein gewaltiger Ehrgeiz, den er hinter beständiger Resignation verbirgt, und ein starker kühner Charakter zeichnen diesen Mann aus. General Yorck ist ein rechtschaffener Mann, aber er ist finster, gallsüchtig und versteckt und darum ist er ein schlimmer Untergebener. Persönliche Anhänglichkeit ist ihm ziemlich fremd; was er tut, tut er seines Rufes willen und weil er von Natur tüchtig ist. Das Schlimmste ist, daß er bei einer Maske von Derbheit und Geradheit im Grunde sehr versteckt ist. Er prahlt, wo er wenig Hoffnungen hat, aber noch weit lieber scheint er eine Sache für verloren zu halten, wo er eigentlich wenig Gefahr sieht.«

»Er war unbedenklich einer der ausgezeichnetsten Männer unserer Armee. Scharnhorst, welcher seine hohe Brauchbarkeit in einer Zeit, wo sich wenige brauchbar gezeigt hatten, für umso wichtiger hielt, als sich damit eine große Abneigung gegen die Franzosen verband, hat sich mit ihm immer auf einem freundschaftlichen Fuße zu erhalten gesucht, obgleich in Yorck immer ein unterdrücktes Gift gegen ihn kochte. Von Zeit zu Zeit schien es losbrechen zu wollen. Scharnhorst aber tat, als bemerkte er es nicht und schob ihn überall hin, wo ein Mann seiner Art nützlich werden konnte.«

Und dann verdanken wir dem Menschenkenner Clausewitz eine weitere interessante Information[7]: Die Franzosen, bzw. Napoleon, der offenbar über genaue Dossiers der preußischen Generale verfügte, hatten den »Französling« Grawert als kommandierenden General der preußischen Hilfstruppen gewünscht und ihn selbstverständlich auch erhalten; doch Scharnhorst, »der sich damals zurückgezogen, aber die Hand noch im Spiele hatte, bewirkte des Generals Yorck Anstellung bei dem Hilfskorps als eines zweiten kommandierenden Generals... Er wurde also mit dem Charakter als Generalleutnant dem Grawertschen Korps beigegeben und war im Grunde eine Art Aufseher... General Grawert wurde schon nach sechs Wochen so krank und geistesschwach, daß er dem General Yorck das Kommando übergeben mußte. Nun dauerte es dann auch nicht lange, daß General Yorck und der Marschall Macdonald auf einen gespannten Fuß miteinander kamen. Macdonalds Feldzug in Kurland war allerdings nicht gemacht, zum Beifall mitzureißen. Während er mit der 7. Division (Grandjean) eine ganz müßige Stellung an der Düna einnahm, blieben die Preußen vor Riga in einer nicht angenehmen Lage und hatten die Gefechte, welche in den sechs Monaten dort vorfielen, größtenteils allein zu bestehen.« Es kam also zum Zerwürfnis zwischen Yorck und Macdonald. Bei dem Entschluß, der dann in Tauroggen fallen sollte, gab es zwar nicht den Ausschlag, fiel aber doch mit ins Gewicht. Im übrigen weiß Clausewitz zu berichten, daß bereits zwischen dem General Essen, dem russischen Gouverneur von Riga, und Yorck im September 1812 Gespräche stattgefunden hätten, die aber ohne Ergebnis blieben. Es kam dann auch noch zu einer weiteren Unterhandlung mit dem Nachfolger von Essen[8]: »Der Marquis Paulucci war der Mann einer dreisteren Sprache, wozu ihn die Umstände Anfang Dezember allerdings auch berechtigten. Er forderte am 5. Dezember den General Yorck förmlich zum Abfall auf. Dieser wies diese Zumutung zwar zurück, erbot sich aber als Mittelsperson, wenn der Kaiser dem Könige Anerbietungen durch den Marquis Paulucci zu machen habe. Diese Anerbietungen erfolgten auch, aber nur auf mittelbare Art und in allgemeinen Ausdrücken. General Yorck sandte damit seinen Adjutanten Major von Seydlitz nach Berlin. Aber noch waren die Würfel nicht gefallen; es war noch zu früh.«

Clausewitz bemerkt dazu mit Recht, daß man dies wissen müsse, um den schließlichen Schritt Yorcks richtig zu würdigen: Er hat sich nicht durch die persönliche Gegensätzlichkeit zu Marschall Macdonald leiten lassen; er wahrte die Loyalität dem König gegenüber, weil er die politische Notlage kannte, er war ebensowenig ein »Französling« wie Scharnhorst, »aber er wußte nicht, ob man in Berlin die Katastrophe, welche die Franzosen soeben erlebt hatten, für ein völliges Umschlagen der Waage und den Augenblick für günstig genug halten würde, um plötzlich die Rolle zu wechseln, — darüber konnte der General Yorck nur die größten Zweifel haben...[9] Wenn also jetzt der General Yorck für sich, auf seine Gefahr, einen Entschluß faßte, der die preußische Politik in eine entgegengesetzte Richtung mit fortreißen sollte, so war dies eine der kühnsten Handlungen, die in der Geschichte vorgekommen sind ... War der König ganz entschlossen, bei der Verbindung mit Frankreich zu bleiben, so blieb kaum etwas anderes übrig, als dem General Yorck den Prozeß zu machen.«

Die vorbereitenden Gespräche

Am 25. Dezember waren die Unterhandlungen noch nicht viel weiter gediehen. Nur das Ziel war bereits klar: General v. Diebitsch hatte sich in den Gesprächen bereit erklärt, mit Yorck einen Neutralitätsvertrag abzuschließen, d. h. von allen feindseligen Handlungen gegen dessen Truppen abzusehen.

Am 26. Dezember begannen die Parlamentärsgespräche mit einem Mißklang: Yorck wollte zunächst Clausewitz gar nicht vorlassen, »weil er sich dadurch kompromittieren würde«. Er schalt den Offizier der Vorposten, der Clausewitz begleitete, deshalb aus, weil man diesen ohne seine spezielle Erlaubnis einfach durchgelassen hatte. Dafür empfing er aber den Grafen Dohna, ebenfalls ehemaliger preußischer Offizier, jetzt in russischen Diensten beim Stab des Gouverneurs von Riga: Von ihm erfuhr Yorck, daß dieser gleichfalls mit einem größeren Detachement von Nordosten her gegen ihn anrückte: Yorcks militärische Lage hatte sich dadurch weiterhin verschlechtert. Übrigens waren Dohna und Clausewitz alte Freunde, die sich nach langer Zeit nun in einem preußischen Hauptquartier wiedersahen; man kann sich die gegenseitige freudige Überraschung denken.

Von Dohna erfuhr Clausewitz auch, was Yorck eigentlich wollte: Noch schien ihm der Zeitpunkt für einen Neutralitätsvertrag zu früh. Er mußte auf seine militärische Reputation achten. Militärisch aber hatte es ein besseres Ansehen, wenn er ein paar Versuche machte, sich mit Macdonald zu vereinigen. Wäre dieser in Tauroggen stehengeblieben, wo er am 25. Dezember ankam, so wäre aus der Konvention nichts geworden. Aber Macdonald strebte nach Tilsit und setzte den Marsch dorthin fort. Damit entstand die Lücke zwischen den beiden Heereskörpern, in die das Detachement Diebitsch eindrang. Trotz seiner geringen Stärke von 1400 Kosaken kontrollierte es die Straßen und verhinderte, daß Nachrichten und Befehle Macdonalds Yorck erreichten. So konnte sich dieser darauf berufen: Der französische Marschall habe ihn im Stich gelassen. Freilich gab er sich den Anschein, seinen Weg nach Tilsit fortzusetzen, aber er tat dies nur in kurzen Märschen. Als er schließlich im Raum von Tauroggen ankam, das nur etwa 50 Straßenkilometer von Tilsit entfernt ist, stand der Vereinigung der preußischen Truppen mit dem Gros Macdonalds »gar nichts im Wege als eine leichte Kosakenkette«. Yorck griff sie nicht an, aber auch in den Verhandlungen trat er auf der Stelle. Am 29. Dezember hielt man im Stab des Generals v. Diebitsch die Sache fast schon für verloren.

Dann aber weiß Clausewitz zu berichten[10]: »Am 29. mittags wurde der Verfasser noch einmal zum General Yorck nach Tauroggen geschickt, den er in der Nacht in diesem Ort erst verlassen hatte. Diesmal brachte er zwei Schreiben mit, welche als die ultima ratio angesehen wurden. Das erste war vom Chef des Generalstabs des Wittgensteinschen Korps, dem General d'Auvray an den General v. Diebitsch gerichtet, in welchem ihm zuerst einige Vorwürfe gemacht wurden, daß er die Sache mit dem General Yorck noch nicht zu Ende gebracht habe.« Dann aber wurden ihm die Dispositionen des Wittgensteinschen Korps mitgeteilt. Es war in zügigem Vormarsch in die Gegend südlich Tilsit. Demnächst hatte es also Yorck nicht bloß mit einer Vorausabteilung, sondern mit dem Gros Wittgenstein selbst zu tun; die Gefahr wurde täglich größer, daß er von Nordosten und Südwesten her angegriffen, nicht nur von Macdonald endgültig abgeschnitten, sondern auch umzingelt werden konnte. Daß die Russen kaum sehr viel stärker waren als die preußischen Truppen, wußte er natürlich nicht. Dann aber, so hieß es unmißverständlich in dem Brief, würde man ihn wie jeden anderen feindlichen General behandeln, dann sei von einer freundschaftlichen Konvention keine Rede mehr.

Außer diesem hatte Clausewitz Yorck noch einen zweiten Brief zu überbringen: ein Schreiben des Marschalls Macdonald an den Herzog von Bassano, damals noch in Wilna, das die Wittgensteinschen Truppen abgefangen hatten. Es enthüllte unmißverständlich, daß Macdonald Yorck einfach nicht traute.

Und nun der weitere Bericht von Clausewitz: »Als der Verfasser zum General Yorck ins Zimmer trat, rief ihm dieser entgegen: ›Bleibt mir vom Leibe, ich will nichts mehr mit Euch zu tun haben. Eure verdammten Kosaken haben einen Boten Macdonalds durchgelassen, der mir den Befehl bringt, auf Piktupöhnen zu marschieren, um mich dort mit ihm zu vereinigen. Nun hat aller Zweifel ein Ende, eure Truppen kommen nicht an; ihr seid zu schwach, ich muß marschieren und verbitte mir jetzt alle weiteren Verhandlungen, die mir den Kopf kosten würden.‹«

Clausewitz erwiderte nichts darauf. Aber er bat, Licht zu machen; er habe einige Briefe zu überbringen. Als Yorck noch zögerte, sagte er verbindlich: »Eure Exzellenz werden mich doch nicht in Verlegenheit setzen wollen, abzureisen, ohne meinen Auftrag ausgerichtet zu haben.« Yorck ließ darauf Licht bringen und rief nach seinem Chef des Stabes, dem Obersten v. Roeder, gleichfalls ein alter Bekannter von Clausewitz. Die Briefe wurden gelesen. Nach einem Augenblick des Nachdenkens sagte General Yorck: »Clausewitz, Sie sind ein Preuße, glauben Sie, daß der Brief des Generals d'Auvray ehrlich ist und daß sich die Wittgensteinschen Truppen wirklich am 31. auf den genannten Punkten befinden werden? Können Sie mir Ihr Ehrenwort geben?« Die Antwort von Clausewitz war typisch für die Sauberkeit seines Charakters und Verhaltens. Er sagte: »Ich verbürge mich Eurer Exzellenz für die Ehrlichkeit des Briefes, nach der Kenntnis, die ich von General d'Auvray und den übrigen Männern des Wittgensteinschen Hauptquartiers habe; daß diese Dispositionen so ausgeführt sein werden, kann ich freilich nicht verbürgen, denn Euer Exzellenz wissen, daß man im Kriege oft mit dem besten Willen hinter der Linie zurückbleiben muß, die man sich gezogen hat.«

Diese Ehrlichkeit wirkte. Yorck versank eine Weile in Nachdenken. Dann reichte er Clausewitz die Hand und sagte: »Ihr habt mich. Sagt dem General Diebitsch, daß wir uns morgen früh auf der Mühle von Poscherun sprechen wollten und daß ich jetzt fest entschlossen bin, mich von den Franzosen und ihrer Sache zu trennen.« Dann wurde die Zusammenkunft in der Windmühle auf acht Uhr morgens festgesetzt. Anschließend sagte Yorck in seiner bestimmten Weise: »Ich werde aber die Sache nicht halb tun, ich werde Euch auch den Massenbach verschaffen«, also auch den zweiten Befehlshaber mit den noch Macdonald unterstehenden preußischen Truppen. Eben war ein Offizier von dessen Kavallerie eingetroffen. Yorck befahl ihn zu sich und fragte ihn, »ungefähr wie Wallenstein im Zimmer auf- und abgehend«: »Was sagen Eure Regimenter?« Der Offizier zeigte sich begeistert von dem Entschluß, das Bündnis mit den Franzosen zu lösen und sagte, so fühlte jeder einzelne der preußischen Soldaten. Darauf Yorck: »Ihr habt gut reden, Ihr jungen Leute, mir Altem aber wackelt der Kopf auf den Schultern.«

Glückliches Finale

Man kann sich denken, wie beglückt Clausewitz nach Willkischken zurückkehrte, um General Diebitsch das positive Ergebnis zu melden. Er wird wohl in der Nacht zum 30. Dezember vor freudiger Erregung wenig geschlafen haben. Dann trafen sich die beiden

Parteien in der Windmühle vom Poscherun, wie vereinbart, wenn auch die Preußen mit einiger Verspätung kamen: General v. Yorck in Begleitung des Obersten von Roeder und seines ersten Adjutanten, des Majors von Seydlitz von der einen Seite und der junge General v. Diebitsch, den Clausewitz und Graf Dohna begleiteten, von der anderen. Es waren zwar nicht alles geborene Preußen, wie Clausewitz in seiner Freude sich ausdrückte, als er an seine Frau schrieb, aber alles Deutsche, die sämtlich einmal »bei den Preußen« gedient hatten. Es gab keine Verständigungsschwierigkeiten. So kam es zu dem weltgeschichtlichen Ereignis der Konvention von Tauroggen. Das preußische Korps wurde durch sie bekanntlich als neutral erklärt. In Preußisch-Litauen an der damaligen russischen Grenze erhielt es einen Aufenthaltsbereich zugewiesen, der gleichfalls als neutral galt. Im übrigen enthielt die Konvention den Vorbehalt, daß sie noch von beiden Monarchen genehmigt werden mußte. Sollte der König von Preußen die Ratifizierung verweigern, so erhielten doch seine Truppen freien Abmarsch unter der Verpflichtung, zwei Monate lang nicht mehr gegen die Russen zu kämpfen ...

Was würde der König tun? Würde und konnte er zustimmen? Er befand sich in Berlin in einer schwierigen Situation, obwohl Napoleon fern war. Kannte er die ganze Wahrheit über die Lage? Er war durch einen Abgesandten Yorcks schon am 26. von den Verhandlungen unterrichtet worden, also korrekt informiert; nun wurde Major von Thile mit dem Wortlaut der Konvention abgeschickt, um die Zustimmung zu erreichen. In dem Begleitbrief Yorcks hieß es zum Schluß[11]: »Ew. Majestät lege ich willig meinen Kopf zu Füßen, wenn ich gefehlt haben sollte. Ich würde mit der freudigen Beruhigung sterben, wenigstens nicht als treuer Untertan und wahrer Preuße gefehlt zu haben. — Jetzt oder nie ist der Zeitpunkt, wo sich Ew. Majestät von den übermütigen Forderungen eines Alliierten losreißen können, dessen Pläne mit Preußen in ein mit Recht Besorgnis erregendes Dunkel gehüllt waren, wenn das Glück ihm treu geblieben wäre. Diese Ansicht hat mich geleitet; gebe der Himmel, daß sie zum Heil des Vaterlandes führt.«

Selbstverständlich wurde auch Marschall Macdonald gebührend

von der Konvention unterrichtet, gleichzeitig aber dem General Massenbach mit seinen sechs Bataillonen Infanterie und zehn Schwadronen befohlen, zum Korps zurückzukehren. Sie hatten in und bei Tilsit die Nachhut der Franzosen gebildet. Unangefochten gingen sie am letzten Tag des Jahres 1812 über die Grenze, um sich mit Yorck zu vereinigen. Macdonald, Herzog von Tarent, benahm sich großmütig, noch ganz wie ein Kavalier alter Schule; nicht von ungefähr erhob ihn später Ludwig XVIII. noch zum Pair von Frankreich. Natürlich war er indigniert. Aber das kleine preußische Kommando, das zu seinem Stab gehörte, bekam diesen Unwillen in keinerlei Hinsicht zu spüren, im Gegenteil: Den Leutnant von Korff, der mit 30 Pferden ins französische Hauptquartier kommandiert war und ihm offenbar gute Dienste geleistet hatte, entließ der Marschall »mit den freundschaftlichsten Äußerungen und ansehnlichen Geschenken«[12].

Wie in den Briefen, so kommen auch in den Berichten von Clausewitz »die Menschlichkeit und was sonst der philosophische Verstand zur Sprache bringen möchte[13]«, niemals zu kurz. So hat er nicht nur dem General Yorck mit allen Licht- und Schattenseiten dieses kantigen Charakters ein literarisches Denkmal gesetzt, »dauernder als Erz«, sondern auch dem General v. Diebitsch, über den er sagt: »Das Betragen des Generals Diebitsch in dieser ganzen Zeit war des höchsten Lobes würdig. Indem er dem General Yorck so viel Vertrauen bewies, als die eigene Verantwortlichkeit nur immer zuließ, indem er überall ein unbefangenes, offenes, edles Wesen zeigte, in diesem Augenblick nur für das allgemeine Interesse, und fast ebensoviel für Preußen wie für Rußland zu fühlen schien, indem er vor allem jede Idee einer Waffenüberlegenheit, jeden Stolz des Siegers und jede Eitelkeit oder Roheit des Russen entfernte, erleichterte er dem General Yorck einen an sich sehr schweren Entschluß, der unter weniger günstigen Bedingungen wahrscheinlich gar nicht zur Reife gekommen wäre.«

Bezeichnend für die innere Beteiligung des Generals v. Diebitsch ist ferner die folgende kleine Geschichte, die Clausewitz anfügt: In der Nacht vom 28. zum 29. Dezember war eine Kosakenpatrouille, bestehend aus einem Unteroffizier und sechs Mann, von Willkischken nach Ragnit entsandt worden, um General d'Auvray über den Stand der Verhandlungen mit Yorck zu unterrichten. Der Brief war französisch geschrieben und enthielt genaue Informationen. Die Patrouille traf aber auf Franzosen, wurde angeschossen und zersprengt. Also war wohl auch der Brief in ihre Hände gefallen. Große Bestürzung bei General Diebitsch, der Clausewitz kurzerhand befahl, sich sofort wieder zu General Yorck zu begeben und ihm den peinlichen Vorfall zu berichten. Schon war der Schlitten vorgefahren, der für Clausewitz bestimmt war, da trat der Uradnik der zersprengten Kosaken herein, um persönlich über den Zwischenfall Meldung zu machen. »Und der Brief«?, fragte Diebitsch schnell und erregt. »Da ist er«, antwortete ruhig der stattliche Kosak und zog den Brief aus seiner Brusttasche, um ihn dem General zu überreichen.

Und was geschah? Diebitsch fiel Clausewitz um den Hals und vergoß Tränen der Freude. So war er mit seinem Gemüt bei der Sache[14].

Ausklang

Die Konvention von Tauroggen brachte einen weltgeschichtlichen Erdrutsch. Ihre Folgen sind so bekannt, daß sie hier nicht im einzelnen nachgezeichnet zu werden brauchen: Sie führten zu der Befreiung Ostpreußens und brachten die Befreiungskriege in Gang, die schließlich das europäische Konzert wiederherstellten. Für Clausewitz, den staatspolitisch denkenden Soldaten aber, bedeutete der 30. Dezember 1812 den Höhepunkt seiner bisherigen militärischen Laufbahn: Er hatte an entscheidender Stelle durch Klugheit, Festigkeit, dabei redlich wie immer, wesentlich dazu beigetragen, daß sich die Weltgeschichte veränderte und einen Verlauf nahm, den noch im Sommer des gleichen Jahres niemand erwartet hatte. Nun war es *doch* sinnvoll, daß er in russische Dienste übergetreten war, obwohl er rein militärisch wenig hatte bewirken können; nun fand sein Dienst die militär*politische* Krönung. Aber auch sein Gemüt fand den Lohn, wie er oft wider alles Erwarten einem zufällt: Er konnte mit seinen Brüdern Friedrich und Wilhelm, die als Kommandeure im Yorckschen Korps dienten, ein Wiedersehen feiern, über das er, fast von Glück übermannt, an seine Frau am gleichen Tag noch berichtete[15]. Nun brauchten Preußen nicht mehr auf Preußen, Deutsche nicht mehr auf Deutsche zu schießen. Die feindselige Teilung, von der Diktatur der Gewalt erzwungen, näherte sich ihrem Ende.

Am 31. Dezember 1812 formierte sich das Yorcksche Korps in friedensmäßigen Kolonnen zum Weitermarsch auf der Straße von Tauroggen. Die Truppen jubelten. Am 1. Januar 1813 zogen sie in Tilsit ein. Marschall Macdonald, der nur noch über eine einzige Division verfügte, kam am 4. Januar 1813 nach Königsberg. Nach der Vereinigung mit anderen französischen Truppen warf er sich in die Festung Danzig. Die Franzosenzeit Ostpreußens war damit praktisch zu Ende. Fast 80 000 Deutsche, die in Rußland blieben oder noch starben, hatte diese indirekte Befreiung gekostet.

Schon im Januar kam der Freiherr vom Stein mit dem Auftrag nach Königsberg, dort eine neue Verwaltung einzurichten und die Landesverteidigung zu organisieren, nominell in russischem Auftrag. In diesem Zusammenhang erzählt der damalige Sekretär Steins, Ernst Moritz Arndt, in seinen Erinnerungen die folgende Episode, die ein bezeichnendes Bild von Stimmung und Verhalten der Deutschen damals widergibt: In dem Bericht ist von einem Gespräch zwischen dem ostpreußischen Regierungspräsidenten von Schön und dem Freiherrn vom Stein in Königsberg die Rede, das im Januar 1813 stattfand. Da sagte Schön[16]: »Die französischen Offiziere kamen meist in einem so armseligen, jämmerlichen Zustand an, ... daß sie von ein paar Hundert lustigen und wohlberittenen Husaren leicht hätten können abgefangen und zusammengehauen werden. Das Volk wäre dazu wohl lustig und nach den Mißhandlungen und Schändungen, die es von ihnen gelitten hatte, wohl auch berechtigt gewesen; ja, hätte nur einer der Oberen die Trompete geblasen: *Schlagt, schlagt tot!* Von den Tausenden dieser Generale und Offiziere wäre kein Mann über die Weichsel entkommen.«

»Hier fiel Stein ihm ein: ›Aber warum haben Sie die Kerle denn nicht totschlagen lassen?‹ Und Schön erwiderte ihm ruhig: ›So zornig, wie Sie bei Gelegenheit auch werden können, Sie hätten es auch nicht getan‹. Jener aber rief zurück: ›Ich glaube, ich hätte blasen lassen‹. Nach diesem Wortwechsel belächelten sich beide eine Weile.«

Jedenfalls wurde im befreiten Ostpreußen, soweit bekannt ist, kein französischer »Heimkehrer« aus Rußland erschlagen, weder auf Befehl von oben noch in einer spontanen Empörung des Volkes oder gar der Straße. Damals baute das Volk der Dichter und Denker seine Repressionen in anderer Weise ab, so zum Beispiel in Gedichten wie diesem von einem anonymen Verfasser[17]: Da heißt Napoleon einfach ER und ist nur noch eine gespenstische Vision:

Weib, zieh den Laden ein und lösch das
Licht!
Die Ruh ist süß, ja sie ist Bürgerpflicht.
Das Bett ist noch einmal so warm und
weich.
Seit ER verscholl im Moskowiterreich.
Es geht ihm schlecht und Moskau liegt verkohlt,
Nun hoff ich doch, daß ihn der Teufel holt,
so Gott will und dann hat Europa Fried, —
sagt ich es nicht: Das ist das End vom Lied.
Horch! Ist mir's doch, als hört ich Trab,
trab, trab,
Hufschlag und Roßgewiehr die Gass herab.
Geh, stoß den Laden auf und zünde Licht!
Husaren ... aber unsre sind es nicht ...
Husaren! Und im Schlitten hinterher ...
Gott steht uns bei! ... Im Schlitten, das war
ER.

SIEBENTER TEIL

In den Befreiungskriegen

Erstes Kapitel
Rückkehr ad interim

Von Königsberg nach Schlesien

»Als der Strom des Sieges sich von Moskau unaufhaltsam bis über
den Njemen über Preußens und Polens Grenzen fortwälzte, zer-
sprangen die Zügel, an welchen die Tyrannei eines Eroberers die
unterjochten deutschen Völker zu seinen Zwecken leitete. Sie hatten wie eingespannte Sklaven an seinem Triumphwagen ziehen
müssen. Wie durch ein Gebot Gottes sprangen Ketten und Zügel.
Doppelte Schande wäre es gewesen, wenn sie der Gewalt entrissen, der Schmach entbunden, frei, wie sie waren, willig und gehorsam hinter ihren Treibern hergegangen wären, um ihren Hals dem
Joch von selbst wieder anzubieten.«
Mit diesen bildkräftigen Worten begann die Flugschrift, die der
damals noch in russischen Diensten stehende Oberstleutnant Carl
von Clausewitz 1813 in Glatz ohne Verfassernamen veröffentlichte[1]. Sie erschien 1814 in zweiter Auflage und ist später auch in die
gesammelten Werke aufgenommen worden. Außer dem Beitrag für
die Minerva 1807 über den Krieg von 1806 blieb sie die einzige
größere Schrift, die Clausewitz zu Lebzeiten herausgab; außerdem
waren allerdings früher noch einige kleinere Publikationen von
ihm erschienen, die sich mit den neuen Kriegsartikeln befaßten.
Das war Ende 1807; wie damals Scharnhorst, so hatte nun Gneisenau die Anregung dazu gegeben; beide Schriften aber gehören
zu dem Themenkreis, den man später als »Wehrpropaganda« bezeichnete. Sie sprachen das Volk an, das bisher militärisch beiseite gestanden hatte.
Clausewitz selbst war, wie die zitierten Sätze kundtun, mit Leib
und Seele bei den Ereignissen des Jahres 1813. Er hatte auch
Grund dazu. Was geschah, ereignete sich eigentlich wider alles Erwarten. Als er die drei Bekenntnisse schrieb, die dann doch nicht
veröffentlicht wurden, schienen sie noch wie die Stimme des Predigers in der Wüste. Nun rief der König — es mußte wohl schon
der König sein bei den Deutschen — und sie kamen, wenn auch

nicht alle, so doch sehr viele. Sie kamen von den Schulen und Universitäten als Freiwillige, vom Lande als Jäger und Reiter, aus den Ämtern und Geschäften als Landwehrleute, und selbst die Älteren, wie der Philosoph Fichte, taten noch als Landsturmmänner Dienst. Im Augenblick konnten sie wieder frei atmen, denn die Masse der Bedrücker war abgezogen. Aber die endgültige Freiheit mußten sie noch erkämpfen. Viele stellten sich diesem Kampf. Vor allem aber war der preußische König über seinen Schatten gesprungen — ob mitgerissen oder als mitreißendes Vorbild: das ist nie ganz geklärt worden. Jedenfalls ist zu bemerken: Hätte er Tauroggen als Befreiungssignal begrüßt, dann hätte er sich Clausewitz gegenüber bestimmt gnädiger verhalten.

Bald nach Tauroggen konnte Clausewitz wieder in Königsberg einreiten, in die Stadt also, mit der ihn so viele Erinnerungen an die erste Zeit des Heeresaufbaus verbanden. Da schrieb er am 26. Januar zurückhaltend wegen etwaiger »Mitleser« und doch mit deutlichem Hochgefühl an seine Frau[2]: »Wir stehen mit unserer Armee an der Weichsel; wahrscheinlich sind wir in vier Wochen an der Oder und in fünf, spätestens sechs Wochen in Berlin.« Durch die Selbstvernichtung der Großen Armee infolge der Hybris Napoleons waren die Wege dorthin geöffnet. Es hieß dann weiter in diesem Brief: »Ich bin wohl und zufrieden. Dein Freund Stein ist in diesem Augenblick hier. Gneisenau soll auf dem Rückweg von England in Schweden angekommen sein. Ich bin auf einige Tage hier und meine Adresse ist: Im Hauptquartier des Grafen Wittgenstein. Hast Du in Breslau jemand, der Dir die Freundlichkeit erweist, einen Brief mit einer Gelegenheit nach unserer Armee oder am besten nach dem General Yorck abgehen zu lassen, so werde ich ihn sehr schnell erhalten. Seit dem 10. September habe ich nur vom 3. Dezember einen Brief von Dir. — Chasot ist leider in Pleskow an einem Gallenfieber gestorben.« Graf Chasot[3], seinerzeit — 1809 — Kommandant von Berlin, gehörte auch zu dem Freundeskreis des Freiherrn vom Stein.

In der Tat hatte Clausewitz alle Ursache, mit den Ereignissen des neuen Jahres zufrieden zu sein. Die Konvention von Tauroggen brachte einen politischen Erdrutsch. Als er an seine Frau schrieb, hatte der König bereits Berlin verlassen, und zwar in Begleitung des Kronprinzen, der noch am Vortag eingesegnet wurde. Zwei Tage später kam die ganze königliche Familie nach. Dem Eintreffen des Königs in Breslau am 25. Januar folgten erste große Entscheidungen. Der Staatskanzler Hardenberg mit den wichtigsten Mitgliedern der preußischen Regierung ging gleichfalls nach Breslau, und Scharnhorst trat wieder an die Spitze der militärischen Geschäfte. Aber noch war kein Bruch mit Frankreich erfolgt. Der Schritt Yorcks war offiziell mißbilligt worden, eine formelle Untersuchung eingeleitet, der französische Gesandte Graf St. Marsan gleichfalls nach Breslau übersiedelt. Aber eine schwer zu beschreibende Spannung lag in der Luft, die Theodor Fontane in einem fingierten Brief von Ende Januar 1813 in seinem großen Roman »Vor dem Sturm«[4] so anspricht: »Und nun höre. Der Hof verläßt Potsdam und geht nach Breslau. Dieser Schritt ist wichtiger, als Du ermessen kannst. Was ihn veranlaßt hat, darüber gehen nur Gerüchte. Es heißt, daß Napoleon beabsichtigt habe, sich des Königs zu bemächtigen und ihn als Geisel, als Gewähr für die friedliche Haltung des Landes, auf eine französische Festung abführen zu lassen. Ich untersuche nicht, wieviel Wahres oder Falsches an diesem Gerücht ist; es genügt, daß ihm der König Glauben geschenkt hat. Unmittelbar nach der Konfirmation des Kronprinzen, die heute stattfindet, wird der Aufbruch erfolgen. Es geht in fünf Etappen, das Regiment Garde wird diese Übersiedlung begleiten oder decken. Breslau und Schlesien sind gut gewählt; die Provinz ist die einzige, die keine französische Besatzung hat, und Österreich, auf das wir rechnen, ist nahe.«

Königsberg und die »russischen Preußen«

Zwischen dem Freiherrn vom Stein und Clausewitz hatte es früher einige Spannung gegeben, wie wir wissen. Sie waren sich schon einmal in Königsberg begegnet; da war Stein noch abwartend, fast mißtrauisch, und auf alle Fälle gegen eine Heirat seiner Freundin Marie von Brühl mit einem jungen Mann ohne Namen. Das blieb er auch noch in seiner ersten Emigrationszeit. Dann allerdings hatte sich der Sinn des Freiherrn gewandelt, ja er hatte sich für diesen tüchtigen jungen Offizier erwärmt, nachdem er wußte, wie »seine« Marie ihn liebte und schätzte. Von da an begegneten sich Stein und Clausewitz immer wieder, und meist in geschichtlich wichtigen Lagen und Zeiten. Sie trafen sich im Hauptquartier des Zaren kurz vor und nach Ausbruch des Rußlandkrieges von 1812, dann wieder in Petersburg. Clausewitz hat sicher erfahren, daß Stein der Mann war, der dem Zaren entschieden von jeder Friedens-Verhandlung mit Napoleon abriet. Und nun trafen sie also wieder in Königsberg zusammen, jeder ein Emigrant, der in sein Vaterland zurückkehrt: Stein mit dem offiziellen Auftrag eines kaiserlichen russischen Kommissars für die besetzten Gebiete, Clausewitz mit der Vorbereitung weiterer Operationen der Armee Wittgenstein in Preußen beschäftigt.

Für Clausewitz stellte sich unterdessen bereits die Frage nach seiner weiteren Verwendung. Es gab für ihn neue Aufgaben in Fülle. So schrieb er am 26. Januar an seine Frau[5], er wisse noch nicht, ob er hier in Preußen bei der Organisation des Landsturms gebraucht werde; die »papierenen« Vorbereitungen aber hatte er längst getroffen. So ergab sich die Zusammenarbeit mit Stein, der in Ostpreußen die Landwehr organisieren sollte, zunächst natürlich im Auftrag des Zaren. Aber das wünschten weder die Einheimischen noch die Regionalregierung, und Yorck, der dienstälteste preußische Offizier in Ostpreußen, schon gar nicht. Die Volksbewaffnung, so argumentierten sie, sei hier die Sache des Königs. Außerdem bedürfe sie der Zustimmung der Ständeversammlung, auch wegen der aufzubringenden Mittel. Es gab Spannungen zwischen Stein auf der einen und Yorck und den Ständen auf der anderen Seite[6]. Sicher hat Clausewitz da vermittelt, so daß man sich bald einigte: die einberufene Ständeversammlung wurde durch ein ständiges Komitee verstärkt und am 5. Februar die Organisation General von Yorck übertragen. Bereits am 6. Februar wurde beschlossen, daß 20 000 Mann Landwehr eingezogen werden sollten, weitere 10 000 Mann als Reserve. Die »Königsberger Festsetzungen« wären wohl kaum so rasch zustande gekommen, wenn Clausewitz seine vorbereitete Denkschrift nicht hätte vorlegen können. Sie wurde von Stein ausdrücklich gebilligt, die »Festsetzungen«, nur geringfügig abgeändert, dann von Scharnhorst im Namen des Königs genehmigt. Die Fleißarbeit der vergangenen Jahre trug damit schneller Früchte als erwartet. Allerdings war diese Zügigkeit auch nötig. Denn noch war die Festung Danzig für ein unbewehrtes Ostpreußen eine ernsthafte Bedrohung: In sie hatte sich Marschall Macdonald mit der ihm verbliebenen Division geworfen, weitere Reste der Großen Armee kamen zu der Besatzung, so betrug diese schließlich 40 000 Mann. Überall blieb die Befreiung immer noch ein Wagnis. Clausewitz hat daraus später in seinem Hauptwerk die Erkenntnis gezogen, die die Kriegsgeschichte bestätigt. Im Dritten Buch »Von der Strategie« hat er der Kühnheit ein eigenes, das VI. Kapitel gewidmet und darin gesagt[7]: »Je mehr die Kühnheit den Geist und die Einsicht beflügelt, um so weiter reichen diese mit ihrem Flug, um so umfassender wird der Blick, um so richtiger das Resultat, aber freilich immer nur in dem Sinn, daß mit den größeren Zwecken auch die größeren Gefahren verbunden bleiben.« Der ganze Frühjahrsfeldzug bis zum Waffenstillstand 1813 ist dafür ein geschichtliches Beispiel.

Die Festungen, die sich noch in französischer Hand befanden, blieben ein Gefahrenherd erster Ordnung für die Befreier. Über dem späteren Erfolg hat man dies meist vergessen. Der Feind stand noch mitten im Land. Er konnte Ausfälle machen und wichtige Nachschublinien blockieren. In Polen waren noch Modlin und Zamosc feindlich besetzt, Rückhalt für das Korps des Fürsten Poniatowski[8], des polnischen Kriegsministers und Marschalls Napoleons; an der Weichsel waren noch Danzig und Thorn in der Hand der Franzosen, an der Oder Stettin, Küstrin und Glogau, bei Berlin Spandau. Und vollends Magdeburg mit seiner starken Besatzung war neben dem gleichfalls besetzten Elbübergang Wittenberg ein Pfahl im Fleisch der preußischen Monarchie. Ein erheblicher Teil des nachrückenden russischen Heeres war durch die rückwärtigen Festungen gebunden. Die Gefahr minderte sich nur dadurch, daß — wie wiederum »Vor dem Sturm« Fontanes zu entnehmen[9] — speziell in Preußen die Hälfte der Festungsbesatzungen aus westfälischen Truppen bestand, die von der anderen, der französischen Hälfte, mehr oder minder förmlich bewacht werden mußten. So neutralisierten sie sich vielfach gegenseitig. Aber in jedem Fall banden die genannten Festungen Truppen.

Die stärkste Potenz der Franzosen, mit der man vor allem rechnen mußte, blieb weiterhin Napoleon. Seine Energie war ungebrochen, seine Initiative weiterhin erstaunlich. Nach wie vor war er *der* Feldherr Europas. Und noch einmal bewies er nach der russischen Katastrophe, daß er Armeen aus der Erde stampfen konnte. Nur eines vermochte auch er nicht: aus Rekruten von heute auf morgen kriegstüchtige Soldaten zu machen. Aber auch da fand er den Ausweg, nämlich den Regimentern in Spanien kampfgewohnte Stämme zu entnehmen und sie zum Kern der Neuaufstellungen zu machen. In Marschall Berthier, dem Herzog von Neuchâtel, seit 1808 mit einer Wittelsbacher Prinzessin verheiratet, hatte er einen überragenden Organisator zur Seite. So wurde auch aus Italien herangezogen, was immer marschieren konnte: Noch im Januar hörten die Berliner die schmetternden Clairons einer frisch angekommenen Division, der Division Grénier, der italienischen jungen Garde, bei ihrem Einzug Unter den Linden. Wie bei Fontane, der Geschichtliches immer zuverlässig berichtet, nachzulesen[10], war der damalige Gouverneur von Berlin, Marschall Augereau, Herzog von Castiglione, der Division bis Schöneberg entgegen geritten, um an ihrer Spitze zu demonstrieren, daß sein Kaiser noch über unerschöpfliche Truppenreserven verfügte. Trotzdem leerten sich in den nächsten Wochen die Hörsäle der Universität und die Oberklassen der Gymnasien: die Besatzungsmacht konnte den Auszug der Freiwilligen nicht mehr verhindern. Auf allen möglichen Wegen fuhren, ritten, wanderten sie nach Schlesien.

Der Erdrutsch

Die Preußen nutzten die augenblickliche Schwäche Napoleons. Er brauchte Zeit für den neuen Krieg. Er mußte erst seine Armee wieder organisieren, bevor er losschlagen konnte. Inzwischen galt es, vollendete Tatsachen zu schaffen. Was dem Kaiser der Franzosen derzeit vor allem abging, waren Reiter und Kanonen. Die Kanonenrohre mußten erst gegossen, die Remonten zugeritten werden, bis man genügend Artillerie- und Kavallerieregimenter ins Feld schicken konnte. Das Wagnis der Befreiung war dadurch vermindert. Im übrigen suchte die in Begeisterung geratene Jugend in Preußen Gefahr und Wagnis. Aber auch deren Ausbildung war notwendig, vor allem im Schießen; also galt es, die Atempause zwischen den Kriegen bis zum Frühjahr zu nutzen. Da lohnten sich die Vorbereitungen Scharnhorsts und seiner Mitarbeiter von langer Hand, besonders in Schlesien.

Nicht von ungefähr wurde Breslau *die* Stadt des Jahres 1813. Hier war der König in Sicherheit und von einem Patriotismus getragen, den man in dieser Form bisher noch nicht gekannt hatte. Von hier aus hat er als ersten Akt einer Volksbewaffnung den Aufruf zur Bildung eines freiwilligen Jägerkorps erlassen. Der Zulauf übertraf alle Erwartungen. Vollends aber kam die große Politik in Fluß, als Stein am 25. Februar in Breslau eintraf, obwohl er nur hinter den Kulissen wirkte: Am 27. Februar wurde der Bündnisvertrag zwischen Preußen und Rußland hier durch den Staatskanzler Hardenberg, zwei Tage später von Feldmarschall Fürst Kutusow in Kalisch unterzeichnet. Am 17. März folgte die Kriegserklärung an Frankreich. Eine Woche zuvor, am Geburtstag der Königin Luise, am 10. März, hatte Friedrich Wilhelm III. bereits das Eiserne Kreuz gestiftet, eine Abwandlung des schwarzweißen Kreuzes des Deutschen Ritterordens, von Schinkel entworfen: Jedermann, der sich hervortat, konnte das Kreuz erwerben, ob einfacher Soldat, Offizier oder General. Das war ein Novum in der Geschichte der Orden. An alle Tapferen wurde es in zwei Klassen verliehen, von denen die Erste, auf der Brust angesteckt, die Auszeichnung mit der Zweiten, dem Bandorden, voraussetzte. Es war eine demokratische Auszeichnung sozusagen. Bisher hatte es dergleichen noch nicht gegeben. Mit dem Aufruf an mein Volk, am 17. März 1813, den der Staatsrat v. Hippel verfaßte, hatte Friedrich Wilhelm III. ein neues Blatt der deutschen Geschichte aufgeschlagen, würdig des Rufes der Hohenzollern.

Das alles erlebte Clausewitz in einer Art Wachtraum als die Erfüllung dessen, was er mit vorbereitet hatte. Er gehörte um diese Zeit zum Stab der Armee Wittgenstein, wie wir wissen, und konnte mit diesem in Berlin einziehen. Endlich war er wieder mit seiner Frau vereinigt, und sicher hat es auf beiden Seiten Tränen gegeben, als sie sich wiedersahen und in die Arme schließen konnten. Wer hätte noch im Herbst 1812 eine solche Heimkehr für möglich gehalten! Dementsprechend freudig war auch die Aufnahme des Heimkehrers bei den Berliner Freunden, vor allem bei Prinzessin Wilhelm, die, in Berlin zurückgeblieben, die königliche Familie repräsentierte. Welch ein Hochgefühl, als auch noch das Korps Yorcks am 17. März in Berlin einzog: Seit dem Ausmarsch der Armee im Spätherbst 1805 hatte die preußische Hauptstadt keinen patriotischen Jubel dieser Art mehr erlebt, seit 1806 nur immer fremde Truppen, Paraden und Clairons. In diesen Tagen erweckte ein Brief von Scharnhorst bei Clausewitz Freude und Hoffnung, denn er lautete[11]: »Mein lieber Clausewitz, ich kann Ihnen nur ein paar Worte schreiben. Ich schmeichle mir mit der Hoffnung, bald mit Ihnen vereinigt zu sein. Ich habe nie Ihren großen Wert verkannt; recht gefühlt aber habe ich ihn erst in dieser Zeit, wo ich so viel zu tun hatte. Nur mit Ihnen verstehe ich mich, nur unsere Ideen vereinigen sich oder gehen in ruhiger Gemeinschaft nebeneinander in unveränderter Richtung.

Ich denke in wenigen Tagen von hier abzugehen und von Blücher auch zum Grafen Wittgenstein, um von ihm zu erfahren, wie die Sache in Zukunft betrieben werden soll. Der General Blücher hat mir einen Brief an den Grafen Wittgenstein gegeben, in dem er sich den Befehlen des Grafen unbedingt unterwirft.

Ihr Freund Scharnhorst«

»Sagen Sie, was ich hier geschrieben, vorläufig dem Grafen, wenn Sie es gut finden.«

Die preußische Armee in Schlesien verfügte inzwischen über einen Kommandostab, wie er besser nicht gedacht werden konnte: Oberbefehlshaber war der General der Kavallerie Blücher, als Mann der Initiative und persönlicher Tapferkeit bekannt und bereits volkstümlich wie keiner sonst; Scharnhorst war am 11. März Generalleutnant geworden und Chef des Generalstabs; Gneisenau nach seiner Rückkehr Generalquartiermeister ... »repräsentiert wie ein Gott in seiner Generalsuniform« (Clausewitz)[12]. Bis Mitte März war die schlesische Armee so kampfkräftig formiert, daß sie in Richtung Sachsen in Marsch gesetzt werden konnte. Ihrem Generalstab fehlte nur einer: Der erfahrene Bürochef, der die Details der Organisation beherrschte und bei Friktionen unverzüglich eingriff. Es gab keinen Besseren und Erfahreneren für diese Aufgabe als Clausewitz. Das wußte Scharnhorst, und deshalb hatte er vorsorglich an ihn geschrieben, und ebensogut wußte das Gneisenau als der Dritte im Bunde. In den Jahren von 1808 bis 1812 hatte ja dieses Triumvirat im wesentlichen die Grundlage der neuen Armee geschaffen, und zwar, sich ergänzend, rasch, im Geheimen. Noch stand das junge preußische Heer im Schatten der siegreichen Russen; sie hatten den Oberbefehl, die großen Menschenreserven, die man eventuell noch brauchte. Dann aber starb der alte Fürst Kutusow, der russische Oberbefehlshaber, bereits am 20. April, an den Anstrengungen und Nachwirkungen des Winterfeldzuges, in Bunzlau. Ein Aufatmen ging durch das preußische Hauptquartier: Mit seinem Nachfolger, dem Grafen Wittgenstein, würde man sich besser verständigen als mit dem eigenwilligen Stockrussen, der zwar als legendäre Figur galt, dessen Furcht vor Napoleon aber seine Entschlüsse lähmte. Das war bei Wittgenstein nicht der Fall: er hatte bewiesen, daß er führen konnte, energisch und beweglich. Auch durch die Zusammensetzung seines Stabes war ein gemeinsames Oberkommando gewährleistet, mit dem die preußische Armee gut zusammenarbeiten konnte.

Am 28. Februar 1813 hatte der Vertrag von Kalisch das Bündnis zwischen Rußland und Preußen besiegelt. Es bestimmte auch das persönliche Schicksal von Clausewitz. Denn nun waren es Scharnhorst und Gneisenau, die ihn als Verbindungsoffizier zwischen der russischen und preußischen Armee anforderten, um ihn so, wie sie hofften, bald endgültig zurückzugewinnen. Wittgenstein erfüllte natürlich diese Bitte. Schon am 25. März konnte Clausewitz aus Kalisch an seine Frau schreiben[13]: »Ich bin heute hier glücklich eingetroffen und habe die angenehme Hoffnung, morgen schon wieder abreisen zu können. Da ich aber meine Papiere noch nicht habe, kann leicht ein Aufenthalt entstehen. Herrn vom Stein habe ich gesprochen; er ist hier und völlig wiederhergestellt, sieht aber ziemlich angegriffen aus. Ich gehe von hier aus über Breslau zu General Blücher, den ich hoffentlich in Dresden finden werde.«

Die Würfel waren also gefallen. Der Oberbefehlshaber der Alliierten, General Graf Wittgenstein, hatte »seinen« Oberstleutnant Carl von Clausewitz als V.O. ins preußische Hauptquartier delegiert. In einem weiteren Brief an seine Frau schreibt dieser, auf der einen Seite mit Genugtuung, auf der anderen auch mit einigen Vorbehalten[14]: »Man hat mir noch einen Offizier mitgegeben, eine Art von Adjutanten, der ein Russe von Geburt ist und gut französisch spricht. Du siehst daraus, daß man meine Sendung ins Blüchersche Hauptquartier ganz offiziell nimmt. Das gefällt mir in der Sache am wenigsten, denn ich wollte lieber, es wäre eine Art freundschaftlichen Abtretens meiner Person an Scharnhorst gewesen. Daß er die Veranlassung dazu gewesen, leidet keinen Zweifel; zu Herrn vom Stein hat er sogar selbst gesagt, er wolle mich in die preußische Armee zurückhaben. Ob nun gleich mein Brief[15] ihn in dieser Idee bestärkt haben mag, so zweifle ich doch, daß sie zur Ausführung kommt, weil wirklich Schwierigkeiten dabei obwalten. — Ich bin also in diesem Augenblick für die Zukunft noch nicht bestimmt.«

Intrigen bei Friedrich Wilhelm III.?

Es gibt eine bis heute noch dunkle oder doch graue Stelle in dieser denkwürdigen Biographie. Woher kam die Aversion des Königs gegen Clausewitz? Beruhte sie auf persönlicher Antipathie oder auf Intrigen? Oder verstand Friedrich Wilhelm die Rolle, die sein früherer Major im Generalstab bei der Konvention von Tauroggen gespielt hatte, als Einmischung, als Angriff auf seine Souveränität, als illoyales Verhalten dem König gegenüber? Die noch vorhandenen Unterlagen geben keine volle Klarheit. Wenn man Clausewitz in Preußen nach seinem Übertritt in russische Dienste den Prozeß machte[16], so war das wohl mehr ein Schauprozeß, um das Gesicht dem Zwangsverbündeten Napoleon gegenüber zu wahren. Aber nun hatte sich doch die Lage von Grund auf geändert, und Clausewitz diente bei echten Verbündeten. Trotzdem scheiterten alle Versuche von Scharnhorst und Gneisenau und wohl auch die Fürsprache Steins, Clausewitz wieder in preußische Dienste zu übernehmen. Für diesen war das natürlich eine herbe Enttäuschung; aber er beschloß, darauf Rücksicht zu nehmen und schrieb so in dem schon zitierten Brief[17]: »Durch Breslau werde ich nun nicht reisen, und zwar aus dem Grunde, daß ich nicht unbemerkt durchkommen kann, und nun gar nicht zu kalkulieren ist, ob der König ungnädiger ist, wenn ich keine Notiz von ihm nehme oder mich ihm vorstelle. Außerdem ist niemand von meinen Freunden um den König. Knesebeck, der die Geschäfte beim König übernommen hat, ist mein und Scharnhorsts erklärter Feind. Hoffentlich wird alles von einem großen Geist fortgeweht, der außer dem preußischen Kabinett weht, sonst könnte das Kleeblatt Knesebeck, Jagow, Ançillon uns zittern machen. Ançillon hat nicht den Mut gehabt, Herrn vom Stein, der fast vier Wochen in Breslau war, ein einziges Mal zu besuchen, ein ärgeres Geständnis seiner Erbärmlichkeit hätte er nicht tun können. Knesebeck, der sich hier in Kalisch im höchsten Grad abgeschmackt und einfältig benommen, hat Stein so gegen sich aufgebracht, daß der ihm die ärgsten Sachen ins Gesicht gesagt hat ... Dies gehört zur Zeitgeschichte und wird in der Folge vielleicht das eine oder andere aufklären. Überlaß Dich daher keinen schwermütigen Gedanken; diese kleinen Sperräder werden eine Maschine nicht hemmen, in die der Weltgeist seinen Hauch bläst. Die Aussichten scheinen mit jedem Tag besser zu werden. Gute Nachrichten aus Frankreich stimmen allgemein darin überein, daß an Kavallerie und Artillerie in den ersten fünf Monaten gar nicht zu denken ist...«

Indessen gehen die Bemühungen seiner Freunde weiter, Clausewitz wieder zurückzugewinnen. Er erfährt davon in Dresden, wie aus dem Brief vom 1. April hervorgeht. Inzwischen hatte er selbst ein Gesuch an den König gerichtet, doch unter dem 19. 3. 1813 folgende Antwort erhalten[18]: »Auf Ihr Schreiben vom 11. dieses habe Ich die Niederschlagung Ihres Prozesses verfügt. In den vaterländischen Dienst können Sie aber erst wieder aufgenommen werden, wenn Sie durch ganz vorzügliche Auszeichnung in dem bevorstehenden Kriege neue Ansprüche auf besondere Berücksichtigung erworben haben.« Clausewitz schreibt dazu am 4. April an seine Frau[19]: »General Scharnhorst wird heute abend erwartet; ich freue mich unendlich, ihn wiederzusehen. Er hat den König gebeten, mich wieder in die Armee zu nehmen. Se. Majestät haben gesagt: ›Clausewitz — hm — ja, ich will mich erkundigen, ob er bei den Russen gut gedient hat‹.« Dann heißt es im nächsten Brief vom 9. April aus Rochlitz bei Leipzig[20] in bezug auf den Bescheid des Königs vom 19. März: »Jene Antwort war geschrieben, um meinen Stolz zu demütigen, meine Eitelkeit zu beleidigen. Anstatt mich zu beleidigen, hat sie ihn bloß gekränkt, und anstatt meinen Stolz zu demütigen, hat sie ihn bloß erhöht: ich werde dem König antworten, aber erst nach der nächsten Schlacht. Es ist mein Stolz, dem Vaterland zu dienen, und mein doppelter Stolz, unter demütigenden Bedingungen; ich werde diese Bedingungen erfüllen, die mir der König stellt, und nur so will ich wieder in die Armee treten. — Übrigens bin ich sehr heiter. Der Augenblick ist fast idealisch schön, ich bin ganz in den alten Verhältnissen, bei meinem alten General, wieder Chef seines Bureaus, nur daß die Gegenstände etwas gewechselt und an Wichtigkeit zugenommen haben. Blücher, Scharnhorst und Gneisenau behandeln mich mit ausgezeichneter Güte und Freundschaft; ich kann mir kein schöneres

Verhältnis denken. Diese Einigkeit, dieses gegenseitige Vertrauen, diese wechselseitige Achtung und Freundschaft wird man lange vergebens suchen.«

Kriegsbeginn

Am 2. April 1813 begannen die Feindseligkeiten mit dem Gefecht bei Lüneburg, das dem französischen General Morand das Leben kostete. Die freiwilligen Jäger zeichneten sich dabei aus. Am 5. April gewannen ostpreußische Grenadiere das Gefecht bei Mökkern. Die Franzosen sammelten sich unterdessen in Franken und am unteren Main; man schätzte sie im preußischen Hauptquartier auf 80 000 bis 100 000 Mann. Weitere 30 000 sind aus Italien in Anmarsch. Aber auch die Besatzung von Magdeburg muß mit 40 000 Mann angenommen werden.

Und wie steht es mit Clausewitz persönlich? Nicht eben freudig schreibt er am 9. April aus Rochlitz bei Leipzig[21]: »Die Prinzen Wilhelm und August abgerechnet — und alles, was sie umgibt, behandelt mich mit ausgezeichneter Kälte.« Der Kronprinz, dem er doch den ersten militärischen Unterricht erteilte, hat noch kein Wort mit ihm gesprochen. Dazu der Kommentar: »Unter den jetzigen Verhältnissen ist das leicht zu ertragen, aber darum bin ich nicht weniger indigniert.« Was ist der Grund: In dem Schreiben an Clausewitz vom 19. März hatte der König die Worte *»ganz vorzüglich«* mit eigener Hand hinzugesetzt. Das genügte für die Hofschranzen, den Empfänger zu »schneiden«, für die Freunde aber war es ohne Bedeutung: »Die Sache wird vorderhand auf sich beruhen: ich bin indessen in einer angenehmen Tätigkeit und werde gerade wie ein preußischer Offizier gebraucht; ich habe das völlige Vertrauen von Scharnhorst und Gneisenau und habe nie so viel Diensttätigkeit und Einfluß gehabt, als ich noch den blauen Rock trug, wie jetzt. Daß die Prinzen mich behandeln wie einen Wildfremden, verdrießt mich so sehr noch nicht, als daß z. B. Leute wie Luck, der nebst Gaudi beim Kronprinzen ist, eine Art von Feindschaft gegen mich affektieren und mir den Rücken drehen.« Von der Ungnade des Königs ist auch noch im nächsten Brief vom

22. April die Rede, aber auch von dem Stolz, der Sache des preußischen Vaterlandes zu dienen und nicht für Offizierspatent und Beförderung. Vom Feinde hört man: Die feindliche Armee sammelt sich bei Erfurt und ist, außer den 50 000 Mann bei Magdeburg, 100 000 bis 110 000 Mann stark. Marschall Ney kommandiert sie. Zum Schluß enthält der Brief auch die Nachricht, daß die Festung Thorn an der Weichsel, wo »Großonkel« v. Hundt einmal Kommandant war, am 16. April vor Barclay de Tolly kapituliert hat. Eine russische Armeeabteilung wird dadurch frei. Die russische Hauptarmee ist inzwischen im Vormarsch zur Elbe.

Der Frühjahrsfeldzug 1813

Trotzdem ist der Frühjahrsfeldzug 1813 immer noch ein Wagnis. Auf der einen Seite der Feldherr Napoleon, zwar schon angeschlagen, aber noch immer »des Lagers Abgott und der Länder Geißel«, auf der anderen eine Armee von Alliierten in der Erprobung. Noch ist der Kaiser der Franzosen überlegen, auch in der Führung, aber der »Volksgeist«, dem später Clausewitz eine so große Bedeutung unter den moralischen Hauptpotenzen zumißt, ist bei den Preußen. Das erweist sich in den zahlreichen Gefechten, die für sie glücklich ausgehen, wie in den beiden Hauptschlachten, die zwar mit Rückzug enden, aber nicht mit der Entmutigung der Truppen. Um so wichtiger wird das Nationalreduit Schlesien. Es bewährt sich als Operationsbasis, als Rückhalt der Verteidigung, aus dem sie laufend verstärkt wird. Was Clausewitz voraussah, sollte sich dagegen für Napoleon als schweres Handikap erweisen: Der Mangel an Artillerie und vor allem an Kavallerie. In der Reiterei sind ihm die Alliierten fünfmal überlegen. So bleiben Großgörschen am 2. Mai wie die zweitägige Schlacht bei Bautzen nur taktische, »ordinäre« Siege der Franzosen ohne Trophäen und nennenswerte Gefangenenzahlen bei erheblichen eigenen Verlusten. Trotz Geländegewinn hat sich die Lage Napoleons eher verschlechtert. Das ist auch der Grund, warum er Waffenruhe anbietet und dann Waffenstillstand schließt. Er beginnt am 4. Juni und wird bis zum 16. August 1813 verlängert.

Marie von Clausewitz hatte inzwischen mit ihrer Mutter das unruhige Berlin verlassen, um nach Tetschen zu ihrer Kusine zu reisen, der Gräfin Thun. Es war Mitte Mai. Aber eine Erkrankung der Gräfin zwang sie, die Reise in Landeshut zu unterbrechen. Die Nachricht vom Waffenstillstand erreichte sie in Liebau (Brief aus Reichenbach vom 10. Juni[22]). Clausewitz gelingt es, seine Frau dort zu besuchen und einige glückliche Tage mit ihr dort zu verleben. Aber dann sind es die schlechten Nachrichten über die Verwundung Scharnhorsts, die diese Wochen überschatten. Der ganze Stab der schlesischen Armee hatte sich am 2. Mai bei Großgörschen ins Kampfgetümmel gestürzt: Blücher erhielt einen Prellschuß, Scharnhorst eine Kugel ins Bein, die ihn zwang, sein Kommando an Gneisenau abzugeben, und Clausewitz selbst bekam hinter dem Ohr das Bajonett eines kleinen Franzosen zu spüren, das aber abglitt. Scharnhorst achtet nicht weiter auf seine Verwundung: Er will die Zeit nützen und nach Wien reisen, um die Österreicher als Alliierte zu gewinnen. Er bringt überzeugende Unterlagen mit. Diesen letzten Einsatz aber bezahlt er mit dem Leben. In seine vernachlässigte Wunde kommt der Brand.

Der Tod des Freundes

Am 30. Juni 1813 schreibt Clausewitz aus Peilau an seine Frau[23]:
»Die letzte Nachricht von Scharnhorst war, daß er im Verscheiden sei. Du wirst also schon die Gewißheit seines Todes haben. Du kannst denken, wie traurig ich bin. Ob er gleich für die Armee, für den Staat und Europa unersetzlich ist, so kann ich doch an alles dies kaum denken, und ich verliere in diesem Augenblick nur den teuersten Freund meines Lebens, den mir nie ein anderer ersetzen kann, der mir immer fehlen wird. Ich kann nicht beschreiben, wie tief ich mich von Rührung und Trauer und Wehmut ergriffen fühle. Es ist ihm gewiß schwer geworden, von der Welt zu scheiden, denn es ist ihm gewiß manche Lieblingsidee unerfüllt geblieben, und das ist es, was mich so wehmütig macht... Außer Dir hat es nie einen Menschen gegeben, der mir so viel Wohlwol-

len bewiesen hätte und der auf das ganze Glück meines Lebens einen solchen Einfluß gehabt hat.«

Clausewitz war nahezu dreiunddreißig Jahre alt, als Scharnhorst in Prag starb. Der preußische General wurde dort auch mit großem Trauergefolge begraben. Mit ihm, den er so gut gekannt und tief verehrt hat wie keinen anderen Mann in seinem Dasein — mit Scharnhorsts Tod ergab sich ein dreifacher Abschied für Clausewitz. Da war der Abschied von dem »Vater seines Geistes«, d. h., der Sohn war nun allein auf sich gestellt, mit dem Auftrag, das Erbe des Vaters weiterzugeben und selbst wieder geistige Nachkommen zu zeugen. Dann aber war es auch der Abschied von der Hoffnung auf eine »große« Laufbahn in der preußischen Armee, deren Anfang er, Clausewitz, Scharnhorst verdankte — nun fehlte der Fürsprecher des eigenwilligen Talents vor dem Thron des preußischen Königs. Drittens, und zunächst aber, bedeutete der Tod von Scharnhorst auch die Entlassung seines Bürochefs. Er wurde abgeschoben, da mochte Gneisenau sich ins Mittel legen, wie er wollte. Vielleicht hätte der König den Bitten Scharnhorsts schließlich doch nachgegeben, weil dieser an seiner Seite durchhielt, während Gneisenau eben erst wieder aktiv geworden, noch lange nicht denselben Einfluß beim König hatte. Und so geschah es eben: Noch vor dem Ende des Waffenstillstands lief das Kommando des russischen Oberstleutnants Carl von Clausewitz bei der schlesischen Armee der Preußen aus und seine ursprüngliche Bestimmung trat wieder in Kraft, und zwar so, wie es der Brief an seine Frau vom 31. Juni 1813 beschreibt[24]: »Meine Bestimmung wird sich von selbst machen, ohne daß ich etwas dazu tue, was mir auch das liebste ist. Der Herzog von Oldenburg ist in Reichenbach, um dem Kaiser Alexander die letzten Vorschläge, welche zur völligen Organisation der deutschen Legion noch nötig sind, vorzulegen. Ich stehe noch immer auf der Liste als erster Generalstabsoffizier mit 2500 Talern Gehalt. Jetzt legt der Herzog dem Kaiser meine Abberufung zur Legion vor, und da ich in diesem Augenblick ganz disponibel bin, so wird der Kaiser höchstwahrscheinlich nichts dagegen haben, und ich muß also erwarten, in einigen Tagen Befehl zu erhalten, daß ich mich nach Schwedt (an der Oder) verfügen soll,

Eintheilung
des verbündeten Armeekorps an der Nieder-Elbe ᵃ⁾
Mitte August 1813.

Generallieutenant Graf Wallmoden-Gimborn.

Chef des Generalstabes: Oberstlieutenant v. Clausewitz.

Generalstab: Oberstlieutenant v. Pfuel; Major v. Kötteritz; Kapitäne Rothmaler, Kuntze, Schubert; Lieutenant v. Delitz.

Adjutanten: Oberstlieutenants v. Stülpnagel, v. Berger, Paravicini, v. Dannenberg, Graf Kielmansegge; Major v. Kleist; Rittmeister v. Alvensleben, v. Rennenkampff; Kapitäne v. Schwedhoff, Olfermann, v. Haxthausen, Heckert; Lieutenants v. Scorck, v. Grabbe, Graf Nesselrode, Hanbury.

Ingenieurs: Kapitäne Stuckenberg, Schäfer, Müller.

Avantgarde.
Generalmajor v. Tettenborn.

Don-Kasaken-Rgt. Grebcow II. (Гребцовъ)	. . —	Bat. —	Schw. —	Gesch.	383 Mann
„ „ „ Komisarow I. (Комисаровъ)	. —	„ —	„ —	„	415 „
„ „ „ Denisow VII. (Денисовъ)	. . —	„ —	„ —	„	356 „
„ „ „ Sulin IX. (Сулинъ)	. . . —	„ —	„ —	„	341 „
Jäger-Bataillon: Kapitän v. Reiche ᵇ⁾	 1	„ —	„ —	„	859 „

Freikorps: Major v. Lützow. ᶜ⁾

Infanterie: Kapitän v. Helmenstreit . . . . 3 „ — „ — „ 2421 „
1. Bat. Lieutenant v. d. Heyde.
2. „ Lieutenant v. Seydlitz.
3. „ Lieutenant Jahn (vom 16. Sept.
ab Lieut. Müller I.).

---

a) Rapport Wallmodens 1. August, insoweit nicht andere Quellen angegeben werden.⁷⁶⁸⁾

b) Reiches Rapport 26. Juli.⁷⁶⁹⁾ — Das Bataillon stieß erst am 19. Aug. in Hagenow zum Korps.

c) Lützows Rapport 7. Aug. Infanterie nach Abzug von etwa 200 Mann, welche am 15. Aug. ins Depot gingen, Kavallerie von 170 Unberittenen.⁷⁷⁰⁾

Abb. VII: Einteilung des verbündeten Armee-Korps an der Nieder-Elbe Mitte August 1813: Korps Wallmoden. Das Korps Wallmoden bestand außer der Avantgarde noch aus der russisch-deutschen, der britisch-deutschen, der schwedischen und einer Kavallerie-Division (Kommandeur: Generalmajor v. Dörnberg, Adjutant Oberstleutnant v. Nostitz) sowie einer Hanseatischen Brigade. Außerdem: 1 russisch-deutsche und 1 britisch-deutsche Art.-Brigade. Gesamtstärke des Korps Mitte August 1813 etwa 27 000 Mann.

wo die deutsche Legion, 6000 Mann stark, angekommen ist. Sie soll unter das Kommando von Wallmoden treten und durch das, was dieser schon geworben hat, bis auf 10 000 Mann verstärkt werden. Sie wird dann zur Armee des Kronprinzen von Schweden (Bernadotte) stoßen, die 80 000 Mann stark werden soll...« Clausewitz erhielt die neue Bestimmung am 3. Juli 1813.

Vorher aber hatte Stein, nun dem »russischen« Oberstleutnant ebenso befreundet wie von jeher Marie von Brühl, damals noch in Reichenbach, sich erboten, die Briefe zwischen den beiden zu vermitteln. So konnten die jungen Eheleute vereinbaren, sich in Giewitz in Vorpommern zu treffen, um dort ein kurzes Urlaubsglück zu erleben. Am 12. August kam der erste Brief aus Grabow, dem neuen Hauptquartier. Zwei Tage später war Clausewitz Generalquartiermeister der deutschen Legion, dann Chef des Korps Wallmoden. Das war eine Auszeichnung. Aber bald merkte Clausewitz, daß man ihn vom Hauptkriegsschauplatz abgeschoben hatte, wo die Entscheidungen fielen. Nur »der Kleine Krieg« blieb für ihn übrig. Dem Andenken an Scharnhorst und den Frühjahrsfeldzug 1813 aber hat er noch in Schriften Ausdruck gegeben, die er während des Waffenstillstandes verfaßte und die denkwürdig bleiben sollten, so vor allem der Nachruf auf Scharnhorst, der lautet[25]: »Am 28. Juni starb zu Prag an den Folgen seiner in der Schlacht bei Großgörschen erhaltenen Wunde der Königlich Preußische Generalleutnant von Scharnhorst.

Er war einer der ausgezeichnetsten Männer unserer Zeit. Das rastlose, stetige, planvolle Wirken nach einem Ziel, die Klarheit und Festigkeit des Verstandes, die umfassende Größe der Ansichten, die Freiheit von Vorurteilen des Herkommens, die stolze Gleichgültigkeit gegen äußerliche Auszeichnungen, der Mut, in den unscheinbarsten Verhältnissen mit den schlichtesten Mitteln durch die bloße Stärke des Geistes dem größten Zweck nachzustreben, jugendlicher Unternehmungsgeist, die höchste Besonnenheit, Mut und Ausdauer in der Gefahr, endlich die umfassendste Kenntnis des Kriegswesens, machen ihn zu einem der merkwürdigsten Staatsmänner und Soldaten, auf welche Deutschland je stolz sein durfte.

Billig und gerecht im Urteil, sanft und ruhig in allen Verhältnissen mit anderen, freundlich, herzlich im ganzen Lebensumgang, zart und edel in der Empfindungsweise, war er einer der liebenswürdigsten Menschen, die den Kreis des geselligen Lebens zieren. Was er dem Staat gewesen ist und dem Volke und der ganzen deutschen Nation, mögen wenige oder viele erkennen, aber es wäre unwürdig, wenn einer davon gleichgültig bliebe bei dem traurigen Todesfall. Es müßte keine Wahrheit und keine Tiefe mehr in der menschlichen Natur sein, wenn dieser Mann je von denen vergessen werden könnte, die ihm nahestanden, die ihn verehrt und geliebt haben.«

Zweites Kapitel
Kleiner Krieg 1813

Ein Rückschlag

Der Werdegang von Clausewitz ist in zahlreiche Abschnitte gegliedert. Es fällt auf, wie verschiedenartig sie sind und welche Probleme und neue Aufgaben jeder mit sich bringt. Oft stellen sie
sich überraschend, sind mit Ärgerlichkeiten verbunden, mitunter
auch mit herben Enttäuschungen. Aber dann bringt es der Be-
troffene immer wieder fertig, der gebotenen Lage die beste Seite
abzugewinnen, in jedem Fall aber seinen Horizont zu erweitern.
Ein merkwürdiges Karma bewahrt ihn vor Einseitigkeit und
Spezialisierung. Seine Einsicht wächst, sein Charakter festigt sich
mit den jeweiligen Schwierigkeiten. Der Kontrapunkt seines Wer-
deganges aber bleibt die einmal gewonnene Liebe, die sich in der
Ehe vollendet, durch Trennung und Entbehrung vertieft wird.
Auch in den Befreiungskriegen erlebt sie neue Prüfung und Be-
währung.
Clausewitz hatte den Frühjahrsfeldzug an der Seite seiner Freunde
Scharnhorst und Gneisenau mitgemacht. Er bewährte sich erneut
als Bürochef des Generalstabs der schlesischen Armee, obgleich er
dem Namen nach nur als Verbindungsoffizier zur Zarenarmee in
russischer Uniform fungierte. Aber nun hatte er sich damit abzu-
finden, daß dieser Auftrag auslief. Der beste Freund und »Vater
seines Geistes« war gestorben, weil er sich opferte, das hatte ihn
auf das schmerzlichste getroffen. Aber noch blieb der andere
Freund, Gneisenau, und nun auch Stein, den er für sich gewonnen
hatte. Doch alle ihre Unternehmungen scheiterten, den russischen
Oberstleutnant wieder in preußische Dienste zu übernehmen. Der
König blieb bei seinem eigensinnigen *Nein.* So ergab es sich
zwangsläufig, daß Clausewitz doch noch die Stelle antrat, für die
er schon bald nach Beginn des Rußlandkrieges von 1812 bestimmt
war: die des Generalstabsoffiziers der russisch-deutschen Legion,
bis dahin immer noch vakant. Die Legion hatte sich inzwischen
formiert und stand zum Einsatz bereit. Aber nicht bei der schlesi-

schen Armee unter Blücher, sondern in der Nordarmee des schwedischen Kronprinzen. Clausewitz war damit aus dem Zentrum der Kriegsentscheidung ausgeschieden und auf einen Nebenkriegsschauplatz verbannt, ja praktisch abgeschoben. Nicht ein Versagen hatte den Anlaß dazu gegeben — das Gegenteil war der Fall, wie alle Welt wußte —, sondern die Ungnade des Königs.

Aber auch bei diesem Übergang bewährten sich die Elastizität dieses lebendigen Geistes wie die Festigkeit seines Charakters. Er fügte sich in das Geschickte. Ja, es dauerte nicht lange, bis er auch der neuen Aufgabe die ergiebigsten Seiten abzugewinnen wußte. Wenn es ihm nicht bestimmt war, im Zentrum der großen Entscheidungen weiterzuwirken, dann war es nun seine Aufgabe, den kleinen Krieg zu führen und in ihm Erfolge zu erringen. Ein neues Problem war gestellt. Hatte nicht der junge preußische Major im Generalstab über dieses Thema an der Allgemeinen Hochschule für Offiziere vorgetragen? Hatte er nicht die Kriegsgeschichte nach informativen Beispielen dafür durchforscht? Nun sollte er selbst den kleinen Krieg praktizieren. Denn die Kräfte der Alliierten reichten nicht aus, überall »großen« Krieg zu führen, auch nicht, nachdem Österreich Napoleon am 12. August 1813 den Krieg erklärt hatte. Der letzte Wille von Scharnhorst war damit erfüllt.

Clausewitz wurde nach dem nördlichen Kriegsschauplatz abgeordnet. Er kam zu einem Verband, der nicht mit herkömmlichen Maßstäben gemessen werden konnte. Er war ein Produkt des Krieges und setzte sich in der Hauptsache aus Freiwilligen zusammen, die wohl Enthusiasmus, aber weder Kriegserfahrung noch Einübung mitbrachten. Außerdem hatte er im Norden mit besonderen Verhältnissen zu rechnen, die man im Blücherschen Hauptquartier mit einiger Skepsis beobachtete: Oberster Kriegsherr war da der Kronprinz der Schweden, den sich diese erwählt hatten, Bernadotte, der ehemalige napoleonische Marschall. Er hatte Blücher noch im November 1806 bei Lübeck zur Waffenstreckung gezwungen; 1810 hatten ihn die schwedischen Stände einstimmig zum Kronprinzen gewählt und Karl XIII. als Kronprinzen adoptiert, nachdem er lutherisch geworden war. Aber er hatte immer noch einen heillosen Respekt vor Napoleon und führte den Krieg gegen ihn mit allzu abwartender Vorsicht. Gegner im Norden waren außer den Franzosen und ihren Rheinbündlern die Dänen, die die brutalen Überfälle der englischen Flotte auf Kopenhagen in die Arme Napoleons getrieben hatten. Französischer Heerführer im Norden aber war Marschall Davoust, Fürst von Eggmühl und Herzog von Auerstedt, Träger von Titeln, die einiges besagten. Er hatte Hamburg zur Bastion des französischen Imperiums in Norddeutschland ausbauen lassen und verfügte über eine Armee von etwa 35 000 Mann, Franzosen, Dänen und Spaniern, die die besondere Neugier der Hanseaten erregten.

Die neue Aufgabe

Clausewitz ging mit Vorbehalt, aber auch mit Erwartung an seine Aufgabe. Im Zimmer seines längst auch für ihn gewonnenen Freundes, des Reichsfreiherrn vom Stein, hatte er noch aus Reichenbach in Schlesien unter dem 6. Juli geschrieben[1]: »Wie es mit meiner neuen Stelle... sein wird, weiß ich noch nicht; in jedem Fall muß ich mich jetzt wieder etwas zusammennehmen, denn so verwöhnt, wie ich in der letzten Zeit war, darf ich nicht bleiben. Das beste Mittel unserer künftigen Korrespondenz ist Herr vom Stein. Er erlaubt, daß Du Deine Briefe seiner Frau gibst, und er hat die kürzeste Gelegenheit, sie mir zukommen zu lassen. Ebenso werde ich meine Briefe General Wallmoden geben, der sie an Herrn vom Stein befördern wird, durch dessen Frau Du sie erhältst.« Graf Wallmoden war der Schwager Steins, das muß man wissen, Stein mit dessen schöner Schwester Wilhelmine verheiratet. Die auf diese Art beförderten Briefe konnten auch Mitteilungen enthalten, die nicht für Dritte bestimmt waren. Im Fall der Briefe von Clausewitz an seine Frau, die er dann vom nördlichen Kriegsschauplatz an sie schrieb, ist das von einiger Bedeutung. Im übrigen war der neue General, dem Clausewitz nun zugeteilt wurde, der Generalleutnant Graf Wallmoden-Gimborn, ursprünglich in österreichischen Diensten gestanden, bis er dann in russische übertrat. Clausewitz kam also nicht ohne Protektion. Anläßlich der Reise ergaben sich auch einige glückliche Tage, in denen er seine Frau wiedersehen konnte. Sie war unterdessen nach Giewitz gefahren, zu ihrer alten Freundin, der Gräfin Voss, und so dem Einsatzgebiet ihres Gatten nahe.

Clausewitz traf am 9. August in Grabow in Mecklenburg ein, um seine neue Aufgabe zu übernehmen. Am 10. August meldete er sich bei seinem neuen Befehlshaber, der bei Schwerin die eben dort eingetroffene russisch-deutsche Legion besichtigte. Er empfing den Oberstleutnant »auf seine gewöhnliche Weise, weder mit Auszeichnung, noch zurückstoßend«[2], also mit der gemessenen Zurückhaltung des großen Herrn. Clausewitz wartete ab, erlebte jedoch schon bald eine angenehme Enttäuschung, da er höher eingestuft wurde, als er zunächst erwartet hatte. Schon am 14. August konnte er seiner Frau aus Grabow[3] mitteilen, daß ihn Graf Wallmoden zum Generalquartiermeister seiner »nicht unbeträchtlichen Armee« ernannt habe. »Seitdem bin ich bis über die Ohren in Papieren, weil mir jetzt noch fast alle Gehilfen fehlen und überhaupt die ganze Komposition der Armee noch sehr neu ist. Diese Bestimmung ist unstreitig die wichtigste, die mir in meinem Leben geworden ist, dazu kommt, daß ich mit dem *persönlichen Benehmen* des Grafen gegen mich ganz zufrieden bin. Aber die Stellung dieser Armee und vieles andere machen diesen Posten nicht sehr angenehm.« Wenn Clausewitz in den Briefen von einer »Armee« spricht, so sollte sich dies mit der Zeit als richtig erweisen.

Warum er aber seine Stellung als nicht sehr angenehm betrachtet, ist dem nächsten Brief vom 15. August zu entnehmen[4]: »Von hier gehen wir nach Hagenow; wir sind zur Observationsarmee gegen Marschall Davoust und die Dänen bestimmt, eine Stelle, welche weder mir noch meinem General gefällt.« Am 18. August die kurze Mitteilung[5] »Der Krieg hat angefangen. Marschall Davoust mit einigen 30 000 Mann Dänen und Franzosen ist im Vordringen begriffen. Es ist unmöglich, die Begebenheiten vorauszusagen, da alles davon abhängt, ob der Feind sich irgendwo eine Blöße gibt.« Zunächst allerdings gab sich nicht der Feind, sondern das Freikorps Lützow eine Blöße; es war überhaupt alles andere als eine »wilde verwegene Jagd«, wenigstens, was die Fußtruppen betrifft.

So mochte es an der geringen Kriegserfahrung der freiwilligen Jäger liegen, daß ein nächtlicher Überfall auf einen ihrer verschanzten Vorposten bei Lauenburg an der Elbe raschen Erfolg hatte: Die Lützower mußten ihn aufgeben und verloren dabei fünfzig Gefangene und an hundert Tote und Blessierte[6]. Diese Schlappe machte General Wallmoden und seinem Stab klar, daß sie in ihrem Abschnitt an der Westgrenze von Mecklenburg und an der unteren Elbe nur einen Manöverkrieg führen konnten: mehr war mit dieser bunt zusammengesetzten Armeeabteilung, deren Kern die Legion bildete, vorläufig nicht zu erreichen. Allerdings kamen zu diesen zunächst nur 8000 Mann bis August noch etwa 20 000 Mann leichter Truppen hinzu, so daß der Verband schließlich etwa 28 000 Mann stark war und über sechzig Kanonen verfügte. Nur bei beweglicher Führung war die Aufgabe zu erfüllen, Mecklenburg und die Niederelbe zu decken und das Korps Davoust samt dänischen Hilfstruppen zu binden, das über etwa 30 000 Mann verfügte.

Die Beziehungen zwischen dem Grafen Wallmoden und seinem Generalstabschef erwärmten sich rasch; sie »konnten« offenbar miteinander, wie man in der Stabssprache sagt. Schon nach wenigen Tagen schrieb er[7] an seine Frau, daß er mit dem Grafen außerordentlich zufrieden sei, »es ist äußerst angenehm, mit ihm zu leben, und unter einer kalten Asche, unter dem Anschein eines völligen Weltüberdrusses, glüht ein edles Feuer«. Das betraf die Persönlichkeit Wallmodens. »Als Offizier kann ich ihn gar nicht beurteilen«, setzt der Realist Clausewitz hinzu.

Aber auch dazu sollte sich bald Gelegenheit bieten. Am 27. August heißt es über die allgemeine Lage der Armeeabteilung[8]: »Bis jetzt hat der Feldzug hier in bloßem Manövrieren bestanden, und wir können mit dem Resultat zufrieden sein, da wir viel schwächer sind, und ein entschiedeneres Betragen des Feindes uns jetzt schon nach Berlin hätte bringen müssen. Überhaupt scheinen mir die Anordnungen Napoleons in diesem Feldzug nicht meisterhaft, und ich bin voll guter Hoffnung. Ein paar kleine, höchst unbedeutende Gefechte haben wir gehabt, in einem derselben habe ich den General Wallmoden bewundert; ich habe kaum je eine ähnliche Bravour gesehen. Er ritt dreimal die Front eines feindlichen Bataillons herunter, was auf uns schoß, in einer Entfernung von 80 Schritt, so daß jeder von uns das Bataillon hätte kommandieren können. Ich werde die stolze Ruhe, mit welcher er in den Kugelregen hineinsah, nie vergessen.«

Diese Bravour hat natürlich auch auf feindlicher Seite Eindruck gemacht und die Angriffsfreude nicht eben gesteigert. So geht der Manöverkrieg weiter, ohne daß sich die Lage wesentlich verändert. Das Hauptquartier Wallmodens wechselt häufig seinen Standort, wie die Briefe seines Generalstabschefs erkennen lassen: sie sind zunächst in Grabow, dann in Wöbbelin bei Neustadt geschrieben, dann kommen sie aus Schwerin, Dömitz, Hagenow und Dannenberg und schließlich Ende November aus Cammin. Dann ist die Völkerschlacht bei Leipzig geschlagen, und auch hier gerät die Kriegsfront in Bewegung. Im übrigen bringt dieser Manöverkrieg für den Stab manche Strapazen: Da liegt Clausewitz beispielsweise mit sechs Offizieren auf einer Stube, oder dann plagt ihn wieder die Gicht so stark, daß er nur mit Morphium der Schmerzen Herr wird[9].

Praxis des kleinen Krieges

Auch das Korps Wallmoden hatte zum Kriegserfolg 1813 das Seine beigetragen. Seine Führung zeigte sich den wechselnden Aufgaben gewachsen. Der kleine Krieg an der unteren Elbe wie in der Strecknitz an der mecklenburgischen Westgrenze erwies sich als ein System von Aushilfen, die ihren Zweck erreichten. Nicht zuletzt war der Chef des Generalstabs vor ungewöhnliche Probleme gestellt. Aber nun machte es sich bezahlt, daß gerade er, Carl von Clausewitz, den kleinen Krieg vorher gründlich studiert und seine Anforderungen, Grenzen und Möglichkeiten geistig durchgearbeitet hatte. Seine früheren Vorlesungen mit ihren zahlreichen kriegsgeschichtlichen Beispielen an der Allgemeinen Kriegsschule in Berlin gewannen nun praktische Bedeutung. Die Führung war deshalb wohl auch erfolgreich, während der Befehlshaber selbst dazu keine besondere Beziehung haben mochte: Wallmoden gehörte noch zu der älteren Generation, die ihre Führungsaufgabe vor allem darin erblickte, im Gefecht mitzureißen und bravouröses Beispiel zu geben. Die Entwicklung des Kriegsbildes aber verlangte inzwischen eine andere, mehr geistige Art des Kommandos. Insofern war dieser Kleinkrieg in Mecklenburg, an der unteren Elbe und dann in Norddeutschland überhaupt von zukunftsweisender Bedeutung. Dazu noch ein weiterer Hinweis:

In dem Brief von Clausewitz an die Gattin vom 1. September 1813 heißt es[10]: »Wir haben bis jetzt noch kein einziges ordentliches Gefecht gehabt, und wir haben sie absichtlich vermieden, weil wir die Mittel gefunden haben, den Feind ohnedem zum Stehen zu bringen oder wenigstens seinen Entwürfen ein Bleigewicht anzuhängen. Das Machtverhältnis und andere Umstände machten ein solches Verfahren zur Pflicht, und wenn es jemand gibt, der uns untätig oder unentschlossen nennt und die Ursache davon in dem Charakter des Grafen Wallmoden zu finden glaubt, so darfst Du dreist glauben, daß er kein kompetenter Richter ist: wenigstens können wir nach dem, was ich von der Sache verstehe, nicht anders handeln; und was bis jetzt geschehen ist, ist durchaus in meinen Absichten und größtenteils auf meine Veranlassung geschehen. Wie General Wallmoden bei großen Unternehmungen sein wird, kann ich noch nicht beurteilen; bis jetzt habe ich nur Ursache, mit ihm zufrieden zu sein, und ich kann mir den persönlichen Rücksichten nach kaum ein angenehmeres Verhältnis denken.«

Worin bestanden nun die Mittel, den Entwürfen des Marschalls Davoust »ein Bleigewicht anzuhängen«? Hinweise im einzelnen sind den Briefen nicht zu entnehmen. Auch die konventionelle Kriegsgeschichte schweigt sich darüber aus. Da muß man, um Anhaltspunkte zu gewinnen, schon auf die Vorlesungen von Clausewitz über den kleinen Krieg zurückgreifen, die seit einiger Zeit auch im Druck vorliegen[11]. Von besonderem Interesse im Zusammenhang mit dem kleinen Krieg an der unteren Elbe sind die Abschnitte, die sich mit dem kleinen Krieg der Parteigänger befassen[12]. Als ihre wichtigsten Aufgaben werden da aufgeführt:

1. Nachrichten einzuziehen,
2. Kuriere aufzuheben,
3. Generale und andere wichtige Personen aufzuheben,

4. Kontributionen und andere wichtige Bedürfnisse einzutreiben,
5. Brücken zu zerstören,
6. Magazine zu zerstören,
7. Wege zu verhauen.
Die Briefe von Clausewitz an seine Frau aus dieser Zeit sind im
übrigen auffallend militärisch gehalten — ein Zeichen dafür, daß
sich die Empfängerin dafür interessierte. Sie können infolgedessen
in gewisser Beziehung als Geschichtsquelle der kriegerischen
Ereignisse gelten; ihnen hat die Kriegsgeschichte sonst keine besondere Aufmerksamkeit geschenkt. Deshalb sind die Details des
kleinen Krieges, die Clausewitz seiner Frau in den Briefen mitteilt,
besonders aufschlußreich. Da heißt es am 20. August bereits[13]:
»Wir haben übrigens heute einen Kurier aufgefangen, welcher der
Überbringer eines Briefes von Napoleon an Davoust war, worin er
ihm befiehlt, vorzudringen und sich nicht durch die wenigen Truppen aufhalten zu lassen, die ihm gegenüberständen: es wären ›de
la Canaille comme les hanséatiques et les troupes de Wallmoden‹.«
Dieser Befehl ist also nie in die Hände Davousts gelangt, und er
hat sich aufhalten lassen. Andererseits hat auch der Feind in
Mecklenburg viele Spione (Brief vom 27. August[14]). Aber die
»Abwehr« des Korps scheint gut zu arbeiten: »Neulich hat man
uns fünf mit einem Male eingebracht, die von Schwerin abgeschickt waren, den Stand unserer Truppen zu erforschen. Wir haben den einen davon, welcher seine Absicht sogleich eingestand,
auf der ungeheueren Ebene bei den drei Krügen auf einem kleinen
Hügel aufhängen lassen, welches Geschäft die vier anderen haben
vollziehen müssen.«
Dem kleinen Krieg fiel übrigens auch Theodor Körner, der junge
Dichter von »Leier und Schwert«, zum Opfer: er ist beim Überfall
auf einen französischen Transport, der große Mengen von offenbar requiriertem Branntwein und Zwieback mit sich führte, am 26.
August bei Gadebusch gefallen. Dem Generalstabschef des Korps
aber, der diesen Vorfall übrigens nicht weiter erwähnt, war die Beute
sicherlich willkommen, denn er hatte ja auch für die regelmäßige
Verpflegung der Truppen zu sorgen; er tat dies vorbildlich, mit
der gebotenen Strenge. So ließ er einen mecklenburgischen Amts-

hauptmann arretieren, der als Verpflegungskommissar eingesetzt war, aber falsche Angaben über die vorhandenen Vorräte machte und dann versuchte, sich abzusetzen. Da verstand Clausewitz keinen Spaß, auch um der Ordnung in der Etappe willen: wenn die Truppe nicht regelmäßig verpflegt wurde, nahm sie sich eben, was sie brauchte. Das war unbedingt zu verhindern.

Im übrigen war auch ein Nachrichtendienst organisiert, der das Korps über die eigene große Lage auf dem laufenden hielt. Kuriere gingen nach dem alliierten Hauptquartier, um Nachrichten zu überbringen und einzuholen; die feindlichen Zeitungen, deren man habhaft werden konnte, wurden ausgewertet[15]. Gneisenau unterrichtete seinen Freund Clausewitz laufend persönlich über die beabsichtigten Operationen oder die stattgefundenen Kämpfe. Dieser hat ohne Zweifel das Seine dazu getan, auch den kleinen Krieg im Norden darauf abzustimmen, denn er sah immer und überall im Kriege *das Ganze*. Unter diesem Gesichtspunkt ist auch die einzige größere Kampfhandlung zu betrachten, die das Korps Wallmoden Mitte September über die Elbe führte, um die Entsendung stärkerer Verbände nach Magdeburg zu verhindern. Diese Absicht wurde vereitelt.

Inzwischen war das Korps Wallmoden laufend größer geworden, und zwar durch den Zustrom von Freiwilligen. Ihre Ausrüstung, Bewaffnung und Einübung stellten Generalquartiermeister und Generalstab vor immer neue Probleme. Aber auch hier hat Clausewitz sein ungewöhnliches Organisationstalent bewiesen. Wie der Veröffentlichung »Heere der Vergangenheit«[15a] zu entnehmen ist, hatte das Korps bis Mitte August 1813 eine Stärke von rund 18 500 Mann erreicht. Es war ein buntes Truppen- und Völkergemisch, das sich, der Besonderheit der Lage entsprechend, folgendermaßen gliederte:

I. Die Avantgarde unter dem Befehl des deutsch-russischen Generalmajors v. Tettenborn mit vier Donkosaken-Regimentern, einem Jäger-Bataillon, dem Lützowschen Freikorps und deutscher Kavallerie und Artillerie.

II. Die russisch-deutsche Legion unter Generalmajor v. Arentschildt mit zwei Brigaden, insgesamt 6 Bataillone.

III. Die britisch-deutsche Division unter Generalmajor Lyon mit einer leichten und einer Linien-Brigade und einem britisch-deutschen Infanterie-Kommando, deren Offiziere und Mannschaften aus Mittel- und Norddeutschland kamen.

IV. Die Kavallerie-Division unter Generalmajor v. Dörnberg und dem Oberstleutnant von Nostitz als Generalstabsoffizier mit zwei russisch-deutschen Husaren-Regimentern, insgesamt 17 Schwadronen.

V. Die Reserve-Artillerie, die über 28 Geschütze und, was damals neu war, dazu noch über 32 Raketen-Gestelle verfügte.

VI. Die schwedische Division unter Generalleutnant v. Vegesack, zu der auch die Mecklenburgische und die Hanseatische Brigade gehörten. Die letztere setzte sich in der Hauptsache aus Freiwilligen zusammen, die sich General Tettenborn angeschlossen hatten, als dieser am 30. Mai vor der anrückenden Übermacht des Marschalls Davoust Hamburg wieder räumen mußte.

In der europäischen Kriegsgeschichte hat es wohl kaum jemals einen so bunt zusammengesetzten Korps-Verband gegeben, dazu noch alle Verbände von unterschiedlicher Stärke! Da mußte der Chef des Generalstabs schon über ungewöhnliche Organisationstalente verfügen.

Das Gefecht in der Göhrde

Ende August hatte Napoleon in der Schlacht bei Dresden den letzten Sieg auf deutschem Boden errungen — jedoch blieb er ohne strategische oder politische Folgen. Etwa gleichzeitig jedoch, und dann Anfang September, wurden seine Marschälle einer nach dem anderen geschlagen und wichtige operative Vorteile gewonnen, so bei Groß-Beeren, Hagelberg, Dennewitz. Im Wallmodenschen Hauptquartier wußte man nun mit Sicherheit, daß der Marschall Davoust, der einen Vorstoß in Richtung Wismar unternommen hatte, sich dann aber wieder zurückzog — daß er über 33 000 Mann mit 100 Kanonen und 3000 bis 4000 Mann Kavallerie verfügte, also stark genug war, einen Teil seiner Truppen nach Sachsen abzuschicken. Hamburg und Norddeutschland konnte er allerdings nicht völlig entblößen, und so entsandte er nur den Divisionsgeneral Pécheux mit etwa 9000 bis 10000 Mann elbeaufwärts, um zunächst die Garnison von Magdeburg zu verstärken. Gleichzeitig sollte Pécheux die feindlichen Detachements auf dem linken Elbeufer vertreiben (»Balayer la rive gauche des parties ennemies«). Clausewitz schreibt[16]: »Wir waren durch die Menge der aufgefangenen Briefe sehr genau unterrichtet über die Absichten des Feindes.« So hatte man endlich Gelegenheit, dem Marschall Davoust einen Streich zu spielen.

Dieser Streich ist dann auch gelungen. Er war durchdacht vorbereitet und wurde mit Energie geführt. An seinem Gelingen war Clausewitz maßgeblich beteiligt.

So getarnt, wie es sich machen ließ, wurde bei Dömitz eine Schiffsbrücke über die Elbe geschlagen. In der Nacht zum 15. September ging ein starkes Detachement des Korps Wallmoden auf das linke Flußufer, um nach Dannenberg zu marschieren. Dort erwartete es am Morgen des 16. in einem Hinterhalt das Heraustreten des Feindes aus dem Waldgebiet, das »die Göhrde« heißt. Vielleicht hat dabei die Schlacht bei Hohenlinden in Oberbayern, in der General Moreau im Jahre 1800 österreichische Truppen vernichtend schlug, in etwa Pate gestanden. Auch hier glückte der Überfall auf die aus dem Walde heraustretenden Kolonnen, bevor sie sich noch entwickelt hatten. Clausewitz schreibt[17]: »Nach einigen Stunden eines sehr heftigen Gefechtes war das Korps des Generals Pécheux auseinandergesprengt und nach allen Richtungen auf dem Rückzug begriffen. Es scheint nicht die beabsichtigte Stärke gehabt zu haben, sondern es waren nur acht Bataillone, 10 Kanonen und 4 Schwadronen. Wir haben 8 Kanonen genommen, 1500 Gefangene gemacht, worunter den Brigadegeneral Milczinski, 1 Oberst, 2 Adjutanten des Generals Pécheux und mehrere Stabsoffiziere. Der Feind hat 2000 Tote und Blessierte. Ich kann mit Überzeugung sagen, wie Gneisenau, der sich Dir herzlich empfiehlt, von der Schlacht an der Katzbach schreibt: Wären meine Dispositionen ganz angenommen worden, so hätte vom feindlichen Korps nichts, aber auch gar nichts entkommen müssen. Auch würden wir den

Divisionsgeneral Pécheux selbst bekommen und 800 bis 1000 Gefangene mehr gemacht haben, wäre der Graf zu persuadieren gewesen, die Kavallerie noch eine Stunde weiter verfolgen zu lassen, denn es war noch nicht völlig dunkel.« Diese rastlose Verfolgung hat Clausewitz dann in seinem Hauptwerk zu einem seiner wichtigsten Grundsätze gemacht. Gneisenau hat sie nach Waterloo »bis zum letzten Hauch von Mann und Roß« praktiziert und damit Napoleon endgültig geschlagen.

Die allgemeinen Umstände und vor allem das Stärkeverhältnis erlaubten dem Korps Wallmoden damals nicht, jenseits der Elbe große Eroberungen zu machen. Aber der operative Zweck des Gefechts in der Göhrde war erreicht. Das Korps Davoust blieb weiterhin im Norden isoliert und fehlte in der Entscheidungsschlacht am 16. bis 18. Oktober 1813. Der Erfolg war nächst der Bravour der Truppen zu einem erheblichen Teil den Entwürfen und Anordnungen von Clausewitz zu verdanken. In Anerkennung dieser Leistung wurde er am 22. September zum kaiserlich russischen Oberst bei der russisch-deutschen Legion befördert. Er war damals 33 Jahre alt.

Nach der Völkerschlacht

Den Krieg in Deutschland hat 1813 bekanntlich die Völkerschlacht bei Leipzig entschieden. Sie führte vom 16. bis 19. Oktober 1813 zur Zertrümmerung des französischen Heeres und zum fluchtartigen Rückzug Napoleons aus Deutschland. Schon vorher war der Rheinbund in Auflösung. Im Vertrag von Ried am 15. Oktober hatte sich Bayern den Verbündeten angeschlossen; mitten in der Schlacht bei Leipzig gingen die sächsischen Truppen zu ihnen über. Aber im Norden hatte das damals noch keine unmittelbaren Folgen. Noch im November verteidigte Marschall Davoust die Strecknitz und machte Hamburg vollends zum französischen Bollwerk. Erst Anfang Dezember gerieten die Fronten in Bewegung: Lübeck wurde geräumt, das Korps Wallmoden marschierte gegen Oldesloe, um die Dänen von der Trave zu vertreiben, und verfolgte sie dann bis Rendsburg, um sie dort einzuschließen. Dabei kam es zu einer Schlappe bei dem Dorf Seestädt infolge schlechter oder mangelnder Dispositionen der höheren Führung[18]. So führte der Rest des Feldzugs eigentlich nur zu negativen Belehrungen unseres Kriegsphilosophen. Am 14. Januar wird der Frieden zu Kiel geschlossen, an dem Clausewitz wegen der zweideutigen Haltung der Dänen bis zuletzt zweifelte. Das Korps Wallmoden bleibt zunächst in Holstein. In Hamburg halten sich die Franzosen noch bis zum 28. Mai 1814.

Vom August bis November 1813 bleiben Clausewitz und seine Frau mit Gneisenau in brieflicher Verbindung. Der erste Clausewitz-Biograph Schwartz hat nicht weniger als zwölf meist lange Briefe überliefert, vor allem auch die von Frau von Clausewitz an Gneisenau. Sie enthalten wichtige Informationen und persönliche Ansichten über den Kriegsverlauf und die »Obrigkeit«. Vor allem aber bemüht sich Clausewitz durch Gneisenau zu erreichen, daß das Korps Wallmoden »von diesem unglücklichen Observationskrieg gegen Holstein« befreit und gegen Hannover und Holland verwendet wird. Das aber kann Gneisenau nicht durchsetzen. Überhaupt zeigt der Briefwechsel die Schwierigkeiten eines Koalitionskrieges ebenso ungeschminkt wie manche persönliche Intrige. König Friedrich Wilhelm III. und sein Generaladjutant v. d. Knesebeck spielen dabei keine sehr erfreuliche Rolle. Aber auch darüber hinaus steht in diesen Briefen manches, das die offizielle Kriegsgeschichte verschweigt oder beschönigt. Im übrigen geht es auch um das Schicksal der Legion, und da bittet Clausewitz Gneisenau am 14. Dezember[19], daß er sich für sie verwende: »Wenn Sie sich dieser Sache annehmen, so tun Sie ein sehr menschenfreundliches Werk an verwaisten Kindern, die kein Vaterland mehr haben.« Auch Carl von Clausewitz selbst gehört um diese Zeit noch zu diesen »Vaterlandslosen«.

Erst Mitte Februar 1814 erinnert man sich des Korps Wallmoden, während in Frankreich bereits die letzten Entscheidungen fallen. Wieder ist Clausewitz zu der Rolle des Zuschauers verurteilt. Erst Mitte Februar wird er mit seiner Truppe in Marsch gesetzt, um Anfang März Münster, dann über Maaseyck, Hasselt, Mecheln den Raum von Antwerpen zu erreichen. Es kommt noch zu einigen bedeutungslosen Gefechten. Napoleon selbst und seine Armeen sind am Ende ihrer Kräfte. Nach letzten Siegen halten am 31. März die Verbündeten ihren Einzug in Paris. Sechs Tage später erfolgt in Fontainebleau der Thronverzicht Napoleons und seine Abreise nach Elba, der Insel, die ihm als Fürstentum zugewiesen wird. Noch am 15. März hatte Clausewitz, wie aus seinem Brief aus Düsseldorf hervorgeht[20], an diesem glücklichen Abschluß gezweifelt, doch dann am 4. April an seine Frau schreiben können[21]: »Der Termin unseres Wiedersehens ist... nahe. Ich denke nämlich, Du kommst sobald als möglich zu mir.« Im übrigen fällt in diesen Tagen auch noch eine andere Entscheidung: Es geht um die Zukunft der russisch-deutschen Legion. Graf Wallmoden reist Mitte April nach Paris, um sich dort für sie einzusetzen. Gneisenau und Stein haben im übrigen vorgearbeitet: Der König von Preußen nimmt sie gnädig in seine Dienste. Aus dem Hauptquartier bei Tournay berichtet dann Clausewitz am 12. April 1814 an seine Frau[22]: »Unsere Verabredung wegen der Reise bleibt. — Ich füge hier die Abschrift des Briefes bei, den ich an den König schreiben werde, wenn die Legion in preußische Dienste tritt: ›Die russisch-deutsche Legion hat das Glück, in den Dienst Ew. Königlichen Majestät aufgenommen zu sein: ich würde mich als Mitglied der Legion berechtigt fühlen, an diesem Glück Teil zu nehmen, wenn ich nicht eingedenk der von Ew. Königlichen Majestät mir im vorigen Jahr gewordenen Entscheidung, es für meine Pflicht hielte, in Rücksicht meiner Person Ew. Königliche Majestät um eine besondere Entscheidung zu bitten. Es ist gegen meine Gefühle, mich mit einem ganzen Corps in Ew. Königlichen Majestät Armee einzuschleichen, und bin ich nicht so glücklich, von Ew. Königlichen Majestät würdig gehalten zu werden, in Allerhöchstdero Armee zu dienen, so werde ich den Austritt aus der Legion als unvermeidliches Übel betrachten, dem ich mich lieber unterwerfe, als unter Ew. Königlichen Majestät Augen zu dienen, ohne wenigstens die Ansprüche auf Ew. Königlichen Majestät Gnade und Wohlwollen zu haben, deren sich jeder andere Offizier erfreut‹.«

Man weiß nicht, ob dieser Brief abgeschickt wurde. Friedrich Wil-

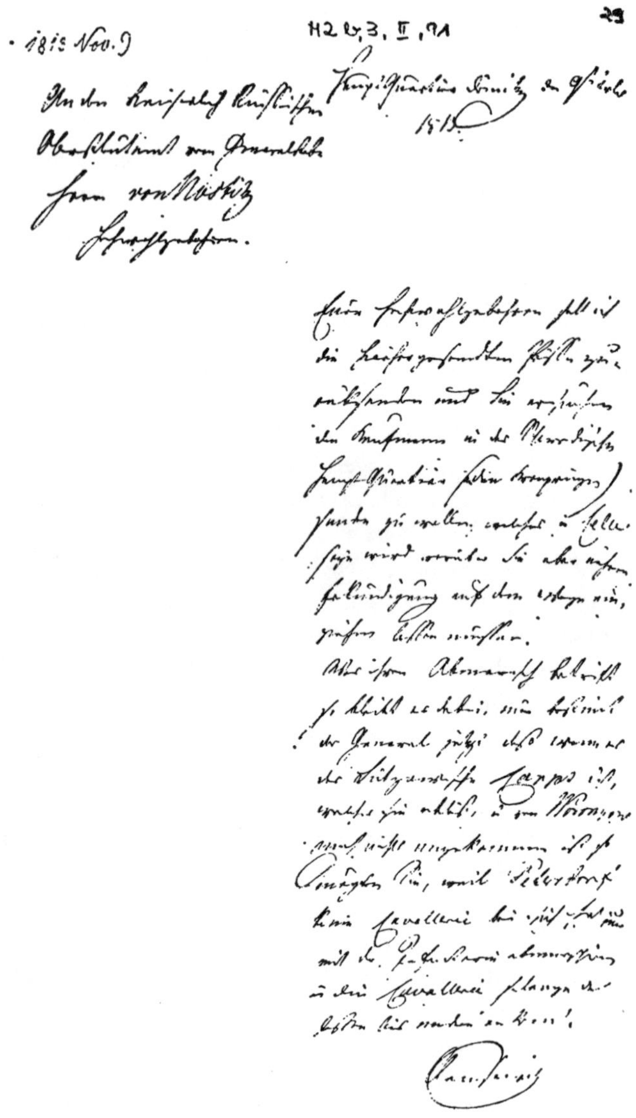
1813 Nov. 9

An den Kaiserlich Russischen Oberstleutnant vom Generalstabe Herrn von Nostitz Hochwohlgeboren.

Abb. VIII: Brief Carl von Clausewitz an den Kaiserlich Russischen Oberstleutnant vom Generalstabe, Herrn v. Nostitz, v. 9. 11. 1813 (als Schriftprobe)

helm III., im Hochgefühl des Sieges über Napoleon, ist jedenfalls
gnädig. Mit Patent vom 11. April 1814 übernimmt er den Kaiserlich russischen Oberst Carl von Clausewitz als Oberst der Infanterie wieder in preußische Dienste. Ein Kapitel, das tragisch zu werden drohte, nimmt ein glückliches Ende. Es wird auch ein neuer
Anfang.

Die Soldatenfrau

»Ich erwarte Dich mit Sehnsucht«, hatte Carl von Clausewitz am
17. April an seine Frau geschrieben. Er bleibt bis auf weiteres als
Chef des Generalstabs und Generalquartiermeister des Korps
Wallmoden in Flandern und kann darum bereits zwei Tage später
seine Wünsche genauer präzisieren. In dem letzten Brief aus Alost
heißt es[23]: »Da Alost auf längere Zeit mein Bestimmungsort bleiben wird, so würde es mich sehr glücklich machen, hier Deinen
Besuch zu erhalten... Hier in Alost kann ich Dir zwar nicht viel
Vergnügen versprechen, denn der Ort ist klein und still; indessen
bin ich ja schon gewohnt, daß Du die Einsamkeit mit mir teilst,
und wenn unser Schicksal erst entschieden ist, so kann mir ein Urlaub auf längere Zeit zu einer Badereise nicht versagt werden.
Wenn es irgend möglich ist, werde ich Dir entgegenkommen, wenigstens bis Aachen...«
Es war nicht das erstemal, daß Frau von Clausewitz ihren Mann,
den sie ja oft lange entbehren mußte, im Feldquartier besuchte. Es
war auch damals nichts Außergewöhnliches. Aber in diesem Fall
hatten die Besuche noch eine zusätzliche Bedeutung, die sich aus-
wirken sollte: Frau von Clausewitz war schon immer *der* Sekretär
ihres Mannes, wie er seinerzeit 1811 an Gneisenau schrieb. Sie
brachte von Hause aus einen militärischen Sinn mit, aber im Befreiungsjahr 1813, an dem sie mit Gemütsbewegung teilnahm, kam
das persönliche Erlebnis in den Hauptquartieren hinzu. Nun lernte
sie auch die militärischen Interna ebenso kennen wie sie einen
Überblick über die großen strategischen Zusammenhänge gewann.
Sie wuchs in die Problematik des Krieges und der Kriegführung
wie des Kriegs- und Militärwesens überhaupt hinein. Mit ihrer weib-

lichen Einfühlung ergänzte sie die männliche Ratio. Das erhellt auch aus den Briefen, die sie in der zweiten Hälfte des Schicksalsjahres 1813 mit Gneisenau wechselte. So »vorgeimpft« konnte sie in den Entstehungsjahren des Hauptwerks seit 1818 nicht nur bei der Abschrift, sondern auch bei Besprechung und Beratung der ganzen Arbeit ihrem Mann wichtige Dienste leisten — gewiß ein einzigartiger Fall in der Militärgeschichte.

Aber auch diese Möglichkeit ergab sich aus einem, wie es zunächst schien, tragischen Geschick. Clausewitz war seit Dezember 1810 verheiratet; er war oft und auf längere Zeit von seiner Frau getrennt; aber er hatte sie doch so oft wiedergesehen, daß die beiden auf Nachwuchs hoffen konnten. Die Hoffnung ging jedoch nicht in Erfüllung. Schon am 25. April 1813 hatte Clausewitz an Marie geschrieben[24]: »Ich bin traurig über die Öde unseres Hauses und muß Dir gestehen, daß ich es täglich mehr werde; aber nicht so sehr, weil mir die Entbehrung dieses Glückes weh tut, als weil ich mich gar nicht trösten kann, daß von Dir, von der liebenswürdigsten und edelsten Frau, die man weit und breit gesehen hat, keine Abstammung übrigbleiben, keine Fortpflanzung stattfinden soll. Da versteht der Himmel seine Interessen schlecht, daß *Dein* Kind, von Dir erzogen, nicht zum Besten der Welt in die Welt gekommen sein sollte . . .«

Offenbar aber meinte der Himmel eine andere Fortpflanzung der beiden, wenn er ihnen die leibliche versagte. Er gab ihnen eine geistige Nachkommenschaft, die bis zum heutigen Tage nachwirkt und weiter Früchte bringen kann. Eine praktische Vorbedingung dazu aber war wohl auch die leibliche Kinderlosigkeit. Denn wenn Kinder dagewesen wären, eine Familie, ein größerer Haushalt, dann hätte sich Frau von Clausewitz kaum so intensiv ihrem Mann widmen und an dessen Lebenswerk teilnehmen können, wie sie es getan hat. Die Voraussetzungen dazu werden in den Befreiungskriegen weiter vermehrt und vertieft, nachdem die gemeinsamen Berliner Jahre bereits die Fundamente dafür geschaffen hatten. Nun konnte sich Frau von Clausewitz immer wieder für kürzere oder längere Zeit frei machen und ihren Mann in den Stabs- und Feldquartieren besuchen oder ihn für einen kurzen Urlaub treffen, so in Schlesien, in Böhmen und dann, von Giewitz aus, in Mecklenburg und später noch in Flandern und zuletzt in Frankreich 1815.

Auch mit ihr war eine Verwandlung vorgegangen. Als sie mit Carl vertraut wurde, überwogen bei ihr noch die musischen Interessen, in denen sie überlegen war; dann traten die politischen in den Vordergrund, fast zwangsläufig hervorgerufen durch die geschichtlichen Ereignisse. Aus dem Weltkind Marie von Brühl wurde die jungverheiratete Patriotin. Nun aber kamen infolge der Ereignisse auch noch die militärischen Einsichten hinzu, die die Befreiungskriege mit sich brachten, und in den Feldquartieren erfolgte eine Art Einweisung in das militärische Geschäft und die Kriegführung im Großen. So wurde Marie von Clausewitz vollends zur Partnerin ihres Mannes. Der Briefwechsel mit Gneisenau in der zweiten Hälfte des Jahres 1813 kam noch weiter fördernd hinzu.

Die erste Gelegenheit zu wiederholtem und längerem Zusammensein bot sich während des Felddienstes von Clausewitz in Mecklenburg. Während des Manöverkrieges traf man sich beispielsweise in Ludwigslust und nach dem Abflauen der Kampfhandlungen einige Wochen in Dömitz an der Elbe. Auch während der Einschließung von Rendsburg ergab sich Gelegenheit zu einem längeren Besuch. So lernte Frau von Clausewitz den Krieg von den verschiedensten Seiten kennen, nicht zuletzt von der politischen, aber auch den Einfluß von Persönlichkeit und Charakter auf die Ereignisse. Wie viele Gespräche und Diskussionen haben sich wohl darüber ergeben! Und nun ging der erste Befreiungskrieg nicht nur für Clausewitz, sondern auch für seine Frau in dem Feldquartier Alost in Flandern, etwa halbwegs zwischen Brüssel und Gent, zu Ende. Da der Krieg auslief, sollte dieser Besuch auch zu der ersten gemeinsamen Bildungsreise der jungen Ehe werden, die sie ins Ausland führte. Man liest die Hinweise darauf in den Briefen mit Vergnügen, wie etwa aus Sotteghem bei Oudenaarde[25]: »Dieser Zug nach den Niederlanden macht mich mit einem neuen, höchst interessanten Lande bekannt. Es gibt wenig Flecke der Erde, die so angebaut sind. Alle drei bis vier Meilen eine Stadt von zwanzig-, dreißig-, sechzig-, achtzigtausend Seelen, Dörfer von zwei- bis dreihundert Häusern und zwei- bis dreitausend Seelen. Keine Handbreit des Bodens ist unkultiviert. Dabei die schönsten Chausseen, mit majestätischen Alleen eingefaßt. So geht man durch Brabant und Flandern und glaubt in einem unermeßlichen Park zwischen Schlössern zu lustwandeln. Wie glücklich würde es mich machen, diese Provinzen mit Dir zu durchreisen. Und wie viele schöne Städte, wie viele prachtvolle gotische Kirchen und Rathäuser hätten wir da zu bewundern! Das Rathaus in Löwen ist das reichste Gebäude, was ich je im gotischen Stil aufgeführt gesehen habe... Brüssel ist eine der schönsten Städte im Geschmack der mittleren Zeit, die ich kenne... Mit dem Brüsseler Park läßt sich an prachtvoller und großstädtischer Wirkung nichts vergleichen, wenn ich den jardin des tuileries in Paris ausnehme. Auch von außen ist der Anblick Brüssels sehr majestätisch.«

Am 11. April hatte Napoleon in Fontainebleau endgültig abgedankt. Am 20. April nahm er dort Abschied von seiner Garde, und am 4. Mai 1814 landete er auf Elba. Europa atmete auf, vorläufig wenigstens.

Den Wunsch von Clausewitz, Flandern und Brabant gemeinsam mit seiner Frau zu erleben, hatte der Krieg wachgerufen. Der erste Pariser Frieden vom 30. Mai 1814 erfüllte ihn. Es ist nicht bekannt, wie lange Clausewitz mit dem Hauptquartier Wallmoden noch in Alost blieb. Man weiß auch nicht, welche Exkursionen er mit seiner Frau von dort aus unternahm. Aber so viel ist sicher, daß sie Gelegenheit hatten, vielleicht den schönsten Frühling ihres vielbewegten Daseins in Flandern gemeinsam zu erleben. Die russisch-deutsche Legion trat im Juli 1814 zum III. Armeekorps, dessen kommandierender General damals Kleist von Nollendorf war; sie hieß seitdem Deutsche Legion. Sie bezog dann am 25. Juli 1814 Quartiere in und bei Bonn, das nun zu Rheinpreußen gehörte. Am 22. Juli hatte General Kleist folgenden Tagesbefehl erlassen[26]:

»Seine Majestät der König haben nach einem Vertrag mit Ihren Hohen Alliierten bestimmt, daß die russisch-deutsche Legion, so wie sie jetzt besteht, sich an das Dritte deutsche Armeekorps anschließen soll. Da nun in dieser Legion sich eine Anzahl Preußen und Sachsen befinden, welche ohne Erlaubnis in dieselbe eingetreten sind, so haben durch diese Allerhöchste Bestimmung alle Ansprüche, welche einzelne Regimenter an diese Leute haben könnten, aufgehört und kein Vorwurf kann einzelne Individuen treffen, indem Seine Majestät durch diese Wiederaufnahme allergnädigst Verzeihung für Diejenigen ausdrücken, welche deren bedürfen. Die Herren Offiziere und Soldaten vom Niederrhein haben daher die Herren Offiziere und Soldaten der deutschen Legion als ihre Kameraden aufzunehmen und sich aller unziemenden Redensarten gegen selbige um so mehr zu enthalten, als ihr Betragen während der letzten Campagne untadelig gewesen ist und sie sich durch Bravour ausgezeichnet haben.

Kleist von Nollendorf«

Drittes Kapitel
Der Korpschef

Ohne Fortune?

In persönlicher Beziehung ist das Leben von Carl von Clausewitz von vielfachem Glück begünstigt, einem Glück übrigens, das durchaus verdient ist: Er wird früh gefördert, findet einzigartige Gönner und Freunde, die ihn auszeichnen und ihm helfen, bei Hofe voranzukommen; er gehört in der Folge zu dem innersten Kreis der Persönlichkeiten des preußischen Staatswesens, die als dessen Erneuerer in die Geschichte eingegangen sind. Und dann vor allem: Er findet in Marie von Brühl die Geliebte und Frau seines Lebens. Auch war ihm vergönnt, noch sechzehn Friedensjahre an ihrer Seite zu verbringen. Er ist früh Generalstabsoffizier, Oberst, mit achtunddreißig Jahren Generalmajor geworden.

Und doch ist da immer wieder so etwas wie eine Barriere. In all den Kriegen, die er mitmacht, hat er keine eigentliche Fortune, findet er keine Gelegenheit, sich so auszuzeichnen, wie es seinem soldatischen Ehrgeiz entsprochen hätte; er hat keine Schlacht, schon gar keinen Feldzug gewonnen, ja eine sonderbare Fügung hielt ihn immer wieder von den Brennpunkten fern, an denen die Entscheidungen fielen. Er war nicht an der Völkerschlacht bei Leipzig beteiligt; er diente 1814 nicht unter Blücher und Gneisenau, seinem besten Freund nach Scharnhorst. Und dann, als er endlich regulärer Oberst der preußischen Armee und Chef ihres Dritten Korps wurde, auch da blieben ihm militärische Lorbeeren versagt. Auch an Waterloo nahm er nicht teil. Da waren seine Brüder, vor allem Wilhelm, glücklicher: Dieser hat sich bereits vor Riga den Pour le mérite erworben, 1815, gleichfalls als Korpschef, das Eichenlaub dazu; dagegen kam Carl schließlich nur mit dem Eisernen Kreuz zweiter Klasse nach Hause. Er wurde kein großer Soldat im landläufigen Sinne.

Auch als Korpschef des III. Korps unter Generalleutnant v. Thielmann trat er nicht hervor, hatte er keine Gelegenheit, hervorzutreten und sich auszuzeichnen.

Der Anlaß zum letzten kriegerischen Einsatz von Clausewitz kam überraschend: Napoleon hatte in aller Heimlichkeit die Insel Elba verlassen und landete am 1. März 1815 in der Nähe von Cannes auf französischem Boden. Er hatte zunächst nur 1000 Mann zur Verfügung, aber seine Armee wuchs wie eine Lawine. Es ist bekannt, wie die Gazetten ihn bei seinem Triumphmarsch nach Norden apostrophierten: Bei seinem Verschwinden aus Elba war er »der Unhold«, bei der Landung »der korsische Werwolf«, bei seinem Vormarsch »der Tiger und elende Abenteurer«, bei seinem Einzug in Grenoble »das Ungeheuer«, in Lyon »der Tyrann«. Dann: »Der Usurpator hat es gewagt, sich der Hauptstadt bis auf sechzig Stunden zu nähern.« Und schließlich: »Bonaparte nähert sich mit starken Schritten, aber niemals wird er bis Paris gelangen.«

»Napoleon wird morgen unter den Augen von Paris sein.«

»Der Kaiser ist in Fontainebleau.«

Am 20. März war Napoleon, von Tausenden umjubelt, wieder in Paris und nannte sich erneut Kaiser der Franzosen. Marschall Ney, mit der Masse der verfügbaren Truppen Ludwigs XVIII. ihm entgegengeschickt, ging mit Begeisterung zu ihm über. Der König floh Hals über Kopf nach Gent. Die Folge bei den Verbündeten war: »Von Wien her erscholl also wieder die Kriegstrompete und da zeigte sich wieder recht lebhaft, wie hoch unser Volk steht über seiner Regierung. Trotz des unverantwortlichen Betragens dieser letzteren war kein Vorwurf, kein Unmut zu hören, und alles lief augenblicklich wieder zu den Waffen, beinahe wie vor zwei Jahren[1].«

Ende März 1815 wird die Allianz gegen Napoleon erneuert, werden die Armeen der Verbündeten noch einmal in Marsch gesetzt, zunächst die preußische und die englische, als dem künftigen Kriegsschauplatz am nächsten. Ihr Aufmarschgebiet ist Belgien, oder wie es damals noch hieß, die südlichen Niederlande. Der Oberst der Infanterie Carl von Clausewitz, über dessen Tätigkeit und Verwendung in den vergangenen Monaten nichts bekannt ist, wird am 30. März, sicher auf Vorschlag Gneisenaus — er ist wieder als Generalstabschef an die Seite Blüchers als des Armee-Oberbefehlshabers getreten —, in den Generalstab zurückversetzt und am 22. April Chef des III. Korps der Armee Blücher, die sich mit vier Armeekorps versammelt. Am 1. Mai aber richtet er ein Gesuch an den König, in der Front verwendet zu werden. Der König lehnt dieses Gesuch ab und schreibt ihm am 15. Mai[2]: »Ich kann Ihr Gesuch vom 1. dieses, Sie in der Linien-Infanterie wieder anzustellen, jetzt nicht erfüllen, bin aber auch überzeugt, daß Sie jeden Posten, welchen ich Ihnen übertrage, zu meiner Zufriedenheit ausfüllen werden und ermahne Sie daher, der Ihnen gegebenen Bestimmung, mit Zuversicht auf Ihren Eifer für den Dienst entgegenzugehen.« Ein gewisser Unmut des Königs über diesen Clausewitz, der immer etwas Besonderes will, klingt aus dem Schreiben. Clausewitz, so pflichtgetreu er seine Aufgaben erfüllt, war kein bequemer Untergebener.

Der neue Wirkungskreis

Mit seinem neuen Kommandierenden, dem Generalleutnant v. Thielmann, verstand sich Clausewitz offenbar gut. Dabei war es nicht ohne Pikanterie, aber auch kennzeichnend für die vorausgegangenen tragischen Verhältnisse: Bei Borodino hatten der Sachse v. Thielmann auf napoleonischer, Clausewitz auf russischer Seite gekämpft. Der General hatte sich dabei das Kommandeurkreuz der Ehrenlegion, der Oberstleutnant den russischen St. Annenorden verdient. Die wehrpolitischen Verhältnisse hatten sich seitdem grundlegend geändert, und nun waren die beiden Deutschen wieder in deutschen Truppenteilen vereinigt. Das III. Korps, das im heutigen Belgien auf Kriegsfuß gebracht wurde, bestand aus vier Brigaden zu je drei Regimentern, ähnlich den späteren Divisionen also, der noch in Aufstellung begriffenen Reservekavallerie unter Generalmajor v. Dobschütz und 12 Batterien Korpsartillerie. Es setzte sich in der Hauptsache aus kurmärkischer Landwehr, sächsischer Infanterie und zwei Regimentern der Deutschen Legion zusammen, vor allem also aus jungen Truppenteilen, unter diesen aber auch Landwehr. Bis zum Beginn der Feindseligkeiten blieben nur wenige Wochen, in denen diese verschiedenartigen Truppen zusammenwachsen sollten.

Napoleon hatte sich zur Offensive entschieden. Er handelte mit der gewohnten Energie und schien wieder der Kriegsgott wie ehedem. Ein Teil seiner alten kriegsgewohnten Marschälle und ein Großteil der französischen Armee standen ihm wieder zur Verfügung, aber das Volk hatte er nicht mehr hinter sich: Die Masse der Franzosen war kriegsmüde geworden und wünschte nichts sehnlicher als Frieden. Napoleon mußte also schnelle und durchschlagende Erfolge erringen, um sich zu behaupten. So ging es vor allem darum, die Hauptfeinde Preußen und Engländer nacheinander zu schlagen. Um ein Haar wäre das auch gelungen.

Am 16. Juni 1815 verlor bekanntlich Blücher die Schlacht bei Ligny. Nur mit knapper Not entging der Feldmarschall selbst der Gefangenschaft. Aber dann geschah das, was das Hauptwerk von Clausewitz folgendermaßen anspricht[3]: »Bei der absoluten Gestalt des Krieges ... gibt es nur *einen* Erfolg. Nämlich den *Enderfolg*. Bis dahin ist nichts entschieden; nichts gewonnen, nichts verloren. Hier muß man sich beständig sagen: Das Ende krönt das Werk.« Das sagte sich wohl auch Gneisenau nach der Niederlage bei Ligny. Gewiß, sie führte zum Rückzug, aber nicht zur Auflösung der preußischen Truppen. Ihre Kampfmoral war ungebrochen, so lag es nahe — statt diesen Rückzug an die Maas in Richtung Namur fortzusetzen —, den Linksabmarsch zu wagen, Wellington entgegen. Dieser aber hatte seinerseits am 16. Juni bei Les-Quatre-Bras Neys Truppen geschlagen. Der Entschluß Gneisenaus, auf moralischer Größe beruhend, entschied den Krieg von 1815: Das Ein- und Angreifen der Preußen in Flanke und Rücken Napoleons bei Belle-Alliance führte nicht nur zur Entlastung der hart bedrängten englisch-niederländischen Armee, sondern zu dem fürchterlichen Rückschlag für den Angreifer, nachdem er in verzweifelten Kavallerie-Attacken den Endsieg hatte erzwingen wollen. Als sie scheiterten, hatte Napoleon die letzten kampfkräftigen Truppen geopfert, die seinen Rückzug hätten decken können. Er hatte va banque gespielt und verloren. Clausewitz sagte später in seiner »Strategischen Übersicht des Feldzuges von 1815«[4] über die

Folgen der Schlacht: »Die Größe eines Sieges an sich, d. h. die zerstörenden Wirkungen, welche er im feindlichen Heere hervorbringt, kann natürlich zahllose Abstufungen haben; aber unter diesen macht sich eine als eine Hauptgrenze bemerklich: es ist die, wenn die geschlagene Armee keine Arrièregarde mehr zu bilden imstande ist, die das Nachdringen des Siegers ermäßigt und regelt. Dann ist der Rückzug eine wahre Flucht, das Ganze in Auflösung und die Armee für den Augenblick als vernichtet zu betrachten. Fürst Hohenlohe bei Jena und Bonaparte bei Belle-Alliance sind Beispiele dafür.«

Die Ursachen der vollkommenen Niederlage faßt Clausewitz in sechs Hauptpunkten zusammen; sie seien hier wiedergegeben, der erste zusammengefaßt, der letzte ausführlich, dem Originaltext entsprechend[5]:

1. Die Ausgabe der letzten Reserve, als sich die Waage der Schlacht zum Vorteil des Gegners geneigt hatte.

2. Die einbrechende Nacht, welche es unmöglich machte, der einbrechenden Verwirrung zu steuern.

3. Die umfassende Form des preußischen Angriffs.

4. Die große Energie im Verfolgen.

5. Endlich der Einfluß aller politischen Elemente, welche mehr oder weniger jeden Krieg durchdringen, in diesem aber stärker vorwalteten.

6. Dann weiter[6]: »Auf dem Schlachtfeld selbst einigten sich die beiden verbündeten Feldherrn dahin, daß die preußische Armee die weitere Verfolgung übernehmen sollte... Die englische Armee blieb also auf dem Schlachtfeld, die preußische aber größtenteils im Marsch. Das vierte Korps war das vorderste. Der Generalleutnant von Gneisenau setzte sich an die Spitze der vordersten Truppen desselben und ermunterte die ganze Nacht hindurch zum Verfolgen. Er ließ dabei unaufhörlich die Trommel rühren, um durch dieses Zeichen der Annäherung den fliehenden Feind nach allen Seiten hin zu alarmieren, aus seinen Lagerplätzen aufzuschrecken, in ununterbrochener Flucht zu erhalten... Höchstwahrscheinlich verdankt man dieser Energie des ersten Verfolgens einen sehr großen Teil des Erfolges. Die Flucht, die Unordnung, die Mutlosigkeit

und so die Zerstreuung des Heeres wurden dadurch gesteigert. Der größte Teil der eroberten Geschütze (240) ist bekanntlich auf dem Rückzugswege gefunden worden ... Auch die glänzende und reiche Trophäe der kaiserlichen Wagen, die Bonaparte so ungern eingestehen wollte, verdankt man wohl nur dieser glücklichen Idee des Verfolgens.«

Mit Waterloo war das Schicksal Napoleons entschieden. Seine Wiederkehr hatte nur 100 Tage gedauert. Am 7. Juli erfolgte die zweite Einnahme von Paris durch die Verbündeten, dann der zweite Friedensschluß. Napoleon wird auf die ferne Insel St. Helena verbannt, wo er 1821 stirbt.

Abb. IX: Skizze der Operationen in den Niederlanden 1815

An diesen Triumphen nimmt das III. preußische Korps indessen nicht teil. Clausewitz hat wieder einmal das Pech, auf einem Nebenschauplatz eingesetzt zu sein. Wieder muß er sich mit einer Nebenrolle begnügen, sogar einer sehr schwierigen: Das III. Korps zieht nämlich die ganze Streitmacht des Marschalls Grouchy auf sich, den Napoleon nach Ligny zur Verfolgung der vermeintlich im vollen Rückzug befindlichen Preußen detachiert hat. Das Korps muß am linken preußischen Flügel bei abscheulichem Wetter auf Nebenwegen marschieren und erreicht am 18. um ein Uhr nachts die Gegend von Wavre. An demselben Tag, an welchem Blücher mit den drei Armeekorps Bülow, Pirch und Ziethen den Sieg bei Belle-Alliance entschied, hatte das Armeekorps Thielmanns bei Wavre an den Dyle-Defileen (Dyle-Engen) einen hartnäckigen Kampf gegen die weit überlegene Streitmacht des Marschalls Grouchy zu bestehen; es deckte dem preußischen Hauptheer auf seinem Marsch in Napoleons rechte Flanke den Rücken. Die französische Übermacht zwang das Korps, das eine seiner Brigaden an das Hauptheer abgegeben hatte, zum Rückzug; aber es band auch starke feindliche Truppen. Später ist Clausewitz der Vorwurf gemacht worden, daß dieser Rückzug zu weit gegangen sei und dazu führte, daß Grouchy nach der Nachricht von der vernichtenden Niederlage Napoleons ungehindert abmarschieren konnte und am 29. Juni noch in passablem Zustand Paris erreichte. Es wurde sogar behauptet, damals wäre es möglich gewesen, den Krieg schon an der Sambre zu beenden und dort bereits Frieden zu schließen. Aber diese Ansicht[7] läßt die politischen Gesichtspunkte außer acht, so daß Clausewitz selbst in seiner strategischen Kritik des Feldzugs von 1815 gar nicht darauf einging. Denn gerade der vorübergehende Rückzug vor einer doppelten Übermacht, der dem Feind keine Trophäen brachte, hatte das Korps kampfkräftig erhalten, so daß es dann in pausenlosem Vormarsch nach Paris blieb: Dieser gleicht im übrigen vielfach dem des Frankreichfeldzugs von 1940 zwischen dem Fall von Dünkirchen am 1. 6. und der Kapitulation von Paris am 14. Juni 1940. Der Sieg von 1815 hatte im übrigen einen fünfundfünfzigjährigen Frieden (von 1815 bis 1870) zur Folge, denn Frankreich, in dem jetzt wieder Ludwig XVIII. regierte, blieb auch durch den zweiten Pariser Frieden im wesentlichen unangetastet.

Briefe aus Frankreich 1815

Auch im Jahre 1815 ist Clausewitz *der* Briefschreiber, als den wir ihn kennen und schätzen. Er hält seine Frau auf dem laufenden; er weiß immer neue Möglichkeiten, ihr Briefe zuzustellen und Briefe von ihr zu erhalten. Nur der Schauplatz, die geschichtliche Szene, hat gewechselt, und dementsprechend wechselt auch der Inhalt. Diesmal reichen die 19 Briefe, die aus dieser Zeit vorliegen, vom 14. Mai 1815 (dieser in Bastogne geschrieben) bis zum 5. August 1815. Der letzte datiert aus Le Mans, nun Hauptquartier des III. Korps, denkwürdig dadurch, daß im Zweiten Weltkrieg sich auch hier das Hauptquartier der 7. deutschen Armee befand, bis es die Invasion 1944 vertrieb.

Die Briefe von Clausewitz an seine Frau sind meist durch vier Momente gekennzeichnet, wenn auch in wechselnder Reihenfolge: Zuerst ein Blick auf die Personen, mit denen er zu tun hat, dann meist ein Resümee der jüngsten politischen und militärischen Ereignisse, weiter schonungslose Bilder des Krieges und schließlich oft eine lebendige Schilderung der Landschaft. Man kann sich durch sie auch eine gute Vorstellung davon machen, wie der Kommando-Stab arbeitet, den der Briefschreiber jeweils führt. Aus den Briefen von 1815 geht hervor, daß die Zusammenarbeit mit General v. Thielmann gut ist, daß dieser schätzenswerte musische und gesellige Eigenschaften besitzt, daß sich in seinem Stab einige »pikante Menschen« finden, von denen der Feldprediger Schulz und der »Treibauf« des Stabes, der Hauptmann v. Gerlach, besonders genannt werden (dieser nachmals Generaladjutant Friedrich Wilhelm IV.). Über Schulz heißt es am 17. Mai aus Ciney bei Dinant[8]: »Gestern wurde im Lager den neuen Leuten von Stülpnagels Regiment der Eid abgenommen und der Feldprediger Schulz... hielt eine Rede, wie ich sie nie in meinem Leben besser gehört habe. Nie habe ich die Bürger- und Soldatenpflichten so innig verschmelzen hören wie da, nie eine solche Darstellung des Eides.«

Der zweite Brief aus Ciney, vom 20. Mai datiert, ist besonders bemerkenswert; denn er enthält einen Vergleich zwischen der preußischen Armee von 1794 und der der Befreiungskriege. Es wird festgestellt[9]: »Wenn man die preußische Armee jetzt sieht, so kann man nicht von dem Erstaunen zurückkommen über die Veränderung seit 1794. Wenn ich an jene Lager denke, an die mich alle die Lager-Zeremonien wieder erinnern, die ich seit einundzwanzig Jahren nicht gesehen habe, so freue ich mich, jetzt bei der Armee realisiert zu sehen, was damals Gegenstand meiner jugendlichen Pläne und Wünsche war. Welche Tätigkeit und welche Freudigkeit und Jugendlichkeit ist in der jetzigen Armee und wie kümmerlich, verdrießlich und abgelebt war die alte! Ich weiß nicht, wieweit wir in all diesen Dingen ohne Scharnhorst gekommen wären, aber man kann das alles nicht sehen, ohne unaufhörlich an ihn zu denken.«

Im übrigen studiert und beschreibt Clausewitz wie immer die Landschaft, durch die ihn der Krieg führt. Solange es noch ruhig ist, unternimmt er größere Ausritte im südlichen Belgien nach Namur, nach den zahlreichen Städtchen, den Schlössern und Edelhöfen, um anzumerken: »Es ist so malerisch, daß ich viel darum gäbe, einen einzigen solchen Hof in Deinem Zeichenbuche zu wissen. Wenn ich rechte Muße hätte, so versuchte ich selbst einen zu zeichnen.« Dann[10]: »Ich war gestern nach Dinant geritten, wo unser Vorposten steht. Die Gegend ist so, wie wir sie noch nicht mit einander gesehen haben. Das Tal der Maas ist so steil und eng, daß die Chaussee von Dinant nach Givet durch eine Felsenwand durchgeht, die 400 bis 500 Fuß hoch und ganz senkrecht ist. Dinant selbst liegt höchst pittoresk, überhaupt gäbe es da ein ganzes Buch voll zu zeichnen. Nach dem Krieg besehen wir das alles einmal miteinander.«

Aber auch die militärischen Nachrichten kommen nicht zu kurz, an denen Frau von Clausewitz besonders interessiert ist, wie wir wissen. So beispielsweise ein Kurzbericht über Ligny vom 17. Juni

1815[11]: »Ich bin gesund und alle näheren Bekannten, teuerste
Marie. Bei uns war die Schlacht am wenigsten heftig; doch hat
Stülpnagel von seiner Brigade allein 1200 Mann verloren. Die
Schlacht ist nicht ganz entscheidend, ich hoffe, es kommt noch zu
einer glücklicheren — aber ich bin aus vielen Gründen sehr betrübt; der Herzog von Braunschweig ist geblieben. — Statt 190 000
Mann, die wir mit den Engländern zusammen ins Gefecht bringen
konnten, haben wir uns ohne Bülow und nur unterstützt von
15 000 Engländern, also mit einer schwächeren Macht, gegen Bonaparte geschlagen und das ist die Ursache des Verlustes; 20 Kanonen sind verloren, deren wir 6 auf unserem Gewissen haben.«
Aber dann die Siegesnachricht aus Gembloux bei Namur vom 21.
Juni[12]: »Seit fünf Tagen haben wir uns viermal geschlagen. 200
Kanonen sind Bürgen der gänzlichen Niederlage des Feindes. Was
nun geschehen wird, weiß ich nicht. Am 19., nach der zweiten
Schlacht, griff Marschall Grouchy das dritte Armeekorps mit einer
überlegenen Macht an, die nicht bei Waterloo gegen die Engländer
und bei St. Amand gegen Blücher gefochten hatte; er drückte uns
bis über die Brüsseler Straße gegen Löwen zurück; am anderen
Tage zog er sich nach Namur zurück, weil ihm die anderen Wege
abgeschnitten waren. Wir sind ihm dahin gefolgt, haben aber
einen Befehl, der Armee, von der wir so lange getrennt waren,
über Charleroi zu folgen. Daher kommt es, daß wir noch so
weit zurück sind, und daß ich nichts von dem weiß, was geschehen wird.« Aber das weiß der Briefschreiber: »Unter diesen Umständen bleib ja am Rhein; die Sache kann nicht mehr lange
dauern.« Frau von Clausewitz war unterdessen in Düsseldorf geblieben, was hier nachzutragen wäre; sie wohnte bei ihrer Freundin, der Gräfin Dohna, und beide Damen widmeten sich der Pflege
der Verwundeten in den dortigen Lazaretten.
Dann der in seiner Art erschütternde Brief aus Avesnes vom 23.
Juni[13]: »Wir sind in vollem Marsch auf Paris. Nie hat es ein ähnliches Debakel gegeben; ich glaube, daß Bonaparte nicht mehr imstande ist, ein einziges Gefecht zu liefern. Avesnes hat sich ergeben, weil ein Pulvermagazin in die Luft geflogen ist. — In meinem
Leben habe ich keine solche Stadt der Trümmer gesehen. Große

Haufen von Leichen verunglückter Einwohner wurden in große Gruben getan. Hunderte von Dächern lagen zusammengestürzt, kaum ein ganzes Fenster in der Stadt. — Ich wohne in einem Zimmer ohne Türen. Du hast keinen Begriff von dieser erdbebenartigen Zerstörung. Die Gegend ist von den Einwohnern verlassen, aber nicht verwüstet; jene haben sich nur aus Furcht mit ihrem Vieh in die Wälder geflüchtet. Vom (französischen) Landsturm ist bis jetzt nichts wahrzunehmen als die unbesetzten Schanzen, Straßenabschnitte usw. — Wir haben viel Lebensmittel gefunden, die wir seit Anfang des Krieges sehr entbehrten, und ein ungeheures Pulvermagazin. Das zweite Armeekorps bleibt zurück zur Einschließung von Landrecy, Maubeuge, Philippeville, Marienburg und Givet, das erste, dritte und vierte, 60 000 Mann zusammen stark, verfolgt die Offensive. Die Engländer machen es ebenso. Die Umstände geben Aussicht zu einem baldigen Wiedersehen.«

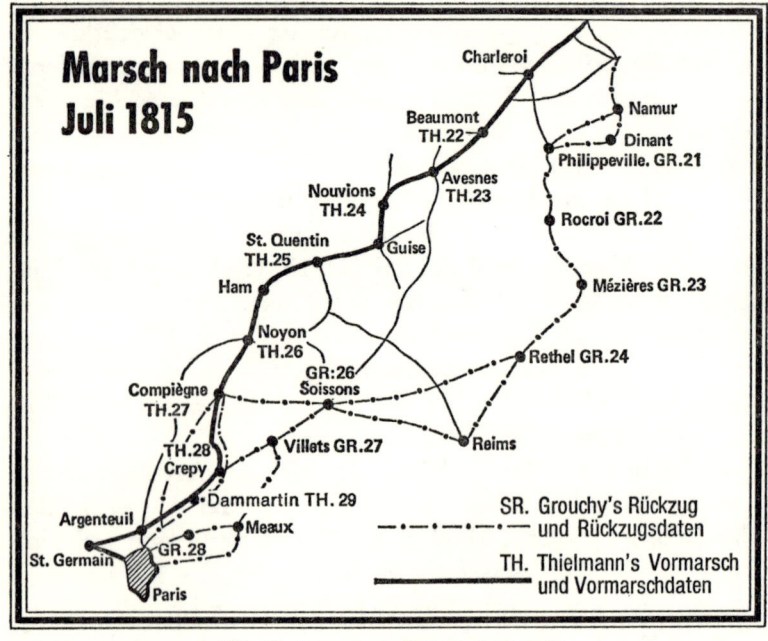

Abb. X: Marsch nach Paris Juli 1815

Sechs Tage später schreibt Clausewitz schon aus Dammartin bei Paris[14]. Er beklagt die ungeheuerlichen Anstrengungen der Soldaten in den Gewaltmärschen bei schlechtem Wetter und beschreibt die Stimmung der Einwohner als völlig dumpf: kein Haß gegen Napoleon, aber noch weniger Anhänglichkeit an die Bourbonen. Dann: »Unser Weg ging über Charleroi, Beaumont, Avesnes, La Capelle, Guise, St. Quentin, Ham, Compiègne, Grespy hierher. Die Gegend ist größtenteils schön und im niederländischen Stil, doch weniger reich... Hier ist man auf einer Höhe, wo man das breite, fruchtbare, recht schöne Tal der Marne vor sich und Paris mit der goldenen Zinne des Invalidendoms im Hintergrund zur Seite hat.« In Compiègne bewundert Clausewitz die Inneneinrichtung des Schlosses, die Eleganz und den Reichtum, wie er dergleichen noch kaum gesehen habe. Dazu das Geständnis: »Nirgends und nie vermisse ich Deinen Umgang so als bei solcher Gelegenheit: Es ist, als wäre meine Seele dann nur halb, als fehlte mir die andere Hälfte. — Ich fühle mich statt aller anderen Empfindungen nur von Wehmut ergriffen. Mit Entzücken denke ich an das sich nahende Wiedersehen.«

Die Pause, die dann vor Paris eintritt, benützt Clausewitz, um eine Art Kriegstagebuch über die vergangenen Wochen zu schreiben, das mit der Bemerkung schließt[15]: »Hier endige ich meine fast zu militärische Reisebeschreibung, die mehr das Korps selbst als mich betrifft. Ich gebe sie Dir, weil Du mir zuweilen den Vorwurf gemacht hast, daß ich Dir dergleichen nie mitteilte... Gneisenau ist wohl und im höchsten Triumphe des Glückes; er hat den Stern des Schwarzen Adlerordens bekommen*.« Übrigens ist es das Ordenszeichen Napoleons, das ihm der König verlieh; man hat es in dessen Gepäckwagen erbeutet.

Nach der zweiten Einnahme von Paris am 7. Juli laufen die Feindseligkeiten aus. Nach einem längeren Aufenthalt im Schloß von Fontainebleau, aus dem Clausewitz lange Briefe schreibt, in die

---

* In voller Anerkennung für seine einzigartigen Leistungen hatte der König ihm als besondere Auszeichnung den Stern des Schwarzen Adlerordens verliehen, den Napoleon getragen hatte und den preußische Truppen in dessen Wagen nach der Schlacht von Belle-Alliance erbeuteten.

Hintergründe der Zeit leuchtend, bezieht das III. Korps Hauptquartier zunächst in Estampes, halbwegs etwa zwischen Paris und Orléans, und marschiert dann weiter nach Le Mans, um dort zu bleiben. Clausewitz hat es fertiggebracht, durch Vermittlung seines Freundes Gneisenau für seine Frau Armeepässe zu erhalten, und so darf er sie in Le Mans erwarten. Es ist das dritte Mal, daß sie ein Feldquartier mit ihm teilt. Seine zweite Bildungsreise in Frankreich steht bevor, aber unter völlig anderen Verhältnissen als im Jahre 1807.

Viertes Kapitel
Der Kriegsphilosoph und der Frieden 1815

Neue Lehrzeit

Immer wieder hat Carl von Clausewitz Lehr- und Prüfungsperioden durchlaufen, persönliche, militärische und politische, und nie hat er aufgehört, geistig und moralisch Gewinn und Lehren daraus zu ziehen. So war es auch 1815 beim Endsieg der Befreiungskriege. Nun, da Napoleon niedergeworfen war und keine Gefahr mehr bestand, daß er wiederkehren werde, sah der künftige Kriegsphilosoph die weltgeschichtliche und politische Entwicklung mit anderen Augen an als der glühende Patriot, der Anfang 1812 die drei Bekenntnisse niedergeschrieben hatte. Jetzt ging es nicht allein um das Ziel des Krieges, den endgültigen Sieg über Napoleon und sein Imperium, sondern um den eigentlichen Zweck der Befreiung: Nicht nur um die Wiederherstellung, sondern um die Neugestaltung Europas, die sinnvolle Freiheit seiner Völker in ihrer äußeren wie inneren Politik und damit um den europäischen Frieden von Dauer.

Unwahrscheinliches war seit dem Übertritt von Clausewitz in russische Dienste geschehen. Es hatte keine vier Jahre gedauert, da war der »Kriegsgott« geschlagen und nach verzweifelter Gegenwehr aus Europa verbannt. Aber das bedeutete außerdem: Die Verantwortung für die weitere weltpolitische Entwicklung übernahmen nun die Sieger. Hatten sie sich rechtzeitig Gedanken darüber gemacht, was aus dem totalen Sieg werden, wie die politischen Beziehungen zwischen Siegern und Besiegten gestaltet werden sollten? Denn sinnvoll und zu verantworten war der Zweck von Blutvergießen und Zerstörung doch nur, wenn sie zur Befriedigung und Befriedung *aller* führten. Diesem Problem sah sich nun der nachdenklichste unter den preußischen Generalstabsoffizieren von damals gegenüber. Es lag allzu nahe, war aber politisch bedenklich, daß die Soldaten in ihrer Mehrzahl Beute verlangten, Kontributionen, die Souveräne Landgewinn. Viele dachten auch an politische Rache. Aber an wem sollte man sie üben? An den Anhängern Napoleons, an den Marschällen von Bonapartes Gnaden, die seine Kriege geführt hatten, oder pauschal an allen Franzosen? Dann wurde durch solche Rache neue Rache herausgefordert, eine Kettenreaktion von Revanchen in Gang gebracht. Das hat Clausewitz ganz offensichtlich schon im Sommer 1815 geahnt, ja bedacht. Deshalb ist eine Analyse seiner Briefe und Aufzeichnungen zwischen dem 3. Juli und dem 5. August 1815 wichtig: Sie erweisen sich als Symptome für seine Wandlung vom Militär und Strategen zum staatsmännischen Denker, der die Politik obenan stellte. Es geht jetzt nicht mehr um die kriegerische Befreiung, sondern um Wiederherstellung des europäischen Gleichgewichts. Nicht der Triumph der Sieger, sondern politische Vernunft und Staatskunst fordern nach gewonnenem Krieg ihre Rechte. Das erst macht den militärischen Sieg sinnvoll. 1815 hat das Clausewitz erkannt.

Eine andere Art von Bekenntnissen

In den genannten Briefen stehen bemerkenswerte Erkenntnisse. Sie sind, wie gesagt, nicht mehr die des glühenden Patrioten, der sein Mütchen kühlen will, oder gar des Nationalisten, der nach Rache für erlittene Freveltaten schreit. Es ist einfach die Stimme der politischen Vernunft, die hier laut wird. Sie will den Sieg in einem noch tieferen Sinn zur ultima ratio machen, wie man das schon mit dem Krieg versucht hat. Also muß gerade der Sieger diese Vernunft walten lassen. Clausewitz zeigt sich in seinen Briefen und Aufzeichnungen als ihr Anwalt, einmal mehr noch als nonkonformistisch, sogar dem eigenen Hauptquartier wie den Befehlshabern und Soldaten gegenüber, die Beute machen wollen. Von den deutschen Interpreten und Biographen wurden diese Aussagen meist übergangen. Nur der Engländer Roger Parkinson hat sie genauer zur Kenntnis genommen und gibt sie in seiner Clausewitz-Biographie mit Genugtuung wieder[1]. Hören wir Clausewitz selbst (»Fortsetzung meines Tagebuchs«)[2]: »Den 7. Juli sollten die Franzosen Paris geräumt haben und in acht Tagen über die Loire sein. Im preußischen Hauptquartier wurde hierauf beschlossen, Paris mit einem Korps (dem ersten) militärisch zu besetzen, um Furcht und Schrecken zu verbreiten, das dritte Korps den Franzosen folgen zu lassen und das vierte bei Versailles zu behalten. Hundert Millionen Franken Kontribution, eine Bekleidung für 100 000 Mann, eine gewisse Anzahl Pferde etc. etc. sollten gefordert, sämtliche Nationalgarden entwaffnet, die Truppen in Paris ganz besonders gut verpflegt und die Brücke von Jena und der Triumphbogen gesprengt werden. Wie sich das alles in so kurzer Zeit machen lassen sollte, als bis zur Ankunft der Monarchen und der anderen Armee übrig war, habe ich nie eingesehen. Noch weniger verstand ich das Verhältnis, in welchem sich das preußische Armee-Kommando zu Ludwig XVIII. dachte ... Es ist schwer zu sagen, was man wollte, und da ich in dieser Zeit keinen meiner Freunde ausführlich gesprochen habe, so weiß ich auch nicht mehr davon als ein anderer. Sichtbar und deutlich waren verächtliche Geringschätzung und Bitterkeit gegen das Haus der Bourbonen und Rache gegen das französische Volk. Die Franzosen haben beides sehr schnell bemerkt und das letztere hat sie verhindert, uns aus dem ersteren ein Verdienst zu machen.«

Und nun geht Clausewitz mit »seinen« Preußen ebenso ins Gericht, wie es zwei Menschenalter später Theodor Fontane ähnlich getan hat. Die Voraussetzungen schildert Clausewitz so[3]: »Den 8. zog das I. Korps unter General Ziethen ein. Es wurde still und kalt empfangen ... Noch waren die Kammern beisammen, noch deklarierten sie, daß sie sich durch keine Gewalt vertreiben lassen würden, noch wehte die trikolore Fahne von den Türmen. Aber die Preußen wollten ja die Kammern nicht vertreiben, die Preußen wollten ja die weiße Fahne nicht aufstecken, die Preußen wollten imponieren, wollten sich bereichern und durch einige Trümmer des Siegesbogens rächen. War das gegen Ludwig XVIII., gegen die provisorische Regierung, war es gegen das Volk? Kein Mensch konnte darauf eine bestimmte Antwort geben.«

Die provisorische Regierung mit ihrer republikanischen Mehrheit löste sich wegen der preußischen Kanonen und Bajonette, die die Hauptstadt beherrschten, als nicht mehr frei entscheidungsfähig auf. Und dann geschah, was Clausewitz folgendermaßen schildert[4]: »Sowie die Jakobiner geräumt hatten, entstand ein Vakuum, und die Bourbonen drangen ... nach dem bloßen Gesetz der Schwere hinein ... Sobald nun diese Partei sah, daß jene das Schlachtfeld geräumt hatte, übernahm sie das Heft, zog dem König mit einigen tausend Mann Nationalgarden nach St. Denis entgegen, versammelte alle übrigen Volkshaufen auf den Straßen, die der König durchziehen mußte, und füllte die Luft mit dem Geschrei ›Vive le roi‹. So zog Ludwig XVIII. in Paris ein, ohne daß die Engländer etwas anderes dafür getan hatten, als es ganz heimlich zu begünstigen und ohne daß Paris selbst es eigentlich wollte. Was den Erfolg dieses Tages begünstigte, war das Einrücken des III. Armeekorps in Paris auf eine Nacht. Wir hatten Befehl über die Brücken von Jena und Austerlitz und über den ganzen Boulevard zu marschieren in unser Quartier auf dem linken Seine-Ufer. Dieser Triumphzug dauerte von morgens 8 Uhr bis nachmittags um 3 Uhr und hatte die Straßen schon mit Menschen gefüllt, die durch den Anblick der vielen Truppen mehr Mut bekamen, Ludwig XVIII. und die Bourbonen leben zu lassen. Er nahm wie selbstverständlich Besitz von den Tuilerien und war also nun wieder der rechtmäßige König. Aber war dieser schwerfällige, dickleibige Mann auch der Herrscher nach dem Herzen des Volkes?«

Am 10. Juli 1813 verließ das III. Korps Paris in Richtung Fontainebleau. Der König von Preußen und der Zar kamen am Abend an. Der Versuch, den pont d'Jena zu sprengen, war gescheitert, eine bezeichnende Fehlleistung, offenbar wegen unzulänglicher Mittel. Auch die beabsichtigte Sprengung des Arc de triomphe unterblieb, auf Veranlassung Friedrich Wilhelms III. übrigens; wieder einmal war er da ein wirklicher König. Indessen gab es nach dem Brief vom 12. Juli[5] weiterhin Generale, die von sich aus Kontributionen verlangten oder für ihre Truppen neue Montierungen forderten. Dazu die Bemerkung von Clausewitz an seine Frau: »Welch eine feindliche Stellung wir dadurch gegen die Franzosen und Ludwig XVIII. bekommen, kannst Du leicht beurteilen, um so mehr, als die Engländer, die im Lager stehen, keine Kontributionen erheben und nicht plündern. Das Schlimmste scheint mir, daß wir uns zwischen zwei Stühle setzen — wir verderben es mit der französischen Regierung und mit dem Volk zu gleicher Zeit –, und daß wir eigentlich nicht wissen, was wir wollen ... ich finde, daß unser Benehmen nicht den noblen Charakter hat, der Siegern gerade am schönsten steht, und daß es im Konflux dieser wunderlichen Gegenwirkungen sogar etwas ... Lächerliches bekommt.«

So folgt den drei Bekenntnissen von 1812 ein anderes, sehr viel nüchterneres, vom Sommer 1815 – kennzeichnend für Clausewitz und die Vertiefung seines politischen Bewußtseins in diesen drei Kriegsjahren ebenso wie für sein Fortschreiten vom Patrioten zum politischen Philosophen. Erst dadurch wird er reif für sein Hauptwerk. In dem schon zitierten Brief vom 12. Juli 1815 schreibt er weiter aus Fontainebleau, was keiner seiner heutigen Leser und Bewunderer vergessen sollte[6]: »Mein sehnlichster Wunsch ist, daß dieses Nachspiel ein baldiges Ende nehmen möge, denn eine Stellung mit dem Fuße auf dem Nacken eines anderen ist meinen Empfindungen zuwider und der unendliche Konflikt von Interessen und Parteiungen meinem Verstande. Geschichtlich werden die Engländer die schönste Rolle in dieser Katastrophe spielen, denn sie scheinen nicht wie wir hergekommen zu sein mit der Leidenschaft der Rache und Wiedervergeltung, sondern wie ein züchtigender Meister mit stolzer Kälte und tadelloser Reinheit – kurz vornehmer als wir.« Und dazu noch das Geständnis[7]: »Die großen Märsche, welche wir gemacht haben, haben es unmöglich gemacht, überall strenge Disziplin zu halten, aber auch außerdem hat sich unter unseren Offizieren häufig ein Geist der Habsucht gezeigt, über den wir so oft bei den Franzosen ausgespuckt haben – ich kann nicht sagen, wie mich das betrübt. Aber das liegt in der ganzen Rolle, die wir übernommen haben und die ich mir schöner hätte denken können.«

Nur mit einem ist Clausewitz einverstanden[8]: Mit der Rückgabe der fortgeführten Kunstschätze. Es ist in seinem Sinn, daß der König die »Plünderung« der Museen und Schlösser zu diesem Zweck gutheißt. Auch Seine Majestät Louis XVIII. – den die Pariser witzig biscuit nennen – hat Befehl gegeben, alles zu verabfolgen, was die preußischen Kommissarien fordern würden. »De Groote hat die kölnischen und rheinischen Sachen ausgesucht.

Auch hier in Fontainebleau sind fünfzehn Stück preußisches Eigentum gewesen, die man jetzt eben abnimmt, unter anderen eine ganz hübsche Venus aus meiner Stube. Es wird mir Spaß machen, die Bilder einmal wieder in Potsdam oder Berlin zu sehen. Gegen diesen *Akt der Gerechtigkeit* wissen die Franzosen nichts zu sagen, als: wir hätten es doch das erste Mal nicht getan. Une bonne raison!«

Im übrigen sah Clausewitz mit sicherem politischem Gespür voraus, oder ahnte es doch wohl, daß der Sieg des Jahres 1815, der vorzüglich ein preußischer und ein englischer Sieg war, nachhaltige Folgen haben werde, gerade weil ihn diese beiden Hauptarmeen allein und überwältigend gewannen: Die Preußen verhielten sich als rein militärische Sieger und zogen sich dadurch die bleibende Aversion der Pariser gegen die Preußen zu, die auf das ganze Land und das Jahrhundert ausstrahlte, bis sie zur französischen Kriegserklärung an Preußen von 1870 geführt hat. Die Engländer aber wurden eigentlich die politischen Sieger von 1815: Sie konnten im Laufe des 19. Jahrhunderts ungestört ihre Weltmacht ausbauen und dann die Entente cordiale mit den Franzosen eingehen. Da gab es keine störenden Reminiszenzen. Marie von Clausewitz war bei dieser Auffassung sicher auf der Seite ihres Mannes und gegen die allzu preußischen Preußen, denn sie hatte ja schließlich eine englische Mutter.

Einseitigkeiten

In den meisten deutschen Biographien dieses kriegerischen Jahrhunderts wird man den Hinweis auf solche politischen Bekenntnisse vermissen. Doch gerade der Gesinnungswandel unseres Autors von 1812 bis 1815 schafft die Voraussetzung für die geistige Unabhängigkeit des Hauptwerks. Denn nun erhebt sich der Parteigänger der Befreiung, der Clausewitz in diesen entscheidenden Jahren leidenschaftlich war, zu dem Fürsprecher der politischen Vernunft über den Parteien. Er wächst über sich selbst hinaus. Er lernt zwischen dem militärischen *Ziel* des Krieges, das ohne Zweifel der militärische Sieg ist, und seinem politischen *Zweck*, dem

Frieden, zu unterscheiden. Die Folgen werden bedacht, wenn der militärische Sieg als Selbstzweck betrachtet und ausgekostet wird, ohne Rücksicht auf die Folgen. Dann aber ist der Krieg eben nicht mehr die Fortsetzung der Politik mit anderen Mitteln, die neue befriedigende und befriedende Konstellationen und Ordnungen schaffen soll und so Gewalt und blutige Opfer wenigstens noch in etwa rechtfertigt, dann bleibt er ein Akt der Gewalt, der fortzeugend Haß und Rache hervorbringt.

Was aber versteht Clausewitz unter Politik, die sich im Kriege fortsetzen und dann zum Frieden führen soll? Es scheint, daß die Politikwissenschaftler nicht wissen oder nicht wahrhaben wollen, was Clausewitz im achten Buch darüber schreibt[9]: »Daß die Politik alle Interessen der inneren Verwaltung, auch die der Menschlichkeit und was sonst der philosophische Verstand zur Sprache bringen könnte, in sich vereinigt und ausgleicht, wird vorausgesetzt, denn die Politik ist ja nichts an sich, sondern ein bloßer Sachwalter aller dieser Interessen gegen andere Staaten. Daß sie eine falsche Richtung haben, dem Ehrgeiz, dem Privatinteresse, der Eitelkeit der Regierenden vorzugsweise dienen kann, gehört nicht hierher, denn in keinem Fall ist es die Kriegskunst, welche als ihr Präzeptor betrachtet werden kann, und wir können hier die Politik nur als Repräsentantin aller Interessen der ganzen Gesellschaft betrachten.«

Es ist also die Politik des Ausgleichs, der Integration, der Ganzheit der Interessen sowohl der nationalstaatlich verfaßten, wie die der menschlichen Gesellschaft im ganzen, die Clausewitz meint, wenn er von Politik spricht. *Sie* will er gewahrt wissen, auch bei Anwendung anderer Mittel, wenn sich der Interessenkonflikt blutig gelöst hat. Die europäischen Völker der Mitte hatten alle moralischen, physischen und materiellen Kräfte eingesetzt, um die totalitäre Macht Napoleons zu brechen; nun aber, nach der Befreiung, müssen die Nationen, Staaten und Völkerschaften wieder in Frieden leben und miteinander auskommen, Handel und Wandel treiben und sich ergänzen. Daß es führende Mächte und geführte Bundesgenossen geben wird, liegt in der unterschiedlichen Natur der menschlichen Gemeinwesen, aber die Vor- und Alleinherrschaft *einer* Macht gewaltsam durchzusetzen: Das hat nach der Definition von Clausewitz nichts mehr mit dem Ausgleich der Interessen zu tun; es ist einfach Gewalttätigkeit in Permanenz. Keine totalitäre Macht kann sich also mit innerem Recht auf Clausewitz berufen, jedenfalls nicht auf den *ganzen* Clausewitz.

Ein falsches Clausewitz-Bild

Es war infolgedessen ein grobes Mißverständnis, als das »Dritte Reich« Clausewitz sozusagen als nationalistischen Einpeitscher reklamierte. Vor allem war es Hitler selbst, der dies höchst einseitig getan hat. Es ist inzwischen wissenschaftlich nachgewiesen[10], und zwar von Norbert Krämer in einer Untersuchung über »Adolf Hitlers Clausewitzkenntnis«, daß sich diese Kenntnis und ihre Nutzanwendung in der Hauptsache auf die drei Bekenntnisse beschränkt hat. Dasselbe ist im übrigen auch von den meisten Clausewitz-Büchern jener Zeit zu sagen[11]. Krämer ist in den Reden und Schriften Hitlers systematisch den Hinweisen auf Clausewitz nachgegangen. Und da erweist es sich eben zwingend, daß er von 1922 bis 1943 fast immer nur von den Bekenntnissen spricht, während er den Sinn des Hauptwerks keineswegs erfaßt hat. Im übrigen war für ihn, wie für alle Totalitären, heute und immer Politik Machtkampf mit allen legalen und illegalen Mitteln. Von der Wandlung zwischen 1812 und 1815 wird aber auch sonst in der Clausewitz-Literatur kaum richtig Notiz genommen, es sei denn in der 1970 erschienenen Biographie von Roger Parkinson. Dem Engländer ist natürlich das Lob der Engländer in den Briefen und Tagebüchern aufgefallen, und er hat es entsprechend registriert[12].
Auch in anderer Beziehung hat sich Clausewitz durchaus nonkonformistisch verhalten, aber im Geiste Scharnhorsts: bezüglich des nach dem eben erst errungenen Sieg rasch wieder auflebenden Drills. Aus Le Mans schreibt er unter dem 11. September[13]: »Ein Gegenstand eines wahren Kummers für mich ist der kleinliche Exerziergeist, der jetzt über uns herflutet. Wenn man von den bei den Truppen angestellten Chefs ein Bild davon bekommt, so

möchte man unwillig werden. Daß die Armee damit zerarbeitet wird, möchte sein, wiewohl das Nützliche notwendig dabei versäumt wird, aber daß die Landwehr mit dieser Quälerei, die viel persönliche Unannehmlichkeiten mit sich führt, für ihren guten Willen belohnt und der Geist in ihr verdorben wird, ist ein wahres Unglück. Ein achtbarer Gutsbesitzer, der Haus und Hof verläßt, um sich und die Seinigen der Gefahr entgegenzuwerfen, die den Staat bedroht, wird hier wie ein Kadett gedrillt, muß den Gänsemarsch vorbeimarschieren, blind durchsalutieren, die Wirbel und Grüße der Tambours studieren usw.« Clausewitz betrachtet das als Rückfall in die geistlose Periode vor 1806.

Zwischen Hoffnung und Enttäuschung

Zunächst kann Clausewitz allerdings von seinen Erkenntnissen keinen Gebrauch machen. Er ist »eingerahmt«, Chef des Generalstabs des III. preußischen Korps, und er hat vielfache militärische Obliegenheiten. Über den wieder einsetzenden Exerzierdrill ist er wenig glücklich, wie wir sahen, aber er allein kann ihn nicht abstellen. Außerdem gibt es noch andere Zeiterscheinungen, die ihn bedrücken. So hatte Gneisenau schon am 2. August an die gemeinsame Freundin, die Gräfin Voss, darüber geschrieben[14]: »Neid und Mißgunst und Scheelsucht und Selbstsucht und Irrtum und Schwachheit, das sind die Feinde, die wir jetzt zu bekämpfen haben, bei weitem fürchterlicher als Bonaparte und seine Bande. Übrigens herrscht dieser, obgleich als Gefangener auf einem englischen Schiff, hier noch in den Gemütern, leider in den kräftigeren und fähigeren, als eine eingefleischte Darstellung des französischen Nationalcharakters. Die Bourbons sind ganz in der Meinung gesunken, und diese Aristokratie der Verbrechen, die nun in Frankreich durch hohe Ämter, Einfluß und ungeheuren Reichtum herrscht, wird nie einen anderen Anführer haben wollen, als einen solchen, der Bonaparte ähnlich ist. Diesen Brief betrachte ich als zugleich an Ihre Frau Mutter geschrieben... Es wäre ein ganz genialer Einfall, wenn Mutter und Tochter, die doch ohnedies von

Zeit zu Zeit Reisen machen, auf den Weg hierher sich begäben, um unser hiesiges Treiben zu beobachten. Marie Clausewitz kommt ebenfalls nach Frankreich.«

Ja, das war um diese Zeit wieder einmal die Hoffnung, an der sich Clausewitz aufrichtet. Das III. Korps bleibt noch einige Zeit als Besatzung im Lande und in Le Mans, das ihm zum Hauptquartier bestimmt ist. So bringt das Jahr 1815 für Clausewitz auch die zweite Bildungsreise auf französischem Boden. Allerdings mit dem Unterschied, daß der ehemalige Internierte nun Korpschef in der Armee der Sieger ist. Er ist darum nicht übermütig geworden, wie wir wissen. Aber Clausewitz wäre nicht der Charakter, dessen Ansehen bis heute fortwirkt, hätte er nicht aus den Umständen wiederum geistigen und persönlichen Gewinn gezogen. Mit Marie, das wußte er, nimmt er das Land und seine Kultur noch intensiver und wißbegieriger wahr, als wenn er allein reiste. So kam es nach einigen Schwierigkeiten zu der gemeinsamen Bildungsreise in Frankreich. Wir wissen keine Einzelheiten darüber, aber sie war bestimmt ergiebig, vor allem auch hinsichtlich eines gemeinsamen Aufenthaltes in Paris. Denn von dort schrieb Gneisenau an den Oberstleutnant von der Groeben, den späteren ersten Generalstabsoffizier seines Oberkommandos am Rhein, am 19. September 1815[15]: »Es war eine angenehme Erheiterung für mich, das Clausewitzsche Ehepaar hier zu sehen, ich hätte sehr gewünscht, daß Sie uns hätten Gesellschaft leisten können.«

Dieser Wunsch wurde schon Ende Oktober des gleichen Jahres in Koblenz erfüllt.

Fünftes Kapitel
Bildungsreise in Frankreich II

1807 war Clausewitz viele Monate in Frankreich, damals als Verbannter im Gewahrsam des Siegers Napoleon. Acht Jahre später kam er wieder, aber diesmal mit der siegreichen preußischen Armee. Daß er, wie gesagt, nicht zu den Übermütigen und Rachelüsternen gehörte, weiß man aus seinen Briefen. Aber gleichzeitig erfährt man aus ihnen, daß Clausewitz vor allem die Schönheit der Ile de France mit einer ähnlichen Intensität in sich aufnimmt wie seinerzeit die Schlesiens und des Riesengebirges, dann aber auch, daß er die reinste und höchste Freude erfährt: Seine Frau kann ins Hauptquartier nachkommen, seine Frau das Erlebnis Frankreichs mit ihm teilen. Es ist in gewisser Beziehung die Krönung ihres gemeinschaftlichen Lebens. So schließen für Carl und Marie von Clausewitz die Befreiungskriege, wie die kriegerischen Ereignisse der Zeit überhaupt, im persönlichen Bereich wie mit einem großen, freudigen, nachhaltigen Akkord.

Die Unmittelbarkeit des Erlebnisses der französischen Landschaft spricht aus dem langen Brief aus Les Plessis-Piquet bei Paris vom 7. Juli[1]: »Den 30. (Juni) nach Gonesse, vier Stunden von Paris. Die vielen Schlösser, die großen steinernen Dörfer, die majestätischen Straßen geben der Gegend ihr Interesse. Noch abends marschierten wir rechts ab, während die beiden anderen Korps im Angesicht der Verschanzungen von Montmartre und Belleville stehen blieben, und gingen über Montmorency, an St. Denis, welches der Feind hält, weg durch das berühmte Tal Montmorency längs der Seine nach Argenteuil und von da an gleich weiter nach St. Germain. Dieser Weg ist ausgezeichnet schön; man befindet sich anfangs zwischen Hügeln, die reich mit Wein, Obst und Früchten bepflanzt sind, und zwischen schönen Städten, artigen Dörfern und engen Wegen und Schluchten, bis man vor Argenteuil die Seine erreicht. Hier war es Nacht und man konnte wenig von der Gegend sehen; nur schimmerten überall schöne Landhäuser hervor.

Argenteuil selbst ist wieder ein ganz hübscher Ort. Bei Argenteuil entfernten wir uns wieder etwas von der Seine, und es war eben Morgen, eine Stunde vor Sonnenaufgang, als wir bei der reinsten und wärmsten Sommerluft auf der Höhe ankamen, die uns die Brücke von St. Germain und diesen Ort selbst in lauter Terrassen, am Abhang des jenseitigen Talrandes gelegen, zeigte. Der Talrand liegt dicht an der Seine und ist ziemlich steil, so daß St. Germain mit seinen Terrassen und seinen weißen Häuser-Straßen und seinem alles überhöhenden Schloß einen höchst pittoresken Anblick gewährt. Mit jedem Tritt, den wir in das fruchtbare Tal hinuntertraten, umströmte uns eine wärmere Luft, und ganze Rosenfelder, die hier sehr gewöhnlich sind, schickten uns ihre Wohlgerüche entgegen. Wenige Punkte schöner Landschaften haben auf mich diesen Eindruck gemacht.«

Dann schildert Clausewitz auch das Schloß von St. Germain in dem damaligen Zustand, das malerisch in einem großen Fünfeck gebaut ist. An jeder Ecke ein runder Turm, und das Ganze von einem breiten, tiefen Graben umgeben. Es überrasche durch die Ungewöhnlichkeit der Bauform. »Übrigens ist es nicht unerhalten, weil seit Ludwig XIII. niemand mehr da gewohnt hat. Die Gegend von St. Germain ist höchst hauptstädtisch. In der hügelreichen Gegend schließt sich ein Park, ein Lustschloß an das andere an, alle sind mit stundenlangen Mauern eingefaßt. Dicht bei St. Germain liegt Marly, dessen Wasserleitung auf dem höchsten Punkt der Gegend gelegen ist und ihr etwas Italienisches gibt. Dann kommt Versailles mit seiner enormen Häusermasse und seinen Schlössern, worin es Potsdam weit überbietet. Bei Potsdam ist die Natur an sich schöner, aber bei Versailles strotzt alles von Luxus und großstädtischer Pracht.«

Dann weiter in der Schilderung des Landschaftserlebnisses während des Marsches:

»Den 2. Juli gingen die anderen beiden Korps gleichfalls bei St. Germain über, und wir setzten nun unseren Marsch bis Meudon und Châtillon fort. Meudon ist wieder ein königliches Lustschloß und liegt auf dem Talrand der Seine, der hier zwei Stunden von den Punkten des Flusses entfernt ist, an welchen Paris sich lagert.

Von der Terrasse von Meudon, die über das vorliegende breite Tal einige Hundert Fuß erhaben ist, hat man einen überraschend schönen Anblick auf Paris, Passy, Sèvres, St. Cloud und die Menge der schönen Dörfer und Schlösser, die das Tal ausfüllen. Es sieht aus, als wäre alles ein ungeheurer Park. Es ist das Merkwürdigste, was ich in der Art gesehen habe, und ich glaube, daß es außer Konstantinopel und Neapel keinen Anblick der Art in Europa gibt. St.Cloud, wo das Hauptquartier des Feldmarschalls ist, zeichnet sich durch seine schönen Alleen und Baumgruppen aus. Das Schloß ist mehr elegant als grandios.« Und dann der ein wenig süffisante Schluß: »Grolman wälzt sich im Bett der Josephine umher.«

In Erwartung

Im übrigen ist anzumerken: Die Frauen spielen im romantischen Zeitalter der Deutschen, das etwa 1796 anhebt und nach den Befreiungskriegen allmählich ausläuft, eine sehr viel größere Rolle als im späteren 19. Jahrhundert. Sie sind in den hervorragenden Ehen dieser Zeit wahre Gefährtinnen ihrer Männer; an deren Schaffen und Wirken nehmen sie oft in erstaunlichem Maße teil, auch wenn sie selbst nicht schöpferisch hervortreten. Politisch sind sie vielfach besonders engagiert, wie wir wissen, vor allem am preußischen Hof offene Parteigänger der Reformer oder doch ihre Sympathisanten, wie die Königin Luise. So bleiben sie auch an den kriegerischen Ereignissen persönlich interessiert, weil sie einsehen: Diese Fortsetzung der Politik mit anderen Mitteln bestimmt das Schicksal aller, des Gemeinwesens wie des einzelnen. Sie erleben mit, daß niemand aussteigen kann, keine Familie verschont bleibt, wenn das Heer eine Niederlage erleidet, der Feind ins Land kommt, sich ausbreitet und einnistet. Vor allem sind natürlich die Soldatenfrauen davon betroffen und interessieren sich darum schon von ihrem Gefühl her für das Kriegerische und Militärische. Es hat deshalb nicht nur persönliche Gründe, wenn man Ehefrauen der Führenden in den Hauptquartieren trifft, sogar noch während der Kampfhandlungen, wie etwa Frau von Clausewitz in der zweiten Hälfte 1813 in Mecklenburg und an der unteren Elbe. Dann folgt sie 1814 ihrem Gatten nach Flandern und Brabant. Und jetzt steht sie vor der Reise zu ihm nach Frankreich.

Es ist soweit, nachdem Napoleon endgültig besiegt ist und nach der Insel St.Helena verbannt wird. Dann wird Marie von Clausewitz in den Hauptquartieren ein gern gesehener Gast, nicht nur allein in dem ihres Mannes. Blücher ist ihr zugetan, Gneisenau verehrt sie und steht mit ihr in freundschaftlicher Korrespondenz. Bald nach dem großen Sieg von Belle-Alliance schreibt er am 24. Juni 1815 aus Genappe an der Oise, unweit Guise an Frau von Clausewitz, geborene Gräfin Brühl, und Gräfin Dohna, geborene Scharnhorst[2]: »Wenn Ihnen, meine verehrten Freundinnen, der Abend in Namur gefallen hat, so machen Sie sich sogleich auf den Weg, um uns zu folgen, dann wollen wir in oder vor Paris einen gleichen und noch fröhlicheren Abend feiern.« Dieser Einladung schließt sich dann ein lapidarer und doch umfassender Kriegsbericht an, der für die Aufgeschlossenheit der Empfängerinnen spricht. Schließlich endet der Brief ganz im Stil der Zeit so[3]: »Das Interesse, das Sie, hochverehrte Frauen, an meiner Person nehmen, ist eine süße Belohnung für mich; in der letzten Schlacht ward mir abermals ein Pferd durch eine Kanonenkugel durchbohrt, ein anderes durch eine kleine Kugel zweimal verwundet, ein Säbel einmal aus der Scheide geschlagen, ein andermal zerschossen. Meine Kontusion ist nicht der Rede wert. Gott erhalte Sie, brave deutsche Frauen. Für solche Frauen schlägt man sich gern. Möchten meine Töchter solche Gesinnungen dereinst auch in ihrem Busen tragen.« Allerdings vergingen noch Wochen, bis Frau von Clausewitz die Reise antreten konnte, offenbar ohne die Gräfin Dohna. Der Fall von Paris war noch abzuwarten, ferner die weitere Klärung der Verhältnisse bis zum zweiten Pariser Frieden. Aber Clausewitz handelte durchaus mit Zustimmung des Hauptquartiers, als er in steigender Hoffnung auf ein baldiges Wiedersehen am 3. Juli aus der Umgebung von Paris am Ende seines Briefes an seine Frau schreibt[4]: »Lebe wohl, teuerste Freundin meiner Seele. Jetzt sehen wir uns hoffentlich bald wieder. Sobald der Friede abgeschlossen ist, schreibe ich Dir und denke schon jetzt auf die Einrichtung

Deiner Reise. Glücklich, unaussprechlich glücklich fühle ich mich, nach einer solchen Epoche noch etwas zu besitzen, was mehr wert ist als aller Triumph, noch einem Augenblick entgegenzueilen, der alles andere übertrifft. Ich liebe Dich nie mehr als im höchsten Glück und im höchsten Unglück, denn Dein Verdienst steht höher als alle Erscheinungen des ersteren und füllt jede Lücke aus, die das letztere in meinem Schicksal hervorbringen könnte.«

Vier Tage später heißt es in dem langen Tagebuchbericht aus Le Plessis-Piquet bei Paris[5]: »Nun ist es Zeit, dieses Tagebuch zu schließen, teuerste Marie. Ist der Friede unterzeichnet, so kommst Du zu mir, und zwar, wie ich mir ausdenke, über Compiègne, denn der Weg ist nicht viel um und sehr viel interessanter als der gerade über Laon. Ich hoffe, Dir dann bis Compiègne entgegenkommen zu können, und gemeinschaftlich genießen wir dann, was ich nur im Fluge gesehen habe, indem wir über St. Germain, Versailles und Meudon denselben Weg machen, den wir jetzt genommen haben. So kommen wir von hinten nach Paris hinein, aber wir haben dann das Schönste genossen, was Paris darzubieten hat... Ich denke mir, wenn Du angekommen bist, unsere kleine Equipage mit den beiden Schwarzen gleich wieder so einzurichten, wie sie war, und dann je eher, je lieber in ein Bad zu gehen, denn (ich weiß nicht, ob ich Dir 's geschrieben habe) die Gicht hat sich wieder in einer abscheulichen Weise eingefunden, und ich sehne mich nach Etwas, was auch nur die entfernteste Hoffnung der Erleichterung gibt...«

Der schlechte Gesundheitszustand, in dem sich Clausewitz um diese Zeit befindet, ist wohl auch mit der Grund des nächsten Briefes aus Fontainebleau vom 12. Juli[6]: »Mit der innigsten Sehnsucht schmachte ich nach dem Augenblick, Dich wieder zu besitzen, teuerste Freundin meiner Seele: ich fühle mich seit einigen Tagen sehr unwohl und mir ist, als würde ich wohler werden an Deinem Herzen. Hier im kaiserlichen Lustschloß, wo eine Reihe von Salons, Zimmern und Kabinetten, wo fürstliche Betten und Sofas zu meinem Gebot stehen, wo mich ein schöner Park umgibt, hier wäre es schön, zusammenzuleben, und ich gäbe viel darum, wenn ich diese Herrlichkeiten mit Dir teilen könnte, die in meiner Einsamkeit mir nur wehmütige Empfindungen geben.«

»Leider, fürchte ich, ist der Augenblick des Friedens und der allgemeinen Sicherheit so nahe noch nicht. Ich fürchte, wir erleben in Paris einen Wiener Kongreß, welcher viel unangenehmere Folgen haben würde, als der in Wien. Außerdem ist das Land noch nicht überall beruhigt; in der Champagne schweifen bewaffnete Bauern umher. Du kannst leicht denken, daß ich lieber Deinen Besuch noch eine Zeitlang entbehren, als Dich solchen Gefahren aussetzen will, und ich bitte Dich, ja bei dem Vorsatz fest zu bleiben, nicht ohne meine ausdrückliche Aufforderung die Reise anzutreten.«

Trotz aller Sehnsucht nach seiner Frau steht also bei dem fürsorglichen Ehemann Clausewitz die Gewissenhaftigkeit immer obenan wie in allen seinen anderen Obliegenheiten auch. So schreibt er auf dem Marsche nach Le Mans am 30. Juli[7]: »Unser Hauptquartier wird nach Le Mans kommen, welches ein Ort von 25 000 bis 30 000 Einwohnern ist. Ich hatte gehofft, der Küste nahezukommen und dann das Projekt gemacht, Dir ein Rendezvouz in London zu geben. Trotz der unsicheren Verhältnisse und trotz der schwarzen Prophezeiungen, in denen selbst Gneisenau sich verliert, kann ich dem Wunsche nicht widerstehen, Dich hier zu haben. — Da nun selten das Schlimmste eintritt, was vorsichtige Leute wie ich erwarten..., da endlich die Sache auch wohl nicht wie ein nächtliches Gewitter uns aus dem Schlafe wecken wird... so glaube ich es verantworten zu können, wenn ich Dich bitte, Deine Reise hierher anzutreten, sobald Deine Einrichtungen getroffen sind. Ich wähle für Dich den Weg über Lüttich und Soissons, da durch Lothringen lauter Truppen anderer Armeen ziehen, und die Straße vielleicht nicht ganz sicher ist. Auf der großen Poststraße hast Du nichts zu befürchten, um so weniger als Leute, die für ihr Geld reisen, nicht der Gegenstand der erzürnten Bauern sind, und jetzt überhaupt nichts mehr von der Art gehört wird. Ich komme Dir dann jedenfalls nach Paris, vielleicht nach Soissons entgegen. Zur Bedingung mache ich Dir nur, daß Du keine Nacht unterwegs bleibst, sondern Deinen Weg so einrichtest, daß Du mit dem Dunkelwerden unter Dach und Fach kommst. Gneisenau habe ich gebeten, Dir einen Paß vom französischen Ministerium zu besorgen und diesem Briefe beizufügen. Ohne diesen Paß reise ja nicht.« Aber Gneisenau ist nicht für einen Paß von der französischen Regierung. Die Absendung der Papiere verzögert sich, so daß Clausewitz meint[8], Gneisenau sähe schwarz und könne die Reise nicht billigen. Aber dann ist es am 5. August doch soweit, und er kann aus Le Mans an Marie schreiben: »Die Pässe sind abgesandt, und zwar im Duplikat; ich zweifle also nicht, daß Du sie erhältst. Es scheint, daß Gneisenau Dir nur Armeepässe geschickt hat. Dies ist mir nicht so lieb, als wenn sie vom Gouvernement ausgestellt wären. Indessen, da alles ruhig ist, fürchte ich nicht, daß Du Hindernissen begegnen wirst. Nur ist es nötig, daß Du die Militärstraße nach Compiègne nimmst, dorthin komme ich Dir entgegen, sobald ich den Tag Deiner Ankunft weiß... Auf pikante Naturscenen mache Dich nicht gefaßt; das Land zwischen Seine und Loire ist im ganzen nichts weniger als schön und reich. Die hiesige Gegend ist nicht übel, aber dafür schlechter als die Mittelmark. Ich denke übrigens, daß wir höchstens noch einige Monate hier bleiben werden und sehne mich von Herzen nach Deutschland zurück. Lebe wohl, liebe Marie, auf baldiges Wiedersehen!«

Clausewitz sollte seine Frau tatsächlich nach einigen Wochen wiedersehen und mit ihr Frankreich erleben. Genaue Daten über die Reise und ihren gemeinsamen Aufenthalt in Le Mans sind allerdings nicht überliefert. Man weiß auch nicht genau, wie lange sich das Ehepaar dort aufhielt. Es gibt lediglich einen Brief von Gneisenau an den Grafen v. d. Groeben, in dem er unter dem 19. September aus Paris schreibt[9]: »Es war eine angenehme Erheiterung für mich, das Clausewitzsche Ehepaar hier zu sehen; ich hätte sehr gewünscht, daß Sie uns hätten Gesellschaft leisten können.«

Erinnerungen an die Vendée

Eine Merkwürdigkeit ist noch nachzutragen: Le Mans war eng mit dem royalistischen Aufstand in der Vendée verknüpft, der nach der Hinrichtung Ludwig XVI. losbrach und dann mit unerhörter

Grausamkeit niedergeschlagen wurde. Bei Le Mans hatten die Aufständischen Ende 1793 eine schwere Niederlage erlitten, und zwar
in der Hauptsache durch die Truppen, denen man aus Mainz frei-
en Abzug gewährt hatte. Sie wurden dann in der Vendée eingesetzt. Einer der Anführer des Aufstandes hatte in dem Zimmer gewohnt, das Clausewitz im August 1815 in Le Mans bezog. Eine
Kanonenkugel war durch den Spiegel dieses Zimmers gegangen, und
das aufgesplitterte Loch erinnerte noch an die damaligen Kämpfe.
Es entsprach aber auch dem geschichtlichen Sinn von Clausewitz,
daß er den Ereignissen nachging und sich Literatur über den damaligen Bürgerkrieg verschaffte, um sich genauer zu informieren.
Und seine Gedanken darüber haben wohl auch seine grundsätzliche Überzeugung bekräftigt: Keine Revolution, aus welchen Gründen immer, aber rechtzeitige Reformen, um auf der einen Seite der
Stagnation, auf der anderen dem gewaltsamen Ausbruch vorzu-
beugen. Es werden sonst Ströme von Blut fließen von Unbeteilig-
ten wie Unschuldigen, wenn das Unterste zu oberst gekehrt wird.
Und das Ende? Dem Freiheitstaumel der Franzosen folgte der Tyrann und Kaiser, der »Kriegsgott« Napoleon, der die Nation militärisch behexte, um mit ihr Europa zu erobern. Jedoch am Ende
kam auch für ihn der Umschwung in Spanien, in Rußland. Dann
siegten die Preußen und mit ihnen die Engländer 1815. Europa
wurde politisch frei und wiederhergestellt. Aber was war mit den
Völkern? Für die Nachdenklichen, voran Neidhardt von Gneisenau und seine Freunde, begannen schon 1815 die Fragen — trotz
Kriegsruhm, hoher und höchster Orden.

ACHTER TEIL

Loyale Opposition

Erstes Kapitel
»Wallensteins Lager am Rhein«

»Wallensteins Lager am Rhein« war ein Wort des Spottes, das am Berliner Hof umlief[1], über das neue Generalkommando in Koblenz. Von einem gewissen Standpunkt aus hatte es auch seine Berechtigung. Denn Gneisenau und sein Stab bildeten in der Tat so etwas wie eine »verschworene Gemeinschaft«; sie waren und blieben Reformer. Aber ihr Reformwille hatte sich nach 1815 vom Militärischen mehr auf das Politische verlagert, und zwar in demselben Maß, wie die Reformbereitschaft der preußischen Regierung erlahmte, ja in restaurative Bestrebungen umschlug. Das muß man sich vor Augen halten, um die Entwicklung nach den Befreiungskriegen zu begreifen. Sie machte aus dem Soldaten Gneisenau und seinem nächsten Freund und Vertrauten Clausewitz fast zwangsläufig politische Opponenten. Für das Verständnis des Werdegangs unseres Kriegsphilosophen ist dies von ausschlaggebender Bedeutung, so daß man darüber mehr wissen sollte als nur über die äußeren Lebensumstände in Koblenz.

Nach 1815 erscheinen Gneisenau und Clausewitz als eine Art eigene »Partei«, wie Gneisenau sich einmal ausdrückt, eine Partei, die natürlich in Berlin Argwohn erregte und dementsprechend verleumdet wurde, wie aus einem Brief des Generals vom 10. April 1815 an einen anderen Vertrauten hervorgeht. Darin heißt es[2]: »In Berlin besteht die sogenannte gute Gesellschaft in der Mehrzahl aus solchen, die Frankreich ehemals anhingen, und diese führen jetzt das große Wort. Uns andere rechnet man unter die Jakobiner und Revolutionäre; als solche sagen sie, hätten sie uns schon lange erkannt, und darum unseren Plänen entgegengearbeitet. Wir haben uns darüber belustigt, aber nicht geärgert. Wie könnte man der Verleumdung entgehen, wenn man irgend etwas Ungewöhnliches ist oder tut.«

Der weitere Verlauf des Jahres 1815 hatte allerdings sehr viel Ungewöhnliches gebracht und den Ruf Gneisenaus als Feldherrn vollendet, denn Gneisenau war es, kein anderer, der Napoleon endgültig niedergeworfen hatte. So gelang ihm und den Engländern unter

Wellington die völlige Befreiung Europas von dem Alpdruck Bonapartes. Blücher, als »Marschall Vorwärts« mehr volkstümlicher Antreiber als wirklicher Feldherr, hatte dann in unbedarfter Art reiche Kriegsbeute und Landgewinn verlangt und eine z. T. recht kurzsichtige Besatzungspolitik betrieben oder zugelassen; sie wurde von Clausewitz mißbilligt, wie wir wissen; aber sein großer Freund hatte andere Kriegsziele, die er bestimmt auch mit Clausewitz besprach. In der Rückerinnerung schrieb er am 17. Februar 1817 aus Erdmannsdorf[3]: »Sogleich nach unserem Einrücken in Paris (1815) war der günstige Zeitpunkt zur Erteilung einer Verfassung und ich habe damals sehr dringend dazu geraten. Voraussehend, daß unserem Staate Provinzen zufallen müßten, die mit den alten Ländern in keiner Homogenität standen, sah ich eine Verfassung als das einzig mögliche Band an, um Haltung in dieses Landschaftsbündel zu bringen. Ich hatte aber auch eigennützige Absichten dabei und wollte für Preußen die Meinung in Deutschland steigern. Man konnte schnell die Hauptmomente einer Verfassung zusammensetzen, das Ausbessern und Vervollständigen der Regierung vorbehalten nach Maßgabe der Ratschläge der Kammern und somit wäre eine Konstitution aus dem Kabinett wie Minerva aus dem Haupte Jupiters entsprungen. Wäre dies geschehen, so hätten auf dem Kongreß zu Wien die Dinge eine ganz andere Wendung genommen, unsere politische Unabhängigkeit wäre auf lange gesichert; denn eine Nation, mit einer Verfassung ausgerüstet, kann das Doppelte lebendiger und toter Streitkräfte, die moralischen ungerechnet, entwickeln, als eine Nation gleicher Größe ohne Verfassung...«

Aus diesen Vorschlägen war nichts geworden. Vor allem der König versagte sich, von seinem Generaladjutanten v. d. Knesebeck darin bestärkt, wie immer nach 1815, wenn es um Fortschritt ging. Für das »Landschaftsbündel« am Rhein hatte man dann im Herbst 1815 eine, wie man glaubte, »elegante« Lösung gefunden: Um die Rheinlande, die die Franzosen so lange besetzt hielten, mit dem »Altreich« Preußen enger zu verbinden, bot sich ein militärisches Mittel an. Man übertrug das neue Generalkommando in Koblenz dem Volkshelden Gneisenau, der war Katholik, kontaktfreudig, volkstümlich und gastfrei, sicher ein Mann nach dem rheinländischen Herzen. In Koblenz gab es im übrigen so viele dienstliche Aufgaben, daß sich seine Reformideen bald totlaufen würden. Natürlich war ihm das Zugeständnis zu machen, den Generalstab aus seinen Freunden und Vertrauten zusammenzusetzen. Seine Wahl fiel auf Clausewitz als Chef, den Grafen v. d. Groeben als ersten und die Majore von Scharnhorst und O'Etzel als weitere Generalstabsoffiziere. Dazu kam u. a. Rittmeister Bärsch als einer der wenigen überlebenden früheren Schillschen Offiziere, den Gneisenau besonders schätzte. Natürlich fiel auf, daß die Häupter dieses Generalstabs 1812 emigriert waren. Der König mochte das wohl so schnell nicht vergessen, vor allem, nachdem ihn offenbar auch sein Generaladjutant abwertend immer wieder daran erinnerte. Er war überhaupt der Mephisto in des Königs nächster Umgebung und jetzt ein ebenso erbitterter persönlicher Gegner der politischen Reformer wie vorher der militärischen. Gneisenau und dann auch Clausewitz bekamen das beide zu spüren, jeder auf seine Weise.

1815/16 stand Gneisenau im Zenit seines Ruhmes. Clausewitz war also durch ihn gesichert. Das Generalkommando hatte sich rasch zu einem Ensemble verschmolzen. Die Offiziere aßen täglich gemeinsam an der Tafel des Generals. Nachmittags wurden mit den Frauen Ausflüge in die schöne Umgebung gemacht, wenn es die Witterung zuließ, und der Abend vereinigte die Gesellschaft wiederum, — anfangs am Teetisch der Frau von Clausewitz, später, als die Familie des Generals eingetroffen war, bei dieser. Gneisenau hatte die Orangerie bezogen, Clausewitz das v. Honthheimsche Haus in der Neustadt, ganz in der Nähe des Theaters. Es gehört zu seinen Aufgaben, die Dienstreisen zu organisieren, an denen auch die Frauen teilnehmen konnten. So wird von einer Moselfahrt nach Trier, von einer Rheinreise nach Köln, einer weiteren rheinaufwärts nach Rüdesheim berichtet, wie von einer an die Saar. Und überall gab es Fahnen, Böller, Spalier der Landwehr und im Frühling Blumen über Blumen[4].

Aber nach diesen Jubel-Euphorien kam offenbar ein gewisser politischer Katzenjammer, der sich auf Gneisenau auch körperlich auswirkte. Anders ist wohl die Kurzschluß-Handlung eines Ab-

schiedsgesuches nicht zu erklären, das er offenbar ohne Rückspra-
che mit Clausewitz dem König einreichte. Vielleicht war es ihm
auch das Mittel zum Zweck, eine Aussprache herbeizuführen. Daraufhin erhielt er zunächst eine sehr wohlwollende Kabinettsorder,
die ihm statt des Abschieds die Entbindung von den Dienstpflich-
ten und einen unbestimmten Urlaub bewilligte. Diesen Urlaub trat
er auch an, und zwar aus gesundheitlichem wie aus dem naheliegenden Grund, sich endlich um seine Kinder und seine Gutsange-
legenheiten zu kümmern. Aber dann gab es auch noch andere
schwerwiegende Motive, warum er die Lust am Dienst für Preußen
verloren hatte. Darüber schreibt er[5]: »Lange habe ich mit mir gekämpft, ehe ich mich habe entschließen können, mein heutiges Gesuch an Se. Majestät einzureichen. Ich habe mich geprüft und
immer geprüft und endlich gefunden, daß es weder gut noch redlich sei, mit gesunkenen Körper- und Geisteskräften länger eine
hohe und bedeutende Stelle im Staat zu verwalten.« Dann verweist
Gneisenau auf persönliche wie familiäre Gründe, kommt aber
schließlich auf den wohl ausschlaggebenden Grund zu sprechen
und schreibt:»Wie manche Verleumdung mag dem König hinter-
bracht worden sein! Wie mancher Auszug aus Briefen, aus seinem
Gesamtinhalt herausgerissen und ihm eine andere Deutung gegeben, hämisch vorgelegt. Selbst vielleicht wie manche Verfäl-
schung! Denn da die verfolgende Partei die Brieferöffnung in ihren Händen hat, so kann man wohl so etwas argwöhnen, da es
eine Erfahrungstatsache ist, daß der Sektionsgeist alles sich erlaubt
und in solchen Zeiten die Verleumdung eine gewissenlose und mit
Erfolg gehandhabte Waffe ist. So sind nun die Gemüter zerrissen,
Monarch und Volk mit Mißtrauen erfüllt und der Segen des Friedens ist uns entschwunden.«
Gneisenau hatte den bewilligten Urlaub angetreten. Seine Freunde
in Koblenz wußten genau: Wenn er nicht wiederkam, war die Zeit
des Ensembles, der Freude über den Frieden vorbei — auch für sie
—, ein für allemal. Aus Rücksicht auf die Briefkontrolle, die vor
keinem Verdienst haltmachte, erklärte sich wohl auch der offizielle Ton und die gewisse Steifheit des Schreibens von Clausewitz
an Gneisenau, das hier im Auszug wiedergegeben sei[6]: »Koblenz,

den 13. Mai 1816. Wir setzen uns alle wieder in dem Glauben und der Hoffnung fest, daß Euer Excellenz unter uns zurückkehren werden. Sie haben von allen Seiten die Klagen und den Kummer wiedertönen hören, welche Ihr Abtreten hervorgebracht hat, und würden noch ungleich mehr Stimmen der Art gehört haben, wenn Ihre Absicht hier nicht verborgener geblieben wäre als im Mutterland, welches eine Folge der Diskretion war, die Euer Excellenz Wesen Ihren Umgebungen nicht bloß für diesen Fall eingeflößt, sondern ich kann sagen, zur Natur gemacht haben. Daß ich unter diesen Umständen Euer Excellenz nicht schweigend abreisen sehen kann, ist sehr natürlich, daß ich die Feder ergreife, geschieht, um mit mehr Freimütigkeit reden zu können, denn es sind zwei Dinge, die mir mündlich sehr schwer fallen: die Verehrung denen zu zollen, die sie mir einflößen, und mein persönliches Interesse zu vertreten.«

Und nun macht Clausewitz darauf aufmerksam, daß ja Gneisenau immer noch das Recht hat, in das Generalkommando am Rhein zurückzukehren, und dafür sprechen die Gründe, die er systematisch aufzählt, wie er es gern zu tun pflegt. Sie sind ein Katalog der persönlichen Unersetzbarkeiten, den ihm Clausewitz vorhält, sachlich und dienstlich in jeder Weise begründet. Schließlich heißt es gegen Ende des Schreibens: »Alle diese Betrachtungen sind mir, ich gestehe es, an dem Tage, an der Euer Exzellenz Entfernung unwiderruflich erschien, weniger nahegewesen als der Schmerz über den persönlichen Verlust, womit ich bedroht bin. Ich kann darüber nur sagen, daß sich meiner nach Ihrem Abtreten eine völlige Stumpfheit bemeistert haben würde.«

Aber die Würfel sind bereits gefallen. So schreibt Gneisenau an den früheren Mitstreiter des Reformwerks, nun Kriegsminister Boyen, am 30. Mai[7]: »Ich gedachte auf meine Stelle zurückzukehren, sobald als ich mich durch die Bäder von Karlsbad und Teplitz, die man mir angeraten, gestärkt haben würde. — Wie ich nun die Anstellung des Generalleutnants v. Hake, wovon in dem königlichen Handschreiben vom 20. d. die Rede ist, verstehen soll, weiß ich nicht recht, da, als ich um Entlassung bat, ich bloß Urlaub erhielt, und als ich diesen dankbar annahm, mir ein Nachfolger er-

nannt wird, dessen anscheinend bleibende, nicht einstweilige Anstellung mir den Rücktritt in meine bisherige Stelle versperrt. Soll
diese Anstellung des Generalleutnants v. Hake ein Hindernis abge-
ben, auf meine hiesige Stelle zurückzukehren, so müßte ich diesen
Umstand als ein Mittel ansehen, mich aus der Armee entfernen zu
wollen, und ich würde mich dann zu jenem Schritt noch hingedrängt sehen, den man scheinbar mißbilligt hätte. Es ist jetzt eine
Zeit erregten Argwohns und Mißtrauens, wenn ich in dieser meiner Angelegenheit nicht klarzusehen vermag, so wollen Euer Exzellenz durch Aufklärung wohlwollend mich vor Irrtümern bewahren, in welche ich leicht verfallen könnte.«

Die Zeit der Restauration

Aber es war kein Irrtum. Die Restauration folgte den Siegesfeiern
auf dem Fuß. Der Mohr hatte seine Schuldigkeit getan ... Das galt
von der Landwehr, den Kriegsfreiwilligen, dem Volk, wie von dem
Feldherrn von Belle-Alliance. Dabei konnte sich Friedrich Wilhelm
zu keinen eindeutigen Entschlüssen durchringen, so daß die innen-
politischen Verhältnisse in Preußen immer zweideutiger wurden. In
der Studentenschaft gärte es. Die akademische Jugend, die das Haupt-
kontingent der Kriegsfreiwilligen für die Befreiungskriege gestellt
hatte, schloß sich vielfach in den Burschenschaften zusammen und
schrieb die deutsche Einheit auf ihre schwarz-rot-goldene Fahne.
Republikanische Strömungen machten sich geltend. Zar Alexander,
Kaiser Franz I. von Österreich und König Friedrich Wilhelm III.
von Preußen hatten sich unmittelbar nach dem Pariser Frieden zur
»Heiligen Allianz« mit unverkennbar stark restaurativen Tendenzen
zusammengeschlossen. Dann war das Wartburgfest vom 18. Oktober 1817 die Antwort der ehemaligen Kriegsfreiwilligen, die Demonstration ihres Freiheits- und Einigungswillens als der politisch
erwachten Jugend. »Wallensteins Lager am Rhein« aber war mit
Gneisenau an der Spitze von jeher für die Gewährung der Verfassung. Gerade den Rheinländern gegenüber, die auch Clausewitz
schätzen gelernt hatte, fühlte sich dieser weiterhin dazu verpflichtet,

auch als Gneisenau ging. Die Hoffnung auf die Verwirklichung stand und sank mit dessen Kommando. Das weiß auch Marie von Clausewitz, ein Grund mehr für ihre freundschaftliche Verehrung Gneisenaus.

So hat sie den General auch bei der Abreise von Koblenz begleitet, wenigstens noch bis Frankfurt, um dann nach Berlin weiterzufahren: Nach dem zweiten Bescheid des Königs war nun der Abschied endgültig. So schreibt sie aus Berlin unter dem 29. Juni 1816 an Gneisenau[8]: »Ich habe unsere Gespräche noch lange in Gedanken fortgesetzt... und habe auf diese Weise Ihnen noch so vieles gesagt, das ich wahrscheinlich in artikulierten Worten nie mit der Wärme und Beredsamkeit zustande gebracht hätte. Wie dankbar war ich für Ihre Güte, wie stolz auf Ihr Vertrauen, wie beglückt durch die Überzeugung, Ihre Freundin zu sein und mich dieser Auszeichnung nicht unwürdig zu fühlen. Wie innig mein Mann diese Empfindungen teilt, hätte mir sein letzter Brief bewiesen, wenn es noch eines solchen Beweises bedürfte; er spricht von dem traurigen Tag der Trennung, und fügt hinzu: ›Der General war nie freundlicher, herzlicher, gütiger gegen mich als an diesem Tag: ich fühle mich so stolz in dem Besitz seiner ausgezeichneten Freundschaft (denn er hat mir gesagt, daß ich sein erster und vorzüglichster Freund bin), daß ich keine andere Auszeichnung kenne, die eben den Wert für mich haben könnte.‹ So wissen wir beide Ihre Freundschaft zu schätzen, sie ist unser Stolz und die schönste Entschädigung für alles, was das Schicksal uns versagt hat... Getrennt von Ihnen können wir uns nie ganz glücklich fühlen... Vereinigt mit Ihnen werden wir überall glücklich sein, aber so schön wie am lieben Rhein kann es doch nirgends sein. Es lag ein ganz eigener Zauber darin, gerade mit Ihnen dort zu sein, jede Freude über die himmlische Gegend, jeder frohe Gedanke an die Befreiung schien neuen Dank, neue Verehrung für den Befreier zu heischen; dies Gefühl hat mich immer begleitet und ich kann beteuern, daß ich nie den schönen Fluß betrachtete, mich nie den Erinnerungen überließ, die er erregt, ohne mein Herz durch Ihre Nähe und das Bewußtsein, Sie zum Freunde zu haben, noch mehr erhoben zu fühlen.«

Der Brief war mit der ganzen Gefühlswärme geschrieben, die Marie von Clausewitz auszeichnete. Koblenz war nicht mehr dasselbe für sie, als sie aus Berlin dorthin zurückkehrte. Denn auch der Stab des Generalkommandos hatte seinen Mittelpunkt mit Gneisenau verloren, den kein Generalleutnant v. Hake auch nur in etwa ersetzte. Daraus erklärt sich wohl auch die Bemerkung in der Beurteilung, die dieser ihm später schrieb[9]. »Teilt sich wenig mit«. Dem Mann freiheitlicher Gesinnung, Gneisenau, hatte sich Clausewitz mitgeteilt, vor allem dem politisch engagierten Soldaten, und so sind sie denn auch in brieflichem Gedankenaustausch geblieben. Wie sehr auch Gneisenau sich vor allem politisch mit Clausewitz eins wußte, ist dem Brief zu entnehmen, den er später von seinem Gut Erdmannsdorf am 29. September 1817 an diesen schrieb[10]: »Mit der Verfassung ist es nicht einem einzigen im Ministerium ernst. Verheißen will man, hinhalten, selbst täuschen, um Zeit zu gewinnen. Man fühlt wohl, daß die Verständigen und Tüchtigen in der Nation eine gerechte Form verlangen, unter welcher sie beherrscht sein wollen, und daß man der unzähligen, unausgeführten und bald wieder aufgehobenen Ministerialverfügungen endlich überdrüssig ist, und eine öffentliche Beratung über Gesetzvorschläge verlangt; allein man hat weder den Mut, solche zuzugestehen, noch solche zu verweigern... Allerdings ist hie und da jakobinischer Gärungsstoff vorhanden, der, unter begünstigenden Umständen der übrigen Masse sich wohl mitteilen könnte; einer einsichtigen, den Geist erkennenden und selbigen zu beschwören, mit Kraft ausgerüsteten Regierung müßte es indessen nicht schwerfallen, den rechten Mittelweg zu treffen und den einen ihr Recht widerfahren zu lassen, sowie den anderen Achtung zu gebieten.«
Aber es geschieht nichts, gar nichts. Die Obrigkeit verharrt in geistiger und politischer Passivität. Gneisenau verfolgt das mit steigender Sorge und schreibt am 23. Dezember, also unmittelbar vor Weihnachten 1817, an seinen Vertrauten Clausewitz aus Berlin[11]: »...Hier ist ein unangenehmes Treiben. Das Fordern einer Konstitution nimmt sehr überhand, und darunter mischt sich auch jakobinischer Sauerteig. Den König hat man sehr mißtrauisch ge-

macht... Die angefangene und niedergeschlagene Untersuchung der Wartburger Geschichte hat die Gemüter aufs neue bewegt. Sicherlich ist auf beiden Seiten Unrecht und die Wahrheit wohnt mitten inne. Wie früher so gewiß auch jetzt, hat man mich in solch Gerede verflochten, denn obgleich der König mich sehr freundlich empfing, so hat er mich doch nicht an seine Tafel gezogen, während er andere eingeladen hat. Ich verhalte mich dabei, wie ich früher getan, lasse schwatzen und überlasse der Zeit, mich zu rechtfertigen, gehe dabei wenig in Gesellschaft, lebe einsam zu Hause und lehne Einladungen ab.«

Indessen ist Gneisenau nicht allein: zu ihm stehen nach wie vor nicht nur Clausewitz und der Stab des Generalkommandos am Rhein; auch am Hof hat er Kreise, zu denen Marie von Clausewitz einmal als Hofdame gehörte, weiter zustimmend auf seiner Seite. Die Fürstin Radziwill vor allem, von eh und je Reformistin, steht mit ihm in dauerndem Briefwechsel. Und der König? Er läßt wohl keinen Reformer ganz fallen, aber er verhält sich ihnen gegenüber oft zweideutig oder widersprüchlich. So macht er den angeblichen Jakobiner Gneisenau 1818 als Nachfolger des verstorbenen Feldmarschalls v. Kalckreuth zum Gouverneur von Berlin, wie er im gleichen Jahr Clausewitz für die Dauer des Fürstentags von Aachen zum Kommandanten ernennt. Damit stellt er sie natürlich auch auf die Probe ihrer Loyalität. Gneisenau, der sein Gut inzwischen in Ordnung gebracht hat, dankt dem König so: Er verzichtet auf das mit dem Gouverneursposten verbundene Gehalt. Im übrigen weiß er, was diese Ernennung unter Umständen bedeutet: Sie kann auch die Pflicht mit sich bringen, Truppen gegen das Volk marschieren zu lassen. Was Gneisenau wirklich denkt, vertraut er einem Brief an die Fürstin Radziwill an, in dem er die Parteiungen dieser Jahre charakterisiert[12]. Dabei geht er von den Karlsbader Beschlüssen aus, die nach der Ermordung von August Kotzebue durch den Studenten Sand das ganze deutsche Bundesgebiet der Polizeibeaufsichtigung vor allem der Presse und der Universitäten unterworfen und eine politische Zentral-Untersuchungskommission eingeführt hatten. So heißt es in diesem Brief: »Die öffentliche Meinung ist durch die in Gemeinschaft mit den übrigen deutschen Regierungen genommenen Beschlüsse abermals sehr gerüttelt worden, und noch hat sie sich darüber nicht ins klare gesetzt. Der Widerspruch der Ansichten dauert fort und möchte sich sobald nicht lösen. Man kann vorderhand hauptsächlich erst nur drei Parteien unterscheiden:

Erstens die der heftigen Liberalen, welchen auch die eigentlichen Jakobiner und Revolutionäre beizuzählen sind. Alles Maß und alle Achtung gegen die Regierung vergessend, haben sie solche verunglimpft, erniedrigt und beschimpft, wo sie konnten; ihnen ist nun das Handwerk gelegt, und zwar mit Recht. Darüber mögen sie wohl insgeheim wütend sein, zur Kunde kommt davon nichts: ihre Zahl ist sicherlich nicht groß.

Dann kommen die heftigen Verfolger, denen die Furchtsamen sich anschließen. Jene schwärzen an, erregen Mißtrauen, sammeln Äußerungen und vergiften sie durch Deutung. Das, was eine geheime Polizei aus Rede und Briefwechsel zusammenträgt, kann seiner Natur nach überhaupt nicht in redlicher Weise gesammelt sein. Durch diese Partei wird das Gift noch geschärft; sie würde bald in eine spanische Inquisition sich ausbilden, wenn der gerechte Sinn des Königs nicht wäre. — Und dennoch will ich nicht in Abrede stellen, ob man nicht solchen Unmut mehr als vonnöten durch übertriebene Darstellung gesteigert hat.

Eine dritte Partei, und zwar die zahlreichste, bilden treue Anhänger des Königtums, die sich zur konstitutionellen Gestaltung des Staates neigen und die besorgen, daß man auf dem Kongreß zu Karlsbad und am Deutschen Bundestag mehr beschlossen habe, als es bedurft hätte, daß man da seine Unabhängigkeit aufgegeben und Österreich sich überliefert habe, das mit Arglist den Primat in den deutschen Angelegenheiten sich erworben und fortan Einspruch in unser konstitutionelles Treiben tun werde. An diese Partei schließen sich die Feinde des Fürsten von Hardenberg an.«

Und nun kommt der entscheidende Passus, der die politische Haltung von Gneisenau und Clausewitz in diesen Jahren anspricht und für die Nachwelt festhält. Er lautet:

»Noch könnte ich Ew. Königlichen Hoheit eine vierte Partei nennen; sie ist aber gar zu schwach; denn sie besteht nur aus dem General von Clausewitz und mir. Wir meinen nämlich, daß alle drei Parteien in vielen Dingen mehr oder weniger Unrecht haben, daß die Ungezogenheit der ersteren gezüchtigt zu werden verdient, daß die Verfolgungssucht der anderen verabscheuungswert sei und daß die Besorgnisse der dritten übertrieben und diejenigen unter ihnen, die ihre Antagonie oder ihre Ehrsucht zum Maßstab ihrer politischen Grundsätze machen... nicht achtungswürdig sind. Uns beiden, wenigstens mir, erzeigt man hin und wieder die unverdiente Ehre, uns für Freunde der Französischen Revolutionsgrundsätze zu halten und niemals ist irgend jemandem größeres ähnliches Unrecht geschehen als uns.«

Die Zweideutigkeit des Königs

Das muß man wissen, um die Geschicke der Reformer nach 1815 zu begreifen. Der König konnte sie nicht einfach abschütteln; sie hatten Preußen nicht nur gerettet und wiederhergestellt, sondern zu neuer Größe geführt: Scharnhorst und Gneisenau durch ihre Taten unter Einsatz ihres Lebens, Clausewitz als ihr erster Gehilfe und Organisator. Man konnte auch jetzt nicht auf sie verzichten und sie einfach kaltstellen. Aber die Hofpartei verstand es durch ihren Einfluß auf den schwankenden König, sie mehr oder minder zu isolieren. Die Reformen konnten sie darum nicht weitertreiben, um ein wirkliches Volksheer zu schaffen, eine Volksarmee von Staatsbürgern und Wehrmännern. Die notwendige und vielversprechende Weiterentwicklung wurde abgebrochen. Die Folgen sind bekannt: Sie führten vor allem dazu, daß Clausewitz sich zwar in der Stille seiner Berliner Jahre zum Kriegsphilosophen läuterte und vertiefte, daß er »hochzog« und seine Erfahrungen sublimierte. Aber das Wichtigste ging für die Armee verloren, daß er *der* Lehrer der preußischen Offiziere wurde, daß er den Geist dieses Offizierskorps im Sinn von Scharnhorst und Gneisenau weiterbildete und zu einem höheren und reineren Wehrbewußtsein führte. Das hat der Ungeist der Restauration 1818 verhindert.

Wenn die Biographen also teilweise von einer Koblenzer Idylle sprechen, wie der so idealistisch wohlmeinende Oberstudienrat Schwartz, der erste Lebensbeschreiber, so sehen sie nur die Oberfläche dieser Lebensperiode. In Wirklichkeit begann hier die preußische Tragödie infolge der Zweideutigkeit des Königs und der Hinterhältigkeit des Generaladjutanten v. d. Knesebeck.

Die Befreiungskriege hatten Europa von dem Alpdruck Napoleon befreit. Daß diese Befreiung 1815 endgültig glückte, war in erster Linie das Verdienst der Preußen und Engländer, während die Russen und Österreicher zurückfielen. Die Engländer und Preußen setzten sich damit auch an die Spitze der Weltentwicklung; sie hatten bestimmt die führenden Männer dazu. Aber in Preußen hätte dies einen Machtverzicht der Gestrigen bedeutet, nicht zuletzt zugunsten vor allem des aufstrebenden »Bürgertums«, indem man ihm nach und nach Verantwortungen auftrug, die die Verfassung legitimierte. Das war es, was die vierte Partei Gneisenau-Clausewitz wollte. Sie hatte in Koblenz 1816 insofern auch noch eine besondere Rückenstärkung erfahren, als nun auch Stein wieder in greifbare Nähe rückte, der persönliche Verkehr mit ihm wieder erneuert wurde. So gab es eine neue Keimzelle der Reformer. Aber sie konnte sich nicht mehr entfalten. Gneisenau schrieb am 8. November aus Berlin an Clausewitz[13]: »Denen, die die Hoffnung nähren, Herrn vom Stein wieder in unserem Ministerium zu sehen, wollen Sie nur sagen, daß sie solche aufgeben sollen. Einmal, so ist die Erbitterung so weit gediehen, daß an eine Aussöhnung nicht zu denken ist, und dann ist die jetzige Administration so zusammengesetzt, daß Herr vom Stein selbige sprengen oder abermals fortwandern müßte, wenn anders er den Erwartungen entsprechen wollte, die die Welt von ihm hegt... Unsere Administration verträgt weder eine National-Administration, noch auch selbst einen Herrn vom Stein. Es ist zuviel Verderbtheit und zu wenig Talent darin. Dies wird immer der Fall sein, wenn man sie so zusammensetzt, daß man dabei die verschiedenen Parteien durch einzelne Ernennungen sich verbinden und versöhnen will, als in der Absicht, eine gediegene, aus einem Geist hervorgehende Verwaltung zu ordnen, worin man die besten Talente und die edelsten Charaktere versam-

melt, und worin jeder, zum Zweck der Einheit, seine hie und da ab-
weichende Meinung zum Opfer bringt...« Dann setzt Gneisenau
noch hinzu: »Das Turnunwesen hat zu meinem Leidwesen sein
Wesen etwas zu weit getrieben. Gleichsam, als ob alles nur vorhanden wäre, um dem Turnwesen zu dienen. So ist aber diese
Klasse von Leuten. In steten Übertreibungen verschmähen sie das
Erreichbare, um dem Phantastischen nachzujagen.«

»Freiheit, die ich meine«

Über die Lebensgestaltung von Clausewitz in dieser Zeit ist nachzutragen:
Um das Generalkommando in Koblenz hatte sich ein geselliges Leben entwickelt[14]. Ja, man kann sagen, es war die gute Gesellschaft der Stadt und des Rheinlandes von damals, die sich zunächst um Gneisenau, dann um Clausewitz und seine Frau versammelte, um sich gemeinsam des endlich gewonnenen Friedens
zu freuen. So kam es zu der geselligsten Periode im Leben von
Clausewitz. Es gab gemeinsame Rheinfahrten und Kahnpartien,
auch auf der Mosel, Wein- und Waldfeste, wie sie die Maler und
Zeichner der Zeit mit ihrem romantischen Pinsel und Griffel festgehalten haben. Nur die Gespräche, die man im kleineren Kreis
führte, sind nicht aufgezeichnet worden, ihre Inhalte aber aus den
erhaltenen Briefen zu erraten. Nach außen hin gab man sich heiter, und war es wohl auch des öfteren in der heiteren Natur am
Rhein. Aber im geheimen machte man sich Sorgen. Wie ging es
weiter bei der inneren Unruhe, die sogleich nach den Befreiungskriegen aufkam? Darüber konnte man nur mit Vertrauten reden.
Schon bei Briefen war man nicht sicher.
Zu diesen Vertrauten, die sich enger an das Ehepaar Clausewitz
anschlossen, sich ihm wohl auch anvertrauten, gehörte der Dichter
Max von Schenkendorf, der aus Tilsit stammte und dem als Regie-
rungsrat in Koblenz Aufgaben der Militärverwaltung oblagen. Er
war der Prototyp des Freiheitskämpfers und -dichters, tiefer lotend
als Theodor Körner. Auch er trug natürlich dem romantischen

Zeitgeist poetisch Rechnung und feierte Gneisenau und seine Tischrunde 1816 mit dem Lied »Die Tafel am Rhein«, sie in ein idealisiertes Mittelalter zurückversetzend, dem die Nostalgie dieser Jahre gehörte:

> So hab ich wohl im Knabentraume
> Die alte Ritterschaft gesehn.
> Ich sehe gleich dem Eichenbaume
> Im Waffenschmuck den Feldherrn stehn.

Nach den erhaltenen Zeugnissen schätzten auch Clausewitz und seine Frau die Lyrik dieses romantischen Dichters wie auch ihn persönlich. Seine Gemütstiefe bedeutete Ihnen mehr als der romantische Aufputz — und gegen den hatte Clausewitz seine Vorbehalte. Schenkendorf starb schon am 11. Dezember 1817 an seinem Geburtstag, erst vierunddreißig Jahre alt. Er stand wohl der Restauration mit ähnlicher Besorgnis gegenüber wie das Ehepaar Clausewitz, so daß sein früher Tod eine schmerzliche Lücke riß. Waren nicht auch für die deutsche Freiheit Geburts- und Todestag zusammengefallen? Die Frage des Dichters blieb in den Himmel geschrieben:

> Freiheit, die ich meine,
> Die mein Herz erfüllt,
> Komm mit deinem Scheine,
> Süßes Engelsbild.
> Magst Du nie Dich zeigen
> Der bedrängten Welt?
> Führest Deinen Reigen
> Nur am Sternenzelt?

Max von Schenkendorf hatte auch ein Gedicht auf Scharnhorsts Tod geschrieben, das sicher mehr als einmal im engeren Clausewitz-Kreis vorgetragen wurde. Seine letzten Verse lauteten:

> Keiner war wohl treuer, reiner,
> Näher stand dem König keiner,
> Doch dem Volke schlug sein Herz.
> Ewig auf den Lippen schweben,
> Wird er, wird im Volke leben,
> Besser als in Stein und Erz.

Laß uns Deine Blicke scheinen,
Darfst nicht länger mehr beweinen,
Schöne Gräfin, seinen Fall.
Meinens alle recht in Treue,
Schau, Dein Vater lebt aufs neue
In des deutschen Liedes Schall.

Die schöne Gräfin war die Gräfin Dohna, die Tochter Scharnhorsts, die engste Freundin von Marie von Clausewitz in diesen
Jahren, die mit ihr in Düsseldorf 1814 und 1815 in den Kriegslaza-
retten Verwundete gepflegt hatte.

Zweites Kapitel
Die Zeit ist Euer...

Der kategorische Imperativ

»Die Zeit ist Euer, was sie sein wird, wird sie durch Euch sein«[1]:
Dieses philosophische Postulat, die Zeit auszukaufen, steht über
dem Lebensgang von Clausewitz zwischen 1818 und 1830, wird
für ihn zum kategorischen Imperativ. Denn ohne Befolgung
dieser Parole wäre er Gefahr gelaufen, sich entweder grollend zu-
rückzuziehen oder auf Nebenwege zu geraten, unter denen die
Verfolgung rein historischer Studien gewiß nicht am schlechtesten
gewesen wäre. Aber er nützte die Zeit anders und durchaus im
Sinne seines Zeitgenossen Hegel, dem er leider persönlich nicht
näher trat; so nämlich nützte er sie, um aus Kenntnissen und Erfahrungen Erkenntnisse zu gewinnen und sie systematisch aufzubauen. So entstand aus einer Art aufgezwungener Muße das
Hauptwerk, die Philosophie des Krieges. Nach den kriegerischen
Stürmen von 1792 bis 1815 zog er kritische Bilanz.

Dieser Prozeß, der 1818 nicht ohne Leidwesen anlief und 1830
ablaufen sollte, hat eine Vorgeschichte. Sie ist auf der einen Seite
ebenso typisch für das Verhalten des Königs unter dem Einfluß
seiner Umgebung wie für Clausewitz, der scheinbar Negatives in
positive Leistung umzuwandeln weiß. Wie Gneisenau 1818 zum
Gouverneur von Berlin, so wurde sein nächster Freund Clausewitz
ebenfalls 1818 zum Kommandanten von Aachen ernannt, als dort
der Fürstentag stattfand. Die Kabinettsorder, die das bestimmte,
lautete so[2]: »Da während der Anwesenheit der Souveräne in
Aachen ein eigener Kommandant daselbst erforderlich ist, so habe
ich Sie für diese Stelle ausersehen, und indem ich Sie Ihnen für
diese Zeit hiemit übertrage, habe ich das Vertrauen, daß Sie selbige mit der gehörigen Umsicht und ganz zu meiner Zufriedenheit
versehen werden. Berlin, den 17. August 1818, Friedrich Wilhelm.«
Der Aachener Kongreß wurde am 30. September eröffnet und
dauerte bis zum 15. November. Es ging dabei um die Abkürzung
der Besatzungszeit in Frankreich, worum dieses nachgesucht hatte.

Nach König Friedrich Wilhelm, der als Landesherr und damit Gastgeber zuerst eintraf, kamen am 28. September Kaiser Franz und Zar Alexander. Mit ihren Souveränen reisten auch die führenden Staatsmänner Europas nach Aachen: Fürst Hardenberg für Preußen, Fürst Metternich für Österreich, Graf Nesselrode für Rußland, der Herzog von Wellington für Großbritannien und der Herzog von Richelieu, — dieser hatte nach Ausbruch der französischen Revolution in russischen Diensten gestanden — für Frankreich. Schon am 9. Oktober 1818 kam eine Konvention zustande, die den Abzug sämtlicher Besatzungstruppen guthieß. Eine Ausweitung der Karlsbader Beschlüsse, die zur Diskussion gestellt wurde, kam nicht zustande.

Es gibt keine Aufzeichnungen von Clausewitz über den Aachener Kongreß, auch keine Briefe an seine Frau. Man kann also mit Schwartz[3] annehmen, daß sie ihn dorthin begleitete. Im übrigen war das Ereignis wohl mehr eine Routineangelegenheit, der er sich mit dem ihm eigenen Pflichtbewußtsein unterzog. Im ganzen gesehen aber bewies er einmal mehr überragendes Organisationstalent, Umsicht und vorausschauende Planung, mit Sinn und Takt für die Einzelheiten, Eigenschaften, die er schon bei der Organisation der Landesverteidigung als Bürochef Scharnhorsts von 1808 bis 1812 ins Spiel brachte, wie auch bei der Vorbereitung der Konvention von Tauroggen und schließlich bei der Organisation des Korps Wallmoden in der zweiten Jahreshälfte 1813. Die Aufgabe beim Aachener Kongreß war vielleicht sogar die Krönung dieser Organisationskunst. Eine Unsumme von Einzelheiten war dabei zu bedenken, von der Quartierfrage angefangen bis zu der Sicherheitsfürsorge für die Souveräne in einer Zeit, in der es schon allenthalben gärte. Offenbar »klappte« alles; von einem Zwischenfall ist jedenfalls nichts bekannt. Im übrigen hatte König Friedrich Wilhelm großzügig, wie er durchaus sein konnte, dem Obersten von Clausewitz die Aufgabe dadurch erleichtert, daß er ihn noch vor dem Kongreß am 19. September zum Generalmajor beförderte. General von Clausewitz war damals 38 Jahre alt. Er hatte bereits 26 Jahre gedient, zwei davon allerdings in der russischen Armee. Hatte das der König vergessen? Offenbar immer noch nicht ganz.

Oder es gab jemand, der ihn daran erinnerte, wie an die enge Freundschaft mit diesem Gneisenau, dem halben Jakobiner. Jedenfalls schlug die Zweideutigkeit des Königs trotz des Loyalitätsbeweises von Clausewitz während des Aachener Kongresses erneut eine eigentümliche Kapriole: Der junge Oberst war zwar mit Kabinettsorder vom 9. Mai 1818 zum Direktor der allgemeinen Kriegsschule ernannt, und seit dem 19. September Generalmajor, aber er hatte in dieser Stellung nur disziplinarische Aufgaben; wissenschaftliche Leitung und Lehrbetrieb waren einer eigenen Studienkommission übertragen, der nominelle Direktor dabei ohne Einfluß. Die Versuche von Clausewitz, doch noch Einfluß zu gewinnen und den Lehreffekt der Anstalt zu steigern, scheiterten unter Umständen, die nicht näher bekannt sind; jedenfalls brachten sie Ärger. Der spätere General v. Brandt schreibt darüber in seinen Memoiren[4]: »Niemand hat in dieser Stellung bitterere Erfahrungen gemacht als Clausewitz, der bei einer großen Urbanität, ja bei einer gewissen Blödigkeit sich gewiß nie zu herben oder voreiligen Schritten oder Äußerungen hat hinreißen lassen. Nichtsdestoweniger ward er in allerlei Verdrießlichkeiten verwickelt, die zu Beschwerden bei der Generalinspektion und beim Kriegsministerium Veranlassung gaben, und die später wahrscheinlich dazu beitrugen, daß er in eine ganz andere Sphäre versetzt wurde.«
So resignierte Clausewitz schließlich. Aber er tat es nur vordergründig. Er erfüllte die Aufgaben, die ihm blieben, mit der gehörigen Aufmerksamkeit; aber er nützte die Zeit, die ihm gehörte, um sein Lebenswerk zu verfassen und der Nachwelt zu überliefern. Der Mitwelt blieb seine Leistung verborgen. Die Schilderungen aus diesen Jahren, die Schwartz wiedergibt, sind von trockener Alltäglichkeit, ja grenzen manchmal an unfreiwillige Komik. Aber das war wohl nur die Tarnung des Kriegsphilosophen, um möglichst unangefochten zu bleiben und im Verborgenen zu schaffen. Die Restauration, die Preußen damals beherrschte, verurteilte ihn zu dieser Tarnung. Sein damaliger Adjutant Hauptmann Steinmann von Friedrich hat darüber Aufzeichnungen gemacht, die die Verschattung dieser Jahre der Nachwelt überliefern[5]. Da ist davon die Rede, daß dem Generalmajor von Clausewitz die Stellung im höch-

sten Grade zuwider gewesen sei. Seine Wirksamkeit war fast lediglich die des Disziplinarvorgesetzten der kommandierten Offiziere. Diese aber wußten kaum etwas von ihm und hatten meist
keine Ahnung davon, daß der schweigsame General, den sie nur
bei offiziellen Anlässen zu sehen bekamen, einmal zum engsten
Kreis um Scharnhorst und Gneisenau gehörte, ein Zeuge der Reformzeit war wie wenige. Bei diesem Mangel an Informationen
hatte die Fama, um nicht zu sagen, der Klatsch, das übliche leichte
Spiel. Clausewitz hatte sich in Rußland Erfrierungen im Gesicht
zugezogen. Er hatte seitdem eine unnatürlich rote Gesichtsfarbe, ja
eine hochrote Nase. Also soff er wohl in der vielen Freizeit, die
ihm blieb, hieß es.
Die Geschäfte, die Clausewitz zu erledigen hatte, waren in der Tat
höchst banal. Trotzdem gab es natürlich den üblichen Dienstbe-
trieb, der korrekt ablief. Steinmann von Friedrich schildert ihn folgendermaßen[6]: Punkt neun Uhr meldete der Portier, ein einarmi-
ger Invalide, dem General, daß der Adjutant zum Vortrag da sei.
Dieser trat dann mit seinen meist wenigen Unterlagen und Brief-
schaften ins Vorzimmer. »Bald öffnete sich die Tür, die nach dem
Gemach der Generalin führte, und der General trat heraus; der
Adjutant machte eine stumme Verbeugung und der General erwiderte sie ebenso. Dann ging er zu seinem sogenannten Arbeits-
und Dienstzimmer, öffnete die Tür und ließ den Adjutanten mit
einer Handbewegung vorangehen. Die Vorlagen waren meist rasch
erledigt, ohne daß man darüber zu sprechen brauchte; wortlos
wurden sie durchgesehen und unterschrieben. Der General stand
auf, machte wieder eine stumme Verbeugung, der Adjutant erwiderte sie respektvoll, und schon war der Dienst dieses Tages erledigt. Nur manchmal hatte er Veranlassung, ein Schriftstück, das
ihm nicht paßte, durchzustreichen und auf der Stelle neu niederzuschreiben. Aber auch dabei wurde fast nicht gesprochen.«
Es gibt keinen größeren Kontrast zwischen den tätigen Jahren bis
1818 und den scheinbar nichtsnutzigen, die dann folgen sollten;
zwölf waren es im ganzen.
Was hat Clausewitz in dieser langen Zeit dienstlich überhaupt getan? Scharnhorst und Gneisenau, aber auch der Freiherr vom Stein

hatten das außerordentliche Talent erkannt und es einzusetzen gewußt; der Militärbetrieb der Restauration, in der nach dem Rücktritt von Boyens keine überdurchschnittliche Persönlichkeit mehr hervortrat, wußte mit einem Clausewitz nichts mehr anzufangen. Es wurden ihm keine jungen Offiziere zur Ausbildung anvertraut, obwohl er einst gut genug war, dem Kronprinzen und anderen Fürstlichkeiten militärischen Elementarunterricht zu erteilen. Das alles paßte jetzt nicht mehr in das laue Klima, ohne Feind, ohne Bedrohung, ohne außenpolitische Krise. Nicht einmal als Lehrer der Kriegsgeschichte wurde der Kriegsgelehrte herangezogen, geschweige denn zur Heranbildung künftiger Generalstabsoffiziere. So beschränkte sich sein Kontakt mit der nachwachsenden Generation junger Offiziere, die schon keinen Krieg mehr erlebt hatten, auf — man möchte es nicht glauben, und es ist gewiß nicht zum Ruhme von Preußen der Restaurationszeit — auf eine einzige Kategorie, über die sein ehemaliger Adjutant so berichtet: »Es waren die sogenannten Pumpiers«, schreibt er[7]. »Dazumal nämlich bezogen die Offiziere ihren Gehalt und ihren Servis für Rechnung der General-Militär- und Garnisonverwaltungskasse durch den Rendanten der Kriegsschule. Mancher Leser wird sich des Majors v. S. erinnern... in seiner äußeren Erscheinung eine wahre Karikatur. Er hatte früher gut gedient, war auch Examinator bei der Ober-Militär-Examinationskommission gewesen und hatte die Stelle als Rendant als Versorgungsposten erhalten. Jene Pumpiers waren nun diejenigen Offiziere, welche mit ihrem Gehalt nicht auskamen und um einen Vorschuß bitten mußten.«
Einen solchen aber durfte der Rendant nur mit schriftlicher Genehmigung des Generals zahlen. Der Nachsuchende mußte sich also bei Clausewitz melden und ihm seine Bitte vortragen, was nach dem Vortrag des Adjutanten stattfand. Clausewitz empfing den Bittsteller dann in seinem Arbeitszimmer, nahm die Quittung über den erbetenen Vorschuß entgegen, hörte die Begründung der Bitte und zeichnete sie wortlos ab. Dann war der Offizier entlassen. Szenen dieser Art wiederholten sich fast täglich, täglich nahm Clausewitz in schweigender Ruhe die Scheine entgegen und entließ die jungen Offiziere schweigend. Aber er wollte wenigstens mit

einer kurzen Begründung angesprochen werden. So erlebte es ein Unerfahrener, der seine Quittung wortlos überreichte, daß er sie ebenso wortlos zurückerhielt, ohne daß sie abgezeichnet wurde. Clausewitz war auch hier niemals kleinlich, aber er sah auf Ordnung und ließ nicht zu, daß sich die jungen Offiziere in unverantwortliche Schulden stürzten. Aber manchmal schien er dabei wie geistesabwesend. Sein Geist weilte in anderen Sphären.

Rückzug ins Innere

Dem Rückzug ins Innere des Landes hat Clausewitz bekanntlich ein eigenes Kapitel gewidmet, das 25. des Sechsten Buches seines Hauptwerkes[8]. Es gibt aber auch im persönlichen Leben einen Rückzug ins Innere, die Konzentration auf das eigene Denken und Forschen. Diesen Rückzug hat unser Kriegsphilosoph in der ihm seit 1818 aufgezwungenen Stellung vollzogen. Er nützte die Zeit, die ihm blieb, um das Phänomen Krieg zu durchleuchten, Licht in die Sache zu bringen und »manchen Faltenkniff in den Köpfen der Strategen und Staatsmänner auszubügeln[9]«, der für das Gemeinwesen gefährlich werden konnte. Aber leicht ist ihm die Umstellung von einem immer tätigen Leben im militärischen Dienst zur kritischen Betrachtung wohl nicht gefallen. »Teilt sich wenig mit«, hatte es schon in der Koblenzer Beurteilung geheißen[10]. So verliefen die Jahre ohne äußerliche Ereignisse und größeren geselligen Umgang. Nur der enge Kontakt mit Gneisenau wurde aufrecht erhalten. Dieser, seit dem 10. Jahrestag von Belle-Alliance 1825 Feldmarschall, kam häufig vormittags, wenn er in Berlin war, und blieb dann bis 2 Uhr nachmittags. »Um diese Zeit wurde zu Mittag gegessen. Sehr häufig sah der General Gäste bei sich, nie über sechs bis acht Personen. Dies waren meistens Männer von großer geistiger Kapazität[11].«
Unser Gewährsmann berichtet dann weiter folgende Einzelheiten von diesen Gastmählern[12]: »Hier loderten der Geist des Generals, sein Witz, seine schlagenden Sarkasmen zu hellen Flammen auf. In diesen Stunden habe ich manchen, heute hochgestellten Mann dem General andächtig zuhörend gefunden, und es kam mir immer vor,

als wären die Leute in seiner Nähe viel einsilbiger, viel bescheidener als sonst. Gern neckte er auch auf eine höchst liebenswürdige Weise Bekannte, namentlich die, welche er als geistreiche Männer kennengelernt hatte.«

Den Nachmittag widmete Clausewitz wieder schriftstellerischen Arbeiten. Wenn man den Abend ausging, dann verbrachte man ihn am häufigsten bei der Familie Gneisenau oder in der des Grafen Bernstorff, des Ministers des Äußeren, mit dem sich Clausewitz angefreundet hatte. Gegen 11 Uhr kehrte man regelmäßig zurück, um an den Werktagen am anderen Morgen um 9 Uhr wieder die bescheidenen Dienstgeschäfte zu erledigen. Dann begann die schöpferische Arbeit.

Ein mißglückter Versuch

Nur noch einmal geriet Clausewitz in Versuchung, dieses kontemplative Dasein mit dem aktiven Dienst zu vertauschen, und zwar bezeichnenderweise nicht mehr mit dem militärischen, sondern dem diplomatischen Dienst: Im Herbst 1821 bewarb er sich um die Anstellung als preußischer Gesandter in London. Seine französischen Sprachkenntnisse hatte er unterdessen durch ebenso vorzügliche des Englischen vermehrt, von seiner Frau unterstützt. Auch die Beziehungen der Gräfin Brühl, der Mutter seiner Frau, kamen ihm dabei zu Hilfe. Da sich sowohl der Staatskanzler wie Graf Bernstorff für ihn einsetzten, schienen die Aussichten günstig. Aber dann scheiterte die Sache am Einspruch des englischen Gesandten in Berlin, dem Clausewitz nicht geschmeidig genug erschien, was in gewisser Beziehung sicher stimmte. Auch der König hatte wohl seine Vorbehalte, so daß Clausewitz auf die Bewerbung für London verzichtete, dafür aber München in Betracht zog. Indessen sollte es auch dazu nicht kommen. Und das war wohl gut so. Clausewitz hatte andere Aufgaben, die wichtiger und nachhaltiger waren als eine Gesandtschaft. Am 21. November 1823 zog Graf Bernstorff mit folgendem Schreiben den Schlußstrich unter diese Periode anderweitiger Bewerbungen[13]: »Es ist ein sehr schmerzliches Gefühl, mit dem ich Ihnen sagen muß, mein liebster

General, daß der König weder meinen ersten noch meinen zweiten Vorschlag in Betreff des Münchner Postens genehmigt, sondern denselben in Folge meines früheren Planes einer Vereinigung mehrerer Gesandtschaftsposten in Deutschland dem Herrn von Köster verliehen hat. Auch ich beklage darin eine sehr peinliche Täuschung meiner Hoffnung, auf deren Erfüllung ich einen sehr hohen Wert gelegt hätte. Denn meine Teilnahme an Ihnen und Ihrer Zufriedenheit ist so lebhaft wie das Gefühl meiner Hochachtung und Ergebenheit, welche ich Ihnen auf immer gewidmet habe. Bernstorff«

So sollte Clausewitz für sein Hauptwerk frei sein, volle zwölf Jahre lang. Er war dabei nicht allein, seine Frau war sein Sekretär, wie wir wissen. Sie hatte mit innerer Beteiligung an seinen Feldzügen teilgenommen und war mit ihm zusammen in einer ganzen Reihe von Hauptquartieren. Die militärischen Reformen waren ihr so vertraut wie die politischen. All den bedeutenden Männern, die Preußen aus der Katastrophe herausführten, stand auch sie persönlich nahe. So blieb es bestimmt nicht dabei, daß sie nur kriegsgeschichtliche Werke exzerpierte oder Kapitel des Hauptwerks nach Diktat niederschrieb. Wie viele Gespräche waren vorausgegangen, wie viele begleiteten den Text, der allmählich durchgeformt wurde, und wie viele dienten der Um- und weiteren Ausarbeitung. Und sicher waren sich Mann und Frau frühzeitig darüber einig: Das Studium der Kriegsgeschichte wie das Wissen um die Daten der Feldzüge, die Clausewitz miterlebte — das war nicht die Hauptsache, sondern es waren die Erkenntnisse, die man aus diesen Kenntnissen gewann. Sicher hat auch Frau von Clausewitz ihren Mann darin bestärkt, die Aphorismen über den Krieg, die er noch in Koblenz niedergeschrieben hatte, seinem gründlichen Wesen entsprechend zu erweitern und zu einem System auszubauen. Als die Hoffnung, noch im diplomatischen Dienst nützlich wirken zu können, endgültig scheiterte, hat sie ihn gewiß darin bestärkt, sein ganzes Streben auf das Reich der Wissenschaft zu richten, der Wissenschaft vom Kriege nämlich: »So wurde der Nutzen, den er einst durch sein Werk zu stiften hoffte, der Zweck seines Lebens[14].«

Drittes Kapitel
Clausewitz und die Politik

Die Berliner Jahre

Die Berliner Jahre von 1818 bis 1830 verliefen für Clausewitz äußerlich ruhig, sicher zu ruhig für seinen Tätigkeitsdrang. Sie wurden nur von dem regelmäßigen Sommeraufenthalt auf Gut Erdmannsdorf bei der Familie Gneisenau unterbrochen oder durch einige Badereisen, von denen ihn eine im Juli 1825 nach Marienbad führte — darüber sind Aufzeichnungen vorhanden — und dann natürlich durch die Teilnahme an Manövern, zu denen er als Schiedsrichter eingeteilt wurde. In dieser an sich beschaulichen Zeit vertiefte sich nicht nur das Kriegserlebnis durch weitere kriegsgeschichtliche Studien zur Kriegsphilosophie — auch im Verhältnis zur Politik vollzog sich ein ähnlicher Prozeß, der gleichfalls zu zeitlosen Resultaten führte, ohne sich freilich zu vollenden. Denn in der praktischen Politik blieb Clausewitz im Rahmen seiner Zeit.

Die Art der Beziehung zu dieser Zeit hatte Clausewitz von Scharnhorst übernommen, über den er ja gesagt hat[1]: »Er erkannte die veränderte Zeit; er sah die Unzulänglichkeit der alten Manier, aber er suchte aus dem Alten selbst das Neue hervorgehen zu lassen, um so auf kurzem Wege, mit so wenigem Aufheben als möglich zu einer naturgemäßen Methode zu gelangen.« Diese naturgemäße Methode sah Clausewitz nicht nur in der organischen Weiterentwicklung des Wehrwesens — sie glückte bis 1813 großartig, wie der Erfolg der Befreiungskriege gezeigt hat —, sondern auch in der Innenpolitik, der Teilnahme der Bevölkerung nicht nur am Wehrdienst, sondern auch an den Maßnahmen der Regierung. Sowohl Gneisenau wie Clausewitz sahen klar, daß die Landwehr durch eine Verfassung honoriert werden müsse. Die Verfassung war der zweite Schritt nach dem ersten. Die begreifliche Unruhe vor allem unter der akademischen Jugend nach 1815 mußte und konnte aufgefangen werden. Darüber waren die Reformer einer Meinung und wurden so gedrängt, auch politische Reformen zu wünschen. Wir wissen von ihrer Unzufriedenheit, als der König und die preußische Regierung immer neue Ausflüchte fanden, um die Verfassung hinauszuschieben, ja sie praktisch zu verweigern. Die Befreiung von der Gewaltherrschaft Napoleons hatte nicht nur die Restauration der Bourbonen in Frankreich zur Folge, sondern auch die Wiederkehr der »alten Manier« in Deutschland und vor allem in Preußen. Die aufkommenden Unruhen wandelten dann die Restauration in eine ausgesprochene Reaktion. Es kam so weit, daß selbst die Landwehr als mögliches Instrument einer Revolution angesehen wurde. Dieser Rückschritt rief Clausewitz auf den Plan und machte ihn zum politischen Denker, wenn auch zunächst nur auf wehrpolitischem Gebiet. So schrieb er im Jahre 1819 die Studie »Unsere Kriegsverfassung«[2]. Sie begann mit folgendem Rückblick:

»Im Jahre 8 und 9 wurde unsere Kriegsverfassung umgeschmolzen und nach neuen Grundsätzen eingerichtet. Scharnhorst war der große Werkmeister dieser neuen Veränderung. Sie durchzusetzen gegen die Vorurteile des Heeres und des Landes und das Mißtrauen des Königs kosteten eine außerordentliche Klugheit, Charakterstärke und Geduld. Indessen hatten die Niederlagen, von welchen wir eben zurückkehrten, der Schimpf und die Schande, womit unser Kriegsstand sich bedeckt hatte, doch das Bedürfnis nach einer solchen Tätigkeit und solchen Einrichtungen hervorgerufen, aus welchen eine Abhilfe des Übels hervorgehen konnte. Die meisten Menschen fühlten doch, daß gerade das Alte wieder aufzubauen den gesunden Menschenverstand beleidigen hieß, und auf diese Weise waren also die neuen Schöpfungen günstig vorbereitet.«

Dann zählt Clausewitz die überwältigenden Erfolge auf, die die neue Kriegsverfassung gebracht hat: »Der neue Ruhm unserer Waffen, der Beifall, welchen andere Staaten und verständige Männer des Auslands unseren Waffeneinrichtungen gezollt haben, die Furcht, welche sie in Paris einflößten. Aber all das«, so stellt er 1819 resigniert fest, »vermag sie nicht zu schützen gegen eine Reaktion, meist ausgesprochen durch eine Anzahl Menschen, die ohne alle Erfahrungen und Sachkenntnis sind und unfähig eines großen Gedankens, die mit der kleinlichsten Klügelei über einzel-

nes das angreifen und zerstören, was Leute von Genie in einem großen Zusammenhang gebaut haben.« Dann die grundsätzliche Bemerkung zur Politik: »Nichts ist in der Welt, besonders in Staatssachen so gefährlich, als das Kleine mit dem Großen zu verwechseln, sich von dem ersten anziehen zu lassen und es darüber zu versäumen, mit dem Großen vertraut zu werden. Auf diese Weise ist es geschehen, daß die Reaktion mehr Gewicht bekommen hat, als man ihr verständigerweise hätte zutrauen sollen.« Die Argumente, die Clausewitz für die neue Kriegsverfassung anführt, sind zum Teil von überraschender Aktualität. Er macht hier bereits wie in seinem Hauptwerk auf den grundsätzlichen Unterschied zwischen Angriff und Verteidigung aufmerksam und erklärt: *»Bei der Verteidigung ist die höchste Anstrengung eine absolute Notwendigkeit*[3]. Da handelt es sich nicht um mehr oder weniger Ehre oder Genie, sondern um Sein oder Nichtsein. Hieraus folgt unmittelbar, daß nichts so sehr das Augenmerk des Staatsmanns sein muß, als neben einem tüchtigen Kriegsstaat auch einen kriegerischen Sinn und kriegerische Einrichtungen im Volk zu schaffen, denn jedermann weiß, daß es bei einer tüchtigen Verteidigung gegen einen übermächtigen Feind nicht bloß auf ein gutes Heer, sondern auch auf die Mitwirkung des ganzen Volkes ankommt, wobei wir nicht gerade an Insurrektions- und Guerilla-Krieg denken, sondern nur im allgemeinen an die größere Anstrengung, welche aus der lebhaften Teilnahme, dem kriegerischen Sinn und der Tüchtigkeit des Volkes und seiner Einrichtung folgt.« — So fragt Clausewitz, wie stark denn überhaupt das Heer und die Streitkräfte für Preußen sein können (und müssen). Hier die Antwort: Nachdem das kriegerische Element von früheren Fesseln befreit sei, hält er die Maßnahme für notwendig, die man im 20. Jahrhundert totale Mobilmachung genannt hat, mit der Begründung: »Wir werden uns früh oder spät tüchtig unserer Haut wehren müssen.«
Clausewitz ist unbedingt für die Landwehr. Sie war 1813 eine Notstandsmaßnahme; aber nun gilt es, aus der Not eine Tugend zu machen und nachzuprüfen, warum sie denn unentbehrlich ist: »Der Begriff einer Landwehr greift durch und berührt das ganze

Volk... Der Begriff eines stehenden Heeres mit einem Beurlaubtensystem ist (dagegen) beschränkt.« Nach Clausewitz ist die Landwehr die Institution des Landes (und Volkes), das stehende Heer ein Institut des Staates. Er verweist auf das Jahr 1813: Ostpreußen fing an, seine Landwehr zu bilden, ohne den Frieden mit Rußland abzuwarten. Schlesien und die Mark haben die ihrigen mitten in dem Sturm des Krieges und den Kreuz- und Querzügen der Heere aufgestellt; die Regierung hat meistens nur die Gewehre und Patronentaschen geliefert. »Das allgemeine Resultat dieser Landwehrbewaffnung war eine Macht von 120 000 Mann, während das wirkliche stehende Heer in derselben Zeit nur von 30 000 Mann zu Anfang des Jahres 1813 auf etwa 60 000 Mann hatte gebracht werden können.« Und die Folgerungen: »Bei gleichen Kosten eine größere Macht im Kriege, und zwar eine viel größere, eine, die keine bestimmten Grenzen hat, zu geben, das ganze Volk mit kriegerischem Geist zu durchdringen, Wehr- und Nährstand ganz miteinander zu verschmelzen, in einen Verteidigungskrieg das Gewicht der ganzen Volksmasse hineinzuziehen — das sind also die Hauptvorteile des Landwehrsystems, die von einer solchen Bedeutung sind, daß sie allein dem in unserer Zeit zu seiner Urkraft des rohen Elements zurückgekehrten Kriege genügen[4].«

Warum aber ist »man« in diesen Zeiten der Restauration und Reaktion gegen die Landwehr? Clausewitz nennt drei Gründe: Der erste Grund ist die allgemeine Verpflichtung zum Kriegsdienst. »Es ist unserem Edelmann ein unerträglicher Gedanke, sich neben seinen Bauern in Reih und Glied zu stellen... Aber das Feudalsystem hat sich bei uns wie anderswo ausgelebt... Läßt sich dieses nicht auf den alten Punkt wieder zurückführen, so muß man auch zugeben, daß die Befehlshaberschaft des Adels im Heere nicht mehr ausschließlich in der Natur der Dinge ist. Die allgemeine Verpflichtung zum Kriegsdienst, welche an sich unstreitig etwas Schönes und höchst Gerechtes ist, wird freilich bei unserem Kulturzustand in der Ausführung immer viel Schwierigkeiten haben. Die Franzosen haben diese durch die Stellvertretung zu umgehen versucht; bei uns hat die einjährige freiwillige Dienstzeit dasselbe tun sollen. Ohne dergleichen vermittelnde Auswege wird man sich nirgends behelfen können.«

Den zweiten Grund der neuerlichen Abneigung gegen die Landwehr sieht Clausewitz in der Zusammensetzung des für sie nötigen Offizierskorps[5]. Man glaube, so meint er, daß die Offiziere, die aus beliebigen Berufen kommen, einem Berufsoffizier nicht verglichen werden können. Dem aber widerspricht er: »Es ist im Grunde nicht so sehr diese patriotische Besorgnis über die technische Unfähigkeit der Landwehroffiziere als vielmehr das unangenehme Gefühl, den Offiziersstand durch so viele fremdartige Teile in seiner ehemaligen Natur ganz verändert und den Sohn eines Edelmannes neben dem eines Krämers oder gar unter demselben dienen zu sehen, was den Widerspruch erzeugt.« Darauf jedoch will Clausewitz keine besondere Rücksicht nehmen. Auch den sogenannten Esprit de Corps, einen gewissen Ton der höheren Stände, selbst eine gewisse militärische Einförmigkeit des Anstands will er in Hinblick auf die Kriegsbrauchbarkeit nicht überschätzt wissen. »Was einem solchen Offizierskorps an Dienstübung abgeht, wird zum Teil dadurch wieder ersetzt, daß tüchtige, kräftige, ausgezeichnete Individualitäten aus der ganzen Masse der Nation hineingezogen werden. Man bedenke, wieviel ausgezeichnete Anführer im Kriege sich bei den Insurrektionen in Polen, Spanien und Frankreich hervorgetan haben. Wir selbst haben in den letzten Kriegen eine Menge von Offizieren der Landwehr mit Auszeichnung dienen sehen, die vorher nie Soldat gewesen waren.«

Die dritte Hauptursache der Abneigung gegen die Landwehr ist die Furcht vor einer inneren Revolution. »Das Landwehrsystem bewaffnet das Volk, sagt man, gibt also einer jeden Revolution eine viel größere Stärke, ein totales Übergewicht über das stehende Heer.«

Auch da ist Clausewitz anderer Meinung. Die neuere Kriegsgeschichte, sagt er, beweist das Gegenteil. »Alle neuen Revolutionen haben sich gerade durch das stehende Heer gemacht, vor allem die Mutter von allem, die französische, ohne alle Landwehr. Im Jahre 1792 befand sich die ganze französische Linienarmee unter republikanischen Fahnen.« Freilich sei nicht zu leugnen, daß in einem förmlichen Bürgerkrieg durch die Landwehr die Bewaffnung der Aufrührer erleichtert werden könne. Aber er glaubt nicht an eine solche Möglichkeit in Preußen. Er sieht keine Gefahr, durch die der Bestand des Staates von innen her ernstlich bedroht ist, die wahre Gefahr kommt von außen: »Preußen hat das Bedürfnis, sein ganzes Volk zu bewaffnen, damit es den beiden Kolossen widerstehen könne, die es von Osten und Westen her stets bedrohen werden. Soll es sein eigenes Volk mehr fürchten als diese beiden Kolosse[6]?«

Zur Volksbewaffnung nahm Clausewitz im übrigen in seinem Hauptwerk folgendermaßen Stellung[7]: »Der Volkskrieg ist im kultivierten Europa eine Erscheinung des 19. Jahrhunderts. Er hat seine Anhänger und seine Widersacher; die letzteren entweder aus politischen Gründen, weil sie ihn für ein revolutionäres Mittel, einen für gesetzlich erklärten Zustand der Anarchie halten, der gesellschaftlichen Ordnung nach innen ebenso gefährlich wie dem Feinde nach außen, oder aus militärischen Gründen, weil sie glauben, der Erfolg entspräche nicht der aufgewandten Kraft. Der erste Punkt berührt uns hier gar nicht, denn wir betrachten ihn bloß als Kampfmittel, also in seiner Beziehung auf den Feind, der letzte Punkt aber führt uns zu der Bemerkung, daß der Volkskrieg im allgemeinen als eine Folge des Durchbruchs anzusehen ist, den das kriegerische Element in unserer Zeit durch seine alte künstliche Umwallung gemacht hat, als eine Erweiterung und Verstärkung des ganzen Gärungsprozesses, den wir Krieg nennen.«

Es gibt aber auch eine innenpolitische Gärung, die Revolution und Bürgerkrieg zur Folge haben kann. Es entsprach dem Charakter des heranreifenden Kriegsphilosophen, daß er sich auch damit befaßt und diesen Gärungen auf den Grund zu gehen versucht hat. Er tat es in einem Konzept, das offenbar 1819 begonnen, aber nicht voll ausgearbeitet wurde. Wahrscheinlich legte es Clausewitz 1823 beiseite. Der äußere Anlaß dazu war offenbar auch hier die Reduzierung der Landwehr, über die folgende Vorgänge nachgetragen werden müssen:

Am 16. Dezember 1819 hatte der Kriegsminister von Boyen, der fünfte im Bunde der alten Reformer, Gneisenau mitgeteilt[8]: Der

König habe ihm vor einigen Tagen befohlen, vier Bataillone Landwehr auf drei zu reduzieren, die Zahl der Landwehr-Inspekteure auf sechzehn herabzusetzen und schließlich die übriggebliebenen Landwehr-Inspekteure den Divisionskommandeuren der Linientruppen zu unterstellen. Dazu Boyen: »Hiedurch kommt die Landwehr in Hände, die zu ihrer Behandlung größtenteils nicht geeignet sind und der eigentliche Geist, der diese Institution hielt, muß in der Form der Linientruppen verloren gehen.« Seine, Boyens, Einwände dem König gegenüber seien umsonst gewesen und so sei ihm nichts übrig geblieben, als um seinen Abschied zu bitten.

Noch am gleichen Tag schrieb Gneisenau zurück[9]: »Nur einige Gerüchte waren mir über die Aufhebung der Landwehr zugekommen, ich wollte indes den damit verbundenen Gerüchten keinen Glauben beimessen; nun sehe ich leider, daß es ernstlich damit gemeint ist.«

»Es kommt mir vor, als ob diese Partei, die im Jahr 1812 den Sieg gegen uns erhielt, jetzt abermals obgesiegt hätte. Gegen mich hat man das tiefste Stillschweigen beobachtet. Was nun tun! In so mancher schlaffen Gesinnung der Regierungs- und Ortsbehörden und der durch die allgemeine Wehrpflichtigkeit unangenehm berührten Personen werden die Schöpfer des alten wiederkehrenden Systems Bundesgenossen die Menge finden. Man wird hoffen, diese Verpflichtungen nun loszuwerden und ich selbst bin der Erwartung, daß man solche beschränken werde.«

Schon am nächsten Tag, dem 10. Dezember, schrieb Clausewitz in derselben Sache an Gneisenau[10]: »Mancher möchte der Landwehr das Wort reden, wenn er sich nur über die daher entstehende Gefahr einer Revolution beruhigen könnte. Ich selbst habe das Bedürfnis gefühlt, mir darüber klar zu werden, und das hat den beigehenden Aufsatz veranlaßt. Ich bin so frei, ihn Eurer Exzellenz zu übersenden, und gestehe, daß ich die darin vorkommende Reihe von Fragen, welche eigentlich sein Knochenbau ist, wohl dem Staatskanzler ans Herz legen möchte; es ist aber freilich zu erwarten, daß er dergleichen weder lesen noch sonderlich beherzigen würde.«

In der Denkschrift, die in vieler Beziehung mit der von Rothfels

veröffentlichten »Unsere Kriegsverfassung« übereinstimmt, hieß
es ausdrücklich[11]: »Die Regierung versamle um sich die Stell-
vertreter des Volkes, aus Leuten gewählt, welche die wahren Interessen der Regierung teilen, und dem Volke nicht fremd sind. Dies
sei ihre erste Stütze, ihr Freund und Beistand, wie es seit hundert
Jahren das Parlament dem König von England gewesen ist. Mit
diesem Werkzeug leite sie die geflügelten Kräfte eines wehrhaften
Volkes gegen seine äußeren Feinde und Neider; mit diesem Werkzeug schlage sie die übermütigen Kräfte in Fesseln, wenn sie im
Rausch des gärenden Geistes das Schwert gegen sich selbst wenden wollen. Einen anderen Weg gibt es von unserem Standpunkt
aus nicht, und bequemer und wohlfeiler kann der Preis nicht errungen werden...«
Die Denkschrift schließt[12]: »So mögen die Männer von 1806, welche das Heil in den verfallenen Formen jener Zeit suchen, alle die
Fragen, welche wir hier getan haben, ihrem Gewissen redlich vorlegen und dann die ungeheure Verantwortlichkeit fühlen, daß sie
mit frevelhaftem Leichtsinn die vielleicht nur in Tändeleien geübte
Hand an die Zertrümmerung eines Gebäudes legen, auf dem unser
großartiges Schicksal durch die Jahre 1813, 14 und 15 wie eine
Siegesgöttin auf ihrem Streitwagen geruht hat.«

Zeitwende 1819

Der Rücktritt bzw. die Entlassung von Boyens als Kriegsminister
wegen der Landwehrfrage signalisierte einen Rückschritt, den
Clausewitz als alarmierend empfand. Vier Jahre nach dem siegreichen Ende der Befreiungskriege, die nicht zuletzt die preußische
Landwehr mit gewonnen hatte, waren sämtliche Reformer entlassen oder von größerem wehrpolitischem Einfluß ausgeschlossen,
voran Gneisenau und Clausewitz. Dieser letztere hatte wieder einmal für die Schublade geschrieben, daher auch sein bald darauf
unternommener Versuch, in die diplomatische Laufbahn hinüber-
zuwechseln, dabei sicher auch von dem Wunsch begleitet, die
Funktionen des englischen Parlaments genauer kennenzulernen.

Daß auch dieser Versuch mißglückte, lag sicher zuerst an dem immer wieder auflebenden Mißtrauen des Königs. Seit der Ermordung Kotzebues hatte es die Oberhand gewonnen.

Aber Clausewitz war nicht einseitig, und vor allem nicht dem Negativen verhaftet. Auch durch die Zurücksetzung dieser Jahre und den erzwungenen Mangel an Einfluß ließ er kein Ressentiment in sich aufkommen. Er hat selbst diese Zeit als eine geistige Bewährungsprobe betrachtet — und dementsprechend gehandelt. Dabei fand er Rückhalt und immer neue Bestätigung in der charakterlichen Noblesse seiner Frau. Daran ist immer wieder zu erinnern. So ließ er sich auch durch bittere Erfahrungen mit »seinem« König weder in seiner Loyalität erschüttern, noch gar in die Abseitigkeit drängen. Es ging ihm um die Gerechtigkeit, zunächst einmal im Urteil. Und so fragte er auch nach dem Für und Wider, vor allem der studentischen Unruhen, wie er in Sachen der Landwehr danach gefragt hatte. Es war dabei bezeichnend für sein Verhalten, daß er in jedem Fall auf Objektivität Wert legte, alle Klassenvorurteile bekämpfend. Er tat es in der Studie »Umtriebe«. Sie wurde 1819 unter dem Eindruck der Karlsbader Beschlüsse und der beginnenden Demagogenverfolgung begonnen und hat ihn dann mehrere Jahre beschäftigt, ohne zu einem förmlichen Abschluß zu gelangen. Aber sie gehört mit zu seinem politischen Geschichtsbild ebenso wie als politische Aussage zu einer Biographie.

Eine soziologische Studie

Man kann sagen, daß Clausewitz mit dieser Studie »Umtriebe[13]« seiner Lebenszeit um Generationen voraus ist. Denn wer von seinen Zeitgenossen beschäftigte sich schon damals mit der gesellschaftlichen Entwicklung, wer untersuchte ihren Zusammenhang mit den politischen Veränderungen? Das taten eigentlich nur Hegel und Karl Marx. Auch bei Scharnhorst und Gneisenau hatte dergleichen angeklungen, aber erst Clausewitz zog es ganz in seine Betrachtung. Gewiß, er hatte Machiavelli studiert und dessen überragende Bedeutung als Politologe und Soziologe erkannt; er war beeindruckt von Justus Möser und dessen »patriotischen Phantasien«[14], aber auch hier wie in seinem Hauptwerk ging er eigene, zukunftsweisende Wege. So untersuchte er unter dem Eindruck der Unruhe im Volk, vor allem aber in der studentischen Jugend, die Frage grundsätzlich: Woher und wie kam es zu diesen Entwicklungen und wie hingen sie mit den gesellschaftlichen Veränderungen zusammen? So ist aus dieser Arbeit eine entwicklungsgeschichtliche Studie geworden, für das Weltbild von Clausewitz so wichtig, daß es wohl nottut, sich mit ihr zu befassen.

Die Schrift geht von den Standesunterschieden aus. Sie zeichnet in großen Zügen die Umrisse einer europäischen Sozialgeschichte und ihrer Veränderungen, mit der Vorherrschaft des Adels beginnend. Als Hauptmotiv solcher Veränderung erkennt sie durchaus realistisch die entscheidende Wichtigkeit der wirtschaftlichen Verhältnisse. Darin sieht Clausewitz die Hauptursache des Verfalls des Adels im 18. Jahrhundert. So heißt es da[15]: »Zwar hatte sich dem Adel ein neuer Quell des Erwerbs eröffnet, indem er bei der sich mehr und mehr ausbildenden Staatsadministration nach den einträglichsten Stellen derselben sowie nach den sämtlichen Hofämtern griff. Aber ohne den Grundsatz der Wirtschaftlichkeit führte dieser leichte Erwerb nur zu neuer Verschwendung, ließ also wenig Vermehrung des Kapitalvermögens zu und hörte nach und nach auf, als die Fürsten sich einem vernünftigen Staatshaushalt näherten.«

Ganz anders aber wird die Entwicklung beim Mittelstand gesehen: »Der Mittelstand«, so heißt es weiter, »hat seiner ganzen Natur nach nie etwas anderes tun können als an die Vermehrung seines Eigentums durch Fleiß und Tätigkeit zu denken. Nun liegt es in der Natur der Sache, daß die ärmere und arbeitende Klasse dem Gesamtbetrag nach immer etwas mehr gewinnt, als sie verzehrt. Diese kleinen Überschüsse schlagen sich dann nach und nach wie ein Residuum nieder und bilden das Nationalkapital. Es konnte also nicht fehlen, daß das Gesamtvermögen des Mittelstandes durch die Reihe der Jahrhunderte beträchtlich steigen und, mit der vermehrten Kopfzahl zusammengenommen, dem Stande eine größere Bedeutung geben mußte. Alles, was der Adel durch schlechte

Wirtschaft nach und nach einbüßte, floß durch die Natur des Verkehrs in die industriellen Klassen über.«

Mit der Entstehung des neuzeitlichen Staates, so argumentiert Clausewitz weiter, sei es dann zwar auf der einen Seite zu einer Annäherung der Stände gekommen, auf der anderen Seite aber sei auch der Unterschied der Rechte und Pflichten stärker hervorgetreten und habe zu immer größeren Spannungen geführt. Jedenfalls wurden im Lauf der wirtschaftlichen Entwicklung die Vorrechte des Adels immer zweifelhafter und »die Philosophen«, wie Clausewitz die politischen und publizistischen Wortführer der Aufklärung nennt, taten das ihre, um sie noch zweifelhafter hinzustellen, obwohl sie doch einen ganz natürlichen historischen Ursprung hatten. Jedenfalls aber hatte sich bis Ende des 18. Jahrhunderts das Volk und vor allem der Mittelstand gewaltig vermehrt, »und diese ungeheure Majorität war in den Augen der Philosophen wie des gesunden Menschenverstandes der wichtigste Grund seiner Ansprüche«.

Ein weiterer Grund für die Zweifelhaftigkeit der Vorrechte des Adels war sein verändertes Verhältnis zum Kriegswesen. Im Mittelalter war es fast ausschließlich seine Sache, und noch in den stehenden Heeren des Absolutismus waren die führenden Stellen geradezu sein Geschäft. So kam es schließlich dazu, daß sie im Frieden als halbe Sinekuren angesehen wurden: Der Waffendienst galt nun dem Adel vielfach nicht mehr als Standespflicht, sondern als Standesbegünstigung. Dann erinnert Clausewitz an die zahllosen Pfründner und Hofchargen in Frankreich, die soviel Spannung erzeugten und schließlich die Revolution provozierten. Auswüchse, Unordnung und Verschwendung der Administration gingen voraus, »Fehler, Schwächen, Leidenschaften und Laster einzelner Fürsten kamen hinzu und setzten in den Augen der Philosophen dem ganzen Wesen die Krone der Verderbnis auf«[16]. Die Philosophen aber waren weder gewohnt noch geneigt, den gesellschaftlichen Zustand als ein Produkt der historischen Entwicklung anzusehen, und so gingen sie nur darauf aus, die Gemüter zu erhitzen. Die politische Schwarmgeisterei wurde der Sauerteig, der die ganze Masse in Gärung brachte. So kam es schließlich zur Französischen Revolution.

In Deutschland aber lagen die Verhältnisse anders als in Frankreich. Der Staatsverband war schwach, in den vielen kleinen Staaten, die entstanden, konnten die Mißbräuche der Administration nicht so groß werden, die Günstlings- und Mätressenherrschaft war nicht die Regel, sondern die Ausnahme. »Die meisten deutschen Staaten waren im Vergleich zu dem, was man in anderen Ländern sah, sehr wirtschaftlich und väterlich verwaltet. Vor allem war das in Preußen der Fall[17]. Dieses Land hat unter allen seinen Hohenzollernschen Regenten nur zwei Verschwender gehabt: Friedrich I. und Friedrich Wilhelm II.; alle übrigen waren nicht allein gute Wirte, sondern viele darunter zeichneten sich als erste Staatswirte ihrer Zeit aus.«

In diesen Tatsachen vor allem sieht Clausewitz den Grund, warum es in Deutschland keine Revolution gab und warum sie aus Frankreich nicht überspringen konnte. Es gab einfach nicht den notwendigen Zündstoff, von den unterschiedlichen Nationalcharakteren ganz abgesehen. Aber: Nichtsdestoweniger regte das Beispiel Frankreichs die Menschen auch in Deutschland an, daran zu denken, daß das Verhältnis der Stände nach und nach mehr Ausgleichung, der Bauernstand mehr Eigentum, die Gewerbe mehr Freiheit bedürften, »das fühlten auch die Ruhigsten, wenn sie sonst nur fähig waren, sich über die bloßen Gewohnheitsideen zu erheben. Diese Veränderungen konnten sich freilich ohne Revolution zutragen, aber dieses Bedürfnis machte doch, daß man diesen *Zweck* der Französischen Revolution billigte, wenn man auch die Mittel verwarf«. Dann heißt es weiter:

»Anders aber war es ... mit der Klasse der Gelehrten und Philosophen«, den Intellektuellen also, wie wir heute sagen würden. »Der Geist unruhiger Teilnahme, heimlicher Hoffnungen und Wünsche wurde rege und suchte auf die übrigen Stände zu wirken, indem, wo sich nur irgendein entzündlicher Punkt befand, der Funke angeblasen wurde ... Aber auch diese Wirkung ist doch im Grunde mehr ein äußerlicher Einfluß als eine innere Anregung gewesen.«
Und nun kommt Clausewitz auf eine Jugenderinnerung aus dem

Jahre 1793 zu sprechen, auf sein erstes Kriegserlebnis, das ihn zugleich mit den Auswirkungen der Französischen Revolution vertraut machte, von dem er nun schreibt: »So bedenklich das Ding aussah, als die Mainzer ihre Stadt verrieten, sich dort ein Jakobinerklub deutscher Gelehrter bildete, und der Illuminaten-Orden sich durch Süddeutschland zog, so hat doch die völlige Ruhe, welche während des vieljährigen Revolutionskrieges in Deutschland herrschte, hinreichend bewiesen, daß Deutschland weit davon entfernt war, sich auf dem Standpunkt Frankreichs zu befinden.« Der Zündstoff für die große Revolution fehlte also und nicht nur das: Die Ereignisse sorgten dafür, daß sich die Deutschen immer mehr von den Revolutionsideen abwandten... »Die Konsular-Verfassung, das Kaisertum, die Fortschritte zur Universal-Monarchie machten zuletzt der Spannung ein völliges Ende, die sich in den neunziger Jahren erzeugt hatte, und nun gab es noch höchstens hin und wieder einen Freund der neuen Ehrenlegion, welcher sich noch für die neuen Einrichtungen interessierte. Von Empörungen und Revolutionen konnte in dieser Zeit nicht weiter die Rede sein, da es in Frankreich einen Mann gab, der der Mutter Revolution so gut auf den Nacken zu treten verstanden hatte. Die französischen Gelehrten hüteten sich wohl, in dieser Zeit etwas von republikanischer Tendenz merken zu lassen und das ganze Zeughaus philosophischer Argumente war geschlossen.« Sicher eine sarkastische Lagebeurteilung, die Clausewitz aber auch der deutschen Seite nicht erspart, wenn er weiter schreibt[18]: »Die deutschen Gelehrten, durch diese Wendung der Dinge etwas aufs Maul geschlagen, verließen nach und nach gleichfalls jene Richtung und verstummten. Oder sie schlossen sich an die Stimme der neuen Generation an, die nichts als den äußeren Druck, die Gefahr (für die) Unabhängigkeit im Auge hatte.« Dieser Druck hat dann in Deutschland dazu geführt, daß ein allgemeines Nationalgefühl aufkam, und mit ihm das Bedürfnis, »die Franzosen besiegt und Deutschland wieder unabhängig zu sehen. Als der Bruch der auf das äußerste gespannten französischen Macht durch den Feldzug von Moskau selbst erfolgte..., wurde der Begeisterung überall Luft gemacht und nun hatte das Volk nur eine Richtung, einen Gedanken: Sieg über die

Franzosen, Herstellung der alten Grenzen. Dieser Wunsch wurde vollkommen erfüllt; der Kampf reichte bis ins Jahr 1815 und schloß damit, daß Frankreich in seine alten Grenzen zurückgewiesen, Deutschland in den seinigen wiederhergestellt und der Unterdrücker auf einer Felseninsel festgeschmiedet wurde«.

Und dann? Clausewitz sieht die Folgen so[19]: »Die Spannung, welche die Französische Revolution veranlaßt hatte, war vorüber, der Wunsch, vom französischen Joch befreit zu sein, erfüllt. Es hätte also eigentlich Ruhe und Gleichgewicht eintreten sollen, Bedürfnis nach Erholung von der langen Anstrengung, und so war es auch unstreitig und ist es noch, was die große Masse des Volkes betrifft... Die großen Veränderungen, welche seit der Jahrhundertwende in dem gesellschaftlichen Zustand der deutschen Staaten vorgegangen waren, hatten eine Masse von Mißverhältnissen gelöst und leise dahingeführt, wohin die Revolution führen sollte.«

Die meisten Ziele der Französischen Revolution waren also in Deutschland ohne Gewaltanwendung erreicht. Aber: »Nach den Befreiungskriegen, in denen sich die Bewegung der Gemüter in Tatkraft und Handeln äußern konnte, hatten sich in einem Teil des gebildeten Volkes zwei andere Ideale entwickelt: Die Einheit des deutschen Volkes und die Gewährung von Verfassungen.«

Clausewitz läßt keinen Zweifel, daß er diese beiden Wünsche als legitim betrachtet. Vor allem tritt er für die Gewährung von Verfassungen ein, wie aus dem Briefwechsel mit Gneisenau hervorgeht. Wenn dieser Schritt getan ist, kann der zweite folgen, der auf die deutsche Einheit abzielt. Die Wege dazu zu bereiten, ist aber nicht die Sache von »Umtrieben«, Demonstrationen, Gewalttätigkeiten oder gar politischen Morden, sondern die von verständigen Reformen und staatsmännisch handelnden Reformern. Clausewitz hat es nicht ausgesprochen, aber es schwebt ihm wohl vor Augen, daß das Reformwerk von 1808 bis 13, durch das Preußen vor allem außenpolitisch und militärisch wieder erstarkte, nun für ganz Deutschland fortgesetzt werden müsse. Die »Umtriebe« seit 1815 aber haben nichts anderes erreicht, als die Reaktion auf den Plan zu rufen, so daß selbst die Reformkräfte um Stein und Gneisenau, die ja noch da sind, ausgeschaltet wurden. Clausewitz schreibt darüber[20]: »Zwei Extravaganzen schlugen zuerst Lärm in Deutschland und Europa: Das Studentenfest auf der Wartburg 1817 und Kotzebues Ermordung 1819. In beiden sprach sich das nämliche Gefühl aus: ein leidenschaftlicher Haß gegen diejenigen, die anders dachten. Um den besten Repräsentanten dieses ganzen Unwesens kennen zu lernen, lese man die zur Zeit ihres Erscheinens verbotene Schrift des geistreichen, aber von demokratischer Herrschsucht leidenschaftlich besessenen Görres, *Deutschland und die Revolution*.« Clausewitz hatte übrigens Görres in Koblenz auch persönlich kennengelernt, aber sie »konnten« nicht miteinander. Clausewitz ist inzwischen nicht mehr für Leidenschaften, weder in der Politik noch in der Kriegführung, sondern für die Klugheit des Fortschreitens, wie er dies von Scharnhorst gelernt hat. So meint er in diesem Zusammenhang[21]: »In allen praktischen Dingen ist es Bedürfnis, dicht bei der konkreten Wahrheit zu bleiben, sich und anderen stets verständlich, aber nicht bloß verständlich, sondern überzeugend, und nicht bloß überzeugend durch seine Schlüsse, sondern durch die Natur der Dinge, die Anschauung.« Und nun kommt der Hinweis auf das System der Veränderung, das die Gruppe der Reformer in den entscheidenden Jahren vor 1813 praktizierte: »Das wirklich vorhandene Übel soll man mit seinem wirklichen Namen nennen, die nächsten Wege zur Abhilfe untersuchen und, wenn man sie gefunden, bezeichnen.« Die praktische Politik des jeweils möglichen Fortschritts soll also die politische Reform weiterführen, wie sie die militärische geführt hat: Dann allerdings muß man auch die geschichtlichen Ereignisse zu nützen wissen, wenn sie sich anbieten, wie das die Konvention von Tauroggen nach der Katastrophe der Grande Armée in Rußland getan hat. Das ist nicht ausgesprochen, aber ganz im Sinne der Reformer. Die »Umtriebe« haben das große Konzept verdorben und nur die Reaktion mobilisiert.

Der Aufsatz blieb Konzept, und, wie so viele Arbeiten von Clausewitz, unvollendet in der Schublade. Aber er ist bezeichnend für die Überzeugung des Verfassers. Gewiß, es war *der* Fortschritt des politischen Bewußtseins für Deutschland, daß die Jugend mit dem Ziel der nationalen Einheit aus den Befreiungskriegen zurückkam.

Aber diese Einheit war in der konkreten Situation eben nicht durch »Umtriebe« zu gewinnen und vor allem nicht durch politische Leidenschaften, die Haß und Gegendruck erzeugten, sondern nur durch staatsmännische Aktionen, die die jeweiligen politischen Konstellationen zu nützen wußten, wie die Strategie die Gefechte. So schrieb Clausewitz das prophetische Wort in den zwanziger Jahren des vorigen Jahrhunderts: »Deutschland kann nur auf *einem* Weg zur politischen Einheit gelangen, dieser ist das Schwert, wenn einer seiner Staaten alle anderen unterjocht. Für eine solche Unternehmung ist die Zeit (noch) nicht gekommen, und wenn es je dazu kommen sollte, so läßt sich jetzt noch nicht einmal vorhersehen, welcher der deutschen Staaten der Herr der übrigen sein wird[22].«

Clausewitz und die soziale Verantwortung

Das Konzept »Umtriebe« ist, obwohl es nicht ausgearbeitet wurde, auch noch in anderer Hinsicht wichtig. Es enthält nämlich interessante Nachrichten über die Maßnahmen der neuen preußischen Herren in den Rheinlanden nach 1815. Und auch da zeigte sich, daß Clausewitz an allen politischen und sozialen Ereignissen einfühlend teilnimmt, sie mit der inneren Beteiligung erlebt, die ihn vor anderen auszeichnet. Immer und überall sinnt er gleichzeitig auf Abhilfe, in dieser Beziehung ein universaler Reformer, zugleich ein unbestechlicher Kritiker, der durchschaut, was gespielt wird. So berichtet er in der Denkschrift auch über das Hungerjahr 1817 in den Rheinlanden, und zwar folgendermaßen[23]: »Die Rheinländer hatten... bis zum Jahr 1818 so wenig Ursache zu klagen, daß sie vielmehr der preußischen Regierung fünf Jahre der freundlichsten und gelindesten Administration verdankten. Auch hat der Verfasser bei seinen vielen Reisen durchs Land bei der Volksmasse überall eine sehr günstige und zufriedene Stimmung wahrgenommen. Was also an Unzufriedenheit in der Provinz war oder sich in den Zeitungen so ausnahm, war die Krittelei einer hauptsächlich in den Städten lebenden Partei von ehemaligen Beamten, Halb- und Ganzgelehrten, Fabrikanten, Handelsleuten, in welchen teils Interesse, hauptsächlich aber unruhige Eitelkeit und Klügelei sich regten.

Im Jahre 1816 war bekanntlich im ganzen südlichen und westlichen Deutschland ein gänzlicher Mißwachs, woraus im Jahre 1817 eine wahre Hungersnot entstand, soweit diese noch in Kulturzuständen ... möglich ist. Die Rheinlande wurden besonders von ihr ergriffen. Die preußische Regierung bewilligte eine außerordentliche Unterstützung von 2 Millionen Taler.« Soweit so gut. Aber nach dem Bericht von Clausewitz versäumte sie es, wie die meisten Regierungen in solchen Fällen, die Lieferung der Kornladungen, die in Holland gekauft worden waren, zu kontrollieren und an Ort und Stelle dafür Sorge zu tragen, daß sie gerecht verteilt wurden, nämlich da, wo am nötigsten. So machte die Korruption das Geschäft hinter den Kulissen — wie bei gleichem Anlaß häufig. Dazu Clausewitz weiter: »Es ist fast keinem Zweifel unterworfen, daß die Lieferungen an die Württembergische Regierung und andere um höhere Preise losgeschlagen worden sind. So war die Unterstützung, die die Rheinländer an Ort und Stelle erhielten, höchst unbedeutend und der Mangel in den preußischen Provinzen fühlbarer als irgendwo.«

Aus persönlichem Erleben berichtet er dann als Augenzeuge: »Der Verfasser, welcher im Frühjahr 1817 durch die Eifelgegenden eine Reise zu Pferde machte, wo er meist in Dörfern und kleinen Städten übernachtete, hatte oft den herzzerreißendsten Anblick des Elends, weil diese Gegenden zu den ärmsten des Landes gehörten. Verfallene Gestalten, Menschen kaum ähnlich, sah er in den Feldern umherschleichen, um aus den nicht geernteten, unreif gebliebenen und nun schon halb verfaulten Kartoffeln sich noch Nahrung zu suchen.«

Auch das war Clausewitz. Das Ungewöhnliche an ihm war neben seinem scharfunterscheidenden Verstand sein Mitgefühl, sein Herz. Diese Eigenschaften wirkten auch als Hauptmotive seines politischen Denkens und sozialen Verhaltens. Überall kümmerte er sich — und dies im buchstäblichen Sinn des Wortes! — um den sinnvollen Einsatz der Mittel, um die Ökonomie der zur Verwendung kommenden Kräfte. Diesen Grundsätzen folgte er in der

Vorbereitung der Befreiung, wie im Krieg und nun auch im Frieden. Er ging darauf aus, fern vom Schema und der Erfolgsroutine »mit sowenig Aufhebens wie möglich« die nächsten überschaubaren Schritte voranzugehen, um das greifbar Mögliche zu erreichen. Dann fruchtete dieses Verfahren und zeitigte weitere Ergebnisse, wenn man weiterhin auf dem »Qui vive« blieb und sich einsetzte. Das tat Clausewitz auch in sozialer Beziehung. Abschließend schrieb er über dieses Erlebnis: »Wenn man ein solches Elend einmal von Angesicht zu Angesicht gesehen hat, so fühlt man sich für sein ganzes Leben von dem Pflichtgefühl durchdrungen, welches die Regierung in Landesplagen der Art haben und wonach sie handeln sollte, und darum hat der Verfasser nie anders als mit Bitterkeit und empörtem Herzen an die Gewissenlosigkeit denken können, mit welcher die preußische Regierung die Angelegenheit hat fallen lassen[24].«

Die Studie »Umtriebe« ist nicht ausgearbeitet worden. Sie war, wie so oft bei Clausewitz, eine Art vorläufiger Rechenschaftsbericht über Ereignisse, die ihn angingen, »wurmten«, sein Gewissen beschäftigten — zur Klärung für ihn selbst. Wie im Kriege, so hatte er auch gegen jugendliche Umtriebe, Reaktion und Korruption keine Patentlösung anzubieten. Aber eines kam hier wie in anderen Konzepten überzeugend zum Vorschein: Der Blick auf die großen Zusammenhänge, der Sinn für geschichtliche Entwicklung, die Suche nach der Gerechtigkeit über alle Partei- und Standesinteressen hinweg nach dem besten der altpreußischen Grundsätze: Jedem das Seine.

NEUNTER TEIL

Im Unvollendeten vollendet

Erstes Kapitel
Die letzten Dienste

Zur Artillerie

Am 25. März 1830 schrieb Gneisenau an den Reichsfreiherrn vom Stein, mit dem er ebenso in dauerndem Kontakt blieb wie das Ehepaar Clausewitz[1]: »Über Clausewitzens Anstellung in der Artillerie werden sich Er. Exzellenz wohl gewundert haben. Es fehlt an den höheren Stellen dieser Waffe an tauglichen Subjekten und da fiel auf Clausewitz wegen seiner unbezweifelten Talente die Wahl. Nun wird er der Schüler seines Schülers, aber in kurzem sein Meister.«

In der Tat war in den ersten Monaten des Jahres 1830 eine Wendung im Lebensgang unseres Kriegsphilosophen eingetreten, die viele überraschte. Auch er selbst hatte einiges dazu getan: Ende 1829 hatte er sich entschlossen, das kontemplative Dasein aufzugeben, um weitere Erfahrungen im Truppendienst zu sammeln. Schließlich wollte er, der aus seinem gesunden militärischen Ehrgeiz kein Hehl machte, auch in seiner Laufbahn weiterkommen und wieder praktisch tätig werden. So hatte er kurz nach Weihnachten 1829 ein Gesuch an den König gerichtet und um Verwendung bei der Truppe gebeten. Bereits am 7. Januar 1830 erhielt er eine grundsätzliche Zusage. Aber dann dauerte es noch bis zum 9. März, daß er den folgenden Bescheid des Königs bekam[2]: »In Verfolg Meiner Antwort vom 7. 1. des Jahres auf Ihr Gesuch um Übertragung einer Truppenführung mache ich Ihnen hierdurch bekannt, daß ich beschlossen habe, Sie in der Folge, bei sich dazu ergebender Erledigung, in der Artillerie anzustellen. Damit Sie einstweilen Gelegenheit haben, sich mit den Details des Dienstes dieser Waffe vertraut zu machen, habe ich Sie vorläufig dem Inspekteur der I. Artillerie-Inspektion, Generalleutnant Braun, zur Dienstleistung beigegeben. Ich bestimme Sie für diese Waffe vorzugsweise in der Erwägung, daß dieselbe Ihnen bei Ihrer vielseitigen wissenschaftlichen Ausbildung und Ihrer Neigung zu besonderer Tätigkeit mehrfach Veranlassung gibt, für meinen Dienst nützlich wirksam zu sein. Bis zur Übernahme eines selbständigen Wirkungskreises in der Artillerie behalten Sie die Direktion der Allgemeinen Kriegsschule.«

Die Würfel waren also gefallen. Aus dem »geborenen« Infanteristen sollte ein Artillerieführer werden, der sich mit der Organisation der Artillerie befaßte und ihr Feuer wirksam einzusetzen wußte; immerhin hatte Clausewitz bereits als Lehrer an der Allgemeinen Kriegsschule vor 1812 Vorlesungen darüber gehalten. Er trat also auch hier in die Fußstapfen seines Lehrers Scharnhorst, des Artilleristen. Sicher hatte er die neue Anstellung auch Prinz August zu verdanken, nun als Generalinspekteur der Artillerie für die Entwicklung der Waffe verantwortlich. Daher der Satz Gneisenaus »Nun wird er der Schüler seines Schülers, aber in kurzem sein Meister«.

Ganz leicht ist Clausewitz der Abschied von seinen bisherigen Lebensumständen aber doch nicht gefallen. Das Konzept seines Hauptwerks lag vor. Sechs Bücher waren ausgearbeitet, zwei im Entwurf geschrieben, »skizziert«, wie er es nannte. Das Ganze sollte noch einmal durchgearbeitet werden. Aber nun, im Frühjahr 1830, mußte er sich mit einer neuen Aufgabe vertraut machen; da Clausewitz immer ganz tat, was ihm aufgetragen war, so geschah eben, was seine Frau so schildert[3]: »Er ordnete seine Papiere, versah sie mit Aufschriften und nahm einen wehmütigen Abschied von dieser ihm so liebgewordenen Beschäftigung.« Von da an fand sich keine Zeit mehr zu der abschließenden Arbeit an seinem Hauptwerk, so daß es unvollendet blieb. Es ist trotzdem ebenso für Jahrhunderte geschaffen wie die gotischen Dome, die gleichfalls nicht oder erst nachträglich vollendet werden konnten.

Am 19. August 1830 wurde Clausewitz zum Inspekteur der 2. Artillerie-Inspektion in Breslau ernannt, und er siedelte dorthin über, um sich ganz der neuen Aufgabe zu widmen. Aber sehr bald waren es wieder die großen Ereignisse, die ihn in ihren Bannkreis zogen und sein Leben veränderten. Noch einmal kamen im Jahre 1831 neue bedeutende Aufgaben auf ihn zu, die sehr viel größere Verantwortlichkeiten mit sich brachten als die Inspektion in Breslau. Der äußeren Bestimmung nach war es sogar die gewichtigste

Dienstleistung seiner Laufbahn überhaupt und unter tragischen Umständen die letzte seines Lebens: Clausewitz wurde Chef des Generalstabs einer Armee unter dem Oberbefehl des Feldmarschalls Neidhardt von Gneisenau. Aber weder Oberbefehlshaber noch Chef sollten das Jahr 1831 überleben. Indirekt wurden beide die Opfer versäumter Reformen der »Heiligen Allianz«: Die Unterlassungen führten zur Rebellion, vor allem in Polen.

Rebellionen und Aufstände

Zunächst eine allgemeine Bemerkung zu den Ereignissen von 1830: Die Geschichte unterliegt nicht den Naturgesetzen, obwohl sie immer mit ihnen zu tun hat. Denn der Mensch lebt auf der Erde, lebt von der Erde und ist von ihr abhängig. Er ist ein Naturgeschöpf, mit natürlichen Eigenschaften, Neigungen und Bedürfnissen. Aber durch seinen Geist hat er teil an der Freiheit, die über aller Natur ist. So gibt es in der Geschichte auch keine festen Zyklen, keine Gesetzmäßigkeiten und keinen Kreislauf wie im Kosmos. Doch erweist sich auch im geschichtlichen Ablauf eine gewisse Regel und Ordnung; sie zeigt sich vor allem in einer Wiederkehr des Ähnlichen, das indessen über das Vergangene hinausweist. Denn das menschliche Bewußtsein erweitert sich beständig. Diese Erweiterung aber führt auch das elementare Bedürfnis des Geistes nach neuen Lebensformen mit sich oder bringt es hervor: Er will das Vorhandene weiterentwickeln und so das Lebensgefühl vertiefen und erweitern. Es ist ein organischer Vorgang. Die materielle Gewalt will dagegen die alten Formen zerbrechen, weil sie den Aberglauben hegt, daß das Kommende dadurch *von selber* frei wird. Restauration und Reaktion wollen das Überkommene festhalten, vor allem, wenn es sich um die eigene Herrschaft handelt. An diesem Kreuzweg befanden sich nach 1815 die europäischen Staaten, in Nationen weniger gegliedert als bereits gespalten. Ein halbes Menschenalter nach 1815, das die Befreiung von der napoleonischen Gewaltherrschaft gebracht hatte, meldeten sich die Völker mit ihrem bis dahin zurückgedrängten Anspruch auf Freiheit und Selbstbestimmung. Sie taten es in jedem Staat auf andere Weise, dem Nationalcharakter entsprechend. Die Franzosen gaben 1830 in der Juli-Revolution das Signal, zwangen Karl X. zum Rücktritt und setzten den Bürgerkönig Louis Philippe an dessen Stelle; die Belgier erhoben sich mit französischer Hilfe gegen die Niederlande, um ein selbständiges Königreich zu bilden; auch in Deutschland kam es zu Unruhen, aber sie konnten sich bei den vielerlei Staaten nicht ausbreiten. Dann aber trieben die Polen zum offenen Krieg, in dem sie gegen den Zaren und die Oberherrschaft der Russen in ihrem Lande rebellierten. In Deutschland sympathisierten die Liberalen mit ihnen; das junge Deutschland begeisterte sich für sie und feierte ihren Aufstand in populären Gedichten[4]. Die preußische Regierung aber war alarmiert: Würde der polnische Aufstand die preußischen Grenzen überschreiten? Das war natürlich unbedingt zu verhindern oder abzufangen. Dabei ist es nicht ohne geschichtliche Ironie, daß sich in dieser Krise Friedrich Wilhelm III. endlich wieder der militärischen Reformer von ehedem erinnerte, die noch in seinem Dienst standen. So kamen Gneisenau und Clausewitz zu ihrem letzten großen Kommando.

Das letzte Kommando

Clausewitz hatte am 7. September 1830 die Reise nach Breslau angetreten, um dort die 2. Artillerie-Inspektion zu übernehmen. Er ging indessen bereits mit einem Sonderauftrag auf die Reise: Auf Wunsch des Generals v. Witzleben, des Generaladjutanten des Königs[5], besuchte er unterwegs seinen alten Freund Gneisenau, und zwar mit einem bestimmten Auftrag: Er sollte ihn bitten, ein Armeeoberkommando zu übernehmen, wenn ein solches in diesen unruhigen Zeiten gebraucht werde. Zunächst dachte man noch an den gärenden Westen. Gneisenau war zunächst nicht gerade begeistert, denn er war ja schon nahe an Siebzig, stellte sich aber dann zur Verfügung, denn er sah die prekäre Lage. Schon am 25. März 1830 hatte er dem Freiherrn vom Stein geschrieben[6]: »Wir sind am Vorabend einer neuen Revolution, wenn Gott nicht ein solches

Unglück abwendet.« Und am 9. August hieß es in einem Brief an seine Frau[7]: »..die Gemüter sind in einer Unglück drohenden Spannung, die leicht in einen gefährlichen Ausbruch übergehen kann. Überdies haben Revolutionen eine ansteckende Natur und ich bin überzeugt, daß jetzt bereits die revolutionären Gemüter in Europa allerwärts in Aufregung sind und gefährliche Hoffnungen sich vorspiegeln, ja wohl gar schon Pläne entwerfen. — Daß etwas geschehen muß, um die Ungezogenheit der Ultra-Liberalen zu zügeln, ist gewiß; daß das von den französischen Ministern gewählte Mittel gefährlich ist, scheint mir ebenso gewiß. Wer gewaltsame Mittel anwenden will, muß viel Verstand, viel Mut und viel Entschlossenheit besitzen, mit seiner Person bezahlen und dem Ungewitter die Stirne bieten.« Dazu war auch der Feldmarschall bereit. Gneisenau dachte damals noch nicht an Polen. Auch Clausewitz glaubte noch nicht an Unruhen im Osten: Er hatte seine Frau Ende Oktober 1830 nach Breslau nachkommen lassen und sich mit ihr dort häuslich eingerichtet. Aber am 29. November brach in Warschau der polnische Aufstand los. Auch in den preußischen Ostprovinzen mit überwiegend polnischer Bevölkerung ergaben sich Spannungen. Der König handelte unverzüglich und beauftragte Gneisenau, das Oberkommando über die Observationsarmee im Osten zu übernehmen, die aus dem I., II., V. und VI. Armeekorps gebildet werden sollte. Als Chef des Generalstabs brachte dann Gneisenau seinen alten Freund Clausewitz in Vorschlag. Am 11. Dezember erreichte diesen in Breslau ein reitender Eilbote mit dem Befehl des Königs, sofort nach Berlin zu kommen. Schon am 12. war Clausewitz dort — eine außerordentliche Leistung der damaligen Extrapost. Aber, wie häufig, zeigte es sich dann, daß diese fliegende Eile nicht nötig gewesen wäre: Es bedurfte noch langer Verhandlungen, bis der endgültige Entschluß fiel. Eine Zeitlang richtete sich die politische Aufmerksamkeit doch wieder ganz nach dem Westen und Clausewitz hatte Zeit, vorsorglich eine Denkschrift über einen möglichen Krieg mit Frankreich zu entwerfen. Aber im März 1831 beruhigte sich dort die Lage dank der konservativen Politik des französischen Ministeriums Périer. Dagegen war nun in Polen ein neuer Gefahrenherd entstanden; der polnische Reichstag hatte dem Zaren die Krone Polens abgesprochen. Jungdeutsche und Burschenschafter begeisterten sich für die polnische Freiheit. Es konnte zu Verwicklungen kommen, der polnische Aufstand auch auf die polnisch besiedelten Teile der preußischen Ostprovinzen übergreifen. So erhielt Gneisenau am 6. März 1831 endgültig Befehl, sich nach Posen zu begeben und dort das Oberkommando über die vier Armeekorps zu übernehmen. Er war von Clausewitz als seinem Chef des Generalstabs begleitet.

Auctoritas ac potestas

Nicht ohne Hintergedanken tat Friedrich Wilhelm III. diesen Schritt. Er hatte Gneisenau und Clausewitz eine Aufgabe übertragen, die politischen Takt, Klugheit und Festigkeit erforderte. Angesichts dieser Polenbegeisterung, die damals in Deutschland herrschte, war sie besonders delikat: So sollten die »alten Jakobiner« wohl auch auf die Probe gestellt werden. Aber sie bewährten sich, nicht zuletzt dank der Persönlichkeit des Grafen Gneisenau und seiner Popularität, wie durch das disziplinierte Auftreten der Truppen, das Clausewitz überwachte. So blieb alles ruhig. Am 14. März konnte Clausewitz seiner Frau berichten[8]: »Heute hat der Feldmarschall die ersten Truppen inspiziert. Das zu sehen, würde Dir gewiß eine große Freude gemacht haben. Ebenso würdest Du an dem Anblick unseres Hauptquartiers einigen Spaß haben. Zwei, drei Geschäftszimmer mit vielen Karten, arbeitende Offiziere, Feldjäger und Ordonnanzen. Das nimmt sich doch nach etwas aus oder, wie Frau von Bismarck sagt, ›das lautet nach Ville‹.« Jedenfalls richtet sich der Stab Gneisenaus im Hotel Vienna häuslich ein und versucht, dem Leben in Posen die beste Seite abzugewinnen. So kann Clausewitz am 1. Juni 1831 schreiben[9]: »Daß der Feldmarschall mit seiner hiesigen Lebensweise so zufrieden ist, freut mich sehr... Daß... er hier allgemein verehrt wird, wird Dir Blanche sagen, selbst von den Polen und Polinnen, was viel sagen will, und die ihn gar nicht kennen, die aber hier, wie gewöhnlich, die falsche Voraussetzung machen, daß er ein heimlicher Pole

wäre.« Und dann am 4. Juni noch einmal[10]: »Der Feldmarschall scheint mit seiner hiesigen Existenz ganz zufrieden. Als ich gestern mit ihm spazieren ritt, gestand er unverhohlen, daß er sich dieses Leben noch ganz gern den Sommer hindurch gefallen lassen würde: die Zeit ginge ihm angenehm und schnell vorüber, und dabei gewönnen seine Finanzen, da er nur ungefähr die Hälfte von dem brauche, was er einnehme, also monatlich 1000 Taler erspare.« Weiter am 9. Juni[11]: »Ich rechne, wenn eine kräftige Hand das russische Schwert ergreift, jetzt so ziemlich auf die freiwillige Unterwerfung der Polen. Sie sind in ihren Kräften sehr erschöpft; der Schuh fängt an, überall zu drücken und der Kampf der aristokratischen und demokratischen Partei, der sich in diesem Augenblick stärker entwickelt, könnte die Veranlassung sein, daß der Adel das Panier früher senkt.«
Noch ahnte niemand, daß man es bald mit einem sehr viel schlimmeren Feind zu tun haben werde als den polnischen Insurgenten.

Das Gespenst der Cholera

Die Tätigkeit von Clausewitz in Posen als Generalstabschef war im übrigen nicht weniger bemerkenswert als die vorangegangenen Episoden seines bewegten Lebens. Der russische Oberbefehlshaber, der den polnischen Aufstand niederschlagen sollte, war kein anderer als der alte Kampfgenosse von 1812, der Partner Yorcks auf russischer Seite bei der Konvention von Tauroggen, damals General, nun Feldmarschall v. Diebitsch. Er hat eine große Karriere gemacht. Aber so sehr er als Führer der Vorausabteilung des Korps Wittgenstein glänzte, sich später als Generalstabschef auszeichnete, im Kampf und Krieg gegen die Polen und ihre Unabhängigkeit zeigte er Schwächen. Darüber stand schon im III. Kapitel des Ersten Buches »Vom Krieg«, das damals schon fertig vorlag, zu lesen: »Wir müssen immer wieder darauf zurückkommen, daß nichts gewöhnlicher ist als Beispiele von Männern, die ihre Tätigkeit verlieren, sobald sie zu höheren Stellen gelangen, denen ihre Einsichten nicht mehr gewachsen sind[12].« Jedenfalls zog sich der Krieg in Polen in die Länge. Schon am 9. Juni hatte der kritische Beobachter Clausewitz sich seiner Frau gegenüber so geäußert[13]: »Die Sachen in Polen gehen ... herzlich schlecht. Mit jedem Tag ein neuer Aufruhr bei den Litauern und Kleinrussen und ein neues Detachement, ihn zu bändigen und alle diese Detachements, siegend und besiegt, verfehlen ihr Ziel. In der polnischen Hauptarmee mußte der litauische Aufstand besiegt werden, nicht durch Entsendung und Zersplitterung der Kräfte; das hat ja der Feldmarschall (Gneisenau) dem König geschrieben und das wird man im russischen Hauptquartier und in Petersburg erst hinterher begreifen. Die polnische Hauptarmee scheint wirklich nach dem Stoß von Ostrolenka (26. Mai) eine solche Erschütterung empfunden zu haben, daß, wenn Diebitsch schnell gefolgt oder an die Weichsel vorgedrungen wäre, große Erfolge eingetreten sein würden.«

Clausewitz gewinnt überhaupt aus der kritischen Beobachtung dieses Feldzugs zusätzliche Erkenntnisse. Er hat wiederum keine Gelegenheit, sie in die Tat umzusetzen, aber er kann sie wenigstens in den Lagebesprechungen an seinen Stab weitergeben. General vom Brandt schreibt darüber in seinen Erinnerungen[14]: »Die Art, wie Clausewitz die Dinge beurteilte, aus einzelnen Bewegungen und Märschen Folgerungen zog, die Geschwindigkeit und Dauer der Märsche berechnete, und die Punkte im voraus bestimmte, wo es zu Entscheidungen kommen würde, waren von höchstem Interesse. Was später von Historikern mühsam ausgeklügelt, von Militärschriftstellern als die Quintessenz militärischer Weisheit aufgetischt worden, erschloß sich ihm im Augenblick.«

Aber mächtiger als alle Generale, Sieger und Besiegte, war die Cholera, der heimtückischste aller Feinde. Auf einmal schlug sie zu. So war ein Alarmsignal erster Ordnung, daß ihr der russische Feldmarschall Diebitsch schon am 10. Juni 1831 in Pultusk zum Opfer fallen sollte. Am 14. Juni schrieb Clausewitz an seine Frau[15]: »Die traurige Nachricht von dem Tod des Feldmarschalls Diebitsch wird Dich sehr erschüttert haben. Welche Fügung des Himmels, daß der erste Mann, welcher aus den höheren Ständen dieser Krankheit erliegt, gerade er sein muß! Wie wird der König davon betroffen sein! Da die Krankheit sich im russischen Hauptquartier eingefunden hat, so ist allerdings die größte Besorgnis vorhanden, daß sie dort noch neue Opfer fordern werde, und es ist nicht zu übersehen, was daraus für Unglück entstehen kann.«

Ein böser, unheimlicher Feind ist damit auch für die preußische Observationsarmee erschienen, ein Cordon sanitaire notwendig geworden. Bald zwingt er zu Maßnahmen, die man in Berlin nicht versteht und nicht gutheißt. So mag es seine Gründe gehabt haben, wenn Clausewitz in dem Brief vom 16. Juni an seine Frau berichtet[16]: »Die Anordnung des Danziger Kordons wird gewiß in Berlin in diesem oder jenem Stücke nicht recht sein, ob es gleich ganz von ihnen abgegangen hätte, die Sache in Berlin zu bestimmen, aber dort schiebt man gar zu gern eine andere Autorität dazwischen, um sich die Freiheit der Kritik vorzubehalten. Das wird viel Ärger geben, darauf mache Dich nur in meinem nächsten Brief gefaßt. Ich würde es weniger besorgen, wenn sie in Berlin nicht wüßten, daß die Dinge von mir ausgehen und Du kannst glauben: *man ist mir dort nicht grün.*«

Im übrigen ist der Briefwechsel des Ehepaares Clausewitz in dieser letzten Lebens- und Dienstperiode vielseitig wie immer und gibt Zeugnis von dem umfassenden Interesse, das beide an den europäischen Ereignissen nehmen. Dabei tritt eine zunehmende Resignation zu Tage, durch die innere wie die äußere Politik Preußens veranlaßt. Die Zeit ist nicht mehr mit den Jahren vergleichbar, die die Dynamik der Reformergruppe bestimmte. Am 23. Juni heißt es[17]: »Uns fehlt ein klarer Kopf an der Spitze des Ganzen. W. (Witzleben) ist keiner. Wenn ich an alles das denke, so sage ich, wie der sehr edle Thomas Lubiensky in jedem seiner Briefe sagt: ›pour moi je me reste rien absolument sur moi-même, et je ne pense qu'a faire mon devoir.‹ Das Gefühl, dies zu können, ist mein Trost und ein ehrenvoller Tod meine Hoffnung.«

Die Cholera machte das Jahr 1831 zu einer Tragödie. Sie raffte eine ganze Generation hinweg, die einmal der Stolz und die Hoffnung ihrer Zeitgenossen bedeutete. Mit dem Feldmarschall Diebitsch machte sie den Anfang, aber dann traf die Sense des Todes noch einen Größeren, den ersten der Reformer: Freiherr vom Stein starb am 29. Juni auf Schloß Kappenberg in Westfalen, noch nicht 74 Jahre alt. Dazu Clausewitz an seine Frau[18]: »Die Nachricht von Herrn vom Steins Tod hat mich vollkommen überrascht. So sinken die Erscheinungen des Lebens, mit denen wir enger zusammengehangen, in Menschen und Dingen nach und nach unter und mahnen uns, daß es nicht mehr so fern ist, wo auch wir untersinken werden.«

Inzwischen rückt die Cholera näher, trotz aller Absperrungsmaßnahmen. Nach dem Brief vom 13. Juli hat sie bereits an drei Punkten den Absperrungskordon überschritten, aber nur zu einzelnen Sterbefällen geführt, so daß sie noch nicht epidemisch auftritt. »Wenn sie wirklich ins Land vorrückt, dann werden unsere Verhältnisse sehr verwickelt.« Am 24. erfährt man, daß die Epidemie tatsächlich auch schon auf die Truppe übergegriffen hat, man erfährt von den vielen Aufregungen und Verwicklungen, die sich daraus ergeben, und am 29. Juli hört man aus Posen[19]: »Die Cholera, die gestern sich hier wieder ganz gnädig gezeigt hat, da wir nur acht neue Kranke hatten, verbreitet sich im Lande immer mehr und ist jetzt die Warthe abwärts schon bis Lissa vorgedrungen, was nur einige zwanzig Meilen von Berlin ist. Es ist jetzt ziemlich erwiesen, daß sie vorzugsweise dem Lauf der Flüsse und ihrer Niederungen folgt; sie wird also in Küstrin und Frankfurt ankommen und von da vermutlich durch die Niederungen des Friedrich-Wilhelm-Kanals an die Spree gelangen. Es ist also ziemlich wahrscheinlich, daß Ihr bis zum Herbst hin diesen Gast bei Euch eintreffen seht, und so ist es wohl der Mühe wert, in Überlegung zu nehmen, ob Du und Deine Mutter nicht wohltun würdet, Euch alsdann von Berlin wegzumachen...«

Dann folgt in diesem Brief eine merkwürdige Stelle, die wie eine Todesahnung klingt, wie eine Vorwegnahme des endgültigen Abschieds: »Man sagt heute, die russische Armee habe sich gegen Warschau in Bewegung gesetzt. Dann wird es bald die letzte große Entscheidung geben, der ich mit bangem Herzen entgegensehe. Wenn ich sterbe, teure Marie, so ist es in meinem Beruf. Gräme Dich nicht zu sehr um ein Leben, womit nicht viel mehr anzufangen war. Die Torheit nimmt überhand, kein Mensch kann ihr

wehren, so wenig wie der Cholera. Es ist wenigstens ein kürzeres
Leiden, an dieser zu sterben wie an jener. Ich kann nicht sagen,
mit welcher Geringschätzung des menschlichen Urteils ich aus der
Welt gehe. Es muß diese Krankheit ausrasen und ich hätte es doch
nicht erlebt; also ist wenig verloren.«
»Was mir tiefen Kummer macht, ist, nicht mehr für Dich besorgt
zu haben — es war nicht meine Schuld. Ich danke Dir, teurer Engel, für den Beistand, den Du mir im Leben geleistet hast.

> O ich fühle, da ich Dich gesehen,
> Wie vor eines Engels Majestät,
> Frommer Ahnung Schauer mich umwehen
> Und mein Herz sprach kindlich ein Gebet:
> Weile, lieber Fremdling, weil hienieden,
> Führ durch Deiner Augen schönen Blick
> Segnend zu des Lebens stillem Frieden
> Aus des Lebens Stürmen mich zurück!
> Freundlich hast die Hand Du mir gegeben;
> Unter eines Engels Schutzgeleit.
> Windet lieblich sich der Pfad durchs Leben
> Und im Himmel wohnt die Seligkeit.

Kennst Du diese Strophen wieder? Sie standen am Eingang unseres
Bündnisses, sie sollen auch am Ausgang stehen. Ich umarme Dich,
geliebter Engel, bis auf besseres Wiedersehen.«

*

Zunächst ging das Leben weiter, behaupteten der Alltag und der
militärische Dienst seine Rechte. Aber dann schlug die Cholera im
Oberkommando zu: Am 23. August 1831 kurz vor Mitternacht
fiel ihr der Feldmarschall Gneisenau in Posen zum Opfer und am
16. November, nachdem schon alle Gefahr gebannt schien, Carl
von Clausewitz selbst, kurz nach seiner Rückkehr nach Breslau.
Eine große Periode der europäischen Geschichte ging mit dem Jahr
1831 zu Ende, indem *die* Leben ausgelöscht wurden, die ihr in Mit-

teleuropa die Richtung gegeben hatten: Der russisch-deutsche
Feldmarschall v. Diebitsch, der Reichsfreiherr vom Stein, der preußische Feldmarschall Graf Neidhardt von Gneisenau und der preußische Generalmajor Carl von Clausewitz. Wie in geheimer Kolle-
gialität mit diesen Großen starb außerdem am 14. November, zwei
Tage vor Clausewitz, der Philosoph Friedrich Hegel in Berlin,
gleichfalls, wie es heißt, an der Cholera.

Zweites Kapitel
Der Tod kam rasch

Über den Tod von Gneisenau und das, was ihm vorausging, schreibt Clausewitz an seine Frau am 23. August 1831, 1/2 7 Uhr abends[1]: »Es ist keine Hoffnung mehr, teure Marie, und ich werde diesen Brief wahrscheinlich mit der Nachricht seines Todes schließen. Seit 2 Uhr liegt er in einem lethargischen Zustand und keine Medizin hilft mehr. Daß er leidet, ist nicht anzunehmen; auch hat er noch einiges Bewußtsein, aber ohne alle Geistestätigkeit; er achtet auf keinen Menschen mehr. In der Nacht um drei Uhr hat er zum letzten Mal die Rede an mich gerichtet... Noch lebt der Feldmarschall, aber ich habe nicht die mindeste Hoffnung, und die Ärzte haben auch keine andere, als weil er noch atmet.«
Clausewitz hat in seinem Tagebuch die Ereignisse festgehalten und gibt darin über das Ende Gneisenaus einen ausführlichen Bericht[2], dem wir entnehmen: »Am 22. August befand sich der Feldmarschall schon unwohl, ohne etwas zu sagen... In der Nacht um 11 Uhr erkrankte er förmlich und mußte vier- bis fünfmal aufstehen. Das letzte Mal wurde er am Bette ohnmächtig und nun erst rief er nach dem Erwachen seine Leute und sandte sie zum Regimentsarzt Krajewski, der dem hiesigen Cholera-Militär-Hospital vorstand und sich in der Behandlung dieser Krankheit einigen Ruf erworben hatte. Es war zwei Uhr nachts. Der Doktor erschien etwa halb drei Uhr, ich wurde gleichfalls gerufen und fand den Doktor händeringend mit der Erklärung, daß die höchste Gefahr sei. Er verlangte sechs Mann von der Wache zum Reiben des Kranken; ich lief nach der Wache und von da zu Doktor Gumpert, dem Medizinalrat der hiesigen Regierung, der ein sehr gescheiter, klarer und entschlossener Mann ist... Der Doktor Gumpert erschien halb vier. Es hatte sich unterdessen gezeigt, daß der augenblickliche Zustand nicht so gefährlich war, wie der Doktor Krajewski geglaubt hatte. Die auf der Stelle angewandten Mittel hatten den Durchfall gestopft und der Wadenkrampf, der sich als erster Vor-

bote der Cholera gezeigt hatte, wurde durch spirituöse Einreibungen beseitigt. Gumpert billigte die angewandten Mittel und übernahm nun die Leitung der Kur, während Doktor Krajewski die Mittel administrierte und den Kranken fortdauernd beobachtete.«
»Nach und nach hatten sich die sämtlichen Umgebungen des Feldmarschalls bei seinem Bette eingefunden. Er befand sich bis vier Uhr in einem ziemlichen Zustand, war heiter und scherzte über die Cholera als Krankheit der Feldmarschälle. Zwischen vier und fünf Uhr wurde er sehr müde. Wir entfernten uns; er schlief ein. Dieser Schlaf aber wurde durch eine Reihe von vier bis fünf Ohnmachten unterbrochen, die nach Verlauf von einer halben oder ganzen Stunde wiederkehrten und jedesmal von einem Zucken der Gesichtsmuskeln begleitet waren... So dauerte der Zustand bis abends elf Uhr, wo ein heftiges Röcheln eintrat, welches die Lähmung der Lunge ankündigte. Am 23. August nachts um ein Viertel auf zwölf Uhr endigte er. Bei dieser Todesart... hat er von keinem seiner Umgebungen, unter welchen sich sein ältester Sohn befand, Abschied nehmen können.«
»Die Teilnahme in der Stadt über diesen unerwarteten Tod eines der ausgezeichnetsten Männer der preußischen Monarchie war allgemein. Die große Humanität seines Wesens, besonders gegen die geringeren Stände, hatte ihm die allgemeine Liebe erworben. Dem König zeigte ich den Tod des Feldmarschalls und sein Begräbnis in zwei kurzen Berichten an, in welchen ich ein paar Worte über seine Tugenden und sein Verhältnis zu ihm aufnahm. Die Armee mußte auf acht Tage Trauer anlegen.«
Clausewitz war über den schnellen Tod seines großen Freundes in seinem ganzen Wesen erschüttert. Dazu kam die Verwirrung im Oberkommando durch den unerwarteten Verlust des Oberbefehlshabers. Das Hauptquartier mußte ausziehen und wurde der Quarantäne in einem halb verfallenen polnischen Schloß unterworfen, aus dem Clausewitz am 5. September an seine Frau schrieb[3]:
»Übrigens werden wir hier in jedem Fall nur zehn Tage bleiben und dann entweder nach Glogau gehen oder vielleicht noch in eine weit näher gelegene Kontumaz wandern.« Am 9. September folgt dann die Nachricht[4]: »Wir befinden uns alle körperlich wohl und

die frische Luft, die wir genießen, tut uns allen gut. Über unsere weitere Verpflanzung schwebt noch Ungewißheit. Ich habe heute an General Witzleben[5] geschrieben, daß, nachdem die Krankheit in Posen so weit abgenommen, daß gestern, wie ich höre, gar keine neuen Erkrankungen vorgekommen sind, die sich dagegen Glogau schon auf wenige Meilen genähert, es mir zweckmäßiger erschiene, das Armeeoberkommando wieder nach Posen zu verlagern.«

In der Tat kehrt Clausewitz schon in den nächsten Tagen noch einmal nach Posen zurück. In Polen ist die Entscheidung gefallen: Die russische Armee hat am 6. und 7. September Warschau erobert. Der Krieg nähert sich seinem Ende, auch die preußische Observationsarmee hat demnächst ihre Aufgabe erfüllt.

»Ach, warum hat unser lieber Feldmarschall diese glückliche Wende nicht erlebt —, wie viel Freude würde sie ihm gemacht haben«, heißt es im Brief vom 11. September aus Posen[6]. Dazu die Bemerkung: »Auch für mich würde sich alles anders gestellt haben. Er würde dem König gewiß zu meinem Lob gesprochen haben, und schon aus Rücksicht für ihn hätte man mich nicht ohne ein Zeichen der Anerkenntnis lassen können. Jetzt ist die Schuld in den Schornstein geschrieben und so, wie man mir nach seinem Tode nichts gesagt hat, als ein: ›Scher Dich nach Glogau‹, so wird man mir am Schluß dieses ganzen Auftrags nichts sagen als ›Scher Dich nach Breslau‹. Ich habe in meinem Leben viel Glück gehabt, aber in solchen Dingen (immer) wieder Unglück. Nun, man muß sich darein finden und kann es leicht, wenn man mit Salomo sagt: ›Es ist alles eitel‹.«

Aber das Menschengeschlecht hängt nun einmal an äußeren Zeichen. So wollen die Freunde dem Feldmarschall Neidhardt von Gneisenau zu Ehren ein Denkmal stiften und aufrichten lassen. General Borstell aus Koblenz schreibt an Clausewitz, daß er beabsichtigt, als Ältester der Kommandierenden Generale seine Kollegen aufzufordern, im Namen der Armee den König um die Erlaubnis zu bitten, dem Feldmarschall ein Denkmal auf seinem Grabe zu setzen. Clausewitz bemerkt dazu[7]: »... er denkt übrigens die Beiträge nicht durch eine Kollekte zusammenzubringen, sondern durch Prozentabzüge des Gehalts der Generale und Stabsoffiziere. Das kann ich nur billigen, denn wenn sich bei einer solchen Kollekte auch hin und wieder ein erfreuliches Zeichen von Enthusiasmus und Verehrung kundgibt, so muß man sich doch auch hie und da über das Zeichen des Gegenteils betrüben; es entsteht ein Treiben der Eitelkeit, wodurch mancher zu unfreiwilligen Opfern gezwungen wird: der ohnehin so in Dürftigkeit lebende Offizier wird mit belastet und man weiß am Ende doch nicht, worauf man zu rechnen hat.«

Nach dem Tod von Gneisenau folgt ein Ereignis, mit dem Clausewitz bestimmt nicht rechnete und das doch seinen letzten Lebensabschnitt noch einmal verklärt. Es ist die Begegnung mit Knesebeck.

Abendröte der Versöhnung

Warum hat »man« Widersacher? Warum können die einen die anderen nicht leiden? Sympathie und Antipathie sind offensichtlich tief in der menschlichen Natur begründet und mit keinen schönen Reden aus der Welt zu schaffen. Nur Humanität kann sich einschränken, Großmut sie überwinden. So gab es auch am Berliner Hof einflußreiche Persönlichkeiten, die Clausewitz nicht mochten. Und nicht nur Clausewitz, sondern die Reformer insgesamt. Sie hatten schon gegen Scharnhorst intrigiert und später gegen Gneisenau. Nach dem Triumph dieser von ihnen angefeindeten Gruppe, die letzten Endes Preußen nach Waterloo führte, hatten sie eine Zeitlang geschwiegen, aber dann ihre Stimme um so kritischer erhoben, je mehr sich nach 1815 die Unruhe im Land vor allem unter der akademischen Jugend bemerkbar machte. Das also hatte man nun von den Freikorps, den freiwilligen Jägern, der Volksbewaffnung! Der Generaladjutant des Königs, v. d. Knesebeck, war schon immer dagegen, und dann geschah es eben: König Friedrich Wilhelm berief gerade diesen Knesebeck, seinen Günstling, zum Nachfolger Gneisenaus.

Clausewitz war peinlich berührt, ja persönlich getroffen. Diese Ernennung war eine Brüskierung für ihn, so schien es. Unter dem

16. September schreibt er an seine Frau[8]: »Die Ernennung des Generals Knesebeck war mir wie ein Donnerschlag aus heiterer Höhe; denn Du wirst aus meinen Briefen gesehen haben, daß ich hoffte, über diesen Berg hinweg zu sein. Dabei haben sie im Kabinett wieder die gewöhnliche Rücksichtslosigkeit gehabt. Die Kabinettsorder war vom 8. und ich erhielt sie den 15.; mit ihr zugleich aber trat der General Knesebeck ins Haus. Du kannst denken, daß das nicht angenehm ist; denn man hat doch manches vorzubereiten, um eine Übersicht des Geschäfts zu geben. Zum Glück bin ich sehr expeditiv und habe einige in diesem Punkt sehr gute Hilfe.«
In allen Kommandobehörden wird es ähnliche, in ihrer Art zunächst gespannte Situationen geben, wenn sich zwei verschiedene Temperamente oder Charaktere gegenübertreten, die miteinander nicht können. Dann gibt es nur Unterwerfung des einen unter den anderen oder Trennung. In diesem Fall war es aber bezeichnend, sowohl für Knesebeck wie für Clausewitz, daß die gemeinsame Sache ihnen doch höher stand als ihre frühere Gegnerschaft. Es gab den Dienst, der sie einander näherbrachte, und dann siegte in beiden doch die gemeinsame Aufgabe. Und so heißt es in dem Brief weiter[9]: »General Knesebeck war sehr jovial und herzlich, wie denn das überhaupt sein Wesen ist — das Mißtrauen, was zwischen uns bestanden hat, fühlte er wohl, mußte im Augenblick beseitigt werden; denn ganz neu in dem Geschäft, in allen Verhältnissen, selbst bei den Truppen, hatte er sehr das Bedürfnis, sich auf mich zu stützen, wenigstens für die erste Zeit. Es war also, als wenn wir uralte Freunde wären und seitdem hat er nichts getan, als meine Arbeiten und den vortrefflichen Gang der Geschäfte gerühmt. Wir stehen also sehr gut miteinander. Nichtsdestoweniger ist es mir schrecklich, mit einem anderen dieselbe Sache zu treiben, vor allen Dingen aber, mich mit ihm an demselben Tisch zu setzen, wo wir mit dem Feldmarschall oft so fröhlich waren. Es verbittert mir dies Gefühl Essen und Trinken. Nun, il faut passer par là, und ich denke, es wird nicht über ein paar Wochen dauern... Indessen bleibt die Ungewißheit und wir müssen auf die Schweinereien gefaßt sein, die daraus hervorgehen können. Auch machen wir Anstalten, als ob es Hals und Kragen kosten

sollte. Aber wenn man eine Grenze von Memel bis zu den Karpaten zu decken hat, reicht es natürlich nirgends hin und man erscheint überall wie ein Lump.«

Die letzten Wochen im Oberkommando brachten die Abendröte im dienstlichen und persönlichen Leben des Generals Carl von Clausewitz. Seine vorbildliche Tätigkeit brachte ihm rasch die Sympathien des neuen Oberbefehlshabers ein, der ihn wirken ließ und ihm nun sein ganzes Vertrauen schenkte, auch mit dem verschwiegenen Zugeständnis: Der weiß doch besser Bescheid als ich. So ging die Posener Zeit ohne Reibungen zu Ende. Der letzte Brief aus Posen kam am 21. September[10]. Clausewitz hat kaum noch zwei Monate zu leben. Nach dem Brief vom 29. Juli, den wir oben zitierten, hat er wohl dergleichen geahnt.

Inzwischen geht der Kampf der Polen um ihre Freiheit tragisch zu Ende, nicht zuletzt infolge ihrer inneren Streitigkeiten, die den Zerfall beschleunigen. Am 16. September überschreiten 10 000 Mann die galizische Grenze und lassen sich von den Österreichern entwaffnen; am 5. Oktober tritt General Rybinski mit 24 000 Mann und 95 Geschützen auf preußisches Gebiet über, um die Waffen niederzulegen. Nach dem Fall der Festungen Modlin und Zamosc erlischt der polnische Widerstand. Durch den Kundschafterdienst, den Clausewitz hatte einrichten lassen[11], war das Armeeoberkommando ziemlich genau darüber im Bilde, was jenseits der Grenze vorging. Im übrigen drückte man ein Auge zu, als die polnischen Freiwilligen heimlich in die preußischen Provinzen zurückkehrten, aus denen sie ebenso heimlich ausgezogen waren, um gegen die Russen mitzukämpfen. Und dann endete der Aufstand nach anfänglichen Erfolgen mit einem doppelt tragischen Fiasko: Polen verlor nicht nur seine Armee durch Tod, Gefangenschaft oder Flucht ins Ausland; die Russen hoben auch die polnische Verfassung auf und behandelten Kongreß-Polen als unterworfene Provinz. Die Russifizierung des Landes begann. Das war gewiß nicht im Sinn von Clausewitz, dem es mit dem preußischen Wahlspruch ernst war: *Jedem das Seine.*

Ein tiefer Pessimismus hatte sich seiner in diesen Monaten bemächtigt. Er sah Preußen, er sah Deutschland von innen und von außen her bedroht, die Berliner Regierung der gespannten Lage nicht gewachsen. Davon sprechen die letzten Briefe aus Posen. Mit den Freunden und Gleichgesinnten Stein und Gneisenau hatte Clausewitz auch das gemeinsame politische Fundament verloren. Die Einsamkeit wuchs um ihn. Und schließlich hatte der schlimmste Feind aller Heere, die Epidemie, die Kräfte des Gewissenhaften offenbar überfordert, weil gegen sie keine Kriegs- und Führungskunst half; auch Persönliches kam hinzu: Wo blieb die Großmut des preußischen Königs dem Andenken des Feldmarschalls Grafen von Gneisenau gegenüber? Das Unpersönliche drängte sich wieder vor, der innere Vorbehalt allen Reformern gegenüber, bis über ihren Tod hinaus. So war es Clausewitz nur ein geringer Trost, als ihm der König bei der Auflösung des Armeeoberkommandos seine Anerkennung aussprach, sicher auf Veranlassung des Generals v. d. Knesebeck. Aber das war auch alles. Nur die Aussöhnung oder, genauer gesagt, die menschliche Begegnung mit diesem war wie die Abendröte des Friedens vor dem Ende.

Clausewitz war wohl bereits im Kern getroffen, als er nach Breslau zurückkehrte. Da war er also wieder in der »Ochsentour« gelandet. Hatte es überhaupt noch Sinn, weiterzuleben? Die großen Freunde waren dahin, die Mittelmäßigen blieben und bestimmten den reaktionären Kurs. Keine der Hoffnungen auf eine Erneuerung des Vaterlandes von Grund auf hatte sich erfüllt. Carl von Clausewitz wehrte sich nicht mehr gegen den Tod, als dieser die Schwelle seiner Wohnung in der Heiliggeist-Straße in Breslau überschritt.

Der Tod kam rasch

Nach dem 7. November 1831 nahm Clausewitz seine Dienstgeschäfte als Artillerie-Inspekteur wieder auf. Er benützte die erste Zeit noch, um sein Tagebuch über die Posener Tage auszuarbeiten, für das er sich Notizen gemacht hatte. Den Tod von Gneisenau hielt er mit allen Einzelheiten am 11. November fest. Steckte der Keim der tödlichen Krankheit bereits auch in seinem Körper? Selbst die Wiedervereinigung mit seiner geliebten Frau war da kein Heilmittel. Noch widmete er sich wieder dem Dienst, ohne sich seine Melancholie anmerken zu lassen. Das schnelle Ende schildert Schwartz dann so[12] »Am 16. November hatte er bis zur Mittagsstunde mit gewohntem Eifer seinen Berufsgeschäften obgelegen, als ihn dieselbe Krankheit ergriff, deren Opfer Gneisenau geworden war, und schon nach neun Stunden seinem Leben ein Ende machte. Nach dem Zeugnis der Ärzte war sein Tod mehr die Folge des durch tiefen Seelenschmerz erschütterten Zustands seiner Nerven als der Krankheit, von der er einen verhältnismäßig leichten Anfall gehabt hatte.«

*

Es gibt keinen detaillierten Bericht über die letzten Stunden von Clausewitz, so wie er ihn über das Ende seines Feldmarschalls niederschrieb. Clausewitz starb in seiner Wohnung. Es war offenbar ein schnelles und vielleicht sogar schmerzloses Verlöschen. Man kann sich vorstellen, wie Frau von Clausewitz davon getroffen wurde. Es war nur ein Glück, daß ihr Bruder Fritz ihr in Breslau zur Seite stehen konnte; nach dem Tod seines Schwiegervaters Gneisenau hatte dieser nun auch den seines Schwagers zu beklagen, den er verehrte und dem er seit einem halben Menschenalter mehr als nur verwandtschaftlich nahegestanden hatte. Im übrigen war es wie ein Gleichnis dieses in allem so ungewöhnlichen Schicksals, daß mit Rücksicht auf die Cholera, an der Clausewitz angeblich starb, die Bestattung auf dem Militärfriedhof ohne militärische Zeremonien und Leichenreden stattfand[13]. Das war gewiß im Sinn des Verstorbenen, aber es deprimierte doch. Hatte er das verdient? Wußten die Zeitgenossen überhaupt noch, was sie an Clausewitz verloren? Ahnten sie, was er ihnen noch hätte geben können? Die Nachwelt weiß es nun, vier oder fünf Generationen später. Weitere werden es noch genauer wissen.

König Friedrich Wilhelm III. erließ an den kommandierenden General Schlesiens, v. Ziethen, die nachstehende Kabinettsorder[14]: »Ihre Meldung von dem plötzlichen Ableben des Generalmajors von Clausewitz, Inspekteur der 2. Artillerie-Inspektion, ist Mir ebenso unerwartet wie schmerzlich gewesen. Die Armee erleidet dadurch einen schwer zu ersetzenden Verlust, der Mich sehr betrübt. Ich veranlasse Sie, der Witwe Mein Beileid und Meine aufrichtige Teilnahme in ihrem Kummer auszudrücken.

Potsdam, den 20. November 1831   gez. Friedrich Wilhelm

Mit der »letzten Ruhe« von Clausewitz hatte es eine besondere Bewandtnis, wie mit seinem ganzen Leben auch. Das Grab war auf dem Militärfriedhof in Breslau; das Grabdenkmal ein graues, einfaches Kreuz von ungeschliffenem Marmor, das die Inschrift trug:

Hier ruhet in Gott
Carl Philipp Gottfried von Clausewitz
Königl. General-Major und Inspekteur der Artillerie
geb. den 1. Juni 1780
gest. den 16. November 1831

Vor dem Kreuz lag eine Marmorplatte mit der Inschrift

Hier ruhet
an der Seite des vorangegangenen geliebten Gemahls
Marie Sophie von Clausewitz
geborene Gräfin von Brühl
geboren zu Warschau den 3. Juni 1779
gestorben zu Dresden, den 28. Januar 1836

Im Sockel des Kreuzes war eingemeißelt:

Amara Mors Amorem Non Separat

Aber Clausewitz hat keine Ruhe gefunden. Nach der Eroberung von Breslau durch die Russen 1945 wurde der Militärfriedhof zerstört, wurden die Gräber verwüstet; in welchem Ausmaß, ist nicht bekannt. Breslau kam zu Polen. Deutschland wurde geteilt. Clausewitz und sein Grab schienen vergessen. Aber durch die Randglossen Lenins zu dem Werke von Clausewitz »Vom Kriege« wurde die SED-Führung auf ihn aufmerksam. Ein wahrer Clausewitz-Kult setzte in Mitteldeutschland ein. Zahlreiche Bücher und Schriften wurden über ihn publiziert, da er ja auch russischer Offizier war. Diesem Kult war dann zu verdanken, daß die Gebeine von Carl von Clausewitz in ihre Heimat zurückgeführt wurden: In seiner Geburtsstadt Burg bei Magdeburg fanden sie endlich die letzte Ruhe.

Auf tragische Weise kamen die Gebeine von Carl von Clausewitz wieder dahin, von wo er die Lebensreise antrat. Sie führte ihn oft verschlungene Pfade und über steinige Wege. Er hat sein Lebenswerk nicht vollenden können. Und doch ist seine geistige Hinterlassenschaft fruchtbar geworden, und über den Erdkreis gewachsen wie die Weltesche Yggdrasil. Die Deutschen haben ihn nur als Militärschriftsteller verstanden, die Nationalkriege mit ihm gewonnen, die beiden Weltkriege ohne und gegen ihn aber verloren. Sie waren nicht bis zu dem Kern seiner Kriegsphilosophie vorgedrungen, mit der sie ihre Einheit bewahren, sich vor der totalen Niederlage hätten schützen können.

ZEHNTER TEIL

*Der Kriegsphilosoph
in seinem Vaterland*

Der Prophet gilt nichts in seinem Vaterland, heißt es in der Bibel. Aber auch der Philosoph, der zeitlose Erkenntnisse vermittelt, hat oft gerade in dem Land und Volk, aus dem er hervorging, die größten Schwierigkeiten, anerkannt zu werden. Diese alte Erfahrung hat sich auch an den beiden großen Deutschen bestätigt, die im selben November 1831 schnell dahingerafft wurden: An dem Universalphilosophen Hegel und dem Kriegsphilosophen Clausewitz. Freilich bestehen auch erhebliche Unterschiede, weil Hegel in seinen Berliner Jahren als *der* deutsche Philosoph galt und dann später abgewertet wurde, während Clausewitz erst posthum wachsendes Ansehen genoß. Aber seine Kriegsphilosophie konnte sich im alten Deutschland und seiner Armee niemals ganz durchsetzen. Erst nach der Katastrophe des Zweiten Weltkriegs wurden die Wege dazu geebnet, und zwar in beiden Teilstaaten, die vom Deutschen Reich übrigblieben.

Muß das nicht nachdenklich stimmen? Sollte man in diesem Zusammenhang nicht nach den tieferen Ursachen fragen, wieso es zu der deutschen Katastrophe kommen mußte, trotz überragender soldatischer und militärischer Leistungen? Es drängt sich auf, daß ein Zusammenhang besteht zwischen den negativen Ergebnissen der beiden Weltkriege und der Abkehr von der Kriegsphilosophie. Sind nicht beide Kriege von deutscher Seite rein militärisch geführt worden, dem vielberufenen »Siegfrieden« oder dem »Endsieg« zuliebe? Wurden beide nicht angefangen ohne gehörige Respektierung der Relation von Zweck, Ziel und Mittel, wie überhaupt der weltpolitischen Konstellationen? Gab es in der deutschen Armee nicht eine einseitige Glorifizierung des Angriffs, die schließlich durch dauerndes Überfordern der Truppe zur Selbstzerstörung der deutschen Wehrmacht führen mußte? Da half kein Appell mehr an einen utopischen Fanatismus. Die Kriegsphilosophie hatte vor einer Übersteigerung des rein Militärischen gewarnt; sie hatte kategorisch den Primat der Politik als Kunst des Möglichen gefordert; sie hatte die vernünftige Relation von Zweck, Ziel und vorhandenen Mitteln zu denen der Gegenseite verlangt und war nicht müde geworden, auf die größeren Möglichkeiten der aktiven Verteidigung hinzuweisen. Aber diese grundsätzlichen Erkenntnisse wurden im Lauf der Zeit und vor allem des Dritten Reiches in ihrem eigenen Ursprungsland verworfen, trotz vieler warnender Stimmen und Hinweise auf die Kriegsphilosophie. Die Angriffs-Ideologie erwies sich als stärker. Es war geradezu pervers, daß sie von einem »Politiker« ausging.

Nun befinden sich die Bürger und Mitbürger der Bundesrepublik Deutschland in Zivil oder unter Waffen in einer ähnlichen Lage wie die Preussen nach 1806. Aber damals mußte die Kriegsphilosophie erst erarbeitet werden, heute kann man auf sie zurückgreifen, sie weiterentwickeln. Das ist der Sinn ihrer Renaissance. Sie ist keine akademische Angelegenheit, sondern verdient es, politisch wie militärisch in jeder Zeit bedacht und beherzigt zu werden. Es gilt, an die größere Vergangenheit anzuknüpfen, wie wir sie in der Biographie von Clausewitz lebendig zu machen versuchten. Die Deutschen müssen sich »ihren« Clausewitz endlich wieder zu eigen machen, nach einer Periode der Mißverständnisse, die sie mit unbeschreiblichen Opfern bezahlten. Ein summarischer Überblick vom Tode des Kriegsphilosophen bis zur gegenwärtigen Weltlage mag dies beweisen.

*

Anfang der Dreißiger Jahre des vorigen Jahrhunderts war die klassische Zeit zu Ende, die dem deutschen Geist Weltgeltung verschafft hat. Sie hatte außer Dichtern und Philosophen auch große Staatsmänner und Soldaten hervorgebracht, in denen sich Einsicht und Tatkraft vereinigten. Aber dann kam ein fast jähes Ende. Dem Tod von Hegel und Clausewitz im November 1831 war der des Reichsfreiherrn vom Stein und des Feldmarschalls Graf von Gneisenau vorausgegangen, wie wir wissen, 1832 starb Goethe. Der Schau des Ganzen, dem Gesamtüberblick über alle Verhältnisse folgte ein Trend zur Spezialisierung. Der Führungsanspruch der Philosophie als der Wissenschaft über den Wissenschaften wurde immer weniger anerkannt, bis der heutige Zustand erreicht ist, den der Philosoph Karl Jaspers 1949 folgendermaßen ansprach[1]: »Philosophie gilt zumeist als überflüssig, ist eine private Liebhaberei, ist geeignet für dekorative Zwecke. Woher kommt dieser Rückgang der Geltung der Philosophie? Der Hauptgrund liegt wohl im Geist des Zeitalters, der seit anderthalb Jahrhunderten sich an die praktischen Aufgaben der wissenschaftlichen Spezialerkenntnisse, der Technik, der Wirtschaft und der Macht preisgegeben hat, während daneben in mannigfachen Gestalten eine Philosophie sich noch tradierte, die das Gewicht dieser Aufgaben oft verkannte und ignorierte.« Soweit Jaspers. In letzter Vereinfachung könnte man wohl auch sagen: Der Sinn für das Ganze ging ebenso verloren wie der für die Rang-, Ein- und Unterordnung der Teile; die Teilgebiete machten sich selbständig. Dank der fortschreitenden Technik und Wissenschaft führte das zunächst zu außerordentlichen Teilerfolgen. Aber gerade unter der Übersteigerung der Sicht auf Teile, aufs Spezielle, begann das Ganze immer stärker zu leiden: Die Natur unter der Ausbeutung durch die Technik, die menschliche Gesellschaft durch die Vereinzelung der Gruppen und Individuen, die Politik durch die Vielzahl unvereinbarer materieller Interessen, der Krieg durch die Perfektion der Vernichtungsmittel, die ihn als mögliche Fortsetzung der Politik sinnlos gemacht haben. Die Politik im Sinn der Staatskunst wird sich also heute anderer Mittel bedienen müssen, um ihre Interessen zu wahren oder durchzusetzen, aber in dieser realen Welt kann sie auch weiterhin nicht auf militärische Machtmittel zum Schutz ihrer Souveränität und Sicherheit verzichten.

Blicken wir noch einmal zurück

Die klassische Kriegsphilosophie und ihr Hauptwerk »Vom Kriege« erschien in einer Periode, in der der Sinn für das philosophische Denken bereits zurückging. So hat es nach dem Erscheinen der ersten Auflage von nur 1500 Exemplaren mehr als zwanzig Jahre gedauert, bis die zweite erscheinen konnte[2]. Das geschah gewiß nicht von ungefähr. Außerdem waren es nach unserer Ansicht weniger die drei Militärschriftsteller Carl von Decker, Ludwig Blesson und K. Ed. Pönitz[3], die dem Werk Anerkennung verschafften, als vielmehr der spätere kommandierende General des Gardekorps Graf Karl v. d. Groeben[4], der die Aufmerksamkeit vor allem des Generalstabs auf das Werk lenkte und mit persönlicher Autorität dafür eintrat: v. d. Groeben war ja noch ein persönlicher Freund von Clausewitz und Gneisenau, unter ihnen erster Generalstabsoffizier beim Generalkommando in Koblenz und mit der Entstehungsgeschichte des Werkes »Vom Kriege« genau vertraut. Er hatte den siebenten Band der Hinterlassenen Werke mit einem persönlichen Vorwort herausgegeben und darin der Persönlichkeit wie dem Geist und Charakter des Kriegsphilosophen ein bleibendes Denkmal gesetzt. So war es wohl auch diese geistvolle Persönlichkeit an der Spitze der militärischen Hierarchie, die den posthumen Ruf von Clausewitz begründete und geistig interessierte Standesgenossen für ihn gewann. Er hat seinem Rang entsprechend mehr mündlich und persönlich als literarisch dafür getan. Durch diese elitäre »Mundpropaganda« ist wohl auch Moltke zuerst auf Clausewitz hingewiesen worden.

Wie Moltke schließlich zu Clausewitz stand, erhellt aus folgendem Bekenntnis[5]: Wenige Monate vor seinem Tod 1891 war der Hochbetagte (geboren 1800) von der angesehenen französischen Zeitschrift »Revue des Revues« gefragt worden, welche Bücher den stärksten Einfluß auf ihn gehabt hätten. Da nannte er nach der Bibel und drei naturwissenschaftlichen Büchern das Werk »Vom Kriege«. Clausewitz war damit der Anerkennung in der Armee und im Generalstab durch die höchste kriegswissenschaftliche Autorität sicher. Es gehörte seitdem zum guten Ton, sich auf Clausewitz zu berufen, ihn zu zitieren.

Aber es war schon bei Moltke nicht mehr der Philosoph des Krieges, der rezipiert wurde, sondern *der Militärschriftsteller*, dem man strategische Gedanken und Hinweise und viele militärische Anregungen entnehmen konnte. Daß der Krieg nur ein Instrument der Politik war und sein konnte, diese zentrale Erkenntnis wurde nicht mehr gebührend beachtet. So übersah Moltke den Satz, von dem als ›oberstem Grundsatz‹ die ganze Kriegsphilosophie ausgeht:

Das Ganze ist die Politik, der Krieg nur ein Teil, das andere, gewaltsame Mittel der Politik. Infolgedessen bleibt auch die Kriegführung dem politischen Zweck unterworfen. Die Politik bestimmt die Logik, den Sinn des Krieges. Aber das wollte der große Militär Moltke schon nicht mehr wahrhaben: Bereits in seinem 1871 erschienenen Aufsatz über Strategie hatte er geschrieben[6]: »Die Politik bedient sich des Krieges für die Erreichung ihrer Zwecke; sie wirkt entscheidend auf den Beginn und das Ende ein, so zwar, daß sie sich vorbehält, ihre Ansprüche zu steigern oder mit einem minderen Erfolg sich zu begnügen. Bei dieser Unbestimmtheit kann die Strategie ihr Streben stets nur auf das höchste Ziel richten, welches die gebotenen Mittel überhaupt erreichbar machen. Sie arbeitet so am besten der Politik in die Hand, nur für deren Zwecke, aber im Handeln völlig unabhängig von ihr.«

Der Kriegswissenschaftler Moltke hatte sich also bereits in dem entscheidenden Punkt von der klassischen Kriegsphilosophie entfernt. Er sprach von einer Unbestimmtheit der Politik, wie sie allerdings nach Bismarcks Entlassung die deutsche Außenpolitik kennzeichnete, aber er zog offenbar nicht ins Kalkül, daß der militärische Sieg über das Ziel hinausschießen und eben dadurch den politischen Zweck der ganzen Kriegshandlung verfehlen könne: 1866 hatte das der Staatsmann Bismarck in Nikolsburg gerade noch verhindert, so daß die Armee bei der Auseinandersetzung mit Frankreich den Rücken frei hatte, 1870 aber überspielte die Kriegskunst die Staatsräson, indem nach Sedan und der Gefangennahme Napoleons III. der Vormarsch nach Frankreich fortgesetzt wurde. Bismarck war nicht gefragt worden. Die dreimalige deutsche Invasion Frankreichs in kaum mehr als einem halben Jahrhundert aber war den Franzosen zuviel und führte zu der Revanche, die den Ersten Weltkrieg verursachte und zum Zweifrontenkrieg für die deutsche Armee führte. Hatte der politische Philosoph und Psychologe Clausewitz bei der Okkupation von Paris 1815 durch die Preußen nicht schon Ähnliches befürchtet?

Jedenfalls hatte bereits Moltke bei aller Wertschätzung des Militärschriftstellers nicht mehr den Kriegsphilosophen akzeptiert. Das Renommee des Namens Clausewitz blieb, aber bald wurden Unterschiede gemacht, eben zwischen dem hohen Offizier, der bedeutende Anregungen gab, und dem Kriegsphilosophen, der in seiner Phänomenologie des Krieges von dessen politischem Ursprung ausging. Das logische Gedankengebäude, das er errichtet hatte, wurde nicht mehr verstanden. Gewiß, im Jahre 1906 hatte man für ihn auf dem ehemaligen Garnisonfriedhof in Breslau ein Denkmal enthüllt, doch um den Gesamtüberblick über das Werk des Kriegsphilosophen hat man sich nicht mehr genügend bemüht.

Vierzehn Jahre nach Moltkes Tod schrieb Graf Schlieffen als Chef des Generalstabs der Armee die Einführung zur 5. Auflage des Werkes »Vom Kriege«. Der Entwurf dazu, von dem späteren Generalquartiermeister im Ersten Weltkrieg, General Freiherrn von Freytag-Loringhoven verfaßt[7], spiegelte die damalige offizielle Auffassung über Clausewitz wider. Es wird hervorgehoben, daß seine »Lehre... in der Tat nach Form und Inhalt das Höchste darstellt, das jemals über den Krieg gesagt worden ist«. Dann weiter: »Die Saat, die Clausewitz ausstreute, hat reiche Frucht getragen auf den Schlachtfeldern von 1866 und 1870/71. Die Überlegenheit unserer Führung, die sich dort offenbarte, wurzelte ganz wesentlich in dem Werk ›Vom Kriege‹, an dem sich ein ganzes Geschlecht von bedeutenden Soldaten herangebildet hat. So ist denn auch Moltkes Wort ›Die Strategie ist ein System von Aushilfen, ist die Übertragung des Wissens auf das praktische Leben‹ ganz im Sinne von Clausewitz gehalten. Moltkes geistige Entwicklung hat sich in engem Anschluß an Clausewitz vollzogen, bis der Feldmarschall über seinen Lehrmeister hinauszuschreiten begann.« Schließlich heißt es: »Der dauernde Wert des Werkes ›Vom Kriege‹ liegt neben seinem hohen ethischen und psychologischen Gehalt in der nachdrücklichen Betonung des Vernichtungsgedankens. Für Clausewitz steht der Krieg unter ›dem einen höchsten Gesetz der Waffenentscheidung‹. Ihm erscheint die Vernichtung der feindlichen Streitkräfte unter allen Zwecken, die im Kriege verfolgt werden können, immer als der über alles gebietende.« Soweit die Einführung. War das aber wirklich der ganze Clausewitz? Jeder Hinweis auf das Achte Buch »Kriegsplan« fehlte. Es war auch mit keinem Worte davon die Rede, daß unter bestimmten Voraussetzun-

562

gen die Verteidigung die stärkere Kriegs- und Kampfform sei, und den Hinweis auf den Kulminationspunkt des Angriffs hat der Autor des Schlieffen-Plans offenbar geflissentlich übersehen. Oder ganz hart gesagt: Der Militärschriftsteller war anerkannt, ja er war »ausgeschlachtet«, wo er in das herrschende Konzept paßte. Aber die Kriegsphilosophie als Ganzes wurde nicht mehr beachtet. Das beweisen die Sätze der Einführung: »Nicht den Wert einer gesunden Theorie hat Clausewitz bestritten, sein Buch ›Vom Kriege‹ ist nur durchzogen von dem Bestreben, die Theorie mit dem wirklichen Leben in Einklang zu bringen. Dadurch erklärt sich zum Teil das Überwiegen *einer philosophierenden Betrachtungsweise, die den heutigen Leser nicht immer anmutet.*« (Von uns hervorgehoben. Anm. d. Verf.)

Die Führung der deutschen Armee vor dem Ersten Weltkrieg anerkannte also den »Lehrmeister des Krieges« in vielen Einzelheiten, aber zwischen ihr und der eigentlichen Philosophie des Krieges tat sich eine Kluft auf, die immer tiefer werden sollte: Da siegten das pragmatisch-militärische Handeln und der Glaube an seinen Vorrang. Aus Mangel an staatsmännischer Einsicht stellte in der Folge die Politik, aber zum Teil auch die oberste Militärführung selbst Forderungen an den Krieg, bzw. an die Streitkräfte, die diese auf die Dauer nicht leisten konnten. Gerade davor aber hat Clausewitz in dem berühmten VI. Kapitel seines Achten Buches gewarnt.

So hatte das Verhältnis zu Clausewitz schon seit dem Ende des vorigen Jahrhunderts in Deutschland einen doppelten Boden. Immer und überall nannte man seinen Namen mit Achtung als den des ersten der Militärschriftsteller, aber die Kriegsphilosophie wurde nicht mehr begriffen, geschweige denn als die Wissenschaft vom Krieg auf das wirkliche Leben übertragen. Daran änderte auch nichts, daß der Erste Weltkrieg Clausewitz geradezu populär machte: Zwischen 1914 und 1918 sind neben verschiedenen Nachdrucken und Feldausgaben in rascher Folge die 9. bis 13. Auflage erschienen. Das hatte indessen durchaus nicht zur Folge, daß man »oben« praktische Folgerungen daraus zog und das Verhältnis von Zweck, Ziel und Mittel genauer überprüfte. Das politische und psychologische Moment der Neutralitätsverletzung Belgiens bei

Kriegsbeginn z. B. war nicht ins Kalkül gezogen worden. Daß sich die strategische Verteidigung an der Westfront als die stärkere Kriegsform zugunsten der Franzosen erwies, wurde man erst gewahr, als die deutsche Offensive an der Marne ihren Kulminationspunkt erreichte und sich die Franzosen zur Retour-Offensive entschlossen. Hatte aber nicht bei Clausewitz gestanden, es sei das Natürliche, im Krieg mit der Verteidigung zu beginnen und nach entsprechender Schwächung des Angreifers zum Gegenangriff überzugehen[8]? Mit diesem Prinzip hat Deutschland 1917 den Krieg im Osten gewonnen. Aber im Westen wollte die 3. OHL Hindenburg-Ludendorff durch die Frühjahrsoffensive 1918 den »Siegfrieden« erzwingen. Eine *politische* Beendigung des Krieges schlug sie erst dann der Reichsregierung vor, als es zu spät war und das Waffenstillstandsangebot die deutsche Schwäche verriet. Niemand hat diese psychologische Fehlleistung mit ihren verhängnisvollen Folgen besser erkannt und klarer dargestellt als Generaloberst Beck in seiner Studie »Der 29. September 1918«[9]. *Er* war durch ein genaues Clausewitz-Studium kritisch und methodisch geschult. Es war *die* deutsche Tragödie, daß Beck im Zweiten Weltkrieg keine Machtmittel mehr besaß, seine Erkenntnisse in das praktische Leben zu übertragen. Denn die Meisterung der Geschehnisse, durch die praktische Anwendung gewonnener Einsicht in das Wesen der Dinge, das ist der Sinn aller wahren Philosophie und der Kriegsphilosophie im besonderen. Demgemäß ist auch die Theorie nicht als abstrakte Spekulation zu verstehen, sondern als Erkenntnis des Wesentlichen, aus der Erfahrung des Unveränderlichen für die Wesensgestaltung gewonnen.

*

Solche Überlegungen waren allerdings der Mehrzahl der Militärs des 20. Jahrhunderts nicht mehr geläufig. Wie auf anderen Lebensgebieten zählten auch in ihrem Metier nur das Praktische und die Handhabung der Technik. Die Theorie, grundsätzlich mißverstanden, geriet ebenso in Verruf wie die Philosophie. Am deutlichsten zeigt sich das in den Schriften von Ludendorff, der maßgebli-

chen Persönlichkeit der dritten Obersten Heeresleitung im Ersten Weltkrieg auf deutscher Seite. In seiner 1922 erschienenen Studie »Kriegführung und Politik« distanziert er sich bereits, die Kehrtwendung *gegen* Clausewitz erfolgt dann vollends in seiner 1935 erschienenen Schrift »Der totale Krieg«[10]. Auch hier findet Ludendorff noch Worte der Anerkennung für den »Lehrmeister des Krieges«, wenn er schreibt: »Was Clausewitz über den Vernichtungsgedanken auf dem Schlachtfeld sagt, wird ... stets seine tiefe Bedeutung behalten. General Graf von Schlieffen hat dem treffend Ausdruck gegeben in seiner Vorrede zu der im Jahre 1905 erschienenen Auflage des Clausewitzschen Werkes. Ich kann das nur unterstreichen. Im übrigen gehört das Werk einer vergangenen weltgeschichtlichen Entwicklung an und ist heute weitgehend überholt, ja, sein Studium kann sogar verwirrend wirken.«
Die mögliche Verwirrung sieht Ludendorff vor allem in der Clausewitzschen These vom Vorrang der Politik und dem Instrumentalcharakter der Kriege. Für die Zukunft glaubt er nur noch an eine einzige Möglichkeit oder Form des Krieges, den totalen Krieg, und verlangt, daß sich das gesamte Volk und Staatswesen darauf einstellt und vorbereitet. Der totale Krieg hat den Vorrang. Demgemäß kommt Ludendorff zu der These[11]: »Das Wesen des totalen Krieges beansprucht buchstäblich die gesamte Kraft eines Volkes, wie er sich gegen sie richtet.« Nach weiteren Ausführungen über das Wesen des totalen Krieges, den er für unabänderlich erklärt, kommt er zu dem Schluß: »Da der Krieg die höchste Anspannung des Volkes für seine Lebenserhaltung ist, muß sich eben die totale Politik auch schon im Frieden auf die Vorbereitung dieses Lebenskampfes eines Volkes im Kriege einstellen und die Grundlage für diesen Lebenskampf in einer Stärke festigen, daß sie nicht in dem Ernst des Krieges verschoben, brüchig oder durch Maßnahmen des Feindes völlig zerstört werden kann.«
Zum Schluß dieser Einführung erfolgt dann der Generalangriff Ludendorffs gegen die klassische Kriegsphilosophie mit folgenden eifernden Worten: »Das Wesen des Krieges hat sich geändert, das Wesen der Politik hat sich geändert, so muß sich auch das Verhältnis der Politik zur Kriegführung ändern. Alle Theorien von

Clausewitz sind über den Haufen zu werfen. Krieg und Politik dienen der Lebenserhaltung des Volkes, der Krieg aber ist die höchste Äußerung des völkischen Lebenswillens. Darum hat die Politik der Kriegführung zu dienen.«

Die Broschüre »Der totale Krieg«, die in über hunderttausend Exemplaren verbreitet wurde, blieb nicht ohne nachhaltige Wirkung: Sie hat das Verhältnis der Deutschen, vor allem der autoritätsgläubigen, zu Clausewitz vollends verunsichert. Die Politik als die herrschende Macht über Krieg und Frieden war damit entthront, der totale Krieg ein Fatum, dem kein Volk mehr entkam, der Frieden eine einzige Kriegsvorbereitung geworden. Das war es dann auch, was Hitler, trotz aller persönlichen Gegensätze zu dem späteren Ludendorff, nach 1933 praktiziert hat, ohne daß dies die Mehrzahl der Deutschen durchschaute, weil er sich mit den Lippen immer wieder zum Frieden bekannte. Er zitierte auch häufig Clausewitz, aber nicht den Kriegsphilosophen, sondern den glühenden Patrioten vor den Befreiungskriegen: »Ich glaube und bekenne...«

Dabei machte sich im Generalstab nach dem Ersten Weltkrieg durchaus ein tieferes Clausewitz-Verständnis bemerkbar. Vor allem die jüngeren Kriegsteilnehmer mit umfassender Bildung wiesen auf ihn hin, wie beispielsweise der junge Erich Marcks, Sohn des Bismarckhistorikers, der 1944 als kommandierender General in der Normandie fiel, oder der Kriegshistoriker Dr. Kurt Hesse, der den »Feldherr Psychologus« schrieb. Vor allem aber war es noch unter dem Nationalsozialismus der Generalleutnant a. D. und Präsident der »Deutschen Gesellschaft für Wehrpolitik und Wehrwissenschaften«, Friedrich von Cochenhausen, der nicht nur 1935 eine »um Veraltetes gekürzte« Ausgabe »Vom Kriege« herausgab, sondern in seiner Einführung dazu schrieb[12]: »Nach dem Weltkrieg hat ein der Vorkriegsgeneration angehörender General der militärischen Jugend geradezu geraten, beim Studium von Clausewitz die ›philosophischen Partien‹ zu überschlagen. Man nannte... Clausewitz mit Stolz den großen Kriegsphilosophen und hatte ein unbestimmtes Gefühl für seine geistige Größe, aber gerade von seiner ›Philosophie‹, von dem theoretischen Kerngehalt seines

Werkes wollte man im Grunde nichts wissen. Man hielt sich weniger an das Ganze als an einzelne Teile seiner Lehre.« Dann folgt der Hinweis auf die Einführung Schlieffens zur fünften Auflage und dazu die Stellungnahme von Cochenhausen: »Wenn auch all das, was hier als dauernd wertvoll bezeichnet wird, heute noch richtig ist, so mehrt sich doch die Einsicht, daß in diesen Lehren nicht eigentlich das zu suchen ist, was dem Werk ›Vom Kriege‹ den dauernden Wert verleiht, sondern daß die Unvergänglichkeit des Werkes in seiner echt philosophischen Haltung, in seiner echt wissenschaftlichen Form besteht... Clausewitz (hat) nach dem Vorbild seines großen Lehrers Scharnhorst nicht allein die damals neuesten kriegerischen Vorgänge, sondern die Kriegsgeschichte überhaupt zur Erfahrungsgrundlage gewählt... und nach dem zeitlos Gültigen gesucht... und außerdem hat er sich nicht nur auf die Erfahrung, sondern auch auf das gestützt, was er einmal ›die philosophische Konsequenz‹, ein ander Mal als ›die philosophische Wahrheit‹ bezeichnet... und was man vielleicht als das bezeichnen könnte, was sich mit Denknotwendigkeit aus der Natur der Sache ergibt. Die Kriegstheorie von Clausewitz ruht also nicht nur auf einem, sondern auf zwei Widerlagern! Darauf, daß ›Untersuchung und Beobachtung‹, ›Philosophie und Erfahrung‹ einander stützen und sich gegenseitige Bürgschaft leisten, daß das Gedachte an Hand der kriegsgeschichtlichen Erfahrungen nachgeprüft wird, beruht nicht nur die Unvergänglichkeit, sondern auch die Wirklichkeitsnähe und damit die praktische Brauchbarkeit des Werkes ›Vom Kriege‹ und zugleich noch seine einzigartige Stellung unter allen kriegstheoretischen Werken.« Von ihnen sei es nicht nur dem Maßstab, sondern auch der Art nach verschieden. »Das Werk hat die Feuerprobe des Weltkriegs bestanden.« Soweit Cochenhausen.

*

Das Hauptwerk von Clausewitz bestand aber auch die Feuerprobe nicht nur des Ersten und dann des Zweiten Weltkrieges, sondern auch die aller nachfolgenden größeren und kleineren, konventionellen und revolutionären Kriege. Es erwies sich als die *Universal-*

philosophie des Krieges. Es stand insofern »wertfrei« jenseits von Gut und Böse, als es nicht nach gerechten und ungerechten, sondern nach sinnvollen und sinnlosen Kriegen und nach vernünftiger und heilloser Kriegführung fragte. Clausewitz ging es um das Wesen, oder, wie er sich ausdrückte, um die Natur des Krieges, der Kriegskunst, der Strategie, des Gefechts, der Streitkräfte, um das Wesen von Verteidigung und Angriff und schließlich um die Voraussetzung und Krönung des Ganzen, den Kriegsplan. Er lehrte die wichtigste aller Unterscheidungen, daß Krieg niemals gleich Krieg ist. Es fordert[13], »daß *bei jedem Krieg zuerst sein Charakter und seine großen Umrisse nach der Wahrscheinlichkeit aufgefaßt werden, welche die politischen Größen und Verhältnisse ergeben*... Je mehr nach dieser Wahrscheinlichkeit sein Charakter sich dem absoluten Krieg nähert, je mehr die Umrisse die Masse der kriegführenden Staaten umfassen und in den Strudel hineinziehen, um so inniger wird der Zusammenhang seiner Begebenheiten sein, um so notwendiger aber auch, nicht den ersten Schritt zu tun, ohne an den letzten zu denken.«

Dieser Satz und andere ähnliche der klassischen Kriegsphilosophie waren für den genauesten Kenner von Clausewitz zwischen den großen Kriegen, General Beck, von ausschlaggebender Bedeutung. Als Erkenntnis des Wahren aber blieben sie ihm nicht nur Theorie, sondern führten zur Nutzanwendung im praktischen Handeln und Verhalten. Angesichts der zum Kriege treibenden Politik Hitlers prüfte er schon 1938 die weltpolitische Konstellation und erkannte sie als so ungünstig, daß er daraus den Schluß ziehen konnte, der sich dann so bitter bewahrheitete[14]: »Ein Krieg, den Deutschland beginnt, wird sofort weitere Staaten als den angegriffenen auf den Plan rufen. Bei einem Krieg gegen eine Weltkoalition wird Deutschland unterliegen und dieser schließlich auf Gnade und Ungnade ausgeliefert sein.«

General der Artillerie Ludwig Beck, von 1935 bis 1938 Chef des Generalstabs des Heeres, kannte die klassische Kriegsphilosophie wie noch kein Generalstabschef vor ihm. Vor allem hatte er verstanden, daß sie von der Politik als der Kunst des Möglichen ausging und nur von daher in die militärische Grammatik einstieg.

Vom Standpunkt dieses politischen Oberbegriffes aus mußte die Strategie sich dem Angriffskrieg widersetzen, der eine feindliche Weltkoalition provozierte. Denn dann war vorauszusehen, daß die materielle Übermacht dieser Koalition schließlich die eigenen Streitkräfte erdrückte. Große militärische Anfangserfolge waren nicht ausschlaggebend, sondern wesentlicher das »respice finem«, »bedenke das Ende«. Und so schloß Beck seine Studie »Strategie«, der er das Clausewitz-Zitat von der Einheitlichkeit des Standpunktes bei der Auffassung der Dinge voranstellte, mit der Mahnung des klassischen Kriegsphilosophen: »Daß alle Instanzen wohl überlegt sein müssen, um nicht in der letzten den Prozeß zu verlieren, den man in früheren gewonnen hat, und dann in die ganzen Kosten verurteilt zu werden[15].«

Beck war also zum Kern der philosophischen Wahrheit durchgedrungen. Er hatte sie nicht nur als Ganzes verstanden und rezipiert, sondern auch aus der umfassenden Kenntnis Erkenntnisse gezogen, die er dann in die Tat umsetzte: Er widersetzte sich dem Krieg 1938 und machte 1944 mit anderen den verzweifelten Versuch, den Zweiten Weltkrieg vor der endgültigen Katastrophe für Deutschland politisch zu beenden. Er ist dabei gefallen, ein Blutzeuge der philosophischen Wahrheit über den Krieg. Clausewitz gegenüber hat er sich wie dieser zu Scharnhorst verhalten: Clausewitz war für Beck der »Vater seines Geistes«. Er hatte ihn nicht nur genau studiert und verstanden, sondern im Sinn der klassischen Kriegsphilosophie gehandelt, wenn er einen »Generalstreik« gegen den Krieg versuchte, den Krieg, der nicht nur das Ende Deutschlands, sondern die Aufteilung und Zerstörung der europäischen Staatenordnung und damit den Untergang des Abendlandes zur Folge haben mußte. So sollte man am 20. Juli weniger des gescheiterten Aufstandsversuchs, als der Rückbesinnung auf Clausewitz gedenken. Die »Studien« Becks sind die Wendemarke.

Schließlich ist in diesem Zusammenhang ein Hinweis von entscheidender Bedeutung. Was versteht Clausewitz unter Politik? Welcher Politik gesteht er den Rang zu, über den Streitkräften zu stehen und über deren Einsatz zu entscheiden? Es ist verwunderlich, daß diese Frage bisher noch nicht eindeutig gestellt wurde, soweit wir sehen. Indessen hat sie Clausewitz selbst klar beant-wortet (er hätte die Antwort vielleicht auch noch stilistisch überar-beitet, aber dazu kam er eben nicht mehr). Sinngemäß aber hätte er sie bestimmt nicht geändert, denn sie entspricht der persönli-chen Einstellung, die wir aus seinem Lebensgang kennen. Sie ist zugleich eine Definition wie ein Bekenntnis und verrät auch den Menschenkenner Clausewitz. So hat er seine Kriegsphilosophie ge-krönt, wenn er die Politik, die sie fortsetzen soll, folgendermaßen anspricht[16]: »Daß die Politik alle Interessen der inneren Verwal-tung, auch die der Menschlichkeit und was sonst der philosophi-sche Verstand zur Sprache bringen könnte, in sich vereinigt und ausgleicht, wird vorausgesetzt, denn die Politik ist ja nichts an sich, sondern ein bloßer Sachwalter aller dieser Interessen gegen andere Staaten. Daß sie eine falsche Richtung haben, dem Ehrgeiz, den Privatinteressen, der Eitelkeit der Regierenden vorzugsweise die-nen kann, gehört nicht hierher; denn in keinem Fall ist es die Kriegskunst, welche als ihr Präzeptor betrachtet werden kann, und wir können hier die Politik nur als Repräsentantin aller Interessen der ganzen Gesellschaft betrachten.«

Die Politik, wie sie der Kriegsphilosoph versteht, ist damit klar umrissen, und so hat sie auch sein geistiger Testamentsvollstrek-ker, Ludwig Beck, verstanden: Sie ist im Gegensatz zur totalitären Einparteienpolitik Ganzheitspolitik, Repräsentation der ganzen Ge-sellschaft, Ausgleich ihrer Interessen nach innen und ihre Sach-walterin nach außen. Sie ist aber auch im Rahmen der menschli-chen Gesellschaft gegenseitiger Ausgleich der Interessen und Schutz vor Übergriffen, wenn das Interessengleichgewicht bedroht ist. Auch hier ist die Verteidigung die stärkere (und moralisch hö-her stehende) Kampfform, wenn es sich um die Verteidigung der Menschlichkeit handelt — und was sonst der philosophische Ver-stand zur Sprache bringen kann. In jedem Fall gehen nach klassi-schen Grundbegriffen die Interessen des Ganzen vor den Interes-sen der Teile und Parteien, sie mögen mit materieller und quantita-tiver Macht ausgestattet sein, wie immer. Damit hat auch alle Wehr- und Rüstungspolitik in der freien Welt für ihr Verhalten und ihre Marschroute die Kompaßzahl erhalten, die sie braucht.

Abschließend ist auf eine merkwürdige Tatsache hinzuweisen: Es stimmt also, wie wir eingangs sagten, daß die Philosophen oft in ihrem Vaterland nichts gelten oder nur halb oder mißverstanden oder gar abgelehnt werden; daß es lange dauert, bis sie sich durchsetzen. So ist es offenbar auch Clausewitz ergangen. Um so mehr fällt es auf, daß zuerst Friedrich Engels als Militärexperte auf ihn aufmerksam wurde. Aufgrund der Tatsache, daß dieser ihn in einem Brief an Marx als »Stern erster Größe« bezeichnete, hat Lenin das Hauptwerk von Clausewitz in seinem Schweizer Exil 1914—16 gründlich durchgearbeitet und Auszüge und Randbemerkungen dazu gemacht. Dessen »Tetradka« gehört seitdem zu den kanonischen Schriften des Weltkommunismus[17]. Jedenfalls wurde die Kriegsphilosophie in diesem Bereich höher gewertet und sehr viel gründlicher studiert als in ihrem Ursprungsland Deutschland. Es war ähnlich wie mit Hegel. Aber weder die Universal- noch die Kriegsphilosophie wurden original übernommen, sondern für die kommunistische Ideologie als Philosophieersatz adaptiert. Das geschah, indem Marx Hegel auf den Kopf stellte und dessen universale Geschichtsphilosophie, die den dialektischen Verlauf der Geschichte erkannte, auf eine ideologische Formel mit wissenschaftlichem Totalanspruch reduzierte. Ähnlich verfuhr Lenin mit Clausewitz. Auch Lenin stellte die Ganzheits- und Ausgleichspolitik, die dieser meinte, auf den Kopf, um in ideologischer Verkehrung die Formel zu prägen: Die Politik ist die Fortsetzung des Krieges und des Klassenkampfes mit allen legalen und illegalen Mitteln. Mao Tse-tung, als Leninist gleichfalls ein genauer Clausewitzkenner und Freund der Kriegsphilosophie, hat immer wieder deutlich ausgesprochen, daß der Zweck dieser Fortsetzung der Politik mit anderen Mitteln die Weltbeherrschung sei.

Nicht zuletzt durch solche Erkenntnisse ist man in der Bundesrepublik allgemein auf Clausewitz aufmerksam geworden. Die Clausewitz-Renaissance kam in Gang, wie eingangs geschildert. Wie das Symbol des Krieges, das Janus-Haupt, hat sie zwei Gesichter: Eines zeigt in die Vergangenheit, das andere in die Zukunft. Oder mit anderen Worten, die Kriegsphilosophie, weit entfernt, akademischer Selbstzweck zu sein, kann und soll klären, warum überdurchschnittliche soldatische, militärische und operative Führungsleistungen im Ersten Weltkrieg, ja gewonnene Blitzkriege und weite Eroberungen im Zweiten Weltkrieg zur Niederlage von 1918 und zur Katastrophe von 1945 geführt haben, warum die deutsche Generalität in der Masse den Verführungskünsten Hitlers erlag und welche Todsünden dieser dann gegen den Geist der Kriegsphilosophie beging.

Aber das ist nur die eine Seite der Clausewitz-Renaissance. Die andere, vorausschauende, ist noch wichtiger, weil sie die weltpolitische Zukunft betrifft. Es geht dabei, wie wir glauben, um Menschlichkeit oder Unmenschlichkeit im Weltmaßstab. In diesem Sinne muß die Ideenwelt von Clausewitz weiterentwickelt werden, wie es bereits Generaloberst Beck getan hat, als er sich der totalitären Kriegspolitik versagte. Es war in diesem Zusammenhang des öfteren von dem Hauptwerk des Kriegsphilosophen als der »Bibel der Staatskunst« die Rede. Aber so weit möchten wir noch nicht gehen. Indessen steht inzwischen fest: Der Krieg ist kein taugliches Mittel der Staatskunst mehr, weil die mit ihm verbundene Vernichtung in keinem erträglichen Verhältnis mehr steht zu dem erreichbaren politischen Zweck. Auf der anderen Seite aber bedarf man präsenter Machtmittel, um dem Krieg zu wehren. Denn auf dem Felde der internationalen Politik kommt alle Macht, auch die über Krieg und Frieden, einmal aus den Gewehren, wie der Philosoph Mao erkannt hat. Daß also der Krieg nicht über Nacht wie der Dieb komme, dazu bedarf es der Staatskunst als der Kunst des Möglichen und einer sorgfältigen *Aus*wahl der dafür Verantwortlichen, wie der Präsenz der notwendigen Mittel.

ANMERKUNGEN

Vorwort:

Wege zu Clausewitz

[1] Carl von Clausewitz, Vom Kriege, Feldausgabe. Verlag von Ernst Hedrich Nachf., Leipzig 598 Seiten. (Ohne Angabe des Herausgebers).

[2] Zitiert nach Carl von Clausewitz, Vom Kriege. Taschenbuchausgabe. Pfaffenhofen 1968, Einleitung S. 13.

[3] Siehe Norbert Krüger, Adolf Hitlers Clausewitzkenntnis, in: *Wehrwissenschaftliche Rundschau*, 1968, Heft 8, S. 467 ff.

[4] Wiesbaden, Rheinische Verlagsanstalt o. J.

[5] Hans Rothfels, Carl von Clausewitz, Politik und Krieg. Eine ideengeschichtliche Studie. Berlin 1920.

Derselbe, Carl von Clausewitz, Politische Schriften und Briefe. München 1922.

[6] Wilhelm Ritter von Schramm, Staatskunst und bewaffnete Macht. München 1957.

[7] Verlag Wehr und Wissen. Darmstadt 1971, mit der Einführung »Zehn Jahre Clausewitz-Gesellschaft« von Kurt Weckmann.

[8] Werner Hahlweg gibt in seiner Studie »Das Clausewitzbild einst und jetzt« in der 18. Auflage »Vom Kriege« auf S. 26, Anm. 82 einen umfassenden Überblick über die wichtigsten Biographien und Beiträge zur Lebensgeschichte.

[9] Hans Heyck, Clausewitz. Ein Lebens- und Zeitbild. 1968. Druffel-Verlag, Leoni am Starnberger See.

Einleitung:

Die Clausewitz-Biographie in heutiger Sicht

[1] Carl von Clausewitz. Schriften – Aufsätze – Studien – Briefe. Dokumente aus dem Clausewitz-, Scharnhorst- und Gneisenau-Nachlaß sowie aus öffentlichen und privaten Sammlungen. Herausgegeben von W. Hahlweg. Erster Band. Deutsche Geschichtsquellen des 19. und 20. Jahrhunderts. Herausgegeben von der Historischen Kommission bei der Bayerischen Akademie der Wissenschaften. Bd. 45, Göttingen 1966. Der zweite Band ist in Vorbereitung.

[2] Clausewitz, Vom Kriege, 18. Auflage, S. 993.

[3] Vor allem 1831 ist Clausewitz durch den Tod von Gneisenau die letzte, längst verdiente Beförderung und Auszeichnung entgangen.

[4] Siehe Priesdorff, K. v., Soldatisches Führertum. Teil 8. Die preußischen Generale von 1820 bis 1840. Hamburg o. J., Art. 1419. Wilhelm Benedikt von Clausewitz (1773–1849), Bruder der Generale Friedrich Vollmar und Karl Philipp von Clausewitz.

⁵ Siehe Hahlweg, Werner (Hrsg.), Dokumente aus dem Clausewitz-, Scharn-horst- und Gneisenau-Nachlaß, s. o.

⁶ Priesdorff, K. v., a.a.O. S. 65–72. Hier S. 66: 6. 5. 1821 dem Generalstab aggregiert.

⁷ Über Marie v. Brühl und ihre Familie berichtet Karl Schwartz in seiner zwei-bändigen Biographie mit dem Titel »Leben des Generals Carl von Clause-witz und der Frau Marie von Clausewitz, geb. Gräfin von Brühl, mit Brie-fen, Aufsätzen, Tagebüchern und anderen Schriftstücken« (Berlin 1878, Ferd. Dümmlers Verlagsbuchhandlung), ausführlich im 1. Band S. 157–211.

⁸ Siehe u. a. Petersdorff, H. v., Königin Luise, 7. Aufl. 1926.

⁹ Schwartz, Karl, a.a.O., S. VIII f. (Vorrede).

¹⁰ ebenda, I. Band, S. 66 ff.

¹¹ ebenda, I. Band, S. 202–211 (13 Gedichte).

¹² Siehe Priesdorff, a.a.O., S. 68.

¹³ ebenda Art. 901: Johann Christian von Hundt, S. 428: 8. 1. 1794 Komman-dant von Thorn. 3. 11. 1794 Generalmajor. 24. 8. 1797 6 Wochen Urlaub auf sein Gut, darf Lieutenant Carl von Clausewitz vom Infanterieregiment Nr. 34 dorthin mitnehmen.

¹⁴ Unverändert in der 18. Auflage, S. 173–178.

¹⁵ Schwartz, a.a.O., II. Band, S. 441.

¹⁶ Karl Graf v. d. Groeben war mit Clausewitz schon bekannt geworden, als er 1810 die Kriegsschule in Berlin besuchte. Er diente dann auch in der russisch-deutschen Legion und wurde nach dem zweiten Pariser Frieden 1815 Erster Generalstabsoffizier in Koblenz, also nächster Mitarbeiter von Clausewitz.

¹⁷ Schwartz, a.a.O., S. 110.

1. Teil
Der Neuling unter Preußen

Erstes Kapitel: Von zweifelhaftem Adel

¹ Wir folgen hier der Familiengeschichte, wie sie Karl Schwartz im I. Band, S. 1–31 mitteilt, ergänzen sie aber durch die in K. von Priesdorff (Hrsg.): Soldatisches Führertum (Hamburg, um 1938), Bd. 8 enthaltenen Angaben so-wohl in dem Art. 901: Johann Christian von Hundt (S. 427 f.) und vor allem auch in dem Art. 1429 Karl Philipp Gottfried von Clausewitz (S. 65–72). Der Art. enthält die Beurteilungen, Beförderungen usw. nach den amtlichen Unterlagen. Außerdem wurde herangezogen: Kessel, Eberhard, Carl v. Clausewitz: Herkunft und Persönlichkeit. Wissen und Wehr 1937, S. 700 ff. und 763 ff.

² Siehe Rangliste von 1792.

³ Siehe Art. v. Hundt bei v. Priesdorff.

[4] v. Priesdorff, a.a.O. Art. 1419 = Wilhelm Benedikt von Clausewitz: 30. 1. 1827 preussische Adelsbestätigung.

[5] Das erste Gothaische genealogische Taschenbuch für die briefadeligen Häuser erschien im Jahre 1908, die für den höheren Adel erschienen schon früher.

[6] a.a.O. S. 1 ff. Dort auch die Kabinettsorder vom 30. Januar 1827 im Wortlaut.

[7] Schwartz, I S. 231.

Zweites Kapitel: Ein Sohn des Lagers

[1] Schwartz, I S. 240 f.

[2] ebenda, S. 34.

[3] Nach v. Priesdorff Art. 1419 trat Wilhelm am 20. 10. 1787 als Gefreiter-Korporal in das Inf.-Regiment Prinz Ferdinand (Nr. 34) ein.»Kommandeur dieses Regiments war damals gerade ein Verwandter, der Oberstleutnant v. Hundt, der mit einer verwitweten von Clausewitz verheiratet war.«

[4] Hermann Stegemann, Der Kampf um den Rhein. Berlin und Leipzig 1924. S. 392 ff.

[5] ebenda, S. 393.

[6] Klein, a.a.O. S. 547.

[7] Vom Kriege, 18. Auflage, S. 970 f.

[8] ebenda, S. 365.

[9] Schwartz, I S. 238 f.

Drittes Kapitel: Der klassische Autodidakt

[1] Zitiert nach Werner Hahlweg, Clausewitz, Göttingen 1957, S. 9.

[2] Zitiert nach v. Priesdorff, Art. 1429, S. 66 f.

[3] a.a.O. S. 187.

[4] v. Priesdorff, Art. 1429, S. 67.

[5] ebenda.

[6] Zitiert nach C. v. Clausewitz: Über das Leben und den Charakter von Scharnhorst (Neudruck) Berlin 1935, S. 35; über Scharnhorst siehe vor allem: Höhn, Reinhard: Scharnhorsts Vermächtnis, Bonn 1952, Abschnitt B: »Scharnhorst im Kampf um die Erneuerung des Heeres«.

[7] ebenda S. 18.

[8] v. Priesdorff, Art. 1429, S. 67.

Viertes Kapitel: Zu Höherem berufen

[1] Siehe Schwartz, I S. 40–42.

[2] Nach Schwartz I S. 42 hat Clausewitz auch mit Professor (an der Pepinière) Kiesewetter (1766–1819) persönlich verkehrt.

[3] Allein an seine Verlobte und Frau hat Clausewitz Hunderte von Briefen ge-

schrieben. Bei Schwartz I und II sind 213 abgedruckt. Dazu kommen noch die Briefe an Scharnhorst und die an Gneisenau, die erst von Werner Hahlweg vollständig veröffentlicht wurden.

Fünftes Kapitel: Schicksalhafte Begegnung

[1] Siehe Schwartz, I, V. Abschnitt: Familienverhältnisse der Gräfin Marie von Brühl und ihr Leben bis zur Verheiratung, S. 157–211.

[2] Schwartz, I, S. 159 f. bis 202.

[3] ebenda. S. 175. Aufzeichnungen der Frau von Clausewitz über ihr Jugendleben, über die Zeit der ersten Bekanntschaft mit ihrem Gatten und Erinnerungen aus ihrem Leben, angeknüpft an die Tage des Jahreswechsels (1794 bis 1813).

[4] Schwartz, I, S. 181.

[5] ebenda, S. 181.

[6] ebenda, S. 183 ff.

[7] ebenda, S. 185.

[8] ebenda, S. 186.

[9] ebenda, S. 186 f.

[10] ebenda, S. 188 f.

[11] ebenda, S. 190.

[12] ebenda, S. 190 f.

[13] ebenda, S. 200.

[14] ebenda, S. 193.

[15] ebenda, S. 195.

2. Teil
Krise und Katastrophe

Erstes Kapitel: Vor der Niederlage

[1] Vom Kriege, 18. Auflage, I, 22. S. 208 f.

[2] ebenda.

[3] Wieder abgedruckt bei Schwartz II, S. 461 bis 487. Zitat S. 482 f.

[4] Die noch ungedruckten Manuskripte wurden nicht herangezogen. Sie hätten den Rahmen dieser Biographie gesprengt, der es auf die wichtigsten Daten und Leistungen ankommt.

[5] Schwartz, I, S. 214.

[6] ebenda, S. 215.

[7] ebenda, S. 218.

[8] ebenda, S. 224.

[9] ebenda, S. 225 f.

[10] ebenda, S. 226.

Zweites Kapitel: Der Weg in die Gefangenschaft
[1] Schwartz, I, S. 54 bis 60.
[2] ebenda, S. 56 f.

Drittes Kapitel: Das Trauma
[1] Die Denkschrift über das Jahr 1806 ist enthalten in Karl Schwartz, I, S. 54 bis 62.
[2] Vom Kriege, 18. Aufl., S. 215.
[3] Vom Kriege, 18. Aufl., S. 634.
[4] Schwartz, I., S. 226 ff.
[5] ebenda, S. 226/27.
[6] ebenda, S. 228.
[7] ebenda, S. 229 f.
[8] ebenda, S. 200.
[9] ebenda, S. 234 bis 301.

3. Teil
Bildungsreise wider Willen

Erstes Kapitel: Ab nach Frankreich
[1] Schwartz, I, a.a.O. S. 234. Es ist der erste von 20 erhaltenen Briefen aus der Zeit der Internierung im Jahre 1807.
[2] ebenda, S. 236.
[3] ebenda, S. 237 f.
[4] ebenda, S. 238 f.
[5] ebenda, S. 241.
[6] ebenda. General v. Schmettau war bei Jena gefallen.
[7] ebenda, S. 243 f.
[8] ebenda, S. 244 f. Von Clausewitz sind 13 Gedichte erhalten. Abgedruckt bei Schwartz, I, S. 202 bis 211.
[9] ebenda, S. 245.
[10] ebenda, S. 246 ff.

Zweites Kapitel: Soissons und Paris
[1] Schwartz, I, S. 251.
[2] Stanislas Chevalier de Boufflers, französischer Schriftsteller, 1738–1815, Sohn der Marquise de B., der Geliebten des Königs Stanislaus von Polen, lebte 1792–1800 am Hof Friedrich Wilhelms II. in Berlin.
[3] Schwartz, I, S. 252.
[4] ebenda, S. 254.
[5] ebenda, S. 255 f.

6 ebenda, S. 256.
7 ebenda, S. 258.
8 ebenda, S. 260.
9 ebenda, S. 261.
10 ebenda, S. 263.
11 ebenda, S. 262 ff.
12 ebenda, aus Soissons, den 9. April 1807, S. 265.
13 ebenda, S. 266.

Drittes Kapitel: Zwischen Hoffnung und Verzweiflung
1 Schwartz, I, S. 267 ff.
2 ebenda, S. 272 (Soissons, den 2. Juni 1807).
3 ebenda, S. 273.
4 ebenda, S. 275 ff. Briefe vom 14. und 15. Juni. Das Gedicht beginnt folgendermaßen:
Heiter senkt der Frühlingsgott sich nieder,
Und, geweckt von seinem Sonnenblick,
Kehrt der Blumenschmuck der Erde wieder,
Hoffnung in des Menschen Herz zurück.
5 Schwartz, I, S. 279 f.
6 ebenda, S. 280 f.
7 ebenda, S. 281 ff.
8 ebenda, S. 283 f.
9 ebenda, S. 284.
10 ebenda, S. 285.

Viertes Kapitel: Geistige Früchte der Verbannung
1 Schwartz, I, S. 73–88: »Die Deutschen und die Franzosen«. Vorausgegangen war eine Skizze zu einem Operationsplan für Österreich, wenn es jetzt an dem Kriege gegen Frankreich teilnehmen wollte (im Frühjahr 1807 geschrieben). Daraus zitiert S. 71.
2 Schwartz, I, S. 76
3 ebenda, S. 78. Das Folgende sind Auszüge.
4 ebenda, S. 83.
5 ebenda, S. 83 f.
6 ebenda, S. 86.
7 ebenda, S. 67.

Fünftes Kapitel: Romantische Reiseerlebnisse
1 Die Daten sind dem Brief aus Lausanne vom 16. August 1807 entnommen. Schwartz, I, S. 285.
2 Schwartz, I, S. 88–110.
3 Schwartz, I, S. 90.

[4] Schwartz, I, S. 92.

[5] Schwartz, I, S. 92.

[6] Schwartz, I, S. 93.

[7] Albrecht von Haller, 1708 bis 1777. Schweizer Arzt und Dichter, bekannt geworden durch sein philosophisches Lehrgedicht »Die Alpen«. Gilt als Vorläufer der Gedankenlyrik Schillers.

[8] Johannes von Müller, 1752 (Schaffhausen) bis 1809 (Kassel).

[9] Schwartz, I, S. 98 f.

[10] Schwartz, I, S. 99.

[11] Schwartz, I, S. 99 ff. Brief aus Coppet, der das Thema »Die Deutschen und die Franzosen« noch einmal aufgreift.

[12] Schwartz, I S. 99–110. Auszüge.

[13] Überall finden sich Hinweise darauf. Aber es ist nicht nur der Antimachiavelli Friedrichs des Großen, der Clausewitz wohl zuerst auf M. aufmerksam machte, sondern auch die »Discorsi« und die »Briefe aus der Schweiz«.

Sechstes Kapitel: Große Literatur in Coppet

[1] Schwartz, I, S. 286.

[2] Siehe Ernst Wieneke: Caroline und Dorothea Schlegel in Briefen. Weimar 1914, S. 369.

[3] ebenda, S. 372 f.

[4] ebenda, S. 254 f.

[5] Schwartz, I, S. 286.

[6] Schwartz, I, S. 110 bis 113.

[7] Schwartz, I, S. 112.

[8] Vom Kriege, 18. Aufl., S. 208.

[9] Schwartz, I, S. 298.

[10] ebenda, S. 299.

[11] ebenda, S. 291.

[12] ebenda, S. 291.

[13] ebenda, S. 300.

4. Teil
Die konservativen Revolutionäre

Erstes Kapitel: Heimkehr

[1] Siehe Leopold von Ranke, Hardenberg und die Geschichte des preußischen Staates von 1793–1813, zweite Auflage. Leipzig 1879. Viertes Buch: Niederlage Preußens und Beginn seiner Wiederaufrichtung (1806–1813).

[2] Nach Schwartz, I, a.a.O. S. 119 setzte sich die Kommission unter dem Vorsitz von Scharnhorst zusammen aus dem Generalmajor Erhard Fabian von

Massenbach, dem Oberstleutnant Graf von Lottum, dem Oberstleutnant und Flügeladjutant von Bronikowski, dem Kommandanten von Kolberg Oberstleutnant von Gneisenau, und dem Major von Grolman (Protokollführer). 1807 traten noch hinzu: die Oberstleutnante und Flügeladjutanten Graf Götzen und von Borstel. Anfang Januar 1807 wurde Stein nach einem Zerwürfnis mit dem König entlassen und ging nach Nassau, wurde aber bereits im Sommer wieder zurückberufen und trat nach längerer Krankheit am 3. Oktober wieder das Amt des Staatsministers an.

³ Schwartz, I, a.a.O. S. 115–119.
⁴ Siehe: 1806 / Das preußische Offizierskorps und die Untersuchung der Kriegsereignisse. Herausgegeben vom Großen Generalstabe, Kriegsgeschichtliche Abteilung II. Berlin 1906, S. 5–17.
⁵ a.a.O. S. 103 ff. Statistische Angaben.
⁶ Schwartz, I, a.a.O., S. 118.
⁷ Schwartz, I, a.a.O., S. 120. Es waren Bronikowski und Borstel.
⁸ »Über das Leben und den Charakter von Scharnhorst.« Aus dem Nachlaß des Generals von Clausewitz, Hamburg 1841 (Separatdruck aus Rankes historisch-politischer Zeitschrift S. 6 f.). Neudruck Berlin 1935.
⁹ Nach Schwartz, I, a.a.O., S. 199.
¹⁰ ebenda, S. 199.
¹¹ Schwartz, I, a.a.O., S. 304 f.
¹² Schwartz, I, a.a.O., S. 305 f.
¹³ Schwartz, I, a.a.O., S. 306 f.
¹⁴ Schwartz, I, a.a.O., S. 375.
¹⁵ ebenda, S. 305 und 307.
¹⁶ ebenda, S. 374.

Zweites Kapitel: Im Spinnennetz des Siegers
¹ Siehe Ranke a.a.O., Viertes Buch: »Niederlage Preußens und Beginn seiner Wiederherstellung«.
² Friedrich Schulze (Hrsg.), Die Franzosenzeit in deutschen Landen 1806–1812. Erster Band. Leipzig 1908, S. 75 ff.
³ Theodor Fontane »Vor dem Sturm«. Nymphenburger Taschenausgabe Bd. 3/II S. 531.
⁴ Siehe Kurt v. Priesdorff (Hrsg.), Soldatisches Führertum. Hamburg o. J. Artikel Möllendorf.
⁵ a.a.O., Artikel Kalckreuth.
⁶ Schwartz, a.a.O., I. Band, S. 123.
⁷ Schwartz, a.a.O., S. 334 f.
⁸ Gemeint ist Scharnhorst.
⁹ 1807–13 gehörte die Festung Magdeburg mit ihrer starken Garnison zum Königreich Westfalen.
¹⁰ Siehe Schulze, a.a.O., S. 78.

Drittes Kapitel: Zwischen Baum und Borke

[1] Siehe Ranke, a.a.O., Viertes Buch, dritter Abschnitt: Innerer Umschwung. Äußere Bedrängnisse 1807–1809.

[2] Schwartz, a.a.O., S. 125.

[3] Schwartz, a.a.O., S. 309 ff.

[4] Schwartz, a.a.O., S. 311 f.

[5] Schwartz, a.a.O., S. 312 f.

[6] Schwartz, a.a.O., S. 313.

[7] Schwartz, a.a.O., S. 316 f.

[8] Carl von Clausewitz, Schriften, Aufsätze, Studien, Briefe. Herausgegeben von Werner Hahlweg. Erster Band. Göttingen 1966, S. 66 bis 89.

[9] Siehe Ranke, a.a.O., Viertes Buch, dritter und vierter Abschnitt.

[10] Schwartz, a.a.O., S. 318 f.

[11] In Bayonne zwang Napoleon die spanische Königsfamilie im Frühjahr 1808 zum Thronverzicht zugunsten seines Bruders Joseph Bonaparte. Ein ähnliches Schicksal hing in diesen Jahren wie ein Damokles-Schwert über Preußen.

[12] Schwartz, S. 319 f.

[13] Schwartz, a.a.O., S. 125.

[14] Schwartz, a.a.O., S. 320 f.

[15] Schwartz, a.a.O., S. 330.

Viertes Kapitel: Trost der Liebe

[1] Schwartz, I, a.a.O., S. 374.

[2] Schwartz, I, a.a.O., S. 375.

[3] Schwartz, I, a.a.O., S. 376.

[4] Schwartz, I, a.a.O., S. 377.

[5] Schwartz, I, a.a.O., S. 377 f.

[6] Schwartz, I, a.a.O., S. 380 f.

[7] Schwartz, I, a.a.O., S. 381 f.

[8] Schwartz, I, a.a.O., S. 383 f.

[9] Schwartz, I, a.a.O., S. 384 f.

[10] Schwartz, I, a.a.O., S. 386 f.

[11] Schwartz, I, a.a.O., S. 408 f.

[12] Schwartz, I, a.a.O., S. 388.

Fünftes Kapitel: Das gefährliche Jahr 1809

[1] Siehe: Hermann, Carl Hans, Deutsche Militärgeschichte. Frankfurt/M. S. 150.

[2] ebenda, S. 151 ff.

[3] Schwartz, I, a.a.O., S. 331 f.

[4] Schwartz, I, a.a.O., S. 337 f.

[5] Schwartz, I, a.a.O., S. 336 f.

[6] Schwartz, I, a.a.O., S. 338.

[7] Schwartz, I, a.a.O., S. 339.

[8] Carl v. Clausewitz, Über das Leben und den Charakter von Scharnhorst. Neudruck. Berlin 1935, S. 20 f.

[9] ebenda, S. 21.

[10] Zitiert nach Schwartz, I, a.a.O., S. 129.

[11] Über den »Tugendbund« siehe Schwartz, I, S. 130 bis 136.

[12] Schwartz, I, a.a.O., S. 344 ff.

[13] Schwartz, I, a.a.O., S. 340.

[14] Schwartz, I, a.a.O., S. 342.

[15] Siehe ausführlich: Dimitri Mereschkowski: Napoleon. Vollständige Taschenbuchausgabe, München 1974, die Abschnitte »Der Zweikampf mit England 1808« und »Die Erhebung der Völker 1809«, S. 117 bis 130.

Sechstes Kapitel: Versuchungen und Versuche

[1] Schwartz, I, a.a.O., S. 344 f.

[2] Schwartz, I, a.a.O., S. 395 f.

[3] Über Schill siehe: Binder v. Krieglstein, Ferdinand v. Schill, Berlin 1909.

[4] Achim von Arnim, geb. 1781 in Berlin, gest. auf seinem Gut Wiepersdorf in der Mark, war einer der fruchtbarsten Dichter der jüngeren Romantik. Er ist vor allem durch die Herausgabe von »Des Knaben Wunderhorn« (zusammen mit Clemens Brentano) bekannt geworden. Verheiratet war er mit Bettina Brentano. 1808 war gerade seine »Trösteinsamkeit« erschienen.

[5] Schwartz, I, a.a.O., S. 396.

[6] Schwartz, I, a.a.O., S. 327 f.

[7] Schwartz, I, a.a.O., S. 350.

[8] Schwartz, I, a.a.O., S. 398.

[9] Schwartz, I, a.a.O., S. 389 f.

[10] Schwartz, I, a.a.O., S. 356 f.

[11] Schwartz, I, a.a.O., S. 400.

[12] Schwartz, I, a.a.O., S. 401 f.

[13] Leopold v. Ranke befaßt sich in seiner Geschichte des preußischen Staates 1793 bis 1815 in der Hauptsache mit Staats- und diplomatischen Angelegenheiten. Auf die Affäre Schill 1809 ist er nicht näher eingegangen.

[14] Vincent Cronin, Napoleon. Eine Biographie. Glasgow 1971. Deutsche Übersetzung Hamburg und Düsseldorf 1973.

[15] Dimitri Mereschkowski: Napoleon. Sein Leben/Napoleon der Mensch. Ungekürzte Taschenbuchausgabe, München 1974, S. 129 f.

[16] Clausewitz »Vom Kriege«. Sechstes Buch: Verteidigung, XXVI. Kapitel: Volksbewaffnung, 18. Aufl., S. 801.

[17] Schwartz, a.a.O., S. 404 f.

[18] Schwartz, a.a.O., S. 408.

5. Teil
Vor der Befreiung

Erstes Kapitel: Zeit der Vorbereitung

[1] Siehe Hermann v. Boyen, Denkwürdigkeiten und Erinnerungen. Neue Bearbeitung, Ausgabe in 2 Bänden. Stuttgart 1899. II. Band.

[2] Schwartz, I, a.a.O., S. 355.

[3] Boyen, a.a.O., S. 329 ff. Knesebeck, geb. 1768 in Karwe bei Neuruppin, gehört zu den »Maulwürfen«, die den König gegen die Reform beeinflußten. Er war um diese Zeit Generaladjutant.

[4] Schwartz, I, a.a.O., S. 356.

[5] ebenda, S. 357.

[6] Schwartz, I, a.a.O., S. 360 f.

[7] Schwartz, I, a.a.O., S. 361.

[8] Schwartz, I, a.a.O., S. 361 f.

[9] Schwartz, I, a.a.O., S. 363 f.

[10] Schwartz, I, a.a.O., S. 364 f.

[11] Schwartz, I, a.a.O., S. 367 f.

[12] Schwartz, I, a.a.O., S. 368 f.

[13] Schwartz, I, a.a.O., S. 370.

[14] Schwartz, I, a.a.O., S. 370 f.

[15] Schwartz, I, a.a.O., S. 371 f.

[16] Schwartz, I, a.a.O., S. 194.

Zweites Kapitel: Konspirative Jahre

[1] Boyen, Denkwürdigkeiten, II. Band, S. 64.

[2] Schwartz, I, a.a.O., S. 318.

[3] Schwartz, I, a.a.O., S. 324.

[4] Schwartz, I, a.a.O., S. 330.

[5] Pertz, G. H., Briefe und Schriften, Berlin 1949 bis 1956.

[6] Hahlweg, Werner (Hrsg.), Carl v. Clausewitz: Schriften, Aufsätze, Studien, Briefe. Erster Band, Göttingen 1966. Korrespondenz Clausewitz–Gneisenau S. 612–671.

[7] Hahlweg, a.a.O., S. 618.

[8] Hahlweg, a.a.O., S. 620–23.

[9] Hahlweg, a.a.O., S. 620 f.

[10] Hahlweg, a.a.O., S. 624 ff.

[11] Hahlweg, a.a.O., S. 626 f.

[12] Hahlweg, a.a.O., S. 627 ff.

[13] Hahlweg, a.a.O., S. 629.

[14] Hahlweg, a.a.O., S. 630 f.

[15] Hahlweg, a.a.O., S. 631 f.

[16] Hier ist immer wieder auf Priesdorff (Hrsg.) »Soldatisches Führertum« zu verweisen. Artikel Clausewitz. Er bringt präzise Angaben über dessen militärische Laufbahn.

[17] Siehe Priesdorff, Artikel Boyen.

[18] Siehe Priesdorff, Artikel Scharnhorst.

[19] Boyen, Denkwürdigkeiten II, S. 64.

[20] Über die Sendung Knesebecks vgl. Boyen a.a.O., S. 113 f.

[21] Hahlweg, a.a.O., S. 650.

[22] Hahlweg, a.a.O., S. 651.

[23] Hahlweg, a.a.O., S. 651 ff.

[24] Siehe Priesdorff, Artikel Gneisenau.

Drittes Kapitel: Romantisches Intermezzo

[1] Schwartz, a.a.O., S. 174.

[2] E. Botzenhart (Hrsg.), Freiherr vom Stein. Briefwechsel, Denkschriften und Aufzeichnungen. Berlin 1931, S. 37.

[3] E. Botzenhart, a.a.O., S. 327.

[4] Hahlweg, a.a.O., S. 631 f.

[5] Hahlweg, a.a.O., S. 634.

[6] Hahlweg, a.a.O., S. 635.

[7] Schwartz, I, a.a.O., S. 198.

[8] Schwartz, I, a.a.O., S. 639 f.

[9] Schwartz, I, a.a.O., S. 648.

[10] Schwartz, I, a.a.O., S. 649.

[11] Schwartz, I, a.a.O., S. 650 f.

[12] Schwartz, a.a.O., S. 505 f.

[13] Schwartz, a.a.O., S. 506.

[14] Schwartz, a.a.O., S. 506 f.

[15] Schwartz, a.a.O., S. 507.

[16] Schwartz, a.a.O., S. 507 ff.

[17] Es handelt sich um den Sieg der Mongolen über ein polnisch-deutsches Ritterheer unter Heinrich II. am 9. April 1241. Er blieb jedoch ohne Folgen, weil die Mongolen nach dem plötzlichen Tod ihres Khans umkehrten.

Interessant ist das positive Urteil von Clausewitz über die Klosterkirche: Sie ist 1727–1731 von Kilian Ignatz Dientzenhofer erbaut und eine der bemerkenswertesten Barockbauten im Lande. Das Altarbild stammt von keinem Niederländer, sondern von Cosmas Damian Asam.

[18] Schwartz, a.a.O., S. 510.

[19] Schwartz, a.a.O., S. 511.

[20] Schwartz, a.a.O., S. 512.

Viertes Kapitel: Schlesien als Nationalreduit

[1] W. Hahlweg, a.a.O., S. 652.

[2] W. Hahlweg, a.a.O., S. 653.

[3] Über Bayonne sagt Mereschkowskij a.a.O., S. 124: »Am 15. April 1808 begibt sich Napoleon auf das Schloß Marrac bei Bayonne und lädt das ganze spanische Königshaus dorthin ein ...« Am 2. Mai kommt es in Madrid zu einem neuen Aufstand gegen die französische Okkupationsarmee. Murat erstickt ihn in Blut; gegen 15 000 Aufständische werden von den Mamelucken niedergemacht. Unterdessen zwingt Napoleon den König Ferdinand in Bayonne, die Krone niederzulegen, unter dem Vorwand, daß der Madrider Aufstand das Werk seiner Anhänger sei ... Der spanische Thron ist frei, der Kaiser gibt ihn seinem Bruder Joseph und macht seinen Schwager Joachim Murat zum König von Neapel.
Im Sommer 1811 fürchtete man in Preußen, Napoleon werde dem König von Preußen ein ähnliches Schicksal bereiten. Aber der Vorwand, der Volksaufstand fehlte.

[4] W. Hahlweg, a.a.O., S. 654 f.

[5] W. Hahlweg, a.a.O., S. 656 ff.

[6] Tatsächlich haben die Franzosen, bzw. ihr Geheimdienst damals den Vorgängen in Schlesien keine besondere Aufmerksamkeit gewidmet.

[7] W. Hahlweg, a.a.O., S. 658.

[8] Siehe ausführlich L. v. Ranke, a.a.O., IV. Buch, sechstes Kapitel »Verhandlungen zwischen Preußen und Frankreich bis zur Allianz vom Februar 1812«.

[9] W. Hahlweg, a.a.O., S. 659 f.

[10] W. Hahlweg, a.a.O., S. 661 f.

[11] W. Hahlweg, a.a.O., S. 666 ff.

[12] W. Hahlweg, a.a.O., S. 667.

[13] W. Hahlweg, a.a.O., S. 668.

[14] W. Hahlweg, a.a.O., S. 669.

Fünftes Kapitel: Genie ist Fleiß

[1] Brief vom gleichen Tag an Marie v. Brühl. Schwartz, a.a.O., S. 338.

[2] Boyen, Hermann v., Denkwürdigkeiten und Erinnerungen, Stuttgart 1899, 1. Band, S. 265.

[3] Boyen, a.a.O.

[4] Scharnhorsts Brief, a.a.O., S. 463.

[5] Boyen, Beiträge zur Kenntnis des Generals v. Scharnhorst und seiner amtlichen Tätigkeit in den Jahren 1808 bis 1813, Berlin 1833, 615.

[6] W. Hahlweg, a.a.O., S. 95.

[7] W. Hahlweg, a.a.O. S. 101.

[8] W. Hahlweg, a.a.O., S. 115.

[9] W. Hahlweg, a.a.O., S. 124.

[10] W. Hahlweg, a.a.O., S. 146.

[11] W. Hahlweg, a.a.O., S. 148.
[12] W. Hahlweg, a.a.O., S. 153.
[13] W. Hahlweg, a.a.O., S. 182 f.
[14] W. Hahlweg, a.a.O., S. 183.
[15] W. Hahlweg, a.a.O., S. 628.
[16] Siehe Max Weber, »Der Beruf zur Politik« in: Soziologie, Weltgeschichtliche Analysen: Politik als Beruf, Stuttgart 1959, S. 173—175.
[17] Max Weber unterscheidet zwischen Gesinnungsethik und Verantwortungsethik.

Sechstes Kapitel: Die Bekenntnisdenkschrift

[1] Siehe W. Hahlweg, a.a.O., S. 678 bis 750.
[2] Siehe W. Hahlweg, a.a.O. S. 725 f.
[3] Siehe W. Hahlweg, a.a.O., Vorbemerkung S. 678—681.
[4] G. H. Pertz, Das Leben des Feldmarschalls Graf Neidhardt von Gneisenau, Berlin 1864—1880.
[5] W. Hahlweg, a.a.O., S. 682 bis 750.
[6] Clausewitz, Vom Kriege, 18. Auflage, Bonn 1972, S. 1024.
[7] Zitiert nach Gerhard Scholtz, Carl von Clausewitz, Bildnis eines deutschen Soldaten. Der unbekannte Clausewitz, Berlin 1936, S. 87 f.
[8] W. Hahlweg, a.a.O., S. 741.

6. Teil
Rußland 1812

Erstes Kapitel: Briefe aus dem Felde

[1] Schwartz, a.a.O., S. 507.
[2] Schwartz, a.a.O., S. 508 f.
[3] Schwartz, a.a.O., S. 514 f.
[4] Schwartz, a.a.O., S. 516 f.
[5] Schwartz, a.a.O., S. 518 ff.
[6] Schwartz, a.a.O., S. 525 f.
[7] Schwartz, a.a.O., S. 523 f.
[8] Major Tiedemann war mit Clausewitz gemeinsam Taktiklehrer an der Allgemeinen Kriegsschule für Offiziere in Berlin. Er gehörte gleichfalls zu den Meisterschülern von Scharnhorst.
[9] Schwartz, a.a.O., S. 525.
[10] Schwartz, a.a.O., s. ebenda.
[11] Schwartz, a.a.O., S. 526.
[12] Schwartz, a.a.O., S. 527 f.
[13] Schwartz, a.a.O., S. 528—530.
[14] Schwartz, a.a.O., S. 530.

[15] Schwartz, a.a.O., S. 529 f.
[16] Schwartz, a.a.O., S. 530 f.
[17] Schwartz, a.a.O., S. 531 f.
[18] Schwartz, a.a.O., S. 533 f.
[19] Schwartz, a.a.O., S. 533 f.
[20] Schwartz, a.a.O., S. 536 f.
[21] Schwartz, a.a.O., S. 537 ff.
[22] Schwartz, a.a.O., S. 538.
[23] Schwartz, a.a.O., S. 539.
[24] Schwartz, a.a.O., S. 540. Aufsatz der Frau v. Clausewitz über ihr Verhältnis zu ihrem Gatten.

Zweites Kapitel: Russische Erlebnisse

[1] Clausewitz traf Gneisenau am 20. Mai in Wilna. Am 2. Juni schrieb dieser an den Zaren u. a.: »Herr v. Clausewitz, den Ew. Majestät in Ihren Dienst genommen hat, (ist) einer der besten Köpfe und voll tiefer Kenntnisse in der Kriegskunst.« Schwartz, a.a.O., I, S. 485.
[2] Zitiert nach »Napoleons Rußlandfeldzug in Augenzeugenberichten«, München. dtv, 1972, S. 60 f.
[3] Berthier Alexandre, Marschall von Frankreich (1753–1815), war der Generalstabschef Napoleons.
[4] Von den fünf Divisionskommandeuren des 8. Russischen Armeekorps z. B. waren drei deutscher Abstammung oder Muttersprache: Prinz Karl von Mecklenburg-Schwerin, von Knorring, Graf Sievers. Siehe Napoleons Rußlandfeldzug, S. 73 f.
[5] Kutusow, Michail Ilarionowitsch, geb. 1745 in St. Petersburg, gest. 28. April 1813 in Bunzlau, war 1805 als Oberbefehlshaber des russisch-österreichischen Heeres bei Austerlitz von Napoleon geschlagen worden.
[6] Clausewitz, Hinterlassene Werke, VII. Bd. 1. Aufl. 1835, S. 130 ff.
[7] Zitiert nach der etwas gekürzten Neufassung von Georgie Seemann, Klagenfurt 1975, S. 517 f.
[8] Es ist durchaus möglich, daß Tolstoi, der ja deutsch sprach und las, auch den Bericht von Clausewitz über den Feldzug in Rußland gekannt hat, der schon Ende 1834 erschien. Siehe auch Wedel, Erwin, 1812. Die Entstehungsgeschichte von L. N. Tolstois »Krieg und Frieden«. Wiesbaden 1961.
[9] Das 25. Kapitel des Sechsten Buches Verteidigung mit dem Thema »Rückzug in das Innere des Landes« beruht in der Hauptsache auf den Erfahrungen von 1812. Clausewitz hat bleibende Schlüsse daraus gezogen.
[10] Hinterlassene Werke, VII. Bd., 1. Aufl. 1835, S. 6 ff.
[11] ebenda, S. 9 f.
[12] ebenda, S. 12.
[13] ebenda, S. 13.
[14] Nach Clausewitz, Hinterlassene Werke, VII. Bd., S. 15–24.

[15] Krieg und Frieden, S. 422–427 (gekürzt).
[16] Bennigsen, Levin, Graf von (1745–1826) in Braunschweig geboren, russischer Heerführer, 1812 Generaladjutant des Zaren, a.a.O., S. 11.
[17] a.a.O., S. 21.
[18] a.a.O., S. 27 f.
[19] a.a.O., S. 35 f.

Drittes Kapitel: Kriegserfahrungen ohnegleichen

[1] Schwartz, I, a.a.O., S. 526.
[2] Schwartz, I, a.a.O., S. 527.
[3] General Carl von Clausewitz, Der Feldzug 1812 in Rußland. Hinterlassenes Werk. Dritte Auflage. Berlin 1906, S. 137.
[4] Kommandeur der 2. Leichten Kavalleriedivision unter Marschall Murat, dem König von Neapel.
[5] Clausewitz, a.a.O., S. 138.
[6] Clausewitz, a.a.O., S. 138 f.
[7] Clausewitz, a.a.O., S. 139 f.
[8] Clausewitz, a.a.O., S. 141.
[9] Clausewitz, a.a.O., S. 143 f.
[10] Clausewitz, a.a.O., S. 147 f.
[11] Clausewitz, a.a.O., S. 148.
[12] Clausewitz, a.a.O., S. 148.
[13] Clausewitz, a.a.O., S. 150.
[14] Clausewitz, a.a.O., S. 150 f.
[15] Schwartz, a.a.O., S. 537 f.
[16] Zitiert nach »Napoleons Rußlandfeldzug in Augenzeugenberichten«. Herausgegeben und eingeleitet von Eckart Klessmann, dtv Taschenbuch, München 1972, S. 319 bis 324.
[17] Clausewitz, a.a.O., S. 157 f.
[18] Vom Kriege, 18. Auflage, Bonn 1973, S. 797.
[19] Vom Kriege, 18. Auflage, Bonn 1973, S. 798.
[20] Clausewitz, Der Feldzug 1812, S. 166.

Viertes Kapitel: Die Konvention von Tauroggen

[1] Immerhin ist bemerkenswert, daß im Stab Wittgensteins Clausewitz und Diebitsch die jüngere Generation vertraten: 1812 war Clausewitz 32, Diebitsch erst 28 Jahre alt.
[2] Hans Karl Freiherr von Diebitsch, geboren in Großleipe in Schlesien, war durch das Preußische Kadettenkorps gegangen, trat aber schon 1801 in russische Dienste. 1812 wurde er russischer Generalstabschef, 1825 Graf und Feldmarschall. Er starb schon 1831, also im selben Jahr wie Clausewitz, ebenfalls an der Cholera.
[3] Zitiert nach »Die Befreiung 1813/1814/1815, Urkunden, Berichte, Briefe,

herausgegeben von Tim Klein, Ebenhausen bei München, 1923, S. 29.

4 Clausewitz, Der Feldzug 1812 in Rußland, S. 161 f.

5 Clausewitz, a.a.O., S. 168.

6 Clausewitz, a.a.O., S. 164 ff.

7 Clausewitz, a.a.O., S. 165.

8 Clausewitz, a.a.O., S. 166. Der Marchese Paulucci stammte aus Sardinien. Er gehörte zum militärischen Gefolge des Zaren und wird auch von Tolstoi als schillernde Figur geschildert. Clausewitz kannte ihn aus dem kaiserlichen Hauptquartier, »konnte« offenbar aber nicht mit ihm.

9 Clausewitz, a.a.O., S. 167.

10 Wir folgen hier dem Bericht von Clausewitz in großen Zügen — Zitat nach dem a.a.O., S. 171 und folgende.

11 Clausewitz, a.a.O., S. 174.

12 Clausewitz, a.a.O., S. 175.

13 Siehe »Vom Kriege«, Achtes Buch, 18. Auflage, S. 993.

14 Clausewitz, a.a.O., S. 177.

15 Schwartz, a.a.O., S. 539.

16 Zitiert nach Klein, a.a.O., S. 34 f.

17 Zitiert nach Klein, a.a.O., S. 32 f. (Aus einem Stammbuch).

7. Teil
In den Befreiungskriegen

Erstes Kapitel: Rückkehr ad interim

1 General Carl von Clausewitz, Hinterlassenes Werk: Der Feldzug 1812 in Rußland/Befreiungskriege 1813—15. Hier der Feldzug von 1813 bis zum Waffenstillstand, S. 189 bis 231.

2 Schwartz, a.a.O., II, S. 66 ff.

3 Graf Chasot war 1809 Kommandant von Berlin. Er wurde wegen der Affäre Schill, den er begünstigt hatte, seines Amtes enthoben.

4 a.a.O., S. 397.

5 Schwartz, a.a.O., II, S. 66.

6 Schwartz, a.a.O., II, S. 3 f.

7 Vom Kriege, 18. Auflage, S. 370.

8 Josef Fürst Poniatowski aus polnischem Adelsgeschlecht, anfangs österreichischer Offizier. Er ertrank bei der Sicherung des napoleonischen Rückzugs in der Elster bei Leipzig am 18. Oktober 1813.

9 Fontane, Theodor, Vor dem Sturm II (Nymphenburger Fontane-Ausgabe). Siehe Abschnitt 60 »Ein Deserteur«, S. 476.

10 Fontane, a.a.O., S. 390.

11 Schwartz, II, a.a.O., S. 13.

12 Brief aus Penig vom 4. April 1813, Schwartz, II, a.a.O., S. 73.

[13] Schwartz, II, a.a.O., S. 68.
[14] Schwartz, II, a.a.O., S. 69.
[15] Gesuch an den König vom 11. 3. 1813.
[16] Siehe Schwartz, I, a.a.O., S. 332.
[17] Schwartz, II, a.a.O., S. 69.
[18] Priesdorf, a.a.O., S. 68.
[19] Schwartz, II, a.a.O., S. 73.
[20] Schwartz, II, a.a.O., S. 74.
[21] Schwartz, II, a.a.O., S. 75 f.
[22] Schwartz, II, a.a.O., S. 87 f.
[23] Schwartz, II, S. 88.
[24] Schwartz, II, a.a.O., S. 89.
[25] Zitiert nach Tim Klein, a.a.O., S. 220 f.

Zweites Kapitel: Kleiner Krieg 1813

[1] Schwartz, II, a.a.O., S. 90.
[2] Schwartz, II, a.a.O., S. 92.
[3] Schwartz, II, a.a.O., S. 92.
[4] Schwartz, II, a.a.O., S. 92.
[5] Schwartz, II, a.a.O., S. 93.
[6] Schwartz, II, a.a.O., S. 93.
[7] Schwartz, II, a.a.O., S. 94.
[8] Schwartz, II, a.a.O., S. 94.
[9] Schwartz, II, a.a.O., S. 96.
[10] Schwartz, II, a.a.O., S. 95.
[11] W. Hahlweg, Clausewitz Nachlaß, Göttingen, »Meine Vorlesungen über den Kleinen Krieg«, S. 208–589.
[12] W. Hahlweg, Clausewitz Nachlaß, S. 436.
[13] Schwartz, II, S. 94.
[14] ebenda, S. 95.
[15] ebenda, S. 97.
[15a] Nach Handwörterbuch der gesamten Militärwissenschaften. Hgg. v. P. Poten, IX. Bd. 1880.
[16] Schwartz, II, S. 100.
[17] Schwartz, II, S. 100.
[18] Siehe Hauptwerk »Vom Kriege«, Drittes Buch: »Von der Strategie überhaupt«. 12. Kapitel: »Vereinigung der Kräfte in der Zeit«.
[19] Schwartz, II, S. 57.
[20] Schwartz, II, S. 109 f.
[21] Schwartz, II, S. 115.
[22] Schwartz, II, S. 118.
[23] Schwartz, II, S. 119.
[24] Schwartz, II, S. 78.

[25] Schwartz, II, S. 114.
[26] Schwartz, II, S. 26.

Drittes Kapitel: Der Korpschef

[1] Von der Marwitz, Nachrichten aus meinem Leben. Zitiert nach Tim Klein, a.a.O., S. 464.
[2] v. Priesdorff, a.a.O., S. 68.
[3] Vom Kriege, 16. Auflage, S. 956.
[4] a.a.O., S. 460.
[5] a.a.O., S. 462 f.
[6] a.a.O., S. 466.
[7] Siehe Schwartz, II, S. 131 ff.
[8] Schwartz, II, S. 140.
[9] Schwartz, II, S. 141.
[10] ebenda, S. 143.
[11] ebenda, S. 144.
[12] ebenda, S. 145.
[13] ebenda, S. 146.
[14] ebenda, S. 147.
[15] ebenda, S. 152.

Viertes Kapitel: Der Kriegsphilosoph und der Frieden 1815

[1] Parkinson, Roger, Clausewitz. A Biography. London 1970.
[2] Schwartz, II, a.a.O., S. 158.
[3] ebenda, S. 159.
[4] ebenda, S. 160.
[5] ebenda, S. 162.
[6] ebenda, S. 164.
[7] ebenda, S. 164.
[8] ebenda, S. 165 f.
[9] Vom Kriege, 17. Auflage, S. 891.
[10] »Wehrwissenschaftliche Rundschau«, a.a.O.
[11] So z. B. Gerhard Scholtz, Carl von Clausewitz. Bildnis eines deutschen Soldaten, Berlin 1936.
[12] Parkinson, Roger, a.a.O., S. 287.
[13] Zitiert von Tim Klein, Die Befreiung 1813, 1814, 1815, S. 524 f.
[14] Neithardt v. Gneisenau, Schriften und Briefe. Hgg. von Fritz Lange. Berlin 1954, S. 210 f.
[15] ebenda, S. 211.

Fünftes Kapitel: Bildungsreise in Frankreich II

[1] Schwartz, II, a.a.O., S. 155.
[2] Delbrück, Hans, Das Leben des Feldmarschalls Graf Neidhardt von Gneisenau, 4. Auflage, Berlin 1920, IV. Buch, S. 228.

[3] ebenda, S. 230.
[4] ebenda, S. 152.
[5] ebenda, S. 157 f.
[6] ebenda, S. 161.
[7] ebenda, S. 169.
[8] ebenda, S. 170.
[9] Delbrück, a.a.O., IX, S. 292.

8. Teil
Loyale Opposition

Erstes Kapitel: »Wallensteins Lager am Rhein«
[1] Delbrück, a.a.O., S. 317.
[2] Zitiert nach Lange, a.a.O., S. 395.
[3] ebenso, S. 401.
[4] Delbrück, S. 318 ff.
[5] Zitiert nach Lange, a.a.O., S. 212 ff.
[6] ebenda, S. 214 ff.
[7] ebenda, S. 217 f.
[8] ebenda, S. 428.
[9] Siehe Priesdorff, Art. Clausewitz S. 68.
[10] Delbrück, a.a.O., S. 242 ff.
[11] Lange, a.a.O., S. 405.
[12] Delbrück, a.a.O., S. 379 ff.
[13] Delbrück, a.a.O., S. 354 ff.
[14] Siehe Schwartz, II, S. 172—199.

Zweites Kapitel: Die Zeit ist Euer ...
[1] Zitiert nach Hans Rothfels, Carl v. Clausewitz, Politik und Krieg, S. 211.
[2] Schwartz, II, a.a.O., S. 198.
[3] Schwartz, II, a.a.O., S. 199.
[4] Zitiert nach F. v. Meerheimb, Carl von Clausewitz, Vortrag gehalten in der militärischen Gesellschaft zu Berlin. Berlin 1875, S. 9.
[5] Schwartz, II, a.a.O., S. 247 ff.
[6] Schwartz, II, a.a.O., S. 248 f. Dem Sinn nach wiedergegeben.
[7] Schwartz, II, a.a.O., S. 289 f.
[8] Clausewitz, »Vom Kriege«, 18. Auflage, S. 784—798.
[9] Clausewitz, »Vom Kriege«, 18. Auflage, S. 180.
[10] Siehe Einleitung.
[11] Schwartz, II, a.a.O., S. 251.
[12] ebenda.
[13] Schwartz, II, S. 258.
[14] Clausewitz, »Vom Kriege«, 18. Auflage, S. 176.

Drittes Kapitel: Clausewitz und die Politik

[1] Zitiert nach Hans Rothfels, Carl von Clausewitz. Politische Schriften und Briefe, München 1922.

[2] ebenda, S. 142–152.

[3] ebenda. S. 145.

[4] ebenda, S. 149.

[5] ebenda, S. 151 f.

[6] ebenda, S. 153.

[7] Clausewitz, »Vom Kriege«, 18. Auflage, S. 799.

[8] Zitiert nach Fritz Lange, S. 413 f.

[9] ebenda, S. 417 f.

[10] ebenda, S. 415.

[11] Schwartz, a.a.O., S. 291.

[12] ebenda, S. 293.

[13] Rothfels, a.a.O., S. 153 bis 195.

[14] Hinweis ebenda, S. 164.

[15] Rothfels, a.a.O., S. 156.

[16] ebenda, S. 29.

[17] ebenda, S. 165.

[18] ebenda, S. 168 f.

[19] ebenda, S. 169 f.

[20] ebenda, S. 177 f.

[21] ebenda, S. 181.

[22] ebenda, S. 171.

[23] ebenda, S. 189 ff.

[24] ebenda, S. 191.

9. Teil
Im Unvollendeten vollendet

Erstes Kapitel: Die letzten Dienste

[1] Zitiert nach Lange, a.a.O., S. 418.

[2] v. Priesdorff, a.a.O., S. 70.

[3] Clausewitz, »Vom Kriege«, 18. Auflage, S. 176.

[4] Siehe Hans Bengmann, Deutschlands Lyrik. Das Zeitalter der Romantik. München und Leipzig 1908. Freiheitskrieg der Polen mit Gedichten von Julius Mosen, Nikolaus Lenau und Karl v. Holtei.

[5] Schwartz, a.a.O., II, S. 295.

[6] Lange, a.a.O., S. 418.

[7] ebenda, S. 419.

[8] Schwartz, a.a.O., II, S. 322.

[9] ebenda, S. 346.

[10] ebenda, S. 348.
[11] ebenda, S. 352.
[12] Clausewitz, »Vom Kriege«, 18. Auflage, S. 249.
[13] Schwartz, II, a.a.O., S. 351.
[14] v. Priesdorff, a.a.O., S. 70.
[15] Schwartz, II, a.a.O., S. 353.
[16] ebenda, S. 357.
[17] ebenda, S. 359.
[18] ebenda, S. 364.
[19] ebenda, S. 374 f.

Zweites Kapitel: Der Tod kam rasch

[1] Schwartz, II, a.a.O., S. 386.
[2] ebenda, S. 386 ff.
[3] ebenda, S. 389.
[4] ebenda, S. 391 f.
[5] Siehe Priesdorff, S. 275 ff. Witzleben war als Generalleutnant damals Generaladjutant des Königs und sein erster militärischer Berater, 1832 Kriegsminister.
[6] Schwartz, II, a.a.O., S. 395.
[7] ebenda, S. 396.
[8] ebenda, S. 397.
[9] ebenda, S. 397.
[10] ebenda, S. 398 ff.
[11] ebenda, Hinweise S. 383 und 399.
[12] ebenda, S. 441 ff.
[13] ebenda, S. 441.
[14] ebenda, S. 441.

10. Teil
Der Kriegsphilosoph in seinem Vaterland

[1] Jaspers, Karl, Philosophie und Welt. München 1963, S. 21.
[2] Hahlweg, Werner, Einleitung zur 18. Auflage »Vom Kriege«: »Das Clausewitzbild einst und jetzt«, S. 121.
[3] ebenda, S. 52 f.
[4] Siehe v. Priesdorff, a.a.O., Art. v. d. Groeben.
[5] Siehe auch v. Schramm, Wilh. Ritter v., »Staatskunst und bewaffnete
Macht«. München 1957. Erster Teil, Fünftes Kapitel.
[6] Moltkes taktisch-strategische Aufsätze aus den Jahren 1857–1871. Berlin
1900, S. 291 ff.

[7] Siehe W. Hahlweg, a.a.O., S. 58.

[8] Clausewitz, »Vom Kriege«, 18. Aufl., S. 615.

[9] Beck, Ludwig, Studien. Stuttgart 1955, S. 193—225.

[10] Ludendorff, Erich, Der totale Krieg. München 1936, S. 3 ff.

[11] ebenda, S. 9 f.

[12] a.a.O., S. 53 f.

[13] Clausewitz, »Vom Kriege«, 18. Auflage, S. 993 f.

[14] Clausewitz, »Vom Kriege«, 18. Auflage, S. 979.

[15] Clausewitz, 18. Auflage, S. 979.

[16] ebenda, S. 993.

[17] W. Hahlweg, Einleitung zur 18. Auflage, »Vom Kriege«, S. 92 ff.

LITERATUR

I. *Ausgaben des Hauptwerks*

Vom Kriege. Hinterlassenes Werk des Generals Carl von Clausewitz. Teil 1—3 Berlin bei Ferdinand Dümmler 1832 bis 34.

Vom Kriege. Zweite Auflage. Berlin 1853.

Vom Kriege. Dritte Auflage. Berlin 1867—69.

Vom Kriege. Vierte Auflage. Berlin 1880.

Vom Kriege. Fünfte durchgesehene Auflage. Mit einer Einführung vom Chef des Generalstabs der Armee, Generaloberst Graf von Schlieffen. Berlin (Ferd. Dümmlers Verlagsbuchhandlung) 1905.

Vom Kriege. Sechste Auflage. Berlin 1911.

Vom Kriege. Siebente Auflage. Mit einer Einführung von Graf von Schlieffen und einem ausführlichen Sach- und Namensregister von Oberstleutnant a. D. P. Creuzinger, Berlin 1912.

Vom Kriege. Achte Auflage (wie siebente Aufl.). Berlin (B. Behrs Verlag/Friedrich Feddersen) 1914.

Vom Kriege. Neunte Auflage (wie siebente und achte Aufl.). Mit Begleitworten der Generalfeldmarschälle Prinz Leopold von Bayern, von Bülow, von Makkensen, Generalobersten von Kluck, von Eichhorn, von Woyrsch, Generäle Graf von Bothmer, von Beseler, von Hötzendorf, von Scholz, von Böhm-Ermolli und des Kriegsministers Wild von Hohenborn. Berlin 1915.

Vom Kriege. Zehnte vermehrte Auflage. Berlin und Leipzig (B. Behrs Verlag/ Friedrich Feddersen) 1915.

Vom Kriege. Elfte Auflage. Berlin und Leipzig 1915.

Vom Kriege. Zwölfte vermehrte Auflage. Berlin und Leipzig 1917.

Vom Kriege. Dreizehnte Auflage. Berlin und Leipzig 1918.

Vom Kriege. Vierzehnte vermehrte Auflage. Mit einer Einführung von Graf von Schlieffen. Herausgegeben von Karl Linnebach. Berlin und Leipzig 1933.

Vom Kriege. Fünfzehnte vermehrte Auflage (wie 14. Aufl. Berlin, Keil Verlag) 1937.

Vom Kriege. Hinterlassenes Werk des Generals Carl von Clausewitz. Sechzehnte Auflage. Vollständige Ausgabe im Urtext mit historisch-kritischer Würdigung von Dr. Werner Hahlweg, Dozent an der Universität Münster. Bonn (Ferd. Dümmlers Verlag) 1952.

Vom Kriege. Siebzehnte Auflage. Ebenso. Bonn 1966.

Vom Kriege. Achtzehnte Auflage. Ebenso. Bonn 1972.

Vom Kriege. Hinterlassenes Werk des Generals Carl von Clausewitz. Eingeleitet von Prof. Dr. Ernst Engelberg und Generalmajor a. D. Otto Korfes. Berlin 1957 (Verlag des Ministeriums für Nationale Verteidigung).

II. *Ausgaben mit gekürztem Text*

Karl von Clausewitz: Vom Kriege. Um Veraltetes gekürzte Ausgabe. Herausgegeben von Friedrich von Cochenhausen. Leipzig 1935 (Insel Verlag). Mit Einleitung: »Clausewitz, Leben und Persönlichkeit«, S. 9–55.

Carl von Clausewitz: Vom Kriege. Als Handbuch bearbeitet und mit einem Essay »Zum Verständnis des Werkes« herausgegeben von Wolfgang Pickert und Wilhelm Ritter von Schramm. Rowohlts Klassiker der Literatur und Wissenschaft. Band 12. Hamburg 1963.

III. *Weitere Werke und Schriften von Carl von Clausewitz*

Hinterlassene Werke des Generals von Clausewitz über Krieg und Kriegführung. Vierter bis Zehnter Band.

Vierter Band: Der Feldzug von 1796 in Italien. Berlin 1833. 3. (letzte) Auflage Berlin 1889.

Fünfter Band: Die Feldzüge von 1799 in Italien und in der Schweiz. Erster Teil. Berlin 1833. 2. (letzte) Auflage Berlin 1858.

Sechster Band: Die Feldzüge von 1799 in Italien und in der Schweiz. Zweiter Teil. Berlin 1834. 2. (letzte) Aufl. Berlin 1858.

Siebenter Band: Der Feldzug von 1812 in Rußland, der Feldzug von 1813 bis zum Waffenstillstand und der Feldzug von 1814 in Frankreich. Berlin 1835. Mit einer Vorrede von Marie von Clausewitz. Dritte (letzte) Auflage Berlin 1906.

Achter Band: Der Feldzug von 1815 in Frankreich, Berlin 1835. 3. (letzte) Auflage Berlin 1906.

Neunter Band: Strategische Beleuchtung mehrerer Feldzüge von Gustav Adolf, Turenne, Luxemburg und andere historische Materialien zur Strategie. Berlin 1837. 2. (letzte) Auflage Berlin 1862.

Zehnter Band: Strategische Beleuchtung mehrerer Feldzüge von Sobieski, Münich, Friedrich dem Großen und dem Herzog Karl Wilhelm Ferdinand von Braunschweig und andere historische Materialien zur Strategie. Berlin 1837. 2. (letzte) Auflage Berlin 1863.

Carl von Clausewitz: Über das Leben und den Charakter von Scharnhorst. Aus dem Nachlaß des Generals Clausewitz. In: *Historisch-politische Zeitschrift*, herausgegeben von Leopold Ranke. Erster Band Hamburg 1832. Neuausgabe in der »Kriegsgeschichtlichen Bücherei«, Bd. 1. Berlin 1935.

Carl und Marie von Clausewitz. Ein Lebensbild in Briefen und Tagebuchblättern, herausgegeben und eingeleitet von K. Linnebach. Berlin 1916. Dritte Auflage Berlin 1925.

Carl von Clausewitz: Politische Schriften und Briefe. Herausgegeben von H. Rothfels. München 1922.

Carl von Clausewitz: Geist und Tat. Das Vermächtnis des Soldaten und Denkers. In Auswahl aus seinen Werken, Briefen und unveröffentlichten Schriften. Herausgegeben und eingeleitet von W. M. Schering. Stuttgart 1941, 2. Aufl. 1942.

Carl von Clausewitz: Schriften – Aufsätze – Studien – Briefe. Dokumente aus dem Clausewitz-, Scharnhorst- und Gneisenau-Nachlaß sowie aus öffentlichen und privaten Sammlungen. Herausgegeben von W. Hahlweg. Erster Band. Deutsche Geschichtsquellen des 19. und 20. Jahrhunderts. Herausgegeben von der Historischen Kommission bei der Bayerischen Akademie der Wissenschaften. Band 45. Göttingen 1966. (Der zweite Band ist in Vorbereitung.)

IV. *Lebensbeschreibungen (Auswahl)*

Blaschke, R.: Carl von Clausewitz. Ein Leben im Kampf. Schriften der Kriegsgeschichtlichen Abteilung im Historischen Seminar der Friedrich-Wilhelms-Universität Berlin. Herausgegeben von W. Elze, Berlin 1934.

Caemmerer, R. v.: Clausewitz. Erzieher des Preußischen Heeres. Berlin 1905.

Delbrück, H.: General von Clausewitz, In: *Historische und politische Aufsätze.* Zweite Auflage. Berlin 1907.

Fabian, F.: Clausewitz. Sein Leben und Werk. Berlin 1957.

Hahlweg, W.: Carl von Clausewitz 1780–1831. In: *»Die großen Deutschen«*, Band II. Berlin 1956.

Hahlweg, W.: Clausewitz. In: *Neue deutsche Biographie*, 31. Band, Berlin 1957.

Hahlweg, W.: Carl von Clausewitz. In: *Klassiker der Kriegskunst*, Darmstadt 1960.

Hahlweg, W.: Carl von Clausewitz 1780–1831). In: *Große Soldaten der europäischen Geschichte*. Frankfurt/M. und Bonn 1961.

Hahlweg, W.: Carl von Clausewitz. Soldat – Politiker – Denker. *Persönlichkeit und Geschichte*, Bd. 3, Göttingen, Zürich, Frankfurt/M. 1969.

Linnebach, K.: Clausewitz. In: *Handbuch der neuzeitlichen Wehrwissenschaften.* Erster Band. Berlin und Leipzig 1936.

Meerheimb, F. v.: Carl von Clausewitz. Vortrag, gehalten in der militärischen Gesellschaft zu Berlin. Berlin 1875.

Parkinson, R.: Clausewitz. A Biography. London 1970.

Priesdorff, K. v.: Karl Philipp Gottfried von Clausewitz. In: *Soldatisches*

Führertum, Teil. 8. Die preußischen Generale von 1820 bis 1840. Hamburg o. J.

Schwartz, K.: Leben des Generals Carl von Clausewitz und der Frau Marie von Clausewitz, geb. Gräfin Brühl. Zwei Bände. Berlin 1878. *Hauptquelle aller Clausewitz-Biographien.*

Seeckt, H. v.: Clausewitz. Zum 150. Geburtstag (1930). In: *Gedanken eines Soldaten.* Erweiterte Ausgabe. Leipzig 1935.

V. *Einzelthemen (Auswahl)*

Albertini, R. v.: Politik und Kriegführung in der deutschen Kriegstheorie von Clausewitz bis Ludendorff. In: *Schweizerische Monatsschrift für Offiziere aller Waffen.* 1947, Heft 1–3. Frauenfeld 1947.

Aron, Raymond, Penser la guerre, Clausewitz, Bd. I L'âge européen, Bd. II L'âge planétaire, Paris 1976.

Bernhardi, F. v.: Clausewitz über Angriff und Verteidigung. Versuch einer Widerlegung. In: *Beihefte zum Militär-Wochenblatt 1911.* Berlin 1911.

Freytag-Loringhoven, H. Frhr. v.: Kriegslehren nach Clausewitz aus den Feldzügen 1813 und 1814. Berlin 1908.

Gembruch, W.: Zu Clausewitz' Gedanken über das Verhältnis von Krieg und Politik. In: *Wehrwissenschaftliche Rundschau,* 9. Jg. 1959, Heft 11.

Hahlweg, W.: Lenin und Clausewitz. Ein Beitrag zur politischen Ideengeschichte des 20. Jahrhunderts. In: *Archiv für Kulturgeschichte,* XXXVI. Bd. 1954, Heft 1, 3.

Hahlweg, W.: Clausewitz und die preußische Heeresreform. In: *Zeitschrift für Heeres- und Uniformkunde,* Jg. 1959/II Nr. 163, März/April.

Kessel, E.: Zur Entstehungsgeschichte von Clausewitz' Werk vom Kriege. In: *Historische Zeitschrift,* Bd. 152, 1935.

Krüger, N.: Adolf Hitlers Clausewitzkenntnis. In: *Wehrwissenschaftliche Rundschau,* 18. Jg. 1968, Heft 8.

Lenin, W. I.: Clausewitz' Werk »Vom Kriege«. Auszüge und Randglossen. Mit Vorwort und Anmerkungen von O. Braun. (Ost-)Berlin 1957.

Linnebach, K.: Die wissenschaftliche Methode in Clausewitz' Werk »Vom Kriege". In: *Wissen und Wehr,* 14. Jg. 1933.

Linnebach, K.: Clausewitz. In: *Handbuch der neuzeitlichen Wehrwissenschaften.* Erster Band. Berlin und Leipzig 1936.

Marcks, E.: Clausewitz' Lehre vom Kriege. In: *Wissen und Wehr.* 11. Jg. 1930.

Mommsen, W.: Clausewitz und die militärpolitische Lage der Gegenwart. In: *Civis. Zeitschrift für christlich-demokratische Politik.* 4. Jg. Nr. 31, Juli 1957.

Rasin, J. A.: Lenin – der Schöpfer der sowjetischen Militärwissenschaft. In: *Militärwissenschaftliche Aufsätze. Schriftenreihe zur Diskussion über Fragen der Militärwissenschaft.* Heft 8, Berlin 1956.

Ritter, G.: Die Lehre Carls von Clausewitz vom politischen Sinn des Krieges. In: *Historische Zeitschrift,* Bd. 167, 1943.

Schering, W. M.: Die Kriegsphilosophie von Clausewitz. Eine Untersuchung über ihren systematischen Aufbau. Hamburg 1935.

Schramm, Wilh. Ritter v.: Clausewitz und die politische Philosophie. In: *Außenpolitik. Zeitschrift für internationale Fragen*, 9. Jg. 1958, Heft 11.

Schramm, Wilh. Ritter v.: Von der militärischen zur politischen Verantwortung. Was Generaloberst Beck von Clausewitz gelernt hat. In: *Zeitschrift für Politik*. Jg. 1959.

Schramm, Wilh. Ritter v.: Wege und Umwege der deutschen Kriegstheorie. In: *Revue militaire générale*. 8, Octobre, 10, Decembre 1960.

Schramm, Wilh. Ritter v.: Von der klassischen Kriegsphilosophie zur zeitgerechten Wehrauffassung. In: *Wehrwissenschaftliche Rundschau*, 15. Jg. Heft 9, 1965.

Schramm, Wilh. Ritter v.: Clausewitz als politischer Klassiker. In: *Wehrkunde. Zeitschrift für alle Wehrfragen*. XXV. Jg. April 1974, Heft 4.

Stamp, G.: Clausewitz im Atomzeitalter. Auszüge aus seinem Werk »Vom Kriege«. Wiesbaden o. J.

Weninger, E.: Philosophie und Bildung im Denken von Clausewitz. In: *Schicksalswege deutscher Vergangenheit*. Hgg. von W. Hubatsch. Düsseldorf 1950.

VI. *Europäische Geschichte 1793 bis 1831*

Hermann, Carl: Deutsche Militärgeschichte. Frankfurt a. M. 1966.

Meinecke, Fr.: Das Zeitalter der deutschen Erhebung (1795–1815). Leipzig o. J.

Ranke, Leopold v.: Hardenberg und die Geschichte des preußischen Staates 1793 bis 1813. Berlin 1879–1881.

Schnabel, Franz: Deutsche Geschichte im neunzehnten Jahrhundert. Erster Band. Die Grundlagen. Fünfte Auflage. Freiburg 1959.

Treitschke, Heinrich v.: Deutsche Geschichte im 19. Jahrhundert, gekürzte Ausgabe von H. Heffter. Berlin 1934.

VII. *Taschenbücher*

Deutschland unter Napoleon in Augenzeugenberichten. Hgg. von Eckart Klessmann. dtv 1131. München 1976.

Die Befreiung 1813–1814–1815. Urkunden/Berichte/Briefe. Mit geschichtlichen Verbindungen von Tim Klein. Ebenhausen bei München 1923. 100. bis 150. Tausend.

Die Befreiungskriege in Augenzeugenberichten. Hgg. von Eckart Klessmann. dtv 912. München 1973.

Goethe, Johann Wolfgang: Kampagne in Frankreich. Belagerung von Mainz. dtv Gesamtausgabe 27.

Napoleons Rußlandfeldzug in Augenzeugenberichten. Hgg. von Eckart Klessmann. dtv 822. München 1972.

Weitere Quellen in den Anmerkungen

ABBILDUNGSVERZEICHNIS

a) Bilder im Text

I. Stammtafel Carl v. Clausewitz

II. Rangliste der Königl. Preußischen Armee für das Jahr 1793

III. Die Belagerung von Mainz im Sommer 1793

IV. idem

V. Der Kampf in den Uckersümpfen

VI. Der französisch-russische Krieg 1812: Der Rückzug von Moskau

VII. Einteilung der verbündeten Armeekorps an der Nieder-Elbe Mitte August 1813: Korps Wallmoden

VIII. Brief Carl v. Clausewitz an den Kaiserlich-Russischen Oberstleutnant vom Generalstabe, Herrn v. Nostitz, vom 9. November 1813

IX. Skizze der Operationen in den Niederlanden 1815

X. Marsch nach Paris Juli 1815

b) Bilder auf Kunstdruck

Abb. 1 Carl v. Clausewitz, geb. 1. 6. 1780 in Burg bei Magdeburg, gest. 16. 11. 1831 in Breslau, in der Uniform eines preußischen Generalmajors – Gemälde von Wilhelm Wach –

Abb. 2 Marie von Clausewitz – die Gattin von Carl von Clausewitz. Geb. 1779 in Warschau, gest. 1836 in Dresden

Abb. 3 Gerhard von Scharnhorst (geadelt 1804), 1755–1813, preuß. General-leutnant – Büste in der Walhalla in Regensburg –

Abb. 4 König Friedrich Wilhelm III. im Kreise seiner Familie. Stehend hinter der Königin Luise Kronprinz Friedrich Wilhelm und Prinz Wilhelm, der spätere deutsche Kaiser Wilhelm I.

Abb. 5 Prinz August von Preußen, 1779–1843, Bruder des Prinzen Louis Ferdinand (1772–1806)

Abb. 6 Germaine de Staël, geb. Necker, Baronin von Staël-Holstein (geb. 1766 in Paris, gest. 1817 in Paris). Französische Schriftstellerin Schweizer Abstammung. Autorin des berühmten Werkes »De l'Allemagne« (1810). – Lithographie von Delpech nach Gérard

600

Abb. 7 Das Schweizer Besitztum Schloß Coppet der Madame de Staël (1766–1817), in dem sich Clausewitz und Prinz August im Herbst 1807 längere Zeit aufhielten

Abb. 8 August Wilhelm Schlegel (8. 9. 1767–12. 5. 1845), romantischer Dichter und Übersetzer, Literarhistoriker

Abb. 9 Julie Récamier, geb. Bernard (1777–1849). 1807 auf Schloß Coppet zu Gast bei Mme. de Staël – Gemälde von F. Gérard

Abb. 10 Napoleon empfängt Königin Luise in Tilsit, Juli 1807

Abb. 11 Karl, Reichsfreiherr vom und zum Stein (26. 10. 1757–29. 6. 1831), Haupt der preußischen Reformer

Abb. 12 Carl v. Clausewitz als Oberstleutnant in russischer Uniform

Abb. 13 Michail Ilarionowitsch Kutusow (Gelenischtschew-Kutusow), (1745–1813), russischer Feldmarschall, seit 1813 Fürst Smolenskij – Gemälde von Geo Dawe, 1829

Abb. 14 Verbrennung französischer Fahnen beim Rückzug vom Rußlandfeldzug 1812 – Gemälde von A. v. Kossak, 1897

Abb. 15 Graf von Wallmoden, Ludwig Georg Thedel (1769–1862), hannoverscher Feldmarschall-Leutnant in österreichischen, dann in preußischen Diensten. Schwager des Freiherrn vom Stein

Abb. 16 Abschluß der Konvention von Tauroggen zwischen General Yorck und dem russischen General Diebitsch am 30. Dezember 1812. Unser Bild: Sitzend Graf Seydlitz, stehend mit Händedruck links russischer General Graf Diebitsch-Sabalkansky und General Graf Yorck (mit Mantel), hinter Graf Yorck: Friedrich Erhard von Roeder, Stabschef von Yorck, hinter General v. Diebitsch: v. Clausewitz und Graf Dohna

Abb. 17 Gebhardt Leberecht Fürst Blücher von Wahlstatt (1742–1819), preußischer Feldmarschall, in der Schlacht bei Ligny am 16. 6. 1815 – Holzschnitt von Camphausen, 1859

Abb. 18 Blücher und Wellington treffen sich am Abend des 18. Juni 1815 bei Belle-Alliance nach der Schlacht bei Waterloo, in der Napoleon endgültig besiegt wurde

Abb. 19 König Friedrich Wilhelm III. von Preußen (1770–1840) – Gemälde von Lawrence

Abb. 20 Das Berliner Schloß mit der Königsstraße um 1800 – Stich von Jean Rosenberg – (nach 1945 abgetragen)

Abb. 21 Ansicht des von der Leyenschen Hofes in Koblenz im heutigen Zustand, seinerzeit Sitz des rheinischen Generalkommandos

Abb. 22 August Neithardt Graf von Gneisenau (1760–1831) als Feldmarschall zu Pferd mit seinem Stabe (1825)

Abb. 23 Karl Friedrich Freiherr von dem Knesebeck (1768–1848), Generaladjutant Friedrich Wilhelms III., 1844 Feldmarschall; Hauptgegner der Reformer – Gemälde von Steuben, 1814

Abb. 24 Das Clausewitz-Denkmal auf dem ehemaligen Garnisonsfriedhof in Breslau, das 1906 enthüllt wurde

Abb. 25 Gedenkstätte für Carl von Clausewitz in Burg bei Magdeburg, Einweihung anläßlich seines 140. Todestages am 16. 11. 1971

QUELLENVERZEICHNIS DER ABBILDUNGEN

a) Bilder im Text

I. Stammtafel Carl v. Clausewitz aus »Gothaische Genealogische Taschenbücher«, Taschenbuch der Briefadeligen Häuser, 1908, 2. Jahrgang, Gotha: Justus Perthes

II. Rangliste der Königl. Preußischen Armee für das Jahr 1793, Berlin, bei Christian Friedrich Himburg, Regiment v. Thadden: von Hundt

III. Die Belagerung von Mainz im Sommer 1793, aus K. G. Bockenheimer, »Die Wiedereroberung von Mainz durch die Deutschen im Sommer 1793«, Mainz, Verlag von Victor von Zabern 1893

IV. idem

V. Der Kampf in den Uckersümpfen, aus: Roger Parkinson, CLAUSEWITZ, a Biography, London 1970, Abb. S. 72, mit freundlicher Genehmigung von Wayland (Publishers) Ltd. Sussex/England

VI. Der französisch-russische Krieg 1812: Der Rückzug von Moskau, aus: »Handbuch der neuzeitlichen Wehrwissenschaften« Bd. 1, 1936

VII. Einteilung der verbündeten Armeekorps an der Nieder-Elbe Mitte August 1813: Korps Wallmoden, aus: »Handwörterbuch der gesamten Militärwissenschaften«, hgg. v. P. Poten, IX. Band 1880

VIII. Brief Carl v. Clausewitz an den Kaiserlich-Russischen Oberstleutnant vom Generalstabe, Herrn v. Nostitz, vom 9. November 1813, mit freundlicher Genehmigung vom Stadtarchiv der Stadt Lüneburg. Fotofirma Baum und Sohn, Lüneburg

IX. Skizze der Operationen in den Niederlanden 1815, aus: »MILITÄRLEXIKON. HANDWÖRTERBUCH DER MILITÄRWISSENSCHAFTEN«, herausgegeben von H. Frobenius, Verlag Martin Oldenbourg in Berlin 1901, S. 451

X. Marsch nach Paris Juli 1815, aus: Roger Parkinson, CLAUSEWITZ, a Biography, London 1970, S. 285, mit freundlicher Genehmigung des Verlags

b) Bilder auf Kunstdruck

Abb. 1, 5, 6, 8, 9, 13, 14, 17, 19, 22, 23: mit freundlicher Genehmigung vom Archiv für Kunst und Geschichte, Berlin

Abb. 2, 10, 11, 16: mit freundlicher Genehmigung vom Ullstein Bilderdienst, Berlin

Abb. 3, 7, 15, 20: mit freundlicher Genehmigung vom Bildarchiv Preußischer Kulturbesitz, Berlin

Abb. 4, 18: mit freundlicher Genehmigung von Historia-Photo Charlotte Fremke, Bad Sachsa

Abb. 12: mit freundlicher Genehmigung der Clausewitz-Gesellschaft, Bonn und des Verlags Wehr und Wissen, Bonn, entnommen aus: »Clausewitz in unserer Zeit«

Abb. 21: Foto M. Jeiter, Aachen

Abb. 24: mit freundlicher Genehmigung vom Süddeutschen Verlag — Bilderdienst —, München

Gouverneurs von Riga, 354 f., 396, 398
Toll, Oberst, Flügeladjutant des Zaren, 374
Tolstoi, Leo N., Graf, russischer Romanschriftsteller, 1828–1910, 367–377
Tschammer, von, Oberst und Reg.Kommandeur, 75
Tschernitschow, Flügeladjutant des Zaren 1812, 373 f.

Uwaroff, russischer Reitergeneral, 356, 383

Veit, Dorothea, spätere Gattin Friedrich Schlegels, 186 f.
Victor, Claude, Herzog von Belluno, Marschall von Frankreich, 1764–1841, 119
Voltaire, François, Philosoph der Aufklärung, 1694–1778, 141
Voss, Graf, Herr auf Giewitz, 361 f., 439
Voss, Luise, Gräfin, Vertraute der Königin Luise, 89, 90, 126, 188, 244

Wallmoden-Gimborn, Georg Thedel, Graf von, Generalleutnant in russischen Diensten, vorher in österreichischen, 23, 433 f., 438 ff., 440–449, 451 ff.
Wartenberg, Major von, 81
Weckmann, Kurt, Generalleutnant a. D., 10
Wellington, Arthur Wellesley, Herzog von, britischer Heerführer, 1769–1852, 459, 490, 505
Wendt, Olof, leitender Bibliotheksdirektor, 16
Wieland, Christoph Martin, 1733–1813, 330
Wilhelm, Prinz von Preußen, Bruder des Königs Friedrich Wilhelm III., 201, 225, 235, 315, 429
Wilhelm, Prinzess, 84, 209 f., 236, 247, 279
Wilhelm von Oranien, 247
Wintzingerode, Ferdinand Frhr. von, 1770–1818, russischer General, 374
Wittgenstein, Peter, Graf zu Sayn-, russischer Generalleutnant, Komm. General des 1. Armee-Korps 1812, dann Armee Wittgenstein 1813, 352, 356, 358 f., 378, 390 f., 395, 398, 401–409, 418, 420, 424 f., 539
Witzleben, Job von, Generaladjutant, 1833 Kriegsminister, 1783–1837, 536 f., 541
Wolkonski, Fürst, Chef des Generalquartiermeisterstabes der russischen Armee 1812, 347, 379 ff., 426
Wolzogen, von, russischer Oberstleutnant, Flügeladjutant des Zaren 1812, 348, 367 f., 374 ff., 396

Yorck (von Wartenburg), Ludwig, Graf, pr. General, dann Feldmarschall, 1759–1830, 359 f., 400–411, 420 f., 424

Ziethen, von, Generalleutnant, Kommandierender General des I. Korps 1815, 471

500 km

Färöer

Drontheim

Shetland-In.

KGR.
NORWEGEN

Union 18

Hebriden

Orkney In.

Bergen

Kristiania

Stavanger

SCHOTTLAND

Aberdeen

Kristiansand

Gö

VER. KGR.
GROSSBRITANNIEN
UND IRLAND
Personalunion mit Hannover

Edinburgh

Nordsee

Aalborg

KGR.
DÄNEMARK

Kopen

IRLAND

Dublin

Liverpool

Helgoland
brit.

Schleswig

Ma

Cork

WALES

ENGLAND

Birmingham

Hamburg

Bremen

Me. L

Atlantischer Ozean

Plymouth

London

Amsterdam

KGR.
DER VER.
NIEDERLANDE

O.

KGR.
Hannover

Kgr.

z.Kgr.
Preußen

He.

B

Kanal-In.
brit.

Calais

Brüssel

Köln

H.

Th. St.

K

Brest

Amiens

N.

L.

H.T.

Sa

Rennes

Reims

Pfalz

Kgr.
Bayern

Bö

Paris

Orléans

Straßburg

Kgr.
Württem-
berg

Nantes

Ba.

Münch

Sa

KGR. FRANKREICH

Bern

Innsbruck

Limoges

Lyon

Schweiz

Clermont

Genf

Turin

Bordeaux

Kgr.
Sardinien

Mailand

Venedig

Toulouse

Nizza

Fsm.

P. M.
Genua

Rep. S.
Marin

KGR.
PORTUGAL

Porto

Burgos

Rep.
Andorra

Marseille

Monaco

Florenz

Ghzm.
Toskana

Kirch
staat

Zaragoza

Lissabon

Madrid

KGR. SPANIEN

Barcelona

Korsika

Rom

Valencia

Balearen

Sardinien

Neapel

Sevilla

Murcia

Granada

Cádiz

Gibraltar brit.

Tanger

Centa span.

Palermo

Peñon de
Vélez span.

Melilla span.

Algier

Oran

Constantine

Bona

Fes

ALGERIEN

Tunis

Kairuan

MAROKKO

TUNESIEN
osman. Vasali

Europa 1815 nach dem Wiener Kongress

—	Grenze des Deutschen Bundes	H.	Ghzm. Hessen	N.	Hzm. Nassau
		He.	Kfsm. Hessen	O.	Ghzm. Oldenburg
Ba.	Ghzm. Baden	L.	Ghzm. Luxemburg	P.	Hzm. Parma
Br.	Bremen	M.	Ghzm. Modena	Th. St.	Thüringische
		Me.	Ghzm. Mecklenburg		Staaten

Trip

TRIPOLIT
osman. V.